Handbuch

für die

Praxis bei den Gerichten, im Anwalts-, Notariats- und Gerichtsvollzieher-Dienste.

In praktischen Fällen unter Festsetzung bestimmter Normen mit Erläuterungen, Allegierung der gesetzlichen Bestimmungen und Entschließungen

dargestellt von

Hans Kößler,

Kgl. Gerichtssekretär und Obsignations-Kommissär in München.

Zweite vollständig umgearbeitete und vermehrte Auflage des Werkes: „Protokolle des Gerichtsschreibers.“

München.

J. Schweitzer Verlag (Jos. Eichbichler).

1896.

Vorwort.

Die vorliegende zweite Auflage ist gegenüber der ersten Ausgabe dieses Buches gänzlich umgearbeitet und bedeutend erweitert; sie berührt sämtliche Materien des Justizdienstes. Nicht nur die Erläuterungen wurden so ausführlich als möglich behandelt, auch den richterlichen Verfügungen und Beschlüssen sowie den Urteilen, welche die verschiedenen Anträge zur Folge haben, wurde in jeder Beziehung Rechnung getragen.

Vollständig neu sind die Teile über den Anwalts-, Notariats- und Gerichtsvollzieher-Dienst sowie die Anmeldungen zum Handelsregister. Die gesetzlichen Bestimmungen sind unter besonderer Berücksichtigung der Justizministerial-Entschließungen und des Gebührenwesens durchwegs allegiert und ist das Werk für den Gebrauch der Anwälte, Sekretäre, Notare, Gerichtsvollzieher und deren Personal, insbesondere aber auch für die Rechtspraktikanten und Sekretariats-Aspiranten bestimmt.

Möge die zweite Auflage mit demselben Wohlwollen entgegengenommen werden, dessen sich die erste erfreute, und diese neue Bearbeitung, das Ergebnis der einer angestrengten Berufsthätigkeit abgerungenen Zeit und mühesamen Nachtarbeit, sich als ein treuer Begleiter durch den gesamten Justizdienst für alle nützlich erweisen, welche sich derselben bedienen.

Endlich möchte ich hier noch jenen Herrn danken, welche meiner Arbeit durch manchen wertvollen Wink und Ratschlag freundliche Förderung gewährten.

Für jede Berichtigung, jeden auch den kleinsten Ergänzungs- oder Aenderungsvorschlag wird der Verfasser dankbar sein.

München, im Juli 1896.

Hans Rößler.

Abkürzungen.

Abt. = Abteilung.
AG. = Ausführungsgesetz.
Anh. = Anhang.
Anm. = Anmerkung.
Art. = Artikel.
AVO. = Allerhöchste Verordnung.
Bd. = Band.
BGW. = Bayer. Gebührenwesen.
Bl. = Blatt.
Bek. = Bekanntmachung.
DV. f. Gschr. = Dienstesvorschriften für Gerichtsschreiber.
EG. = Einführungsgesetz.
FG. = Forstgesetz.
FME. = Entschließung des k. Finanzministeriums.
GKG. = Gerichtskostengesetz für das deutsche Reich.
GO. = Gewerbeordnung.
GO. f. GV. Gebührenordnung für Gerichtsvollzieher.
GO. f. RA. = Gebührenordnung für Rechtsanwälte.
Gesch.-Beh. schöffeng. St. = Geschäftsbehandlung in der zur Zuständigkeit der Schöffengerichte gehörigen Strafsachen.
GVG. = Gerichtsverfassungsgesetz für das deutsche Reich.
HGB. = Handelsgesetzbuch.
Hyp.-G. = bayer. Hypothekengesetz.
JMBl. = Justizministerialblatt (90 = Jahrgang, 40 = Seite).
Instr. (J.) = Instruktion.
KO. = Reichskonkursordnung.
l. c. = loco citato.
Not.-Ges. = bayer. Notariatsgesetz.
Nr. = Nummer.
RAGO. = Rechtsanwalts-Gebührenordnung.
RAO. = Rechtsanwaltsordnung.
RG. = Urteil des Reichsgerichts.
RGBl. = Reichsgesetz-Blatt.
S. = Seite.
s. = siehe
SO. = Subhastations-Ordnung.
StGB. = Strafgesetzbuch für das deutsche Reich.
V. = Verordnung.
vgl. = vergleiche.
WO. = Wechselordnung.
ZPO. = Zivilprozeßordnung für das deutsche Reich.

Systematisches Register.

Einleitung.

Die von den Gerichtsschreibern aufzunehmenden Protokolle, die von ihnen zu erteilenden Ausfertigungen, Auszüge, Zeugnisse und sonstigen Bestätigungen sind deutlich zu schreiben; in den bei der mündlichen Verhandlung aufzunehmenden Protokollen ꝛc. sind leichtverständliche Abkürzungen zulässig.

Einschaltungen zwischen den Zeilen, Ueberschreibungen und Rasuren sind untersagt. Durchstreichungen sind so vorzunehmen, daß das Durchstrichene lesbar bleibt. Die Zahl der durchstrichenen Wörter ist entweder in dem Schriftstücke selbst oder in einem besonderen Zusatze anzugeben. Die Zusätze sind auf dem Rande und hinter der Unterschrift anzubringen und besonders zu unterschreiben.

Namen sind wenigstens da, wo sie in dem Schriftstücke zum erstenmale vorkommen, abgesehen von Firmen, ohne Abkürzung zu schreiben. Wichtigere Zahlen, insbesondere die Angaben der den Gegenstand des Urteils bildenden Geldbeträge und die Dauer der ausgesprochenen Freiheitsstrafen in Urteilsformeln, sind mit Buchstaben zu schreiben. Andere Zahlen können mit Zahlzeichen geschrieben werden.

In der Unterschrift hat der Gerichtsschreiber seine dienstliche Eigenschaft anzugeben. Der eigenhändigen Unterschrift ist das Gerichtssiegel beizudrucken.

Besteht das Schriftstück aus mehreren Bogen, so werden dieselben zusammengeheftet; die Schnur wird mit dem Gerichtssiegel befestigt. In gleicher Weise werden die dem Protokolle als Anlagen beizufügenden Schriften mit demselben verbunden.

Für die Protokolle, Ausfertigungen und sonstigen von dem Gerichtsschreiber zu fertigenden Schriftstücke können gedruckte Formulare verwendet werden.

Im Verkehre mit dem rechtsuchenden Publikum, insbesondere

bei Entgegennahme von Gesuchen und Erklärungen zum Protokolle hat der Gerichtsschreiber die den Umständen des einzelnen Falles entsprechende Sorgfalt anzuwenden; um sich vor Täuschungen bezüglich der Persönlichkeit des Antragstellers oder dessen angeblich Bevollmächtigten zu bewahren, kann er die Vorlage von Legitimationspapieren, Stellung von Identitätszeugen u. s. w. verlangen.

Die von den Gerichtsschreibern über Gesuche und Erklärungen von Beteiligten aufgenommenen Protokolle sind, sofern dieselben zu einer gerichtlichen Handlung, insbesondere zu einer Terminsbestimmung (§ 193 ZPO.), Anlaß geben, sofort unter Adhibierung der Akten dem Vorsitzenden der Kammer oder des Senates oder dem Richter vorzulegen, zu deren Geschäftsaufgabe die Sache gehört.

Protokolle.

Der Gerichtsschreiber hat in den gesetzlich bestimmten Fällen Gesuche und Erklärungen der Beteiligten zu Protokoll zu nehmen.

Hieher gehören:

I. in bürgerlichen Rechtsstreitigkeiten:

Ablehnungsgesuche gegen Richter, Gerichtsschreiber und Sachverständige (§ 44, 49, 371 ZPO.),

Gesuche um Festsetzung des zu erstattenden Betrages der Prozeßkosten (§ 98 ZPO.),

Gesuche um Bewilligung des Armenrechts (§ 109 ZPO.),

Gesuche um Aussetzung des Verfahrens (§ 225 l. c.),

Anzeigen, Gesuche und Weigerungserklärungen der Zeugen und Sachverständigen (§ 346, 351, 354, 367 ZPO.),

Gesuche um Einnahme des Augenscheines oder Vernehmung von Zeugen und Sachverständigen zur Sicherung des Beweises (§ 448 der ZPO., § 13 Abs. 4 des EG. hiezu),

Gesuche um Anordnung eines Arrestes oder einer einstweiligen Verfügung (§ 800, 815 ZPO.) und zwar alle diese Gesuche und Erklärungen im Verfahren vor allen Gerichten (§ 74 ZPO.), ferner

Klagen und sonstige Ladungen, Interventionen und Streitverkündigungen, sowie Anträge und Erklärungen, welche zur Vorbereitung der mündlichen Verhandlung mitgeteilt werden, im Verfahren vor den Amtsgerichten (§ 457, 462, 463 ZPO.),

Beschwerden, wenn der Rechtsstreit bei einem Amtsgerichte anhängig ist oder war, wenn die Beschwerde das Armenrecht betrifft oder von einem Zeugen oder Sachverständigen erhoben wird, sowie schriftliche Erklärungen auf Beschwerden in diesen Fällen, (§ 532, 556, 539, 540 ZPO., § 35, 36 RAO., Art. 91 AG. z. ZPO. u. KO.),

Anträge auf Entmündigung und deren Wiederaufhebung, sowie auf Bestellung eines Beistandes für Geistesschwache oder Verschwender nach pfälz. Rechte, und auf Wiederaufhebung dieser Maßregeln, (§ 596, 617, 621, 625 ZPO., § 10 EG. hiezu.)

Anträge auf Erlassung des Aufgebotes (§ 824 ZPO.);

Erklärungen und Gesuche an das Vollstreckungsgericht im Verfahren bei der Zwangsvollstreckung in unbewegliches Vermögen wegen Geldforderungen, dann Erklärungen und Gesuche an das Versteigerungsgericht bei der gerichtlichen Versteigerung von Bergwerken u. s. w., bei der Versteigerung auf Uebergebot nach pfälz. Rechte, Erklärungen und Gesuche an das Verteilungsgericht bei dem in Art. 53 und 209 AG. z. ZPO. u. KO. vorgeschriebenen Verteilungsverfahren;

II. im Konkursverfahren:

diejenigen Gesuche und Erklärungen, welche in bürgerlichen Rechtsstreitigkeiten zu Protokoll des Gerichtsschreibers angebracht werden können, soweit dieselben im Konkursverfahren vorkommen (§ 65 RKO.), insbesondere Ablehnungsgesuche, Gesuche um Bewilligung des Armenrechts, Beschwerden und schriftliche Erklärungen auf Beschwerden,

Anmeldungen von Konkursforderungen (§ 127 RKO.);

III. im Strafverfahren:

Ablehnungsgesuche gegen Richter, Gerichtsschreiber und Schöffen (§ 26, 31 StPO.),

Erklärungen welche sich auf Rechtsmittel oder auf die Wiederaufnahme des Verfahrens beziehen, von seite des nicht auf freiem Fuß befindlichen Beschuldigten gemäß § 341, 405 StPO.,

die Einlegung der Beschwerde, Berufung und Revision, die Rechtfertigung der Berufung und Revision, die Gegenerklärung des Angeklagten auf die Revisionsschrift der Staatsanwaltschaft und der Antrag auf Wiederaufnahme des Verfahrens (§ 348, 355, 358, 381, 385, 387, 406 StPO., Art. 171, 175 FG.), sowie das Gesuch um Wiedereinsetzung in den vorigen Stand gegen ein ohne Anwesenheit des Verurteilten erlassenes Urteil (§ 234, 370 StPO., Art. 169 FG);

das Gesuch um Wiedereinsetzung in den vorigen Stand gegen die Versäumung einer Frist (§ 45 StPO.), soferne die mit demselben nachzuholende versäumte Handlung zum Protokolle des Gerichtsschreibers vorgenommen werden kann,

der Einspruch gegen einen amtsrichterlichen Strafbefehl (§ 449 StPO., Art. 144 des FG.);

das Gesuch um Bewilligung des Armenrechts in dem Verfahren auf Privatklage (§ 419 StPO.),

die Erhebung der Privatklage (§ 421 StPO.);

IV. in Sachen der nichtstreitigen Gerichtsbarkeit:

Anmeldungen zum Handels-, Genossenschaftsregister, zum Register für Gesellschaften mit beschränkter Haftpflicht und Musterregister, die Anmeldungen und Anzeigen der anerkannten Vereine, des Einspruchs und der Beschwerde in dem Verfahren nach Art. 10—23, 24 EG. z. HGB., Art. 24, Art. 77 AG. zur ZPO. u. KO., Art. 86 HGB.

Beschwerden in Sachen der nichtstreitigen Gerichtsbarkeit (Art. 58 AG. z. ZPO. u. KO.);

V. außerdem

Erinnerungen und Beschwerden in Kosten- und

Gebührensachen (§ 4, 47, 48 RGKG., 22 RGO. für Ger.=Vollz. § 15 der A. VO. v. 6. Sept. 1879, § 17 RGKG. für Zeugen und Sachverständige, Art. 7, 25, 48, 49, 53, 151 und 158 bayr. Geb.=Ges.)

Beschwerden der Rechtsanwälte bezüglich ihrer Gebühren gemäß § 12, 53 RAGO.;

die Angabe des Wertes des Gegenstandes des gerichtlichen Verfahrens (§ 14, 50 RGKG., Art. 7, 48 bayr. Geb.=Ges.),

der Antrag auf Entscheidung über einen verneinenden Kompetenzkonflikt (Art. 23 Ges. v. 18. Aug. 1879).

Für das Gebiet des preußischen Rechts sind außerdem die Art. 143, 152, 155, 159 AG. z. ZPO. und KO. zu berücksichtigen, für die Pfalz kommt außer dem Art. 197 dieses Gesetzes, wozu Art. 997 pfälz. ZPO. zu vergleichen ist, Art. 164 l. c. in Betracht.

Bei der Aufnahme der Protokolle über die voraufgeführten Gesuche und Erklärungen hat der Gerichtsschreiber dafür zu sorgen, daß das Gesuch oder die Erklärung den gesetzlichen Erfordernissen entspricht, wozu insbesondere auch die Bezeichnung der Beweismittel in den Fällen, in welchen sie vorgeschrieben ist, die Vorlegung der erforderlichen Urkunden und sonstigen Schriftstücke und die Glaubhaftmachung der Umstände gehört, deren Glaubhaftmachung notwendig ist. Der Gerichtsschreiber muß sich daher alle wesentlichen Umstände genau und bestimmt angeben lassen und zur Erlangung der erforderlichen Aufschlüsse geeignete Fragen stellen. Vermag der Antragsteller notwendige Aufschlüsse nicht zu geben oder notwendige Schriftstücke nicht sofort beizubringen, so kann der Gerichtsschreiber ihn veranlassen, sich vorerst die erforderliche Kenntnis oder die erforderlichen Schriftstücke zu verschaffen. Die Aufnahme des Protokolls hat jedoch immer zu geschehen, wenn eine unerstreckliche Frist zu wahren ist, und darf auch in anderen Fällen nicht verweigert werden, wenn der Antragsteller darauf besteht, seine Erklärung sofort abzugeben.

Bei Aufnahme von Protokollen in bürgerlichen Rechtsstreitigkeiten, im Konkursverfahren und in Sachen der nichtstreitigen Gerichtsbarkeit hat der Gerichtsschreiber nach Maßgabe der § 14, 50 RGKG. und der Art. 7, 48 bayr. Geb.-Gef. für die Angabe des Wertes des Gegenstandes des gerichtlichen Verfahrens zu sorgen.

Die Gesuche und Erklärungen **sind möglichst kurz** mit Weglassung aller nicht zur Sache gehörigen Umstände niederzuschreiben. Das Protokoll hat ferner den Ort und den Tag der Aufnahme und die Bezeichnung desjenigen, dessen Erklärung beurkundet ist, nach Vor- und Familiennamen, Stand oder Gewerbe und Wohnort zu enthalten. Dasselbe ist dem Antragsteller vorzulesen oder zur Durchsicht vorzulegen. In dem Protokolle ist zu bemerken, daß dies geschehen und die Genehmigung erfolgt ist. Das Protokoll ist von dem Antragsteller und dem Gerichtsschreiber zu unterschreiben. Ist der Antragsteller des Schreibens unkundig oder ist er am Schreiben verhindert, so hat er ein Handzeichen beizusetzen, welches der Gerichtsschreiber unter Angabe des Grundes, wegen dessen der Antragsteller sich eines Handzeichens bedient hat, besonders zu beglaubigen hat.

Bei Aufnahme der Berufung oder Revision eines Angeklagten, welcher in der Hauptverhandlung nicht anwesend war, sowie bei der Aufnahme eines Gesuches desselben um Wiedereinsetzung in den vorigen Stand gegen das Urteil hat der Gerichtsschreiber denselben auf die Bestimmungen in § 356, 382 StPO., in Forstrügesachen auf Art. 171 mit 173 des FG. ausdrücklich aufmerksam zu machen. Ebenso hat in der Pfalz der Gerichtsschreiber vor der Aufnahme eines Gesuches in Sachen der nichtstreitigen Gerichtsbarkeit (Art. 164 Abs. z. ZPO. u. KO.) den Antragsteller auf die Bestimmung in Art. 102 Abs. 2 des Ges. über das Geb.-Wes. hinzuweisen.

Der Gerichtsschreiber hat die nach § 28, 124 ZPO. auf der Gerichtsschreiberei niederzulegende Abschrift des von ihm aufgenommenen Protokolls fertigen zu lassen, während die weiteren Abschriften gemäß JME. vom 22. Juli 1885 Seite 157, soferne sie nicht von der Partei übergeben sind, durch den Gerichtsvollzieher angefertigt werden.

Dem Gerichtsschreiber obliegt ferners die Aufnahme des Protokolls über die gerichtlichen Verhandlungen, zu welchen er zuzuziehen ist, und zwar

I. in bürgerlichen Rechtsstreitigkeiten

über die mündliche Verhandlung (§ 145 ZPO.),

über die Verhandlungen, welche außerhalb der Sitzung vor Amtsrichtern oder ersuchten Richtern stattfinden (§ 151 ZPO.),

II. im Konkursverfahren

über die Verhandlungen vor dem Konkursgerichte (§ 65 RKO.), insbesondere über die Gläubigerversammlungen (§ 86 RKO.), über den Prüfungstermin, den Schlußtermin und den Vergleichstermin (§ 129, 150, 166 RKO.),

III. im Strafverfahren

über die Vernehmung des Angeschuldigten, der Zeugen und Sachverständigen; sowie über die Einnahme des Augenscheins in dem die öffentliche Klage vorbereitenden Verfahren und in der Voruntersuchung (§ 166, 185, 186 StPO.);

über die Vernehmung eines Zeugen oder Sachverständigen, dessen Erscheinen in der Hauptverhandlung Hindernisse entgegenstehen, über einen zur Vorbereitung der Hauptverhandlung einzunehmenden richterlichen Augenschein und über die Vernehmung des von der Verpflichtung zum Erscheinen in der Hauptverhandlung entbundenen Angeklagten (§ 223, 224, 232, 373 StPO.),

über die Hauptverhandlung (§ 271, 373 der StPO., Art. 156, 161 FG.),

IV. in Sachen der nichtstreitigen Gerichtsbarkeit

über die mündliche Verhandlung, insbesondere in dem Verfahren nach Art. 10—23 EG. z. HGB.

In allen Sitzungen, zu welchen der Gerichtsschreiber zugezogen ist, hat derselbe auch das Protokoll über die Feststellung des Thatbestandes einer in der Sitzung begangenen strafbaren Handlung (§ 185 GVG., Art. 78 AG. hiezu) aufzunehmen.

Der Gerichtsschreiber hat ferner das Protokoll aufzunehmen bei Auslosungen und Beeidigungen sowie über die Vollstreckung der Todesstrafe. (§ 486 StPO.).

Protokolle in Sitzungen.

Die Aufnahme des Protokolls über die gerichtlichen Verhandlungen, die Beeidigungen und die sonstigen von dem Gerichte oder einem Richter vorgenommenen Handlungen erfolgt unter der Leitung des Vorsitzenden bezw. des Richters, welcher das Geschäft vornimmt. Der Gerichtsschreiber hat insbesondere den Weisungen des Vorsitzenden oder des Richters, wonach einzelne Vorgänge im Protokolle festzustellen oder einzelne Aeußerungen ihrem Wortlaute nach in dasselbe aufzunehmen sind, zu entsprechen. Der Gerichtsschreiber ist aber selbständig dafür verantwortlich, daß das Protokoll wahrheitsgetreu ist. Demnach hat der Sekretär, wenn er in irgend einer Weise etwas überhört zu haben glaubt, auch das Recht, eine Frage zu stellen.

Das Protokoll ist bei den Verhandlungen selbst aufzunehmen. Protokolle über mündliche Verhandlungen vor dem erkennenden Gerichte können in Ausnahmsfällen auf Grund der von dem Sekretär bei der Verhandlung gemachten Aufzeichnungen nachträglich jedoch vor Ablauf von drei Tagen ausgearbeitet werden.

Für das über die mündliche Verhandlung in bürgerlichen Rechtsstreitigkeiten aufzunehmende Protokoll sind die in § 145—149, 269, 270, 470, 485, 520, 569 ZPO. enthaltenen gesetzlichen Vorschriften maßgebend. Die Bestimmungen in § 145—149 ZPO. finden entsprechende Anwendung auf das Protokoll über die Verhandlungen, welche außerhalb der Sitzung vor Amtsrichtern oder ersuchten Richtern stattfinden, sowie für das Protokoll über die Verhandlungen vor dem Konkursgerichte. Besondere Vorschriften sind in § 315, 316, 354 ZPO. getroffen.

Für die Protokolle, welche in dem die öffentliche Klage vorbereitenden Verfahren und in der Voruntersuchung aufzunehmen sind, sind die Bestimmungen des § 186 RStPO. maßgebend. Besondere Vorschriften enthalten die § 65, 86 StPO. In gleicher Weise sind die nach § 223, 224, 232 StPO. und 185 RGVG. aufzunehmenden Protokolle einzurichten.

Das in Strafsachen über die Hauptverhandlung aufzunehmende Protokoll richtet sich nach den in den § 271—273, 373, 211, 254, 275 StPO. enthaltenen Vorschriften. Die nämlichen Vorschriften sind für das Protokoll über die mündliche Verhandlung in dem Verfahren nach Art. 10—23 EG. z. HGB. maßgebend. Für Forstrügesachen bestehen besondere Bestimmungen (Art. 161 FG.).

Bei den sämtlichen im Vorstehenden erwähnten Protokollen sind die Bestimmungen in § 184, 187 RGVG. zu beachten.

Auf die nach § 45, 51, 91, 94 RGVG., nach § 280 Abs. 2 StPO. und nach § 17 RAO. in öffentlicher Sitzung aufzunehmenden Protokolle finden die für die Protokolle über mündliche Verhandlungen in öffentlicher Sitzung geltenden Vorschriften entsprechende Anwendung.

I.

Der gerichtliche Dienst.

A. Nichtstreitige Rechtspflege.

1. Antrag auf Ausstellung eines Erb- und Besitz-Zeugnisses.

Protokoll,

aufgenommen bei dem k. Amtsgericht Forchheim.

Betreff:
Antrag auf Ausstellung eines Erb- und Besitzzeugnisses über das Grundvermögen des Metzgermeisters Jakob Schadel in Forchheim.

Gegenwärtig:
Ober-Amtsrichter Müller,
Gerichtsschreiber Maier.

Forchheim, am 1. Mai 1887.

Es erscheint:

Metzgermeister Konrad Lang von Baiersdorf;

übergibt:

1. Familienzeugnis des Pfarr-Amts und Standes-Amts Forchheim v. 3. ds. Mts.
2. Kataster-Auszug.
3.

und bringt vor:

Laut Katasters steht der nachfolgende Grundbesitz noch auf Namen des Metzgermeisters Jakob Schadel in Forchheim.

Pl.-Nr. 89 – 0,010 ha Gebäude, Wohnhaus mit Umgriff
Pl.-Nr. 3769 a – 0,133 ha Acker in Weingarts

gelegen in der Steuer-Gd. Forchheim.

Jakob Schadel verstarb am 29. August 1885 mit Hinterlassung einer einzigen Tochter namens Magdalena Schadel, welche mit mir verheiratet war und in Gütergemeinschaft nach Bamberger Landrecht gelebt hat; letztere ist am 23. Mai 1886 ebenfalls verstorben.

Der obenbezeichnete Grundbesitz geht nun durch Intestat-Erbfolge auf meine verlebte Ehefrau und von dieser, da keine Kinder vorhanden sind, auf mich über.

Ich beantrage die Umschreibung dieses Grundbesitzes in den öffentlichen Büchern auf mich und die Ausstellung eines Erb- und Besitzzeugnisses.

Das Nachlaßgrundvermögen wird auf 6000 *M* angegeben.

Vorgelesen, genehmigt, unterzeichnet.

Konrad Lang.

Verfügung:

I. Erb- und Besitzzeugnis ist antragsgemäß auszustellen.

II. fiat Mitteilung an das k. Rentamt Forchheim zum Behufe der Besitzumschreibung unter Beilage des Zeugnisses sub I.

III. An das diesgerichtliche Hypothekenamt mit dem Ersuchen, den Besitztitel auf Antragsteller . . Metzgermeister Konrad Lang von Baiersdorf im Hypothekenbuche zu berichtigen. [Art. 88]

IV. Gehen Akten an die Gerichtsschreiberei zur Kostenbehandlung.

V. Zur Sammlung der Erb- und Besitzzeugnisse.

(L. S.) Müller. Maier.

$^1/_{10}$ Gebühr aus der Wertsgegenstandssumme gemäß Art. 83 Ziff. 2 des Geb.-Ges. Erstreckt sich die Thätigkeit des Gerichts lediglich auf die Prüfung der Erblegitimation, Annahme oder Ausschlagung der Erbschaft oder eines Vermächtnisses, sowie die Ausstellung eines Zeugnisses über den Erwerb der Erbschaft oder eines Vermächtnisses oder mehrere dieser Angelegenheiten, so kommt 1/10 der Sätze des § 18 des RGKG. bis zum Meistbetrage von 100 M zur Erhebung.

Das Schreiben an das k. Rentamt z. Beh. d. Besitzumschreibung lautet ganz dem Erb-. und Besitz-Zeugnisse entsprechend: „Zum Behufe der Besitzumschreibung beehre ich mich mitzuteilen, daß auf Ableben 2c. übergegangen ist.“ In der Verfügung ad II das ganze Schreiben aufzunehmen, ist überflüssig. Die sonstigen vom Gericht auszustellenden Erbschaftszeugnisse werden nur nach Durchführung der Verlassenschaft erteilt. Auch Notare können Erbschaftszeugnisse ausstellen, wenn sie als Verlassenschaftskommissäre aufgestellt sind.

Die Reponierung im bestehenden Sammelakte für Erb- und Besitz-Zeugnisse erfolgt derart, daß die Todesanzeige des betr. Erblassers adhibiert und jeder Antrag mit einer neuen, fortlaufenden Nummer versehen wird. Außerdem muß auch der Name des Erblassers in das alphab. Nachschlag-Register zum Sammelakt über Erb- und Besitzzeugnisse, wozu das Formular des Namensregisters zum Verlassenschaftsverzeichnisse benutzt werden kann, eingetragen werden.

Das Erb- u. Besitzzeugnis hätte zu lauten: „Vom unterfertigten k. Amtsgericht wird hiermit auf Grund der übergebenen Zeugnisse bestätigt, daß auf Ableben (des Metzgermeisters Jakob Schadel von Forchheim am 29. August 1885 dessen nachgelassenes, nachstehend aufgeführtes Grundvermögen im Wege der gesetzlichen Erbfolge und nach Erklärung des unbedingten Erbschaftsantritts — nach Erklärung des Erbverzichts seitens . . . . . — auf den Schwiegersohn des Defunkten, Metzgermeister Konrad Lang von Baiersdorf, alleineigentümlich — zu gemeinschaftlichem Eigentume —) übergegangen ist.

Steuergemeinde Forchheim:

Pl.-Nr. 89—0,010 ha Gebäude, Wohnhaus mit Umgriff 2c.

Datum. Unterschrift.“

Die Einschreibung des Besitzers in zweiter Rubrik des Hypothekenbuches erfolgt nach den Vorschriften der § 136, 138—143 Hyp.-Ges., § 4 Einf.-Ges. hiezu, § 20, 21, 27 Ziff. 4 der Instr., J.-M.-E. vom 26. Juli 1864, Ziff. II lit. B. Nr. 8. Die Vollzugsbestätigung, welche dem Erbschaftszeugnis angefügt wird, bezeichnet das Objekt der Umschreibung, das Folium und den Tag, an dem die Umschreibung erfolgte. conf. JME. v. 1. Aug. 1882 S. 208. 2. Juni 1855 b. Geb.-W. Art. 213, 214, 261.

2. Reklamation gegen die Einführung der allg. Gütergemeinschaft nach Bamberger Landrecht.

Protokoll,

aufgenommen bei dem k. Amtsgericht Bamberg II.

Betreff:
Reklamation der Barbara Weilersbacher von Hirschaid gegen die Einführung der allg. Gütergemeinschaft nach Bamberger Landrecht.

Gegenwärtig:
Amtsrichter Strauß.
Gerichtsschreiber Knoblach.

Bamberg, am 20. Januar 1888.

Es erscheinen:

1. Oekonomensfrau Barbara Weilersbacher von Hirschaid, geb. Kreppelt,
2. deren Ehemann Johann Weilersbacher von da.

Erstere erklärt:

Ich habe mit meinem mitanwesenden Ehemann Joh. Weilersbacher am 18. August 1887 die Ehe geschlossen, worüber ich standesamtliche Bescheinigung zu den Akten übergebe.

Nachdem wir einen Ehevertrag nicht abgeschlossen haben, so ist die eheliche Gütergemeinschaft nach Bamberger Landrecht zwischen uns noch nicht eingetreten.

Ich reklamiere nun hiermit ausdrücklich gegen den Eintritt dieser Gütergemeinschaft und bitte dem Landrechte gemäß das Weitere zu verfügen.

Johann Weilersbacher erklärt hierauf:

Ich erhebe gegen die Reklamation meiner Ehefrau keine Einwendung, erkenne vielmehr solche als richtig an und habe gegen die gerichtliche Beseitigung des Eintritts der Gütergemeinschaft und öffentliche Bekanntmachung keine Erinnerung vorzubringen.

Barbara Weilersbacher beantragt nunmehr die gerichtliche Bestätigung, Ausfertigung des Reklamationsdekretes und benennt als öffentliche Blätter für die Bekanntmachung der Reklamation:

a. das Kreisamtsblatt für Oberfranken,
b. das Bamberger Amtsblatt,
c. den fränkischen Kurier.

Die Eheleute Johann und Barbara Weilersbacher erklären schließlich übereinstimmend, daß sie ein Vermögen von 5000 ℳ besitzen; sie werden sofort einen Auslagenvorschuß auf der Gerichtsschreiberei erlegen.

Vorgelesen, genehmigt, unterschrieben:

Barbara Weilersbacher,
Johann Weilersbacher.

Verfügung:

I. Es wird hiermit die von der Oekonomens-Ehefrau Barbara Weilersbacher, geb. Kreppelt, von Hirschaid unterm Heutigen erhobene Reklamation gegen den Eintritt der Gütergemeinschaft nach Bamberger Landrecht bestätigt.

II. Vorstehender Beschluß ist als Bestätigungsdekret für die Eheleute Johann und Barbara Weilersbacher je gesondert auszufertigen.

III. Ist nachstehende Bekanntmachung je einmal einzurücken

a) im Kreisamtsblatte für Oberfranken,
b) im Bamberger Amtsblatte,
c) im fränkischen Kurier.

„Es wird hiermit bekannt gegeben, daß die Oekonomens-Frau Barbara Weilersbacher, geborne Kreppelt von Hirschaid, gegen die Einführung der stillschweigenden Gütergemeinschaft nach Bamberger Landrecht mit ihrem Ehemanne, dem Oekonomen Johann Weilersbacher von da rechtzeitig reklamiert hat.“

IV. An die Gerichtsschreiberei zur weiteren Behandlung der Sache und Kostenberechnung.

V. Zur Sammlung der Reklamations-Gesuche.

Königl. Amtsgericht.

[L. S.] Strauß.

Knoblach.

A.G.R.Nr. 312

$^{3}/_{10}$ Geb. 20.— ℳ		
Porto . . 1.40 „	} Ausl. Reg. Nr. 2.	
Inserat. . 12.— „		
Copialien —.50 „		
Ins. . . . 1.— „		
Sa. 34.90 ℳ		

$^{3}/_{10}$ Gebühr aus der Vermögenssumme nach Art. 99 des Geb.-Gesetzes. Für die Entscheidung einschließlich des vorausgegangenen Verfahrens, über Anträge, welche jedoch nach den bestehenden Gesetzen eine gerichtliche Prüfung, Bestätigung oder überhaupt eine Beschlußfassung erfordern, werden $^{3}/_{10}$ der Sätze des § 8 des RGKG. bis zum Meistbetrage von 20 ℳ; nach vorheriger Errichtung einer notariellen Urkunde jedoch nur 50 ₰ erhoben.

Die Heirats-Urkunde oder von den Parteien übergebene Zeugnisse sind dem Protokolle als Beilagen beizuheften und der entstandene Akt in dem bestehenden Sammelakte aufzunehmen.

Zu dem Sammelakte der Reklamationsgesuche besteht auch ein Inhaltsverzeichnis, in das der betreffende Fall einzutragen ist.

Das Verzeichnis besteht in der Regel aus 3 Spalten; in der ersten findet sich die fortlaufende Nummer, in der zweiten die Zeit des Antrags und in der dritten der Vortrag der Sache.

Bamberger L.-R. Teil I Cap. II Tit. 3 und ff. § XVI.

Erhebung von Depositalgebühren in Vormundschaften **92**, 187. „In Vormundschaften, in denen das Vermögen des Mündels nicht über 1000 Mk. beträgt, kommt die in § 1 der Verord. v. 17. Dez. 1882 bestimmte Depositalgebühr nicht zur Erhebung; bei mehreren Mündeln, findet die Bestimmung des § 1 auf das Vermögen jedes einzelnen Mündels Anwendung."

Verzeichnisse im Pflegschaftswesen: a) Registraturverzeichnis für je ein Geschäftsjahr, **64**, 187. b) Namensregister hiezu **64**, 188. c) Verzeichnis sämtlicher Pfleglinge **64**, 189. d) Kurrentverzeichnis **64**, 190; letzteres ist alljährlich spätestens bis 15. Februar für das vorausgegangene Jahr dem Landgerichtspräsidenten vorzulegen.

3. Gerichtliche Verwarnung bei Verschwendern.

Protokoll,

aufgenommen bei dem k. Amtsgericht Bamberg II.

Betreff:
Antrag der Bauersfrau Anna Dörner von Treilsdorf um gerichtliche Verwarnung ihres Ehemannes wegen Verschwendung.

Gegenwärtig:
Amtsrichter Renner,
Sekretär Bär.

Bamberg, am 2. Mai 1887.

Es erscheinen:

1. Anna Dörner, Bauersfrau von Treilsdorf.
2. Michael Dörner, Oekonom von da, Schwager der ersteren.

Anna Dörner erklärt:

Mein Ehemann Konrad Dörner führt schon seit längerer Zeit einen sehr liederlichen Lebenswandel. Er arbeitet sehr wenig und was er verdient, verbraucht er für sich, indem er solange forttrinkt, bis der letzte Pfennig aufgebraucht ist; wenn er dann nach Hause kommt, mißhandelt er mich und die Kinder.

Unsere Vermögensverhältnisse sind daher erheblich zurückgegangen.

Wenn mein Mann seine bisherige Lebensweise fortsetzt, bringt er noch die ganze Familie an den Bettelstab. Der mitanwesende Michael Dörner bestätigt die Richtigkeit vorstehender Angaben, worauf Anna Dörner gemäß § 4 u. 5, Teil II Anhang 3 Titel 2 des Bamberger Landrechts beantragt, ihren Ehemann wegen Trunksucht und Verschwendung gerichtlich zu verwarnen.

Vorgelesen, genehmigt, unterzeichnet:
Anna Dörner,
Michael Dörner.

Verfügung.

Zu laden: Oekonom Konradin Dörner von Treilsdorf auf Mittwoch, den 8. Mai 1887 vormittags 9 Uhr.

Königl. Amtsgericht:

(L. S.) Renner. Bär.

4. Erklärung des zu Verwarnenden.

Protokoll,

aufgenommen bei dem k. Amtsgericht Bamberg II.

Betreff:
Antrag der Bauersfrau Anna Dörner von Treilsdorf um gerichtliche Verwarnung ihres Ehemannes wegen Verschwendung.

Gegenwärtig:
Amtsrichter Renner,
Sekretär Bär.

Bamberg am 8. Mai 1887.

Es erscheint:

Konradin Dörner, Oekonom von Treilsdorf;

Diesem wurde das Protokoll mit Antrag vom 2. ds. Mts. durch wortdeutliches Vorlesen bekannt gegeben. Den ꝛc. Dörner hat man sodann unter eindringlicher Ermahnung den Bestimmungen des Bamberger Landrechts entsprechend zur besseren Aufsicht auf das Seine ausdrücklich angehalten, worauf er erklärt, daß er in Zukunft gewiß bestrebt sein werde, eine andere Lebensweise einzuhalten.

Vorgelesen, genehmigt, unterzeichnet:
Konradin Dörner.

Königl. Amtsgericht:

(L. S.) Renner. Bär.

Der Antrag auf Entmündung kann gestellt werden, wenn die Verwarnung vorausging, gleichgiltig ob der zu Verwarnende bei Gericht erschienen ist oder nicht. Ist letzterer nicht erschienen, so ist durch das schuldbare Ausbleiben die zu erfolgende Verwarnung als vereitelt zu betrachten. Dieser Akt ist gebührenfrei. Ähnlich ist der Fall in Ehescheidungssachen bezüglich des Antrages auf Erlaß eines Besserungsbefehls. In diesem Falle würde vom Richter folgender „Befehl“ ausgefertigt:

„Sie werden aufgefordert, sich der Trunksucht zu enthalten und einen ordentlichen Lebenswandel zu führen, widrigenfalls Ihre Ehefrau die Berechtigung erlangt, die Ehescheidungsklage gegen Sie anzustrengen.“ GVG. § 170; ZPO. § 571, 572.

5. Pflegschaftseinleitung. (Kindesmutter und Vormund.)

Protokoll

betreffend die Pflegschaft über Johann Bauer, außereheliches Kind der Margaretha Bauer von Polling.

Gegenwärtig:
Amtsrichter Vogler,
Sekretär Weinhart.

Weilheim, am 1. Dezember 1888.

Ladungsgemäß erscheinen:

Die Kindesmutter, ledige großjährige Dienstmagd Margaretha Bauer von Polling,

Der Oekonom Joseph Brunner von da.

Die Kindesmutter bringt den Oekonomen Joseph Brunner als Vormund ihres Kindes in Vorschlag mit der Bitte, ihn zu verpflichten.

Derselbe, über die Rechte und Pflichten eines Vormundes belehrt, wurde durch Handschlag an Eidesstatt verpflichtet.

Die Kindesmutter bezeichnet sodann als Vater ihres am 4. November 1888 außerehelich geborenen und zu Polling erzeugten Kindes, namens Johann, den ledigen, großjährigen Bauerssohn Max Bichler von Polling, z. Zt. Soldat des k. 2. Inf.-Reg. 3. Cie. in München und verlangt von demselben neben ausdrücklicher Anerkennung der Vaterschaft zu dem Kinde (und Einräumung des gesetzlich beschränkten Erbrechtes für dasselbe)

1. die Verpflichtung zur Zahlung:
   a) eines jährlichen Unterhaltsbeitrages von 120 ℳ von der Geburt des Kindes bis zum zurückgelegten 14. Lebensjahre und darüber hinaus, im Falle das Kind wegen geistiger oder körperlicher Schwäche unfähig

sein sollte, sich zu ernähren, auf die Dauer dieser Unfähigkeit, vierteljährlich vorauszahlbar;

b) auf die gleiche Zeitdauer des seinerzeitigen Schulgeldes, der allenfallsigen Kur- und Leichenkosten, wenn das Kind innerhalb dieser Alimentationsperiode erkranken oder sterben sollte, (sowie des Lehrgeldes für ein Handwerk);

c) des Tauf- und Kindbettkosten-Beitrages von 30 ℳ;

d) der persönlichen Entschädigung für Verlust der Jungfrauschaft von 200 ℳ;

2. Kaution für die übernommenen Verbindlichkeiten wird vorerst nicht verlangt.

Kindesmutter und Vormund, über die Vorteile einer notariellen Beurkundung des Uebereinkommens belehrt, erklären, daß sie auf Errichtung einer Notariatsurkunde nicht bestehen.

Dieselben beantragen gegebenenfalls die Vormerkung des Vaterschaftsbekenntnisses im standesamtlichen Geburtsregister; sie verzichten endlich auf besondere Mitteilung, falls der Kindesvater die ihm angesonnenen Verbindlichkeiten eingeht.

Der Vormund wurde angewiesen, für eine gehörige Unterbringung und Erziehung des Pfleglings zu sorgen, sowie alle 2 Jahre hierüber Bericht zu erstatten, worauf er erklärt:

Der Pflegling befindet sich bei den Eltern der Kindesmutter in Polling in Wart, Erziehung und Pflege und ist in genügender Weise für dessen Wohl gesorgt; ich werde übrigens, falls eine wesentliche Aenderung der Verhältnisse eintritt, sofort der Kuratel-Behörde Anzeige erstatten.

Vorgelesen, genehmigt, unterzeichnet:
Margaretha Bauer.
Joseph Brunner.

Verfügung:

Geht gegenwärtiges Protokoll mit Geburtsanzeige von kurzer Hand an das k. Amtsgericht München I Abt. A f. Z.-S. mit dem Ersuchen, den Kindesvater Max Bichler, welcher sich als Soldat z. Zt. beim k. 2. Inf.-Reg. 3. Cie. befindet, über vorstehenden Protokolls-Inhalt einzuvernehmen, dessen Erklärung entgegenzunehmen und das Protokoll mit Akten anher zurückzuleiten.

Kgl. Amtsgericht.

(L. S.) Vogler. Weinhart.

Es ist insbesondere darauf Bedacht zu nehmen, daß bei der Entgegennahme der Erklärungen der Kindesmutter deren Alter erhoben wird, da, wenn Kindesmutter minderjährig, selbe eines gesetzlichen Vertreters bezw. Beistands bedarf.

Zur Einleitung der Vormundschaft über ein außereheliches Kind ist das Gericht des Domizils der außerehelichen Mutter zuständig, was im allgemeinen nicht blos für bayr. Staatsangehörige, sondern auch für andere Deutsche und Fremde gilt. Ist kein Domizil vorhanden, so ist das Gericht des Aufenthaltsortes zuständig. Durch Aenderung des Domizils der außerehelichen Mutter wird die einmal begründete Zuständigkeit nicht berührt.

Zur Bestellung einer Pflegschaft über Abwesende ist dasjenige Gericht zuständig, in dessen Bezirk der Abwesende den letzten Wohnsitz gehabt hat, in Ermangelung eines solchen Wohnsitzes, jenes Gericht, in dessen Bezirke die Wahrnehmung der Vermögensangelegenheiten des Abwesenden veranlaßt ist. Art. 96 AG. z. ZPO.

In besonderen Fällen können Zweckmäßigkeitsgründe für die Bestimmung des zuständigen Gerichts maßgebend sein, weshalb die Pflegschaft dann von einem anderen Gerichte übernommen und fortgeführt wird. Bestreitet der Vater die eheliche Geburt eines von seiner Frau während der Ehe geborenen Kindes, so kann Pflegschaft eingeleitet werden.

Die Pflegschaft für Abwesende findet nur insoweit statt, als dieselben einen Bevollmächtigten zur Besorgung ihrer Vermögensangelegenheiten nicht bestellt haben, oder Umstände eingetreten sind, welche die erteilte Vollmacht aufheben oder deren Widerruf zu veranlassen geeignet sind. Art. 95 AG. z. ZPO.

6. Verpflichtung des Vormundes.

Protokoll,
aufgenommen bei dem k. Amtsgericht Garmisch.

Betreff:
Pflegschaft über die minderjährige Gütlerstochter Anna Munsch von Oberau.

Garmisch, am 10. Dezember 1887.

Erscheint:
Der Bierbrauer Josef Erlwein von Garmisch.

Gegenwärtig:
Amtsrichter Lindner,
Gerichtsschreiber Mainer.

welcher nach befundener Tüchtigkeit, sowie unter Hinweis und geeigneter Belehrung über seine Obliegenheiten als (Vormund, Curator), gemäß bayer. Landrechts Teil I Cap. 7 § 10 durch Handgelübde an Eidesstatt verpflichtet wurde.

Vorgelesen, genehmigt, unterzeichnet:
Josef Erlwein.

Königliches Amtsgericht.

(L. S.) Lindner. Mainer.

Unfähig zum Amte des Vormunds sind: Frauen, ausgenommen der Mutter und Großmutter, Minderjährige, Wahnsinnige, Verschwender, Personen, welchen die bürgerlichen Ehrenrechte aberkannt sind, wenn es sich nicht um Verwandte absteigender Linie handelt (§ 34 Z. 6 RStGB.), der Vormundschaft wegen Untreue entsetzte Personen; sowie die einer Pfründe einverleibten Personen. Die Vormundschaft ist ein Ehrenamt, wozu jeder Staatsbürger verpflichtet ist. Findet sich in manchen Fällen niemand, welcher sich freiwillig zur Uebernahme einer Vormundschaft herbeiläßt, so hat die Obervormundschaftsbehörde sich mit der betreffenden Gemeindebehörde ins Benehmen zu setzen und eine geeignete Persönlichkeit vorschlagen zu lassen und sind in diesen Fällen vor Allem die Blutsverwandten der Pfleglinge vorzuziehen. JME. v. 3. II. 1844 und 11. V. 1869. Selbst wenn mehrere Kinder zu bevormunden sind, soll nur ein Vormund bestellt werden. Ablehnungsgründe zur Uebernahme der Vormundschaft sind: Bekleidung eines obrigkeitlichen und geistlichen Amtes, Armut, stete Krankheit und Gebrechlichkeit, hohes Alter, große Familie, längere Abwesenheit von der Heimat, mehrfache Aufstellung als Vormund. Ueber vorstehende Ablehnungsgründe entscheidet die Vormundschaftsbehörde und findet gegen diesen Beschluß Beschwerde zum k. Landgerichte statt.

7. Einvernahme des Kindesvaters über Kuratelansprüche bei dessen Zustimmungserklärung.

Protokoll,

aufgenommen bei dem k. Amtsgericht München I, Abt. A f. Z. S.

Betreff:
Pflegschaft über Johann Bauer, ill. der led. Dienstmagd Margaretha Bauer von Polling.

Gegenwärtig:
Ober-Amtsrichter Geiger.
Gerichtsschreiber Braun.

München, am 5. Dezember 1895.

Auf Ladung erscheint heute:

der Bauerssohn Max Bichler von Polling, z. Z. Soldat des k. 2. Inf.-Reg., beheimatet in Weilheim, welcher nach Bekanntgabe des Akteninhalts und insbesondere des Protokolls des k. Amtsgerichts Weilheim vom 1. c. erklärt:

Ich erkenne die Vaterschaft zu dem am 4. November 1888 außerehelich geborenen Kinde der Margaretha Bauer namens Johann Bauer an, und verpflichte mich (außer der Einräumung des gesetzlich beschränkten Erbrechts) zu sämtlichen von der Kindesmutter im Protokoll des k. Amtsgerichts Weilheim vom 1. Dezember l. Js. verlangten Leistungen.

Vorgelesen, genehmigt, unterzeichnet:
Max Bichler.

Ad R. 946.

Verfügung.

Geht gegenwärtiges Protokoll mit den Akten an das k. Amtsgericht Weilheim in Erledigung der Requisition vom 1. II. c. zurück.

Königliches Amtsgericht.

(L. S.) Geiger. Braun.

Gemäß Art. 80 des Geb. Wesens werden für die gerichtliche Beurkundung von Erklärungen über Anerkennung der Vaterschaft und Alimentation des Mündels im Gegensatz zu Art. 125 l. c. besondere Gebühren nicht erhoben.

Erziehung der Pfleglinge **66**, 225 f.

Beteiligung derselben bei Notariats-Akten **67**, 225 ff., 289 f., **69**, 109 f., 141 f., **71**, 306 f.

8. Einvernahme des Kindesvaters über Kuratelansprüche bei dessen Weigerungserklärung.

Protokoll,

aufgenommen bei dem k. Amtsgericht München I, Abt. A f. BS.

Betreff: Pflegschaft über Johann Bauer, ill. der led. Dienstmagd Margaretha Bauer von Polling.

Gegenwärtig: Ober-Amtsrichter Geiger, Gerichtsschreiber Braun.

München, am 5. Dezember 1895.

Auf Ladung erscheint heute: der Bauerssohn Max Bichler von Polling, z. Z. Soldat des k. 2. Inf.-Reg., beheimatet in Weilheim, welcher nach Bekanntgabe des Akteninhalts und insbesondere des Protokolls des k. Amtsgerichts Weilheim vom l. c. erklärt:

Ich erkenne die Vaterschaft zu dem am 4. November 1888 außerehelich geborenen Kinde der Margaretha Bauer namens Johann Bauer nicht an, erkläre, daß ich mich zu keiner der von der Kindsmutter und dem Vormunde verlangten Leistungen verstehen kann, da ich während der kritischen Zeit mit der Kindesmutter in keinem geschlechtlichen Verkehre stand. Die Kindesmutter hat auch anderen Mannspersonen den Beischlaf gestattet.

Vorgelesen, genehmigt, unterzeichnet:
Max Bichler.

Ad B. 946.

Verfügung.

br. m. zurück an das k. Amtsgericht Weilheim.

(L. S.) Geiger. Braun.

Ist nun vom Kindesvater in Güte nichts zu erhalten, so wird das Gericht den Vormund alsbald anweisen, gegen Kindesvater den Rechtsweg zu beschreiten und ihm zu diesem Behufe folgendes **„Kuratorium“** ausfertigen: „In der Pflegschaft über Johann Bauer, außereheliches Kind der ledigen Dienstmagd Margaretha Bauer von Polling, geboren am 4. November 1888, wird die Kindsmutter sowie der verpflichtete Vormund Oekonom Jos. Brunn von Polling angewiesen und ermächtigt, gegen den Bauerssohn Max Bichler von Polling, z. Zt. Soldat in München, beim 2. Inf.-Reg. 3 Cie. Klage auf Anerkennung der Vaterschaft und Alimentationsleistung zu erheben und den Rechtsstreit durchzuführen. Ueber den Stand des letzteren ist binnen zwei Monaten Anzeige zu erstatten. (Schließlich wird gemäß § 109 Abs. 2 RZPO. bestätigt, daß die Kuratel unvermögend ist.)“

9. Einvernahme des Kindesvaters über Kuratelansprüche bei dessen teilweiser Zustimmungserklärung.

Protokoll,

aufgenommen bei dem k. Amtsgericht München I, Abt. A f. SS.

Betreff:
Pflegschaft über Johann Bauer, ill. der led. Dienstmagd Margaretha Bauer von Polling.

Gegenwärtig:
Ober-Amtsrichter Geiger,
Gerichtsschreiber Braun.

München, am 5. Dezember 1895.

Auf Ladung erscheint heute:

der Bauerssohn Max Bichler von Polling, z. Z. Soldat des k. 2. Inf.-Reg., beheimatet in Weilheim, welcher nach Bekanntgabe des Akteninhalts und insbesondere des Protokolls des k. Amtsgerichts Weilheim vom 1. c. erklärt:

Ich erkenne die Vaterschaft zu dem außerehelichen Kinde der Margaretha Bauer von Polling an, räume demselben das gesetzlich beschränkte Erbrecht ein; muß jedoch die an mich gestellten Anforderungen der Kindesmutter als zu hoch gegriffen und überspannt bezeichnen, da selbe meinen Vermögensverhältnissen nicht entsprechen.

Ich kann mich daher nur zur Zahlung von

a. 80 ℳ jährlichen Unterhaltsbeitrag ꝛc.

b. der Hälfte des Schulgeldes,

c. 15 ℳ Tauf- und Kindbettkostenbeitrag ꝛc.

verpflichten.

Vorgelesen, genehmigt, unterzeichnet:
Max Bichler.

Ad R. 946.

Verfügung:

Geht mit den Akten an das k. Amtsgericht Weilheim in Erledigung der Requisition vom 1. 2. c. zurück.

Königliches Amtsgericht:

(L. S.) Geiger. Braun.

10. Alimenten-Uebereinkommen.

Protokoll

betreffend die Pflegschaft über Adam Mainer, außereheliches Kind der großj. led. Taglöhnerin Ursula Mainer, von Starnberg.

Gegenwärtig:

Ober-Amtsrichter Braun,

Gerichtsschreiber Rabl.

Starnberg, den 2. Februar 1889.

Auf Ladung finden sich ein:

1. Die Kindesmutter: die led. großj. Taglöhnerin Ursula Mainer von Starnberg.
2. Johann Sedlmeier, Oekonom daselbst,
3. Josef Schubert, Bräugehilfe, led. und großj. von Tutzing.

Kindesmutter bringt den Johann Sedlmeier als Vormund ihres Kindes in Vorschlag mit der Bitte, ihn zu verpflichten. Derselbe, über die Rechte und Pflichten eines Vormundes belehrt, wurde durch Handschlag an Eidesstatt verpflichtet.

Erstere bezeichnet sodann als Vater ihres außerehelichen Kindes Adam den miterschienenen Josef Schubert und schließt mit demselben in Uebereinstimmung mit dem Vormund folgendes Uebereinkommen:

1. Bräugehilfe Josef Schubert anerkennt die Vaterschaft zu dem am 2. Januar 1889 gebornen und zu Starnberg erzeugten Kinde namens Adam (und räumt demselben das gesetzlich beschränkte Erbrecht ein).

2. Jos. Schubert verpflichtet sich zur Bezahlung:

a) eines jährlichen Unterhaltsbeitrages von 120 ℳ, (m. W.) vierteljährig vorauszahlbar von der Geburt des Kindes bis zum zurückgelegten 14. Lebensjahre und darüber hinaus, im Falle das Kind wegen geistiger oder körperlicher Schwäche unfähig sein sollte, sich zu ernähren, auf die Dauer dieser Unfähigkeit;

b) auf die gleiche Zeitdauer der Hälfte des seinerzeitigen Schulgeldes, der Kur- u. Leichenkosten, falls das Kind während der ersten 14 Lebensjahre erkranken oder sterben sollte;

c) der Hälfte des Lehrgeldes;

d) des Kindbettkostenbeitrages von zwanzig ℳ;

e) der persönlichen Entschädigung für Verlust der Jungfrauschaft von 100 ℳ (m. W.);

3. Kaution für die übernommenen Verbindlichkeiten wird verlangt, vom Kindesvater aber nicht geleistet.

(§ 702 Ziff. 5 ZPO.)

Kindesmutter und Vormund, über die Vorteile einer notariellen Beurkundung des Uebereinkommens belehrt, erklären, daß sie auf die Errichtung einer Notariatsurkunde nicht bestehen, da sie die Interessen des Kindes in jeder Beziehung durch die Protokollierung des heutigen Uebereinkommens für gewahrt erachten.

Dieselben beantragen die Vormerkung des Vaterschaftsbekenntnisses im standesamtlichen Geburtsregister.

Vormund wurde sofort angewiesen, für die Erziehung des Pfleglings zu sorgen und alle zwei Jahre hierüber Bericht zu erstatten, worauf derselbe erklärt:

Der Pflegling befindet sich bei dem Oekonomen Peter Sauer in Starnberg, einem Verwandten der Kindesmutter, in Wart, Erziehung und Pflege und ist in genügender Weise für dessen Wohl gesorgt; ich werde, falls eine Änderung der Verhältnisse eintritt, der Kuratelbehörde Bericht erstatten.

Den Erschienenen wurde eröffnet, daß die Verhandlung obervormundschaftlich genehmigt wurde.

Vorgelesen, genehmigt, unterschrieben:
Ursula Mainer. Johann Sedlmeier. Josef Schubert

Verfügung:

I. Mitteilung vom Vaterschaftsbekenntnis an das Standesamt Starnberg.

II. Vormerkung zur Erholung des Erziehungsberichts für das Jahr 1891.

III. Akten sind zu hinterlegen.

Königl. Amtsgericht:

(L. S.) Baum. Rabl.

Regelmäßig werden alle 2 Jahre über die außerehelichen Pfleglinge bei den Vormündern Erziehungsberichte eingefordert und soll der Bericht Aufschluß über den Aufenthalt, den Unterhalt, die Verpflegung, die Aufführung, den Schulbesuch und die Gesundheit des Pfleglings erteilen. In vielen Fällen ergibt sich hiebei die Legitimierung des Kindes durch Ehelichung der Eltern, welche seitens der Standesämter oftmals nicht rechtzeitig mitgeteilt wird.

Die Mitteilung vom Vaterschaftsbekenntnis an das Standesamt behufs Vormerkung im standesamtlichen Geburtsregister erfolgt durch das Gericht, JMBl. 1886 S. 208; sie lautet: „In obigem Betr. teile ich beh. Vormerkung im standesamtlichen Geburtsregister mit, daß X unterm . . . . . . ds. die Vaterschaft zu dem außerehel. Kinde Y ill. der . . . . . von . . . . . . anerkannt hat."

Pflegschafts-Registratur **64**, 185 ff. — Verzeichnisse über Pfleglinge **81**, 61.

Fälligkeit und Stundung der Depositalgebühren in den Landesteilen r. Rh. **82**, 310.

Protokollierung von Vergleichen über Alimentation außerehelicher Kinder **64**, 20.

Behandlung der Pflegschafts-Akten **63**, 119; **64**, 186.

Anschaffung von Umschlägen zu den Pflegschaftsakten **63**, 212.

Anlage und Führung der Akten **66**, 226 ff.

Ausscheidung und Vernichtung **70**, 62.

Pflegschafts-Kurrentverzeichnis **64**, 186, 190, 260; **67**, 146, **70**, 531; **80**, 4 f., Form **64**, 190.

Frühere Pflegschaftstabellen und Vernichtung **70**, 67.

Vernichtung der Pflegschaftsverzeichnisse **70**, 68.

11. Entlassung aus der Pflegschaft.

Protokoll,

aufgenommen bei dem k. Amtsgericht Gräfenberg.

Betreff:
Pflegschaft über Barbara Kügel, Bauerstochter von Egloffstein.

Gegenwärtig:
Ober-Amtsrichter Schneider, Gerichtsschreiber Vorst.

Gräfenberg, am 1. Oktober 1887.

Auf Ladung finden sich ein:

1. Die Bauerstochter Barbara Kügel von Egloffstein, mit
2. ihrem Vormund Johann Höfinger, Müller in Gräfenberg.

Die Barbara Kügel wurde wegen erreichter Großjährigkeit unter dem Eröffnen aus der Pflegschaft entlassen, daß sie nach Lage der Akten ein Vermögen bestehend in

a. 2000 Mk. Muttergut, versichert auf dem Anwesen ihres Bruders;
b. 200 Mk. in einer Eisenbahnanlehens-Obligation Ser. X lit. G. Nr. 3240;
c. 4,20 Mk. Kursdifferenz und ½jährigen Zins aus obiger Obligation

besitze, welches Vermögen ihr zur eigenen Verwaltung überwiesen wurde, worauf sie erklärt:

Ich acceptiere meine Pflegschaftsentlassung, erkenne vorstehende Vermögensangabe als richtig an und entbinde Vormund und Gericht von jeder Haftung und Verbindlichkeit aus der geführten Pflegschaft.

Vorgelesen, genehmigt, unterzeichnet:

Barbara Kügel,
Johann Höfinger.

Verfügung:

I. Ist die Pflegschaft über Barbara Kügel als erledigt abzuschreiben.

II. An die Gerichtsschreiberei zur Kostenberechnung.

III. Mandat an die Depositen-Kommission:

Auszugeben an die Bauerstochter Barbara Kügel von Egloffstein, Eisenb.-Anl.-Obl. Ser. X lit. G. Nr. 3240 zu 200 Mk. nebst Coup. seit rc.

Königl. Amtsgericht.

(L. S.) Schneider. Vorst.

In vorstehendem Formular können sub III rc. weitere Verfügungen, wie Mandat an die Depositen-Kommission, Reponierung, Rückleitung der Akten an das ersuchende Gericht eingefügt werden.

Gemäß Art. 75 d. Geb.-Ges. ist für die Berechnung der Gebühr der Stand des reinen Vermögens maßgebend; es kommen $^{2}/_{10}$ der Sätze des § 8 d. RGKG. von dem Gesamtwerte des Vormundschaftsvermögens zur Erhebung, und ist hierin das rentierliche wie nicht rentierliche Vermögen verstanden.

Gemäß Art. 76 l. c. kommen außerdem für jedes Jahr $^{2}/_{10}$ von den Einkünften aus dem Vormundschaftsvermögen nach den Sätzen des § 8 RGKG. zur Erhebung. Dabei werden statt besonderer Berechnung die jährlichen Einkünfte zu 3% des Vormundschaftsvermögens unter Abzug der Schulden angenommen.

Bei Vormundschaften unter 200 ℳ Vermögen kommt die Gebühr des Art. 75 nicht, jedoch die des Art. 76 l. c. zur Erhebung.

Für von Amtswegen zu erteilende Ausfertigungen und Abschriften kommen nach Art. 81 l. c. Schreibgebühren nicht zur Erhebung. Conf. Art. 52 l. c.

Erstreckt sich die Vormundschaft über mehrere Mündel, so sind die Gebühren nach Art. 75, 76 l. c. für jeden derselben besonders zu berechnen. Die Berechnung umfaßt also $^{2}/_{10}$ Geb. nach Art. 75; $^{2}/_{10}$ von 3% nach Art. 76; Porto und Insinuation; hiebei ist das Auslagenregister nicht zu vergessen.

Bei Kuranden, für welche seitens des Gerichts kein Vermögen verwaltet wurde, erfolgt die Pflegschaftsentlassung nicht zu Protokoll, sondern durch folgendes Dekret: „Sie werden wegen erreichter Großjährigkeit unter dem Eröffnen aus der Kuratel entlassen, daß für Sie hierorts ein Vermögen nicht verwaltet wurde. Die Pflegschaftsakten stehen Ihnen zur Einsicht offen.“ Auch bei Vormundschaften mit weniger Vermögen wird oft diese einfachere Art der Entlassung gewählt. Rosenkranz spricht in § 51 ebenfalls nur von gerichtlicher Benachrichtigung der Kuranden.

Vorlage der Pflegschaftsverzeichnisse an den Landgerichtspräsidenten **80**, f.

Pflegschaftswesen in den Landesteilen r. Rh.:

Behandlung und Beaufsichtigung **64**, 258 ff; **66**, 224 ff, **81**, 174 f; Zuständigkeit **79**, 93.

12. Auszahlung seitens der Depositenkommission.

Akten=Zeichen 1895. Haupt=Bch.=Fol. 14. Beleg=Nr. 2.	Betreff: Reißinger, Steinbruchbesitzerskinder von Solnhofen, Pflegschaft.

Protokoll,

aufgenommen bei dem k. Amtsgerichte Pappenheim,

Pappenheim am 1. April 1895.

Gegenwärtig:

Amtsrichter
Schuler.

Sekretär
Rößner.

Laut Mandats vom 20. März c. wurde in rubr. Sache aus dem diesgerichtlichen Depositorium der heute erschienenen Steinbruchbesitzers-Witwe Anna Reißinger von Solnhofen, hinausgegeben:

200 M. in einer Eisenbahnanlehens-Obligation Ser. X Nr. 3240.
40 M. in Coup. aus Oblig. der b. Hyp.- u. Wechselbank zu 1000 M. Ser. XII Nr. 2406 pro 1. Jan. u. 1. Juli 1889 ꝛc.

welche . den Empfang bestätigt.

Vorgelesen, genehmigt, unterschrieben:
Anna Reißinger.

Verfügung:
Zu den Depositalbelegen.

Depositen=Kommission des Kgl. Amtsgerichts:
(L. S.) Schuler. Rößner.

Erhebung der Depositalgebühren 82, 309 ff., 318 ff.

Depositenamt, Anlegung und Aufbewahrung der Akten 63, 122.

Verwahrung der Duplikate rentamtl. Kassaschlüssel zu den amtsger. Depos.=Kassen 80, 251.

Depositenkommissionen der Oberlandes=, Land= und Amts=Gerichte 79, 663 ff.

Behandlung des Depositenwesens bei Beurlaubung der Gerichtsschreiber 69, 168 f.

Benützung des Depositenraums des Amtsgerichts zur Aufbewahrung von Geldern, Kostbarkeiten und Wertpapieren durch Gerichtsvollzieher 79, 723 f., 1196.

13. Depositen-Kassasturz.

Protokoll,

aufgenommen bei dem k. Amtsgerichte Pappenheim,
betreffend den Sturz der Depositenkassa.

Pappenheim, am 5. Januar 1896.

Gegenwärtig:
Ober-Amtsrichter Roth,
I. Depositalbeamter,
Gerichtsschreiber Hacker,
II. Depositalbeamter.

Im Vollzug des § 67 der Depositen-Ordnung wurde am 31. Dezember 1895 das Depositen-Tagebuch abgeschlossen wie folgt:

	Geld		Papier	
	ℳ	₰	ℳ	₰
Einnahmen:	3000	—	543270	80
Ausgaben:	2000	—	321150	60
Bestand:	1000	—	222120	20

Im Depositen-Hauptbuche wurden die einzelnen Massen abgeschlossen, die Bestände gezogen und letztere in einem besonderen Verzeichnisse vorgetragen.

Die Summe der Bestände beträgt hienach:
an Geld: 1000 ℳ — ₰,
an Papier: 222120 ℳ 20 ₰.
es ist also zwischen Tagebuch und Hauptbuch vollständige Uebereinstimmung vorhanden.

Depositentagebuch 79, 674 ff. (For. 693 ff.)
Bestimmung über die Geldanlage bei der k. Bank 83, 381 ff.
Aktenvernichtung 70, 67.
Bestimmungen über das Depositenwesen 79, 109.
Behandlung bei den Gerichten r./Rh. 79, 661 ff.; der Pfalz 79, 1277 ff., Strafsachen 79, 701.
Uebertr. des Depos.-Wesens bei dem k. A.-G. München I A. f. Z. S. an die k. Bank 82, 311, 321, 83, 63.
Depositen, Anlegung bei der k. Bank durch Notare 63, E. H., 42 f.

Unterm heutigen wurden nun die Geld- und Papierbestände bei den einzelnen Massen gestürzt und ergab sich, daß dieselben, wie im Hauptbuche vorgetragen, auch wirklich vorhanden sind, was der zur Beglaubigung der Verhandlung beigezogene k. Rentbeamte Herr Michael Maier von Weißenburg bestätigt.

Vorgelesen, genehmigt, unterzeichnet.
Michael Maier.

Depositen-Kommission des kgl. Amtsgerichts.
(L. S.) Roth. Hacker.

Am Schlusse des Verwaltungsjahres ist jedesmal der vollständige Abschluß der Depositenbücher und der Sturz der Depositalkasse, dann der Materialbestände von den Depositenbeamten vorzunehmen.

Zur Beglaubigung dieser Verhandlung ist bei den Oberlandesgerichten und Landgerichten ein Mitglied des Gerichts, bei den Amtsgerichten aber der einschlägige Rentbeamte beizuziehen, soferne nicht statt des letzteren nach dienstlicher Erwägung von Seite der zuständigen Regierungsfinanzkammer ein anderer Beamter hiezu bestimmt wird.

Ueber den Befund ist ein Protokoll aufzunehmen. Die Amtsgerichte haben diese Protokolle dem Präsidenten des Landgerichts zu übersenden, die Protokolle der landgerichtlichen Depositenkommissionen sind dem Präsidenten des Oberlandesgerichts vorzulegen, an welchen auch die Protokolle der Depositenkommission des k. Oberlandesgerichts selbst gelangen.

Conf. Allerh. VO. v. 8. Sept. 1879, das Depositenwesen bei den Gerichten in Bayern r. Rh. Das Hinterlegungswesen der Pfalz JME. 24. X. **88**, 227, 1. IX. **90**, 273. NotGes. Art. 37. StPO. § 118, 174, 419, 488, 325, 326, 332, 334, 337 nebst Art. 88 Abs. 5 AG. Art. 30, 135 FG. — ZPO. § 72, 85, 101—105, 650, 652, 659, 672, 688, 710, 728, 738, 751, 775, 801, 803, 805, 807, 810, 813, 815, 818. — KO. § 70, 98, 118, 120, 125, 155[4]. — GO. Art. 55, 74, 111, 112, 115, 116, 119, 136, 45, 47. — Reglement über das Kassenwesen bei den Truppen **81**, 494; vergleiche auch **86**, 252 sowie § 28 Abs. 3 der Hausordnung für die Gerichtsgefängnisse. — Bei allen Visitations- und Extraditionsprotokollen ist gemäß autogr. JME. v. 12. Dezbr. 1882 zu konstatieren, ob zu den für die Aufbewahrung von Depositen dienenden Kassen Schlüsselduplikate vorhanden und wo sie verwahrt sind.

14. Vereinkindschaftung mit Vermögen.

Protokoll,

aufgenommen bei dem k. Amtsgericht Scheßlitz.

Betreff:
Die Vereinkindschaftung der Kupfer'schen Bauers-Kinder von Effeltrich.

Gegenwärtig:
Amtsrichter Weber,
Sekretär Reger.

Scheßlitz, am 2. November 1896.

Es erscheinen:

1. Der verwitwete Schuhmacher Konrad Kupfer von Effeltrich,
2. Die ledige Bauerstochter Margaretha Gößwein von Heroldsbach,
3. Johann Spörlein, Maurer von Gaiganz.

Konrad Kupfer übergibt:

a) Zeugnis über seine Familienstandsverhältnisse,
b) Inventar über sein Vermögen,
c) Geburtszeugnis für sich und seine Braut Margaretha Gößwein,
d) Vermögenszeugnis für letztere,

und bringt vor:

Ich war in I. Ehe verheiratet mit Marie geborne Spörlein, welche am 30. Mai 1886 verstorben ist.

Aus dieser Ehe sind folgende Kinder vorhanden:

1. Johann, geb. am 28. Mai 1872.
2. Anna, geb. am 18. Oktober 1875.

Ich beabsichtige nun, mit der anwesenden Margaretha Gößwein zur II. Ehe zu schreiten und in diese Ehe meine vorgenannten Kinder vollkommen zu vereinkindschaften.

Ich besitze ein Reinvermögen von 1700 ℳ, während meine Braut ein bares Vermögen von 1200 ℳ in die Ehe bringen wird.

Als Voraus offeriere ich meinen Kindern je 300 ℳ, in Sa. 600 ℳ, welcher unter denselben vererblich sein soll. Zur Sicherung dieses Vorauses soll auf meinen Realitäten: Pl. Nr. 12 a b, 18, 105 zc. St.-Gemd. Effeltrich im Schätzungswerte von 4700 ℳ — brandversichert mit 3000 ℳ — Hypothek an I. Stelle (nach Vorgang von . . . ℳ) eingetragen werden.

Als Spezialkurator für diese Kinder bringe ich den Bruder meiner verlebten Ehe-frau, den anwesenden Johann Spörlein in Vorschlag mit der Bitte, ihn zu verpflichten.

Derselbe, bereit und tauglich, die Kuratorstelle zu übernehmen, wurde nach Belehrung über seine Rechte und Pflichten durch Handgelübde an Eidesstatt verpflichtet, worauf er erklärt:

Ich bestätige die Richtigkeit obiger Verwandtschafts- und Vermögensverhältnisse, acceptiere den offerierten Voraus und dessen Sicherung und begutachte den abzuschließenden Ehe- und Einkindschaftsvertrag zur kuratelamtlichen Genehmigung.

Margaretha Gößwein ist mit vorstehender Verhandlung völlig einverstanden.

Vorgelesen, genehmigt, unterzeichnet.

Konrad Kupfer, Margaretha Gößwein, Johann Spörlein.

Verfügung:

Gehen die Akten an den k. Notar Herrn Maier hier zur Abhibierung bei der Vertragsverlautbarung.

Königl. Amtsgericht.

(L. S.) Weber. Reger.

Das auszustellende „Wiederverehelichungszeugnis“ hätte zu lauten: „Von dem unterfertigten k. Amtsgericht wird bestätigt, daß Witwe . X von Y auf Ableben . . . Ehe . . . . (namens . . .) sich bezüglich de . an Nachlasses mit den vorhandenen Kindern aus-

15. Vereinkindschaftung ohne Vermögen.

Protokoll,

aufgenommen bei dem k. Amtsgericht Scheßlitz.

Betreff: Vereinkindschaftung der Kupfer'schen Bauers-Kinder von Effeltrich.

Gegenwärtig: Amtsrichter Weber. Sekretär Reger.

Scheßlitz, am 2. November 1896.

Es erscheinen:

1. Der verwitwete Schuhmacher Konrad Kupfer von Effeltrich.
2. Die led. Bauerstochter Margaretha Gößwein von Heroldsbach.
3. Johann Spörlein, Maurer von Gaiganz.

Mit Rücksicht darauf, daß ich und meine Braut — diese verfügt nur über eine notdürftige Einrichtung — keinerlei Vermögen besitzen, soll die Vereinkindschaftung meiner Kinder ohne Auszeigung eines Vermögens für sie erfolgen.

Der verpflichtete Spezialkurator bestätigt, daß die sich Ehelichenden keinerlei Vermögen besitzen, solches vorerst voraussichtlich in nächster Zeit auch nicht erwerben werden und erklärt: Ich halte die Vereinkindschaftung der Kurenden auch für den Fall, daß ihnen keinerlei Vermögen ausgewiesen wird, für gut und beantrage, dem abzuschließenden Ehe- und Einkindschaftsvertrag die obervormundschaftliche Genehmigung zu erteilen. Die Braut ist hiemit einverstanden.

Vorgelesen, genehmigt, unterschrieben:
Konrad Kupfer, Margaretha Gößwein, Johann Spörlein.

Verfügung.

Gehen die Akten an den k. Notar Herrn Maier hier zur Benützung bei dem zu verlautbarenden Vertrag.

Kgl. Amtsgericht.

(L. S.) Weber. Reger.

---

einandergesetzt hat, und daß hierorts kein zivilrechtliches Hindernis bekannt ist, welches der Wiederverehelichung de. selben im Wege stünde."
Gebühr nach Art. 52 Geb.-W. 2 Mk.; Cop. 10 Pfg. und Ins. 20 Pfg.

16. Dispensation vom Ehehindernis der Wartezeit.

Protokoll,

aufgenommen bei dem k. Amtsgericht Bruck.

Betreff:

Gesuch der Oekonomen-Witwe Marie Hauser, geb. Erb von Meisach um Dispensation von dem Ehehindernis der gesetzlichen Wartezeit.

Gegenwärtig:

Amtsrichter Ludwig.
Sekretär Trost.

Bruck, am 9. Oktober 1895.

Es finden sich ein:

Oekonomen-Witwe Marie Hauser von Meisach.
Oekonom Karl Ruf von da,
Oekonom Josef Bauer von Bruck.

Die Witwe Marie Hauser bringt zunächst vor:

Ich beabsichtige, mich mit dem anwesenden Karl Ruf wieder zu verehelichen.

Ausweislich der diesgerichtlichen Pflegschafts-Akten über meine 2 ersteheIichen Kinder ist mein Ehemann Georg Hauser am 1. April l. Js. verstorben und steht meiner Wiederverehelichung das Ehehindernis des noch nicht abgelaufenen 10. Monats nach dem Tode meines Ehemannes entgegen. Ich bin geboren am 10. März 1864 und hatte mich am 1. März 1885 mit dem Oekonomen Georg Hauser von Bruck verehelicht.

Aus dieser Ehe gingen folgende Kinder hervor:

a. Joseph, geb. 1. Septbr. 1890,
b. Marie, geb. 1. Oktbr. 1891.

Laut des hiemit übergebenen Zeugnisses des k. Bezirksarztes Dr. Seneftrey von Bruck stehe ich jetzt nicht in Schwangerschaft und sind aus der Ehe mit meinem nun verlebten Mann weitere Kinder nicht zu erwarten.

Ich stelle an das k. Staatsministerium der Justiz die ehrerbietigste, gehorsamste Bitte: „mich gemäß der allerhöchsten Verordnung vom

15. Dezember 1875 zum Zwecke der Wiederverehelichung mit Karl Ruf von dem Ehehindernis der gesetzlichen Wartezeit zu entbinden."

Laut der weiters übergebenen Zeugnisse besitze ich ein Vermögen von 10000 ℳ; während mein Bräutigam ein solches von 30000 ℳ in die Ehe bringt.

Die Gründe, welche mich zu dem Dispensationsgesuche bestimmen, sind folgende:

Mein verlebter Mann betrieb ein großes Oekonomieanwesen. und hatte außerdem ein sehr gutes Geschäft als Viehhändler unterhalten; (sämtliche Oekonomen der Umgegend hatte er zur Kundschaft.) Da mein Mann gestorben, ich aber von der Oekonomie und dem Viehhandel nichts verstehe, so würde die umfangreiche Bewirtschaftung des Anwesens durch fremde Personen zu bethätigen sein und auch die Kundschaft sich verlaufen. Es ist daher die Notwendigkeit zu einer baldigen Wiederverheiratung unleugbar.

Mit meinen ersteheIichen Kindern habe ich bereits die Vermögensverhältnisse geordnet und soll der Vertrag in nächster Zeit notariell verlautbart werden. Mein Verlobter befindet sich in günstigen Vermögensverhältnissen, derselbe ist fleißig und gut beleumdet.

Der Vormund, welcher der bisherigen Verhandlung beigewohnt, erklärt, daß sich die vorstehenden Angaben der Witwe in Wahrheit verhalten, daß er es im Interesse der Witwe und ihrer Kinder für notwendig erachtet, die beabsichtigte Ehe baldigst zu schließen.

Der Bräutigam nimmt von vorstehender Verhandlung ohne Antragstellung Kenntnis.

Vorgelesen, genehmigt, unterzeichnet.

Marie Hauser. Karl Ruf. Joseph Bauer.

Königliches Amtsgericht.

(L. S.) Ludwig. Trost.

Die Gesuche um Dispensation von der Wartezeit rc. (§ 35 u. 40 des Reichsgesetzes vom 6. Februar 1875) sind bei demjenigen Amtsgerichte einzureichen, in dessen Bezirk die um Dispens nachsuchende Verlobte ihren Wohnsitz hat oder sich gewöhnlich aufhält. Das Gericht hat sodann das Gesuch zu instruieren und mit gutachtlicher Aeußerung dem Staatsanwalte bei dem vorgesetzten Landgerichte mitzuteilen, welcher das Gesuch mit gutachtlicher Aeußerung dem Oberstaatsanwalte zur Einbeförderung an das Justizministerium in Vorlage zu bringen hat. Findet der Staatsanwalt, daß ein Gesuch nicht gehörig instruiert ist, so kann er, falls er es für notwendig erachtet, weitere Erhebungen entweder selbst pflegen oder durch das Amtsgericht pflegen lassen. Das Gericht hat diesem Ansinnen, falls nicht gesetzliche Bedenken entgegenstehen, sofort nachzukommen. Der Randbericht lautet: „Die Akten werden, nachdem gegenwärtiges Gesuch gerichtsseits begutachtet wird, dem I. Herrn Staatsanwalt des k. Landgerichts X mit dem Ersuchen zugeschlossen, das Weitere zu verfügen."

Zuständig zur Entscheidung ist nach der k. Verordnung vom 15. Dezember 1875 zur Dispensation das Justizministerium; bei der Ehemündigkeit die Majestät.

Desgleichen richtet sich das Verfahren bei Gesuchen um Dispensation von dem Verbote der Ehe des wegen Ehebruchs Geschiedenen mit seinem Mitschuldigen. § 33 l. c., sowie bei Gesuchen um Dispensation vom Aufgebote § 3 Abs. 1 Allerh. V.-O. vom 15. Dez. 1875, endlich bei Gesuchen um Dispensation von den Erfordernissen der Ehemündigkeit, § 28 Abs. 2 l. c. (Die Ehemündigkeit männlicherseits tritt mit vollendetem 20., weiblicherseits mit vollendetem 16. Lebensjahre ein.)

Nach Art. 183 Abs. 1 Ziff. 3b betragen die Gebühren 50 bis 200 ℳ bei Gesuchen um Dispensation von der gesetzlichen Wartezeit und vom gesetzlichen Alter der Ehemündigkeit; 50—500 ℳ bei Dispensationsgesuchen vom Eheverbote. Diese Gebühren sind nach der autogr. JME. vom 15. Mai 1880 bei den Oberlandesgerichten zu verrechnen.

Dispensation von Ehehindernissen 75, 76, 77 f., Dispensationsgesuche **83**, 217, **86**, 192, Instruktion 75, 47 f.

Die Gesuche um Dispensation vom Aufgebot werden durch die Distriktsverwaltungsbehörden, jene um Dispensation von dem Verbote der Ehe zwischen einem Ehebrecher und dem Mitschuldigen vom Staatsanwalte instruirrt. Stets sind den Gesuchen die einschlägigen Akten wie Prozeß-, Verlassenschafts-, Pflegschafts-Akten beizulegen. Für die Dispensationssachen besteht Portopflicht. (Allerh. VO. v. 23. VI. 1829, RegBl. S. 521, Ges. u. VerordBl. 1876 S. 58) conf. **76**, 77 Ziff. 1 Abs. 1 u. 2. autogr. JME. v. 8. u. 29. März 1876. Erhebung der Personalien der Verlobten sowie Feststellung des nichtschwangeren Zustandes der Antragstellerin. JME. v. 27. V. **79**, 222. Art. 234 AG. z. ZPO.

17. Versiegelung des Nachlasses.

Protokoll,

aufgenommen in der Verlassenschaft der ledigen Privatiere Maria Kraus von Suffersheim, gestorben am 10. Dezember 1889.

Gegenwärtig:
Sekretär Fleischmann als Gerichtskommissär.
Zugezogen hat man den Gerichtsdiener Miller.

Suffersheim, am 11. Dezbr. 1889.
8 km vom Amtssitze entfernt.

Zufolge Verfügung des k. Amtsgerichts Rosenheim vom 10. Dezbr. 1889 begab sich der unterfertigte Sekretär heute in Begleitung des Gerichtsdieners Miller nachmittags 3 Uhr hieher nach Suffersheim in die Sterbewohnung der Privatiere Maria Kraus Hs.-Nr. 16a um die Versiegelung des Rücklasses derselben vorzunehmen.

Man traf daselbst nachstehende Personen an:

1. Die Haushälterin der Defunktin Klara Pfeifer das.,
2. Barbara Kraus, minderjährige Schwester der Erblasserin.

Zugezogen wurde Bürgermeister Hermann Fuchs von Suffersheim.

Die Anwesenden wurden von dem Zwecke des Geschäftes geeignet verständigt und angewiesen, die Nachlaßgegenstände der Defunktin genau zu bezeichnen und anzugeben, was ihnen von deren Vermögensverhältnissen bekannt sei.

Bezüglich der Familienverhältnisse der Verlebten wird hiebei konstatiert, daß die Verstorbene lediglich ihre noch minderjährige Schwester Barbara Kraus hinterläßt, für welche bei dem k. Amtsgericht Rosenheim Pflegschaft geführt wird. Vormund ist Privatier Meier von Suffersheim. Nachdem eine letztwillige Verfügung nicht bestehen soll, erscheint die Curandin Barbara Kraus als die alleinige Erbberechtigte.

Es wurde sodann zur Aufzeichnung der Nachlaßgegenstände geschritten.

A. Mobilien.

1. Zu ebener Erde.

Im Wohnzimmer: 6 Stühle, 1 Bank, 2 Tische, 1 Kommode ꝛc.
Im Nebenzimmer: 2 Betten, 1 Tisch, 1 Waschtisch, 6 Bilder.
In der Küche: Küchenkasten, Anricht, Hackstock, Glaskasten mit Geschirr.

2. Im I. Stock.

Im Empfangszimmer: Sopha, 6 Armsessel aus Nußbaumholz mit rotem Sammtbezug, 1 Schreibtisch ꝛc.

(Stall, Scheune, Speicher, Remise, Waschhaus.)

B. Immobilien.

Das Anwesen Haus Nr. 16a mit großem Obstgarten.

C. Wertpapiere.

Der Schreibtisch der Verlebten sollte nach Angabe der Haushälterin die Briefschaften und Wertsachen enthalten; derselbe wurde daher sorgfältigst durchsucht, wobei vorgefunden wurden:

a. Schuldschein, de dato Bamberg den 10. I. 80 über 40000 ℳ Bardarlehen mit der Unterschrift: Martin Himmelreich.

b. Hypothekenbrief des k. Notars Hollweg von Lichtenau vom 10. Oktbr. 1870 G.-R.-Nr. 1000 über 5000 ℳ, ausstehend bei Kaufmann Moses Abraham in Bamberg Hs.-Nr. 10.

c. Brief der Verlebten vom 1. August l. Js., nach welchem sie von der Dienstmagd Sophia Bruckmoser in München das Darlehen zu 40 ℳ zurückfordert.

d. 4 Stück 3½ %ige Eisenbahn-Anlehensobligationen zu je 1000 ℳ = 4000 ℳ je mit Coup. vom 1. I. 90 mit Nr. 10462/3/4/5.

Eine letztwillige Verfügung fand sich nicht vor, solche soll auch nicht bestehen.

D. Bargeld.

Ferner wurden in der oberen Schublade der Kommode vorgefunden:

a) 600 ℳ in Papiergeld,
b) 400 ℳ in verschiedenen Münzsorten.
c) 200 ℳ hat die Haushälterin als Haushaltungsgeld in Händen.

Sa. 1200 ℳ. Von dieser Summe wurden 700 ℳ der Haushälterin zur Bestreitung der Lebsucht, Deckung der notwendigsten Auslagen gegen genaue Rechnungstellung belassen.

E. Pretiosen.

An Gold- und Silbergeräten wurden vorgefunden:

1 goldene Herren-Remontoir-Uhr mit schwerer goldener Kette,
1 goldene Damen-Cylinder-Uhr mit goldener Kette,
1 goldene Broche mit Brillanten.

Die Kästen wurden abgeschlossen: die Wertpapiere zu 49040 ℳ, vom Bargelde 1500 ℳ und die Pretiosen, diese letzteren in versiegelter Schachtel mit 800 ℳ deklariert, wurden von dem Kommissär behufs gerichtlicher Hinterlegung zu Amtshanden genommen und der Haushälterin rc. Pfeifer hierüber Empfangsbestätigung erteilt.

Nachdem die Leiche fortgeschafft war, hat man das Empfangszimmer abgeschlossen und von außen durch Anlegung von Papierstreifen und Schnur versiegelt, während man das Fremdenzimmer zur Aufnahme eintreffender Verwandter oder Trauergäste und Küche und Magdzimmer zur Ermöglichung der Wirtschaftsführung für die Haushälterin offen gelassen hat.

Hierauf wurden sämtliche Schlüssel in die Schublade der Kommode in das Magdzimmer gelegt, diese verschlossen und versiegelt und der dazu gehörige Schlüssel zu Gerichtshanden genommen. Dieser Schlüssel wird asserviert.

Die Anwesenden und insbesondere die Haushälterin wurden unter Hinweis auf die Folgen der § 136, 137 des StGB. beauftragt, über den Verschluß und die angelegten Siegel zu wachen und über deren wahrgenommene Veränderung dem Gerichte sofort Anzeige zu erstatten.

Vorgelesen, genehmigt, unterschrieben.
Klara Pfeifer. Hermann Fuchs.

Der Gerichtskommissär:
Sekretär Fleischmann.

Unter Obsignation versteht man die gerichtliche Verwahrung einer Verlassenschaftsmasse.

Die Siegelung erfolgt entweder auf Antrag eines Beteiligten (Erben oder Gläubiger) oder von Amtswegen; im letzteren Falle ist sie vom Richter anzuordnen und zwar:

a. wenn die gesetzlichen vermutlich nächsten Erben unbekannt oder vom Sterbeort entfernt sind;

b. wenn unter den vermutlichen nächsten Erben Minderjährige und. diesen gleichgestellte Personen sich befinden;

c. bei Ableben des Ehemannes nach b. Landrecht rc.

Stirbt jemand mit oder ohne letztwillige Verfügung, so soll die Verlassenschaft vorerst von der Behörde, bezw. vom zuständigen Gerichte mit Beiziehung der anwesenden Erben unverzüglich gesperrt werden. Bei der Obsignation ist vor allem zu berücksichtigen:

a. Die Feststellung der Verwandtschaftsverhältnisse und des Aufenthaltes auswärts wohnender Erben.

b. Bezeichnung des Mobiliarrücklasses.

c. Versiegelung der Kleider- und anderen Schränke unter allgemeiner Bezeichnung deren Inhalts.

d. Verzeichnung und Zuhandnahme der vorgefundenen Wertpapiere.

e. Desgleichen der Barschaft und der Pretiosen, soweit die Hinterlassenen nicht Geld zum Lebensunterhalte oder zur Bestreitung der Leichenkosten oder sonstigen laufenden Ausgaben benötigen. Pretiosen von geringerem Werte können nach ihrer Verzeichnung auch in einem Schranke verwahrt werden, welcher aber dann unter Siegel gelegt werden muß.

f. Die bei der Obsignation anwesenden Personen sind vor Verletzung der Gerichtssiegel und Veräußerung von Nachlaßgegenständen unter Hinweis auf die § 136, 137 d. RStGB. zu verwarnen. Die Schlüssel zu den versiegelten Schränken und Thüren können einem der Hinterbliebenen, auch dem Ortsvorsteher zur Aufbewahrung übergeben werden.

g. Bei nur großjährigen Erben und wenn der Defunkt ein Testament nicht errichtet hat, kann die Obsignation unterbleiben, wenn die auswärts wohnenden Erben nach eingetretenem Todesfalle sich am Sterbeorte eingefunden haben, oder durch Vollmacht von dritten Personen vertreten sind.

h. Nachlaßgegenstände, welche sich in Packete, Koffer oder Kisten verpacken lassen, können, falls nähere Verwandte am Sterbeorte sich nicht befinden, in gerichtliche Verwahrung genommen werden.

Nach Art. 63 d. AG. z. GVG. sind die Gerichtsschreiber bei den Amtsgerichten zuständig für Siegelungen und Entsiegelungen. In der Pfalz ist ihre Befugnis zur Vornahme von solchen Geschäften auf die Fälle des § 112 der KO. beschränkt.

Die Gerichtsschreiber sollen sich den bezeichneten Geschäften nur auf Anordnung des Richters unterziehen (ex commissione judicis ordinarii). In der Pfalz hat sonach die Obsignation in Verlassenschaften der Amtsrichter vorzunehmen. S. B. Landrecht T III cap. 1 § 17. Motive zu Art. 62 Entwurf d. Ausf.-Ges. Verh. d. K. d. A. 1878/9 Beil. Bd. V S. 153 Art. 156 Abs. 6 der Gmde-Ordnung vom 29. April 1869.

Gemäß JME. vom 7. Dezember 1888 wurde nun bestimmt, daß zur Vornahme der Obsignation der Gerichtsschreiber allein genügt und der Verlassenschaftsrichter zwar das Geschäft anzuordnen, nicht aber an dem Vollzuge desselben sich beteiligen muß.

Der Richter soll nur in Ausnahmsfällen, wenn es sich um besonders verwickelte Verhältnisse handelt oder sichere Aussicht auf sofortige Erledigung der Verlassenschaft besteht, bei der Vornahme der Obsignation sich beteiligen. Bei Gerichten, welche mit mehreren Sekretären besetzt sind, hat nicht der mit der Geschäftsleitung betraute Sekretär die Obsignation vorzunehmen. Bei Gerichten, welche nur mit

18. Entsiegelung des Nachlasses.

Protokoll,

aufgenommen in der Verlassenschaft der led. Privatiere Marie Kraus von Suffersheim.

Gegenwärtig: Sekretär Fleischmann als Gerichtskommissär.

Suffersheim, am 2. Januar 1890, 8 Klm. vom Amtssitze entfernt.

Zufolge Verfügung des k. Amtsgerichts Rosenheim vom 2. Januar 1890 begab sich unterfertigter Sekretär heute nachmittags 4 Uhr hieher nach Suffersheim in das Anwesen Hs. Nr. 16 um den am 11. Dezember 1889 unter Siegel genommenen Rücklaß der Privatiere Kraus zu entsiegeln und zu übergeben.

Man traf daselbst nachstehende Personen:

1. Die Haushälterin Klara Pfeifer,
2. Bürgermeister Hermann Fuchs von Suffersheim.
3. Der für die minderj. Erbin Barbara Kraus bestellte Vormund Brauer Joseph Dachs daselbst.

Zunächst wurden dem ꝛc. Dachs die in den nicht versperrten Gelassen befindlichen Gegenstände und Möbelstücke vorgezeigt; dieselben wurden richtig befunden.

---

einem Sekretär besetzt sind, kann der stellvertretende Gerichtsschreiber, vorausgesetzt, daß er sich dazu eignet, die Obsignation bethätigen.

Für einen Schreibgehilfen, dessen man sich beim Vornehmen des Geschäftes bedient, sind Tagegelder und Reisekosten nicht zu verrechnen. Ueber Obsignationen beim Ableben von Staatsbeamten 81, 130 f. Wahrnehmung der gesundheitspolizeilichen Interessen bei Vornahme der Obsignationen 82, 232 f. Siegelungen durch die Amtsgerichtssekretäre

Die angelegten Gerichtssiegel waren unverletzt. Hierauf wurden an der Hand des Siegelungsprotokolls die Rücklaßgegenstände durchgegangen und gestürzt, worauf sich völlige Uebereinstimmung mit der Aufzeichnung ergab. Constatiert wird, daß das seit längerer Zeit erkrankte Wagenpferd inzwischen verendet ist und fortgeschafft wurde.

Sodann wurden durch den Unterfertigten dem Vormunde alle vorgezeigten Gegenstände zur Verfügung gestellt und übergeben. Dieser erkannte den Nachweis für richtig an und quittierte über die richtige Ueberlieferung des Nachlasses der verstorbenen Marie Kraus.

Vorgelesen, genehmigt, unterzeichnet:

Klara Pfeifer, Hermann Fuchs, Joseph Dachs.

Sekretär Fleischmann, als
Gerichtskommissär.

79, 105 f., 812 ff., 814. Beiziehung des Dienerpersonals der Amtsgerichte 85, 158 f. autogr. JME. v. 7. Dez. 1888 Nr. 19081.

Eine Gebühr für die in der Verrichtung körperlicher Arbeiten bestehende Beihilfe des Dienerpersonals nach Art. 5 des Gesetzes über das Gebührenwesen darf nicht verrechnet werden; ebensowenig darf eine anderweitige Vergütung (Packer- oder Trägerlohn) nach Art. 48 dess. Gesetzes in Verbindung mit § 79 des RGKG. als bare Auslage von dem Kostenschuldner erhoben werden, da die Beihilfe bei den genannten Geschäften zu den dienstlichen Obliegenheiten des Dienerpersonals gehört.

Zur Wahrung der gesundheitspolizeilichen Interessen bei den Obsignationen wurde seitens der sanitätspolizeilichen Organe empfohlen, daß das Abschließen von Wohnungsräumlichkeiten eines Verstorbenen nicht eher vorgenommen werden solle, als die aus Rücksichten der Reinlichkeit gegebenen Falles als unerläßlich sich darstellenden Maßnahmen getroffen und da, wo der Todesfall durch eine ansteckende Krankheit herbeigeführt wurde, auch die nötigen Desinfektionsmaßregeln vorgekehrt sind.

Bezüglich der Obsignationen bei Staatsbeamten ist das Geschäft schleunigst zu bethätigen.

19. Errichtung der Inventur.

Protokoll,

aufgenommen in der Nachlaßsache des ledigen Dienstmannes Friedrich Weber von Altomünster.

Gegenwärtig: Sekretär Huber als Gerichtskommissär.

Altomünster, den 10. Oktober 1895.
10 Klm. vom Amtssitze entfernt.

Zufolge Verfügung des k. Amtsgerichts Dachau vom 8. ds. Mts. hatte sich der Unterfertigte hierher in die Behausung des Verlebten, der bei Getreidehändler Altw. Rößler Hs. Nr. 11 dahier im I. Stock wohnte, begeben. Man traf daselbst sowohl den Vermieter, als auch den gerichtlich verpflichteten Schätzmann Georg Rehm von Indersdorf und begab sich in Gegenwart dieser beiden sofort in das Sterbezimmer des Verlebten, zu dem Vermieter die Schlüssel verwahrte. Die Rücklaßgegenstände wurden wie folgt gewertet:

1 vollständiges Bett, bestehend in gestrichener Bettlade, Matratze, Ober- und Unterbett, 2 Kissen mit Ueberzügen und Bettuch zu	100 *M.*
eine leere angestrichene Kommode	15 „
ein alter Kleiderkasten	10 „
darin befand sich eine silberne Taschenuhr 2c. . . .	20 „
Der Vermieter erklärt, daß Defunct noch die Miete für 3 Monate im Betrage zu	40 „

schulde; außerdem habe er für den Verlebten an die Wäscherin Brandl noch 2 *M.* zu bezahlen gehabt. Diese Passivmasse zu 42 *M.* wird zur Verlassenschaft angemeldet.

Diese Inventurerrichtung durch den Sekretär besteht in Preußen längst; seitens des bayer. Justizministeriums wurde 1896 im Landtag der Antrag eingebracht, um Gebühren und Kosten zu sparen, den Sekretären jene Inventuren künftig zu übertragen, bei denen der Nachlaß-

Weiter war nichts zu vermerken, weshalb die Verhandlung geschlossen wurde. Die Briefschaften und die Uhr wurden in Verwahrung genommen; das Uebrige unter Aufsicht des Vermieters belassen, welcher hiezu bereit ist.

Vorgelesen, genehmigt, unterschrieben:

Rehm. Rößler.

Der Gerichtskommissär:

Sekretär Huber.

---

wert die Summe von 2000 ℳ oder wenig darüber nicht übersteigt, während bei größeren Verlassenschaften solche Inventuren wie bisher den Notaren verbleiben. Dieser Antrag fand nun im Landtage auch die Genehmigung und wurde der Art. 19 des Not.-Ges. dementsprechend abgeändert. Unentschieden ist noch ob bei der Inventur auch sofort die Abgleichung von Aktiv- u. Passiv-Masse zu bethätigen ist.

Nach bayer. Landrecht tritt die Obsignation immer ein, außer wenn beim Tode der Ehefrau der Ehemann überlebt; nach Bamberger Recht in allen Fällen, außer wenn die Erben nicht kuratelmäßige, und wenn sie nicht Noterben und anwesend sind; nach Lindauer Recht immer, wenn ein Ehegatte mit Hinterlassung eines Ehegatten ohne Testament verstirbt; nach preußischem Rechte, wenn sich zu dem Nachlasse bald nach dem Tode des Erblassers niemand meldet, wenn von den bekannten oder vermutlichen Erben keiner anwesend ist, wenn minderjährige und kuratelmäßige Personen sich unter den Erben befinden, und der Erblasser oder der im Sterbehause wohnende Gatte desselben die Siegelung nicht untersagt hat, wenn sämtliche Erben Ausländer sind, sowie wenn besondere Umstände es als notwendig erscheinen lassen, daß der Nachlaß in dem Stande erhalten werde, in welchem er sich zur Zeit des Todes des Erblassers befand, wenn ein Erbe oder ein Gläubiger des Erblassers oder des Erben den Antrag stellt und entweder noch niemand von der Erbschaft Besitz ergriffen hat oder die Voraussetzung einer Arrestlegung vorliegen, bei Geistlichen ist Rücksicht zu nehmen, daß die kirchlichen Verrichtungen nicht gehemmt werden (GesBl. 1818 S. 168; bei Kloster-Kandidaten E. v. 24. Aug. 1830), bei aktiven Militärpersonen obsigniert die Militärbehörde und gibt die Akten zur weiteren Verhandlung an das bürgerliche Gericht ab. (§ 8 Ges. v. 15. Aug. 1828. ME. v. 28. Mai 1836; 16. Juli 1845 und 1. Juli 1841.) Bei Ausländern, (Italienern, Spaniern, Griechen, Serben,

Amerikanern, Rußen) ist die Sterbeurkunde vom Standesbeamten zu erholen, zu beglaubigen, daß die Urkunde vom hiezu berechtigten Beamten ausgestellt worden und dem Justizministerium vorzulegen. Die Obsignation ist vorzunehmen und vom Termine das betreffende Konsulat rechtzeitig zu verständigen. Beglaubigte Abschrift der aufgenommenen Verhandlungen nebst Sterbeurkunde und Identitätspapieren sind sodann schleunigst dem Justizministerium vorzulegen (Autogr. JME. v. 7. Okt. 1891). Zuleitung der Verlassenschaft an das zuständige Gericht. Entschl. des Minist. des Innern 5. Dezb. 1866 S. 351; und 13. Dezbr. 1875 S. 73.

Orden, welche der Rücklieferung unterliegen, sind, wenn es militärische sind, an das zuständige Landwehrbezirkskommando, sonst an die betr. Distriktsverwaltungsbehörde (München Polizeidirektion) zu übersenden autogr. JME. v. 29. IV. 1886; 26. I. u. 24. XI. 1887. Allerh. VO. v. 2. IX. 1811 Reg. Bl. S. 1105 f.

Im Uebrigen siehe Wagners „Amtsger. Verfahren."

Hinsichtlich der Notare vergl. Not. Ges. Art. 100; Instr. hiezu § 26—33. Letztwillige Verfügungen sind zu Amtshanden zu nehmen.

Besteht Veranlassung zu gerichtlicher Nachlaßbehandlung, so ist sofort für jede Verlassenschaft ein besonderer Akt mit grauem Aktenumschlag anzulegen und letzterer zu überschreiten, sowie der Akten-Renner beizufügen. Die Verlassenschaft wird sodann in das alljährlich neu anzulegende Verlassenschaftsverzeichnis eingetragen. (**63**, 118, 137). Dieses Verzeichnis ist am Schlusse des Jahres unter wörtlicher Beifügung der Zahl der angefallenen Verlassenschaften abzuschließen, vom Amtsrichter zu unterzeichnen und zwischen dem 20. Februar und 1. März k. J. dem vorgesetzten Landgerichtspräsidenten vorzulegen. Zum Verlassenschaftsverzeichnis besteht ein alphabetisches Namensregister (**63**, 140) angelegt für mehrere Jahre. Die unerledigten Akten bleiben beim Referenten, die erledigten kommen in die Registratur, diejenigen Akten, welche den Notaren als bestellten Verlassenschaftskommissären übermittelt wurden, werden von den Notaren verwahrt (**63**, 118) Pfleg- und Verlassenschaftsakten können vereinigt werden, wenn in den bez. Verzeichnissen geeignete Vormerkung erfolgt. (**66**, 226). Stellt sich nach eingeteiltem Verfahren heraus, daß kein Rücklaß vorliegt, so ist das Verfahren einzustellen. (**63**, 139, Ziff. 5 lit. e).

Die Thätigkeit des Verlassenschaftsgerichts besteht zunächst in der Anordnung der Nachlaßsicherung, Ermittelung der Erben, Verkündung letztwilliger Verfügungen und Nachforschung nach deren Vorhandensein, Entgegennahme der Erklärungen, Feststellung der Masse, Ausantwortung des Rücklasses und dessen Verteilung, Vornahme eines Sühneversuchs zwischen streitenden Erbinteressenten, Erledigung von Beschwerden gegen Verlassenschaftskommissäre, Mitwirkung der Erbschaftssteuereinhebung, Berichtigung der öffentlichen Bücher sowie Ausstellung von Zeugnissen.

20. Verlassenschafts-Verhandlung.

Protokoll,

aufgenommen bei dem k. Amtsgericht Bruck.

Betreff:
Verlassenschaft des Oekonomen Friedrich Müller von Bruck, gest. am 1. Oktober 1895.

Gegenwärtig:
Amtsrichter Kraus,
Gerichtsschreiber Erb.

Bruck, am 10. Oktober 1895.

Es erscheinen auf Ladung:

1. Die Oekonomen-Witwe Rosa Müller, geb. Schroll, dahier,
2. Bahnexpeditor Ernst Müller in München, Lothringerstraße Nr. 1 III r.,
3. Magdelena, verh. an den Lehrer Richard Jung von Gräfrath,
4. Lorenz Müller, Bahnbediensteter von Bruck.

Dieselben erklären auf Vorhalt zunächst über die Familienverhältnisse:

Verlebter nahm mit der Witwe in seinerseits zweiter, ihrerseits erster Ehe den ersten ehelichen Wohnsitz in Bruck. Defunct, welcher letztwillig nicht verfügte, errichtete auch mit der überlebenden Witwe keinerlei Vertrag über die zu bestehenden Güterrechtsverhältnisse. In erster Ehe war der Verstorbene verheiratet mit der Söldnerstochter Barbara Klinger, welche am 1. Oktober 1880 mit Hinterlassung der drei oben aufgeführten großjährigen Kinder: Ernst, Magdalena und Lorenz verstorben ist. Eine Verlassenschaft wurde damals nicht gepflogen, weil Barbara Klinger kein Vermögen hinterließ. Die zweite Ehe verblieb kinderlos und sind eheliche Nachkommen auch nicht zu erwarten. Die überlebende Witwe hat nicht das geringste Vermögen in die Ehe gebracht.

Ein Testament oder sonstige letztwillige Verfügung hat Defunct nicht errichtet.

Es erscheinen sonach die genannten drei großjährigen erstehelichen Kinder Ernst Müller, Magdalena Jung und Lorenz Müller als Intestaterben des Defuncten ausschließlich zur Erbschaft berufen.

Über die Vermögensverhältnisse wird sodann vorgebracht:

Defunct . . hinterläßt:

a. Das Sparkassebuch der Sparkasse München mit Nr. 106810 lautend über eine Einlage zu in Sa. 2400 Mk. nebst $3^1/_3$ % Zinsen seit 1. Januar c.
b. Das Anwesen Hs. Nr. 14 in der Steuergemeinde Bruck, mit Pl. Nr. 430 sowie Pl. Nr. 810 u. 812 Waldung und Bau-

platz, im Werte von 50000 ℳ, worauf jedoch ein Annuitätenkapital zu 10000 ℳ lastet.

c. Die Einrichtung für 4 Zimmer und Küche.

Die Oekonomie ist verpachtet.

Die Anwesenden wurden hierauf über den Antritt der Erbschaft — ob unbedingt oder unter der Rechtswohlthat des Gesetzes und Inventars — belehrt, worauf sie erklären:

Wir haben die Bedeutung des Erbschaftsantrittes wohl verstanden und treten die Erbschaft unbedingt und unter Haftung für alle Schulden an; wir sind darüber einig, daß der Gesamtrücklaß in drei gleiche Teile geht, wobei wir die Sparkasseeinlage zu 2400 ℳ nebst Zinsen der Witwe überlassen.

Bezüglich des Grundvermögens beantragen wir die Berichtigung des Besitztitels in den öffentlichen Büchern auf uns, während wir das Mobiliar und die sonstigen Gegenstände außergerichtlich unter uns teilen werden.

Die Witwe bemerkt noch, daß sie die Nachlaßschulden unter Verwendung des vorhandenen baren Geldes gezahlt habe; sie acceptiert die Zuweisung des Sparkassebetrages seitens der Erbinteressenten, und bittet um die sofortige Erlassung der Erhebungsanweisung und deren Einschreibung in das Sparkassebuch.

Lehrer Richard Jung erteilt zu den Erklärungen seiner Gattin die eheherrliche Genehmigung.

Schließlich wird noch konstatiert, daß den Erbbeteiligten ein Exemplar zur Anmeldung des Erbschaftssteuerfalls ausgeantwortet wurde.

Vorgelesen, genehmigt, unterzeichnet:

Rosa Müller. Ernst Müller. Magdalena Jung. Lorenz Müller.

Verfügung:

I. Ist die Verlassenschaft als erledigt im Verzeichnis abzuschreiben.

II. fiant Mitteilungen an das k. Rentamt Bruck.

a. gemäß Artikel 30 des Erbschaftssteuergesetzes,

b. zum Behufe der Besitzumschreibung.

III. Gehen die Akten an das diesger. Hypothekenamt, um den Besitztitel auf die Erben zu berichtigen.

IV. An den rechnungsführenden Herrn Sekretär zur Gebührenberechnung.

V. Akten zu hinterlegen.

Königliches Amtsgericht.

(L. S.) Kraus. Erb.

Bei der großen Verschiedenheit der Verlassenschaften wurde nur ein Hauptfall behandelt. Die Gebührenbewertung erfolgt nach Art. 83 des GebGes. Die Mitteilungen an das Rentamt haben zu lauten:

a. „**Gemäß Art. 30 des ErbschStG.** beehre ich mich mitzuteilen, daß in rubr. von mir behandelter Verlassenschaft die nachgenannten Personen, welchen ein Exemplar der gedruckten Anleitung zur Steuerfallsanmeldung unter entsprechender Belehrung behändigt wurde, als Erben erscheinen," b. „**Zum Behufe der Besitzumschreibung** beehre ich mich mitzuteilen, daß auf Ableben des X am Y dessen nachgelassenes, nachstehend aufgeführte Grundvermögen im Wege der gesetzl. Erbfolge und nach Erklärung als unbedingten Erbschaftsantritts — nach Erklärung des Erbverzichts seitens des a auf den (Bruder) des Defuncten (Name) alleineigentümlich — zu gemeinschaftlichem Eigentum — übergegangen ist" (nun folgt Aufzeichnung des Grundvermögens). Weitere Formulare conf. Ges. u. VOBl. 1879 S. 1235, 1237 u. ff.

Aufbewahrung von Notariats-Urkunden in Verlassenschaftsakten **65**, 12 ff.

Verlassenschaften bayr. Staatsangehöriger in Oesterreich **74**, 176 f.

Desgleichen der in Bayern verstorbenen Ausländer **77**, 129 f.; 78, 13 f.

Besitzveränderungen in Verlassenschaften **78**, 147.

Zuständigkeit der Gerichte in Verlassenschaftssachen **79**, 93.

Verlassenschaften von Reichsangehörigen im Auslande, welche die Konsuln behandeln, **71**, 138 ff.

Behandlung der Verlassenschafts-Akten **63**, 118 f.

Anschaffung der Umschläge zu den Verl.-Akten **63**, 212.

Akten der Notare **65**, 12 ff.

Ausscheidung und Vernichtung der Verlassenschaftsakten **70**, 62.

Uebermittelung der bei den Notaren verschlossen hinterlegten letztwilligen Verfügungen an das Verlassenschafts-Ger. **86**, 2 f.

Geschäftsausweise in Verlassenschaftssachen **64**, 194 ff.

Versteigerungen in Verlassenschaftss. durch Ger.-Vollz. auf Anordnung des Gerichts **79**, 612, 627 f. **1564** f.

Zustellungen in Verlassenschaftssachen **79**, 1257.

Frühere Vernichtung der Verlassenschaftstabellen **70**, 67.

Akten bei Verlassenschaftsverhandlungen der Notare **65**, 12 ff.

Gebührenbewertung **81**, 219 ff.; **82**, 217; **83**, 19; **86**, 179 f.

Verlassenschaftsverzeichnis **63**, 118 f.; **64**, 194 ff.; **67**, 146, **70**, 68; **75**, 233; **80**, 4 f.

Formular des Verzeichnisses **63**, 137 ff.

Behandlung des Verlassenschaftswesens in den Landesteilen rechts des Rheins durch die Notare **65**, 12 ff.

Beaufsichtigung des Verlassenschaftswesens **81**, 175 f.

Königl. Amts-Gericht Selb.

Beurkundung
der
stattgehabten Beeidigung gerichtlicher Beamter und Bediensteter, dann der Rechtsanwälte, Notare, Gerichtsvollzieher u. s. w.

Die Protokolle über die Beeidigungen werden in ein fortlaufendes Register eingetragen, welches zu binden und mit einem alphabetischen Namensverzeichnis zu versehen ist. Die Protokolle müssen Ort und Tag der Verhandlung, die Namen des Richters, des Sekretärs, des Beeidigten und die Eidesformel enthalten; sie werden vom Richter und Sekretär unterzeichnet.

Amtsanwälte. JME. vom 5. Dez. 1867 (JMBl. S. 283).
Amtsgerichtsdiener und Gehilfen s. Gerichtsboten.
Bezirksamtsbeamte. ME. vom 23. April 1862. (Nar, Handb. I. Aufl. S. 63.)
Bezirksamtsschreiber. ME. vom 13. Januar 1863. (KABl. f. OB. S. 81.)
Bezirksgeometer. Instr. v. 15. April 1834 über das Verfahren bei Ummessungen 2c. § 3. (KABl. 1834, Handbibl. IV. S. 65.)
Einkommensteuerausschußmitglied, Ges. v. 19. Mai 1881 Art. 40.
Erzbischöfe u. Bischöfe. Concordat v. 24. Okt. 1817 Art. XV.
Feldgeschworene. Ges. v. 16. Mai 1868, die Vermarkung der Grundstücke betr. Art. 14.
Flurwächter. ME. v. 19. April 1863. (KABl. 1863, JMBl. 1863* S. 33.) Art. 141 der Gem.-Ord. v. 29. April 1869; bezüglich der von Distriktsgemeinden und Privaten aufgestellten Art. 123 PStGB. vom 26. Dez. 1871.

21. Verpflichtung eines Rechtspraktikanten.

Nr. 1.

Gegenwärtig:
Amtsrichter Scherr,
Sekretär Dußler.

Oeffentliche Sitzung des k. Amtsgerichts Selb vom 1. Juli 1888.

Es erscheint:

Rechtspraktikant Johann Stühler von Gunzenhausen und bringt vor:

Laut hiermit produzierten Protokolls des k. Bezirksamts Gunzenhausen vom 27. Juni 1887 bin ich auf Grund meines von der k. Universität Erlangen am 9. August 1887 ausgestellten Prüfungszeugnisses als Rechtspraktikant in die administrative Praxis aufgenommen und gesetzlich verpflichtet worden.

Ich beantrage nun, mich zur Justizpraxis bei dem k. Amtsgericht Selb zuzulassen und gemäß der höchsten Ministerial-Bekanntmachung vom 19. Mai 1880 zu verpflichten.

Es wurde hierauf dem Gesuchsteller unter Gewährung seines Antrags folgender Eid abgenommen:

„Ich schwöre bei Gott dem Allmächtigen und Allwissenden, daß ich bei meiner Verwendung als Gerichtsschreiber die als solchem obliegenden Amtspflichten treu erfüllen werde, so wahr mir Gott helfe!"

Vorgelesen, genehmigt, unterschrieben:

Johann Stühler.

(L. S.) Scherr. Dußler.

Forstpolizeihilfspersonen. Forstgesetz v. 28. März 1853 neue Fassung v. 18. Aug. 1879 Art. 120. JME. v. 15. Okt. 1864 (JMBl. 1864 S. 252) mit AG. z. StPO. Art. 36 Ziff. 3.

Geistliche, katholische und protestantische. ME. v. 30. Nov. 1874. (B. Kanzlei 1875. S. 14.)

Gefängniswärter und Gehilfen. JME. v. 26. Juni 1862 Nr. X. u. 19. Juni 1866 (JMBl. 1863 Erg.-Bl. S. 14 u. 1866 S. 169.) und Gefängnisordnung v. 10. April 1883 § 10 Abs. 5 (JMBl. 1883 S. 82.)

22. Verpflichtung eines Bezirksgeometers.

Nr. 2.

Gegenwärtig:
Amtsrichter Scherr,
Sekretär Dußler.

Oeffentliche Sitzung des k. Amtsgerichts Selb vom 3. Juli 1888.

Erscheint der k. Obergeometer Herr Greif von Ansbach, produziert Kommissorium der k. Regierung von Mittelfranken, Kammer der Finanzen, vom 31. Juni l. Js., inhaltlich dessen er die Ueberweisung des Ummessungsbezirks Gunzenhausen an den mit höchster Entschließung des k. Staatsministeriums der Finanzen vom 20. vor. Mts. hier ernannten Bezirksgeometer Franz Schneitel zu vollziehen hat, und ersucht, indem er den letztgenannten Herrn persönlich vorstellig macht, denselben gemäß § 3 der Instruktion über das Verfahren bei Ummessungen und Fortführung der Katasterpläne vom 25. April 1834 zu verpflichten.

Diesem Ansuchen entsprechend nahm man dem Herrn Bezirksgeometer Franz Schneitel den Eid mittels Nachsprechens folgender Eidesformel vorschriftsmäßig ab:

„Ich schwöre zu Gott dem Allmächtigen mit einem körperlichen Eide, daß ich den Verrichtungen eines Landgeometers nach den hierüber bestehenden oder künftig erteilt werdenden Instruktionen, Verordnungen und Gesetzen eifrigst obliegen, den Vorschriften derselben treulich nachkommen, insbesondere über die Erhaltung und Fortführung

---

Gemeindebeamte, Bürgermeister, Magistratsmitglieder, Gemeindebedienstete. Gemeindeordnung v. 29. April 1869 Art. 79, 126, 141.

Gemeindewahlausschußmitglieder. Gemeindeordnung vom 29. April 1869 Art. 178.

Gerichtsboten, Gerichtsdiener u. Gehilfen. JME. v. 26. Juni 1862 Nr. X u. v. 19. Juni 1866 (JMBl. 1862 Erg.-Bl. S. 14 u. 1866 S. 169).

Gerichtssekretäre, Obersekretäre, Sekretariats-Assistenten, -Gehilfen. AG. z. GVG. Art. 61. 3. 64. V. vom 6. Sept. 1879 § 6. M. B. v. 11. Sept. 1879. § 3.

der Katasterpläne durch vollständige und richtige Nachtragung der sich ergebenden Veränderungen nach den Anweisungen der Umschreibbehörden Sorge tragen und diese hierin thätig unterstützen, allen mir von Privaten und anderen Grundbesitzern oder dem Staate übertragenen geometrischen Arbeiten ohne Zögerung mich unterziehen, solche gehörig fördern, dieselben mit Fleiß, Genauigkeit und Aufmerksamkeit nach bestem Wissen und Gewissen vollziehen und hiebei weder zu Gunsten noch zu Schaden jemands verfahren, überhaupt mich so betragen wolle, wie es einem redlichen Geometer geziemt, so wahr mir Gott helfe!"

Hierüber diese Urkunde, welche der Beeidigte mit dem k. Amtsrichter und dem Gerichtsschreiber unterzeichnet.

F. Schneitel, Bezirksgeometer.

Scherr, k. Amtsrichter.

Dußler, k. Sekretär.

Gerichtsvollzieher, Stellvertreter, Verweser, Gehilfen. Ger.-Vollz.-Ord. v. 6. Sept. 1878 § 11, 27, 29, 30, 32.
Geschworene. StPO. § 288. Hilfsgeschworene. GVG. § 91, 94.
Gewerbesteuerausschußmitglieder. Ges. v. 19. Mai 1881. Art. 34.
Gewerbegerichtsmitglieder. RG. vom 29. Juli 1890 § 20 (RGBl. S. 146).
Grundsteuertaxatoren und Obertaxatoren s. d. Inst. Bonitierung rc. § 14 (Beilagen) RBl. 1830 S. 227.
Handelsmäckler, Sensale. HGB. Art. 66 A. 2.
Kapitalrentensteuer-Ausschußmitglied. Ges. v. 19. Mai 1881. Art. 17.
Konsulargerichtsbeisitzer s. RG. v. 10. Juni 1879 § 8.
König. Verf.-Urk. Tit. X § 1.
Landräte. Ges. vom 28. Mai 1852 Art. 21.
Landtagsmitglieder. Verf.-Urk. Tit. VII § 25.
Landtagswahlmänner. Ges. vom 4. Juni 1848 Art. 19.
Notare und deren Verweser s. Not.-Ges. v. 10. Nov. 1861 Art. 6, 39, 47. Instr. § 1—8, 15.

23. Verpflichtung von Hypothekschätzern.

Nr. 3.

Gegenwärtig:
Amtsrichter
Scherr,
Sekretär
Dußler.

Oeffentliche Sitzung des k. Amtsgerichts Selb vom 10. Juli 1888.

Laut Mitteilung der Gemeinde-Verwaltung Thurn vom 1. Juli c., inhaltlich deren die bisherigen Schätzmänner wegen Alters das Amt eines Schätzmannes niederlegten, wurden als Hypothekschätzer in Vorschlag gebracht und machen sich behufs ihrer Verpflichtung vorstellig;

1. Maurer Joh. Georg Saam in Thurn,
2. Köbler Michael Kraus daselbst.

Dieselben werden an der Hand der § 8, 9, 10 und 11 der Instr. vom 13. März 1823 für die Schätzungen und Schätzmänner in Hypotheksachen über die Pflichten ihres Amtes eingehend belehrt und einzeln mittels Nachsprechens folgender Eidesnorm:

„Ich schwöre bei Gott dem Allmächtigen und Allwissenden, daß ich, ohne jemanden zu begünstigen, niemanden zu Lieb, niemanden zu Leid, die mir aufgetragenen Schätzungen vornehmen, — nach meinen Kenntnissen und meinem besten Wissen nur den wahren Wert und nichts als den wahren Wert der zu schätzenden Gegenstände bestimmen — und nur solche Wertsbestimmungen, welche als dauernd und beständig anzusehen sind, machen will, so wahr mir Gott helfe!"

vorschriftsmäßig verpflichtet und bestätigen dieses durch ihre Unterschrift.

Johann Gg. Saam. Michael Kraus.

(L. S.) Scherr. Dußler.

Pfarramtsverweser. V. v. 10. Juni 1824. (Döll. VI. S. 282.)
Rechtsanwälte. RAO. § 17, 20, 107.
Rechtspraktikanten. K. Verord. v. 12. Juli 1893 § 21 (G.- u. VBl. S. 261, JMBl. S. 142).
Reichsbeamte. R.-Verf. Art. 18, 50. Kais. Verord. v. 29. Juni 1871 (RGBl. S. 303) Ges. v. 31. März 1873 § 3 (RGBl. S. 61.)

24. Verpflichtung eines Wald- oder Flur-Aufsehers.

Nr. 4.

Gegenwärtig:
Amtsrichter
Scherr,
Sekretär
Dußler.

Oeffentliche Sitzung des k. Amtsgerichts Selb vom 14. Juli 1888.

Es erscheint heute der **Gemeindediener** Jakob **Hübsch von Dobenreuth**.

Demselben wurde das Schreiben des k. Bezirksamts Gunzenhausen vom 8. ds. Mts. bekannt gegeben, nach welchem er von diesem im Einverständnis mit dem k. Forst-Amte daselbst als Waldaufseher für die Gemeindewaldung Dobenreuth aufgestellt ist.

Hierauf wurde derselbe über seine Pflichten und über die Bedeutung des Eides belehrt und gemäß Art. 120 des revidierten Forstgesetzes als Waldaufseher für die besagte Gemeindewaldung verpflichtet, indem er folgenden Eid leistete:

„Ich schwöre bei Gott dem Allmächtigen und Allwissenden, daß ich alle zu meiner Kenntnis gelangenden Forstrügesachen gewissenhaft und wahrheitsgetreu anzeigen, sowie dasjenige, was ich über die Thatumstände der Uebertretung oder des Frevels und über deren Thäter durch eigene Wahrnehmung oder fremde Mitteilung erfahren werde, genau angeben will, so wahr mir Gott helfe."

Vorgelesen, genehmigt, unterzeichnet

Jakob Hübsch.

(L. S.) Scherr. Dußler.

Reichsverweser. B. Verf.-Urk. Tit. II § 16.

Richter, Handelsrichter. B. AG. z. GVG. v. 23. Febr. 1879 Art. 2 u. JMBl. 1863 S. 18.

Schätzer, Hypothekenschätzer. JME. v. 28. Jan. 1871, Hypothekenschätzer Beil. V z. Instr. v. 13. März 1823 z. Hyp.-G. (Instr. f. Hyp.-Schätzungen.)

Schiedsrichter in dem Verfahren auf Grund des Invaliditäts- und Altersversicherungsgesetzes vom 22. Juni 1889. Kaiserl. Verordn. vom 1. Dez. 1890. (RGBl. S. 193.)

25. Verpflichtung eines Sachverständigen in Bauholz-Rechtssachen.

Nr. 5.

Gegenwärtig:
Amtsrichter
Scherr,
Gerichtsschreiber
Dußler.

Oeffentliche Sitzung des k. Amtsgerichts Selb vom 18. Juli 1888.

Das k. Forstamt Kosbach stellte mittels Schreibens vom 10. lfd. Mts. den Antrag, es wolle der Zimmermeister Friedrich Hilger von Windsheim als Sachverständiger in Bauholzrechtssachen verpflichtet werden.

Friedrich Hilger macht sich heute auf erfolgte Ladung in öffentlicher Gerichtssitzung vorstellig und leistet nach Belehrung über die Wichtigkeit und Heiligkeit des Eides nachstehenden Eid:

„Ich schwöre bei Gott dem Allmächtigen und Allwissenden, daß ich als Sachverständiger in Bauholzrechtssachen die ärarialischen Interessen wahren und die mir anvertrauten Geschäfte, namentlich die Prüfung der Rechtbauholz-Anträge und Kontrole der Rechtbauholzverwendung, nach den bestehenden mir bekannt gegebenen Vorschriften pünktlich besorgen, des k. Aerars Nutzen fördern und dessen Schaden und Nachteil möglichst hindern, überhaupt die von mir geforderten Gutachten unparteiisch und nach bestem Wissen und Gewissen erstatten werde, so wahr mir Gott helfe."

Hierüber Urkunde, welche der Beeidigte mit dem Amtsrichter und dem Gerichtsschreiber unterzeichnet hat.

Friedrich Hilger.

(L. S.) Scherr. Dußler.

Schöffen. GV. § 51, 45.
Schullehrer. Kultus-M.-E. vom 14. Juli 1881. (KMBl. S. 189.)
Staatsanwälte. Dienstvorschr. f. d. StA. d. d. Rh. v. 20. Juni 1862 § 16 und Anl. I.
Staatsbürger (Verfassungseid) Verf.-Urk. Tit. X § 3.
Taxatoren § 101 Grundsteuer- u. § 10 Häusersteuergesetz.
Verbindungen, geheime. AV. v. 15. März 1850. (RBl. S. 241.)

26. Abnahme des Verfassungs-Eides.

Nr. 6.

Gegenwärtig:
Amtsrichter Scherr,
Gerichtsschreiber Dußler.

Oeffentliche Sitzung des k. Amtsgerichts Selb vom 19. Juli 1888.

Es erscheint Militär-Anwärter Josef Röthlein, beheimatet in Staffelstein, zuletzt Gendarm in Neu-Ulm, welcher mit Entschließung des Herrn Oberstaatsanwalts am k. Oberlandesgerichte Nürnberg vom 1. Juli c. zum Gefängniswärtergehilfen am k. Amtsgerichte Selb ernannt wurde.

Dem 2c. Röthlein wurde in heutiger öffentlicher Sitzung nach vorgängiger Eidesbelehrung folgender Dienst-Eid abgenommen:

„Ich schwöre bei Gott dem Allmächtigen und Allwissenden, daß ich die Pflichten eines Gefängniswärtergehilfen nach den bestehenden Gesetzen und Verordnungen treu erfüllen, die mir von meinen Vorgesetzten aufgetragenen oder in Gemäßheit der Dienstesvorschriften mir obliegenden Geschäfte pünktlich vollführen und das Amtsgeheimnis sorgfältig bewahren werde."

„Weiters schwöre ich, daß ich keinem Vereine, dessen Bildung dem Staate nicht angezeigt ist, angehöre noch je angehören werde, und daß ich in keinem Verbande mit einem Vereine verbleiben werde, dessen Schließung von der zuständigen Behörde verfügt worden ist, oder an welchem mir die Teilnahme in Gemäßheit der jeweils bestehenden Disziplinarbestimmungen untersagt sein wird.

Dieses alles schwöre ich, so wahr mir Gott helfe."

Vorgelesen, genehmigt, unterschrieben:

Josef Röthlein.

(L. S.) Scherr. Dußler.

Verwaltungsgerichtshof-Mitglieder s. V. v. 31. Aug. 1879 § 16 (G.- u. VBl. S. 1007.)
Vormund. B. Landr., Tl. I, Kap. 7, § 10.

27. Verpflichtung eines Schreibgehilfen.

Nr. 7.

Gegenwärtig:
Amtsrichter
Scherr.
Gerichtsschreiber
Dußler.

Oeffentliche Sitzung des k. Amtsgerichts Selb vom 20. Juli 1891.

Nach vorausgegangener Genehmigung des Herrn Amtsvorstandes macht der k. Sekretär Herr Röthlein den Skribenten Johann Hedler von Selb, geb. am 12. März 1870, vorstellig, damit derselbe als Gerichtsschreibergehilfe verpflichtet werde.

Nach Belehrung über die Bedeutung des Eides wurde Johann Hedler im Hinblick auf § 6 der Allerhöchsten Verordnung vom 6. September 1879, die Geschäftseinrichtung der Gerichtsschreibereien betr., gemäß Art. 61 des b. Ausf.-Ges. zum GVGes. verpflichtet und beeidigt wie folgt:

„Ich, Johann Hedler, schwöre bei Gott dem Allmächtigen und Allwissenden, daß ich die mir obliegenden Amtspflichten nach den bestehenden Gesetzen und Verordnnngen treu erfüllen, den Aufträgen meiner Vorgesetzten pünktlich nachkommen und das Amtsgeheimnis sorgfältig bewahren werde, so wahr mir Gott helfe!"

Vorgelesen, genehmigt, unterzeichnet.

Johann Hedler.

(L. S.) Scherr. Dußler.

Hypothekenwesen.

Befugnis der Notare zur Beurkundung selbständiger Anträge auf Vormerkung oder Eintragung einer Hypothek **64**, 257 f. — Anlegung und Aufbewahrung der Akten bei den Hyp.-Aemtern r/Rh. **63**, 122. — Mitteilungen der Rentämter über Immobilar-Ummessungen **63**, 198 ff., **68**, 243 f. — Geschäftsbehandlung im Verkehre mit den Notaren **64**, 210 ff., **66**, 78 ff., 253 f. — Behandlung der das Hypothekenwesen berührenden Notariats-Urkunden bei den Hypotheken-Aemtern **64**, 212 ff., **66**, 78 ff., 253 f., **69**, 77 ff., 123, 163 ff., 170, **72**, 127 ff., 139. — Verzeichnisse der Bücher, Protokolle 2c. **67**, 194. — Behandlung des Einlaufes **69**, 170; **72**, 126 f.; **79**, 747. — Benachrichtigung des Hypothekenschuldners bei Veränderung in der Person des Gläubigers **71**, 319 f. — Geschäftsbehandlung bei den Hypothekenämtern **72**, 126 ff.

28. Antrag auf Löschung eines Kapitals.

H 1.

Gegenwärtig:
Amtsrichter
Weber,
Gerichtsschreiber
Lieb.

Ansbach, am 1. Januar 1889.

Erscheint heute:

Maurermeister Friedr. Kratzer v. Forchheim, (dessen Identität von dem miterschienenen gerichtsbekannten Kaufmann Oskar Beyer von Ansbach bestätigt wird

St. U. Oskar Beyer.)

und bringt unter Uebergabe eines Schuld- und Hypotheken-Briefs des k. Notars Pfirstinger von Forchheim vom 2. Nov. 1887 zur Kassierung vor:

Auf dem Grundvermögen des Oekonomen Josef Hirsch von Ansbach Hs.-Nr. 16 ist für mich ein mit 4% verzinsliches Darlehen zu 5000 ℳ — fünftausend Mark — nebst 500 ℳ — fünfhundert Mark – Kaution eingetragen.

./.

Wegen erfolgter Zahlung in Haupt- und Nebensache — Verzichts auf hypothekarische Sicherheit (Angabe des sonstigen Grundes, z. B. Konsolidation, Verzichts auf Grund versprochener Zahlung) — bewillige. und beantrage. ich die Löschung dieses Kapitals nebst Kaution allerorts im Hypotheken-Buche, insbesondere für Ansbach Bd. XV S. 68.

Vorgelesen, genehmigt, unterzeichnet:
Friedrich Kratzer.

Beschluß.

Wird die Hypothek für das bezahlte Kapital zu 3000 ℳ — m. W. — auf dem Anwesen des Jos. Hirsch gelöscht.

Königl. Amtsgericht als Hyp.-Amt.

f. l. c. (L. S.) Weber. Lieb.

Nach Erledigung des Antrags ist zu bestätigen, daß die Löschung vollzogen wurde. Bei Teillöschungen erfolgt Vormerkung in der Notariatsurkunde. Geb. 1/10 Art. 89. Die Löschung des im Hypothekenbuch eingetragenen Kapitals oder vorgemerkten Forderung (§ 85, 107, 125, 145 Ziff. 6. 158—169 HypGes. § 33 der Instr.) erfolgt mit gläubigerischer Zustimmung auf Grund schriftlich oder mündlich erklärter Löschungsbewilligung, notarieller Urkunde, Gerichtsbeschlusses und rechtskräftigen Urteils. Stets ist die Identität und die Legitimation derjenigen Person zu prüfen, welche die Löschungserklärung abgibt; bei Bevollmächtigten ist stets darauf zu achten, ob die Vollmacht die Berechtigung zum Löschungsantrag enthält. Bei jedem mündlichen Löschungsantrag ist das Hypothekfolium genau zu prüfen, da sich aus der Rubrik Anmerkungen oft Hindernisse wegen Rechte Dritter ergeben. Die Form der vollständigen Löschung im Hypothekenbuche besteht in der zweimaligen Unterstreichung der ausgeworfenen Summen, wobei im Numerus und in den Anmerkungen der Vermerk „Gelöscht" ebenfalls zweimal unterstrichen wird; bei Teillöschungen erfolgt einfache Unterstreichung der Summe und des Wortes „Gelöscht" unter Verweisung auf den Löschungsvortrag.

Die Löschungsbewilligung geht nach § 10 der Instr. mit dem Vermerk: „Löschung vollzogen im Hypothekenbuch für . . Bd. S. . ." zu den Beilagen.

Besteht an der Hypothek ein Zinsgenuß oder anderes Recht, so ist die Einwilligung des Berechtigten in die Löschung seines Rechtes zu erwähnen.

Bei Löschungserklärungen der Kirchen-, Pfründe und unmittelbaren Stiftungen MB. d. Innern 85, 85; KMB. 91, 90; JMB. 86, 253, sowie der Gemeinden und örtlichen Stiftungen JMB. 85, 84 ist ein die Bewilligung zur Löschung erteilender Beschluß der Gemeinde- bezw. Kirchenverwaltung, dann eine schriftliche Löschungsbewilligung, (Ausfertigung des Verwaltungsbeschlusses) in welcher der Antrag auf Löschung unter Verzicht auf nochmalige Vernehmung vor dem Hypothekenamte gestellt wird. Dieses Schreiben muß vom Vorstande der Kirchenverwaltung bezw. bei Gemeinden mit städtischer Verfassung vom Gemeindevorstande und Kassier, bei den übrigen Gemeinden vom Gemeindevorstand und 2 Ausschußmitgliedern gezeichnet mit Amtssiegel versehen sein, sowie die Kuratelgenehmigung enthalten.

Die Löschungsbewilligung der für die Landeskultur-Rentenanstalt eingetragenen Hypotheken wird von der Anstaltsverwaltung durch schriftliche Erklärung erteilt. Ges.- u. VBl. 84, 113. Bei den Löschungsanträgen sollen stets die Originalschuldurkunden bezw. Ausfertigungen zur Vernichtung übergeben werden. (§ 167 Hyp.-Ges. 64, 216).

29. Antrag auf Vormerkung einer Bierschuld-, Baukosten- und Lieferungsforderung.

H. 2.

Gegenwärtig:
Ober-Amtsrichter
Weber,
Gerichtsschreiber
Lieb.

Ansbach, am 2. Januar 1889.

Es erscheint:

Bierbrauer Johann Georg Polster von Neukirchen produziert Schuldschein des Gastwirts Joseph Hollfelder von Breitenbach vom 10. November 1887, wornach ihm dieser für das auf vorherige Bestellung zu verschiedenen Zeiten geliefert erhaltenes Bier den Betrag von 2000 ℳ — (m. W.) zwei Tausend Mark Hauptsache nebst 4% Zinsen seit 10. November 1887 hieraus schuldig geworden zu sein bekennt und bringt vor:

Gemäß § 12 Ziff. 10 des Hypothekengesetzes beantrage ich die Vormerkung meiner vorbezeichneten Bier-Forderung auf dem schuldnerischen Grundvermögen und zwar auf den Objekten Pl.-Nr. 25, 45, 50 a, b 2c. der StGd. Ansbach 2c. sowie die Einleitung des gesetzlichen Vormerkungsverfahrens unter Vorsetzung eines 14 tägigen Einspruchtermins.

Vorgelesen, genehmigt, unterzeichnet:
Johann Georg Polster.

Beschluß.

I. Ist die angemeldete Bierschuld-Forderung auf dem bezeichneten schuldnerischen Grundvermögen antragsgemäß vorzumerken.

II. Nachricht an Schuldner .. unter Zuschluß der Abschrift des Antrags und Vorsetzung eines 14 tägigen Einspruchtermins.

III. Urkunde zu den Beilagen; Gebühr: Antragsteller.

IV. Antragsteller .. nimmt hievon Kenntnis und verzichtet auf Benachrichtigung.

Lt. U.: Joh. Gg. Polster.

Kgl. Amtsgericht als Hyp.-Amt.

(L. S.) Weber. Lieb.

Von jeder Vormerkung, welche auf gläubigerischen Antrag ohne Wissen des Schuldners erfolgt, ist Schuldner unter Bezeichnung des Gläubigers, der Rechstitel u. s. w. und Mitteilung der Präklusivfrist nachweislich zu verständigen.

Die Nachricht an Schuldner lautet:

„Sie erhalten anliegend Abschrift des Antrags des Y von A mit diesger. Beschluß vom X gemäß § 12 Ziff. 10, 28—30 u. 108—110 u. ff. des HypGes. zur Kenntnis mit dem Eröffnen, allenfallsige Erinnerungen gegen diese Vormerkung und die Forderung selbst innerhalb 14 Tagen, vom Tage der Behändigung dieses Dekrets an gerechnet, um so sicherer hierorts vorzubringen, als außerdem auf weitern Antrag des Gläubigers fragliche Vormerkung in förmlichen Eintrag umgewandelt werden würde."

Wird dem Antragsteller der Beschluß des Hypothekenamtes nicht sofort mündlich eröffnet, oder wird der Antrag auf Vormerkung schriftlich gestellt, so ist dem Antragsteller folgende Mitteilung zu machen:

„Es wird Ihnen hiemit eröffnet, daß Ihrem Antrage vom x praes. Y entsprechend, für Ihre Bierforderung zu x Mark — für gelieferte Schreiner= 2c. Arbeiten der Betrag von x Mark — auf dem Anwesen des n Hs.=Nr. . . in Y nach Vorgang von 10000 ℳ Kapitalien 1000 ℳ Kautionen 2c. Hypothek im Hypothekenbuche für . . . . Bd. . . S. . . vorgemerkt und Anwesensbesitzer . . unter Versetzung eines 14 tägigen Einspruchtermins verständigt wurde."

Die Vormerkungen von Hypoteken (§ 30, 106, 108, 125, 146 u. 148 des HypGes. § 31 der Instr.) erfolgen auf Antrag des Gläubigers, wenn ein gesetzlicher oder vertragsmäßiger Rechtstitel auf Erwerbung einer Hypothek vorliegt und derselbe durch Urkunden (Rechnungen, Geschäftsbücher, Empfangsbescheinigungen 2c.) glaubhaft nachgewiesen ist; der häufigste Fall besteht in der Vormerkung von Lieferungsforderungen für das Anwesen. Die Hypothekvormerkung erfolgt wie die Eintragung nur wird in der Rubrik Anmerk. „vorgemerkt" gesetzt.

Die hypothekenamtliche Vollzugsbestätigung lautet: „Unterm Heutigen wurde die . . . . Forderung des . . . zu x ℳ u. s. w. auf dem Anwesen des N Hs.=Nr. . . in Y nach Vorgang von . . ℳ Kapitalien und . . ℳ Kautionen 2c. im HypBch. für . . Bd. . . S. . . vorgemerkt und Anwesensbesitzer . . unter Vorsetzung eines . . tägigen Einspruchtermins verständigt."

Gebühr gemäß Art. 89 des b. Geb.=Wesens sowie die Geb. nach Art. 121 zu 6 von 1000 ℳ.

Schuldbekenntnisse mit Hypothekbestellung sowie hypothekarische Kautionen unterliegen einer Gebühr zu 6 vom 1000 der Gegenstandssumme, soferne jedoch der Wertgegenstand den Betrag von 300 ℳ nicht übersteigt oder soferne über die Forderung, für welche die Hypothek bestellt wird, bereits eine mit der Gebühr nach Art. 112 Ziff. 2 bewertete Urkunde errichtet ist, zu je 3 vom 1000 der Gegenstandssumme.

Nach § 12 des Hypotheken-Gesetzes

sind kraft des Gesetzes zur Erwerbung einer Hypothek und ohne daß dazu eine ausdrückliche Erklärung des Schuldners notwendig wäre, folgende Gläubiger berechtigt:

1. Der Staat, wegen rückständiger ordent- und außerordentlicher Staatsabgaben;
2. Stiftungen und Gemeinden, wegen aller durch Verwaltung ihres Vermögens entstehenden Forderungen, auf den Immobilien ihrer Verwalter und deren Bürgen, wenn nicht bereits genügende Sicherheit geleistet;
3. Gutsherren, wegen rückst. grundherrlicher Abgaben;
4. Diejenigen, welche aus einer unbeweglichen Sache einer Realrente zu fordern haben wegen der Rückstände an diesen jährlichen Leistungen auf den damit belasteten Sachen;
5. Minderjährige und unter Kuratel gesetzte Personen wegen aller aus der geführten Vormundschaft oder Kuratel begründeten Forderungen auf den Immobilien ihrer Vormünder oder Kuratoren und deren Bürgen, jedoch mit Rücksicht auf die Vorschriften des § 20 des HypGes.;
6. Die Ehefrau, wegen ihres bei Eingehung der Ehe oder während derselben eingebrachten Vermögens, wegen der aus dem Ehevertrage ihr zustehenden Rechte, wegen ihrer Entschädigungsansprüche rücksichtlich der mit ihrem Ehemann übernommenen Verbindlichkeiten und wegen Verwendung ihrer von demselben veräußerten Güter auf den Mobilien ihres Ehemannes;
7. Kinder, wegen desjenigen, was sie als Vater- oder Muttergut oder sonst erworbenes Vermögen, oder als Voraus bei Einkindschaftungen zu fordern haben, auf den Immobilien ihrer Eltern;
8. Legatarien- und Erbschaftsgläubiger, desgleichen die Miterben, wegen der in den Erbteilungen bestimmten Hinauszahlungen und wegen Entwehrung der darin enthaltenen Sachen auf den zur Erbschaft gehörigen Immobilien;
9. Baumeister und Bauunternehmer und andere Arbeiter, wegen den für Errichtung, Wiederherstellung oder Ausbesserung von Gebäuden, Kanälen und anderen Werken entstandenen Forderungen, desgleichen diejenigen, welche dazu Materialien geliefert haben, auf diesen Gebäuden und Werken;
10. Inhaber oder Pächter von Bierbrauereien, wegen ihrer Forderungen an Bierwirte für abgegebenes Bier und Branntwein;
11. Gläubiger, wegen der nicht über 2 Jahre rückständigen Zinsen von Hypothekschulden und wegen der über Ausklagung und Eintreibung der Hypothekschulden entstandenen Streitkosten auf den Gütern, worauf ihre Hypothek eingetragen ist.

---

30. Antrag auf Vormerkung einer Zwangshypothek.

H. 3.

Gegenwärtig:
Ober-Amtsrichter
Weber.
Gerichtsschreiber
Lieb.

./.

Ansbach, am 3. Januar 1889.

Es erscheint:

Metzgermeister Johann Betz von Neuses übergibt rechtskräftiges, für vorläufig vollstreckbar erklärtes Urteil des k. Land-Gerichts Ansbach vom 12. Dezember 1888 nebst Zustellungsurkunde des k. Gerichtsvollziehers Meier daselbst vom 18. Dezbr. c. wornach ihm der Oekonom Friedr. Walz von Ansbach, 2000 ℳ (m. W.) zwei Tausend Mark nebst 4% Zinsen hieraus seit 1. Jan. 1885 sowie 6,40 ℳ Kosten u. s. w. schuldig ist und bringt vor:

Gemäß § 662, 671, 704 d. RZPO. und Art. 40 der Novelle zur SO., betreffend die Aenderungen der Bestimmungen über die Zwangsvollstreckung in das unbewegliche Vermögen, beantrage ich die Vormerkung einer Zwangshypothek zu Gunsten vorbezeichneter Beträge auf dem schuldnerischen Grundvermögen und zwar auf den Objekten Pl.-Nr. 33, 42, 108, 203 rc., der St.-Gde. Ansbach.

Vorgelesen, genehmigt, unterzeichnet:
Johann Betz.

Beschluß.

I. Der Schuldbetrag zu 2000 ℳ (m. W.) nebst 4% Zinsen seit 1. Januar 1885; sowie 6,40 ℳ Kosten u. s. w. ist auf dem schuldnerischen Grundvermögen, wie oben angegeben, im Hypothekenbuche antragsgemäß vorzumerken.

II. Diese Vormerkung wird nach Ablauf eines Monats von der Zustellung des Gegenwärtigen an Schuldner . . auf weiteren Antrag des Gläubigers in einen Hypothekeintrag umgewandelt, wenn nicht Schuldner . . dem Hypothekenamte nachgewiesen, daß er Einwendungen gegen den Anspruch oder das Vollstreckungsrecht des Gläubigers in der dafür vorgeschriebenen Weise geltend gemacht hat, und ist hievon dem Schuldner . . unter Mitteilung einer Abschrift des Antrags nachweislich Kenntnis zu geben.

III. Mitteilung von der erfolgten Vormerkung der Zwangshypothek dem Antragsteller . .

IV. Nachweisliche Mitteilung von Vorstehendem an Schuldner und Anwesensbesitzer Walz.

V. Urkunde zu den Hypothekenprotokollsbeilagen. Gebühr: Antragsteller.

Königl. Amtsgericht als Hypotheken-Amt.

(L. S.) Weber. Lieb.

Gemäß Art. 40—43 der Novelle zur SO. kann die Zwangsvollstreckung wegen Geldforderungen durch Vormerkung einer Hypothek auf dem unbeweglichen Vermögen des Schuldners erfolgen, der Antrag ist bei dem Hypothekenamte zu stellen; derselbe kann entweder schriftlich eingereicht oder zu Protokoll erklärt werden; der Antrag hat sowohl die Summe, für welche Hypothek eingetragen werden soll, als auch die in Anspruch genommenen Hypothekobjekte genau zu bezeichnen, außerdem sind die vollstreckbaren Urkunden mit Zustellungsnachweisen vorzulegen. Die Besitztitelberichtigung auf den Schuldner kann der Gläubiger unter denselben Voraussetzungen wie der Beschlagnahme-Gläubiger erwirken. Auf die Vormerkung und Eintragung findet § 11 HypG. Anwendung. Die Vormerkung einer Zwangshypothek kann während eines Konkursverfahrens gegen den Schuldner nicht stattfinden, wird aber durch eine sonstige Dispositionsbeschränkung des Schuldners oder durch eine Beschlagnahme nicht gehindert. § 146 HypG. Art. 30 und 130 SO. § 668. 686 f. ZPO.

Im Vortrag muß der Grund der Vormerkung rechtskräftiger (Art. 40) oder vorläufig vollstreckbarer Titel (Art. 41) angegeben werden.

Die Nachricht an Schuldner und Anwesensbesitzer lautet:

Betreff: Vormerkung einer Zwangshypothek auf dem Grundvermögen des X. „Es wird Ihnen hiemit eröffnet, daß entsprechend dem Antrage des A von O (hier event. Bezeichnung der anwaltschaftlichen Vertretung) vom 3. ds. (praes.) auf Vormerkung einer Zwangshypothek für X M. Hauptsache, Zinsen, Spesen, Kosten rc.; weitere Vollstreckungskosten auf Ihrem Anwesen Hs.-Nr. 1 an der Ilgstraße in B gemäß Art. 40 (und 41) der Novelle vom 29. Mai 1886 zur SubhOrd. auf Grund vorgelegten, Ihnen zugestellten, rechtskräftigen (vorläufig vollstreckbaren) Versäumnis-Urteils des k. Land-Gerichts N vom . . . und Kostenfestsetzungsbeschlusses dess. Gerichts vom . . unterm Heutigen stattgegeben und die bezeichnete Forderung im HypBch. für . . . Bd. . . S. . . vorgemerkt wurde."

(Bemerkt wird, daß die Vormerkung nach Ablauf eines Monats von der Ihnen hiemit gemachten Mitteilung an auf weiteren Antrag des Gläubigers in einen Hypothekeintrag umgewandelt wird, wenn Sie nicht inzwischen hierorts nachgewiesen haben, daß Sie Einwendungen gegen den Anspruch oder das Vollstreckungsrecht des Gläubigers in der hiefür vorgeschriebenen Weise geltend gemacht haben.) Abschrift des Antrags liegt an.

Der in ( ) befindliche Satz gilt nur für Art. 40 der Novelle bei rechtskräftigen Urkunden.

Die Nachricht an Antragsteller lautet:

Betreff wie vor. „Es wird Ihnen hiemit eröffnet, daß Ihrem Antrage vom . . . . praes. . . . . entsprechend, zu Gunsten Ihrer Forderung zu . . ℳ (Hauptsache, Zinsen, Spesen, Kosten u. s. w.) auf dem schuldnerischen Grundvermögen (Anwesen Hs.-Nr. Pl.-Nr.) nach Vorgang von . . ℳ Kapitalien, . . ℳ Kautionen im Hypothekenbuche für . . Bd. S. Zwangshypothek vorgemerkt und Anwesensbesitzer . . unter Vorsetzung einer einmonatlichen Einwendungsfrist nachweislich von dieser Vormerkung verständigt wurde. Läßt Schuldner . . diese Frist ohne Erinnerung verstreichen, können Sie entweder hierorts oder schriftlich den weiteren Antrag stellen, daß die Vormerkung in definitiven Hypothekeintrag umgewandelt wird. (Die vorgelegten Urkunden wurden mit dem Antrag zu den Beilagen genommen.)"

Der Eintrag in das Hypothekenbuch lautet: „X Mark u. s. w. zu Gunsten des N. in O. vorgemerkt gemäß Art. 40 (41) der Nov. zur SO. auf Grund rechtskräftigen Urteils (vorläufig vollstreckbaren Vers. Urteils) des k. Land-Gerichts N vom . . . und Kostenfestsetzungsbeschlusses dess. Gerichts vom . . . und Antrag des Y vom . . . praes. . . ."

Die auf den Vollstreckungstitel zu setzende hypothekenamtliche Bestätigung lautet: „Unterm Heutigen wurde zu Gunsten des X auf dem Anwesen des Y Hs.-Nr. . . in N Zwangshypothek zu . . . ℳ ꝛc. Kosten, Spesen, Zinsen, Vollstreckungskosten nach Vorgang von . . . ℳ Kapitalien, und . . . ℳ Kautionen im HypBch. für . . . Bd. S. vorgemerkt und Anwesensbesitzer . . . (unter dem gesetzlichen Präjudiz) verständigt."

$^1/_{10}$ Gebühr nach Art. 89 des GebWesens.

Einwendungen des Schuldners gegen die Vormerkung, welche die Forderung des Gläubigers an sich oder die Vollstreckungsklausel betreffen, sind beim Vollstreckungsgerichte anzubringen; Erinnerungen gegen das Verfahren des Hypothekenamtes, sowie der Antrag des Schuldners auf Beschränkung des Gläubigers hinsichtlich des Umfanges der in Anspruch genommenen Hypothekobjekte vom Hypotheken-Amte zu verbescheiden.

31. Antrag auf Definitiv-Eintrag einer vorgemerkten Hypothek.

H. 4.

Gegenwärtig:
Ober-Amtsrichter
Weber,
Gerichtsschreiber
Lieb.

./.

Ansbach, am 8. Februar 1889.

Es erscheint:

Bierbrauer Johann Georg Polster von Neukirchen, übergibt Zustellungsnachweis vom 4. d. Mts. nach welchem das hypothekenamtliche Dekret dem Gastwirt Joseph Hellfelder von Breitenbach unterm gleichen Datum persönlich zugestellt wurde, und beantragt, nachdem Schuldner . . innerhalb des ihm vom Gerichte mit Schreiben vom 2. Januar c. vorgesetzten Termines mit einer Erinnerung gegen die Vormerkung des Kapitals in Haupt- und Nebensache nicht eingekommen ist,
nunmehr die Umwandlung der unterm 2. Januar c. auf dem schuldnerischen Grundvermögen vorgemerkten Forderung zu:
2000 ℳ (m. W.) zwei Tausend Mark Hauptsache nebst 4% Zinsen seit 10 November 1887 hieraus im Hypothekbch. für Ansbach Bd II S. 62

in förmlichen definitiven Eintrag.

Vorgelesen, genehmigt, unterzeichnet.
Johann Gg. Polster.

Beschluß.

I. Wird die vorgemerkte, obengenannte Bierschuld-Forderung in ihrem ganzen Umfange auf dem bisher verpfändeten Grundbesitze des Schuldners, da dieser innerhalb des vorgesetzten Termines eine Erinnerung nicht eingebracht hat, nunmehr in förmlichen definitiven Eintrag umgewandelt.

II. Ist dem Schuldner .. hievon nachweislich unter Mitteilung einer Abschrift des Antrages nebst Beschlusses Kenntnis zu geben.

III. Mitteilung vom erfolgten Eintrag dem Antragsteller.

IV. Urkunde ist zu den Hypothekenprotokollsbeilagen zu nehmen.

Königl. Amtsgericht als Hyp.-Amt.

(L. S.) Weber. Lieb.

Die Nachricht an Schuldner vom Definitiv-Eintrag lautet:

„Es wird Ihnen hiemit eröffnet, daß auf Antrag des X vom ... praes. . . (die anwaltschaftl. Vertretung) die Vormerkung der Hypothek zu .. Mk. 2c. Hauptsache 2c. auf Ihrem Anwesen H.-Nr. .. in ..., nachdem Sie innerhalb der vorgesetzten Frist Erinnerungen nicht vorgebracht haben, in definitiven Eintrag (Hypotheke intrag) umgewandelt wurde."

Der Eintrag in das Hypothekenbuch lautet:

„Datum. Die Vormerkung sub. Nr. 3/IV wird, nachdem Anwesensbesitzer ... innerhalb der vorgestreckten Frist Erinnerungen nicht erhoben, in definitiven Eintrag verwandelt lt. Antrags vom . . ."

Die hypothekenamtliche Bestätigung lautet:

„Unterm Heutigen wurde, nachdem Anwesensbesitzer ... gegen obige Vormerkung keine Erinnerung erhoben, dieselbe in definitiven Eintrag verwandelt. Hyp.-Bch. f. .. Bd. .. S. .."

Die Vormerkungen von Vater- und Muttergutsforderungen auf dem elterlichen Anwesen erfolgen auf Requisition des Vormundschaftsgerichts.

Die Nachricht an Antragsteller lautet:

„Die auf dem schuldnerischen Grundvermögen zu Gunsten Ihrer ... Forderung zu ... Mk. 2c. vorgemerkte Hypothek wurde, nachdem Schuldner ... innerhalb der vorgesetzten Präklusivfrist Erinnerungen hiegegen nicht erhoben, Ihrem Antrage entsprechend, in definitiven Eintrag umgewandelt."

Die bisher vorgemerkte Hypothek erhält in den Anmerkungen den Beisatz „nunmehr eingetragen" mit Verweisung auf die Nummer des neuen Vortrags; während bei letzterem auf die Nummer der Hypothek verwiesen wird.

32. Antrag auf Umwandlung der Vormerkung einer Zwangshypothek in Definitiveintrag.

H. 5.

Gegenwärtig:
Ober-Amtsrichter
Weber,
Sekretär
Lieb.

Ansbach, am 16. Februar 1889.

Es erscheint:

Metzgermeister Johann Betz von Neuses, nimmt Bezug auf den Zustellungsnachweis vom 8. Januar l. Js., nach welchem das hypothekenamtliche Dekret über die Vormerkung der Zwangshypothek dem Oekonom Friedrich Walz von Ansbach persönlich unterm gleichen Tage zugestellt worden und beantragt, da Schuldner.. innerhalb der ihm vom Gerichte mit Schreiben vom 5. Januar 1889 bekannt gegebenen gesetzlichen einmonatlichen Frist die Erhebung von Einwendungen gegen den Anspruch oder das Vollstreckungsrecht des Gläubigers hierorts **nicht** nachgewiesen hat, nunmehr die Umwandlung der unterm 3. Januar 1889 auf dem schuldnerischen Grundvermögen vorgemerkten Zwangshypothek zu:

2000 ℳ (m. W.) zwei Tausend Mark Hauptsache, nebst 4% Zinsen hieraus seit 1. Januar 1885, sowie 6.40 Mark Kosten u s. w. im Hypothekenbuche für Ansbach Bd. I S. 72

in wirklichen definitiven Eintrag.

Vorgelesen, genehmigt, unterzeichnet:
Johann Betz.

Beschluß.

I. Wird die vorgemerkte, obengenannte Zwangshypothek in ihrem ganzen Umfang auf dem bisher verpfändeten schuldnerischen Grundbesitz, nachdem Schuldner.. innerhalb der vorgesetzten Frist Erinnerungen nicht erhoben, in definitiven Eintrag umgewandelt.

II. Ist dem Schuldner .. unter Mitteilung einer Abschrift vorstehenden Antrags nebst Beschlusses nachweislich Eröffnung zu machen.
III. Mitteilung vom Definitiveintrag an Antragsteller.
IV. Urkunde ist zu den Beilagen des Hypothekenprotokolls zu nehmen.

Königl. Amtsgericht als Hypotheken-Amt.

(L. S.) Weber. Lieb.

Sind Erinnerungen innerhalb der vorgesetzten einmonatlichen Frist seitens des Schuldners nicht erhoben, so wird die Vormerkung bei rechtskräftigem Titel oder vielmehr wenn derselbe die Rechtskraft erlangt hat, auf weiteren gläubigerischen Antrag in definitiven Eintrag umgewandelt, wobei das Hypothekenamt alle Umstände insbesondere alle Voraussetzungen der Zwangsvollstreckung genau zu prüfen hat. conf. § 502, 562, 702 Nr. 3 ZPO. Der Vollstreckungstitel muß sonach definitiv feststehen und durch Klage oder Berufung unanfechtbar sein.

Der Eintrag ins Hypothekenbuch lautet:

„Datum . Die zu Gunsten des X in N erfolgte Vormerkung zu . . . ℳ wird, nachdem Einwendungen seitens des Anwesensbesitzers innerhalb der gesetzlichen Frist nicht erhoben wurden, in definitiven Eintrag umgewandelt, lt. Antrags vom . . .“

Die Nachricht an Schuldner . . lautet:

„Es wird Ihnen hiemit eröffnet, daß auf Antrag des X vom . . . praes. . . . (etwaige Vertretung) die Vormerkung der Zwangshypothek zu . . ℳ 2c. auf Ihrem Anwesen H.-Nr. . . in . . . 2c., nachdem Sie innerhalb der gesetzlichen Frist Einwendungen nicht erhoben haben, in definitiven Eintrag umgewandelt wurde.“

Die hypothekenamtliche Bestätigung lautet wie im Antrag 35/XXIV.

Die Nachricht an Antragsteller lautet:

„Die auf dem schuldnerischen Grundvermögen zu Gunsten Ihrer Forderung zu . . . ℳ 2c. vorgemerkte Zwangshypothek wurde, nachdem Schuldner . . . Einwendungen innerhalb der gesetzlichen Präklusivfrist hiegegen nicht erhoben, Ihrem Antrage entsprechend, in definitiven Eintrag umgewandelt.“

Gebühren: Art. 121 GebGes.

Der definitive Eintrag wird durch Eintragung einer Beschlagnahme sowie durch ein vertragsmäßiges Belastungs- und Veräußerungsverbot gehindert. (Art. 33 Abs. 2 HO.)

---

33. Antrag auf Einschreibung eines Eigentumsvorbehalts.

H. 5.

Gegenwärtig:
Ober-Amtsrichter Weber,
Gerichtsschreiber Knecht.

Ansbach, am 15. Februar 1889.

Es erscheint:

Kaufmann Simon Löwi von Ansbach und erklärt: Nach Kaufvertrags-Urkunde des k. Notars Schätzler hier vom 3. Sept. v. Jrs. GR. Nr. 554 habe ich die Objekte Pl.-Nr. 40 a, b 70, 81, St.-Gde. Suffersheim 2c.

an den Gütler Andreas Mauser von Suffersheim verkauft und mir bis zur gänzlichen Zahlung des Kaufschillings das Eigentumsrecht vorbehalten. Nachdem bis jetzt Schuldner . . der Verpflichtung zur Zahlung des Kaufschillings (-restes) nicht nachgekommen, beantrage ich unter Vorlage obenbezeichneten Kaufvertrags nunmehr Eigentumsvorbehalt bis zur gänzlichen Zahlung des Kaufschillings (-restes) auf den Kaufsobjekten gemäß § 136 Ziff. 4 des Hyp.-Ges. in II. Rubrik des Hypothekenbuches als Dispositionsbeschränkung einzuschreiben und den Vollzug auf der vorgelegten Urkunde zu bestätigen.

Vorgelesen, genehmigt, unterzeichnet.
Simon Löwi.

Beschluß.

I. Eigentumsvorbehalt ist antragsgemäß einzuschreiben.
II. Dem Schuldner ist unter Mitteilung einer Abschrift des Antrages nachweislich hievon Kenntnis zu geben.
III. Vollzug ist auf der Vertragsabschrift zu bestätigen und diese dem Antragsteller zurückzuleiten.

Kgl. Amtsgericht als Hypotheken-Amt.

(L. S.) Weber. Knecht.

Der zu Gunsten des Kaufschillings oder dessen Restes bedungene Eigentumsvorbehalt für Veräußerungen (§ 5, 15, 137 HypGes. 24, 27 Ziff. 9 Instr. 64, 219) wird auf Antrag des Berechtigten in Rubrik II eingeschrieben.

Die Nachricht an Schuldner . . lautet:

Betreff: Die Einschreibung eines Eigentumsvorbehalts.

„Es wird Ihnen hiemit unter Mitteilung anliegender Abschrift des Antrags des Kaufmanns Simon Löwi von Ansbach vom 3. Jan. 1889 eröffnet, daß auf Grund Urkunde des k. Notars Schätzler hier vom 3. Sept. v. Js. GRNr. 554 und gläubigerischen Antrags auf den von Ihnen erkauften Objekten Pl. Nr. 40 a b, 70 81 rc. St.-Gde. Suffersheim, bis zur gänzlichen Zahlung des Kaufschillings Eigentums-Vorbehalt für den Kaufmann Simon Löwi in Ansbach als Dispositionsbeschränkung in II. Rubrik eingeschrieben wurde. Hypotheken-Buch: Suffersheim Bd VI, S. 99."

Die hypothekenamtliche Bestätigung lautet:

„Unterm Heutigen wurden die Objekte Pl.-Nr. . . auf Käufer . . im Hypothekenbuche (nach Eröffnung eines Foliums) umgeschrieben und zu Gunsten des Kaufschillings (Restes) für den Verkäufer Eigentumsvorbehalt daselbst eingeschrieben. HypBch. . . . . . Bd. . . . S. . .

Bei Zustellung in Hypotheksachen haben die Gerichtsvollzieher in gleicher Weise wie das Dienerpersonal der Gerichte zu verfahren.

Auch in anderen Sachen der nichtstreitigen Gerichtsbarkeit kann angeordnet werden, daß die Zustellung in Form einer Behändigung gegen Empfangsbescheinigung oder in ähnlicher Weise zu erfolgen habe. JMBl. 79, 1257, 8.

Zweckmäßig werden Zustellungen auch durch Vermittelung der Bürgermeister bewerkstelligt; diese Zustellungen, für die Parteien billiger, werden auf dem Hinwege frankiert und laufen als R. S. zurück, der Hypothekenbeamte hat sodann den Vollzugsnachweis in Handen und nimmt ihn zu den Hypothekenprotokollsbeilagen.

Bei Verständigung der Antragsteller vom Vollzuge ist eine nachweisliche Zustellung nicht notwendig, es genügt vielmehr eine einfache Mitteilung.

Für fragliche Notifikationen sind Schreib- und Insinuationsgebühren sowie Porti zu verrechnen. Nachweisliche Zustellungen in Hypotheksachen können auch durch Postbehändigungen mit „Rückschein" erfolgen.

34. Antrag auf Einschreibung einer Protestation.

H. 6.

Gegenwärtig:
Amtsrichter
Weber,
Gerichtsschreiber
Lieb.

Ansbach, am 15. März 1889.

Es erscheint:

Oekonom Christian Meier von Rügland und erklärt:

Mit Urkunde des k. Notars Hirt von Ansbach vom 14. März 1889 GR. Nr. 200 wurden die Objekte Pl.-Nr. 43, 52 rc. St.-Gd. Rügland von dem Oekonomen Joseph Meister an den Gastwirt Johann Georg Weiß von Rügland verkauft. Laut produzierten Schenkungsvertrages überließ mir der Verkäufer Joseph Meister von Rügland eine noch wegzumessende Fläche zu 0,003 ha von Pl.-Nr. 52 schenkungsweise.

Nachdem die Besitztitelberichtigung auf Käufer bereits erfolgte, ich aber die Anfechtung des genannten Vertrages beabsichtige, stelle ich gemäß § 27 und ff. des Hypotheken-Gesetzes den Antrag, auf den Kaufsobjekten **Protestation** gegen jede weitere Veräußerung und Belastung einzuschreiben und hievon den rc. Weiß zu verständigen.

Vorgelesen, genehmigt unterzeichnet:
Christian Meier.

Beschluß.

I. Ist die Protestation antragsgemäß einzuschreiben.
II. Dem Georg Weiß ist nachweislich Kenntnis zu geben.
III. Gegenwärtiges dem Antragsteller sofort eröffnet.

Lt. U.: Christian Müller.

Kgl. Amtsgericht als Hyp.-Amt.

(L. S.) Weber. Lieb.

Die Einschreibung einer Protestation (§ 27, 29, 108, 136 Ziff. 4 Hyp.-Ges.; 26, 27 Ziff. 7—9, 30 Instr.) erfolgt auf Antrag; sie bewirkt unter genauer Angabe des Grundes die Schadloshaltung des Antragstellers und kann in sämtlichen Rubriken des Hypothekfoliums vorkommen; in I. Rubrik gegen den Vortrag einer Reallast oder gegen die Pertinenzerklärung und Mitverpfändung bestimmter beweglicher Gegenstände durch den Anwesensbesitzer; in II. Rubrik gegen den Uebergang des Eigentums auf den eingetragenen Besitzer oder gegen einen vorgemerkten Eigentumsanspruch oder gegen Veräußerung und Verpfändung des vorgetragenen Besitzes; in III. Rubrik gegen eine vorgemerkte und eingetragene Hypothek oder gegen den Betrag oder den Rang einer Hypothek. Von der Protestation sind alle Beteiligte unter Mitteilung des Inhalts und Grundes der Protestation, der Bezeichnung des Anwesens und Foliums, der Zeit der Einschreibung zu benachrichtigen. Dem Antragsteller ist der Beschluß entweder gleich mündlich zu eröffnen oder schriftlich mitzuteilen. Der schriftliche Antrag auf Einschreibung einer Protestation kommt zu den Hypothekenbuchsbeilagen.

Die Nachricht an Käufer (Anwesensbesitzer) lautet:

„Es wird Ihnen hiemit eröffnet, daß X von O gegen den Verkauf von Pl.-Nr. Z der St.-G. . . . und die erfolgte Besitztitelberichtigung protestierte und daß diese Protestation gegen jede weitere Veräußerung und Belastung unterm Heutigen antragsgemäß im Hyp.-Bch. für . . Bd. . . S. . . eingeschrieben wurde. (Die Parteien werden zum weiteren Austrag der Sache auf den Rechtsweg verwiesen.)"

Bei dem Protestationsantrag ist zu prüfen, ob ein Recht des Antragstellers zu sichern und dasselbe ohne Protestationseinschreibung gefährdet, ferner ob die angeführte Thatsache genügend nachgewiesen ist. Bei den Einträgen im Hypothekenbuch, gegen welchr sich die Protestation richtet, wird in den Anmerkungen gesetzt: „Protestation".

Der Antrag auf Einschreibung der Protestation geht zu den Beilagen mit dem Vermerk: „Protestation eingeschrieben im Hyp.-Bch für . . . . Bd. . . S. . . Zu den Beilagen."

Bezüglich der Protestation in II. Rubrik wegen Eigentumsstreit lautet die Mitteilung an Anwesensbesitzer: „Es wird Ihnen eröffnet, daß X von Z die Einschreibung einer Protestation zur Wahrung seiner Rechte an Ihrem Anwesen Hs.-Nr. . . in . . brantragt hat, weil Ihr Eigentum an diesem Anwesen bestritten wird und daß rc. eingeschrieben wurde."

Der Hypothekenbuchseintrag lautet: „Datum . Das Eigentum des X von Z sub. Nr. . ist in Streit begriffen, was zur Wahrung der Rechte des . . . . eingeschrieben wurde, laut Antrags rc."

35. Gegenantrag auf Einschreibung der Protestation.

H. 7.

Gegenwärtig:

Amtsrichter Weber,

Sekretär Lieb.

Ansbach, am 18. März 1889.

Es erscheint:

Gastwirt Johann Georg Weiß von Rügland und erklärt:

Der Oekonom Christian Meier von Rügland hat eine Protestation gegen weitere Veräußerung und Belastung meines Grundbesitzes im Hypothekenbuche für Rügland Bd. II. S. 58 wegen angeblicher Anfechtung eines Kaufvertrages einschreiben lassen.

Ich beantrage gemäß § 113 des Hyp.=Ges., daß Christian Meier innerhalb eines Termines von 30 Tagen zur Geltendmachung seiner Ansprüche bezw. Erhebung der Anfechtungsklage unter dem Rechtsnachteile angewiesen werde, daß nach dessen Ablauf auf meinen weiteren Antrag die Protestation im Hypothekenbuche wieder gelöscht werden wird.

Vorgelesen, genehmigt, unterzeichnet:
Johann Georg Weiß.

Beschluß.

I. Ist Protokollsabschrift dem Christian Meier in Rügland mit dem Beifügen zuzustellen, daß zur Vorlage des Nachweises über erfolgte Klagestellung wegen Vertragsanfechtung oder sonstige Verfolgung seiner Rechte bei dem ordentlichen Gerichte ein dreißigtägiger Termin vom Tage der Zustellung dieses Dekrets an unter dem Rechtsnachteile vorgesetzt wird, daß, wenn Christian Meier diesen Termin ohne Vorlage des betreffenden Nachweises verstreichen läßt, die obenbezeichnete Protestation (bezw. Vormerkung) auf weiteren Antrag des ꝛc. Weiß ohne weiteres im Hypothekenbuche gelöscht werden wird.

II. An die diesger. Gerichtsschreiberei zur Zustellung des Beschlusses und Antrages an die Beteiligten.

Königl. Amtsgericht als Hyp.=Amt.

(L. S.) Weber. Lieb

36. Protestationsantrag gegen Pertinenzerklärung.

H. 8.

Ansbach, am 3. Juli 1890.

Gegenwärtig:
Amtsrichter
Weber,
Sekretär
Lieb.

Es erscheint:

Schreinermeister Joseph Hart von Ansbach und erklärt:

Unterm 1. Januar 1890 errichtete der Anwesensbesitzer Alois Hirsch in seinem Anwesen Hs. Nr. 6 in Ansbach eine ausgedehnte Wirtschaft und zugleich eine Branntweinbrennerei mit Detailverkauf. Ich lieferte bestellungsgemäß nicht allein das gesamte Wirtschaftsinventar an Schenk- und Wirtstischen, Stühlen, Bänken, Stellagen rc., sondern fertigte auch die gesamte Ladeneinrichtung für die Branntweinschenke. Alois Hirsch hat nun anfangs März l. Js. von der bayer. Vereinsbank in München ein Annuitätenkapital größeren Betrags aufgenommen und hat dieser Bank gegenüber die gesamte Wirtschafts-Ein- und Vorrichtung in der Eigenschaft einer Sachgesamtheit als Pertinenz zu seinem Anwesen erklärt. Nachdem ich für mein Guthaben zu 3000 ℳ für gelieferte Arbeiten seitens des Empfängers keinerlei Befriedigung erhalten, derselbe vielmehr, obwohl mir an den gelieferten Gegenständen das Eigentumsrecht zusteht, meine sämtlichen Schreinerarbeiten als Pertinenz seines Anwesens erklärt und verpfändet hat, so stelle ich nach § 27 u. ff. des Hyp.-Ges. den Antrag, wegen meines bestehenden Eigentumsrechtes Protestation einzuschreiben und den Anwesensbesitzer Alois Hirsch hievon geeignet zu verständigen.

Vorgelesen, genehmigt, unterschrieben:
Joseph Hart.

Beschluß.

I. Die Protestation ist antragsgemäß einzuschreiben.
II. Dem Anwesensbesitzer ist hievon nachweislich Kenntnis zu geben.
III. Mitteilung an Antragsteller.

Kgl. Amtsgericht als Hypothekenamt.

(L. S.) Weber. Lieb.

Die Mitteilung an Anwesensbesitzer lautet: „Es wird Ihnen hiemit eröffnet, daß X von O gegen die Pertinenzerklärung der gesamten Wirtschafts-Ein- und Vorrichtung zu Ihrem Anwesen Hs.-Nr. . . in . . . soweit sich dieselbe auf die gelieferten . . . . . Arbeiten bezieht, wegen des hieran bestehenden Eigentums protestiert hat und daß diese Protestation unterm Heutigen antragsgemäß im HypBch. für . . . Bd. S. eingeschrieben wurde."

Die Nachricht an Antragsteller lautet: „Es wird Ihnen hiemit eröffnet, daß Ihrem Antrage vom . . . stattgebend, Protestation gegen die Pertinenzerklärung der gesamten Wirtschafts-Ein- und Vorrichtung zu dem Anwesen Hs.-Nr. . . des Y von O, soweit sich dieselbe auf Ihre gelieferten . . . . Arbeiten bezieht u. s. w. eingeschrieben wurde."

(Pertinenzerklärung § 22 Ziff. 3; 34, 36, 121, 123, 130 Ziff. 5 u. 6 HypGes. § 13 Instr.)

Der Eintrag in das Hypothekenbuch lautet: „Datum . Der X von Z protestiert gegen die Pertinenzerklärung sub. Nr. soweit sich dieselbe auf die gesammte . . . . . . erstreckt, wegen . . . hieran bestehenden Eigentums, lt. Protokolls von heute."

Bezüglich der Protestation in III. Rubrik wegen nicht gezahlten Geldes lautet die Mitteilung an Hypothekgläubiger: „Es wird Ihnen hiemit eröffnet, daß X von Z gegen den Rechtsbestand der für Sie auf . . . Anwesen Hs.-Nr. . . in . . . eingetragenen Hypothek wegen Tilgung der Forderung durch Compensation protestiert hat, und daß diese Protestation etc. eingeschrieben wurde. (Die Parteien werden zum weiteren Austrag der Sache auf den Rechtsweg verwiesen.)

Der Hypothekenbuchs-Eintrag lautet: „Datum . Der Anwesensbesitzer protestiert gegen den Rechtsbestand der . . . . ℳ sub. Nr. . . des X von Z wegen Tilgung der Forderung durch Compensation (wegen nicht gezahlten Geldes) laut Protokolls von heute."

Bei Protestation des Cedenten gegen die Rechte des Cessionars lautet die Mitteilung an Cessionar: „Es wird Ihnen eröffnet, daß A von K gegen Ihre Rechte als Cessionar der auf dem Anwesen Nr. . . . in . . . d. . . . versicherten Forderung zu . . . ℳ Kapital und . . . ℳ Kaution wegen nicht erhaltener Cessionsvaluta protestiert hat und daß diese Protestation etc. eingeschrieben wurde."

Der Eintrag in das Hypothekenbuch lautet: „Datum . Der bisherige Gläubiger der Hypothek sub. Nr. . . . zu . . . ℳ protestiert gegen die Rechte des Cessionars sub. Nr. . . . wegen nicht erhaltener Cessionsvaluta, lt. Protokolls von heute."

Bei der Protestation des Anwesensbesitzers gegen die Cession einer Hypothekforderung lautet die Mitteilung an Hypothekgläubiger: „Es wird Ihnen eröffnet, daß X von Z gegen die Cession der auf dem Anwesen Hs.-Nr. . . in . . . für Sie versicherten Hypothekforderung zu . . . ℳ wegen vertragsmäßigen Cessionsverbotes protestiert hat und daß diese Protestation etc. eingeschrieben wurde."

Der Eintrag in das Hypothekenbuch lautet: „Datum . Die Cession der . . . ℳ sub. Nr. des X ist vertragsmäßig ausgeschlossen, was zur Wahrung der Rechte des Schuldners und Anwesensbesitzers eingeschrieben wird lt. Antrags von heute."

37. Einschreibung einer Rangausweichung.

H. 9.

Gegenwärtig:
Amtsrichter
Weber,
Sekretär
Lieb.

Ansbach, am 7. Januar 1891.

Es erscheint:

Rechtsanwalt Friedrich Hirt von hier, als Vertreter des Rentier Joseph Schroll von Haar, übergibt Vollmacht vom 10. Dezember 1890, welche ihn zur Rangausweichung ermächtigt und erklärt, daß er hinsichtlich des Hypothekkapitals von 1000 ℳ (m. W.) — Eintausend Mark — sowie der Zinsen- und Kosten-Kaution zu 100 ℳ (m. W.), welches für seinen Mandanten auf dem Anwesen der Schreinerseheleute Joseph und Marie Trost Hs.-Nr. 2 in Rügland hypothekarisch versichert ist, dem unterm 10. Dezember 1891 eingetragenen Kapital zu 1500 ℳ (m. W.) — fünfzehnhundert Mark — nebst der Zinsen- und Kostenkaution zu 150 ℳ (m. W.), eingetragen für Oekonomen Friedrich Wörl in Ansbach, im Range ausweiche und diesen 1500 ℳ nebst Kaution zu 150 ℳ den Vorrang vor dem genannten Kapital zu 1000 ℳ nebst 100 ℳ Kaution des Joseph Schroll einräume und den Eintrag dieses Rangverhältnisses im Hypothekenbuche genehmige.

Vorgelesen, genehmigt, unterzeichnet:
Friedrich Hirt, Rechtsanwalt.

Beschluß.

Wird dieses Rangverhältnis im Hypothekenbuche eingetragen.

Kgl. Amtsgericht als Hyp.-Amt.

(L. S.) Weber. Lieb.

Wird einer späteren Hypothek der Rang (§ 62, 151 Hyp.-Ges. § 28 Ziff. 9 Instr.) einer früheren eingeräumt, so muß der Hypothekgläubiger der späteren Hypothek im Range ausweichen. Die Urkunden, welche die Rangausweichung enthalten, werden zu den Beilagen genommen. Der Hypothekvortrag lautet: „Die X ℳ sub Nr. . . des Y sind den X ℳ sub Nr. . . des N im Range ausgewichen, laut Urkunde oder Rangausweichung des Y vom . “

38. Antrag auf Arrestvollzug in unbewegliches Vermögen. (Arresthypothek.)

H. 10.

Gegenwärtig:
Amtsrichter
Weber.
Sekretär
Lieb.

./.

Ansbach, am 10. Oktober 1892.

Es erscheint:

Schmiedmeister Joseph Schuster von Ansbach und erklärt:

Laut der hiemit übergebenen Ausfertigung des Arrestbefehls des k. Amtsgerichts Ansbach vom 9. Oktober 1892 ist zur Sicherung der seinerzeitigen Zwangsvollstreckung für meine Forderung an den Müllermeister Georg Schön in Rieden zu 209 M für im Jahre 1890 gelieferte Schmiedarbeit ꝛc., 5% Zinsen ꝛc. sowie für ein Kostenaversum von 20 M das gesamte unbewegliche Vermögen des Schuldners mit Arrest belegt worden, welches Vermögen in dem Anwesen Hs.-Nr. 43 zu Rieden, wie es im Hypothekenbuche für Ansbach Bd. II S. 229 vorgetragen, besteht.

Wie in der übergebenen Ausfertigung konstatiert, ist der Gerichtsschreiber um Bewirkung der Zustellung ersucht. Gemäß Art. 44 der Novelle zur Subhastationsordnung sowie Art. 27 u. 29 des AusfGes. zur RZPO. u. KO. beantrage ich daher:

„Die Vollziehung des Arrestes in das unbewegliche Vermögen des Schuldners Georg Schön, wie es in vorbesagten Hypothekenbuche vorgetragen, durch Vormerkung einer Hypothek für den festgesetzten Geldbetrag von 209 M ꝛc. nebst 20 M Kostenaversum."

Vorgelesen, genehmigt, unterzeichnet:
Joseph Schuster.

Beschluß.

I. Die obenbezeichnete gläubigerische Forderung nebst Kostenaversum ist im Hypothekenbuche auf dem Folium des Schuldners vorzumerken.

II. Schuldner ist von der Vormerkung unter Zuschluß einer Abschrift vorstehenden Antrags und Beschlusses in Kenntnis zu setzen.

Sofort eröffnet laut Unterschrift:
Joseph Schuster.

Kgl. Amtsgericht als Hypothekenamt.

(L. S.) Weber. Lieb.

Das Hypothekenamt hat dem Gegner des Antragstellers von der Eintragung von amtswegen Nachricht zu geben, soferne nicht eine öffentliche Zustellung erforderlich wird. Art. 29 Ausf.-Ges. z. ZPO. u. KO. Hyp.-Ges. § 108.

Die Vollziehung des Arrestes in das unbewegliche Vermögen (Art. 44 der Novelle zur SO., Art. 27 u. 29 des Ausf.-Ges. z. ZPO. u. KO. JMBl. **91**, 161) erfolgt gemäß § 803 der ZPO. durch Vormerkung einer Hypothek für den im Arrestbefehl festgesetzten Geldbetrag.

Der Eintrag in das Hypothekenbuch lautet:

„Datum. 209 ℳ (m. W.) Arbeitslohnforderung des Schmiedmeisters S von A für im Jahre 1890 an den Hypothekenobjektsbesitzer S gelieferte Schmiedarbeiten, nebst 20 ℳ (m. W.) Kostenaversum, vorgemerkt gemäß Art. 44 der Novelle zur SO. auf Grund Arrestbefehls des k. AG. Ansbach v. 9. Okt. 1892 und Antrags von heute. (Durch Hinterlegung von .. ℳ wird Schuldner zum Antrag auf Aufhebung des Arrestes berechtigt.)"

Die Mitteilung an Anwesensbesitzer .. lautet:

„Es wird Ihnen hiemit eröffnet, daß unterm Heutigen nach Vorlage des Arrestbefehls vom .. dem Antrage des S von A auf Vormerkung eines Betrages von .. ℳ ꝛc. auf dem Anwesen ꝛc. gemäß Art. 44 der Nov. zur SO. stattgegeben und Hypothek nach Vorgang von .. ℳ im Hyp.-Bch. für ... Bd. S. vorgemerkt wurde."

Auf die vorgelegte Ausfertigung des Arrestbefehls kommt die Vollzugsbestätigung:

„Unterm Heutigen wurde zur Sicherung der Zwangsvollstreckung zu Gunsten des S von A für .. ℳ ꝛc. Hypothek nach Art. 44 ꝛc. im Hyp.-Bch. für ... vorgemerkt."

Der etwa schriftlich eingereichte Antrag wird mit kurzem Vollzugsvermerk zu den Hypothekenbuchsbeilagen genommen.

Vorgeschriebene Weise der Eintragung. Hyp.-Ges. § 22 Nr. 7, 136 Nr. 4; 124, 126 und zwar ohne Vernehmung des Besitzers § 109, 110 l. c.; derselbe erhält vielmehr erst vom Vollzuge Kenntnis.

Rechtsmittel Hyp.-Ges. § 94 und Art. 56—68 A. z. ZPO. und KO. und zwar Beschwerde. **1879** 1249, 1535.

39. Umschreibung der Arrestvormerkung in eine Hypothek.

H. 11.

Gegenwärtig:
Amtsrichter
Weber,
Sekretär
Lieb.

Ansbach, am 1. Dezember 1892.

Es erscheint:

Schmiedmeister Joseph Schuster von Ansbach, bekannt und verfügungsfähig, und erklärt:

Ich übergebe hiemit rechtskräftiges Urteil des k. Amtsgerichts Ansbach vom 25. November l. Js. mit Zustellungsnachweis und beantrage die Umschreibung der für mich auf dem Grundvermögen des Müllermeisters Georg Schön in Rieden im Hypothekenbuche für Ansbach Bd. II S. 229 eingetragene Vormerkung in eine Hypothek von 209 ℳ Hauptsache für im Jahre 1890 gelieferte Schmiedearbeiten nebst 5% Zinsen hieraus vom 10. Oktbr. 1892, dem Tage der Klagezustellung an, nebst 20 ℳ festgesetzte Kosten.

Vorgelesen, genehmigt, unterschrieben:
Joseph Schuster.

Beschluß.

I. Ist die Arrestvormerkung antragsgemäß in einen Hypotheкeintrag umzuschreiben.
II. Die Eintragung ist auf der vollstreckbaren Ausfertigung de Schuldtitels zu vermerken.
III. Nachricht von dem Eintrag an Anwesensbesitzer. . .
IV. Beglaubigte Urteilsabschrift ist zu den Beilagen zu nehmen.
V. Kosten dem Antragsteller.

Sofort eröffnet laut Unterschrift:
Joseph Schuster.

Kgl. Amtsgericht als Hyp.-Amt.

(L. S.) Weber. Lieb.

Wird für die Forderung, für welche Arresthypothek vorgemerkt, nach Erlangung eines vorläufig vollstreckbaren oder rechtskräftigen Urteils die Vormerkung oder Eintragung als Zwangshypothek beantragt,

40. Neuanlage und Uebertragung von Hypothekfolien.

H. 12.

Gegenwärtig:
Amtsrichter Weber,
Sekretär Lieb.

Ansbach, am 3. November 1895.

Das Hypothekfolium Nr. 46 im Hypothekenbuche für Ansbach Band III Seite 22 ist wegen mehrfacher Fortsetzungen unübersichtlich geworden. Es wird daher

beschlossen:

Es sei jenes Hypothekfolium mit den noch zu Recht bestehenden Eintragungen Nr. 6, 7, und 8 in Rubrik I; Nr. 5, 6, 7 und 11 in Rubrik II, sowie Nr. 13, 14, 15 und 16 in Rubrik III in Band VIII des Hypothekenbuches für Ansbach Seite 300 zu übertragen und an der bisherigen Stelle abzuschließen.

Kgl. Amtsgericht als Hyp.-Amt.

(L. S.) Weber. Lieb.

---

so geschieht diese Umwandlung wie in gewöhnlichen Fällen. Die Beiziehung eines Protokollführers zu den auf Grund der Notariatsvorlagen in das fortlaufende Protokoll einzuschreibenden Registraturen und Beschlüssen beruht nicht auf gesetzlicher Vorschrift; ebensowenig hängt die Legalität der Beschlüsse des Hyp.-Amtes von der Beifügung einer weiteren Unterschrift als der des Hyp.-Beamten ab.

Solche Registraturen und Beschlüsse können daher von dem Hyp.-Beamten eigenhändig in die fortlaufenden Hyp.-Protokolle eingeschrieben werden. — JME. v. 11. April 1872 IV.

§ 127 Hyp.-Ges. JME. 9. Aug. 1869; 8. Juni 1895. Wird von amtswegen die Uebertragung eines Hypothekfoliums beschlossen, so muß kurze Registratur zum Hypothekenprotokoll errichtet werden, welche den Grund der Uebertragung ersehen läßt.

Bei Cessionen von Hypotheken lautet die Mitteilung an Anwesensbesitzer . . :

„Betr. Cession einer Hypothekforderung. Es wird Ihnen hiermit eröffnet, daß auf Grund Cessionsurkunde des k. Notars Besold in Amberg vom 30. Dez. 1888 GR. Nr. 800, die für die Arztens-

41. Eintragung des Eigentümers auf Grund Urteils.

H. 13.

Gegenwärtig:
Amtsrichter
Weber,
Sekretär
Lieb.

Ansbach, am 4. November 1895.

Es erscheint Gastwirt Joseph Müller von Ansbach, gerichtsbekannt und verfügungsfähig, übergibt rechtskräftiges Urteil des k. Landgerichts Ansbach vom 1. Oktober l. Js. und beantragt, ihn in Gemäßheit des besagten Urteils sowie § 779 RZPO. als Eigentümer des Grundstückes Pl.-Nr. 410 — 0,064 ha Krautgarten und Wiese — einzutragen. Das Grundstück hat einen Schätzungswert von 4000 ℳ und wurde um 2000 ℳ eingetauscht.

Vorgelesen, genehmigt, unterschrieben:
Joseph Müller.

Beschluß.

I. Besitztitelberichtung wird angeordnet.
II. Mitteilung an den im Hyp.-Bch. eingetragenen Besitzer.
III. Urteilausfertigung zu den Beilagen.
IV. Kosten Antragsteller.

Sofort eröffnet lt. Unterschrift.
Joseph Müller.

Kgl. Amtsgericht als Hyp.-Amt.

(L. S.) Weber. Lieb.

---

witwe Elise Schürr von Ansbach auf obigem Folium eingetragene Forderung zu 300 fl. (m. W.) dreihundert Gulden mit allen Rechten und den rückständigen und laufenden Zinsen vom 1. Dezember 1892 an zu 4% nebst der 10%igen Zinsen und Kosten- kaution an deren Schwiegersohn Baurat Klügel in Ansbach cediert und die Hypothek auf letzteren umgeschrieben wurde. Hypotheken-Buch für Rügland Band V Seite 32. Hiernach haben Sie für die Zukunft in Ihren Zahlungen zu achten."

42. Eintragung der Gütergemeinschaft.

H. 14.

Gegenwärtig:
Amtsrichter
Weber,
Sekretär
Lieb.

Ansbach, am 4. November 1895.

Es erscheint Gastwirt Joseph Müller von Ansbach, gerichtsbekannt und verfügungsfähig, übergibt standesamtliche Heiratsurkunde (beglaubigte Abschrift des vor dem k. Notar Herol dahier unterm 1. Oktober l. Js. sub GR. Nr. 1040 errichteten Ehevertrags) und erklärt: Ich bin im Hypothekenbuche als Eigentümer des Anwesens Hs.-Nr. 6 der St.-G. Ansbach eingetragen; ich beantrage daselbst einzuschreiben, daß ich mit Anna, geb. Held mich verheiratet habe und mit meiner Ehefrau in allgemeiner Gütergemeinschaft lebe.

Weiters legt p. Müller einen Auszug der k. Brandversicherungskammer vom 13. Oktober l. Js. vor, nach welchem das besagte Anwesen mit 20000 ℳ gegen Brand versichert ist, und beantragt die Einschreibung der Brandversicherungssumme mit dem Bemerken, daß die Versicherung seit 1895 besteht.

Vorgelesen, genehmigt, unterzeichnet:
Joseph Müller.

Beschluß.

I. Ist das Güterrechtsverhältnis sowie die Brandversicherungssumme einzuschreiben.

II. Mitteilung an die Hypothekgläubiger.

Sofort eröffnet lt. Unterschrift:
Joseph Müller.

Kgl. Amtsgericht als Hyp.-Amt.

(L. S.) Weber. Lieb.

Die Umschreibung einer Hypothek auf einen neuen Gläubiger erfolgt auf Grund notarieller Urkunde, in Verlassenschaften auf Grund

Zeugnisses des Verlassenschafts-Gerichts oder -Kommissärs. § 53 Abs. 1, 125, 153 Hyp.-Ges. § 29 Ziff. 1 u. 3 Instr.

§ 132 Hyp.-Ges.; § 19 Ziff. 2 und 5 der Instr. Bei Minderung der Brandversicherungssumme lautet die Mitteilung: „Betr. die Brandversicherungsminderung bezüglich des Anwesens Hs.-Nr. der Steuergemeinde . . .

„Es wird Ihnen hiermit eröffnet, daß das Brandversicherungskapital für das Anwesen des Oekonomen Michael Maier von Bergen, auf welchem für Sie ein Hypothekkapital von 4000 ℳ eingetragen ist, infolge der Schätzungsrevision von 3000 ℳ auf 2000 ℳ abgemindert wurde."

Auf dem vorgelegten Auszug erfolgt der Vollzugsvermerk mit Angabe des Foliums der Einschreibung.

Hypotheken-Protokolle.

§ 102 Hyp.-Ges. Die in Hypothekensachen aufgenommenen Protokolle und dazu gehörigen Produkte und Beilagen müssen sorgfältig gesammelt und aufbewahrt werden. Die Sammlung und Anordnung wird in einer besonderen Instruktion näher bestimmt. 67, 194.

Für die in Hypothekensachen vorkommenden Handlungen wird ein chronologisch fortlaufendes Protokoll angelegt.

Jeder Protokollband enthält einen Titel: „Hypothekenprotokoll" mit Beisetzung des Titels desjenigen Bandes des Hypothekenbuchs, zu welchem er gehört, und jeder Band wird auf allen Seiten paginiert.

In Ansehung des Hypothekenprotokolles ist im allgemeinen folgendes zu beachten:

1. Die allgemeinen gesetzlichen Erfordernisse eines Protokolls sind auch bei diesen Protokollen, welche in die Hypothekenprotokoll-Bände aufgenommen werden, genau einzuhalten.

2. In denselben soll nichts radiert, nichts ohne rechtfertigende vom Protokollführer zu unterschreibende Seitenbemerkung ausgestrichen, jede Zwischenschrift sorgfältig vermieden und nirgends ein Blatt eingelegt werden.

3. Die Summen sind nicht nur mit Buchstaben, sondern auch mit Ziffern auszudrücken. Häufig können die letzten mit Vorteil am Rande ausgeworfen werden.

4. Das Protokoll soll den anwesenden Interessenten vorgelesen, nach erfolgter Genehmigung von ihnen, vom Hypothekenbeamten und

vom Protokollführer unterzeichnet und am Schlusse mit dem in Buchdruckerschwärze aufzudrückenden Gerichtssiegel beglaubigt werden.

5. Jedem Protokolle ist, wo möglich, sogleich der auf den gestellten Antrag gefaßte Beschluß und dessen Vollzug beizufügen, z. B.: Wird hiernach der Eintrag in das Hypothekenbuch gemacht, der Hypothekenbrief ausgefertigt und dem Gläubiger (Schuldner) ausgehändigt.

6. Insbesondere sollen die Hypothekenämter, wenn nach dem Beschlusse noch eine weitere Handlung, z. B. die Vernehmung des Schuldners oder seiner Ehefrau, die Vorlegung einer Urkunde u. dgl. notwendig ist, am Schlusse des Protokolls den Interessenten den Termin hiezu jedesmal sogleich ansetzen und eröffnen, z. B.: Wird die Vormerkung im Hypothekenbuche vorgenommen, darüber dem Gläubiger ein Rekognitionsschein ausgefertigt und der Schuldner zur Erklärung über die angemeldete Forderung auf den (Datum) vorgeladen, welcher Beschluß auch dem Gläubiger sogleich eröffnet wurde.

7. Wenn auf solche Weise nach dem Beschlusse Einträge oder Vormerkungen in dem Hypothekenbuche gemacht worden sind, so ist am Rande des Protokolles der Band und die Seite des Hypothekenbuches, wo sich die Einschreibung befindet, kurz zu bemerken.

8. Ebenso ist zugleich auch umgekehrt bei jeder Einschreibung im Hypothekenbuche in der III. Kolumne der Anmerkungen der Band und die Seite des Hypothekenprotokolles, wo die veranlassende Protokollierung vorkommt, zu allegieren.

Uebrigens werden den Hypothekenämtern in Beziehung auf Protokollierung in Hypotheksachen noch ferner nachstehende besondere instruktive Weisungen gegeben:

1. Legen die sich anmeldenden Interessenten bei Aufnahme eines Protokolls Urkunden vor, so soll der den bezweckten Eintrag im Hypothekenbuche betreffende Punkt und Inhalt der Urkunden seinem wesentlichen Inhalte nach in das Protokoll aufgenommen, die Urkunden aber, wenn nicht der Rekognitionsschein oder Hypothekenbrief auf denselben sogleich beigefügt wird, sollen mit dem Beisatze: „Produziert zum Protokolle des Hypothekenamtes vom (Datum)“ bezeichnet und hierauf demjenigen, dem sie gebühren, zurückgegeben werden. Der Produzent kann nicht angehalten werden, Abschriften davon zu den Hypothekenakten zu übergeben oder auf seine Kosten fertigen zu lassen. Nur der Gegenteil kann auf seine Kosten eine Abschrift verlangen.

2. Die Hypothekenämter werden jedoch auf die Bestimmungen des Hyp.-Ges. § 97 und 99 besonders aufmerksam gemacht und angewiesen, die bei den verschiedenen Anmeldungen vorgelegten und vorzulegenden Urkunden ihrem ganzen Inhalte nach genau durchzulesen und zu sehen, ob sie nichts enthalten, zu dessen Eintragung oder Vormerkung das Hypothekenamt nach Verschiedenheit der Fälle entweder unter Selbst-

haftung oder wenigstens unter besonderer Dienstesverantwortlichkeit auch unaufgefordert verbunden ist.

3. Kommen schriftliche Anmeldungen und Vorstellungen ein, so werden diese nur kurz zum Protokolle adregistriert und, mit der betreffenden Nummer versehen, zu den Beilagen aufgenommen. Auch bei solchen Adregistrierungen wird die Unterschrift des Hypothekenbeamten und des Protokollführers, sowie die Beidrückung des Gerichtssiegels mit Buchdruckerschwärze erfordert.

4. Findet das Hypothekenamt Veranlassung, in Beziehung auf irgend eine Eintragung oder Vormerkung von amtswegen einzuschreiten, so können statt der Protokollierung ähnliche kurze Registraturen angewendet und mittelst derselben kann das Geeignete verfügt werden.

5. Werden Gegenstände zum Protokoll angemeldet, welche die Einschreibung in verschiedene Abteilungen des Hypothekenbuches zur Folge haben, z. B. eine Forderung, welche mit ungeteilter Summe auf mehrere in verschiedenen Flurmarkungen gelegene und in verschiedenen Bänden des Hypothekenbuches befindliche Immobilien eingetragen werden soll, so ist es nicht notwendig, daß das hierüber aufgenommene Protokoll in allen den verschiedenen Abteilungen des Hypothekenbuches korrespondierende Bände des Hypothekenprotokolles eingeschrieben werde. Es ist hinreichend, wenn es in einem Bande desselben aufgenommen ist, und zwar soll dieses in jenem Bande geschehen, zu welchem das Hauptobjekt gehört.

Jedoch ist es unerläßlich, daß daselbst auf alle jene Bände und Seiten des Hypothekenbuches hingewiesen werde, wo eine Einschreibung geschehen ist, und daß in allen korrespondierenden Hypothekenprotokollen eine kurze Vormerkung deshalb aufgenommen werde.

6. Sind endlich einmal die Hypothekenbücher wirklich gefertigt, so sollen die Hypothekenämter bei neuen Anmeldungen und Aufnahmen von Protokollen die einschlagenden Bände und Folien, sowie die dort befindlichen Einschreibungen jedesmal nachsehen, um sich zu überzeugen, daß nach den Notizen, welche das Hypothekenbuch enthält, an der Identität der Sache, dem Besitzer, dessen Dispositionsfähigkeit, an der Identität des Gläubigers bei Cessionen, Löschungen und Verpfändungen einer Hypothek, also im ganzen nichts mangle, was nach den Einträgen im Hypothekenbuche zur Rechtsgiltigkeit des neu aufzunehmenden Gegenstandes erforderlich ist.

Die gefundenen Anstände sind den Interessenten zum Protokolle zu eröffnen und denselben ist deren Beseitigung oder die Ergänzung des Mangelnden zu überlassen.

Doch kann indessen in den hiezu geeigneten Fällen die Vormerkung im Hypothekenbuche geschehen. (72, 127; 64, 216.)

43. Anmeldung der Firma eines Einzelnkaufmannes.

Nr. 1.

Gerichtsschreiberei des k. Landgerichts München I, Kammern für Handelssachen.

München, den 10. November 1895.

Es erscheint der — dem mitunterfertigten Sekretär persönlich bekannte — durch den bei Gericht der Person nach bekannten Herrn Rechtsanwalt Mayer von hier vorgestellte — sich durch einen Heimatsschein, Militärpaß Reisepaß ꝛc. legitimierende — Herr Johann Huber, Kaufmann zu München, Weinstraße 3/II wohnhaft und erklärt:

Seit 1. November l. Js. betreibe ich dahier — Weinstraße 3/0 — eine Kolonialwarenhandlung unter der Firma:

„Joh. Huber."

Ich zeichne meine Firma, wie folgt:

Joh. Huber

und melde dieselbe hiemit zum Eintrage in das Handelsregister an.

Vorgelesen, genehmigt, unterschrieben.

Johann Huber.

Müller, k. Sekretär.

Art. 4, 12, 15, 16, 19, 20 des Handelsgesetzbuchs. Außerdem bezüglich aller Handelsregister-Formulare zu beachten die Bekanntmachung vom 30. April 1862. (Reg.-Blatt von 1862 Nr. 47 Seite 581—604.)

Zu Protokoll können nicht nur solche Anträge sondern auch alle Beschwerden gegen die Beschlüsse des Handelsgerichts nach Art. 11, 16 und 17 des EinfGes. z. HGB. erfolgen, hinsichtlich der Beschwerden ist nicht ausgeschlossen, daß Antragsteller sich eines Bevollmächtigten bedient und sich vertreten läßt.

conf. Gebühren in Handelssachen: Art. 56 mit 64 des bayer. Geb.-Wesens, sowie Bek. vom 23. Septbr. 1869 die Führung der durch das Gesetz über die Aktiengesellschaften, bei welchen der Gegenstand des Unternehmens nicht in Handelsgeschäften besteht, ferner die durch das Gesetz über die privatrechtliche Stellung der Erwerbs- und Wirtschaftsgenossenschaften vorgeschriebenen Register. Reg.-Bl. 1869 S. 1789—97 im Zusammenhange mit den Reichsgesetzen; durch welche die früheren Bestimmungen aufgehoben wurden.

44. Anmeldung der Firma einer Handelsfrau mit Prokura-Erteilung.

Nr. 2.

Gerichtsschreiberei des k. Landgerichts Regensburg.

Regensburg, am 7. Januar 1896.

Es erscheinen die Kaufmannsehegatten Johann und Maria Wallner von hier — dem mitunterfertigten Sekretär persönlich bekannt — welche sich durch einen von Notar Horn hier am 23. Dezember 1895 abgeschlossenen Ehevertrag legitimieren — und erklärt zunächst Frau Marie Wallner:

Seit 1. Januar 1896 betreibe ich zu Regensburg — Hauptstraße Nr. 30 — ein Modewarengeschäft unter der Firma:

„Modewarenhaus Phönix
M. Wallner."

Herr Johann Wallner erklärt, daß er seiner Gattin zur Führung der Geschäfte hiemit seine eheherrliche Genehmigung erteile.

Frau Maria Wallner zeichnet hierauf ihre Firma, wie folgt:

Modewarenhaus Phönix
M. Wallner

und erklärt, daß sie ihrem Ehemann für ihre Firma Prokura erteilt habe.

Herr Johann Wallner bestätigt dieses und zeichnet die Prokura, wie folgt:

p. pa. Modewarenhaus Phönix
M. Wallner.
J. Wallner.

Frau Wallner meldet ihre Firma sowie die Prokura ihres Gatten zum Eintrag in das Handelsregister an.

Vorgelesen, genehmigt, unterschrieben.

Maria Wallner.
Johann Wallner.

Mayer, k. Sekretär.

Art. 4, 7, 12, 15, 16, 19, 20, 41, 44, 45 HGB.

45. Anmeldung einer Firma von Minderjährigen.

Amberg, am 10. November 1895.

Nr. 3.
Gerichtsschreiberei des k. Landgerichts Amberg.

Es erscheint Herr Michael Müller, Rentner hier, legitimiert sich durch nachbezeichnete Urkunde und erklärt:

./. Laut der hiemit übergebenen Bestätigung des k. Amtsgerichts Amberg vom 2. November l. Js. ist das dahier unter der im Handelsregister bisher nicht eingetragenen Firma

„R. Rübl"

von dem Kaufmann Robert Rübl betriebene Weißwarengeschäft auf Ableben des Firmeninhabers im Erbwege auf meine Mündel, die Buchhändlerskinder Anna und Friedrich Zahn hier übergegangen. Als Vormund dieser Minderjährigen melde ich die Firma „R. Rübl", unter welcher ich das Geschäft namens meiner Mündel mit Zustimmung der Miterben fortführe, zum Eintrag in das Handelsregister an.

./. Hinsichtlich der Genehmigung der Firmafortführung beziehe ich mich auf die — vorgelegte Bestätigung — die hiemit übergebene schriftliche Erklärung der Miterben d. d. Amberg, den 8. November 1895.

Als gesetzlicher Vertreter der Firmeninhaber zeichne ich die Firma:

R. Rübl

und erteile zugleich dem unterdessen erschienenen Buchhalter Lorenz Gabler hier, dessen Identität ich hiemit bestätige, für die Firma Prokura.

Herr Lorenz Gabler erklärt sich zur Annahme der Prokura bereit und zeichnet dieselbe, wie folgt:

p. pa. R. Rübl.
L. Gabler.

Vorgelesen, genehmigt, unterschrieben.

Michael Müller. Lorenz Gabler.

Tobi, k. Sekretär.

Art. 4, 12, 15, 16, 19, 20, 41, 44, 45 HGB.

46. Aenderung der Firma eines Einzelkaufmannes.

Nr. 4.

Gerichtsschreiberei des k. Landgerichts Nürnberg.

Nürnberg, am 5. Januar 1896.

Es erscheint Herr Adolf Vogel, Kaufmann hier, legitimiert sich durch einen diesgerichtlichen Handelsregisterauszug als Inhaber der im Firm.-Reg. Bd. VII Ziff. 98 eingetragenen Firma:

„B. Adler's Nachfolger"

und erklärt:

Unter der genannten Firma betreibe ich dahier eine Buch- und Kunsthandlung. Am 1. Januar l. Js. habe ich nun meine Firma in meinen Namen „Ad. Vogel" geändert und zeichne ich nunmehr, wie folgt:

Ad. Vogel.

Diese Aenderung melde ich hiemit zum Handelsregister an und beantrage die erforderliche Eintragung.

Auf Vorlesen

Adolf Vogel.

Arnold, Rpr., stellv. Gerichtsschr.

Art. 25 HGB.

Bek. v. 5. Juli 1879 die Veränderung in der Zuständigkeit der Führung der Handelsregister JMBl. **79**, 285, (siehe auch Bek. v. 27. Aug. 1873 JMBl. **73**, 168.)

Das Handelsregister zerfällt in 2 Abteilungen: in das Firmenregister und das Gesellschaftsregister.

In das Firmenregister werden die Firmen derjenigen Kaufleute eingetragen, welche ihr Geschäft entweder ausschließlich für eigene Rechnung betreiben oder lediglich einen oder mehrere stille Gesellschafter haben.

In das Gesellschaftsregister werden die Firmen der Handelsgesellschaften eingetragen.

Die Eintragungen in das Handelsregister sind in kurzen, aber erschöpfenden und deutlichen Sätzen mit möglichst guter Schrift auszuführen.

47. Anmeldung d. Uebergangs einer Einzeln-Firma.

Nr. 5.

Gerichtsschreiberei des k. Landgerichts Deggendorf.

Deggendorf, am 8. Januar 1896.

Es erscheinen 1. Herr Albert Lang, Kaufmann hier, 2. Herr Wilhelm Scherer, Kaufmann aus Dresden, nunmehr hier wohnhaft. Ersterer, bei Gericht persönlich bekannt, stellt Herrn Scherer vor.

Herr Lang erklärt:

Mein unter der Firma „Albert Lang" dahier betriebenes Manufakturwarengeschäft — eingetragen im Firm.-Reg. Bd. II Ziff. 51 — habe ich am 31. Dezember 1895 an den mitanwesenden Herrn Wilhelm Scherer verkauft und demselben das Recht eingeräumt, die Firma — unverändert — mit einem das Nachfolgeverhältnis andeutenden Zusatze — fortzuführen.

Herr Scherer erklärt, daß er das Geschäft mit allen Aktiven und Passiven übernommen habe und dasselbe unter der — bisherigen — Firma — Albert Lang Nachf. — fortführe.

Die Firma zeichnet er sofort, wie folgt:

....

(Firmenzeichnung durch Scherer zu vollziehen!)

Die Erschienenen melden dieses zum Handelsregister an und beantragen die erforderliche Eintragung.

Vorgelesen, genehmigt, unterschrieben:

Albert Lang. Wilhem Scherer.

Bauer, Rpr. fkt. Gerichtsschreiber.

Art. 25, 22, 23 HGB.

Die Firmen, die Namen ihrer Inhaber, die Namen der Gesellschafter, der Prokuristen, Vorstandsmitglieder und Liquidatoren sind im Handelsregister mit einer besonders in die Augen fallenden Schrift zu schreiben.

Derjenige frühere Eintrag, welcher infolge einer neu eingetragenen Thatsache seine Giltigkeit verliert, ist mit roter Tinte einfach zu unterstreichen. Wird über eine Handelsgesellschaft oder über einen Einzelnkaufmann der Konkurs eröffnet, so ist dies in das Handelsregister

48. Anmeldung des Eintritts eines Gesellschafters.

Nr. 6.

Gerichtsschreiberei des k. Landgerichts Passau.

Passau, den 3. Januar 1896.

Es erscheinen die Herren: 1. Thomas Kurz, Fabrikant zu Wolfstein, 2. Emil Kurz, großj. Sohn des vorigen, Kaufmann zu Wolfstein; die beiden legitimieren sich durch einen diesgerichtlichen Handelsregisterauszug u. erklärt zunächst Herr Thomas Kurz:

In das von mir zu Wolfstein unter der Firma:

„Dampfsäge Wolfstein
Th. Kurz“
(Firm.-Reg. Bd. III Ziff. 49)

betriebene Handelsgeschäft — Dampfsägewerk mit Holzhandel — ist am 1. Januar 1896 mein mitanwesender Sohn — und bisheriger Prokurist — Herr Emil Kurz als Teilhaber eingetreten.

Wir betreiben das Geschäft seitdem in offener Handelsgesellschaft unter der — bisherigen — Firma:

Dampfsäge Wolfstein
Th. Kurz — & Sohn — & Cie.

fort und ist jeder von uns zur Zeichnung der Firma berechtigt.

Herr Emil Kurz schließt sich der Erklärung seines Herrn Vaters vollständig an.

Es zeichnet hierauf Herr Thomas Kurz die — geänderte — Firma:

Dampfsäge Wolfstein
Th. Kurz — & Sohn — & Cie.

Herr Emil Kurz zeichnet:

Dampfsäge Wolfstein
Th. Kurz — & Sohn — & Cie.

Die Comparenten melden vorstehende Thatsache zum Eintrage in das Handelsregister an — und beantragen schließlich noch Löschung der bisher für Herrn Emil Kurz eingetragenen Prokura.

Vorgelesen, genehmigt, unterschrieben.

Thomas Kurz.
Emil Kurz.

Becker, k. Sekretär.

Art. 25, 24, 45, 46 HGB.

49. Anmeldung einer Zweigniederlassung und Erteilung einer Kollektivprokura.

Würzburg, den 5. Januar 1896.

Nr. 7.

Gerichtsschreiberei des k. Landgerichts Würzburg.

Es erscheinen die Herren: 1) Hugo Neuburger, Banquier, 2) Moritz Cohn, Kaufmann, 3) Simon Rothschild, Kaufmann, ersterer zu Berlin, Wilhelmstraße 3, die beiden letzteren zu Würzburg wohnhaft.

Herr Hugo Neuburger erklärt zunächst:

Laut des hiemit übergebenen Auszugs aus dem Firmenregister des k. Amtsgerichts Berlin vom 3. dss. Mts. betreibe ich mit der Hauptniederlassung zu Berlin ein Bank- und Wechselgeschäft unter der Firma:

„Hugo Neuburger",

welche ich zeichne:

Hugo Neuburger.

Unterm 1. Januar 1896 habe ich zu Würzburg — Kaiserstraße 25 — eine Zweigniederlassung meines Geschäfts unter der — gleichen Firma

„Hugo Neuburger
Filiale Würzburg"

errichtet, welche ich zeichne:

Hugo Neuburger
Filiale Würzburg.

Für diese meine Zweigniederlassung habe ich den miterschienenen beiden Herren Moritz Cohn und Simon Rothschild hier Prokura in der Weise erteilt, daß sie ermächtigt sein sollen, die Firma gemeinsam per procura zu zeichnen.

Die Herren Cohn und Rothschild bestätigen die Annahme der Kollektivprokura und zeichnen, wie folgt:

p. pa. Hugo Neuburger
Filiale Würzburg

M. Cohn. Sim. Rothschild.

Herr Hugo Neuburger meldet die Errichtung der Zweigniederlassung und die Erteilung der Prokura zum Handelsregister an.

Konstatirt wird noch, daß Herr Hugo Neuburger sich durch einen Reisepaß legitimierte, während die Herren Cohn und Rothschild je eine Gewerbelegitimationskarte als Identitätsnachweis vorlegten.

Vorgelesen, genehmigt, unterschrieben.

Hugo Neuburger.

Moritz Cohn. Simon Rothschild.

Reber, k. Sekretär.

Art. 21, 20, 41, 44, 45 HGB.

50. Antrag auf Löschung einer Firma nebst Prokura.

Nr. 8.

Gerichtsschreiberei des k. Landgerichts Augsburg.

Augsburg, den 20. Januar 1896.

Es erscheint der sich durch einen diesgerichtlichen Handelsregisterauszug ligitimierende Herr Josef Stölzle, Kaufmann zu Friedberg wohnhaft u. erklärt:

Das von mir zu Friedberg unter der im Firm.-Reg. Bd. V Ziff. 21 eingetragenen Firma:

„Jos. Stölzle"

betriebene Kolonialwarengeschäft habe ich am 15. Januar l. Js. aufgegeben und ist hiemit meine Firma — sowie die für den Kaufmann Ernst Schwab eingetragene Prokura — erloschen.

Dieses melde ich zum Handelsregister an und beantrage Löschung meiner Firma nebst Prokura.

Auf Vorlesen:

Jos. Stölzle.

Popp, k. Sekretär.

Art. 25, 45, 46 HGB.

in der 5. Kolumne einzutragen. Es unterbleibt aber die Veröffentlichung der Eintragung.

Im Handelsregister darf nichts ausgestrichen, nichts radiert oder korrigiert werden; auch sind Zwischenschriften auf das Sorgfältigste zu vermeiden. Hat sich bei einer Eintragung ein Irrtum eingeschlichen, so ist mit dessen Berichtigung in derselben Weise zu verfahren, wie mit der Eintragung von Abänderungen an den früher eingetragenen Thatsachen.

Die Eintragungen in das Handelsregister werden, sofern der mit Führung des Handelsregisters beauftragte rechtsgelehrte Richter es nicht vorzieht, dieselben stets auszuführen, durch den Sekretär des Handelsgerichts — in der Pfalz durch den Gerichtsschreiber — oder durch einen hiezu tauglichen, vom Vorstand des Handelsgerichtes zu bezeichnenden Gehilfen vollzogen.

Im letzteren Falle hat der mit Führung des Handelsregisters beauftragte rechtskundige Richter den Eintrag vor dessen Ausführung wörtlich zu koncipieren.

Vollzieht der mit der Führung des Handelsregisters rechtsgelehrte Richter die beschlossene Eintragung nicht selbst, so ist er verbunden, sich jedesmal von dem ordnungsmäßigen Vollzuge derselben zu überzeugen.

51. Anmeldung einer offenen Handelsgesellschaft.

Nr. 9. Straubing, 7. Januar 1896.

Gerichtsschreiberei des k. Landgerichts Straubing.

Es erscheinen die Herren Hans Huber und Wilhelm Müller, beide Kaufleute aus München, legitimieren sich je durch einen Militärpaß u. erklären:

Seit 1. Januar 1896 betreiben wir dahier, Hauptstraße 8, ein Getreidekommissions- und Agenturgeschäft in offener Handelsgesellschaft unter der Firma:

— „Hans Huber & Co." —

— „Huber & Müller" —,

zu deren Zeichnung jeder von uns berechtigt ist.

Ich Hans Huber zeichne:

....

(Zeichnung der Firma durch Huber.)

Ich Wilhelm Müller zeichne:

....

(Zeichnung der Firma durch Müller.)

Wir melden unsere Firma zum Eintrag in das Handelsregister an.

Vorgelesen, genehmigt, unterschrieben:

Hans Huber,

Wilh. Müller.

Lang, k. Sekretär.

Art. 17, 20, 85—89 HG.

Jeder Band des Handelsregisters ist zu foliieren. Die Zahl der Blätter jeden Bandes ist auf der ersten Seite desselben zu vermerken und dieser Vermerk vom Richter zu bestätigen.

Die Grundlage des Handelsregisters bilden die Registerakten und deren Beilagen.

Ohne eine entsprechende Vormerkung und Verfügung in den Registerakten darf in das Handelsregister nichts eingetragen werden.

Wird eine Eintragung in das Handelsregister durch persönliche Anmeldung des Beteiligten veranlaßt, so ist über dieselbe ein Protokoll aufzunehmen.

52. Anmeldung des Eintritts eines Teilhabers in eine offene Handelsgesellschaft.

Straubing, am 10. Januar 1896.

Nr. 10.

Gerichtsschreiberei des k. Landgerichts Straubing.

Es erscheinen die Herren: 1. Hans Huber, 2. Wilhelm Müller, 3. Philipp Schmidt, sämtlich Kaufleute hier, legitimieren sich und zwar die beiden Ersteren durch einen diesamtlichen Handelsregister-auszug, letzterer durch eine Paßkarte.

Die Herren Hans Huber und Wilhelm Müller erklären:

In die zwischen uns dahier unter der Firma:

„Hans Huber & Co."
(Ges.-Reg. Bd. V Ziff. 280)

zum Betriebe einer Holzhandlung bestehende offene Handelsgesellschaft ist mit dem heutigen Tage der miterschienene Herr Philipp Schmidt als Teilhaber eingetreten. Derselbe ist — gleich uns zur Vertretung und Zeichnung der Firma, welche unverändert fortgeführt wird, berechtigt — jedoch zur Zeichnung der Firma nicht berechtigt.

Herr Philipp Schmidt schließt sich dieser Erklärung an — und zeichnet sofort die Firma, wie folgt:

„Hans Huber & Co."

Die Erschienenen melden dieses zum Eintrage in das Handelsregister an.

Auf Vorlesen unterzeichnen:

Hans Huber, Wilhelm Müller
und Phil. Schmidt.

Lang, k. Sekretär.

Art. 87 ff. HGB.

Liegt die Veranlassung zur Eintragung in einer schriftlichen Eingabe, so ist von dem Einlaufen dieser letzteren und ihrer etwaigen Beilagen, sowie von deren Inhalt eine kurze, aber erschöpfende Bemerkung zu den Registerakten zu machen.

53. Anmeldung des Ausscheidens eines Gesellschafters und des Uebergangs der Firma auf den verbleibenden Teilhaber.

Nr. 11. Straubing, am 3. Januar 1896.

Gerichtsschreiberei des kgl. Landgerichts Straubing.

Es erscheinen die Herren 1. Carl Müller, 2. Ernst Mayer, beide Kaufleute hier, legitimieren sich durch einen diesgerichtlichen Handelsregisterauszug als die Inhaber der im Ges.-Reg. Bd. II Ziff. 18 eingetragenen Firma:

„E. Palm's Nachfolger"

und erklären:

Die zwischen uns unter genannter Firma zum Betriebe einer Strohhutfabrik dahier bestehende offene Handelsgesellschaft löste sich am 1. Januar l. Js. auf, indem Herr Müller aus dem Geschäfte austrat und dasselbe Herrn Ernst Mayer zum Alleinbetriebe überließ. Letzterer führt es unter Uebernahme der Aktiven und Passiven unter der bisherigen Firma als Einzelkaufmann fort.

Wir melden diese Aenderung zum Handelsregister an und beantragen, das Geeignete zu verfügen.

Vorgelesen, genehmigt, unterschrieben:

Carl Müller.

Ernst Mayer.

Lang, k. Sekretär.

Art. 24, 123⁴, 129 HGB.

Bei Erlassung der betreffenden Verfügungen ist insbesondere zu prüfen, ob die beantragte Eintragung nach den Bestimmungen des Handelsgesetzbuches als notwendig bezw. als zulässig sich darstellt und ob die Anmeldung in vorschriftsmäßiger Weise erfolgt und belegt ist. In denjenigen Fällen, in welchen das Handelsgesetzbuch über die Form der Anmeldung nichts bestimmt hat, ist darauf zu achten, daß der In-

54. Anmeldung der Liquidation einer offenen Handelsgesellschaft.

Nr. 12.

Gerichtsschreiberei des kgl. Landgerichts Straubing.

Straubing, am 5. Januar 1896.

Es erscheinen die Herren 1. Andreas Lechner, 2. Eugen Faber, beide Kaufleute hier, 3. Frau Kaufmannswitwe Adele Burger hier, 4. Herr Josef Burger, Kaufmann hier, 5. Herr Theodor Groß, kgl. Gymnasiallehrer hier; die beiden Erstgenannten legitimieren sich durch je eine Jagdkarte, die Uebrigen durch nachbezeichnetes Erbschaftszeugnis.

Die Komparenten erklären:

Unter der im Ges.-Reg. Bd. III Ziff. 2 eingetragenen Firma:

„Orient-Bazar
Lechner, Faber & Cie."

bestand zwischen den beiden mitanwesenden Herren Andreas Lechner und Eugen Faber, sowie dem am 5. Dezember 1895 verlebten Herrn Richard Burger dahier eine offene Handelsgesellschaft zum Betriebe eines Bazars orientalischer Importartikel. Mit dem Ableben des Teilhabers Richard Burger löste sich die offene Handelsgesellschaft auf und trat in Liquidation.

Die beiden Gesellschafter Lechner und Faber, sowie die Frau Adele Burger, deren großjähriger Sohn Josef Burger und Herr Theodor Groß, als Vormund der minderjährigen Kinder Anna und Luise Burger, welche sich durch das vorgelegte Erbschaftszeugnis des k. Amtsgerichts rc. als Erben des Herrn Richard Burger bezw. Vertreter von solchen legitimieren, haben sich dahin geeinigt, daß als Liquidatoren der Gesellschaft aufgestellt werden: der bisherige Gesellschafter Eugen Faber und der mitanwesende großjährige Sohn des verlebten Richard Burger, Herr Josef Burger. Die Zeichnung der Liquidationsfirma soll kollektiv erfolgen.

Die Herren Eugen Faber und Josef Burger erklären sich mit ihrer Aufstellung als Liquidatoren

---

Art. 133, 135, 136, 139 HGB.

einverstanden und zeichnen die Liquidationsfirma sofort, wie folgt:

Orient-Bazar
Lechner, Faber & Cie. in Liquidation
E. Faber. Jos. Burger.

Die Erschienenen melden dieses zum Handelsregister an und beantragen die erforderliche Eintragung.

Vorgelesen, genehmigt, unterschrieben:

Andr. Lechner. Eugen Faber.
Adele Burger. Jos. Burger.
Theod. Groß.

Lang, k. Sekretär.

---

halt des Handelsregisters von großem Einfluß auf die Privatrechte der Beteiligten ist, daß den betreffenden Anmeldungen also der Natur der Sache nach nur dann stattgegeben werden darf, wenn feststeht, daß der Anmeldende zu der fraglichen Anmeldung befugt ist, und daß die letztere wirklich von derjenigen Person ausgeht, von welcher sie angeblich unterzeichnet ist 2c. Das Handelsgericht wird demnach regelmäßig auch in denjenigen Fällen, in welchen dies im Handelsgesetzbuch nicht vorgeschrieben ist, darauf zu bestehen haben, daß die Anmeldungen persönlich oder in öffentlich beglaubigten Urkunden geschehen.

Von der auf eine Anmeldung zum Handelsregister erlassenen Verfügung ist der Beteiligte entweder sofort zu Protokoll oder durch Zufertigung einer Abschrift in Kenntnis zu setzen. Lautet die Verfügung auf Abweisung der verlangten Eintragung, so sind die Gründe der Abweisung kurz beizufügen.

Anmeldeprotokolle, Vormerkungen und Verfügungen werden unter fortlaufenden Ziffern in zusammenhängende Hefte eingetragen, welche in angemessener Weise in Bände abzuteilen und zu binden sind. In jedem Bande wird bei der Bezifferung der Protokolle, Vormerkungen und Verfügungen von Eins zu zählen angefangen.

Die schriftlichen Eingaben samt ihren Beilagen sowie diejenigen Aktenstücke, welche bei den mündlichen Anmeldungen dem Handelsgerichte übergeben werden, sind zu sammeln, nach der Reihenfolge der betreffenden Protokolle und Vormerkungen zu ordnen und mit fortlaufenden Ziffern zu versehen. In den Protokollen und Vormerkungen ist die Ziffer, unter welcher jedes einzelne Aktenstück verwahrt ist, bei diesem letzteren anzugeben.

55. Anmeldung der Beendigung der Liquidation und des Erlöschens der Firma einer offenen Handelsgesellschaft.

Nr. 13. Straubing, am 10. Januar 1896.

Gerichtsschreiberei des kgl. Landgerichts Straubing.

Es erscheinen die Herren 1. Moses Würzburger, 2. David Fellheimer, 3. Moritz Strauß, 4. Isaak Stern, alle Kaufleute hier, die beiden Ersteren dem amtierenden Gerichtsschreiber persönlich bekannt, legitimieren die beiden Letzteren.

Die Herren Moritz Strauß und Isaak Stern erklären:

Als Liquidatoren der unter der Firma:

„Kaufhaus Merkur
Würzburger & Comp."

unter Ziff. 197 des Ges.-Reg. Bd. V eingetragenen, zwischen den anwesenden Herren Moses Würzburger und David Fellheimer dahier bestandenen offenen Handelsgesellschaft melden wir hiemit zum Handelsregister an, daß die Liquidation seit gestern beendet und unsere Vollmacht erloschen ist. Die vorhandenen Bücher und Schriften der Gesellschaft wurden dem Gesellschafter Moses Würzburger in Verwahr gegeben.

Letzterer, sowie Herr David Fellheimer bestätigen dieses Vorbringen, erklären, daß ihre Firma erloschen sei und beantragen nunmehr Löschung derselben im Handelsregister.

Vorgelesen, genehmigt, unterschrieben:

M. Würzburger. David Fellheimer.
Moritz Strauß. Josef Stern.

Lang, k. Sekretär.

Art. 133 ff., 145, 25, 26 HGB.

56. Anmeldung einer Kommanditgesellschaft.

Nr. 14. München, den 10. Januar 1896.

Gerichtsschreiberei des kgl. Landgerichts München I, Kammer für Handelssachen.

Es erscheinen 1. Herr Xaver Burger, Kaufmann hier, 2. dessen Gattin Frau Anna Burger hier, 3. Herr Josef Dimpfl, Bierbrauereibesitzer hier, 4. Herr Karl Weil, Kaufmann hier, legitimieren sich, die beiden Ersteren durch eine Heiratsurkunde, Nr. 3 und 4 je durch eine Bürgerrechts-Verleihungsurkunde.

Herr und Frau Burger, sowie Herr Dimpfl erklären:

Wir haben mit dem 1. Januar 1896 zu Pasing eine Kommanditgesellschaft zum Betriebe eines Dampfsägewerks mit Holzhandlung errichtet. Persönlich haftende Gesellschafter sind wir Xaver und Anna Burger; letztere mit eheherrlicher Genehmigung Kommanditist mit einer Vermögenseinlage von 30000 Mark bin ich Josef Dimpfl. Unsere Firma lautet:

„Dampfsäge Pasing
Burger & Comp."

und ist zu deren Zeichnung nur Herr Xaver Burger berechtigt.

Herrn Karl Weil haben wir für unsere Firma Prokura erteilt.

Es zeichnet hierauf Herr Xaver Burger die Firma:

....

(Folgt eigenhändige Zeichnung durch Burger.)

Herr Karl Weil erklärt sich zur Annahme der Prokura bereit und zeichnet dieselbe, wie folgt:

ppa. Dampfsäge Pasing
Burger & Comp.
K. Weil.

Die Komparenten melden dieses zum Handelsregister an und beantragen die erforderliche Eintragung.

Vorgelesen, genehmigt, unterschrieben:

Xaver Burger. Anna Burger.
Josef Dimpfl. Karl Weil.

Wolf, Rpr. fkt. Gerichtsschr.

Art. 7, 17, 150 ff., 168, 41 ff. HGB.

57. Anmeldung der Umwandlung einer Kommanditgesellschaft in eine offene Handelsgesellschaft.

Nr. 15.

Gerichtsschreiberei des k. Landgerichts Straubing.

Straubing, am 10. Januar 1896.

Es erscheinen die Herren 1. Robert Lang, Kaufmann hier, 2. Albert Klein, Kaufmann hier, 3. Elise Groß, Fabrikantenswitwe zu Frankfurt a/M., die beiden ersteren bei Gericht persönlich bekannt, stellen Frau Elise Groß vor.

Die Erschienenen erklären:

Die zwischen uns Robert Lang und Albert Klein als persönlich haftenden Gesellschaftern und Frau Elise Groß als Kommanditistin unter der Firma:

„Lang, Klein & Comp."
(Ges.-Reg. Bd. III Ziff. 78)

zum Betriebe einer Maschinenfabrik dahier bestehende Kommanditgesellschaft, hat sich mit dem heute erfolgten Ausscheiden der Kommanditistin, Frau Elise Groß, in eine offene Handelsgesellschaft, bestehend aus den Herren Robert Lang und Albert Klein, umgewandelt. Die Beiden führen das Geschäft unter der bisherigen Firma, zu deren Zeichnung jeder von ihnen berechtigt ist, fort.

Dieses melden die Erschienenen zum Handelsregister an und beantragen die erforderliche Eintragung.

Auf Vorlesen unterzeichnen:

R. Lang. Alb. Klein.

Elise Groß.

Lang, k. Sekretär.

Art. 171, 24 HGB.

Verlangt ein Beteiligter eine zu den Belegen der Registerakten gegebene Urkunde zurück, so ist, wenn dem betreffenden Antrage ohne Gefährdung der Zwecke des Handelsregisters überhaupt stattgegeben

58. Anmeldung der Errichtung einer Aktiengesellschaft.

Nr. 16.

Gerichtsschreiberei des k. Landgerichts Augsburg.

Augsburg, den 4. Januar 1896.

Es erscheinen die Herren:

1. Leopold Traut, Malzfabrikant in Friedberg und laut Handelsregisterauszugs Alleininhaber der Firma Traut & Bergmann daselbst,
2. Adam Lauer, Gutsverwalter in Friedberg,
3. Josef Kopf, Kaufmann in Augsburg,
4. Theodor Breit, Banquier in München,
5. Max Freiherr von Nordau, Gutsbesitzer zu Friedberg,
6. Benno Weigert, Banquier in Augsburg,
7. Hans Eder, Privatier in Augsburg,
8. Wilhelm Bühler, Fabrikant in München,
9. Emil Leiner, Fabrikdirektor in München,
10. Karl Holland, Rentier in Ulm,
11. Albert Krauß, Kaufmann in Günzburg,
12. Ludwig Vogel, Brauereitechniker in München,

legitimieren sich durch nachbezeichnete Urkunden und erklären:

Indem wir 1. notariell abgeschlossenen Gesellschaftsvertrag vom 20. Dezember 1895,

2. Gründerbericht vom gleichen Tage,
3. Bericht des Vorstands und Aufsichtsrats über Hergang der Gründung, d. d. Friedberg, 20. Dezember 1895,
4. Bericht der Revisoren vom 20. Dezember 1895,
5. das Protokoll über die Bestellung des Vorstands und die Wahl des Aufsichtsrats vom 20. Dezember v. Js.

vorlegen, melden wir die Errichtung der Aktiengesellschaft:

„Malzfabrik Friedberg“

zum Handelsregister an.

Zugleich melden wir die Bestellung der Herren Albert Krauß und Ludwig Vogel zu Vorstandsmitgliedern und die Wahl der Herren Max von Nordau, Benno Weigert, Hans Eder, Wilhelm Bühler und Karl Holland zu Aufsichtsratsmitgliedern an und geben die Erklärung ab, daß auf jede Aktie, soweit nicht andere als durch Barzahlung zu leistende Einlagen gemacht sind, sohin auf 50 Stück Aktien der eingeforderte Betrag von 50000 Mark bar einbezahlt und im Besitze des Vorstandes ist.

Ferner bemerken wir, daß als Vorsitzender des Aufsichtsrates Herr Max von Nordau und als dessen Stellvertreter Herr Benno Weigert gewählt sind.

Die Herren Albert Krauß und Ludwig Vogel, als Vorstandsmitglieder, zeichnen hierauf die Firma der Aktiengesellschaft statutengemäß wie folgt:

Malzfabrik Friedberg.

Krauß. L. Vogel.

Vorgelesen, genehmigt, unterschrieben.

Unterschriften.

Lang, k. Sekretär.

Art. 210, 207 ff. HGB.

werden kann, jedenfalls eine beglaubigte Abschrift bei den Belegen zurückzubehalten.

Wenn zu erwarten steht, daß über eine in das Handelsregister einzutragende Firma eine größere Anzahl von Protokollen oder Vormerkungen vorkommen wird, oder daß viele und umfangreiche Beilagen hiezu bei dem Handelsgerichte aufzubewahren sein werden, so dürfen für eine solche Firma besondere Aktenhefte angelegt werden. In diesen Spezialakten sind alsdann alle diese Firma betreffenden Protokolle, Vormerkungen und Verfügungen, sowie alle hiezu gehörenden Eingaben und Belege aufzunehmen. Auch die Bestandteile dieser Spezialakten mit fortlaufenden Ziffern zu versehen.

Für Aktiengesellschaften und Kommanditgesellschaften auf Aktien müssen Spezialakten von der angegebenen Art angelegt werden. Ebenso sind über diejenigen Verhandlungen, welche sich bei Anwendung der

59. Anmeldung der Abänderung des Gesellschaftsvertrags einer Aktiengesellschaft.

Nr. 17.

Gerichtsschreiberei des k. Landgerichts Aschaffenburg.

Aschaffenburg, 3. Januar 1896.

Es erscheinen die Herren 1. Anton Raimond, 2. Georg Keßler, Vorstandsmitglieder der Aktiengesellschaft

„Walzwerk Mainaschaff“

zu Mainaschaff, legitimieren sich durch einen diesgerichtlichen Handelsregisterauszug, übergeben Protokoll der Generalversammlung genannter Aktiengesellschaft vom 31. Dezember 1895 und melden die in dieser Versammlung beschlossene Abänderung der § 12, 20 u. 21 des Gesellschaftsvertrags zum Eintrage in das Handelsregister an.

Auf Vorlesen unterzeichnen die Erschienenen:

Walzwerk Mainaschaff.

A. Raimund. Keßler.

Lang, k. Sekretär.

Art. 214, 210c, 212 HGB.

Art. 10—23, dann des Art. 28 des Einf.-G. zum HGB. ergeben werden, in jedem einzelnen Falle besondere Akten anzulegen.

Die Eintragungen in das Handelsregister müssen stets ohne Verzug nach ihrer Anordnung ausgeführt werden. Neben jedem Beschlusse auf Vollzug einer Eintragung ist in den Registerakten, bezw. in den für die betreffende Firma angelegten Spezialakten anzumerken und von dem mit Führung des Handelsregisters beauftragten rechtskundigen Richter zu bestätigen, an welchem Tage, in welcher Registerabteilung, in welchem Bande sowie unter welcher Ziffer der Eintrag vollzogen wurde.

Neben dem Handelsregister ist ein nach den Anfangsbuchstaben der betreffenden Namen geordnetes Verzeichnis zu führen, in welches die Firmen, die Namen ihrer Inhaber, die Mitglieder der offenen Handelsgesellschaften, die persönlich verantwortlichen Gesellschafter und Kommanditisten der Kommanditgesellschaften, dann die persönlich verantwortlichen Gesellschafter der Kommanditaktiengesellschaften, die Vor-

60. Anmeldung der Erhöhung des Grundkapitals einer Aktiengesellschaft.

Nr. 18.

Gerichtsschreiberei des k. Landgerichts Würzburg.

Würzburg, den 7. Januar 1896.

Es erscheint Herr Ernst Miltner, gerichtsbekannt Vorstand der Aktiengesellschaft

„Unionsbrauerei Kitzingen“

zu Kitzingen, legt Protokoll der Generalversammlung der Aktionäre vom 5. Januar l. Js. vor und meldet die in dieser Versammlung beschlossene Erhöhung des Grundkapitals von 500000 ℳ auf 800000 ℳ durch Ausgabe von 300 Stück auf den Inhaber lautende Aktien à 1000 ℳ zum Handelsregister an, wobei er zugleich die Erklärung abgibt, daß das bisherige Grundkapital der Gesellschaft voll eingezahlt ist.

Vorgelesen, genehmigt, unterschrieben.

Unionsbrauerei Kitzingen.
E. Miltner.

Lang, k. Sekretär.

Art. 215a, 214, 210c, 212 HGB.

stände der Aktiengesellschaften, endlich alle Liquidatoren und Prokuristen einzutragen sind. Neben jedem Namen ist Abteilung, Band und Ziffer des Handelsregisters anzumerken, wo sich die näheren Angaben befinden.

Das Handelsregister, die Registerakten nebst Beilagenheften und die öffentlichen Blätter, in welchen die Veröffentlichungen der Eintragungen erfolgen, hat in den Landesteilen diess. d. Rh. der Handelsgerichtssekretär in der Pfalz der Gerichtsschreiber in Verwahrung. Die Einsicht des Registers, der Registerakten, der Belege und Blätter ist während der gewöhnlichen Dienststunden jedermann auf Verlangen unter genügender Aufsicht zu gestatten. (Die Formulare für das Firmenregister und das Gesellschaftsregister finden sich in den Kreisamtsblättern pro 1862.)

61. Anmeldung der Aenderung im Vorstande einer Aktiengesellschaft.

Nr. 19. Würzburg, am 3. Januar 1896.

Gerichtsschreiberei des k. Landgerichts Würzburg.

Es erscheinen die Herren 1) Otto Reber, Direktor, 2) Franz Hauff, stellvertretender Direktor der

„Aktienbrauerei Gambrinus",

Aktiengesellschaft mit dem Sitze zu . . . . . ., legitimieren sich ersterer durch einen diesgerichtlichen Handelsregister-Auszug, letzterer durch eine Jagdkarte.

Dieselben übergeben Protokoll über die Sitzung des Aufsichtsrates der Aktiengesellschaft vom 31. Dezember 1895, inhaltlich dessen an Stelle des aus dem Vorstande ausgeschiedenen stellvertretenden Vorstandes Heinrich Huber der mitanwesende Herr Franz Hauff, bisher Güterinspektor in . . . . . . als stellvertr. Direktor gewählt worden ist und melden diese Aenderung in der Zusammensetzung des Vorstandes der Aktiengesellschaft zum Handelsregister an.

Herr Hauff, welcher diese Wahl angenommen hat, zeichnet sofort — und zwar statutengemäß kollektiv mit dem weiteren Vorstandsmitgliede — die Firma, wie folgt:

Aktienbrauerei Gambrinus.

Fr. Hauff.

Vorgelesen, genehmigt, unterschrieben:

Otto Reber.

Franz Hauff.

Lang, k. Sekretär.

Art. 227, 228, 229, 233 HGB.

62. Anmeldung der stattgefundenen Erhöhung des Grundkapitals einer Aktiengesellschaft.

Würzburg, am 20. Januar 1896.

Nr. 20.

Gerichtsschreiberei des kgl. Landgerichts Würzburg.

Es erscheinen die Herren:

1. Carl Mosse, Direktor der Aktiengesellschaft: „Internationale Rückversicherungsgesellschaft" mit dem Sitze zu . . . .
2. Heinrich Graßer, Banquier und Vorsitzender des Aufsichtsrates dieser Aktiengesellschaft,
3. Johann Weiler, Rentier,
4. Martin Lidl, Kaufmann, diese beiden Aufsichtsratsmitglieder bezeichn. Gesellsch., alle hier wohnhaft,

legitimieren sich ersterer durch eine Paßkarte, die übrigen durch 2c. . . . . . .
und erklären zu Protokoll:

Mit Beschluß der Generalversammlung unserer Aktiengesellschaft vom 20. November 1895 wurde die Erhöhung des Grundkapitals um den Betrag von 600000 Mark beschlossen. Diese Erhöhung ist nunmehr vollständig durchgeführt und legen wir zum Nachweise dessen vor:

1. Die Duplikate von . . . Stück Zeichnungsscheinen,
2. notariell beglaubigtes Verzeichnis der Zeichner mit Angabe deren Einzahlungen,
3. Berechnung der Emissionskosten und Bericht über Art und Durchführung der Erhöhung.

Indem wir die Erklärung abgeben, daß die Aktien der neuen Emission voll und bar einbezahlt sind und daß sich die einbezahlten Barbeträge in Händen des Vorstandes befinden, melden wir die stattgefundene Erhöhung des Grundkapitals zum Eintrag in das Handelsregister an.

Vorgelesen, genehmigt, unterschrieben:

Carl Mosse. Heinr. Graßer.
Joh. Weiler. Mart. Lidl.

Lang, k. Sekretär.

Art. 215b, 210, 212 HGB.

68. Anmeldung der Auflösung einer Aktiengesellschaft.

Nr. 21. Würzburg, am 15. Januar 1896.

Gerichtsschreiberei des k. Landgerichts Würzburg.

Es erscheinen die Herren 1. Hugo Baer, 2. Adolf Werner, beide Vorstandsmitglieder der Aktiengesellschaft:

„Vereinigte Schuhfabriken Rappenhausen"

mit dem Sitze dahier, beide bei Gericht persönlich bekannt, stellen den miterschienenen Herrn Johann Rupprecht, Kaufmann dahier vor.

Alsdann erklären sie:

Laut des hiemit abschriftlich übergebenen Protokolls der Generalversammlung der Aktionäre vom 10. Januar l. Js. wurde die Auflösung vorbezeichneter Aktiengesellschaft, der Eintritt in die Liquidation und die Aufstellung des anwesenden Herrn Johann Rupprecht als Liquidators der Gesellschaft beschlossen.

Diese Thatsachen melden wir zum Eintrage in das Handelsregister an.

Herr Johann Rupprecht erklärt, daß er die Wahl zum Liquidator annehme und zeichnet sofort die Liquidationsfirma, wie folgt:

Vereinigte Schuhfabriken Rappenhausen in Liquid.
J. Rupprecht.

Vorgelesen, genehmigt, unterschrieben:

Hugo Baer. Ad. Werner.

Joh. Rupprecht.

Lang, k. Sekretär.

Art. 242, 243, 244 HGB.

64. Anmeldung der Beendigung der Liquidation einer Aktiengesellschaft und des Erlöschens der Firma.

Nr. 22. München, den 20. November 1895.

Gerichtsschreiberei des kgl. Landgerichts München I.

Es erscheint Herr Ernst Müller, Kaufmann hier, legitimiert sich durch einen diesgerichtlichen Handelsregisterauszug als Liquidator der Aktiengesellschaft:

„Papierwerk Union"

und bringt vor:

Die Liquidation der Aktiengesellschaft ist beendet, die Firma selbst erloschen. Dieses melde ich zum Handelsregister an und beantrage das Geeignete zu verfügen.

Zugleich stelle ich den Antrag, nach Bekanntmachung der Liquidationsbeendigung zu bestimmen, daß die Handelsbücher der aufgelösten Gesellschaft bei dem Aufsichtsratsmitgliede Hermann Kuhn, Hoflieferant hier, zur Aufbewahrung niederzulegen seien. Herr Kuhn ist laut der hiemit übergebenen Erklärung bereit, die Bücher in Verwahr zu nehmen und bietet seine Persönlichkeit sowohl als auch seine sonstigen Verhältnisse Garantie für sichere Aufbewahrung. — Ein Verzeichniß der aufzubewahrenden Bücher und Schriften werde ich noch vorlegen.

Vorgelesen, genehmigt, unterschrieben:

Ernst Müller.

Ney, k. Sekretär.

Art. 246 HGB.

65. Anmeldung der Errichtung einer Gesellschaft mit beschränkter Haftung.

Nr. 23.

Gerichtsschreiberei des k. Landgerichts Würzburg.

Würzburg, am 28. Dezember 1895.

Es erscheinen die Herren 1. Karl Helbing, Kaufmann und 2. Michael Dorner, Ingenieur, beide hier, legitimieren sich durch nachbezeichnete Urkunden und erklären:

Indem wir notariell beurkundeten Gesellschaftsvertrag der unterm 25. ds. Mts. mit dem Sitze dahier errichteten Gesellschaft mit beschränkter Haftung:

„Installationsbureau Helbing & Cie.
Gesellschaft mit beschränkter Haftung,"

sowie die Liste der Gesellschafter und den Beschluß der Gesellschafter, wonach wir als Geschäftsführer bestellt sind, übergeben, melden wir den Gesellschaftsvertrag, sowie unsere Person als Geschäftsführer zum Eintrag in das Handelsregister an.

Hiezu geben wir die Versicherung ab, daß das Stammkapital mit 80000 Mark voll eingezahlt ist — bezw. seitens des Gesellschafters Helbing durch Einlage der im Gesellschaftsvertrage bezeichneten Immobilien und Einrichtungsgegenstände, hinsichtlich der übrigen Gesellschafter durch Bar-Erlage eingezahlt ist — und daß der Gegenstand der Leistungen sich in der freien Verfügung der Geschäftsführer befindet.

Die Firma zeichnen wir statutengemäß kollektiv, wie folgt:

Installationsbureau Helbing & Cie.
Gesellschaft mit beschränkter Haftung
Helbing. Dorner.

oder:

zur Zeichnung der Firma ist statutengemäß jeder von uns berechtigt. Ich Karl Helbing zeichne:

Installationsbureau Helbing & Cie.
Gesellschaft mit beschränkter Haftung
Helbing.

Ich Michael Dorner zeichne:

Installationsbureau Helbing & Cie
Gesellschaft mit beschränkter Haftung
Dorner.

Vorgelesen, genehmigt, unterschrieben:
Karl Helbing. M. Dorner.
Lang, k. Sekretär.

---

§ 7, 8, 76 [1] des Reichsges. betr. die Gesellsch. mit beschr. Haftg. v. 20. IV. 1892.

66. Anmeldung der Errichtung einer Genossenschaft mit beschränkter Haftpflicht.

Nr. 24. Würzburg, am 20. Januar 1896.

Gerichtsschreiberei des k. Landgerichts Würzburg.

Es erscheinen die Herren 1. Wilhelm Schneider, k. Premierlieutenant a. D., 2. Heinrich Baer, Kaufmann, 3. Max Wirthmann, Rentner, alle hier, ersterer legitimiert sich durch sein Offizierspatent und stellt die Uebrigen vor.

Die Comparenten erklären:

Unterm 19. ds. Mts. wurde dahier eine Genossenschaft unter der Firma:

„Vorschuß-Verein Bavaria
eingetragene Genossenschaft mit beschränkter Haftpflicht"
mit dem Sitze zu . . . .

errichtet.

Vorstandsmitglieder dieser Genossenschaft sind wir und zwar Herr Wilh. Schneider I. Vorstand, Herr Heinrich Baer Stellvertreter des Vorstands und Herr Wirthmann Kassier.

Indem wir nun 1. ein Exemplar des Genossenschaftsstatuts, welches von sämtlichen Genossen unterschrieben ist, nebst einer Abschrift desselben, 2. die Liste der Genossen, 3. Abschrift des Protokolls vom 19. Januar 1896 über die Bestellung des Vorstands und die Wahl des Aufsichtsrates vorlegen, melden wir das Statut sowie unsere Bestellung zu Vorstandsmitgliedern zum Eintrag in das Genossenschaftsregister an.

Die Firma der Genossenschaft zeichnen wir, wie folgt:

Vorschuß-Verein Bavaria
eingetr. Genossenschaft mit beschr. Haftpflicht
W. Schneider. Heinr. Baer.
Wirthmann.

Vorgelesen, genehmigt, unterschrieben:
Wilhelm Schneider. Heinr. Baer.
Max Wirthmann.

Lang, k. Sekretär.

§ 10, 11, 148 des Genossenschaftsgesetzes vom 1. Mai 1889.
§ 6 der Bekanntm. betr. Führung des Genoss.-Reg., v. 11. VII. 1889.

67. Anmeldung der Aenderung in der Zusammensetzung des Vorstands und der Abänderung des Statuts einer Genossenschaft.

Nr. 25.

Gerichtsschreiberei des k. Landgerichts Würzburg.

Würzburg, am 21. Januar 1896.

Es erscheinen die Herren: 1. Karl Fleischmann, Oekonom zu Neudorf, Vorstand;
2. Josef Bachl, Bauer in Dorfhausen, Kassier;
3. Georg Rödel, Gutsverwalter dortselbst, Kontrolleur

der Genossenschaft „Darlehenskassen-Verein Dorfhausen, eingetr. Gen. mit unbeschr. Haftpfl.“, legitimieren sich ersterer durch eine Jagdkarte, letztere durch nachbezeichnete Urkunden.

Dieselben übergeben 1. Abschrift des Protokolls über die am 15. Januar l. Js. abgehaltene Generalversammlung, inhaltlich dessen an Stelle der aus dem Vorstande ausgeschiedenen Herren Michael Bauer und Franz Gruber die anwesenden Herren Josef Bachl und Georg Rödel zu Vorstandsmitgliedern gewählt wurden;

2. zwei Abschriften des in derselben Generalversammlung gefaßten Beschlusses, wonach die § 12, 13 und 21 des Genossenschaftsstatuts abgeändert wurden, melden das Erlöschen der Vollmacht und das Ausscheiden der früheren Vorstandsmitglieder und die Wahl der Herren Bachl und Rödel sowie die Statutenänderung zum Genossenschaftsregister an und zeichnen die Firma der Genossenschaft, wie folgt.

Darlehenskassenverein Dorfhausen,
eingetr. Gen. mit unb. Haftpfl.

Karl Fleischmann, Vorstand. Jos. Bachl, Kassier.

Georg Rödel, Kontrolleur.

Auf Vorlesen genehmigt und unterschrieben:
Karl Fleischmann. Jos. Bachl.
Gg. Rödel.

Lang, k. Sekretär.

---

§ 16, 28, 148 Gen.-Ges., § 16 u. 19 der Bekanntm. v. 11. VII. 1889.

68. Anmeldung der Auflösung einer Genossenschaft und des Eintritts in die Liquidation.

Nr. 26.

Gerichtsschreiberei des k. Landgerichts Würzburg.

Würzburg, am 21. Januar 1896.

Es erscheinen die Herren 1. Peter Müller, Gastwirt, 2. Johann Huber, Bauer, 3. Georg Hartmann, Milchhändler, alle in Steinbach wohnhaft und Vorstandsmitglieder des

„Consumvereins Steinbach,
eingetr. Gen. mit unb. Haftpfl."

daselbst, legitimieren sich durch nachbezeichnete Urkunde und erklären:

Durch Beschluß der Generalversammlung vom 18. Januar l. Js. wurde die Auflösung der Genossenschaft und der Eintritt in die Liquidation beschlossen. Gleichzeitig wurden das bisherige Vorstandsmitglied Georg Hartmann und der mitanwesende Herr Karl Schmidt, Buchhalter in Steinbach, als Liquidatoren aufgestellt.

Indem wir nun Abschrift des Generalversammlungsbeschlusses vom 18. Januar l. Js. übergeben, melden wir die Auflösung der Genossenschaft und die Bestellung der Liquidatoren zum Genossenschaftsregister an.

Die Herren Georg Hartmann und Karl Schmidt, welche sich mit ihrer Aufstellung als Liquidatoren einverstanden erklären, zeichnen hierauf die Liquidationsfirma der Genossenschaft sofort, wie folgt:

Consumverein Steinbach,
eingetr. Gen. mit unb. Haftpfl. in Liquidation.

Gg. Hartmann. Karl Schmidt.

Vorgelesen, genehmigt, unterschrieben:

Peter Müller. Joh. Huber.

Gg. Hartmann. Karl Schmidt.

Lang, k. Sekretär.

---

§ 76, 80, 81, 82, 83 Gen.-Ges.

69. Anmeldung der Beendigung der Liquidation einer Genossenschaft.

Nr. 27.

Gerichtsschreiberei des k. Landgerichts Würzburg.

Würzburg, am 20. Januar 1896.

Es erscheinen die Herren Ernst Groß und Ludwig Leitner, beide Kaufleute dahier und Liquidatoren der Genossenschaft

„Bau- & Sparverein Xhausen
eingetr. Gen. mit beschr. Haftpfl. in Liquid.“

dem amtierenden Gerichtsschreiber persönlich bekannt und bringen vor:

Nachdem die Verteilung des Genossenschaftsvermögens unter die Genossen erfolgt ist und weder Aktiva noch Passiva mehr vorhanden sind, ist die unterm 30. Dezember 1894 beschlossene Liquidation der Genossenschaft beendet und unsere Vollmacht erloschen.

Die vorhandenen Bücher und Schriften der aufgelösten Genossenschaft sind dem Bierbrauereibesitzer Hans Huber in Xhausen, welcher Genosse war, zur Aufbewahrung übergeben.

Wir melden die Beendigung der Liquidation und das Erlöschen unserer Vollmacht zum Genossenschaftsregister an und beantragen, das Geeignete zu verfügen.

Vorgelesen, genehmigt, unterschrieben:

Ernst Groß.

Ludw. Leitner.

Lang, k. Sekretär.

---

§ 88, 90 Gen.-Ges. und 22 der Bekanntm. hiezu v. 11. VII. 1889.

70. Anmeldung von Mustern zum Eintrag in das Musterregister.

Nr. 28.

Gerichtsschreiberei des k. Landgerichts Würzburg.

Würzburg, am 3. Januar 1896, vormittags 10¾ Uhr.

Es erscheint der sich durch einen Heimatschein legitimierende Herr Felix Bauer, Fabrikant zu Neukirchen, übergibt — offen — in einem versiegelten Umschlage — drei Modelle von Thürschlössern, Gesch.-Nr. 21, 22 u. 23, Muster für plastische Erzeugnisse —

oder

16 Zeichnungen für Handtücher, Gesch.-Nr. 131 bis incl. 146, Muster für Flächenerzeugnisse —

und beantragt, diese Muster mit einer Schutzfrist von drei Jahren für ihn im Musterregister einzutragen. Zugleich ersucht Antragsteller um Erteilung eines Auszugs aus dem Musterregister nach erfolgter Eintragung der von ihm angemeldeten Muster.

Vorgelesen, genehmigt, unterschrieben:

Felix Bauer.

Lang, k. Sekretär.

Reichsges. v. 11. I. 1876 über das Urheberrecht an Mustern und Modellen § 7, 8, 9, 10 u. 16.

Bekanntm. v. 17. III. 1876 (JMBl. S. 153 ff.) und Bekanntm. des Reichskanzleramts vom 29. II. 1876 (JMBl. S. 162 u. ff.).

Die Aufforderung zum Eintrag in das Handelsregister lautet:

„Betreff: Führung der Handelsregister. Datum. Laut Mitteilung der Gewerbspolizeibehörde sollen Sie ein ...... Geschäft kaufmännisch betreiben. Gemäß Art. 19 u. 26 HGB. erhalten Sie den Auftrag, binnen .. Tagen bei Meidung von .. ℳ Ordnungs-

71. Antrag auf Verlängerung der Schutzfrist eines im Musterregister eingetragenen Musters.

Nr. 29.

Gerichtsschreiberei des k. Landgerichts Würzburg.

Würzburg, am 21. Dezember 1895, vormitt. 9½ Uhr.

Es erscheint der dem mitunterfertigten Sekretär persönlich bekannte Herr Johann Höchberger, Fabrikant und laut Eintrags im diesgerichtlichen Gesellschaftsregister Band IV Ziff. 170 zeichnungsberechtigter Gesellschafter der daselbst unter der Firma

„Gebr. Palm"

mit dem Sitze dahier

eingetragenen offenen Handelsgesellschaft und erklärt:

Für die Firma „Gebr. Palm" ist im Must.-Reg. Bd. I Ziff. 168 das Muster einer Rokoko-Kerze, Gesch.-Nr. 23, mit einer Schutzfrist von drei Jahren seit 24. Dezember 1892 eingetragen.

Ich beantrage nunmehr Verlängerung der Schutzfrist auf weitere fünf Jahre.

Vorgelesen, genehmigt, unterschrieben.

Joh. Höchberger
i./Firma Gebr. Palm.

Lang, k, Sekretär.

---

§ 8 des Ges. vom 11. I. 1876 und § 9 der Bekanntmach. hiezu.

strafe Ihre Firma persönlich in der Gerichtsschreiberei oder mittelst beglaubigter schriftlicher Erklärung zum Eintrag in das Handelsregister anzumelden oder die Unterlassung mittelst Einspruches zu rechtfertigen."

Diese Aufforderung erfolgt gegen Rezepisse oder Postzustellung.

Leistet nun Adressat keine Folge, so erhält er das weitere Schreiben:

„Betreff wie vor. Datum. Sie werden aufmerksam gemacht, daß die Ihnen im Auftrage vom . . . . 189 ., zugestellt am . . . , angedrohte Strafe verfallen ist und nächstens gegen Sie ausgesprochen werden wird, wenn Sie nicht vorher noch dem Auftrage Folge leisten."

72. Anmeldung der Beibehaltung eines im Zeichenregister eingetragenen Warenzeichens bei Aenderung der Firma.

Nr. 30.

Gerichtsschreiberei des k. Landgerichts Würzburg.

Würzburg, am 16. Dezember 1895, nachmittags 4¼ Uhr.

Es erscheint Herr Adolf Brunner, Kaufmann hier, dem amtierenden Sekretär persönlich bekannt — event. welcher sich durch eine Bürgerrechts-Verleihungs-Urkunde 2c. legitimiert, — und bringt vor:

Für meine im Firm.-Register Bd. II Ziff. 87 eingetragene Firma:

„J. Huber's Nachfolg.",

unter welcher ich dahier ein Droguengeschäft betreibe, ist im Zeichenregister Band I Ziff. 34 seit 18. Juni 1889 ein Warenzeichen eingetragen.

Ich habe nun mit dem heutigen Tage meine bisherige Firma in meinen Namen:

„Ad. Brunner"

geändert und diese Aenderung zum Handelsregister angemeldet.

Ich beantrage nunmehr, indem ich die Beibehaltung des Warenzeichens für meine geänderte Firma zum Zeichenregister anmelde, die entsprechende Eintragung.

Vorgelesen, genehmigt, unterschrieben.

Ad. Brunner.

Lang, k. Sekretär.

Anm. Neu-Anmeldungen von Warenzeichen zum gerichtlichen Zeichenregister finden nicht mehr statt. Vergl. Gesetz zum Schutz der Warenbezeichnungen v. 12. V. 1894, ferner Ges. über Markenschutz v. 30. XI. 1874 nebst Ausf.-Bestimmungen hiezu (Just.-Min.-Bl. 1875 S. 72—86).

73. Einspruch gegen Beschlüsse des Handelsgerichts.

Augsburg, am 10. Juni 1896.

Gerichtsschreiberei des k. Landgerichts Augsburg. Kammer für Handelssachen.

Es erscheint

Kaufmann Philipp Herz von Augsburg und erklärt:

Durch Beschluß des k. Landgerichts Augsburg, Kammer für Handelssachen vom 1. Juni c. wurde ich angewiesen, meine Firma innerhalb 3 Wochen zum Handelsregister anzumelden. Für den Fall der Unterlassung wurde mir eine Ordnungsstrafe von 40 ℳ angedroht.

Gegen diese Verfügung erhebe ich gemäß Art. 10 mit 23 des bayr. Einführungsgesetzes zum Handelsgesetzbuch Einspruch, da ich nicht Kaufmann im Sinne des Handelsgesetzes bin, sondern vielmehr nur Verkäufer am hiesigen Platze des Wiener Schuhwarengeschäftes.

Vorgelesen, genehmigt, unterschrieben:

Philipp Herz.

Lorenz Michel, k. Sekretär.

Der Gerichtsbeschluß lautet:

„Betreff: Führung der Handelsregister. Datum. Das k. Landgericht . . . . . . Kammer für Handelssachen, versammelt in geheimer Sitzung am . . . . 189 ., wobei zugegen waren: der k. Landgerichtsrat . . . ., die Handelsrichter . . . . hat in Sachen der Firma . . . . . . beschlossen: in Erwägung, daß . . . . den ihm erteilten Auftrage vom . . . . . 189 . zugestellt am . . . . 189 . innerhalb der vorgesteckten Frist keine Folge geleistet und demnach die ihm angedrohte Ordnungsstrafe verwirkt hat: 1. . . . . . . wird in eine Ordnungsstrafe von . . . ℳ verfällt. 2. derselbe wird neuerdings beauftragt, binnen . . Tagen bei Meidung einer Ordnungsstrafe von . . . ℳ entweder . . . . oder gegen diesen Auftrag Einspruch zu erheben. Gegen Ziffer 1 dieses Beschlusses kann binnen 14 Tagen Beschwerde an das k. Oberlandesgericht . . . . . . erhoben werden. (Art. 11 b. Einf.-Ges. zum HGB.; Art. 76 b. Ausf.-Ges. zur ZPO.)

74. Anmeldung zum Schiffsregister.

Gerichtsschreiberei des k. Landgerichts Regensburg.

Regensburg, am 19. April 1896.

Es erscheint

Friedrich Herbst, Direktor der Donaudampfschiffahrts-Gesellschaft, legitimiert sich durch ein Commissorium der genannten Gesellschaft und erklärt:

Die Donaudampfschiffahrtsgesellschaft erbaute ein Dampfschiff aus Eichenholz und Eisenblech mit gebuchtem Kiel, einem Mast und festem Deck. Dieses Schiff erhielt den Namen „Rosa“; es hat eine Motorstärke von 80 Pferdekräften sowie eine Tragfähigkeit von x Tonnen, laut Schiffsattestes der k. bayr. Schiffsuntersuchungscommission in Speyer vom 2. Januar c. und wurde im Jahre 1893 auf der Werft von Ludwig Schroll in Regensburg erbaut. Der Heimatsort des Schiffes ist Regensburg. Das Schiff wird vorzugsweise zum Getreidetransport verwendet werden; es ist Eigentum der Donau-Dampfschiffahrtsgesellschaft.

Indem ich das Schiffspatent in Vorlage bringe, melde ich die obigen Thatsachen zum Eintrage in das Schiffsregister hiemit an.

Vorgelesen, genehmigt, unterzeichnet:

Friedrich Herbst.

Hirmer, k. Sekretär.

Die Führung des Schiffsregisters nach dem Gesetze vom 15. Juni 1895 über die privatrechtlichen Verhältnisse der Binnenschiffahrt (RGBl. S. 301) wurde durch k. Allerh. Verordnung vom 14. Dezbr. 1895 in Bayern gesetzlich eingeführt. Auf die Führung des Schiffsregisters finden die Vorschriften der Bekanntmachung vom 30. April 1862, die Führung der Handelsregister betr., entsprechende Anwendung. Die näheren Vollzugsvorschriften sind enthalten in der Ministerialbekanntmachung vom 19. Dezember 1895 S. 298 f. mit Mustereinträgen. Anlage A Formular zum Schiffsregister; Anlage B Schiffsbriefe 95. 305. 311.

75. Vereins-Anmeldung mit Statuten-Aenderung.

Gerichtsschreiberei
des k. Landgerichts
München I.

München, am 20. April 1896.

Es erscheinen

die am Schlusse unterzeichneten Vorstandsmitglieder des anerkannten Vereins:

„Original Radier-Verein München"

und bringen dieselben folgendes zur Anmeldung vor:

Am 20. und 27. März l. Js. fand bei uns ordentliche bezw. außerordentliche Versammlung statt. Einberufen wurde selbe den Vereinssatzungen entsprechend durch rechtzeitige Versendung eines die vollständige Tagesordnung enthaltenden Zirkulars an alle Vereinsmitglieder und war diese Versammlung von 31 bezw. 16 stimmberechtigten Mitgliedern besucht. Zur Tagesordnung stand unter anderem die Neu-Wahl des Vorstandes, welche das in dem hiemit übergebenen Wahlprotokolle näher dargelegt Ergebnis lieferte.

Wir erklären auch hieher die Annahme der auf uns gefallenen Wahlen zu den unseren Namensunterschriften einzeln beigesetzten Vereinschargen und bitten hiewegen um Anerkennung. Das Mitglieder-Verzeichnis wird hiemit übergeben.

(Vorgelesen, genehmigt, unterzeichnet.)

Auf der Tagesordnung stand aber weiters:

„Abänderung der Statuten;" eine solche wurde an den bisherigen Paragraphen 6, 9, 10, 12 und zwar durchweg mit Majorität angenommen.

Wir verweisen hiemit des Näheren auf die hiemit übergebenen beiden Protokollsabschriften und stellen nunmehr den Antrag:

„Es wolle (auch) der vorgenommenen Statuten-Aenderung die gerichtliche Anerkennung erteilt werden."

Vorgelesen, genehmigt, unterzeichnet:

Ernst Zimmerer, I. Vorsitzender,
Felix Huber, II. Vorsitzender,
(Folgen die übrigen Unterschriften).

Vereins-Verz.
Ziff. 40/1896.

Richter, k. Obersekretär.

---

conf. § 8. Dienstvorschriften für Gerichtsschreiber und Gesetz vom April 1869.

76. Antrag auf Gewährung der Rechte eines anerkannten Vereins.

Gerichtsschreiberei des k. Landgerichts München I.

München, am 21. April 1896.

Es erscheinen die unten aufgeführten Herren, welche zur Zeit den Ausschuß (Vorstand) bilden, des Vereins:

„Witwen- und Waisenunterstützungskassa des bayr. Verkehrsbeamten-Vereins“

und bringen das Nachstehende zur Anmeldung:

Unter obigem Namen besteht der erwähnte Verein seit 1. Oktober 1885 und zwar zuerst als Bestandteil des b. Verkehrsbeamten-Vereins, seit 1. April 1893 aber als selbständiger Verein. Für diesen Verein galten bisher als Satzungen die in Beilage I in § 110 niedergelegten Bestätigungen, welche ausweislich der in Beilage 2 übergebenen Zuschrift der k. Polizeidirektion München vom 16. Januar 1895 Nr. 30 unterm 10. Januar 1895 die staatspolizeiliche Genehmigung erhalten hat.

Der Verein war seit der Zeit seines Bestehens bestrebt, die Rechte eines anerkannten Vereines zu erwerben, stieß aber hiebei auf Schwierigkeiten. Am 21. April 1895 wurde in Würzburg eine Generalversammlung einberufen. Die Einberufung erfolgte satzungsgemäß durch Veröffentlichung der vollständigen Tagesordnung in Nr. 7 des Vereinsorganes „Bayr. Verkehrsblätter“ vom 1. April 1895.

Die Beschlußfähigkeit dieser Versammlung wurde erklärt, weil von den 2000 vorhandenen Kassa-Mitgliedern 1020 Mitglieder teils persönlich anwesend, teils durch Delegierte vertreten waren.

Zur Tagesordnung stand unter anderem:

a. Erwirkung der Rechte eines anerkannten Vereines;

b. Neuwahl der Mitglieder des Aufsichtsrates und des Ausschusses;

c. Aenderung der bisherigen Statuten.

Vereins.-Verz. Ziff. 60/1896.

ad a. wurde der diesbezügliche Beschluß einstimmig gefaßt;

ad b. Die Neuwahl des Ausschusses ergab das Resultat, wie es unter anderem aus der Unterzeichnung dieses Protokolles zu entnehmen ist;

ad c. Die Abänderung der Statuten erfolgte durchweg einstimmig und wurde Aufsichtsrat und Ausschuß ermächtigt, die durch die Anererkennungsfrage etwa notwendig werdenden weiteren Statutenänderungen vorzunehmen.

Im Uebrigen verweisen wir auf das bezügliche Protokoll, welches in beglaubigter Abschrift als Beilage 3 vorgelegt wird.

Die jetzt für die Kassa giltigen Statuten haben nunmehr die Textierung, wie solche in den als Beilage 5 u. 6 übergebenen gedruckten Exemplaren niedergelegt ist, hievon möge das eine als Urschrift, das andere als Abschrift dienen. Beide sind von den Mitgliedern des Ausschusses und Aufsichtsrates handschriftlich unterzeichnet.

Diese Statuten erhielten laut Zuschrift der k. Polizeidirektion München vom 3. Dezember 1895 Nr. 707 mit Regierungsentschließung vom 25. November 1895 die staatspolizeiliche Genehmigung. Die erwähnte Zuschrift liegt als Beilage 7 an.

Schließlich übergeben wir alphabetisch geordnetes Mitgliederverzeichnis nach dem neuesten Stande.

Wir selbst erklären hieher ausdrücklich die Annahme der auf uns gefallenen Wahlen, zu den unsere Namensunterschriften beigesetzten Vereinschargen und stellen den Antrag:

„Es wolle mit gerichtlicher Anerkennung unserer Statuten der Witwen- und Waisen-Unterstützungskassa des b. Verkehrsbeamten-Vereins die Rechte eines anerkannten Vereines verliehen werden.“

Vorgelesen, genehmigt, unterzeichnet:

Franz Huber, Vorsitzender.

Georg Hirt, 1. Kassier.

(Folgen die Unterschriften.)

Hecht, k. Obersekretär.

77. Ergänzungs-Antrag bei Beanstandungen.

Gerichtsschreiberei des k. Landgerichts München I.

München, am 10. Mai 1896.

Es erscheinen:

Die unten aufgeführten Herren, welche zur Zeit den Vorstand bilden der

„Witwen- und Waisen-Unterstützungs-Kasse des b. Verkehrsbeamten-Vereines.“

und bringen das Nachstehende zur Anmeldung an:

In der auf 24. ds. mit Versendung eines die Tagesordnung enthaltenden Zirkulares an alle Vorstandsmitglieder einberufenen, beschlußfähigen Vorstandschaftssitzung wurden durchweg mit Einstimmigkeit an denjenigen Paragraphen unserer Statuten, welche seinerzeit bei Gericht Beanstandung gefunden hatten, die notwendigen Aenderungen vorgenommen.

./. Wir verweisen des Näheren hiewegen auf das hierüber errichtete Protokoll, von welchem wir eine bereits beglaubigte Abschrift anmit in Vorlage bringen.

./. Indem wir auch noch die mit unserm Protokollarantrag übergebenen 8 Beilagen vorlegen und zwar die Beilagen 4 und 5 in der Textierung, wie solche in der vorerwähnten Vorstandschaftssitzung beschlossen wurden, eignen wir uns den am 25. Februar d. Js. gestellten Antrag wiederholt an und bitten:

„Es möge mit Anerkennung unserer Statuten der Witwen- und Waisen-Unterstützungs-Kasse des b. Verkehrsbeamten-Vereins die Rechte eines anerkannten Vereins verliehen werden.“

Vorgelesen, genehmigt, unterzeichnet:

Franz Huber, Vorsitzender.

(Folgen die Unterschriften.)

Ad Vereins-Verz. Z. 60/1896.

Hecht, k. Obersekretär.

B. Streitige Rechtspflege.

A.

Sachliche Zuständigkeit der Gerichte.

Die sachliche Zuständigkeit der Gerichte wird durch das Gesetz über die Gerichtsverfassung bestimmt. Die einschlägigen Bestimmungen desselben Gesetzes sind:

(GVG § 23.) Die Zuständigkeit der Amtsgerichte umfaßt in bürgerlichen Rechtsstreitigkeiten, soweit dieselben nicht ohne Rücksicht auf den Wert des Streitgegenstandes den Landgerichten zugewiesen sind:

1. Streitigkeiten über vermögensrechtliche Ansprüche, deren Gegenstand an Geld oder Geldeswert die Summe von 300 ℳ nicht übersteigt;
2. ohne Rücksicht auf den Wert des Streitgegenstandes:

Streitigkeiten zwischen Vermietern und Mietern von Wohnungs- und anderen Räumen wegen Ueberlassung, Benutzung und Räumung derselben, sowie wegen Zurückhaltung der vom Mieter in die Mietsräume eingebrachten Sachen;

Streitigkeiten zwischen Dienstherrschaft und Gesinde, zwischen Arbeitgebern und Arbeitern hinsichtlich des Dienst- und Arbeitsverhältnisses, sowie die im § 108 der Gewerbeordnung bezeichneten Streitigkeiten, insofern dieselben während der Dauer des Dienst-, Arbeits- oder Lehrverhältnisses entstehen;

Streitigkeiten zwischen Reisenden und Wirten, Fuhrleuten, Schiffern, Flößern oder Auswanderungsexpedienten in den Einschiffungshäfen, welche über Wirtszechen, Fuhrlohn, Ueberfahrtsgelder, Beförderung der Reisenden und ihrer Habe und über Verlust und Beschädigung der letzteren, sowie Streitigkeiten zwischen Reisenden und Handwerkern, welche aus Anlaß der Reise entstanden sind;

Streitigkeiten wegen Viehmängel, Wildschadens;

Ansprüche aus außerehelichem Beischlaf; das Aufgebotsverfahren.

(GVG. § 70.) Vor die Zivilkammern, einschließlich der Kammern für Handelssachen, gehören alle bürgerlichen Rechtsstreitigkeiten, welche nicht den Amtsgerichten zugewiesen sind.

Die Landgerichte sind ohne Rücksicht auf den Wert des Streitgegenstandes ausschließlich zuständig:

1. für die Ansprüche, welche auf Grund des Gesetzes vom 1. Juni 1870 über die Abgaben von der Flößerei oder auf Grund des Gesetzes über die Rechtsverhältnisse der Reichsbeamten vom 31. März 1873 gegen den Reichsfiskus erhoben werden;

2. für die Ansprüche gegen Reichsbeamte wegen Ueberschreitung ihrer amtlichen Befugnisse oder wegen pflichtwidriger Unterlassung von Amtshandlungen

Der Landesgesetzgebung bleibt überlassen, Ansprüche der Staatsbeamten gegen den Staat aus ihrem Dienstverhältnisse, Ansprüche gegen den Staat wegen Verfügungen der Verwaltungsbehörden, wegen Verschuldung von Staatsbeamten und wegen Aufhebung von Privilegien, Ansprüche gegen Beamte wegen Ueberschreitung ihrer amtlichen Befugnisse oder wegen pflichtwidriger Unterlassung von Amtshandlungen, sowie Ansprüche in betreff öffentlicher Abgaben ohne Rücksicht auf den Wert des Streitgegenstandes den Landgerichten ausschließlich zuzuweisen. (Bayer. Ausf.-Ges. v. 23. Febr. 1879. — Wegen der Kosten der Rechtsmittelinstanzen vgl. ZPO. § 92 Abs. 3.)

(GVG. § 71.) Die Zivilkammern sind die Berufungs- und Beschwerdegerichte in den vor den Amtsgerichten verhandelten bürgerlichen Rechtsstreitigkeiten.

(GVG. § 100.) Soweit die Landesjustizverwaltung ein Bedürfnis als vorhanden annimmt, können bei den Landgerichten für deren Bezirke oder für örtliche abgegrenzte Teile derselben Kammern für Handelssachen gebildet werden.

Solche Kammern können ihren Sitz innerhalb des Landgerichtsbezirkes auch an Orten haben, an welchen das Landgericht seinen Sitz nicht hat.

Vor die Kammern für Handelssachen gehören nach Maßgabe der folgenden Vorschriften diejenigen den Landgerichten in erster Instanz zugewiesenen bürgerlichen Rechtsstreitigkeiten, in welchen durch die Klage ein Anspruch nach § 101 GVG. begründet ist.

(GVG. § 102.) Die Verhandlung des Rechtsstreits erfolgt vor der Kammer für Handelssachen, wenn der Kläger dies in der Klageschrift beantragt hat. Die Einlassungsfrist (§ 234 Satz 1 ZPO.) beträgt mindestens zwei Wochen.

In den Fällen der § 446, 467 der Zivilprozeßordnung hat der Kläger den Antrag auf Verhandlung vor der Kammer für Handelssachen in der mündlichen Verhandlung vor dem Amtsgerichte zu stellen.

(GVG. § 103.) Wird vor der Kammer für Handelssachen eine vor dieselbe nicht gehörige Klage zur Verhandlung gebracht, so ist der Rechtsstreit auf Antrag des Beklagten an die Zivilkammer zu verweisen.

Gehört die Klage oder die im Falle des § 467 der Zivilprozeßordnung erhobene Widerklage als Klage nicht vor die Kammer für Handelssachen, so ist diese auch von amtswegen befugt, den Rechtsstreit an die Zivilkammer zu verweisen, so lange nicht eine Verhandlung zur

Hauptsache erfolgt und auf dieselbe ein Beschluß verkündet ist. Die Verweisung von Amtswegen kann nicht aus dem Grunde erfolgen, daß der Beklagte nicht Kaufmann ist.

(GVG. § 104.) Wird vor der Zivilkammer eine vor die Kammer für Handelssachen gehörige Klage zur Verhandlung gebracht, so ist der Rechtsstreit auf Antrag des Beklagten an die Kammer für Handelssachen zu verweisen. Ein Beklagter, welcher nicht in das Handelsregister eingetragen ist, kann den Antrag nicht darauf stützen, daß er Kaufmann ist.

(GVG. § 123.) Die Oberlandesgerichte sind zuständig für die Verhandlung und Entscheidung über die Rechtsmittel:

1. der Berufung gegen die Endurteile der Landgerichte in bürgerlichen Rechtsstreitigkeiten;
2. der Beschwerde gegen Entscheidungen der Landgerichte in bürgerlichen Rechtsstreitigkeiten.

(GVG. § 135.) In bürgerlichen Rechtsstreitigkeiten ist das Reichsgericht zuständig für die Verhandlung und Entscheidung über die Rechtsmittel:

1. der Revision gegen die Endurteile der Oberlandesgerichte;
2. der Beschwerde gegen Entscheidungen der Oberlandesgerichte.

Durch die Gesetzgebung eines Bundesstaates, in welchem mehrere Oberlandesgerichte errichtet werden, kann die Verhandlung und Entscheidung der zur Zuständigkeit des Reichsgerichts gehörenden Revisionen und Beschwerden in bürgerlichen Rechtsstreitigkeiten einem obersten Landesgerichte zugewiesen werden.

Diese Vorschrift findet jedoch auf bürgerliche Rechtsstreitigkeiten, welche zur Zuständigkeit des Reichs-Oberhandelsgerichts gehören oder durch besondere Reichsgesetze dem Reichsgerichte zugewiesen werden, keine Anwendung. (§ 8. Einf.-Ges. zum GVG.)

Der Wert des Streitgegenstandes wird von dem Gerichte nach freiem Ermessen festgesetzt; dasselbe kann eine beantragte Beweisaufnahme, sowie von amtswegen die Einnahme des Augenscheins und die Begutachtung durch Sachverständige anordnen.

Der Wert des Streitgegenstandes soll in der Klage angegeben werden; § 230 Abs. 3. Für die Wertsberechnung ist der Zeitpunkt der Erhebung der Klage entscheidend; Früchte, Nutzungen, Zinsen, Schäden und Kosten bleiben unberücksichtigt, wenn sie als Nebenforderungen geltend gemacht werden.

Der Zeitpunkt der Klageerhebung bestimmt sich nach § 230, 254, 460, 461, 471; der Widerklage nach § 254. — Vgl. noch § 235 Nr. 2.

Mehrere in einer Klage geltend gemachte Ansprüche werden zusammengerechnet; eine Zusammenrechnung des Gegenstandes der Klage und der Widerklage findet nicht statt.

Wegen Berechnung der Gebühren bei Klage und Widerklage s. GKG. § 11; GO. f. RA. § 10.

Der Wert des Streitgegenstandes wird bestimmt: durch den Wert einer Sache, wenn deren Besitz, und durch den Betrag einer Forderung, wenn deren Sicherstellung oder ein Pfandrecht Gegenstand des Streits ist. Hat der Gegenstand des Pfandrechts einen geringeren Wert, so ist dieser maßgebend.

Der Wert einer Grunddienstbarkeit wird durch den Wert, welchen dieselbe für das herrschende Grundstück hat, und wenn der Betrag, um welchen sich der Wert des dienenden Grundstücks durch die Dienstbarkeit mindert, größer ist, durch diesen Betrag bestimmt.

Ist das Bestehen oder die Dauer eines Pacht- oder Mietverhältnisses streitig, so ist der Betrag des auf die gesamte streitige Zeit fallenden Zinses und, wenn der fünfundzwanzigfache Betrag des einjährigen Zinses geringer ist, dieser Betrag für die Wertsberechnung entscheidend. Der Wert des Rechts auf wiederkehrende Nutzungen oder Leistungen wird nach dem Werte des einjährigen Bezugs berechnet und zwar:

auf den 12½fachen Betrag, wenn der künftige Wegfall des Bezugsrechts gewiß, die Zeit des Wegfalls aber ungewiß ist;

auf den 25fachen Betrag bei unbeschränkter oder bestimmter Dauer des Bezugsrechts. Bei bestimmter Dauer des Bezugsrechts ist der Gesamtbetrag der künftigen Bezüge maßgebend, wenn er der geringere ist.

Das Urteil eines Landgerichts kann nicht aus dem Grunde angefochten werden, weil die Zuständigkeit des Amtsgerichts begründet gewesen sei.

Ist die Unzuständigkeit eines Gerichtes auf grund der Bestimmungen über die sachliche Zuständigkeit der Gerichte rechtskräftig ausgesprochen, so ist diese Entscheidung für das Gericht bindend, bei welchem die Sache später anhängig wird.

B.

Gerichtsstand. Oertliche Zuständigkeit.

Das Gericht, bei welchem eine Person ihren allgemeinen Gerichtsstand hat, ist für alle gegen dieselbe zu erhebenden Klagen zuständig, sofern nicht für eine Klage ein ausschließlicher Gerichtsstand begründet ist.

Der allgemeine Gerichtsstand einer Person wird durch den Wohnsitz bestimmt.

Militärpersonen haben in Ansehung des Gerichtsstandes ihren Wohnsitz am Garnisonsorte.

Diese Bestimmung findet auf diejenigen Militärpersonen, welche nur zur Erfüllung der Wehrpflicht dienen oder welche selbständig einen Wohnsitz nicht begründen können, keine Anwendung.

Als Wohnsitz der Militärpersonen, welche zu einem Truppenteile gehören, der im Deutschen Reich keinen Garnisonort hat, gilt in Ansehung des Gerichtsstandes der letzte deutsche Garnisonort des Truppenteils.

Deutsche, welche das Recht der Exterritorialität genießen, sowie die im Auslande angestellten Beamten des Reichs oder eines Bundesstaates behalten in Ansehung des Gerichtsstandes den Wohnsitz, welchen sie im Heimatstaate hatten. In Ermangelung eines solchen Wohnsitzes gilt die Hauptstadt des Heimatstaates als ihr Wohnsitz. Ist die Hauptstadt in mehrere Gerichtsbezirke geteilt, so wird der als Wohnsitz geltende Bezirk im Wege der Justizverwaltung durch allgemeine Anordnung bestimmt.

Die Ehefrau teilt in Ansehung des Gerichtsstandes den Wohnsitz des Ehemannes, sofern nicht auf immerwährende Trennung von Tisch und Bett erkannt ist.

Eheliche und diesen gleichgestellte Kinder teilen in Ansehung des Gerichtsstandes den Wohnsitz des Vaters, uneheliche den Wohnsitz der Mutter. Sie behalten diesen Wohnsitz, bis sie denselben in rechtsgiltiger Weise aufgeben.

Der allgemeine Gerichtsstand einer Person, welche keinen Wohnsitz hat, wird durch den Aufenthaltsort im Deutschen Reich und, wenn ein solcher nicht bekannt ist, durch den letzten Wohnsitz bestimmt.

Der allgemeine Gerichtsstand der Gemeinden, der Korporationen, sowie derjenigen Gesellschaften, Genossenschaften oder anderen Personenvereine und derjenigen Stiftungen, Anstalten und Vermögensmassen, welche als solche verklagt werden können, wird durch den Sitz derselben bestimmt. Als Sitz gilt, wenn nicht ein anderes erhellt, der Ort, wo die Verwaltung geführt wird.

Gewerkschaften haben den allgemeinen Gerichtsstand bei dem Gerichte, in dessen Bezirk das Bergwerk liegt, Behörden, wenn sie als solche verklagt werden können, bei dem Gerichte ihres Amtssitzes.

Der allgemeine Gerichtsstand des Fiskus wird durch den Sitz der Behörde bestimmt, welche berufen ist, den Fiskus in dem Rechtsstreite zu vertreten.

Wenn Personen an einem Ort unter Verhältnissen, welche ihrer Natur nach auf einen Aufenthalt von längerer Dauer hinweisen, insbesondere als Dienstboten, Hand- und Fabrikarbeiter, Gewerbegehilfen, Studierende, Schüler oder Lehrlinge sich aufhalten, so ist das Gericht des Aufenthaltsortes für alle Klagen zuständig, welche gegen diese Personen wegen vermögensrechtlicher Ansprüche erhoben werden.

Diese Bestimmung findet auf Militärpersonen, welche nur zur Erfüllung der Wehrpflicht dienen oder welche selbständig einen Wohnsitz nicht begründen können, in der Art Anwendung, daß an die Stelle des Gerichts des Aufenthaltsorts das Gericht des Garnisonortes tritt.

Gerichtsstand des Aufenthalts für vermögensrechtliche Ansprüche. Dieser Gerichtsstand kann neben dem allgemeinen Gerichtsstand des Wohnortes bestehen.

Hat jemand zum Betriebe einer Fabrik, einer Handlung oder eines anderen Gewerbes eine Niederlassung, von welcher aus unmittelbar Geschäfte geschlossen werden, so können gegen ihn alle Klagen, welche auf den Geschäftsbetrieb der Niederlassung Bezug haben, bei dem Gerichte des Orts erhoben werden, wo die Niederlassung sich befindet.

Der Gerichtsstand der Niederlassung ist auch für Klagen gegen Personen begründet, welche ein mit Wohn- und Wirtschaftsgebäuden versehenes Gut als Eigentümer, Nutznießer oder Pächter bewirtschaften, soweit diese Klage die auf die Bewirtschaftung des Guts sich beziehenden Rechtsverhältnisse betreffen.

Das Gericht, bei welchem Gemeinden, Korporationen, Genossenschaften oder andere Personenvereine den allgemeinen Gerichtsstand haben, ist für die Klagen zuständig, welche von denselben gegen ihre Mitglieder als solche oder von den Mitgliedern in dieser Eigenschaft gegen einander erhoben werden.

Für Klagen wegen vermögensrechtlicher Ansprüche gegen eine Person, welche im Deutschen Reich keinen Wohnsitz hat, ist das Gericht zuständig, in dessen Bezirke sich Vermögen derselben oder der mit der Klage in Anspruch genommene Gegenstand befindet. Bei Forderungen gilt als der Ort, wo das Vermögen sich befindet, der Wohnsitz des Schuldners und, wenn für die Forderung eine Sache zur Sicherheit haftet, auch der Ort, wo die Sache sich befindet.

Für Klagen, durch welche das Eigentum, eine dingliche Belastung oder die Freiheit von einer solchen geltend gemacht wird, für Grenzscheidungs-, Teilungs- und Besitzklagen ist, sofern es sich um unbewegliche Sachen handelt, das Gericht ausschließlich zuständig, in dessen Bezirke die Sache belegen ist.

Bei den eine Grunddienstbarkeit oder eine Reallast betreffenden Klagen ist die Lage des dienenden oder belasteten Grundstücks entscheidend.

Der dingliche Gerichtsstand (forum rei sitae) gilt nur für Klagen in Bezug auf unbewegliche Sachen und ist ein ausschließlicher (forum necessarium). In dem dinglichen Gerichtsstande kann mit der hypothekarischen Klage die Schuldklage, mit der Klage auf Löschung einer Hypothek die Klage auf Befreiung der persönlichen Verbindlichkeit, mit der Klage auf Anerkennung einer Reallast die Klage auf rückständige Leistungen erhoben werden, wenn die verbundenen Klagen gegen denselben Beklagten gerichtet sind.

In dem dinglichen Gerichtsstande können persönliche Klagen, welche gegen den Eigentümer oder Besitzer einer unbeweglichen Sache als solchen gerichtet werden, sowie Klagen wegen Beschädigung eines Grundstücks oder in Betreff der Entschädigung wegen Enteignung eines Grundstücks erhoben werden.

Klagen, welche Erbrechte, Ansprüche aus Vermächtnissen oder sonstigen Verfügungen auf den Todesfall oder die Teilung der Erbschaft zum Gegenstande haben [Gerichtsstand der Erbschaft (forum hereditatis)], können vor dem Gerichte erhoben werden, bei welchem der Erblasser zur Zeit seines Todes den allgemeinen Gerichtsstand gehabt hat. In dem Gerichtsstande der Erbschaft können auch Klagen der Nachlaßgläubiger aus Ansprüchen an den Erblasser oder die Erben als solche erhoben werden, wenn sich der Nachlaß noch ganz oder teilweise im Bezirke des Gerichts befindet, oder wenn mehrere Erben vorhanden sind und der Nachlaß noch nicht geteilt ist.

Für Klagen auf Feststellung des Bestehens oder Nichtbestehens eines Vertrages, auf Erfüllung oder Aufhebung eines solchen, sowie auf Entschädigung wegen Nichterfüllung oder nicht gehöriger Erfüllung [Gerichtsstand des Erfüllungsortes (forum solutionis)] ist das Gericht des Orts zuständig, wo die streitige Verpflichtung zu erfüllen ist.

Für Klagen aus den auf Messen und Märkten, mit Ausnahme der Jahr- und der Wochenmärkte, geschlossenen Handelsgeschäften (Meß- und Marktsachen) [Gerichtsstand des Meß- oder Marktorts] ist das Gericht des Meß- oder Marktorts zuständig, wenn die Erhebung der Klage erfolgt, während der Beklagte oder ein zur Prozeßführung berechtigter Vertreter desselben am Orte oder im Bezirke des Gerichts sich aufhält.

Zu „Handelsgeschäften" vgl. HGB. Art. 271 ff. Zu „Vertreter" vgl. HGB. Art. 47 Abs. 2, 49, 58 Abs. 2.

Für Klagen, welche aus einer Vermögensverwaltung von dem Geschäftsherrn gegen den Verwalter oder von dem Verwalter gegen den Geschäftsherrn [Gerichtsstand der Vermögensverwaltung (forum gestae administrationis)] erhoben werden, ist das Gericht des Orts zuständig, wo die Verwaltung geführt ist.

Für Klagen aus unerlaubten Handlungen (forum delicti) ist das Gericht zuständig, in dessen Bezirke die Handlung begangen ist.

Bei dem Gerichte der Klage kann eine Widerklage [Gerichtsstand der Widerklage (forum reconventionis)] erhoben werden, wenn der Gegenanspruch mit dem in der Klage geltend gemachten Anspruche oder mit den gegen denselben vorgebrachten Verteidigungsmitteln in Zusammenhang steht.

Diese Bestimmung findet keine Anwendung, wenn die Zuständigkeit des Gerichts für eine Klage wegen des Gegenanspruchs auch durch Vereinbarung nicht würde begründet werden können.

Für Klagen der Prozeßbevollmächtigten, der Beistände, der Zustellungsbevollmächtigten und der Gerichtsvollzieher wegen Gebühren und Auslagen ist das Gericht des Hauptprozesses zuständig. Gerichtsstand des Zusammenhangs (forum connexitatis).

Unter dem Gericht des Hauptprozesses ist das Gericht erster Instanz zu verstehen. Unter mehreren zuständigen Gerichten hat der Kläger die Wahl.

Die Bestimmung des zuständigen Gerichts erfolgt durch das im Instanzenzuge zunächst höhere Gericht. (ZPO. 36.)

Die Entscheidung über das Gesuch um Bestimmung des zuständigen Gerichts kann ohne vorgängige mündliche Verhandlung erfolgen.

Eine Anfechtung des Beschlusses, welcher das zuständige Gericht bestimmt, findet nicht statt.

Für die Verhandlung und Entscheidung werden Gebühren nicht erhoben. GKG. § 47 Abs. 1 Nr. 3 und Abs. 2. Vergl. jedoch GO. für RA. § 23 Nr. 1, 29 Nr. 6.

C.

Vereinbarung über die Zuständigkeit der Gerichte.

Ein an sich unzuständiges Gericht erster Instanz wird durch ausdrückliche oder stillschweigende Vereinbarung der Parteien zuständig. Vereinbarter Gerichtsstand (forum prorogatum).

Stillschweigende Vereinbarung ist anzunehmen, wenn der Beklagte, ohne die Unzuständigkeit geltend zu machen, zur Hauptsache mündlich verhandelt hat.

Die Vereinbarung hat keine rechtliche Wirkung, wenn sie nicht auf ein bestimmtes Rechtsverhältnis und die aus demselben entspringenden Rechtsstreitigkeiten sich bezieht.

Die Vereinbarung ist unzulässig, wenn der Rechtsstreit andere als vermögensrechtliche Ansprüche betrifft, oder wenn für die Klage ein ausschließlicher Gerichtsstand begründet ist.

RZPO. § 1 bis 40.

Führung der Prozeß-Register.

Bezeichnung der Sache, welche in das Prozeß-Register einzutragen ist.	Amtsgericht	Landgericht	Oberlandesgericht
Gewöhnliche Prozesse: Forderungen, Viehgewährschaftssachen, Exmissionen, Rechnungslegung, Miete, Widerspruch gegen eine Pfändung rc. und die gemäß § 563 RZPO. im ordentlichen Verfahren anhängig bleibenden Rechtsstreite und die Berufungen gegen Entscheidungen in Sachen, welche Arreste und einstweilige Verfügungen betreffen.	A	A F	A
Urkundenprozesse	B	G	B
Wechselprozesse	B	G	B
Arreste und einstweilige Verfügungen	C	C	—
Entmündigung: Bestellung des Beistandes für einen Geistesschwachen oder Verschwender (§ 10 Einf.-Ges. z. ZPO.); bei den Landgerichten ist jedoch anzugeben, ob:	D	D	D
a) Anfechtung des Entmündigungsbeschlusses § 605, 624 ZPO. b) Wiederaufhebung der Entmündigung § 620, 627 ZPO.		D	
Aufgebotsverfahren:	E		
a) Anträge außerhalb eines bei dem Gerichte anhängigen Rechtsstreites, soweit dieselben nicht in andere Register — Tagebuch f. Ersuchen — einzutragen sind; b) Beweisaufnahme zur Sicherung des Beweises (zum ewigen Gedächtnis) § 448 Abs. 2 u. 3 ZPO. u. 13 Abs. 4 EG. hiezu; c) Bestellung eines Gerichtsvollziehers oder Sequesters zur Uebernahme der vom Drittschuldner herauszugebenden Gegenstände. § 747, 751, 752 ZPO. Erteilung einer weiteren vollstr. Ausfertigung einer Notariatsurkunde. § 705 Abs. 3 ZPO.	F		
Ehesachen: Es ist anzugeben, ob: a) Nichtigkeit der Ehe, b) Ungiltigkeit der Ehe, c) Ehescheidung, d) Herstellung des ehelichen Lebens.		E	

Die zur Bezeichnung der einzelnen Arten von Rechtsangelegenheiten dienenden Buchstaben werden auf dem Aktenumschlage, bei den Akten, welche einen solchen nicht haben, auf dem ersten Schriftstücke neben dem Aktenzeichen angegeben. (**80**, 421.)

In der für Bemerkungen bestimmten Spalte der Prozeßregister wird die Beendigung der einzelnen Sachen in hervorragender Schrift angegeben. Die Eintragung des Vermerks über die Beendigung der Sache wird bei den Amtsgerichten von dem Richter, bei den Landgerichten von dem Vorsitzenden angeordnet. In dem Vormerke ist, wenn die Eintragung nicht in dem Jahre erfolgt, für welches das Register angelegt ist, das Datum der Eintragung anzugeben. Bei Ehe- und Entmündungssachen hat der Vermerk auch die Art der Beendigung zu enthalten.

Rechtsstreite, deren Beendigung aus den Akten nicht ersichtlich ist, sind als beendet zu bezeichnen, wenn seit 1 Jahre Anträge auf die Fortsetzung des Verfahrens nicht gestellt sind. Ist die in § 94 Ziff. 1 d. RGKG. bestimmte einjährige Frist verlängert worden, so muß auch die verlängerte Frist abgelaufen sein. Wird ein als beendet bezeichneter Rechtsstreit wieder betrieben, so ist derselbe als neue Sache einzutragen und bei jeder der beiden Eintragungen auf die andere zu verweisen.

In dem Nachschlagregister zum Prozeßregister ist hinter dem Buchstaben Z ein besonderer Abschnitt für die Akten über das Aufgebotsverfahren und das erbschaftliche Liquidationsverfahren zu bestimmen. D. V. S. 87 Abs. 2.

Bei den Amtsgerichten sind die Anträge auf Erteilung der Erlaubnis zur Vornahme von Vollstreckungshandlungen zur Nachtzeit oder an einem Sonn- oder allgemeinen Feiertage (§ 681 ZPO.), sowie Anträge auf Erteilung der Erlaubnis zur Ausführung von Zustellungen an einem Sonntage oder allgemeinen Feiertage (§ 171 ZPO.), letztere, soferne der Amtsrichter nicht als Prozeß- oder ersuchter Richter angegangen wird, in ein besonderes Verzeichnis einzutragen, welches dem Prozeßregister beigebunden werden kann.

In die Berufungsregister der Landgerichte und der Oberlandesgerichte werden die gemäß § 563 ZPO. im ordentlichen Verfahren anhängig bleibenden Rechtsstreite auch ohne Anlegung getrennter Akten unter besonderer Nummer eingetragen. Arreste und einstweilige Verfügungen betreffende Anträge, welche zu einer in der Berufungsinstanz anhängigen Sache gestellt sind, werden in die Berufungsregister nicht aufgenommen. In Spalte 3 ist bei dem Aktenzeichen des Gerichts erster Instanz auch der Buchstabe anzugeben, mit welchem die Sache in 1. Instanz bezeichnet ist.

Akten, aus welchen die Erledigung der Berufung nicht ersichtlich ist, sind an das Gericht 1. Instanz zurückzusenden, wenn seit einem Jahre Anträge auf die Fortsetzung des Verfahrens nicht gestellt sind.

Führung des Vollstreckungs-Registers.

Bezeichnung der Sache, in welche das Vollstreckungs-Register einzutragen ist.	Amtsgericht	Landgericht	Oberlandesgericht
Die bewegliches Vermögen betreffenden Verteilungsverfahren	G		
Zwangsversteigerungen von Gegenständen des unbeweglichen Vermögens mit Einschluß der in Art. 182 d. SO. u. Art. 208 d. Ausf.-Ges. z. RZPO. und KO. bezeichneten gerichtlichen Versteigerungen	H		
Zwangsverwaltungen	J		
Andere die Zwangsvollstreckung betreffenden Anträge: Pfändung einer Forderung Erteilung einer weiteren vollstreckbaren Ausfertigung Leistung des Offenbarungs-Eides Einstellung eines Vollstreckungsverfahrens Einwendungen gegen eine Vollstreckung sowie alle anderen die Zwangsvollstreckung betr. Anträge nach § 688, 710, 698, 699, 813 Abs. 1 u. 2, 810 Abs. 3. Erteilung einer weiteren vollstreckbaren Ausfertigung Einwendungen gegen die Art und Weise derselben	K		

Bei den Zwangsversteigerungen und den Zwangsverwaltungen wird die Eröffnung eines Verteilungsverfahrens in Spalte 4 durch Beifügung des Vermerks „mit Verteilungsverfahren" ersichtlich gemacht. Die Buchstaben werden wie bei den in das Prozeßregister einzutragenden Sachen in Spalte 4 des Registers und auf den Akten angegeben. Die Beendigung der einzelnen Sachen wird in Spalte 5 in gleicher Weise wie im Prozeßregister bemerkt.

Die Anlegung der Akten für ein Konkursverfahren und die Eintragung des Verfahrens in das Konkursregister erfolgt, sobald der Antrag auf Eröffnung des Konkursverfahrens gestellt ist. In Spalte 3 des Registers wird angegeben, ob ein Gläubigerausschuß vorhanden ist. Im Falle der Wiederaufnahme des Konkursverfahrens (§ 184 d. KO.) wird das Verfahren unter neuer Nummer eingetragen und in Spalte 3 sowohl bei dem alten als bei dem neuen Eintrage die Wiederaufnahme unter Verweisung auf den anderen Eintrag vermerkt.

78. Ablehnungsgesuch gegen Richter und Gerichtsschreiber.

Gerichtsschreiberei des k. Amts-Gerichts Abensberg.

Abensberg, den 1. Januar 1889.

Es erscheint

Privatier Wilhelm Kern von Abensberg und erklärt:

Der k. Amtsrichter Herr Meier, welcher laut Beschlusses vom 20. Dezember 1888 Termin zur Verhandlung in Sachen des Maurermeisters Friedrich Huber von Langenaltheim gegen mich anberaumt hat, steht in freundschaftlichen Beziehungen zu mir, so daß bei Fällung des Urteils zu etwaigen Ungunsten des Klägers, — dessen Klage ist, wie ich in der Sitzung nachweisen werde, vollständig unbegründet, — in Kläger der Verdacht erregt werden könnte, Herr Amtsrichter fälle wegen Befangenheit bezw. wegen freundschaftlichen Beziehungen ein unrichtiges Urteil.

Herr Amtsrichter teilte mir selbst mit, daß er aus angeführtem Grunde wünsche, in fraglicher Sache nicht thätig werden zu müssen.

Gemäß § 42, 44 u. ff. der RZPO. lehne ich daher den k. Amtsrichter Herrn Meier ab und stelle auf Grund der dargelegten Verhältnisse

den Antrag:

„Es wolle zur Entscheidung in vorerwähnter Sache ein anderer Richter bestimmt werden."

oder, wenn das Gericht nur mit einem Richterbeamten besetzt ist:

Da infolge dieser Ablehnung das nur mit einem Richter besetzte Gericht zu A an der Ausübung des Richteramtes verhindert ist, stelle ich den weiteren Antrag:

„Es möge das zuständige Gericht, als welches ich das Amtsgericht N in Vorschlag bringe, nachdem es für beide Streitsteile leicht zu erreichen ist, bestimmt werden."

Sache:

Huber | Kern

$\text{PRNo.}\frac{12}{1889}\text{A.}$

Vorgelesen, genehmigt, unterzeichnet:

Wilhelm Kern.

Aigner, k. Sekretär.

79. Ablehnungsantrag gegen Sachverständige.

Gerichtsschreiberei des k. Amts-Gerichts Abensberg.

Abensberg, am 1. April 1896.

In der Prozeßsache

Zenger Anton, Kaufmann in Kelheim, Klägers,

gegen

Kopf Heinrich, Gastwirt in Abensberg, Beklagten,

wegen Forderung,

erscheint Beklagter und erklärt:

In vorstehender Streitsache soll am 16. April l. Js. bei hiesigem Gerichte der Geschirr-Fabrikant Ludwig Schroll als Sachverständiger vernommen werden. Ludwig Schroll ist in entferntem Grade verwandt zu Kläger und dessen stiller Geschäftsteilhaber. Ich übergebe eidesstattliche Versicherung des Handelsmanns Felix Neuburger dahier, vom 30. v. Mts. und lehne den Ludwig Schroll als Sachverständigen hiemit ab.

Beschluß.

In ꝛc. wird der Termin vom ... aufgehoben. Das Gesuch des ... wird, nachdem glaubhaft gemacht worden, daß ... für begründet erklärt.

Zustellung dieses Beschlusses an die Parteien und den Sachverständigen.

Vorgelesen, genehmigt, unterzeichnet:

Heinrich Kopf.

Aigner, k. Sekretär.

PR No. $\frac{70}{1896}$ A.

Das Ablehnungsgesuch ist bei dem Gerichte, welchem der Richter angehört, anzubringen; es kann vor dem Gerichtsschreiber zu Protokoll erklärt werden. Der Ablehnungsgrund ist glaubhaft zu machen. Der Eid ist als Mittel der Glaubhaftmachung ausgeschlossen. Zur Glaubhaftmachung kann auf das Zeugnis des abgelehnten Richters Bezug genommen werden. Der abgelehnte Richter hat sich über den Ablehnungsgrund dienstlich zu äußern. Wird ein Richter, bei welchem die Partei in eine Verhandlung sich eingelassen oder Anträge gestellt hat, wegen Besorgnis der Befangenheit abgelehnt, so ist glaubhaft zu machen, daß der Ablehnungsgrund erst später entstanden oder der Partei bekannt geworden sei. Ueber das Gesuch um Ablehnung eines Amtsrichters entscheidet das Landgericht, außerdem das Gericht, dem der Abgelehnte angehört und wenn dasselbe durch Ausscheiden des abgelehnten Mitgliedes beschlußunfähig wird, das im Instanzenzuge zunächst höhere Gericht.

Gleiche Anwendung finden die Bestimmungen für Ablehnung eines Gerichtsschreibers; die Entscheidung erfolgt durch das Gericht, bei welchem der Gerichtsschreiber angestellt ist.

Ein Sachverständiger kann aus denselben Gründen, welche zur Ablehnung eines Richters berechtigen, abgelehnt werden. Ein Ablehnungsgrund kann jedoch nicht daraus entnommen werden, daß der Sachverständige als Zeuge vernommen worden ist.

Das Ablehnungsgesuch ist bei demjenigen Gerichte oder Richter, von welchem die Ernennung des Sachverständigen erfolgt ist, vor der Vernehmung desselben, bei schriftlicher Begutachtung vor erfolgter Einreichung des Gutachtens anzubringen. Nach diesem Zeitpunkte ist die Ablehnung nur zulässig, wenn glaubhaft gemacht wird, daß der Ablehnungsgrund vorher nicht geltend gemacht werden konnte.

Das Ablehnungsgesuch kann vor dem Gerichtsschreiber zu Protokoll erklärt werden und zwar auch in Anwaltsprozessen. Der Ablehnungsgrund ist glaubhaft zu machen; der Eid ist als Mittel der Glaubhaftmachung ausgeschlossen. Die Entscheidung erfolgt von dem im vorigen Absatze bezeichneten Gerichte oder Richter, eine vorgängige mündliche Verhandlung der Beteiligten ist nicht erforderlich. Gegen den Beschluß, durch welchen die Ablehnung für begründet erklärt wird, findet kein Rechtsmittel, gegen den Beschluß, durch welchen dieselbe für unbegründet erklärt wird, findet sofortige Beschwerde statt. RZPO. § 41—49, 371. GVG. § 193. Sofortige Beschwerde § 540. Glaubhaftmachung § 266. D. V. S. 14. Gegen Beamte der Staatsanwaltschaft findet keine Ablehnung statt.

Für die Verhandlung und Entscheidung über die Ablehnung eines Richters, Gerichtsschreibers oder Sachverständigen werden gemäß § 47 Ziff. 4 d. RGKG. Gebühren nicht erhoben.

Bei mutwilliger Veranlassung jedoch nach Abs. 2 l. c. $^{3}/_{10}$, wogegen Beschwerde nach Maßgabe der § 531 ff. RZPO. stattfindet.

Gebührenfrei, da das Verfahren lediglich als Anhängsel des bestehenden Verfahrens gilt. Ablehnungsgesuche 79, 748.

Für die an das höhere Gericht gestellten Ablehnungsgesuche gegen Gerichtspersonen werden besondere Akten angelegt. Diese Sachen werden in das Beschwerde-Register eingetragen. 79, 822, 823.

Besorgnis der Befangenheit eines Richters besteht, wenn ein Grund vorliegt, welcher geeignet ist, Mißtrauen gegen die Unparteilichkeit eines Richters zu rechtfertigen, wie Raterteilung, Freundschaft, Abhängigkeit, Miete, Feindschaft 2c.

Jede Partei kann einen Richter wegen Ausschließung oder Befangenheit ablehnen, wegen Befangenheit aber dann nicht mehr, wenn sie sich bei demselben, obwohl sie den Ablehnungsgrund gewußt, eingelassen oder Anträge gestellt hat.

80. Gesuch um Bewilligung des Armenrechts. (AG.)

Gerichtsschreiberei des k. Amts-Gerichts Aibling.

ARNr. 1.

Aibling, den 2. Januar 1889.

Es erscheint

Taglöhner Kaspar Großkopf von Windsheim und erklärt:

Der ledige großjährige Dienstknecht Isidor Berg von Aibling, welcher am 10. September 1888 verstarb, befand sich vor seinem Ableben bei mir 3 Wochen lang in Wart und Verpflegung. Er starb jedoch, ohne mich zu entschädigen und ohne Errichtung einer letztwilligen Verfügung, weshalb er von seinem ihn überlebenden Vater, dem Maurer und Auszügler Mathias Berg dahier beerbt wurde. Hierwegen nehme ich Bezug auf die diesgerichtlichen Verlassenschaftsakten.

Obwohl nun der Defunkt Isidor Berg Grundvermögen und Bargeld hinterlassen, weigert sich dessen Vater, der die Erbschaft unbedingt angetreten hat, mir das gebührende Verpflegungsgeld zu bezahlen, weil er behauptet, ich hätte für die Pflege die Kleider des Defunkten, die er mir noch bei Lebzeiten geschenkt, erhalten. Die Verlassenschaftsbehörde verwies mich mit meiner Forderung auf den Rechtsweg und ich gedenke auch, dieses Verpflegungsgeld pro Tag 3 M., sohin in Sa. 105 ℳ, demnächst einzuklagen.

Zum Nachweise dafür, daß Isidor Berg wirklich 3 Wochen krank war und von mir verpflegt wurde, lege ich gemeindeamtliche Bestätigung vom 28. Dezbr. 1888 vor.

Schließlich übergebe ich Zeugnis der Armenpflege Windsheim über mein Unvermögen, Prozeßkosten vorzuschießen, und bitte:

„mich in obiger Streitsache für die erste Instanz zum Armenrechte zuzulassen und mir einen Gerichtsvollzieher als Pflichtperson zur vorläufig unentgeltlichen Bewirkung von Zustellungen und Vollstreckungshandlungen beizuordnen."

Sache: Huber ·/. Großkopf.

PRNr. $\frac{4}{1889}$ A.

Vorgelesen, genehmigt, unterzeichnet:
Kaspar Großkopf.

(L. S.) Sagerlein, k. Sekretär.

Der dem Antragsteller zuzustellende Beschluß lautet:

„Dem Taglöhner Kaspar Großkopf in Windsheim wird bei dem Unvermögen zur Bestreitung der Prozeßkosten in der Streitsache gegen den Maurer und Auszügler Mathias Berg von Aibling wegen Forderung gemäß § 106, 107 und 109 der RZPO. und in Anbetracht dessen, daß die beabsichtigte Rechtsverfolgung nicht mutwillig — die beabsichtigte Rechtsverteidigung nicht aussichtslos — erscheint, das Armenrecht bewilligt und der k. Gerichtsvollzieher Ernst hier beigeordnet."

Aibling, am 2. Januar 1889.

Königliches Amtsgericht:
Held.

81. Gesuch um Bewilligung des Armenrechts. (LG.)

Gerichtsschreiberei des k. Land-Gerichts München I.

München, den 10. November 1895.

Es erscheint:

Die Maurersfrau Marie Lapp von hier, Sternstraße 6/II l. wohnhaft und bringt vor:

ARNr. 66.

Mein Ehemann, Maurer Ernst Lapp ist am 1. November l. Js. bei dem Gerüsteinsturz an dem Bau des deutschen Theaters, den die Gebrüder Thomaß aufführen, verunglückt und war sofort tot. Mein Mann hatte den Auftrag, einen Vorrat Bausteine auf das Gerüste zu schaffen, welches unter der Last zusammenstürzte und meinen Mann begrub. Zeugen dieses Vorfalles sind Maurer Jos. Keck dahier, Polizeiarzt Friedrich Gab und Maurerpalier Ernst Has dahier.

Ich will nun die Gebrüder Thomaß auf Grund des Gesetzes vom 7. Juni 1871 in Anspruch nehmen, da sie an dem Unfall die Schuld tragen und der Verlebte 5 unmündige Kinder zurückläßt.

./. Indem ich Zeugnis des hiesigen Magistrats, des Armenpflegschaftsrats vom 9. d. Mts. übergebe, aus welchem hervorgeht, daß ich ohne Beeinträchtigung des für mich und meine Familie notwendigen Unterhalts nicht in der Lage bin, die Kosten des Prozesses zu bestreiten, bitte ich gemäß § 106 ff. RZPO.

„mir für den von mir gegen die Gebrüder Thomaß anzustrengenden Prozeß das Armenrecht zu bewilligen und zur vorläufigen unentgeltlichen Wahrung meiner Rechte einen Rechtsanwalt, sowie zur vorläufigen unentgeltlichen Bewirkung von Zustellungen und Vollstreckungshandlungen einen Gerichtsvollzieher beizuordnen.

Vorgelesen, genehmigt, unterzeichnet:

Marie Lapp.

Merk, k. Sekretär.

1. Eintrag ins Register
2. Vorl. ins Gesch.-Zimmer 5.
3. Einschl. RA. ist X.
4. Einschl. GV. ist Y.

Der das Armenrecht bewilligende Gerichtsbeschluß, welcher den Beteiligten zugestellt werden muß, lautet:

„In Sachen L von M, Klägerin, gegen T von M wegen Entschädigung, wird der Klägerin für die 1. Instanz einschl. der Zwangs-

82. Gesuch um Entziehung des Armenrechts.

Gerichtsschreiberei
des k. Amtsgerichts
Aibling.

Aibling, den 3. März 1889.

Vor dem unterfertigten k. Gerichtsschreiber erscheint:

Maurer Mathias Berg von hier und erklärt:

In der Prozeßsache des Taglöhners Kaspar Großkopf von Windsheim gegen mich wegen Forderung, wurde dem Kläger . . unterm 2. Januar 1889 wegen Unvermögens das Armenrecht bewilligt. Kaspar Großkopf hat jedoch erst 5000 Mk. von seinem Bruder, dem Pfarrer Joseph Großkopf von Rosenheim geerbt und von dem Testamentsvollstrecker Eller daselbst ausbezahlt erhalten. Ich berufe mich hiewegen auf die diesbezüglichen Verlassenschaftsakten und beantrage:

„dem Kläger das Armenrecht zu entziehen."

Der Prozeß ist für Kläger aussichtslos, da mein Sohn sich während seiner Krankheit selbst verpflegte und alles bezahlte.

PRNo. $\frac{40}{1889}$ A.

Vorgelesen, genehmigt, unterzeichnet.
Mathias Berg.
Sagerlein, k. Sekretär.

---

vollstreckung das Armenrecht bewilligt. Derselben wird zur vorläufig unentgeltlichen Wahrnehmung der Rechte RA. X dahier und zur vorl. unentgeltl. Bewirkung von Zustellungen und Vollstreckungshandlungen GV. Y dahier beigeordnet."

Der abweisende Beschluß lautet:

„In Sachen 2c. wird der Klägerin das Armenrecht verweigert, weil die beabsichtigte Rechtsverfolgung aussichtslos erscheint." (Folgt Begründung.)

Der Beschluß bei Entziehung des Armenrechts lautet:

„In der Prozeßsache des G von W gegen B von A . . p. deb. wird dem Kläger das ihm am . . . für die 1. Instanz einschl. der Zwangsvollstreckung bewilligte Armenrecht entzogen, da, nachdem ausweislich der Akten . . . G geerbt, die Voraussetzung der Bewilligung des Armenrechts nicht mehr vorhanden." Dieser Beschluß ist den Beteiligten bezw. deren Vertreter zuzustellen.

Wer außer stand ist, ohne Beeinträchtigung des für ihn und seine Familie notwendigen Unterhalts die Kosten des Prozesses zu bestreiten, hat auf Bewilligung des Armenrechts Anspruch, wenn die beabsichtigte Rechtsverfolgung oder Rechtsverteidigung nicht mutwillig oder aussichtslos erscheint. Ausländer haben auf das Armenrecht nur insoweit Anspruch, als die Gegenseitigkeit verbürgt ist.

Durch die Bewilligung des Armenrechts erlangt die Partei: 1. die einstweilige Befreiung von der Berichtigung der rückständigen und künftig erwachsenden Gerichtskosten, einschließlich der Gebühren der Beamten, der den Zeugen und Sachverständigen zu gewährenden Vergütung und der sonstigen Barauslagen, sowie der Stempelsteuer; 2. Befreiung von der Sicherheitsleistung für die Prozeßkosten; 3. das Recht, daß ihr zur vorläufig unentgeltlichen Bewirkung von Zustellungen und von Vollstreckungshandlungen ein Gerichtsvollzieher und, insoweit eine Vertretung durch Anwälte geboten ist, zur vorläufig unentgeltlichen Wahrnehmung ihrer Rechte ein Rechtsanwalt beigeordnet werde. (Landgerichten, Handelskammern 2c. § 74 RZPO.)

Das Gesuch um Bewilligung des Armenrechts ist bei dem Prozeßgericht anzubringen; es kann vor dem Gerichtsschreiber zu Protokoll erklärt werden. Dem Gesuche ist ein von der obrigkeitlichen Behörde der Partei ausgestelltes Zeugnis beizufügen, in welchem unter Angabe des Standes oder Gewerbes, der Vermögens- und Familienverhältnisse der Partei sowie der Betrag der von dieser zu entrichtenden direkten Staatssteuern Unvermögen zur Bestreitung der Prozeßkosten ausdrücklich bezeugt wird. Für Personen, welche unter Vormundschaft oder Kuratel stehen, kann das Zeugnis auch von der vormundschaftlichen Behörde ausgestellt werden. In dem Gesuche ist das Streitverhältnis unter Angabe der Beweismittel darzulegen. Will aus einem notariellen vollstreckbaren Schuldbekenntnis (wegen Betreibung eines kostspieligen Zwangsvollstreckungsverfahrens zur Verhaftung des Schuldners) das Armenrecht erwirkt werden, so wird als Prozeßgericht das Gericht des § 705 Abs. 5 ZPO. angesehen werden müssen. Falkmann Zwangsvollstr. § 23.

Die Bewilligung des Armenrechts erfolgt für jede Instanz besonders; für die erste Instanz einschließlich der Zwangsvollstreckung.

Die Bewilligung des Armenrechts für den Kläger, Berufungs- und Revisions-Kläger hat zugleich für den Gegner die einstweilige Befreiung von den Gerichtskosten zur Folge.

Die zum Armenrechte zugelassene Partei hat Nachzahlung zu leisten, sobald sie ohne Beeinträchtigung des nötigen Unterhalts dazu im stande ist.

Gegen den Beschluß, durch welchen das Armenrecht bewilligt wird, findet kein Rechtsmittel; gegen den Beschluß, durch welchen das Armenrecht verweigert oder entzogen oder die Nachzahlung von Kosten angeordnet wird, findet Beschwerde statt.

Geht die Streitsache in eine höhere Instanz über, muß um das Armenrecht wiederholt nachgesucht werden, eines Nachweises des

Unvermögens bedarf es jedoch in der höheren Instanz nicht, wenn das Armenrecht in der vorigen Instanz bewilligt war.

RZPO. § 106—118. Beschwerde 530. D. B. S. 14, 79 748, 750. Geb.-O. f. GV. § 21.

Führung des Registers für Gesuche um Bewilligung des Armenrechts in bürgerlichen Rechtsstreitigkeiten 79; 305 u. ff. Form. 79, 312, 313 u. 307.

Gesuche um Bewilligung des Armenrechts mit den hierauf bezüglichen Belegen und Zeugnissen, sowie die Urschrift des erfolgten Gerichtsbeschlusses mit dem Nachweise über die Zustellung desselben sind mit der Nummer des Eintrags im Armenrechtsregister zu versehen und dem Akte einzuverleiben, welcher in der Rechtsstreitigkeit, für welche um Bewilligung des Armenrechts nachgesucht wurde, angelegt ist oder angelegt wird. Sind Prozeßakten nicht erwachsen, sind die bezüglichen Gesuche um Bewilligung des Armenrechts mit den hierauf erfolgten Beschlüssen als Registerbeilagen zu behandeln und mit der Registernummer versehen, nach der Zeitfolge gereiht, in Sammelakten zu vereinigen. Werden Belege der Gesuche um Armenrechtsbewilligung an Gesuchsteller zurückgegeben, so ist hievon auf dem betreffenden Gesuche Vormerkung zu machen.

Gebührenfrei die Entscheidung und Verhandlung über die Bewilligung und Entziehung des Armenrechts, sowie die Verpflichtung zur Nachzahlung von Kosten (§ 117 ZPO.) nach § 47 Ziff. 2 RGKG. Ist das Verfahren mutwillig veranlaßt nach Abs. 2 l. c. $^{3}/_{10}$ mit § 94 Ziff. 3.

Armenrecht Vertrag mit Frankreich über Zulassung zu demselben **70**, 121. RGB. **81**, 81.

Vereinbarung zwischen Deutschland und Belgien wegen gegenseitiger Zulassung der beiderseitigen Staatsangehörigen zum Armenrechte **79**, 22 f. RGB. **79**, 318.

Formularpapiere für die Register über Gesuche um dessen Bewilligung **81**, 4.

Uebereinkunft mit Luxemburg wegen gegenseitiger Zulassung der beiderseitigen Staatsangehörigen zum Armenrecht **85**, 207 f.

Uebereinkunft zwischen dem deutschen Reich und der Oesterr.-Ung. Monarchie RGB. **87**, 120.

Berechnung der Gebühren in **Armenrechtssachen** auf den Urkunden der Gerichtsvollzieher **79**, 1193; Portopflicht der auf dem Gebiete der streitigen Rechtspflege in denselben vorkommenden Postsendungen **79**, 1197, 1312

Rechnerische Behandlung der in solchen erwachsenden Gerichtskosten **79**, 1336; Behandlung der in solchen erwachsenden Auslagen der Gerichtsvollzieher **81**, 340; Portopflicht der von RA. in dens. aufgegebenen Postsendungen **82**, 133.

Armensachen. Portofreiheit in solchen, dann Entscheidung über Behandlung von Gegenständen als solche **79**, 1313.

83. Klage für Schuld und Darlehen.

Gerichtsschreiberei des k. Amtsgerichts Dingolfing.

Dingolfing, am 20. Januar 1889.

Es erscheint:

Hofman Therese, Schuhmacherswitwe in Dingolfing, Klägerin und bringt gegen

Haas Lorenz, Taglöhner daselbst, Beklagten,

wegen Forderung,

folgende Klage an:

Lorenz Haas hat von mir am 9. April v. Js. ein Darlehen von 75 Mk. erhalten und sich verpflichtet, dasselbe zwei Monate nach erfolgter Kündigung zurückzubezahlen. Die Kündigung ist bereits am 1. November v. Js. erfolgt.

Beklagte Partei ist in Güte zur Zahlung obiger Beträge nicht zu bewegen, weshalb ich gegen denselben Klage stelle.

Ich lade deshalb Beklagten zur mündlichen Verhandlung des Rechtsstreites vor das k. Amtsgericht Dingolfing zu dem von diesem zu bestimmenden oben beigesetzten Termine, an dem ich beantragen werde:

Kgl. Amtsgericht wolle erkennen:

I. Beklagter ist . . . . . . schuldig, das Darlehen von 75 Mk. mit 5% Zinsen seit dem 1. November v. Jrs. an mich zu bezahlen.

II. Derselbe . hat die Kosten des Streites zu tragen, bezw. zu erstatten.

III. Das Urteil wird für vorläufig vollstreckbar erklärt.

Als Beweismittel werden benannt Zeugen und Eid und zwar als Zeugen der Taglöhner Josef Schmidt von Dingolfing, sowie der mir vom Beklagten am 9. April 1888 ausgestellten Schuldschein.

Vorgelesen, genehmigt, unterzeichnet:

Therese Hofman.

(L. S.) Deggen, k. Sekretär.

Streitsggst. 75 Mk.
AGRNr. 18.

Gebühr 4.60 Mk.
Cop. —.60 Mk.

Verhandlungstermin wird auf
. . . . , den . . . . . . 188 .
mittags . Uhr, im Sitzungszimmer: dahier bestimmt.
. . . . 188 .

Hofman . . Haas.

PRNo. 12/1889 A.

An Herrn Gerichtsvollzieher N zur Zustellung an Beklagte . durch die Post – persönlich –.

21. I. 1889.

Deggen.

Wenn Gefahr im Verzuge besteht, kann mit der Klage der Antrag „auf Abkürzung der Einlassungsfrist“ unter Darlegung der bestehenden Gründe (Gefährdung der Forderung) oder der Antrag auf Anberaumung eines möglichst nahen Termines gestellt werden. Diese Anträge sind besonders ersichtlich zu machen.

Bei den **Landgerichten** erfolgt die Erhebung der Klage durch Zustellung eines Schriftsatzes. Derselbe muß enthalten:

1. die Bezeichnung der Parteien und des Gerichts;
2. die bestimmte Angabe des Gegenstandes und des Grundes des erhobenen Anspruchs, sowie einen bestimmten Antrag;
3. die Ladung des Beklagten vor das Prozeßgericht zur mündlichen Verhandlung des Rechtsstreites.

In der Klageschrift soll ferner der Wert des nicht in einer bestimmten Geldsumme bestehenden Streitgegenstandes angegeben werden, wenn die Zuständigkeit des Gerichts von diesem Werte abhängt. Außerdem finden die allgemeinen Bestimmungen über die vorbereitenden Schriftsätze auch auf die Klageschrift Anwendung.

Auf Feststellung des Bestehens oder Nichtbestehens eines Rechtsverhältnisses auf Anerkennung einer Urkunde oder auf Feststellung der Unechtheit derselben kann Klage erhoben werden, wenn der Kläger ein rechtliches Interesse daran hat, daß das Rechtsverhältnis oder die Echtheit oder Unechtheit der Urkunde durch richterliche Entscheidung alsbald festgestellt werde.

Mehrere Ansprüche des Klägers gegen denselben Beklagten können, auch wenn sie auf verschiedenen Gründen beruhen, in einer Klage verbunden werden, wenn für sämtliche Ansprüche das Prozeßgericht zuständig und dieselbe Prozeßart zulässig ist. Die Besitzklage und die Klage, durch welche das Recht selbst geltend gemacht wird, können nicht in einer Klage verbunden werden.

Die Klageschrift ist zum Zwecke der Bestimmung des Termins zur mündlichen Verhandlung bei dem Gerichtsschreiber des Prozeßgerichts einzureichen. Nach erfolgter Terminsbestimmung hat der Kläger für die Zustellung der Klageschrift Sorge zu tragen. Eine sachliche Prüfung der Klage vor der Terminsbestimmung ist ausgeschlossen.

Zwischen der Zustellung der Klageschrift und dem Termin zur mündlichen Verhandlung muß ein Zeitraum von mindestens 1 Monat liegen. In Meß- und Marktsachen beträgt die Einlassungsfrist mindestens 24 Stunden.

Ist die Zustellung im Auslande vorzunehmen, so hat der Vorsitzende bei Festsetzung des Termins die Einlassungsfrist zu bestimmen. Einlassungsfristen, Ladungsfristen 2c. können auf Antrag abgekürzt werden.

Bei den **Amtsgerichten** kann die Klage schriftlich eingereicht oder zum **Protokolle des Gerichtsschreibers** angebracht werden. Nach erfolgter Bestimmung des Termins zur mündlichen Verhandlung hat der Gerichtsschreiber für die Zustellung der Klage Sorge zu tragen, sofern nicht der Kläger erklärt hat, dieses selbst thun zu wollen.

Die Einlassungsfrist beträgt mindestens 3 Tage, wenn die Zustellung im Bezirke des Prozeßgerichts; mindestens eine Woche, wenn sie außerhalb desselben, jedoch im deutschen Reiche, erfolgt; in Meß- und Marktsachen mindestens 24 Stunden. Ist die Zustellung im Auslande vorzunehmen, so hat das Gericht bei Festsetzung des Termins die Einlassungsfrist zu bestimmen. Ausland ist das außerhalb des deutschen Reichs gelegene Gebiet. Die Klage wird durch Zustellung der Klageschrift oder des die Klage enthaltenden Protokolls erhoben.

An ordentlichen Gerichtstagen können die Parteien zur Verhandlung des Rechtsstreits ohne Ladung und Terminsbestimmung vor Gericht erscheinen. Die Erhebung der Klage erfolgt in diesem Falle durch den mündlichen Vortrag derselben. Die § der RZPO.:

Klage 4, 230 ff.; 457 bis 461; Klage-Aenderung 240—242, 489; Klagebeantwortung 244; Klagebeschränkung 240 [2]; Klagserweiterung 240 [2]; Klagehäufung 232; Klagegrund 230, 240; Klageschrift 230, 460.

Die sachliche Zuständigkeit der Amtsgerichte bemißt sich nach § 23 d. GVG. Auch wenn eine Partei nicht zu laden ist, können ihr Anträge und Erklärungen, auf welche sie ohne vorgängige Mitteilung voraussichtlich eine Erklärung in einer mündlichen Verhandlung nicht abzugeben vermag, durch Zustellung eines Protokolls des Gerichtsschreibers mitgeteilt werden. Diese Mitteilung kann auch unmittelbar und ohne besondere Form geschehen.

Für die Wertsberechnung ist der Zeitpunkt der Erhebung der Klage entscheidend. Früchte, Nutzungen, Zinsen, Schäden und Kosten bleiben unberücksichtigt, wenn sie als Nebenforderungen geltend gemacht werden.

Abfassung der Klageschriften durch die Gerichtsvollzieher **81**, 372; **84**, 25 f. Angabe des Werts des Streitgegenstandes in Protokollen der Gerichtsschreiber **79**, 752; bei richterlichen Akten **80**, 331.

D. V. S. 55, 67, 35, 29. Kalenderführung **80**, 425 ff., **82**, 158 f.

84. Zurücknahme der Klage.

Gerichtsschreiberei des k. Amtsgerichts Dingolfing.

Dingolfing, am 30. Januar 1889.

Zur Sache

Hofman Therese, Schuhmacherswitwe in Dingolfing, Klägerin,

gegen

Haas Lorenz, Taglöhner daselbst, Beklagten,

wegen Forderung,

Streitsggst. 75 Mk.
AGRNr. 70.

Zurücknahmegebühr
§ 46 0,50 Mk.
Cop. 0,30 „

Hofman ·. Haas.

PRNo. $\frac{12}{1889}$ A.

erscheint die Klägerin Hofman und erklärt:

Die Klage vom 20. Januar l. Js. nehme ich wegen erfolgter außergerichtlicher Einigung mit dem Beklagten hiermit zurück. Zugleich verpflichte ich mich, die durch die Erhebung fraglicher Klage entstandenen Gerichtskosten zu bezahlen. (Beklagte . hat laut übergebenen Nachweises vom gegenwärtigen Antrage Kenntnis.) Ich beantrage die Zustellung dieses Schriftsatzes, von dem Abschrift auf der Gerichtsschreiberei mit Zustellungsnachweis niederzulegen ist.

Vorgelesen, genehmigt, unterzeichnet:
Therese Hofman.

(L. S.) Deggen, k. Sekretär.

Die Klage kann ohne Einwilligung des Beklagten nur bis zum Beginne der mündlichen Verhandlung des Beklagten zur Hauptsache zurückgenommen werden. § 243 ZPO.

Die Zurücknahme der Klage erfolgt, wenn sie nicht bei der mündlichen Verhandlung erklärt wird, durch Zustellung eines Schriftsatzes. Abschrift desselben ist sofort nach erfolgter Zustellung auf der Gerichtsschreiberei niederzulegen.

Die Zurücknahme der Klage hat zur Folge, daß der Rechtsstreit als nicht anhängig geworden anzusehen ist; sie verpflichtet den Kläger, die Kosten des Rechtsstreits zu tragen, sofern nicht über dieselben bereits rechtskräftig erkannt ist. Auf Antrag des Beklagten ist diese Verpflichtung durch Urteil auszusprechen.

Wird die Klage von neuem angestellt, so kann der Beklagte die Einlassung verweigern, bis die Kostenerstattung erfolgt ist, auch wenn der Kläger im Armenrecht streitet.

Von der Zurücknahme der Klage ist der Verzicht auf den Anspruch (§ 277) zu unterscheiden. Die Einrede, daß die Kostenerstattung noch nicht erfolgt sei, ist prozeßhindernd: § 247 Nr. 5.

Wegen der Gebühren s. GKG. § 46 in der Fassung des RG. vom 29. Juni 1881; GO. f. RA. § 13 Nr. 1. D. V. S. 55, 73.

85. Klagenachtrag und Ladung wegen der Kosten.

Gerichtsschreiberei des k. Amtsgerichts Dingolfing.

Dingolfing, am 4. November 1890.

Zur Sache

Hofman Therese, Schusterswitwe in Dingolfing, Klägerin,

gegen

Haas Lorenz, Taglöhner daselbst, Beklagten,

wegen Forderung,

a) erscheint vor dem k. Sekretär die Klägerin und erklärt:

Nachdem Beklagter am X nach erfolgter Klagezustellung lediglich die Hauptsache zu bezahlen hat, die Erstattung der Kosten aber verweigert, beantrage ich:

den Prozeß in der Hauptsache für erledigt zu erklären und den Beklagten durch vorläufig vollstreckbar zu erklärendes Urteil in die Kosten zu verfüllen. (Ladung.)

b) erscheint der Beklagte und erklärt:

Klägerin hat die Klage vom X zurückgenommen. Kosten treffen mich nicht, weil die Klagepartei mich verklagte, ohne mich vorher zur Zahlung aufzufordern. Ich lade daher Klägerin zur mündlichen Verhandlung des Rechtsstreites vor das k. Amtsgericht Dingolfing zu dem von diesem zu bestimmenden, oben beigesetzten Termin, an dem ich beantragen werde:

I. Klägerin hat die Prozeßkosten zu tragen bezw. zu ersetzen.

II. Das Urteil wird für vorläufig vollstreckbar erklärt. Beweismittel: Zeugen und Eid.

Vorgelesen, genehmigt, unterzeichnet:

a) Therese Hofman. b) Lorenz Haas.

Deggen, k. Sekretär.

Das zu erlassende Urteil wird nicht „vollstreckbar" ausgefertigt D. V. f. Gerich S. 32. Als Klagenachtrag erscheint auch jede Be-

86. Antrag auf Terminsverlegung.

Gerichtsschreiberei des k. Amtsgerichts Pappenheim.

Pappenheim, am 10. Januar 1889.

In Sachen

Mayer Abraham, Kaufmann in Treuchtlingen, Kläger . .,

gegen

Fleischmann Heinrich, Konditor in Pappenheim, Beklagten,

wegen Forderung,

erscheint Kläger . . und erklärt:

In obiger Sache steht auf

Mittwoch, den 16. Januar 1889

Vor-mittags 10 Uhr,

Verhandlungs-Termin bei hiesigem Gerichte an.

Da ich aber an diesem Tage verhindert bin, am Termin zu erscheinen, weil ich an diesem Tage, wie aus der produzierten Ladung ersichtlich, als Zeuge in die Sitzung des k. Landgerichts Bamberg geladen bin, auch einen geeigneten Vertreter nicht zu stellen vermag, stelle ich gemäß § 205, 206 der ZPO. den Antrag:

„Kgl. Amtsgericht wolle den Termin vom Mittwoch, den 16. Januar ds. Js. aufheben und auf eine andere Zeit, etwa 2 Wochen später, verlegen.

Vorgelesen, genehmigt, unterzeichnet:

Abraham Mayer.

Rößer, k. Sekretär.

Beschluß.

In Sachen Mayer gegen Fleischmann wegen Fdg. wird auf Antrag des Klägers der Verhandlungstermin vom 16. ds. Mts. aufgehoben und auf Montag, den 8. Februar 1889, vormittags 9 Uhr verlegt.

Datum.

Kgl. Amtsgericht.

Mayer ·/. Fleischmann.

PRNo. $\frac{30}{1889}$ A.

---

richtigung einer Klage, deren Fehler später zu Tage treten; wenn sich z. B. ein Kaufmann im Ansatze der der Klage beigefügten Rechnung geirrt hat; hiebei ist insbesondere darauf zu achten, ob sich nicht auch das Klagepetitum ändert; oder wenn z. B. sich Unrichtigkeiten in der Klagebehauptung ergeben haben.

Die Parteien können die Aufhebung eines Termins vereinbaren. Wird die Verlegung eines Termins beantragt, so finden die Bestimmungen über die Verlängerung einer Frist entsprechende Anwendung. Durch Vereinbarung der Parteien können Fristen, mit Ausnahme der Notfristen (§ 304, 477, 514, 540, 549, 835, 870), verlängert oder abgekürzt werden.

Erscheinen in einem Termine zur mündlichen Verhandlung beide Parteien nicht, so ruht das Verfahren, bis eine Partei eine neue Ladung zustellen läßt. (Circumductio.)

Die Verlegung eines Termins, die Vertagung einer Verhandlung und die Anberaumung eines Termins zur Fortsetzung der Verhandlung kann auch von amtswegen erfolgen, wogegen Beschwerde nach § 530 d. ZPO. zulässig ist. Dem beauftragten oder ersuchten Richter stehen in bezug auf die von ihm zu bestimmenden Termine und Fristen die gleichen Befugnisse zu.

Auf Antrag können richterliche und gesetzliche Fristen abgekürzt oder verlängert werden, wenn erhebliche Gründe glaubhaft gemacht sind, gesetzliche Fristen jedoch nur in den besonders bestimmten Fällen.

Ueber das Gesuch um Abkürzung oder Verlängerung einer Frist kann ohne vorgängige mündliche Verhandlung entschieden werden. Die Abkürzung oder wiederholte Verlängerung darf nur nach vorgängigem Gehör des Gegners bewilligt werden.

Eine Anfechtung des Beschlusses, durch welchen das Gesuch um Verlängerung einer Frist zurückgewiesen ist, findet nicht statt.

Gebühren werden nicht erhoben für die Verhandlung und Entscheidung über die Prozeß- und Sachleitung einschließlich der Bestimmung oder Aenderung von Terminen und Fristen, § 47, Ziff. 1 des GKG. $^{3}/_{10}$ bei mutwilliger Veranlassung. Sonach sind auch Schreibgebühren nicht zu erheben nach § 80 Ziff. 1 l. c. 79, 1319. Art. 49, 192 Ziff. 2. d. Ges. über das GW. ZPO. § 205, 206, 228 Abs. 2, 202, 203, 204.

Die Aufhebung eines Termins ohne die sofortige Anberaumung eines neuen findet auf einseitigen Parteiantrag nicht statt.

Der die Verlegung des Termins aussprechende Beschluß wird von amtswegen (§ 294 Abs. 3 ZPO.) zugestellt, wodurch eine neue Ladung erübrigt wird.

Der Antrag bei Abkürzung der Ladungs (Einlassungs-) frist nach § 202 ZPO. lautet:

„In Sachen 2c. übergebe ich die Klage (Ladung) in Urschrift und Abschrift zur Terminsbestimmung und beantrage, die Einlassungs-(Ladungs-)frist auf . . . Tage (Stunden) abkürzen zu wollen.“ Zur Begründung dieses Antrages wird dargethan, daß 2c.

87. Klage auf Vaterschaft und Alimente.

Gerichtsschreiberei des k. Amtsgerichts Donauwörth.

Donauwörth, am 20. Januar 1889.

Es erscheinen:

1. Müller Julie, led. großj. Köchin von Donauwörth;
2. Gastwirt Michael Fischer von Dillingen, in seiner Eigenschaft als gerichtlich bestellter Vormund über das außerehel. Kind der Julie Müller namens „Fridolin Müller"

und bringen gegen Eidenschink Sebastian, Postadjunkt in Donauwörth wegen Vaterschaft und Alimente folgende Klage an:

Streitgegenst. Mk.
AGRNr.

Gebühr	Mk.
Cop.	"
Ins.	"

Am 10. November 1888 gebar Julie Müller außerehelich ein Kind, namens Fridolin, welches zu Donauwörth erzeugt wurde.

Der natürliche Vater zu diesem Kinde ist der Postadjunkt Sebastian Eidenschink von da, welcher während der einrechnungsfähigen Zeit allein mit der Kindesmutter den Beischlaf vollzogen hat.

I. Wird den Klageparteien das Armenrecht bewilligt und ihnen der Gerichtsvollzieher . . . als Pflichtperson beigeordnet.

II. Verhandlungstermin wird auf ......, den 188. mittags Uhr, im Sitzungszimmer: dahier bestimmt.

, den 188.

Die Kuratel verlangt vom Kindesvater die Anerkennung der Vaterschaft zu obigem Kinde, sodann die Bezahlung eines jährlichen, in monatlichen — vierteljährigen — Raten vorauszahlbaren Unterhaltsbeitrages zu 180 ℳ von der Geburt des Kindes bis zum zurückgelegten 14. Lebensjahre und darüber hinaus, im Falle das Kind wegen geistiger oder körperlicher Schwäche unfähig sein sollte, sich zu ernähren, auf die Dauer dieser Unfähigkeit, (unter Einräumung des gesetzlich beschränkten Erbrechts); ferners die Bestreitung der Hälfte der Kleidungskosten, des seinerzeitigen Schulgeldes, der allenfallsigen Kur- und Leichenkosten, wenn das Kind innerhalb der Alimentationsperiode erkranken oder sterben sollte, auf die gleiche Zeitdauer; sowie die Bezahlung des Lehrgeldes für ein Handwerk.

Müller u. G.
./.
Eidenschink.

PRNo. $\frac{14}{1889}$ A.

Weiteres beansprucht die Kindesmutter für sich:

a) eine Kindbettkosten=Entschädigung von 30 M

b) eine Deflorationsentschädigung von 1000. M, falls Kindesvater die Kindesmutter nicht ehelicht.

Die verlangten Leistungen sind den Einkommens= und Erwerbsverhältnissen des Beklagten vollkommen angemessen, da Beklagter jährlich 1600 M Gehalt bezieht.

Nachdem aber Beklagter sowohl die Anerkennung der Vaterschaft zu obigem Kinde, als auch die Bezahlung der oben aufgeführten Beträge verweigert, so stellen wir gegen denselben Klage und laden ihn zur mündlichen Verhandlung des Rechtsstreites vor das k. Amtsgericht Donauwörth als for. dom., zu dem von diesem zu bestimmenden oben beigesetzten Termine, an dem wir beantragen werden:

Kgl. Amtsgericht Donauwörth wolle erkennen, Beklagter ist schuldig:

I. Die Vaterschaft zu dem von der Kindesmutter am 10. Nov. 1888 außerehelich gebornen Kinde namens Fridolin anzuerkennen.

II. Beklagter hat für dieses Kind von der Geburt bis zu dessen zurückgelegtem 14. Lebensjahre einen jährlichen in monatlichen — vierteljährigen — Raten vorauszuentrichtenden Unterhaltsbeitrag von 180 M zu bezahlen (und darüber hinaus, wenn das Kind wegen geistiger oder körperlicher Schwäche unfähig sein sollte, sich zu ernähren);

III. Die Hälfte der Kleidungskosten, des seinerzeitigen Schulgeldes, der allenfallsigen Kur= und Leichenkosten sowie der Handwerkserlernungs=Kosten zu tragen;

IV. An die Kindesmutter eine Entschädigung für Tauf= und Kindbett=Kosten von 30 M sowie eine Deflorationsentschädigung von 1000 ℳ zu leisten.

V. Die sämtlichen Streitskosten zu tragen bezw. zu erstatten.

VI. Dem Kinde das gesetzlich beschränkte Erbrecht in den etwaigen Nachlaß des Beklagten einzuräumen.

VII. Das Urteil wird, soweit gesetzlich zulässig, für vorläufig vollstreckbar erklärt.

Als Beweismittel werden bezeichnet: die diesgerichtlichen bezüglichen Pflegschafts-Akten; Zeugen und Eid.

./. Kindesmutter übergibt Zeugnis des Armenpflegschaftsrats Donauwörth vom 20. Dezember 1888, der Vormund Curatorium des k. Amtsgerichts Donauwörth vom 10. ds. Mts. und Bestätigung über das Unvermögen der Kuratel; sie bitten um Zulassung zum Armenrechte und um Beigabe eines Gerichtsvollziehers als Pflichtperson. (Für den Fall der Bewilligung des Armenrechts verzichten die Antragsteller auf eine besondere Zustellung des diesbezüglichen Beschlusses.)

Herrn G. B. . . . zur Zustellung an Beklagten.

Vorgelesen, genehmigt, unterschrieben:

Julie Müller.

Michael Fischer.

(L. S.) Reindel, k. Sekretär.

Die Einräumung des gesetzlich beschränkten Erbrechts kommt beispielsweise im Bezirke des Bamberger Rechtes vor. Die zuviel angesetzten Anspruchsposten wie Deflorationsentschädigung sind im eventuellen Falle zu delieren; insbesondere wird es bei den Handwerkserlernungskosten stets eine Aenderung geben.

Hiebei wird auf die in der Praxis allenthalben bei den Gerichten eingeführten Formulare, wie sie im Verlage von Carl Gerber in München erhältlich, verwiesen.

88. Gesuch um Bewilligung der öffentlichen Zustellung.

Gerichtsschreiberei des k. Amtsgerichts Donauwörth.

Donauwörth, am 1. März 1889.

Zur Sache

Müller Fridolin, ill. der ledigen Köchin Julie Müller von Donauwörth, vertreten durch den Vormund Michael Fischer, Gastwirt in Dillingen;

Müller Julie, Köchin, led. u. großjährig, Kläger . .,

gegen

Eidenschink Sebastian, Postadjunkt zuletzt in Donauwörth, nun unbekannten Aufenthalts, Beklagten,

wegen Vaterschaft und Alimentenforderung,

erscheinen vor dem k. Sekretär Vormund Michael Fischer sowie Kindesmutter Julie Müller und erklären unter Uebergabe:

a) der Urschrift der Klage vom 20. Januar l. Js.,
b) der beglaubigten Abschrift der Klage,
c) einer Bestätigung des Magistrats Donauwörth, vom 16. Februar l. Js. zc.

Wie aus der vorgelegten Bestätigung ersichtlich, ist der Beklagte, welcher zuletzt in Donauwörth seinen Wohnsitz hatte, ohne nähere Angabe des Ortes nach Amerika ausgewandert.

Wir beantragen daher, nachdem auch die Heimatgemeinde und die Verwandten des Beklagten über dessen Aufenthalt keinen Aufschluß geben können,

„die Bewilligung der öffentlichen Zustellung der Klage und die Entscheidung hierüber ohne mündliche Verhandlung."

Vorgelesen, genehmigt, unterschrieben:

Michael Fischer, Julie Müller.

Reindel, k. Sekretär.

Beschluß.
In Sachen zc.
1. Wird die öffentliche Zustellung an Beklagte., de . . Aufenthalt unbekannt ist, bewilligt;
2. Verhandlungstermin auf . . . . . anberaumt;
3. Die Einlassungsfrist auf 2 Monate bestimmt
Donauwörth zc.
Kgl. Amtsgericht.

Müller u. G.

Eidenschink.

PRNo. $\frac{14}{1889}$ A.

Der Sekretär hat die öffentliche Zustellung zu besorgen. ZPO. § 186, 187, 188, 189, 294 Abs. 3, 530. D. B. f. Gschr. Die für die öffentliche Zustellung bestimmte beglaubigte Abschrift wird an die Gerichtstafel angeheftet; es sind daher nur die Innen- oder Außenseiten zu beschreiben. In den Landesteilen r/Rh. hat der Sekretär, wenn die öffentliche Zustellung einer Klage bewilligt ist, in welcher die Löschung

89. Klage im Urkunden-Prozesse.

Gerichtsschreiberei
des k. Amtsgerichts
Dinkelsbühl.

Dinkelsbühl, am 21. Januar 1889.

Es erscheint
Schönbach Wilhelm, Mehlhändler von Nördlingen,
und bringt gegen
Attmannsbacher Richard, Metzgermeister in Dinkelsbühl,
wegen Forderung,
folgende Klage an:

Streitgegst. Mk.
AGRNr.

Gebühr Mk.
Cop.

Laut des hiemit zu den Akten übergebenen Schuldscheines vom 18. August 1888 schuldet mir der Beklagte 280 Mk Darlehen zu 4% verzinslich, zahlbar nach ½jähriger beiderseits freistehender Kündigung, nebst 8 Mk. fällige Zinsen ꝛc.

Die Schuld wurde dem Beklagten nach weiter übergebenem Kündigungsnachweis am 18. Oktober v. J. rechtzeitig zur Heimzahlung gekündigt.

Verhandlungstermin wird auf
........, den ...... 188 .
......mittags ...... Uhr.
im Sitzungszimmer:
dahier bestimmt.
.... 188 .

PRNo. $\frac{45}{1889}$ B.

Nachdem nun aber seitens des r. Attmannsbacher eine Zahlung in Güte nicht erfolgte und die Schuld nebst Fälligkeit durch Urkunden belegt ist, so erhebe ich gemäß § 555—564 der ZPO. gegen Richard Attmannsbacher Klage im Urkundenprozesse und lade denselben vor das k. Amtsgericht Dinkelsbühl zu dem von

---

einer für den Beklagten eingetragenen Hypothek auf Grund der Behauptung verlangt wird, daß dieselbe erloschen sei, hievon der Vormundschaftsbehörde behufs Aufstellung eines Kurators zur Vertretung des Beklagten sofort Mitteilung zu machen. § 159 Hyp.-Ges. mit Art. 123 Z. 4 AG. z. ZPO. u. KO. Gebührenfrei § 47 RGKG. Soll die vollstreck. Ausfertigung einer Notariatsurkunde öffentlich zugestellt werden, so ist als Prozeßgericht (— wenn nicht noch andere Anträge gestellt sind —) wiederum § 705 Abs. 5 ZPO. anzusehen.

Diese Anträge können in das Tagebuch für Ersuchen und Aufträge eingetragen werden.

diesem für die mündliche Verhandlung dieses Rechtsstreites zu bestimmenden oben beigesetzten Termine, an dem ich beantragen werde:

Kgl. Amtsgericht wolle erkennen:

I. Beklagter ist . . . schuldig, an mich:

a) 270 ℳ Hauptsache nebst

b) 4 % Zinsen daraus ꝛc.

zu bezahlen;

II. Derselbe hat . . . die sämtlichen Kosten des Rechtsstreites zu tragen bezw. zu erstatten;

III. Das Urteil wird für vorläufig vollstreckbar erklärt.

Als Beweismittel benenne ich Urkunden und Eid und schiebe bezüglich der Echtheit der mehrerwähnten Urkunde dem Beklagten den Eid darüber zu, daß er diese Urkunde nicht unterzeichnet habe.

Herrn GV.
zur Zustellung

Vorgelesen, genehmigt, unterschrieben:
Wilhelm Schönbach.

Straßer, k. Sekretär.

Wegen der Gebühren s. GKG. § 25 (6/10 der Gebühr) GO. f. RA. § 19 (6/10 der Gebühr).

Ein Anspruch, welcher die Zahlung einer bestimmten Geldsumme oder die Leistung einer bestimmten Quantität anderer vertretbarer Sachen oder Wertpapiere zum Gegenstande hat, kann im Urkundenprozesse geltend gemacht werden, wenn die sämtlichen zur Begründung des Anspruchs erforderlichen Thatsachen durch Urkunden bewiesen werden können. Die Klage muß die Erklärung enthalten, daß im Urkundenprozesse geklagt werde. Die Urkunden müssen in Urschrift oder in Abschrift der Klage beigefügt werden.

Die Klage im Urkundenprozeß wird im allgemeinen erhoben, wie jede andere Klage, vgl. § 230 ff., 457, 460, 461; aber, damit der Urkundenprozeß zulässig werde, ist die Beifügung der Urkunden unerläßlich. Auf Grund prozeßhindernder Einreden darf die Verhandlung zur Hauptsache nicht verweigert werden; das Gericht kann jedoch die abgesonderte Verhandlung über diese Einreden auch von amtswegen anordnen. Vgl. § 247, 248. Widerklagen sind nicht statthaft. Als Beweismittel sind bezüglich der Echtheit oder Unechtheit einer Urkunde,

90. Hypothekzinsenklage im Urkundenprozesse.

Gerichtsschreiberei
des k. Amtsgerichts
Dinkelsbühl.

Dinkelsbühl, am 10. November 1896.
Es erscheint
Sieber Joseph, Maurerpalier von Mering
und bringt gegen
Mahler Jakob, Hausbesitzer von Dinkelsbühl
wegen Hypothekzinsen-Forderung
folgende Klage an:

Streitgegenst. Mk.
AGRNr.

Geb. Mk.
Cop.

Beklagter hat am 1. April l. Js. von dem Gütler Max Herzog in Dinkelsbühl ein mit $4^1/_2$ % halbjährig verzinsliches Darlehen von 2000 M erhalten und zu dessen Sicherung das im Hypothekenbuche für Dinkelsbühl Bd. I. S. 20 verzeichnete Grundvermögen verpfändet. Durch Cession vom 1. Oktober l. Js. ist die Hypothek nebst Zinsen seit 1. April c. auf mich übergegangen und wurde diese Cession im Hypothekenbuche angeführten Ortes eingeschrieben. Beklagter hat nun die Zinsen vom 1. April 1896 bis 1. November c. mit 45 M nicht bezahlt und ist in Güte hiezu auch nicht zu bewegen.

Ich stelle daher gegen Beklagten gemäß § 555 RZPO. Klage im Urkundenprozeß mit dem Antrag:

Kgl. Amtsgericht wolle erkennen:

Verhandlungstermin 2c.

I. Beklagter ist schuldig, an mich 45 M Hauptsache an fälligen Zinsen zu bezahlen;

II. Derselbe hat die sämtlichen Streitskosten zu tragen, bzw. zu erstatten.

Das Urteil wird für vorläufig vollstreckbar erklärt.

Als Beweismittel benenne ich die notarielle Cessionsurkunde vom 1. April c., welche ich in Abschrift übergebe und im Original am Termin vorlegen werde.

Zur mündlichen Verhandlung des Rechtsstreits lade ich Beklagten vor das k. Amtsgericht Dinkelsbühl zu dem von diesem zu bestimmenden und oben beigesetzten Termin.

PRNo. $\frac{24}{1896}$ B.

Vorgelesen, genehmigt, unterzeichnet:
Joseph Sieber.
Braun, Sekretariatsassistent.

sowie bezüglich anderer als der im § 555 erwähnten Thatsachen nur Urkunden und Eideszuschiebung zulässig.

Die Antretung des Urkundenbeweises kann nur durch Vorlegung der Urkunden erfolgen. Die Leistung eines Eides ist durch Beweisbeschluß anzuordnen. Der Kläger kann, ohne daß es der Einwilligung des Beklagten bedarf, bis zum Schlusse der mündlichen Verhandlung von dem Urkundenprozesse in der Weise abstehen, daß der Rechtsstreit im ordentlichen Verfahren anhängig bleibt.

Wegen der Gebühren für das ordentliche Verfahren s. GKG. § 33 und GO. f. RA. § 28.

Insoweit der in der Klage geltend gemachte Anspruch an sich oder infolge einer Einrede des Beklagten als unbegründet sich darstellt, ist der Kläger mit dem Anspruche abzuweisen.

Ist der Urkundenprozeß unstatthaft, ist insbesondere ein dem Kläger obliegender Beweis nicht mit den im Urkundenprozesse zulässigen Beweismittel angetreten oder mit solchen Beweismitteln nicht vollständig geführt, so wird die Klage als in der gewählten Prozeßart unstatthaft abgewiesen, selbst wenn in dem Termine zur mündlichen Verhandlung der Beklagte nicht erschienen ist oder der Klage nur auf Grund von Einwendungen widersprochen hat, welche rechtlich unbegründet oder im Urkundenprozesse unstatthaft sind.

Einwendungen des Beklagten sind, wenn der dem Beklagten obliegende Beweis derselben nicht mit den im Urkundenprozesse zulässigen Beweismitteln angetreten oder mit solchen Beweismitteln nicht vollständig geführt ist, als im Urkundenprozesse unstatthaft zurückzuweisen.

Dem Beklagten, welcher dem geltend gemachten Anspruche widersprochen hat, ist in allen Fällen, in denen er verurteilt wird, die Ausführung seiner Rechte vorzubehalten.

Enthält das Urteil keinen Vorbehalt, so kann die Ergänzung des Urteils nach Vorschrift des § 292 beantragt werden.

Das Urteil, welches unter Vorbehalt der Rechte ergeht, ist in Betreff der Rechtsmittel und der Zwangsvollstreckung als Endurteil anzusehen.

Vorläufige Vollstreckbarkeit der Urteile im Urkunden- und Wechselprozeß: § 648 Nr. 4. D. V. S. 30. 80, 420, 421.

Wird dem Beklagten die Ausführung seiner Rechte vorbehalten, so bleibt der Rechtsstreit im ordentlichen Verfahren anhängig.

Insoweit sich in diesem Verfahren ergibt, daß der klagend geltend gemachte Anspruch unbegründet war, ist das frühere Urteil aufzuheben, der Kläger mit dem Anspruche abzuweisen und zur vollen oder teilweisen Erstattung der verursachten Kosten, sowie auf Antrag zur Erstattung des von dem Beklagten auf Grund des Urteils Gezahlten oder Geleisteten zu verurteilen.

Erscheint in diesem Verfahren eine Partei nicht, so finden die Vorschriften über das Versäumnisurteil entsprechende Anwendung.

§ 555 bis 564 RZPO. Zustellung § 458, 462 l. c.

91. Abstandnahme vom Urkundenprozesse.

Gerichtsschreiberei des k. Amtsgerichts Dinkelsbühl.

Dinkelsbühl, am 10. Februar 1889.

In Sachen

Schönbach W., Mehlhändler von Nördlingen, Klagepartei,

gegen

Attmannsbacher Rich., Metzgerm. in Dinkelsbühl, Beklagten,

wegen Forderung,

Streitgegenstand Mk.
AGRNr.

Geb. § 33 Mk.
Cop. "

erscheint der Kläger . . Wilhelm Schönbach von Nördlingen und erklärt:

Unterm 21. Januar l. Js. habe ich gegen Beklagten Klage im Urkundenprozeß gestellt; ich nehme nunmehr gemäß § 559 der ZPO. vom Urkundenprozeß Abstand (nehme die Eideszuschiebung über die Echtheit der Urkunde zurück) berufe mich für die Echtheit der Unterschrift unter dem Schuldschein auf das Zeugnis des Oekonomen Ferdinand Meister von Nördlingen.

Verhandlungstermin rc.

Ich lade nun den Beklagten neuerdings zur mündlichen Verhandlung des Rechtsstreites vor das k. Amtsgericht Dinkelsbühl, zu dem von diesem zu bestimmenden und oben beigesetzten Termine, an welchem ich den in der Klage vom 10. v. Mts. gestellten Antrag, den ich vollständig aufrecht erhalte, — diese Klage ist laut übergebener Zustellungsurkunde Beklagtem bereits zugestellt worden — wiederholen werde.

Vorgelesen, genehmigt, unterschrieben.

Wilhelm Schönbach.

Straßer, k. Sekretär.

PRNo. $\frac{20}{1889}$ A.

Auch im Falle des Ausbleibens des Beklagten im Termin ist der Abstand vom Urkundenprozesse möglich. § 560 Abs. 2 ZPO. das ordentliche Verfahren, welches nach der Abstandnahme vom Urkunden- oder Wechselprozesse, sowie nach dem mit Vorbehalt in demselben erlassenen Urteil anhängig bleibt (ZPO. § 559, 563) gilt nach § 33 GKG. für die Gebührenerhebung als besonderer Rechtsstreit.

92. Klage im Wechselprozesse.

Gerichtsschreiberei des k. Amtsgerichts Dorfen.

Dorfen, am 21. Januar 1889.

Es erscheint

Hilger Friedrich, Kaufmann in Schwaben,

und bringt gegen

Streitsgegenstd. Mk.
AGRNr.

Dürbeck Heinrich, Kaufmann in Dorfen, Beklagten,

Gebühr Mk.
Copialien „

folgende Klage im Wechselprozesse an:

Laut des hiermit zu den Akten übergebenen Prima-Wechsels de dato Dorfen, den 20. Dezbr. 1888 hat sich Beklagter wechselmäßig verpflichtet, an die Ordre meiner eigenen unterm 18. Januar 1889 die Summe von 200 Mark zu bezahlen.

Dieser Wechsel wurde ausweislich der weiter hiermit übergebenen Protesturkunde vom 20. Januar 1889 nach der Verfallzeit durch den k. Gerichtsvollzieher Dreher in Dorfen dem Beklagten zur Zahlung präsentiert und, da solche nicht sofort geleistet wurde, mangels Zahlung (mangels Annahme) protestiert.

Verhandlungstermin:

Die hierwegen erwachsenen Protestkosten betragen 2 Mk., die Ricambiospesen 3 Mk. laut anliegender Rechnung. 1/3% eigene Provision mit 80 Pfg.

Hilger ./. Dürbeck.

Da Schuldner zur Bezahlung der oben erwähnten Wechselsumme nebst Protestkosten, der Porti und sonstigen Auslagen in Güte nicht zu bewegen, erhebe ich gegen denselben Klage im Wechselprozesse und lade ihn zur mündlichen Verhandlung dieses Rechtsstreites vor das k. Amtsgericht Dorfen zu dem

PRNo. 16/1889 B.

von diesem zu bestimmenden oben beigesetzten Termine, an dem ich **beantragen** werde:

K. Amtsgericht wolle erkennen:

Beklagte . ist . . . . schuldig an mich:

I. a) 200 Mk. Hauptsache nebst 6% Zinsen daraus seit 18. Januar l. Js. 1/3 % eigene Provision mit 80 Pfg.

ferner

b) 2 Mk. Protestkosten, 3 Mk. Wechselunkosten zu bezahlen.

II. Derselbe hat die sämtlichen Kosten des Streites zu tragen, bezw. zu ersetzen.

III. Das Urteil wird für vorläufig vollstreckbar erklärt.

Als **Beweismittel** benenne ich: Wechsel, Spesennote und Eid, und schiebe . über die Echtheit des Wechsels dem Beklagten den Eid zu.

Vorgelesen, genehmigt, unterzeichnet:

Friedrich Hilger.

Winter, k. Sekretär.

Zur Klage im Wechselprozesse ist der Wechselprotest nicht immer nötig; die Klagebehauptung hat dann nur zu enthalten, daß der Wechsel dem Beklagten am Verfalltage vergeblich zur Zahlung präsentiert wurde; so vorzugsweise, wenn die Klage sich gegen Acceptanten richtet.

93. Regreßklage gegen Aussteller und Indossanten.

Gerichtsschreiberei
des k. Amtsgerichts
Dorfen.

Dorfen, am 22. Januar 1895.

Es erscheint
Ehrlich Fritz, Kaufmann in Dorfen
und bringt gegen
Dürbeck Heinrich, Kaufmann in Schwaben,
Fischer Johann, Holzhändler in Dorfen,
Huber Ignaz, Händler in Schwaben,
folgende Klage im Wechselprozesse an:

Laut des in Urschrift beigefügten von dem Beklagten Dürbeck an die Ordre des Fischer gezogenen und von diesem an Huber girierten, von letzterem an mich indossierten Wechsels de dato 1. Dezember v. Js. über 200 ℳ, fällig am 15. Dezbr. v. Js. wurde dieser Wechsel von mir weiter indossiert und ist auf die k. Reichsbank München übergegangen. Letztere . hat am Verfalltage dem Acceptanten den Wechsel zur Zahlung vorgelegt, solche wurde jedoch nicht geleistet und wurde der Wechsel laut anliegender Protesturkunde mangels Zahlung protestiert.

Ich habe den Wechsel eingelöst, die Wechselsumme bezahlt und laut anliegender Spesennote für Zinsen, Provision, Kosten, Porto ꝛc. 6 ℳ Auslagen entrichtet.

Ich lade Beklagte . zur mündlichen Verhandlung des Rechtsstreites zu dem vom k. Amtsgericht Dorfen zu bestimmenden Termine, an dem ich beantragen werde: K. Amtsgericht wolle erkennen: Beklagte . sind . . . schuldig:

I. als Gesamtschuldner (solidarisch) 200 ℳ Hauptsache, Wechselsumme nebst 6 % Zinsen seit 15. Dezember v. Js. zu zahlen;
II. 6 ℳ für Spesen, Zinsen, Kosten u. s. w. zu ersetzen;
III. Die Streitskosten zu tragen bzw. zu erstatten.

PRNo. 800/1895 B.

WO. Art. 41–55, 98 ff.

Das Urteil wird für vorläufig vollstreckbar erklärt. Beweismittel: Wechsel, Zeugen, Eid.

Vorgelesen, genehmigt, unterzeichnet:
Fritz Ehrlich.

Winter, k. Sekretär.

Der Wechselprozeß ist eine Unterart des Urkundenprozesses. Das Verfahren im Wechselprozesse ist das gleiche wie im Urkundenprozesse mit Ausnahme der nachstehenden Verschiedenheiten:

Der Wechselprozeß findet nur statt, wenn im Urkundenprozesse Ansprüche aus Wechseln im Sinne der Wechselordnung geltend gemacht werden, wozu die kaufmännischen Anweisungen nicht gehören. Ein Zwang zur Wahl dieser Prozeßart besteht auch hier nicht.

Wechselklagen können sowohl bei den Gerichten des Zahlungsortes als bei dem Gerichte angestellt werden, bei welchem der Beklagte seinen allgemeinen Gerichtsstand hat. Wenn mehrere Wechselverpflichtete gemeinschaftlich verklagt werden, so ist außer dem Gerichte des Zahlungsorts jedes Gericht zuständig, bei welchem einer der Beklagten seinen allgemeinen Gerichtsstand hat. Höhe der Wechselsumme 300 *M*. Die Klage muß die Erklärung enthalten, daß im Wechselprozesse geklagt werde.

Die Einlassungsfrist beträgt, wenn die Klage am Sitze des Gerichts zugestellt wird, mindestens 24 Stunden; wenn sie an einem anderen Orte im Bezirke des Gerichts zugestellt wird, mindestens drei Tage, wenn sie an einem anderen deutschen Orte zugestellt wird, mindestens eine Woche.

ZPO. § 565 bis 567, 732, 13—20, 29, 56. Art. 81, 87 WO.

Bezeichnung der Wechselprozesse 80, 421, 423. Buchstabe „B".

6/10 der Gebühr (§ 18—24) werden nach § 25 des GKG. erhoben, wenn der Akt im Urkunden- oder Wechselprozesse (ZPO. § 555 bis 567 erfolgt, sohin ist die volle Geb. der § 18, 8 6/10; die Gebühr des § 22 3/10; die des § 23 18/100; die des § 46 6/100.

In bürgerlichen Rechtsstreitigkeiten ist nach § 81 d. GKG. ein Gebührenvorschuß für jede Instanz von dem Antragsteller zu zahlen. Der Vorschuß beträgt soviel wie die höchste Gebühr, welche für einen Akt der Instanz zum Ansatze kommen kann.

Auch Ausländer haben nach § 85 l. c. im Urkunden- und Wechselprozesse keinen höheren Vorschuß zu zahlen.

In Wechselsachen ist die Provision zu den Schäden zu rechnen, die Auslagen für Protesterhebung und Porto fallen unter den Begriff der Kosten. (RG. III. Z. S. 23. Dezember 1879 Entsch. I. 228.) Dieselben Gebühren kommen auch beim Urkundenprozesse zur Geltung.

Die erhöhte Gebühr in der Berufungs- und Revisionsinstanz nach § 49 des GKG. kommt auch im Urkunden- und Wechselprozesse in entsprechender Weise zur Anwendung.

Im Wechselprozesse werden auch während der Ferien Termine abgehalten und Entscheidungen erlassen (§ 102 GVG.).

94. Klage auf Mietzins und Räumung.

Gerichtsschreiberei
des k. Amtsgerichts
Dillingen.

Dillingen, den 22. Januar 1889.

Es erscheint
Mayerhofen Alois, Hausbesitzer von Dillingen,
und bringt gegen
Fritsch Marie, Kleidermacherin daselbst,
wegen (Mietzinsforderung und Räumung) nachstehende Klage an:

Streitsggst. Mk.
AGRNr.

Gebühr Mk.
Cop. "

Beklagte. bewohnt seit 1. Januar 1888 den II. Stock meines an der Kreis-Straße dahier gelegenen Hauses Nr. 16 gegen einen jährlichen in viertel-jährigen Raten zahlbaren Mietzins von 400 ℳ. Wegen der Kündigung wurde zwischen uns vierteljährige Kündigung vereinbart.

Beklagte. ist nun mit dem verfallenen Mietzins für die Zeit vom 1. Juli bis 31. Dezember v. Js. im Betrage zu 100 ℳ noch im Rückstande und leistet trotz mehrfacher Mahnung in Güte keine Zahlung.

Verhandlungstermin rc.

Wegen dieses Rückstandes habe ich der Beklagten am 1. Oktober v. Js. außerordentlich unter der Aufforderung gekündet, binnen vier Wochen auszuziehen.

Beklagte. erkennt aber das außerordentliche Kündigungsrecht nicht an und weigert sich, auszuziehen.

Mayerhofen . ' Fritsch.

Ich erhebe daher Klage und lade Beklagte. zur mündlichen Verhandlung des Rechtsstreits vor das Kgl. Amtsgericht Dillingen zu dem von diesem zu bestimmenden oben beigesetzten Termine, an welchem ich beantragen werde:

Kgl. Amtsgericht wolle erkennen:

PR No. $\frac{17}{1889}$ A.

I. Beklagte. ist schuldig:

a) das im obenbezeichneten klägerischen Hause innehabende Mietlokal sofort zu räumen,

b) 100 ℳ rückständigen Mietzins für die Zeit vom 1. Juli bis 31. Dezbr. v. Js. an mich zu bezahlen,

c) sowie diejenige Mietzinsquote, welche sich aus monatlich 33 ℳ vom 1. Januar l. Js. bis zum Tage der Wohnungsräumung berechnet, zu entrichten.

II. Beklagte . hat . die Kosten des Rechtsstreits zu tragen, bezw. zu erstatten.

Das Urteil wird für vorläufig vollstreckbar erklärt.

Hr. GV. Zustellung. Beweismittel: Zeugen und Eid. (Mietvertrag.)

Vorgelesen, genehmigt, unterzeichnet:

Alois Mayerhofen.

Köstner, k. Sekretär.

Der Mietvertrag besteht darin, daß jemand einem anderen die Benützung von Sachen zu gewähren oder gewisse Dienste zu leisten verspricht und sich dagegen einen in Geld bestimmten Preis als Gegenleistung ausbedingt. Die Dienstleistung ist entweder unmittelbar Gegenstand des Vertrags oder eine durch die Thätigkeit des Verpflichteten hervorzubringende Wirkung.

Miete (locatio conductio rerum). Der Vermieter oder Verpächter hat dafür zu sorgen, daß der Mieter, Pächter den versprochenen Gebrauch während der ganzen Miet- oder Pachtzeit habe, er muß ferner dem Mieter alle notwendigen und nützlichen Verwendungen ersetzen und haftet für Betrug und jedes Versehen, soferne er dem Mieter durch die vermietete Sache einen Schaden zufügt. Der Mieter muß das Mitgeld zur rechten Zeit bezahlen und, wenn er im Verzuge ist, mit Verzugszinsen und zwar auch dann, wenn er die Sache nicht gebraucht hat.

Dienstmiete (locatio conductio operarum). Unterbleiben die Dienste teilweise oder ganz ohne Verschulden des Vermieters, z. B. wegen Krankheit, so kann ihm der Mieter nach Verhältnis am Lohn abziehen oder an dem bereits voraus erlegten Lohne soviel wieder zurückfordern. Trifft aber den Vermieter die Schuld, z. B. wenn der Dienstbote ohne genügende Ursache vor der Zeit den Dienst verläßt, so ist ihm der Mieter gar keinen Lohn schuldig. Ist jedoch der Mieter selbst schuld, z. B. wenn er den Dienstboten ohne erhebliche Ursache fortjagt oder die Dienste nicht annehmen kann, so muß er den ganzen

Lohn bezahlen, außer es hätte der Vermieter sich sogleich wieder an jemand anderen verdungen, somit keinen Schaden gehabt.

Jeder Mietvertrag erlischt durch Ablauf der Zeit, durch Aufkündung, durch Sondernachfolge in die Rechte eines anderen, durch den Tod beider Teile und den Untergang der Sache. Ist der Vertrag nur auf eine bestimmte Zeit eingegangen, so hört er durch deren Ablauf von selbst auf.

Die Kündigung des Vertrages steht regelmäßig jedem Teile frei, außer bei einem für immer abgeschlossenen Vertrage.

Gelangt eine vermietete Liegenschaft aus besonderem Rechtsgrund z. B. durch Kauf in das Eigentum eines dritten, so geht der vom früheren Besitzer abgeschlossene Mietvertrag auf den neuen Erwerber über.

Sowohl der neue Erwerber als auch der Mieter ist in diesem Falle berechtigt, den Vertrag noch vor Ablauf der festgesetzten Mietzeit aufzukünden, hat jedoch hiebei die ortsübliche Aufkündungsfrist zu beobachten, falls eine kürzere Frist nicht vereinbart ist.

Durch den Tod eines oder beider Teile wird der Vertrag nicht aufgehoben, sondern geht auf die beiderseitigen Erben über.

Setzen beide Teile nach Ablauf der Zeit das Mietverhältnis mit gegenseitiger Einwilligung fort, so wird der Mietvertrag für stillschweigend erneuert erachtet und kann eine solche Erneuerung auch bei einem Sondernachfolger eintreten.

Die Zugstermine sind in verschiedenen Gegenden abweichend: so in Würzburg am 1. Febr., 1. Mai, 1. August und 1. Novbr.; in Bamberg an Lichtmeß (2. Februar), Walburgi (1. Mai), Jakobi (25. Juli) und Martini (11. November), ebenso in Bayreuth und Hof; in Nürnberg an Lichtmeß, Walburgi, Lorenzi (1. August) und Allerheiligen (1. November); in Amberg an Lichtmeß, Walburgi, Lorenzi und Martini, in Regensburg und Passau an Lichtmeß, Georgi (23. April), Jakobi und Allerheiligen; in München und Augsburg halbjährig an Georgi (23. April) und Michaeli (29. September); in Nördlingen an Lichtmeß, Georgi, Jakobi und Galli (16. Oktober). — In Lindau und Kempten gibt es keine bestimmten Zugstermine und auch in den meisten Orten der Pfalz kennt man solche nicht, sondern richtet sich nach dem Tag, an welchem das Mietgeld zu zahlen ist, mit vierteljähriger Kündigung bei vierteljähriger Zahlung und monatlicher Kündigung bei monatlicher Zahlung. In Aschaffenburg hat man vierteljährliche Kündigungs- und Umzugszeit.

Den Mietvertrag muß Beklagter vorlegen. (ZPO. 386.) Die Räumungsklage erfolgt wegen rückständiger Miete, Verstoßes gegen Mietvertrag, Mißbrauch. (Verwendung der Wohnung zu gewerbsmäßiger Unzucht.) Für die gesonderte Mietzinsklage ist nach der Höhe das Amts- oder Land-Gericht zuständig; ist die fällige Miete nicht über 300 ℳ, kann diese Klage mit der Räumungsklage verbunden werden. Auch wenn Mieter verzogen, bleibt das Gericht, in dessen Bezirk zu zahlen war, zuständig.

95. Klage wegen gelieferter Waren.

Gerichtsschreiberei
des k. Amtsgerichts
Dettelbach.

Dettelbach, den 20. November 1895.

Es erscheint:

Stern Georg, Kaufmann, in Dettelbach, Alleininhaber der Firma C. Stern und Sohn,

und bringt gegen

Mahler Johann, Krämer und Anwesensbesitzer in Effeldorf,

wegen Waren-forderung zu 200 ℳ Rest

folgende Klage an:

Streitgegenstd. Mk.
AGRNr.

Geb. Mk.
Cop. Mk.

Verhandlungstermin:

Stern . Mahler.

PRNo. $\frac{98}{1895}$ A.

Beklagter hat.. von mir die auf der übergebenen Rechnung verzeichneten und spezifizierten Waren zu den daselbst angegebenen Zeiten und den angesetzten, vereinbarten, im übrigen auch angemessenen Preisen im Gesamtbetrage von 250 ℳ gekauft und empfangen bezw. auf vorherige Bestellung geliefert erhalten.

Die Preise waren angemessen und wertentsprechend und berufe ich mich hierwegen auf das Gutachten der gerichtlichen Sachverständigen.

Beklagter hat.. die Waren sowie die ihm.. mit diesen gleichzeitig zugestellten, mit der Klagerechnung übereinstimmende Rechnung, ohne (begründete) Einwendungen zu erheben, angenommen, die Waren verbraucht bezw. weiter veräußert und somit Preis und Beschaffenheit derselben thatsächlich genehmigt.

Beklagter hat.. bisher an der Hauptsache lediglich 50 ℳ bezahlt. Vereinbart war ein Zahlungsziel von 3 Monaten, weshalb der noch bestehende Restbetrag zu 200 ℳ vom 1. Oktober l. Js. ab mit 6 % zu verzinsen ist.

Zahlung ist in Güte nicht zu erlangen.

Ich lade daher Beklagten zur mündlichen Verhandlung über diesen Rechtsstreit vor das k. Amtsgericht Dettelbach (als dem Gerichtsstand des Erfüllungsortes) zu dem von diesem zu bestimmenden, oben beigesetzten Termine, an dem ich beantragen werde:

Kgl. Amtsgericht wolle erkennen:

I. Beklagter ist . . . . schuldig, 200 ℳ Hauptsache (Rest) nebst 6 % Zinsen hieraus seit 1. Oktober l. Js. an mich zu bezahlen;

II. Derselbe hat . . die sämtlichen Kosten des Rechtsstreits zu tragen bezw. zu erstatten.

Das Urteil wird für vorläufig vollstreckbar erklärt.

Beweismittel: Vorlegung der dem Beklagten zugestellten Rechnung unter Eideszwang, Zeugen, Eideszuschiebung, Vorlegung der Handelsbücher 2c.

Vorgelesen, genehmigt, unterschrieben:

Georg Stern.

Dußler, k. Sekretär.

Beklagte waren nach Handelsregister schon zur Bestellzeit offene Mitinhaber der beklagten Firma, sie haften als Gesamtschuldner. Die Zuständigkeit bemißt sich wegen Vereinbarung, weil Beklagter z. Zt. der Bestellung, Lieferung im Gerichtsbezirk Wohnsitz, Handels-Niederlassung hatte, von welcher aus Geschäfte geschlossen werden.

96. Klage wegen Viehmängel.

Gerichtsschreiberei
des k. Amtsgerichts
Dettelbach.

Dettelbach, den 23. Januar 1889.

Es erscheint:
Heckmann Heinrich, Getreidehändler von Nürnberg,
und bringt gegen
Stern Salamon, Pferdehändler von Dettelbach,
wegen Viehgewährschaft,
folgende Klage an:

Streitsggst. Mk.
AGRNr.

Gebühr Mk.
Cop. "

Am 2. Januar l. Jrs. habe ich von dem Beklagten ein Pferd, Fuchshengst um den Preis von 380 M gekauft und dieses Tier auch sofort in Besitz genommen.

Sechs Tage nach dessen Uebergabe bemerkte ich, daß fragliches Pferd an Schönblindheit leidet.

Verhandlungstermin:

Ich ließ das Tier unterm 8. Jan. l. Js bereits von dem k. Bezirks-Tierarzt Fried in Dettelbach untersuchen und von demselben ein gutachtliches Zeugnis ausstellen, welches ich hiermit übergebe.

Nachdem nun an fraglichem Tiere innerhalb der gesetzlichen Frist sich der behauptete Fehler gezeigt hat, ist anzunehmen, daß dieser Fehler schon bei Abschluß des Geschäftes vorhanden war und vom Verkäufer, der mir das Tier als durchaus gesund und fehlerfrei erklärte, verheimlicht wurde.

Heckmann ./. Stern.

Da Beklagter trotz wiederholter Aufforderung nicht zu bewegen ist, das Pferd zurückzunehmen und den Kaufpreis zurückzuzahlen, so stelle ich gemäß Art. 1 und 9 des Gesetzes über die Gewährleistung bei Viehveräußerungen; § 457 u. ff. der ZPO. sowie

PRNo. 18/1889 A.

Art. 75 des bayer. Ausf.=Ges. hiezu gegen denselben Klage auf Auflösung des Vertrags.

Ich lade Beklagten zur mündlichen Verhandlung des Rechtsstreites vor das k. Amtsgericht Dettelbach zu dem von diesem zu bestimmenden, oben beigesetzten Termine, an welchem ich beantragen werde:

Kgl. Amtsgericht wolle erkennen:

I. Beklagter ist schuldig, das vorbezeichnete Pferd, Fuchshengst von mir gegen Erlage bezw. Rückzahlung des Kaufpreises von 380 ℳ zurückzunehmen;

II. Derselbe hat die Streitskosten zu tragen, bezw. zu ersetzen.

Das Urteil wird für vorläufig vollstreckbar erklärt.

Beweismittel: Sachverständige, Zeugen, Eid, Besichtigung und Urkunden.

Vorgelesen, genehmigt, unterzeichnet:

Heinrich Heckmann.

Dützler. k. Sekretär.

Die Klage ist bei dem Amtsgerichte anzubringen, entweder durch Einreichung der Klageschrift bei Gericht oder mündlich zum Protokoll des Gerichtsschreibers. (§ 457 ZPO.)

Mit der Einreichung oder Protokollierung der Klage beim Amtsgericht ist sonach die Klagefrist noch nicht gewahrt, sondern erst mit der Zustellung. Die Zuständigkeit des Amtsgerichts ist durch § 23 des GVG., der die Streitigkeiten wegen Viehmängel demselben zuweist, wesentlich erweitert, weshalb auch die Kompetenz gegeben ist, auch wenn es sich um einen Gegenstand von über 300 ℳ handelt; einerlei ob die Klage auf Vertragsauflösung oder Minderung des Preises gerichtet ist, einerlei ferner, welche Arten von Tieren den Gegenstand bilden oder ob ein Mangel, Betrug, Irrtum ꝛc. den Grund der Klage bilden.

In der Klageschrift muß die Krankheit, wegen welcher das Recht auf Gewährleistung geltend gemacht wird, speziell z. B. Lungenseuche 2c. bezeichnet werden. Die Gewährfristen sind in Bayern:

I. bei Pferden, Eseln und Maultieren:
1. für Schönblindheit, schwarzer Star, Koppen 8 Tage;
2. für Rotz, Hautwurm, Dampf, gleichviel, ob derselbe in Krankheiten der Respirationsorgane inner- oder außerhalb der Brusthöhle oder des Herzens seinen Grund hat, 14 Tage;
3. für Koller 21 Tage;
4. für fallende Sucht, Mondblindheit (periodische Augenentzündung) 40 Tage.

II. Beim Rindvieh:
1. für Tragsack und Scheidevorfall, soferne er nicht unmittelbar nach einer Geburt vorkommt, Lungensucht 14 Tage;
2. für Perlsucht (Drüsenkrankheit) 28 Tage;
3. für fallende Sucht, Lungenseuche 40 Tage.

III. Bei Schafen: für Milbenräude, Fäule oder Anbruch, bösartige Klauenseuche 14 Tage.

IV. Bei Schweinen: für Finnen 8 Tage.

Die sämtlichen vorstehend verzeichneten Fristen werden vom Tage der Uebergabe berechnet und hiebei dieser Tag selbst nicht mitgezählt. Befindet sich der Erwerber bezüglich der Empfangnahme in Verzug, so wird die Frist vom Tage des Verzuges an berechnet.

Zeigt sich der Fehler innerhalb der Frist, so ist der Veräußerer gewährschaftspflichtig, es sei denn, daß er beweisen kann, daß derselbe zur Zeit des Vertragsabschlusses noch nicht vorhanden war; zeigt sich aber der Fehler erst nach Ablauf der Frist, so haftet der Veräußerer nicht, auch dann nicht, wenn der Käufer beweisen könnte, daß der Fehler schon zur Zeit des Vertragsabschlusses vorhanden war. Zur Anstellung der Klage ist eine weitere Frist von 2 Wochen über die Gewährsfrist gegeben. Ist bei dem Handel nichts besonderes verabredet worden, so hat der Kläger seinen Beweis dahin zu richten, daß an dem Tiere innerhalb der gesetzlichen Frist sich der behauptete Fehler gezeigt hat und daß demgemäß anzunehmen ist, daß dieser Fehler auch schon beim Geschäftsabschlusse vorhanden war.

Der Anspruch auf Gewährleistung muß bei Verlust derselben spätestens innerhalb 2 Wochen nach Ablauf der Gewährsfrist durch Klage oder Streitverkündung geltend gemacht werden. Ergibt sich aus dem Urteile über den Anspruch aus einem Gewährsfehler die Notwendigkeit des Rückgriffes an einen vorhergehenden Besitzer und ist die Frist zur Klage auf Gewährleistungen durch Streitverkündung gewahrt, so ist die Klage bei Verlust des Anspruchs spätestens innerhalb 2 Wochen, nachdem das Urteil im Vorprozesse die Rechtskraft beschritten, anzustellen. Art. 1 u. 9 des Viehgewährschafts-Ges. Art. 75 d. Ausf.-Ges. z. ZPO. u. KO.

97. Klage wegen Intervention.

Gerichtsschreiberei des k. Amtsgerichts Dürkheim.

Dürkheim, den 23. Januar 1889.

Streitsgegenstd. Mk.
AGRNr.

Gebühr Mk.
Cop. „

./.

1. Beschluß:
Die Zwangsvollstreckung bezüglich der in der Klage genannten Gegenstände wird bis zur Entscheidung des Widerspruchsprozesses vorl. eingestellt.
Die Klage muß innerhalb 1 Woche zugestellt sein.

2. Verhandlungstermin:

Wolf ./. Mohr.

PRNo. $\frac{19}{1889}$ A.

Es erscheint:

Wolf Paul, Bauzeichner von Dürkheim,
und bringt gegen
Mohr Heinrich, Hutfabrikant in Speyer,
wegen Eigentumsanerkennung
nachstehende Widerspruchsklage an:

Laut Pfändungsprotokolls des k. Gerichtsvollziehers Weißmann dahier vom 18. Januar l. Js. Allgem. Dienstregister Nr. 58, welches ich hiermit in Abschrift zu den Akten übergebe, hat genannter Gerichtsvollzieher im Auftrage des Hutfabrikanten Mohr in Speyer als Gläubiger ., in der Richtung gegen die Kleidermacherin und Modistin Marie Frisch dahier, als Schuldnerin, in deren Wohnung Mobiliarpfändung vorgenommen und zur Versteigerung der Pfandobjekte bereits Termin auf

Samstag, den 26. Januar l. Js.
vorm. 10 Uhr dahier,

in der Wohnung Klenzestraße Nr. 10/II r. anberaumt.

Nachstehende Pfandobjekte gehören nun aber nicht der Schuldnerin, in deren Verwahrung sie sich vorgefunden, als der genannte k. Gerichtsvollzieher die Pfändung vornahm, sondern mir, dem Antragsteller.

1. ein Sopha	wert	60 Mk.
2. ein Waschtisch	„	30 „
3. ein Pianino	„	200 „

Ich habe diese Gegenstände erworben durch Kauf, wie aus der übergebenen Rechnung mit Quittung des Möbelhändlers X von Y vom 6. X. 80 ersichtlich, und sind dieselben mein Eigentum.

Nachdem nun Beklagter zur Freigabe der vorstehend gepfändeten Gegenstände aus dem Pfandverbande in Güte nicht zu bewegen, derselbe auch das mir an den gepfändeten Gegenständen zustehende Eigentumsrecht bezw. bessere Recht nicht anerkennt, so erhebe ich gemäß § 690 RZPO. gegen ihn Klage.

Ich lade Beklagten zur mündlichen Verhandlung des Rechtsstreites vor das k. Amtsgericht Dürkheim zu dem von diesem zu bestimmenden oben beigesetzten Termine, an dem ich beantragen werde:

Kgl. Amtsgericht wolle erkennen:

I. Beklagter Heinrich Mohr ist schuldig, meine Eigentums- oder doch besseren Rechte an den oben beschriebenen Pfandobjekten anzuerkennen.

II. Derselbe hat diese Objekte aus dem Pfandverbande zu entlassen.

III. Beklagter hat die sämtlichen Streitskosten zu tragen bezw. zu erstatten.

Das Urteil wird für vorläufig vollstreckbar erklärt.

Beweismittel: Zeugen, Eid; Pfändungsprotokoll, Kaufvertrag; Revers; Leihvertrag; eidesstattliche Versicherung; Ehevertrag 2c.

(Schließlich wird wegen des nahen Versteigerungstermins gemäß § 690 Abs. 3, 688. ZPO. bis zum Urteilserlaß (Ausgang des Widerspruchsprozesses) um vorläufige Einstellung der Zwangsvollstreckung gebeten.)

Vorgelesen, genehmigt, unterzeichnet:

Paul Wolf.

Zahn, k. Sekretär.

Bis zur Rechtskraft des Urteils kann nur im Urteile selbst nach § 689 ZPO. weiter eingestellt werden.

Behauptet ein Dritter, daß ihm an dem Gegenstand der Zwangsvollstreckung ein die Veräußerung hinderndes Recht zustehe, so ist der Widerspruch gegen die Zwangsvollstreckung im Wege der Klage bei dem Gerichte geltend zu machen, in dessen Bezirk die Zwangsvollstreckung erfolgte.

Wird die Klage gegen den Gläubiger und den Schuldner gerichtet, so sind diese als Streitgenossen anzusehen.

Auf die Einstellung der Zwangsvollstreckung und die Aufhebung der bereits erfolgten Vollstreckungsmaßregeln finden die Vorschriften der § 688, 689 entsprechende Anwendung. Die Aufhebung einer Vollstreckungsmaßregel ist auch ohne Sicherheitsleistung zulässig.

Zu Abs. 3: Wegen der Gebühren s. GKG. § 35 Nr. 1 GO. f. RA. § 23 Nr. 1, 29 Nr. 4, 30 Nr. 2.

Das Prozeßgericht kann auf Antrag anordnen, daß bis zur Erlassung des Urteils über die in den § 686, 687 bezeichneten Einwendungen die Zwangsvollstreckung gegen oder ohne Sicherheitsleistung oder nur gegen Sicherheitsleistung fortgesetzt werde und daß die erfolgten Vollstreckungsmaßregeln gegen Sicherheitsleistung aufzuheben seien. Die thatsächlichen Behauptungen, welche den Antrag begründen, sind glaubhaft zu machen.

Der Antrag um Einstellung der Zwangsvollstreckung ist entweder gleichzeitig mit der Klage einzureichen oder er kann auch am Schlusse der Klage der Kürze wegen angefügt werden. In dringenden Fällen wird der Antrag bei dem Vollstreckungsgerichte gestellt, worüber im Buche ein Formular angegeben ist.

Hiebei wird eine Frist bestimmt, innerhalb welcher die Entscheidung des Prozeßgerichts beizubringen ist. Nach fruchtlosem Ablaufe der Frist wird die Zwangsvollstreckung fortgesetzt. Die Entscheidung über diese Anträge erfolgt in der Regel ohne vorgängige mündliche Verhandlung. Wegen der Sicherheitsleistung vergleiche § 101, wegen der Glaubhaftmachung § 266, wegen des Rechtsmittels § 701 ZPO.

Ebenso richtet sich der Widerspruch eines Teilhabers gegen die Versteigerung der ganzen Sache nach den Bestimmungen des § 690 ZPO. (Art. 162 Abs. 2 SO.)

98. Klage wegen Fahrtrechts.

Gerichtsschreiberei des k. Amtsgerichts Erlangen.

Erlangen, am 14. Februar 1889.

Es erscheint:

Hagenauer Mathäus, Kleingütler von Bruck

und bringt gegen

Eisenberger Peter, Gütler von Bruck

wegen Fahrtrechts,

folgende Klage an:

Streitgegenstd. AGRNr.	Mk.
Ausl.-Vorsch.	Mk.
Geb.-Vorsch.	„
Gebühr	Mk.
Cop.	„
Ins.	„

Ausweislich der Urkunde des k. Notars Schätzer von Erlangen vom 20. Dez. 1888 bin ich Besitzer und Eigentümer der Objekte Pl.-Nr. 30 a b, 32 St.-Gd. Bruck 2c.

Beklagter ist Besitzer von Pl.-Nr. 33 ders. Std.-Gd.

In dem anliegenden Planausschnitte ist die Lage der einzelnen Grundstücke zu einander genau ersichtlich. Beklagter maßt sich nun ein Fahrtrecht auf meinem Grundstücke Pl.-Nr. 32 an und zwar in folgender Weise: derselbe fährt nämlich, wenn er keinen Umweg machen will, um auf sein Grundstück Pl.-Nr. 33 zu gelangen, direkt über mein Grundstück Pl.-Nr. 32. Als ich nun vor mehreren Tagen über den bestehenden breiten Rain mehrere Stangen anbrachte, um ihn abzuhalten, wich er den Stangen aus und fuhr noch weiter in mein Grundstück hinein.

Verhandlungstermin:

Ich gestehe in keiner Weise dem Beklagten ein Recht zu dieser Fahrt zu, weil er dasselbe weder durch einen tauglichen Titel erworben, noch auch durch Verjährung ersessen hat, und weil Beklagter leicht auf seinen eigenen Grundstücken einen Weg zur Ausübung der Fahrt herstellen kann.

Hagenauer ./. Eisenberger.

Es liegt daher in der Handlungsweise des Beklagten ein Eingriff in mein Eigentum

PRNo. 43/1889 A.

vor, weshalb ich gegen Beklagten züm Schutze meines Eigentums Klage stelle.

Beklagter ist in Güte nicht zu bewegen, die angemaßte Fahrt aufzugeben, ich lade ihn daher vor das k. Amtsgericht Erlangen, als forum rei sitae, zu dem von diesem zu bestimmenden oben beigesetzten Termin, an dem ich beantragen werde:

Kgl. Amtsgericht wolle erkennen:

I. Beklagter ist schuldig, die Freiheit meines Eigentums an Pl.-Nr. 32 d. St.Gd. Bruck anzuerkennen;

II. Derselbe hat sich jeder weiteren Störung bei Meidung einer Strafe von 100 ℳ für jeden einzelnen Zuwiderhandlungsfall zu enthalten;

III. Beklagter hat die Kosten des Rechtsstreits zu tragen bezw. zu erstatten.

Das Urteil wird für vorläufig vollstreckbar erklärt.

Als Beweismittel benenne ich Augenschein, Zeugen, Sachverständige und Eid, sowie, wenn nötig, Urkunden.

Hinsichtlich der Wertsberechnung des Streitgegenstandes bemerke ich, daß für den Fall des Bestehens der angemaßten Fahrt mein Grundstück um 280 ℳ weniger wert ist.

Vorgelesen, genehmigt, unterzeichnet:

Mathäus Hagenauer.

Pfeilschifter, k. Sekretär.

99. Klage auf Eigentums-Anerkennung.

Gerichtsschreiberei
des k. Amtsgerichts
Erding.

Erding, am 15. Februar 1896.

Es erscheint
Gollwitzer Ernst, Oekonom von Schwaben,
und bringt gegen
Eisenberger Peter, Kleingütler daselbst,
wegen Eigentums,
folgende Klage an:

Nach Urkunde des k. Notars Beck von Erding vom 15. Dezember 1888 habe ich von Wilhelm Lehner von dem in der St.-Gde. Schwaben gelegenen Acker Pl.-Nr. 25 die unterm 10. Dezember 1888 weggemessene Fläche zu 0,003 ha gekauft. An Stelle der damals eingesetzten eichenen Pflöcke wurden bald darauf durch die Feldgeschwornen Grenzsteine gesetzt, wobei Beklagter anwesend und mit der Grenznormierung einverstanden war. Obgleich die Grenze durch Marksteine genau fixiert, beansprucht Beklagter jetzt als Angrenzer einen Teil der von mir erkauften Fläche zur Größe von 0,001 ha im Werte zu 120 ℳ. Diese Fläche ist in dem übergebenen Plane rot eingezeichnet und sind darin auch die Marksteine angegeben.

Da Beklagter in Güte mein wohlerworbenes Eigentum nicht anerkennt, stelle ich gegen denselben Klage und lade ihn zur mündlichen Verhandlung des Rechtsstreites vor das k. Amtsgericht Erding zu dem von diesem zu bestimmenden, oben beigesetzten Termin, an dem ich beantragen werde, zu erkennen:

Beklagter ist schuldig:

I. mein Eigentum an der strittigen Fläche, wie im Plane angezeichnet, im Flächenraum zu 0,003 ha anzuerkennen,

II. sich jedes Eingriffs in mein Grundstück zu enthalten,

III. die Kosten des Rechtsstreites zu tragen, bezw. zu erstatten.

Das Urteil wird für vorläufig vollstreckbar erklärt.

Beweismittel: Augenschein, Zeugen, Eid rc.

Vorgelesen, genehmigt, unterzeichnet:
Ernst Gollwitzer.

PRNo. 44/1896 A.

(L. S.) Langmantel, k. Sekretär.

100. Klage wegen Traufrechtsanmaßung.

Gerichtsschreiberei
des k. Amtsgerichts
Eschenbach.

Eschenbach, am 16. Februar 1896.

Es erscheint
Prößl Adam, Metzgermeister von Eschenbach,
und bringt gegen
Schmidt Johann, Schreinermeister von da,
wegen Traufrechtsanmaßung
folgende Klage an:

Beklagter hat kürzlich beim Neubau seines Wohnhauses das von seinem Dache abfallende Regenwasser durch Anbringung einer Rinne eigenmächtig in meinen Hofraum geleitet. Ich kann mir diesen Zustand nicht gefallen lassen, erhebe gegen Schmidt Klage, lade ihn zur mündlichen Verhandlung des Rechtsstreites vor das k. Amtsgericht Eschenbach zu dem von diesem zu bestimmenden Termin, an dem ich beantragen werde, zu erkennen:

I. Beklagter hat den alten Zustand herzustellen.

II. Derselbe hat die angebrachte Dachrinne sofort zu entfernen.

III. Sämtliche Streitskosten zu tragen, bezw. zu erstatten.

Das Urteil wird für vorläufig vollstreckbar erklärt.

Den Streitgegenstand werte ich auf 80 M.

Beweismittel: Augenschein, Zeugen, Eid 2c.

Vorgelesen, genehmigt, unterzeichnet:
Adam Prößl.

Baldir, k. Sekretär.

PRNo. $\frac{45}{1889}$ A.

Das Traufrecht besteht entweder darin, daß jemand von seinem Gebäude die Dachtraufe auf des Nachbars Grundstück ableiten darf, oder daß der Nachbar dies, z. B. zur Bewässerung seines Gartens, verlangen kann.

101. Klage wegen Wildschadens.

Gerichtsschreiberei des k. Amtsgerichts Eggenfelden.

Eggenfelden, am 17. Februar 1896.

Erscheint:

Wild Markus, Oekonom von Eggenfelden,

und bringt gegen

Hohensinn Paul, Gutsbesitzer daselbst,

wegen Wildschadens,

folgende Klage an:

Von meinen Aeckern, welche an die dem Beklagten gehörigen Waldungen grenzen, liegt ein zu einer Baumschule angelegtes Land hart am uneingezäunten Fichtenwalde des Beklagten.

Es wurden mir, obwohl ich die notwendigen Vorsichtsmaßregeln getroffen und Drähte um die Baumschule gezogen, durch das Wild in letzterer Zeit ca. 300 junge Bäumchen angefressen und vernichtet.

Der angerichtete Schaden beträgt 150 ℳ.

Beklagter ist weder zur Abhaltung von Jagden und der damit verbundenen Verminderung des Wildstandes, noch zur Bezahlung des entstandenen Schadens zu bewegen, weshalb ich klage und ihn zur mündlichen Verhandlung des Rechtsstreits vor das k. Amtsgericht Eggenfelden, zu dem von diesem zu bestimmenden Termine lade; an letzterem werde ich beantragen:

Kgl. Amtsgericht wolle erkennen:

Beklagter ist schuldig:

I. mir den Schaden mit 150 ℳ zu ersetzen,

II. die Kosten des Rechtsstreits zu tragen, bezw. zu erstatten.

Das Urteil wird für vorläufig vollstreckbar erklärt.

Beweismittel: Augenschein, Zeugen, Sachverständige, Eid 2c.

Vorgelesen, genehmigt, unterzeichnet:

Markus Wild.

PRNo. $\frac{46}{1896}$ A.

(L. S.)

Hinker, Sekretär

102. Klage wegen Rechnungslegung.

Gerichtsschreiberei
des k. Amtsgerichts
Erbendorf.

Erbendorf, am 16. Februar 1896.

Es erscheint:

Meier Fridolin, Kaufmann in Erbendorf,

und bringt gegen

Reiner Friedrich, Handelsmann von da,

wegen Rechnungslegung,

folgende Klage an:

Im Dezember 1888 schloß ich mit Beklagtem einen mündlichen Vertrag dahin, daß wir einen Viehhandel auf gemeinschaftliche Rechnung unter gleichmäßiger Verteilung von Gewinn und Verlust betreiben, wobei ich ihm als Geschäftseinlage 300 *M* behändigte.

Beklagter hat nun vom 1. Januar bis 10. Februar l. Js. für unsere beiderseitige Rechnung den Viehhandel betrieben, da dieser aber nicht prosperierte, lösten wir am 10. ds. Mts. dieses gemeinschaftliche Geschäft wieder auf. Beklagter gab mir 100 *M* als Anteil zurück und erklärte, er werde später Rechnung legen. Hiezu konnte Beklagter sich bis jetzt nicht verstehen, weshalb ich Klage stelle und Beklagten vor das k. Amtsgericht Erbendorf zu dem von diesem zu bestimmenden Termin lade, an dem ich beantragen werde:

Kgl. Amtsgericht wolle erkennen, Beklagter ist schuldig

I. aus dem in der Zeit vom 1. Januar bis 10. Februar l. Js. für gemeinschaftliche Rechnung betriebenen Viehhandel Rechnung zu legen.

II. Derselbe hat die Kosten des Rechtsstreits zu tragen, bezw. zu erstatten.

Beweismittel: Zeugen und Eid.

Den Streitgegenstand werte ich auf 250 *M*.

PRNo. $\frac{47}{1896}$ A.

Vorgelesen, genehmigt, unterschrieben:

Fridolin Meier.

Malter, k. Sekretär.

Bezüglich weiterer Klagen siehe den Teil der Anwaltspraxis.

103. Gesuch um Kosten-Festsetzung.

Gerichtsschreiberei
des k. Amts-Gerichts
Aichach.

Aichach, den 3. Januar 1889.

In Sachen

Huber Johann, Oekonom von Aichach, Klageteils,

gegen

Gröschel Philipp, Schneider von da, Beklagten,

wegen Forderung

erscheint heute Johann Huber und erklärt:

Auf Grund des in vorstehender Sache bei diesem Gerichte am 10. November l. Js. verkündeten, für vorläufig vollstreckbar erklärten (rechtskräftiges) Urteils wurde beklagtischer Teil zur Tragung der Kosten des Rechtsstreites verurteilt. — abgeschlossenen Vergleiches hat . . . . . . Teil die Tragung der . . . . . . Prozeßkosten übernommen. —

Unter Uebergabe der bezüglichen Belege liquidiere ich die in dieser Sache gehabten Kosten und Auslagen wie folgt:

4 ℳ	80 ₰	Gerichtskosten lt. Quittung der k. Gerichtsschreiberei dahier vom 12. Dezember c.	
1 „	80 „	Gerichtsvollzieherkosten,	
— „	40 „	Porto,	
6 „	— „	für 2 Gänge zu Gericht und damit verbundene Zeitversäumnis,	
Sa. 13 ℳ	— ₰		

Gemäß §§ 98 und ff. der RZPO. stelle ich den **Antrag**: „meine Kosten und Auslagen, wie oben näher angegeben und durch Belege begründet, unter Berücksichtigung der weiteren Kosten, welche durch dieses Verfahren entstehen, richterlich festzusetzen und hierüber Beschluß zu erlassen."

Huber ./. Gröschl.

Vorgelesen, genehmigt, unterschrieben:

Johann Huber.

Weber, k. Sekretär.

PRNo. $\frac{5}{1889}$ A.

Der Anspruch auf Erstattung der Prozeßkosten kann nur auf Grund eines zur Zwangsvollstreckung geeigneten Titels, also auch beispielsweise auf Grund eines über die Kosten entscheidenden Beschlusses nach § 685 ZPO. geltend gemacht werden. Das Gesuch um Festsetzung des zu erstattenden Betrages ist bei dem Gerichte I. Instanz anzubringen, es kann vor dem Gerichtsschreiber zu Protokoll erklärt werden. Die Kostenberechnung, die zur Mitteilung an den Gegner bestimmte Abschrift derselben und die zur Rechtfertigung der einzelnen Ansätze dienenden Belege sind beizufügen. Die Entscheidung über das Festsetzungsgesuch kann ohne vorgängige mündliche Verhandlung erfolgen. Zur Berücksichtigung eines Ansatzes genügt, daß derselbe glaubhaft gemacht ist. Gegen den Festsetzungsbeschluß findet sofortige Beschwerde statt.

Sind die Prozeßkosten ganz oder teilweise nach Quoten verteilt, so hat die Partei den Gegner vor Anbringung des Festsetzungsgesuches aufzufordern, die Berechnung seiner Kosten binnen einer einwöchigen Frist bei dem Gerichte einzureichen. Nach fruchtlosem Ablaufe der Frist erfolgt die Entscheidung ohne Rücksicht auf die Kosten des Gegners, unbeschadet des Rechts des letzteren, den Anspruch auf Erstattung nachträglich geltend zu machen. Der Gegner haftet für die Mehrkosten.

RZPO. § 98—100, 283 Abs. 2, 294 Abs. 3, 540. Kostenfestsetzungsbeschlüsse 79, 771 ff.; 1515. D. V. S. 14, 46.

Gebühr $^{1}/_{10}$ nach § 38 Ziff. 1 aus der festgesetzten Summe.

Vollstreckbare Ausfertigung des Kostenfestsetzungsbeschlusses D. V. S. 37. conf. GO. f. RA. § 23 Nr. 1; 30. Nr. 3.

Der Kostenfestsetzungs-Beschluß lautet:

„In Sachen ...., Klagepartei, vertreten durch ... gegen ...., Beklagte., vertreten durch ... wegen ....-Forderung, werden auf Grund des am ..... 189. erlassenen für vorläufig vollstreckbar erklärten Urteils, nach welchen .... Partei zum Ersatze der Streitskosten an ..... verurteilt worden — abgeschlossenen Vergleichs, nach welchem ..... Partei den Ersatz bezw. die Erstattung der .... Prozeßkosten übernommen — in der Erwägung, daß die Ansätze .... gerechtfertigt erscheinen, die von ...... an ...... zu erstattenden Prozeßkosten, welche in der Anlage berechnet sind, auf .. ℳ .. ₰ (m. W.) wozu noch die Kosten für die gegenwärtige Entscheidung mit .. ℳ .. ₰ (m. W.) kommen, ... festgesetzt. § 98, 99 ZPO.

---

§ 217—229; 530, 540 ZPO. Das Gesuch um Aussetzung des Verfahrens ist bei dem Prozeßgerichte anzubringen; es kann vor dem Gerichtsschreiber zu Protokoll erklärt werden. Das Gesuch kann im Anwaltsprozesse ohne Anwalt angebracht werden. § 225, 74 ZPO. D. V. S. 14, 28, 47 u. 67. Wiederaufnahme eines unterbrochenen

104. Gesuch um Aussetzung des Verfahrens.

Gerichtsschreiberei
des k. Amts-Gerichts
Altdorf.

Altdorf, den 4. Januar 1896.

In Sachen

Koch Adalbert, Privatier in Altdorf, Klägers,

gegen

Hebendanz Jakob, Bierbrauer daselbst, Beklagten,

wegen Forderung,

erscheint der Kläger und erklärt:

In meiner Prozeßsache gegen Beklagten wurde auf Antrag des gegnerischen Herrn Vertreters Rechtsanwalts Vogl der Termin zur Vernehmung der Zeugen und Sachverständigen auf unbestimmte Zeit vertagt.

Ausweislich der produzierten Einberufungs-Ordre vom 30. Dezember 1895 wurde ich auf unbestimmte Zeit vom 7. ds. Mts. an zur Dienstleistung als Reserve-Offizier auf das Kriegsschiff „Kronprinz" nach Kiel berufen, um von dort aus mich bei einer Expedition zu beteiligen. Durch meine Abwesenheit an den Terminen oder durch Bestellung eines Bevollmächtigten zur Fortführung des Prozesses würde mir ein Nachteil erwachsen, umsomehr als jetzt auch die Zeit mangelt, einen Prozeßbevollmächtigten noch gründlich zu informieren.

Ich stelle daher den Antrag:

„Das Verfahren werde bis zu meiner Rückkunft ausgesetzt."

Koch ./. Hebendanz.

PRNo. $\frac{304}{1896}$ A.

Vorgelesen, genehmigt unterzeichnet:
Adalbert Koch.

Reindel, k. Sekretär.

---

oder ausgesetzten Verfahrens. Gebühr $^{5}/_{10}$ § 26 Ziff. 4 GKGes. Das Gericht kann aus Billigkeitsgründen die Aussetzung des Verfahrens anordnen; diese tritt auch ein, wenn die Entscheidung des Prozesses von einem anderen Rechtsverhältnis abhängt, das Gegenstand eines anderen Streits ist, oder wenn sich im Prozesse der Verdacht einer strafbaren Handlung ergibt, die Einfluß auf die Entscheidung hat; bei Konkurseröffnung § 218, beim Tode der Partei § 223, 225; ferner Aussetzung des Verfahrens, wenn ein Dritter als Hauptintervenient aufgetreten ist § 61 u. 62 ZPO.

105. Entschuldigung eines Zeugen oder Sachverständigen wegen Ausbleibens am Termine.

Gerichtsschreiberei des k. Amts-Gerichts Schwabach.

Schwabach, am 5. Januar 1888.

Es erscheint

Maurermeister Friedrich Herter von Greding

und erklärt:

In der Prozeßsache Mitter . /. Fischer pct. deb. stand auf heute früh 10 Uhr Zeugenvernehmungstermin bei hiesigem Gerichte an, wozu ich, obwohl richtig geladen, nicht erscheinen konnte.

Ich bin mit dem Frühzuge, der in Greding um 5 Uhr früh abgeht und an den von Roth nach Nürnberg gehenden Zuge Anschluß hat, gefahren und hätte nach der fahrplanmäßigen Zeit um 8 Uhr in Schwabach sein müssen. Infolge des großen Schneefalles kam aber der von Greding nach Roth gehende Zug mit einer Verspätung von 1 Stunde in Roth an, zur Zeit, als der Postzug bereits fort war, weshalb ich bis zum Abgange des nächsten Zuges warten mußte.

Zur Glaubhaftmachung meiner Behauptung bezw. meines Entschuldigungsgrundes lege ich eine Bestätigung der k. Bahnexpedition Roth vor, woraus erhellt, daß der Zug nicht durch mein Verschulden versäumt wurde.

Ich stelle daher die Bitte:

„mich ob meines Versäumnisses am Termine für entschuldigt zu erachten und falls über mich bereits eine Ordnungsstrafe verhängt worden sein sollte, mich unter Aufhebung des Beschlusses für straffrei zu erklären."

Vorgelesen, genehmigt, unterzeichnet:
Friedrich Herter.

Krauß, k. Sekretär.

Beschluß.

In rc. werden die gegen . . . in dem Beschlusse vom . . . getroffenen Anordnungen wieder aufgehoben, da er nachträglich das Ausbleiben am Termin genügend entschuldigt hat.

Mitter . /. Fischer.

PRNo. $\frac{138}{1888}$ A.

Bei genügender Entschuldigung des Ausbleibens unterbleibt die Verurteilung in Strafe und Kosten; bei nachträglich genügender Entschuldigung werden die getroffenen Anordnungen aufgehoben. GKG. § 47 Ziff. 8, ZPO. § 346.

Der bereits erlassene Strafbeschluß lautet:

„J. N. S. M. d. K. v. B. verurteilt das k. AG. . . . . in Sachen . . ./. . . wegen . . . d . . . . ., welche ., als . . . . . auf heute . . . . Uhr in das Zimmer Nr. . durch die am . . . . . an . . . . . behändigte Abschrift der Ladungsurkunde . . . . . ordnungsgemäß geladen war . . . . . jedoch unentschuldigt nicht erschienen ist, in Anwendung des § 345 ZPO. in die durch das Ausbleiben verursachten Kosten, sowie zu einer Geldstrafe von . . ℳ und für den Fall diese nicht beigetrieben werden kann, zur Strafe der Haft auf die Dauer von . . ."

106. Weigerungserklärung eines Zeugen oder Sachverständigen.

Gerichtsschreiberei
des k. Amts-Gerichts
Altötting.

Altötting, am 6. Januar 1889.

Es erscheint:

Hotel- und Realitätenbesitzer Gustav Wolf von Altötting

und erklärt:

./. Laut der hiemit zu den Akten übergebenen Ladung soll ich gemäß Beweisbeschlusses des k. Landgerichts Traunstein vom 20. Dezember 1888 am 20. ds. Mts. bei hiesigem Gerichte in Sachen des Kaufmanns Isaak Oestereicher von hier gegen dessen Ehefrau Sarah, geb. Feucht, Tochter des Bierexportaktionärs Josef Feucht hier, wegen Ehescheidung über die in meinem Gasthofe wahrgenommenen Vorkommnisse in bezug auf Beklagte Zeugnis geben.

Wie bei Gericht bekannt, stehe ich sowohl mit Kläger, als auch mit den Eltern der Beklagten in direkter Geschäftsverbindung. Es würde mir daher infolge meiner Aussage zu gunsten oder ungunsten des einen oder anderen Teiles in geschäftlicher Beziehung ein erheblicher, vermögensrechtlicher Schaden erwachsen, wozu noch der Umstand beitragen müßte, daß auch mein offenes Geschäft darunter leiden würde.

Oestereicher
./.
Oestereicher.

Ich bin bereit, diese Angaben sofort eidlich zu erhärten und stelle gemäß § 348 ff. der ZPO. den Antrag: „mich von der verlangten Abgabe des Zeugnisses zu entbinden."

Vorgelesen, genehmigt, unterzeichnet:

Gustav Wolf.

Fischer, k. Sekretär.

PRNo. $\frac{18}{1888}$ E.

Zur Verweigerung des Zeugnisses sind die in § 348 RZPO. bezeichneten Personen berechtigt, das Zeugnis kann bei den in

§ 349 l. c. aufgef. Personen verweigert werden; jedoch nicht bei den in § 350 l. c. genannten. Der Zeuge, welcher das Zeugnis verweigert, hat vor dem zu seiner Vernehmung bestimmten Termine schriftlich oder zum Protokolle des Gerichtsschreibers oder in diesem Termine die Thatsachen, auf welche er die Weigerung gründet, anzugeben und glaubhaft zu machen.

Zur Glaubhaftmachung genügt in den Fällen des § 348 Nr. 4 und 5 die mit Berufung auf einen geleisteten Diensteid abgegebene Versicherung. Hat der Zeuge seine Weigerung schriftlich oder zum Protokolle des Gerichtsschreibers erklärt, ist er nicht verpflichtet, in dem zu seiner Vernehmung bestimmten Termine zu erscheinen. Von dem Eingange einer Erklärung des Zeugen oder von der Aufnahme einer solchen zum Protokolle hat der Gerichtsschreiber die Parteien zu benachrichtigen. Ueber die Rechtmäßigkeit der Weigerung wird von dem Prozeßgerichte nach Anhörung der Parteien entschieden. Der Zeuge ist nicht verpflichtet, sich durch einen Anwalt vertreten zu lassen. Gegen das Zwischenurteil findet sofortige Beschwerde statt, welche sowohl den Zeugen, wie den Parteien zusteht.

Hat der Zeuge seine Weigerung schriftlich oder zum Protokolle des Gerichtsschreibers erklärt und ist er in dem Termine nicht erschienen, so hat auf Grund seiner Erklärungen ein Mitglied des Prozeßgerichts Bericht zu erstatten. Erfolgt die Weigerung vor einem beauftragten oder ersuchten Richter, so sind die Erklärungen des Zeugen, wenn sie nicht schriftlich oder zum Protokolle des Gerichtsschreibers abgegeben sind, nebst den Erklärungen der Parteien in das Protokoll aufzunehmen.

Bei Verweigerung des Zeugnisses oder Eides ohne Grundangabe, oder nachdem der vorgeschützte Grund rechtskräftig für unerheblich erklärt ist, so ist der Zeuge auch ohne Antrag in die Kosten, welche durch die Weigerung verursacht wurden, bis zu einer Geldstrafe von 300 ℳ, eventuell zur Strafe der Haft bis zu 6 Wochen zu verurteilen. Im Falle wiederholter Weigerung ist die Haft anzuordnen. Gegen diese Beschlüsse findet Beschwerde statt.

Gebührenfrei § 47 Ziff. 7 u. 8; bei mutwillig veranlaßtem Verfahren $^3/_{10}$ Abs. 2 l. c. ZPO. 351—354, 373, 345, 346, 355, 374. Zwangshaft **81**, 483; **79**, 237. Kosten **83**, 194. Vollziehung d. GV. **79**, 1549 ff. D. V. S. 14, 37, 39, 44 u. 66.

Auf den Beweis durch Sachverständige finden im allgemeinen die Vorschriften über den Beweis durch Zeugen entsprechende Anwendung. Wegen der Haft gelten die Vorschriften der § 785—794 ZPO.

107. Antrag auf Vernehmung von Zeugen und Sachverständigen zur Sicherung des Beweises.

Gerichtsschreiberei des k. Land-Gerichts Augsburg.

Augsburg, am 7. Januar 1889.

Es erscheint

Fuchs Kasper, Bierbrauer in Augsburg

und erklärt in seiner Streitsache gegen

Paul Joseph Hausbesitzer von Augsburg

wegen Fahrtrechts:

Das k. Land-Gericht Augsburg hat zur Vernehmung der in der Berufungsinstanz geltend gemachten weiteren Beweismittel neuerlichen Termin auf 14. März l. Js. anberaumt.

Unter den von mir benannten Zeugen befindet sich eine gewisse Auszüglerin Maria Krill von Augsburg, Balanstraße Hs. Nr. 60. wohnhaft, welche aussagen wird, daß mein Großvater stets ungehindert auf der streitigen Fuhr das Fahrtrecht ausgeübt hat. Wie ich durch den prakt. Arzt Dr. Schön dahier erfahren, ist diese Zeugin, die ohnedem im 90. Lebensjahre steht, bedenklich erkrankt; hierüber übergebe ich Zeugnis. Nachdem nun diese Haupt-Zeugin, welche als Magd bei meinem Großvater diente, bestimmte Auskunft über das vor mehr als 50 Jahren bestandene Fahrtrecht zu geben vermag, beantrage ich, da, falls in dem Befinden der Zeugin eine Verschlimmerung eintreten würde, der Verlust dieses Beweismittels zu besorgen wäre, gemäß § 447 u. ff. RZPO.:

„Zur Sicherung des Beweises die schleunige Vernehmung der M. Krill in ihrer Wohnung, indem ich Beklagten zu dem hiezu anzuberaumenden Beweistermine lade."

Vorgelesen, genehmigt, unterzeichnet:

Kasper Fuchs.

Heß, k. Sekretär.

Beschluß.

Auf Antrag des ɾc. Fuchs wird gemäß § 447 ZPO. Die sofortige Vernehmung der Zeugin ɾc. Krill in ihrer Wohnung beschlossen.

Termin wird auf . . . . anberaumt.

Zustellung des Beschlusses mit Abschrift des Antrags dem Antragsteller.

Fuchs . / . Paul.

PRNo. $\frac{9}{1889}$ F.

Sowohl vor Anhängigmachung als im Laufe eines Prozesses kann jede Partei, wenn anzunehmen, daß der Streitgegenstand einer Veränderung unterliegt, beantragen, daß das Gericht und die Sachverständigen den Streitgegenstand sofort nachsehen; es kann daher die Einnahme des Augenscheins und die Vernehmung von Zeugen und Sachverständigen zur Sicherung des Beweises erfolgen, wenn zu besorgen ist, daß das Beweismittel verloren oder die Benutzung desselben erschwert wird, was früher Beweis zum ewigen Gedächtnisse genannt wurde. Dieses kommt insbesondere vor, wenn ein Zeuge krank oder alt, dessen Tod zu befürchten ist, auswandert; hauptsächlich in Viehgewährschaftsprozessen und in Handelssachen. Das Gesuch ist bei dem Gerichte anzubringen, vor welchem der Rechtsstreit anhängig ist; es kann vor dem Gerichtsschreiber zu Protokoll erklärt werden. In Fällen dringender Gefahr kann das Gesuch auch bei dem Amtsgerichte angebracht werden, in dessen Bezirk die zu vernehmenden Personen sich aufhalten oder der in Augenschein zu nehmende Gegenstand sich befindet. Bei dem bezeichneten Amtsgerichte muß das Gesuch angebracht werden, wenn der Rechtsstreit noch nicht anhängig ist. Auch in Anwaltsprozessen besteht hiezu kein Anwaltszwang.

Das Gesuch enthält: die Bezeichnung des Gegners, der Thatsachen, über welche die Beweisaufnahme erfolgen soll; der Beweismittel unter Benennung der zu vernehmenden Zeugen und Sachverständigen; die Darlegung des Grundes, welcher die Besorgnis rechtfertigt, daß das Beweismittel verloren oder die Benutzung desselben erschwert werde.

Die Entscheidung über das Gesuch kann ohne vorgängige mündliche Verhandlung erfolgen. Gegen den das Gesuch abweisenden Beschluß steht nach § 530 die Beschwerde zu. Der Beweisführer ist verpflichtet, soferne es nach den Umständen des Falles geschehen kann, unter Zustellung des Beschlusses und einer Abschrift des Gesuches zu dem für die Beweisaufnahme bestimmten Termine den Gegner so zeitig zu laden, daß derselbe in diesem Termine seine Rechte wahrnehmen kann. Dem Gerichtsschreiber obliegt die Vermittelung der Zustellung auch ohne besonderes Verlangen der Partei.

Die Beweisaufnahme ist die gewöhnliche. Das Protokoll über die Beweisaufnahme ist bei dem Gerichte, welches dieselbe angeordnet hat, aufzubewahren. Jede Partei hat das Recht, die Beweisverhandlungen im Prozesse zu benützen. Kann vom Beweisführer ein Gegner nicht bezeichnet werden, so kann das Gericht dem unbekannten Gegner zur Wahrnehmung seiner Rechte bei der Beweisaufnahme einen Vertreter bestellen.

ZPO. § 447—455 conf. 338, 342, 266, 320—379. EGes. hiezu § 13 Abs. 4. D. B. S. 55, 34, 14, 80, 421. Eintrag ins Prozeß-Register.

Gebühr $^{3}/_{10}$ für die Entscheidung, einschließlich des Verfahrens über Anträge auf Sicherung des Beweises und im ganzen $^{5}/_{10}$, wenn eine Beweisaufnahme stattfindet. § 36 RGKG.

Das Verfahren gilt nach § 39 GKG. als besonderer Rechtsstreit; es tritt demzufolge eine Verminderung der Gebühr nach § 28 l. c. auch dann nicht ein, wenn das Gesuch bei dem mit dem Rechts-

108. Ladung nach Widerspruch gegen Zahlbefehl.

Gerichtsschreiberei des k. Amtsgerichts Dürkheim.

Streitsggst. Mk.
AGRNr.

Gb. f. Zahlb. Mk.
Gebühr „

Dürkheim, am 24. Januar 1889.

In Sachen

Frisch Marie, Kleidermacherin in Dürkheim, Klageteil,

gegen

Wolf Paul, Bauzeichner daselbst, Beklagten

wegen Forderung,

erscheint die Klägerin und erklärt unter Vorlage des Zahlungsbefehls vom 14. ds. Mts. MRNr. 10 samt Zustellungsurkunde:

Nachdem Beklagter am 20. Januar l. Js. gegen den zu gunsten meiner Forderung von

20 Mk. Hauszins für die Monate November und Dezember 1888, sowie
10 „ für Heizen während dieser Zeit.
Sa. 30 Mk.

auf meinen Antrag vom 9. Januar l. Js. erlassenen Zahlbefehl vom 14. ds. Mts. Widerspruch erhoben hat, lade ich denselben gemäß § 636 der RZPO. zur mündlichen Verhandlung über obenbezeichneten Anspruch vor das k. Amtsgericht Dürkheim zu dem von diesem anzuberaumenden Termine, an dem ich beantragen werde:

„Kgl. Amtsgericht wolle in einem vorläufig vollstreckbar zu erklärenden Urteile Beklagten

I. zur Zahlung von 30 ℳ Hauptsache u. s. w.

II. zur Erstattung der Mahnkosten und zur Tragung der Streitskosten verurteilen."

Verhandlungstermin wird auf ...., den .... 188 vormittags Uhr im Sitzungszimmer: dahier bestimmt.

Frisch ./. Wolf.

Vorgelesen, genehmigt, unterschrieben:

Marie Frisch.

(L. S.) Zahn, k. Sekretär.

PRNo. $\frac{20}{1889}$ A.

streite befaßten Gerichte angebracht wird. Die Bestellung eines Vertreters für den unbekannten Gegner erfolgt nach § 47 Z. 9. GKG.

Für das Verfahren ist eine besondere Wertfestsetzung erforderlich; ist jedoch das Gericht schon mit dem Rechtsstreite befaßt, kommt in der Regel dasselbe Wertobjekt in Betracht, nach welchem die Beweisgebühr zu berechnen wäre. Gesonderte Gebühr bei mehreren Anträgen mit nicht gleichzeitigen Entscheidungen.

Gehört eine wegen des Anspruchs zu erhebende Klage vor die Amtsgerichte, so wird, wenn rechtzeitig Widerspruch erhoben ist, die Klage als mit der Zustellung des Zahlungsbefehls bei dem Amtsgericht erhoben angesehen, welches den Befehl erlassen hat. Jede Partei kann den Gegner zur mündlichen Verhandlung laden; die Ladungsfrist beträgt mindestens drei Tage.

Zuständigkeit der Amtsgerichte § 23 des GVG. RZPO. § 636—638.

Gehört eine wegen des Anspruchs zu erhebende Klage vor die Landgerichte, so erlöschen die Wirkungen der Rechtshängigkeit, wenn nicht binnen einer sechsmonatlichen Frist, welche von dem Tage der Benachrichtigung von der Erhebung des Widerspruchs läuft, die Klage bei dem zuständigen Gericht erhoben wird.

Die Kosten des Mahnverfahrens sind im Falle der rechtzeitigen Erhebung des Widerspruchs als ein Teil der Kosten des entstehenden Rechtsstreits anzusehen.

Wird im Falle des § 637 die Klage nicht binnen der bestimmten sechsmonatlichen Frist erhoben, so hat der Gläubiger die Kosten des Mahnverfahrens zu tragen.

Wegen der Gebühren s. GKG. § 37 Abs. 3. Ferien GVG. 204.

Soweit die Kosten des Mahnverfahrens als Teil der Kosten eines entstehenden Rechtsstreits anzusehen sind (ZPO. § 638) wird die mit $^{2}/_{10}$ erhobene Gebühr auf die Gebühr des entstehenden Rechtsstreits angerechnet. — Keine Schreibgebühren für die Benachrichtigung vor dem gegen einen Zahlungsbefehl erhobenen Widerspruch. (ZPO. 634.)

Das Gesuch um Erlassung eines Zahlungsbefehls oder eines Vollstreckungsbefehls sowie die Erhebung eines Widerspruchs werden der anderen Partei abschriftlich nicht mitgeteilt; im Falle ihrer mündlichen Anbringung ist die Aufnahme eines Protokolls nicht erforderlich, jedoch bei unstatthaften Anträgen der eigensinnigen Partei ratsam. ZPO. § 642.

Die Anrechnung der Kosten des Mahnverfahrens auf die Gebühr des entstehenden Rechtsstreits wird auch dann stattzufinden haben, wenn in dem entstehenden Rechtsstreit gar nicht über die Hauptsache, sondern nur über Nebenstreitpunkte verhandelt wird, oder wenn nur die Zurücknahmegebühr anzusetzen ist. Ist letztere geringere als $^{2}/_{10}$, so wird nur diese ausschließlich liquidiert werden können.

109. Einspruch gegen Vollstreckungsbefehl.

Gerichtsschreiberei des k. Amtsgerichts Dürkheim.

Dürkheim, am 20. November 1895.

In der Mahnsache

Frisch Marie, Kleidermacherin in Dürkheim, Gläubigerin,

gegen

Wolf Paul, Bauzeichner daselbst, Schuldner . .,

wegen Forderung, hier Einspruch gegen Vollstreckungsbefehl.

erscheint Schuldner . . und erklärt:

Gegen den Vollstreckungsbefehl des k. Amtsgerichts Dürkheim, vom 10. Nov. l. Js., welcher mir noch nicht zugestellt wurde, lege ich hiemit den Einspruch ein und lade die Gläubigerin zur mündlichen Verhandlung über die Hauptsache [beim Streitgegenstande über 300 ℳ: zur mündlichen Verhandlung über dessen Zulässigkeit] vor das k. Amtsgericht Dürkheim zu dem von diesem zu bestimmenden oben beigesetzten Termin, an dem ich beantragen werde:

Verhandlungstermin wird auf ...., den........ 189 . . mittags Uhr im Sitzungszimmer: dahier bestimmt.

I. Den Vollstreckungsbefehl vom 10. November l. Js. aufzuheben,

II. der Gläubigerin die Kosten des Verfahrens mit Ausnahme der durch die Versäumnis entstandenen aufzuerlegen.

Das Urteil wird für vorläufig vollstreckbar erklärt.

Verbindung des Antrags auf Sistierung der Zwangsvollstreckung. Zur Einspruchsbegründung wird geltend gemacht: (Folgen die Gründe.)

Vorgelesen, genehmigt, unterzeichnet:
Paul Wolf.

Zahn, k. Sekretär.

---

§ 305—312. RZPO.

Der Vollstreckungsbefehl steht einem für vorläufig vollstreckbar erklärten, auf Versäumnis erlassenen Endurteile gleich. Gegen denselben findet der Einspruch nach den Vorschriften der § 303—311 statt. Gehört der Anspruch nicht vor die Amtsgerichte, so wird bei dem Amtsgerichte nur darüber verhandelt und entschieden, ob der Einspruch in der gesetzlichen Frist eingelegt sei. Die im § 637 bestimmte 6monatliche Frist beginnt in diesem Falle mit der Rechtskraft des Urteils, durch welches der Einspruch für zulässig erklärt ist.

110. Einspruch gegen Versäumnis-Urteil.

Gerichtsschreiberei des k. Amtsgerichts Dachau.

Dachau, am 24. Januar 1889.

In Sachen

Renner Michael, Schreinermeister in Dachau, Klägers, und Einspruchs-Klägers, vertreten ....

gegen

Rambär Joseph, Oekonom daselbst, Beklagten und Einspruchs-Beklagten, vertreten ....

Streitsgegenstd. Mk.
AGRNr.

Gebühr Mk.
Cop. "

wegen Forderung, hier Einspruch gegen ein Versäumnisurteil,

erscheint der Schreinermeister Michael Renner von Dachau und erklärt:

Durch diesgerichtliches Versäumnisurteil vom 20. Januar l. Js., welches mir noch nicht zugestellt wurde, bin ich mit meiner Klage vom 1. Januar c. unter Verurteilung in die Kosten abgewiesen worden.

Verhandlungstermin wird auf ...., den ..... 188 mittags Uhr im Sitzungszimmer: dahier bestimmt.

Gemäß § 303 u. ff. der ZPO. lege ich hiemit gegen dieses Urteil Einspruch ein und lade zugleich die Gegenpartei, den Einspruchsbeklagten, bezw. dessen Vertreter zur mündlichen Verhandlung über die Hauptsache vor das k. Amtsgericht Dachau zu dem von diesem zu bestimmenden, oben angesetzten Termin, woselbst ich beantragen werde:

Kgl. Amtsgericht wolle unter Aufhebung des Versäumnisurteils vom 20. Januar l. Js. erkennen:

a) Beklagter ist schuldig:

I. an mich 200 ℳ Hauptsache für gelieferte Schreinerarbeiten zu bezahlen;

II. Beklagter hat die Streitskosten zu tragen, bezw. zu ersetzen.

Das Urteil wird für vorläufig vollstreckbar erklärt.

Renner ./. Rambär.

oder b) I. Die Klage des Renner wird kostenfällig abgewiesen.

II. Das Urteil wird wegen der Kosten für vorläufig vollstreckbar erklärt.

PRNo. $\frac{21}{1889}$ A.

(Zur Einspruchsbegründung wird folgendes geltend gemacht:)

Infolge meiner geschäftlichen Arbeiten habe ich den angesetzten Verhandlungstermin vom 20. Januar c. versäumt.

oder:

Nachdem ich eine Gegenforderung von 190 ℳ habe und durch mündliche Vereinbarung unsere Forderungen ausgeglichen wurden, ist die Klageforderung ungerechtfertigt.

Als Beweismittel benenne ich: Die in der Klage vom 1. Januar c. genannten Zeugen.

Vorgelesen, genehmigt, unterzeichnet:

Michael Renner.

Huber, k. Sekretär.

Wurde mit Zustellung des Versäumnisurteils durch den Gerichtsvollzieher sofort gepfändet, so ist auch noch der Antrag auf Sistierung der Versteigerung bezw. Zwangsvollstreckung zu bethätigen (§ 647, 657 ZPO.) nach Zustellung des Einspruchs.

Das Verfahren infolge des Einspruchs gegen ein Versäumnisurteil gilt im Sinne des § 28 des GKG. als neue Instanz, insoweit der Einspruch verworfen, zurückgenommen oder nicht verhandelt wird. (ZPO. § 306, 310, 311.)

Gilt das Verfahren als Fortsetzung der Instanz, so wird durch die Gebühr für das Versäumnisurteil eine andere Entscheidungsgebühr derselben Instanz nicht ausgeschlossen. Durch die somit erforderlich gewordene Erhebung einer besonderen Gebühr von dem Versäumnisurteil wird letzteres für die Gebührenerhebung aus dem Zusammenhange der Instanz herausgenommen.

Nach Pfafferoth wird z. B., wenn nach Einlegung des Einspruchs gegen ein Versäumnisurteil beide Parteien in dem neuen Termine nicht erscheinen und der Prozeß ruhen bleibt, mit dem Versäumnisurteil die eine Instanz abgeschlossen, und das Verfahren infolge des Einspruchs, da letzterer nicht verhandelt ist, hat nach § 32 Abs. 1 l. c. als neue Instanz zu gelten. Für die erstere Instanz kommen also die Entscheidungsgebühren — für das Versäumnisurteil — sowie die etwa schon entstandenen sonstigen Gebühren und Auslagen zum Ansatze. Für die mit dem Einspruch beginnende Instanz würde dann nur die Gebühr des § 46 und zwar erst beim Eintritt der darin bestimmten Voraussetzung zu erheben sein.

Im Falle des Einspruchs gegen ein Versäumnisurteil ist ein Vorschuß nicht zu fordern, nachdem die Absicht bei Einlegung desselben auf Fortsetzung der Instanz gerichtet ist.

Der Partei, gegen welche ein Versäumnisurteil erlassen ist, steht gegen dasselbe der Einspruch zu. D. V. f. Gerschrb. S. 27, 28.

Der Einspruch ist kein Rechtsmittel im Sinne der ZPO. Derselbe ist nicht durch Entschuldigung der Versäumnis bedingt. Die Einspruchsfrist beträgt zwei Wochen; sie ist eine Notfrist und beginnt mit der Zustellung des Versäumnisurteils.

Muß die Zustellung im Ausland oder durch öffentliche Bekanntmachung erfolgen, so hat das Gericht die Einspruchsfrist im Versäumnisurteile oder nachträglich durch besonderen Beschluß, welcher ohne vorgängige mündliche Verhandlung erlassen werden kann, zu bestimmen. Gegen Ablauf der Einspruchsfrist ist die Wiedereinsetzung möglich: § 211 ff. RZPO.

Die Einlegung des Einspruchs erfolgt durch Zustellung eines Schriftsatzes, der 1. die Bezeichnung des Urteils, gegen welches der Einspruch gerichtet wird; 2. die Erklärung, daß gegen dieses Urteil Einspruch eingelegt werde; 3. die Ladung des Gegners zur mündlichen Verhandlung über die Hauptsache sowie dasjenige enthalten muß, was zur Vorbereitung der Verhandlung über die Hauptsache erforderlich ist.

Das Gericht hat von amtswegen zu prüfen, ob der Einspruch an sich statthaft und ob er in der gesetzlichen Form und Frist eingelegt sei; fehlt eines dieser Erfordernisse, ist der Einspruch als unzulässig zu verwerfen. Gebühren: für die Einspruchsverhandlung s. GKG. § 26 Nr. 6 und Abs. 2, 28, 32 Abs. 1; GO. f. RA. § 20, 27, Abs. 1. — Das Urteil, durch welches der Einspruch als unzulässig verworfen wird, ist mit Berufung und Revision anfechtbar; conf. § 500 Nr. 1.

Ist der Einspruch zulässig, wird der Prozeß in die Lage zurückversetzt, in welcher er sich vor Eintritt der Versäumnis befand.

Ist das Versäumnisurteil in gesetzlicher Weise ergangen, sind die durch die Versäumnis veranlaßten Kosten, soweit sie nicht durch einen unbegründeten Widerspruch des Gegners entstanden, der säumigen Partei auch dann aufzuerlegen, wenn infolge des Einspruchs eine abändernde Entscheidung erlassen wird.

Gebühren: s. GKG. § 26 Nr. 6, § 32 Abs. 2; GO. f. RA. § 20, 27 Abs. 2.

Einer Partei, die den Einspruch eingelegt hat, aber in der zur mündlichen Verhandlung bestimmten Sitzung oder in derjenigen Sitzung, auf welche die Verhandlung vertagt ist, nicht erscheint oder nicht zur Hauptsache verhandelt, steht gegen das Versäumnisurteil, durch welches der Einspruch verworfen wird, ein weiterer Einspruch nicht zu, hatte sie aber zur Hauptsache verhandelt, oder versäumte sie danach einen späteren Termin, steht ihr gegen das weitere Versäumnisurteil der Einspruch zu. In Betreff des Verzichts auf den Einspruch und der Zurücknahme desselben finden die Vorschriften über den Verzicht auf die Berufung und über die Zurücknahme derselben entsprechende Anwendung.

111. Klagebeantwortung im amtsgerichtlichen Verfahren.

Gerichtsschreiberei des k. Amtsgerichts Pappenheim.

Pappenheim, am 6. Februar 1889.

In Sachen

des Kaufmanns Friedrich Freudl von Treuchtlingen, Klägers,

gegen

den Handelsmann Moritz Fischer von Dietfurt, Beklagten,

wegen Forderung,

erscheint der Beklagte Fischer und erklärt:

Ich widerspreche die in der schriftlichen Klage vom 28. Januar l. Js. enthaltenen klägerischen Behauptungen vollständig.

Der vom Kläger verlangte Betrag zu 60 ℳ ist dadurch entstanden, daß der Lieferant die vom Kläger bestellten Gänse zu mir brachte, da Kläger dem Lieferanten den verlangten Kaufschilling nicht gewährte; ferner wird die Höhe der eingeklagten Forderung widersprochen, da fragliche Gänse nur einen Wert von 30 ℳ hatten. Diesen Betrag ließ ich dem Kläger schon vor drei Wochen durch meinen Ausgeher überbringen, er nahm aber das Geld nicht an; sonach ist auch unwahr, daß ich vergeblich zur Zahlung aufgefordert wurde.

Ich werde deshalb beantragen:

Die Klage abzuweisen und das Urteil für vorläufig vollstreckbar zu erklären.

Für den Fall der Verurteilung bitte ich nach § 652 ZPO. mir nachzulassen, die Zwangsvollstreckung durch Sicherheitsleistung oder durch Hinterlegung der beizutreibenden Summe abzuwenden.

Beweismittel: Zeugen und Eid, Sachverständige.

Vorgelesen, genehmigt, unterzeichnet:
Moritz Fischer.

Plank, k. Sekretär.

PRNo. $\frac{400}{1889}$ A.

Eine Klagebeantwortung § 244 ZPO. ist im amtsgerichtlichen Verfahren nicht vorgeschrieben, jedoch auch nicht ausgeschlossen. Der Beklagte hat dem Kläger mittels vorbereitenden Schriftsatzes die Klagebeantwortung innerhalb der ersten zwei Dritteile der Zeit, welche zwischen der Zustellung der Klageschrift und dem Termine zur mündlichen Verhandlung liegt, zustellen zu lassen.

Ueber die vorbereitenden Schriftsätze: § 121 ff. 204 Abs. 2 235 Ziff. 3, 241 ZPO.

112. Aufnahme des Rechtsstreits durch die Rechtsnachfolger.

Gerichtsschreiberei des k. Amtsgerichts Edenkoben.

Edenkoben, am 17. Februar 1889.

In Sachen

Amberger Josef, Mühlenbesitzer von Zweibrücken, Klägers,

gegen

Hillenbrand H., Handelsmann in Edenkoben, Beklagten,

Streitgegenstd.: 200 ℳ

wegen Forderung,

nunmehr Amberger gegen die Hillenbrand'schen Erben,

erscheint der Kaufmann Joseph Kohn von Edenkoben und erklärt:

Verhandlungstermin wird auf ...., den ...... 188 mittags Uhr, im Sitzungszimmer; dahier bestimmt.

Nachdem durch den am 10. Januar l. Js. erfolgten Tod des Klägers (Beklagten) das Verfahren unterbrochen wurde und dieser von seinen Enkeln Johann und Georg Hillenbrand nach Testament vom 2. Mai 1886 beerbt worden ist, nehme ich unter Uebergabe einer Prozeßvollmacht — Erbschaftszeugnisses — im Auftrage dessen Erben das Verfahren auf und lade die Gegenpartei zur Verhandlung der Hauptsache vor das k. Amtsgericht Edenkoben zu dem nebenstehenden anberaumten Termin.

PRNo. $\frac{94}{1888}$ A.

Vorgelesen, genehmigt, unterzeichnet:

Joseph Kohn.

(L. S.) Lanz, k. Sekretär.

Bei vorstehendem Formulare ist vorausgesetzt, daß die verstorbene Partei nicht durch Prozeßbevollmächtigte vertreten war, sondern den Prozeß selbst führte. War die verstorbene Partei durch einen Bevollmächtigten vertreten, so hat die Erklärung des letzteren dahin zu lauten, daß er den Prozeß namens der Rechtsnachfolger aufnehme.

Die Aufnahme eines unterbrochenen oder ausgesetzten Verfahrens und die in diesem Titel erwähnten Anzeigen erfolgen durch Zustellung eines Schriftsatzes.

Die Zustellung eines Schriftsatzes ist entbehrlich, wenn die Aufnahme in der mündlichen Verhandlung geschieht.

Vgl. ZPO. § 227, 217 f. 462.

$^{5}/_{10}$ Gebühr nach § 26 Ziff. 4 der GKG. für die Aufnahme eines unterbrochenen oder ausgesetzten Verfahrens. (ZPO. § 227.) Die Erbbescheinigung kann auch erst im Termine vorgelegt werden.

113. Ladung im anhängigen Rechtsstreit.

Gerichtsschreiberei
des k. Amtsgerichts
Rosenheim.

Rosenheim, am 24. November 1895.

In Sachen

Huber Georg, Malermeister in Rosenheim, Kläger . .,

gegen

Müller Ferdinand, Hausbesitzer in Schloßberg, Beklagten,

wegen Forderung,

Streitgegenstand 170 ℳ.

erscheint der Kläger . . und erklärt:

a) Im letzten Verhandlungstermin wurde nicht verhandelt — der Termin circumduziert — da Beklagter mir innerhalb 2 Wochen Zahlung versprochen. Zahlung wurde jedoch bis jetzt nicht geleistet.

b) Kläger ist am ersten Verhandlungstermin nicht erschienen und hat seither über den Prozeß nichts mehr hören lassen, ich habe damals gegen ihn kein Versäumnisurteil genommen, sondern habe mich ohne Antragstellung entfernt.

c) Da ich am ersten Termine gegen Beklagten kein Versäumnisurteil erhielt, weil die Einlassungsfrist nicht gewahrt war, ließ ich den Prozeß ruhen. Beklagter versprach Zahlung.

d) Durch Gerichtsbeschluß vom . . . wurde wegen Todes des Beklagten das Verfahren ausgesetzt; derselbe ist beerbt von . . . . . ., diese Erben haben jedoch das Verfahren bis jetzt noch nicht aufgenommen. (Erblegitimationsakten.)

e) Die Prozeßsache wurde wegen obschwebender Vergleichsverhandlungen auf unbestimmte Zeit vertagt, ein Vergleich ist jedoch nicht erzielt worden.

Neuerlicher Verhandlungstermin wird auf . . . . . ., den . . . . 189 . . mittags . . Uhr im Sitzungszimmer: . . . . dahier bestimmt.

. . . .

Ich will daher den Rechtsstreit fortsetzen und lade deshalb unter Bezugnahme auf die bereits zugestellte Klage vom 1. Oktober l. Js. und die in derselben enthaltenen Anträge den Beklagten (Kläger . .) von neuem zur mündlichen Verhandlung des Rechtsstreits vor das k. Amtsgericht Rosenheim, zu dem von diesem zu bestimmenden oben beigesetzten Termine.

Huber . . Müller.

Vorgelesen, genehmigt, unterzeichnet:

Georg Huber.

Riedel, k. Sekretär.

PRNo. $\frac{103}{1895}$ A.

ZPO. § 191, 193 (217).

114. Ladung zum Sühnetermine.

Gerichtsschreiberei des k. Amtsgerichts Dahn.

Streitsggst. Mk.
AGRNr.

Gebühr Mk.
Cop. "

Sühnetermin wird auf
, den 189
mittags Uhr
im Sitzungszimmer:
dahier bestimmt.

Schuster . Herzog.

SRNb. 2/1889.

Dahn, am 24. Januar 1889.

Es erscheint
Schuster Nikolaus, Maurermeister in Dahn, Klägers,
und bringt gegen
Herzog Paul, Anwesensbesitzer daselbst, Beklagten,
wegen Forderung zu 600 Mk.
folgenden Antrag auf Anberaumung eines Sühnetermins an:

Beklagter schuldet mir für eine im vorigen Jahre an seinem Anwesen vorgenommene Reparatur nach anerkannter Rechnung den Betrag zu 600 Mk. 2c.

Wegen dieser Sache, beabsichtige ich Klage zu erheben; lade jedoch vorerst den Paul Herzog gemäß § 471 der ZPO. zum Zwecke des Sühneversuchs vor das Kgl. Amtsgericht Dahn, dem allgemeinen Gerichtsstand des Gegners, zu dem vom k. Amtsgerichte zu bestimmenden oben beigesetzten Termine mit der Aufforderung, an diesem bestimmt zu erscheinen.

Vorgelesen, genehmigt, unterzeichnet:
Nikolaus Schuster.

Held, k. Sekretär.

Nach § 268 der RZPO. kann das Gericht in jeder Lage des Rechtsstreits die gütliche Beilegung desselben oder einzelner Streitpunkte versuchen oder die Parteien zum Zwecke des Sühneversuchs vor einen beauftragten oder ersuchten Richter verweisen und das persönliche Erscheinen der Parteien anordnen.

Wer eine Klage zu erheben beabsichtigt, kann unter Angabe des Gegenstandes seines Anspruchs zum Zwecke eines Sühneversuchs den Gegner vor das Amtsgericht laden, vor welchem dieser seinen allgemeinen Gerichtsstand hat.

Erscheinen beide Parteien und wird ein Vergleich geschlossen, so ist derselbe zu Protokoll festzustellen. Kommt ein Vergleich nicht zu stande, so wird auf Antrag beider Parteien der Rechtsstreit sofort verhandelt; die Erhebung der Klage erfolgt in diesem Falle durch den mündlichen Vortrag derselben.

Ist der Gegner nicht erschienen, oder der Sühneversuch erfolglos geblieben, so werden die erwachsenen Kosten als Teil der Kosten des Rechtsstreits behandelt. Wegen der Gebühren s. GKG. § 21, 23, 41, 101. GO. f. RA. § 37.

115. Antrag um Sühnetermin in Ehesachen.

Gerichtsschreiberei des k. Amtsgerichts Kelheim.

Kelheim, am 1. Dezember 1895.

Es erscheint

Frau Friederika Meier, Kaufmannsgattin dahier

und bringt gegen

Meier Heinrich, Kaufmann daselbst, ihren Ehemann,

wegen Ehescheidung, folgenden Antrag an:

Streitgegenstd. 2000 ℳ. Gebührenfrei.

Ich will mich von meinem Ehemann, dem Kaufmann Heinrich Meier von hier wegen Ehebruchs und Mißhandlungen scheiden lassen: Der Beklagte, mit dem ich seit 5 Jahren verheiratet bin, unterhält seit 1 Jahre mit der Modistin Anna Schöpperl dahier ein Liebesverhältnis, welches auch nicht ohne Folgen geblieben ist; die ganze Zeit verbringt er bei diesem Frauenzimmer und hängt ihr alles Geld an, so daß ich und die drei Kinder oftmals mittellos dastehen. Verlange ich von ihm Geld, so schimpft er mich grundlos mit den gemeinsten Ausdrücken und ließ sich in letzterer Zeit sogar zu Thätlichkeiten hinreißen.

Sühnetermin wird auf ......, den .... 189 mittags Uhr im Zimmer Nr. dahier bestimmt.

Da ich die Ehescheidungsklage beabsichtige, stelle ich gemäß § 571 der ZPO. den Antrag:

Kgl. Amtsgericht Kelheim wolle zum Zwecke des Sühneversuches mit meinem Ehemanne einen Sühnetermin anberaumen, zu dem ich meinen Ehemann hiemit lade.

Ich bin 30 Jahre alt; mein Ehemann 42; aus der Ehe sind drei Kinder vorhanden. Wir gehören der katholischen Kirche an. Die Heiratsurkunde werde ich am Termine vorlegen.

Meier ./. Meier.

Sühne RNo. 3/1895.

Vorgelesen, genehmigt, unterzeichnet:

Friederike Meier.

Zaschka, k. Sekretär.

Beschränkung der Oeffentlichkeit: GVG. § 171. ZPO. § 571, 572. Sühneversuch in Ehesachen **79**, 755 f. Sühneregister der Amtsgerichte **79**, 756. Bei den nach § 471, 571 der ZPO. von dem Amtsgericht vorzunehmenden Sühneversuchen wird ein förmliches Protokoll nur aufgenommen, wenn ein Vergleich oder eine sonstige Vereinbarung

116. Protokoll im Sühnetermin.

Protokoll

aufgenommen bei dem k. Amtsgericht Kelheim.

Gegenwärtig:	Kelheim, am 10. Dezember 1895.
k. Ober-Amtsrichter Meier.	In der Sühnesache der Kaufmannsgattin Friederike Meier dahier,
k. Gerichtsschreiber Zaschka.	gegen ihren Ehemann, Kaufmann Heinrich Meier daselbst, wegen Ehescheidung (Forderung)

erschienen die beiden Parteien.

a. Die Sühne wurde versucht und war von Erfolg begleitet. Die Ehefrau entsagt der Geltendmachung der Ehescheidungsgründe des Ehebruchs und der Mißhandlung; sie verzeiht ihrem Ehemann, welcher die Kosten übernimmt.

b. Nach längerer Besprechung der Sache kam zwischen beiden Parteien folgender Vergleich zu stande: Beklagter zahlt sofort fünfhundert Mark; Kläger verzichtet auf den Mehrbetrag und trägt die Kosten.

c. Der Versuch einer Einigung der Parteien blieb erfolglos. Kläger beantragt, die Sache sofort im Prozeßwege zu verhandeln. Beklagter erhob die Einrede der Unzuständigkeit, worauf Kläger die Verweisung der Sache an das zuständige Landgericht fordert.

Vorgelesen, genehmigt.

Meier, k. ObAR.

(L. S.) Zaschka, Sekretär.

---

zu stande kommt, andernfalls wird der Sühneversuch nur in das Sühneregister eingetragen, in welches auch diejenigen Sühnesachen eingetragen werden, in denen kein Vergleich erzielt wurde. Die Sühneregister sind für je ein Geschäftsjahr bestimmt, bei Gerichten mit mehreren Richtern können mehrere Register geführt werden. Die aufgenommenen Vergleiche werden fortlaufend numeriert und nach diesen Nummern geordnet in besonderem Umschlag als Beilagen des Sühneregisters aufbewahrt, ebenso die übrigen in Sühnesachen erwachsenen Schriftstücke. Von der zur Terminsbestimmung eingereichten Ladung (§ 193 ZPO.) wird eine Abschrift nicht zurückbehalten. In Spalte 10 ist auch die Erteilung der Bescheinigung über das Sühneversuchs-Ergebnis in Ehesachen zu bemerken.

In Ehesachen hat der Kläger bei dem Amtsgerichte, vor welchem der Ehemann seinen allgemeinen Gerichtsstand hat, die Anberaumung eines Sühnetermins zu beantragen und zu diesem Termine den Beklagten zu laden.

Durch die Zustellung der Ladung wird die Verjährung unterbrochen. Wegen der Gebühren s. GO. f. RA. § 37.

Die Parteien müssen in dem Sühnetermine persönlich erscheinen; Beistände können zurückgewiesen werden.

Erscheint der Kläger oder erscheinen beide Parteien in dem Sühnetermine nicht, so verliert die Ladung ihre Wirkung. Erscheint der Kläger, aber nicht der Beklagte, so ist der Sühneversuch als mißlungen anzusehen. Zwangsmaßregeln, um den Beklagten zum Erscheinen zu nötigen, gibt es nicht.

Der Sühneversuch ist nicht erforderlich, wenn der Aufenthalt des Beklagten unbekannt oder im Auslande ist, wenn dem Sühneversuch ein anderes schwer zu beseitigendes Hindernis entgegensteht, welches von dem Kläger nicht verschuldet ist, oder wenn die Erfolglosigkeit des Sühneversuchs mit Bestimmtheit vorauszusehen ist.

Ueber das Vorhandensein dieser Voraussetzungen entscheidet der Vorsitzende des Landgerichts ohne vorgängiges Gehör des Beklagten. Einf.-Ges. ZPO. § 16, Ziff. 5 u. 6.

Bezeichnung der Sühnesachen mit „E" **80**, 421, 423 Gebührenberechnung: GKG. § 10, GO. f. RA. § 10 Vormundschaftsbestellung auf Anregung des Staatsanwalts im Falle des Ehescheidungsprozesses Art. 149 Ausfg. ZPO. Rechnerische Behandlung der Kosten in Ehesachen **81**, 61 f.; **82**, 289 f.

Für die Rechtsstreitigkeiten, welche die Trennung, Ungiltigkeit oder Nichtigkeit einer Ehe oder die Herstellung des ehelichen Lebens zum Gegenstande haben (Ehesachen), ist das Landgericht, bei welchem der Ehemann seinen allgemeinen Gerichtsstand hat, ausschließlich zuständig. Gegen den Ehemann, welcher seine Frau verlassen und seinen Wohnsitz nur im Auslande hat, kann von der Ehefrau die Klage bei dem Landgerichte seines letzten Wohnsitzes im Deutschen Reiche erhoben werden, sofern Beklagter zur Zeit, als er die Klägerin verließ, ein Deutscher war. Diese Klagen in Ehesachen müssen sowohl von der Ehefrau, wie von dem Ehemanne in dem allgemeinen Gerichtsstand des Ehemannes erhoben werden; derselbe bestimmt sich nach § 13—18. Prorogation ist unzulässig. (§ 40 ZPO.) In Ehesachen ist die Staatsanwaltschaft zur Mitwirkung befugt. Der Verhandlung vor dem erkennenden Gerichte, sowie vor einem beauftragten oder ersuchten Richter kann der Staatsanwalt beiwohnen. Er ist von allen Terminen von amtswegen in Kenntnis zu setzen.

117. Antrag auf Erlaß des Rückkehrbefehls in Ehesachen.

Gerichtsschreiberei des k. Amtsgerichts
Kelheim.

Rückkehrbefehl.
Nach Angabe de .... hat sich d..en Ehe.... am .... vor mehr als 6 Monaten von hier entfernt, unbekannt wohin und ist seitdem nicht mehr zurückgekehrt; ... derzeitiger Aufenthalt ist unbekannt.
Auf Antrag de .... vom ... ergeht nun gemäß § 568 u. 17 ZPO. mit Art. 90 des b. Ausf.-Ges an .... die Aufforderung, binnen 6 Monaten zu seine. Ehe ... zur Fortsetzung der ehelichen Gemeinschaft in de.en Wohnung (Straße) zurückzukehren, widrigenfalls ... wegen böslicher Verlassung die Ehescheidungsklage zu gewärtigen hat.

Kelheim, am 2. Dezember 1895.

Es erscheint
Gert Therese, Schneidersfrau von Kelheim,
und bringt gegen
Gert A., Schneider, zul. dahier, nun unbekannten Aufenthalts
folgenden Antrag an:

Mein Ehemann hat am 15. Juni d. Js. die Wohnung verlassen, ist bis jetzt nicht zurückgekehrt, ich vermute, daß er sich bei seiner Geliebten, der Kellnerin Barbara Winkler in Riedenburg aufhält.

Ich beantrage den Erlaß eines Rückkehrbefehls; oder: es wolle durch öffentliche Bekanntmachung an meinen Ehemann die Aufforderung erlassen werden, innerhalb 6 Monaten zu mir zurückzukehren, widrigenfalls er die Ehescheidungsklage wegen böslicher Verlassung und die damit verbundenen Folgen zu gewärtigen hätte.

Vorgelesen, genehmigt, unterzeichnet:
Therese Gert.

Hutter, k. Sekretär.

Rückkehrbefehle 79, 804 (Eintrag im Register) zuständig für die Erlassung des Rückkehr- oder Besserungsbefehls das Amtsgericht des Wohnsitzes der Eheleute.

$^{3}/_{10}$ der Geb. des § 8 d. RGKG. werden nach Art. 28 des Geb.-W. erhoben für die Entscheidung einschließlich des vorausgegangenen Verfahrens über Anträge von Ehegatten auf Erlassung eines Rückkehr- oder Besserungs-Befehls oder einer öffentlichen Aufforderung zur Rückkehr an den andern Eheteil. Diese Gebühr wird im Falle der Ersatzlosigkeit auf die Gebühren eines entstehenden Rechtsstreits angerechnet.

ZPO. § 568, Ausf.-Ges. Hiezu Art. 89—92. Bayr. LRT. I cap. VI § 40 Nr. 3. Die öffentliche Bekanntmachung erfolgt durch Anschlag an die Gerichtstafel, Ausschreibung in 2 Blättern.

Die richterliche Verfügung lautet: „Auf Antrag Ihrer Ehegattin X von Y werden Sie hiemit aufgefordert, binnen 6 Wochen, vom Tage der Zustellung dieser Verfügung an gerechnet, das eheliche Leben mit Ihrer Ehegattin wieder aufzunehmen und zu ihr zurückzukehren; andernfalls haben Sie die Ehescheidungsklage zu gewärtigen."

Bei bekanntem Aufenthalte des Gegners ist Rückkehrbefehl bei Katholiken nach b. Landrecht nicht zulässig.

118. Antrag auf Arrest in bewegliches Vermögen.

Gerichtsschreiberei
des k. Amts-Gerichts
Babenhausen.

Babenhausen, am 7. Januar 1889.

Es erscheint
Specht Joseph, Kaufmann in Babenhausen,
und bringt gegen
Kraus Friedrich, Melber von da,
wegen Forderung zu 500 ℳ
folgenden Arrest-Antrag an:

Arrestbeklagter schuldet mir nach übergebenem Schuldschein vom 10. August 1888 ein Darlehen von 500 ℳ

Schuldner beabsichtigt seine ganze Habe, insbesondere seine Warenvorräte zu veräußern und nach Amerika auszuwandern, was ich durch die vorgelegte Nummer 6 der Augsburger Abendzeitung vom 6. ds. Mts. glaubhaft mache, da in diesem Inserat Schuldner sein gesamtes Mobiliar und die Vorräte zum Kaufe öffentlich anbietet,

oder

Schuldner geht damit um, sein noch geringes Vermögen zu veräußern, sowie die wenigen Aktivaußenstände für sich beizutreiben, somit den Gläubigern jede Möglichkeit, zu ihrem Guthaben zu gelangen, zu nehmen und allenfallsige Zwangsvollstreckung zu vereiteln. Zum Nachweise dessen und insbesondere dafür, daß Schuldner in seinen Vermögensverhältnissen sehr zurückgekommen ist, lege ich Zeugnis der Gemeindeverwaltung Babenhausen vom 5. ds. Mts. vor.

oder

Arrestbeklagter ist Franzose, derselbe hält sich nur auf Besuch in Babenhausen auf und hat die bestimmte Absicht geäußert, in einigen Tagen nach Paris zurückzukehren, sonach müßte das wegen meiner Forderung ergehende Urteil in Frankreich vollstreckt werden.

Hienach wäre zu besorgen, daß die Zwangsvollstreckung aus dem später zu gunsten meiner Forderung gegen Arrestbeklagten ergehenden Urteile ohne Verhängung des Arrestes vereitelt oder wesentlich erschwert werden würde.

Zur Bescheinigung des Arrestgrundes übergebe ich eidesstattliche Versicherung des Hausbesitzers Gottlieb Meier von hier vom 6. ds. Mts., wie solche in der notariellen Urkunde enthalten; im Uebrigen beziehe ich mich auf den übergebenen Schuldschein, den ich mit dem Beschluß zurückverlange.

Specht ⁄. Kraus.

Indem ich mich eventuell zur gesetzlichen Sicherheitsleistung erbiete, stelle ich gemäß § 796 ff. der ZPO. den Antrag:

PRNo. $\frac{3}{1889}$ C.

„Kgl. Amts-Gericht wolle zur Sicherung der späteren Zwangsvollstreckung zu gunsten meiner Forderung von 500 ℳ Hauptsache 2c. nebst 50 ℳ Kostenaversum dinglichen Arrest in das bewegliche Vermögen des Arrestbeklagten erlassen."

Vorgelesen, genehmigt, unterzeichnet:

Joseph Specht.

Träger, k. Sekretär.

Der Arrest findet zur Sicherung der Zwangsvollstreckung in das bewegliche oder in das unbewegliche Vermögen wegen einer Geldforderung oder wegen eines Anspruches statt, welcher in eine Geldforderung übergehen kann. Die Zulässigkeit des Arrestes wird dadurch nicht ausgeschlossen, daß der Anspruch ein betagter ist. Der dingliche Arrest findet statt, wenn zu besorgen ist, daß ohne dessen Verhängung die Vollstreckung des Urteils vereitelt oder wesentlich erschwert werden würde. Als ein zureichender Arrestgrund ist es anzusehen, wenn das Urteil im Auslande vollstreckt werden müßte.

Es kann daher Arrest erwirkt werden, wenn der Prozeß noch gar nicht bei Gericht anhängig ist oder auch die Forderung noch nicht fällig wurde.

Das Gesuch um Arrest soll die Bezeichnung des Anspruchs unter Angabe des Geldbetrages oder des Geldwertes sowie die Bezeichnung des Arrestgrundes enthalten. Der Anspruch und der Arrestgrund sind glaubhaft zu machen. Das Gesuch kann vor dem Gerichtsschreiber zu Protokoll erklärt werden und zwar ohne Rücksicht auf die Größe der Forderungen bei demjenigen Amtsgerichte, in dessen Bezirk der mit Arrest zu belegende Gegenstand (Person) sich befindet, oder bei dem Gerichte der Hauptsache, bei welchem die Forderung im regelmäßigen Verfahren eingeklagt werden muß. Anwaltszwang besteht auch nicht, wenn das Land- oder Oberlandesgericht zuständig ist.

Zur Glaubhaftmachung kann man sich bedienen: Zeugen, Bestätigungen der Orts- und Gemeindevorsteher, Rechnungen, Schuldscheine 2c. Die Zeugen können vom Antragsteller mitgebracht und ihre Aussagen vom Sekretär sofort zu Protokoll genommen werden.

Der Gerichtsschreiber übergibt eine Ausfertigung des Arrestbefehls dem Gerichtsvollzieher zur Zustellung an Schuldner und Vollzug des Arrestes. Ein Zwang zur Entgegennahme von Zeugenaussagen besteht nicht.

119. Antrag auf Arrest in Forderungen.

Gerichtsschreiberei des k. Amts-Gerichts I Bamberg.

Bamberg, am 10. Dezember 1895.

Es erscheint

Specht Joseph, Kaufmann in Bamberg, Geierstraße 10,

und bringt gegen

Kraus Alois, Viktualienhändler in Bamberg, Erichstraße 5,

wegen Forderung zu 250 ℳ

folgenden Antrag an:

./.

Arrestbeklagter schuldet mir laut hiemit übergebenen Buchsauszugs vom 21. November 1895 für geliefertes Schmalz 250 ℳ.

Beschluß.

Der nebenstehend beantragte dingliche Arrest in das schuldnerische Vermögen wird angeordnet, wenn Arrestkläger 300 ℳ Sicherheit durch Hinterlegung auf der k. Filialbank leistet.

flat Zustellung an Gläubiger von amtswegen nach § 294 Abs. 3 ZPO.

.... 189

Schuldner . . geht damit um, seine sämtlichen Aktivaußenstände für sich beizutreiben, seine Waren und Hausgeräte zu verschleudern, fortzuziehen und den Gläubigern das Nachsehen zu lassen.

Zum Nachweise dessen und insbesondere dafür, daß Schuldner in seinen Vermögensverhältnissen sehr zurückgekommen ist, sowie daß er bereits mehrere seiner besseren Hausgeräte unter dem Preise veräußert hat, lege ich Zeugnis des Magistrats Bamberg vom 6. ds. Mts. vor.

./.

Wie mir der Schuldner seinerzeit selbst mitgeteilt, und wie mir vom diesgerichtlichen Hypothekenamte bestätigt worden, hat Schuldner gegen den Oekonomen Friedrich Maier von Bamberg eine Hypothekforderung zu 300 ℳ, welche auf dessen Anwesen im Hyp.-Bch. für Bamberg Bd. XII S. 70 versichert ist Daß ꝛc. Kraus die Ware richtig erhalten, erhellt aus der eidesstattlichen Versicherung des Buchhalters Merz, welche übergeben wird

./.

Hienach wäre zu besorgen, daß ohne Verhängung des Arrestes die seinerzeitige Vollstreckung des Urteils vereitelt oder wesentlich erschwert werden würde.

Indem ich mich zur gesetzlichen Sicherheitsleistung erbiete, stelle ich gemäß § 796 ff. d. ZPO. den Antrag:

Specht ∴ Kraus.

PRNo. $\frac{40}{1895}$ C.

„Kgl. Amts-Gericht wolle zur Sicherung der späteren Zwangsvollstreckung zu gunsten meiner Forderung zu 250 ℳ Hauptsache rc. nebst 30 ℳ Kostenaversum dinglicher Arrest in die dem Schuldner . . gegen den Oekonomen Friedrich Maier von Bamberg zustehende Hypothek-Darlehensforderung von 300 ℳ — wie solche auf dem Anwesen des letzteren im Hyp.-Buche f. Bamberg Bd. XII, S. 70 versichert ist, — zu erlassen, (sowie dem Drittschuldner . . zu verbieten, an Schuldner . . Zahlung zu leisten, und letzterem zu gebieten, sich jeder Verfügung insbesondere der Einziehung zu enthalten.)"

Vorgelesen, genehmigt, unterzeichnet:

Josef Specht.

Huber, k. Sekretär.

Die Entscheidung über den Arrest-Antrag kann ohne vorgängige mündliche Verhandlung erfolgen. Das Gericht kann, auch wenn der Anspruch oder der Arrestgrund nicht glaubhaft gemacht ist, den Arrest anordnen, soferne wegen der dem Gegner drohenden Nachteile eine nach freiem Ermessen zu bestimmende Sicherheit geleistet wird. Es kann die Anordnung des Arrestes von einer solchen Sicherheitsleistung abhängig machen, selbst wenn der Anspruch und der Arrestgrund glaubhaft gemacht sind.

Die Entscheidung über das Arrest-Gesuch erfolgt im Falle einer vorgängigen mündlichen Verhandlung durch End-Urteil, andernfalls durch Beschluß.

Den Beschluß, durch welchen ein Arrest angeordnet wird, hat die Partei, welche den Arrest erwirkt hat, zustellen zu lassen.

Der Beschluß, durch welchen das Arrestgesuch zurückgewiesen oder vorgängige Sicherheitsleistung für erforderlich erklärt wird, ist dem Gegner nicht mitzuteilen.

Der Eintrag des Arrestes in das Hypothekenbuch hätte zu lauten: „Zufolge Arrestbefehls des k. Amtsgerichts X vom Y wurde zu Sicherung der Zwangsvollstreckung die dem A gegen B zustehende Forderung sub 3/IV zu X Mk. zu gunsten der dem M gegen A zustehenden Forderung gepfändet."

Der Arrestbefehl geht mit der Vollzugsbestätigung des Hypothekenamtes an das Arrestgericht zurück. Der Gerichtsschreiber hat für

120. Antrag auf Arrest in unbewegliches Vermögen.

Gerichtsschreiberei des k. Amts-Gerichts Baunach.

Baunach, am 15. Dezember 1895.

Es erscheint

Goldstein Abraham, Kaufmann von Bamberg

und bringt gegen

Gerber Joseph, Oekonomen und Krämer in Baunach,

wegen Forderung zu 350 ℳ

vor dem Gerichtsschreiber folgenden Antrag an:

Arrestbeklagter schuldet mir laut des hiemit übergebenen Buchsauszugs für im heurigen Jahre gelieferte Spezereiwaren 350 ℳ Hauptsache nebst 6% Zinsen seit 1. Okt. l. Js. dem Zieltage.

Die Vermögensverhältnisse des Schuldners sind, wie aus dem hiemit übergebenen Zeugnisse der Gemeindeverwaltung Baunach vom 7. ds. Mts. erhellt, sehr ungünstige geworden. Schuldner vernachlässigt die Landwirtschaft, zieht als Unterhändler herum, verkauft ein Stück Vieh nach dem andern; außerdem ist bereits für einen anderen Gläubiger die Beschlagnahme des Anwesens erfolgt und wurde im Hyp.-Bch. für Baunach Bd. II, S. 17 eingetragen.

Hienach wäre zu besorgen, daß ohne Verhängung des Arrestes die seinerzeitige Vollstreckung des Urteils gegen Schuldner .. vereitelt oder wesentlich erschwert werden würde.

Indem ich mich eventuell zur gesetzlichen Sicherheitsleistung erbiete, stelle ich gemäß § 796, 797, 799 u. ff. 803 ZPO. Art. 44 mit 40 der Novelle zur SO. den Antrag:

„Kgl. Amts-Gericht Baunach wolle zur Sicherung der späteren Zwangsvollstreckung zu

Beschluß.

In nebenstehender Arrestsache ordnet das Gericht die mündliche Verhandlung an.

.... 189

Goldstein ./. Gerber.

PRNo. $\frac{50}{1895}$ C.

---

die Zustellung zu sorgen an Gläubiger, Schuldner und Drittschuldner. Beim Hypothekenamte wird eine kurze Registratur im Hypothekenprotokolle aufgenommen. (Gebühr Art. 88.)

Die Vollziehung des Arrestes in bewegliches Vermögen wird durch Pfändung bewirkt. Die Pfändung erfolgt nach denselben Grund-

gunsten meiner Forderung von 350 ℳ Hauptsache ꝛc. nebst 40 ℳ Kostenaversum dinglichen Arrest in das unbewegliche Vermögen des Schuldners und zwar in Pl.-Nr. 30 — 0,048 ha Feldacker ꝛc. StGd. Baunach, erlassen."

Durch Erlage von 400 ℳ sei Schuldner .. zum Antrag auf Aufhebung des Arrestes berechtigt.

Vorgelesen, genehmigt, unterzeichnet:

Abraham Goldstein.

Straßner, k. Sekretär.

---

sätzen wie jede andere Pfändung und begründet ein Pfandrecht mit den in § 709 RZPO. bestimmten Wirkungen.

Für die Pfändung einer Forderung ist das Arrestgericht als Vollstreckungsgericht zuständig. Gepfändetes Geld und ein im Verteilungsverfahren auf den Gläubiger fallender Betrag des Erlöses werden hinterlegt.

Das Vollstreckungsgericht kann auf Antrag anordnen, daß eine bewegliche körperliche Sache, wenn sie der Gefahr einer beträchtlichen Wertsverringerung ausgesetzt ist oder wenn ihre Aufbewahrung unverhältnismäßige Kosten verursachen würde, versteigert und der Erlös hinterlegt werde.

Die Aufhebung eines vollzogenen Arrestes gegen Hinterlegung (Ausf.-Ges. z. GVG. Art. 76) des in dem Arrestbefehle festgestellten Geldbetrages erfolgt von dem Vollstreckungsgerichte.

Das Vollstreckungsgericht kann die Aufhebung des Arrestes auch anordnen, wenn die Fortdauer besondere Aufwendungen erfordert und die Partei, auf deren Gesuch der Arrest verhängt wurde, den nötigen Geldbetrag nicht vorschießt.

Die Vollziehung des Arrestes in unbewegliches Vermögen bestimmt sich nach den Landesgesetzen; sie erfolgt durch Vormerkung einer Hypothek für den in dem Arrestbefehl gemäß § 803 ZPO. festgestellten Geldbetrag. (Art. 44, 40 Abs. 3 der Nov. z. SO.)

Demjenigen, welcher einen Arrestbefehl erwirkt hat, stehen die nämlichen Rechte zu, welche in Art. 13 u. 21 Abs. 2 d. SO. dem mit einer vollstreckbaren Urkunde versehenen Gläubiger eingeräumt werden.

Der Antrag auf Vollziehung des Arrestes ist von der Partei, welche den Arrestbefehl erwirkt hat, bei dem Hypothekenamte zu stellen, und zwar mündlich zum Hypothekenprotokolle oder schriftlich. (Hyp.-Ges. § 101, 103.)

Mit dem Antrage ist der Arrestbefehl sowie der Nachweis vorzulegen, daß die in § 809 Abs. 2 d. ZPO. vorgeschriebene Frist von zwei Wochen eingehalten werde.

Ein Antrag, der diesen Erfordernissen nicht entspricht, ist zurückzuweisen.

Die Eintragung hat in der für Eintragungen überhaupt vorgeschriebenen Weise nach Maßgabe des Inhalts des Arrestbefehls und unter Bezugnahme auf diesen zu geschehen. In der Pfalz finden die Bestimmungen des Art. 2150 des pfälzischen Zivilgesetzbuches entsprechende Anwendung. Der Eintrag muß insbesondere den Anspruch unter Angabe des Geldbetrags oder Geldwerts bezeichnen und den nach § 803 der ZPO. festgestellten Geldbetrag angeben.

Arrestbefehle bedürfen der Vollstreckungsklausel nur in dem Fall, wenn nach Erlassung der Befehle eine Rechtsnachfolge auf Seiten des Gläubigers oder Schuldners eingetreten ist.

Die Vollziehung ist vor der Zustellung des Arrestbefehles an den Schuldner zulässig. Sie ist jedoch ohne Wirkung, wenn die Zustellung nicht innerhalb einer Woche nach der Vollziehung und vor Ablauf der für diese bestimmten zweiwöchigen Frist erfolgt.

Gegen den Beschluß, durch welchen der Arrest aufgehoben wird, findet sofortige Beschwerde nach § 540 RZPO. statt.

Gebühren: $^3/_{10}$ nach § 35 Ziff. 3 GKG. Für die Entscheidung, einschließlich des vorausgegangenen Verfahrens über Anträge auf Anordnung oder Aufhebung eines Arrestes oder einer einstweiligen Verfügung (ZPO. § 801, 802, 813, 815—822), soweit nicht nachträglich die Gebühr des § 26 Nr. 9 l. c. zu $^5/_{10}$ zur Erhebung kommt. Diese Gebühren gelten auch für abweisende Beschlüsse.

$^5/_{10}$ nach § 26 Nr. 9 der Gebühr (§ 18 bis 24 GKG.) werden erhoben, wenn der Akt ausschließlich betrifft die Anordnung, Abänderung oder Aufhebung eines Arrestes oder einer einstweiligen Verfügung, soferne die Entscheidung durch Endurteil zu treffen ist. (ZPO. § 802 Abs. 1, 805, 806 Abs. 2, 807, 815.)

Der Erlaß des Arrestbefehls und seine Vollziehung bilden zwei von einander gesonderte Verfahren.

Die durch den Arrest getroffenen Anordnungen bleiben unverändert, wenn nicht Gläubiger nach einem vollstreckbaren Titel trachtet, z. B. Urteil, Vollstreckungsbefehl, Vergleich u. s. w., weshalb Gläubiger den Schuldner verklagen und eventuell das Prozeßverfahren durchführen muß. Unzulässigkeit des Arrestes zu gunsten einzelner Gläubiger während des Konkurses **79**, 1504. Arrestvollzug **79**, 1552. Bezeichnung mit „C" und Eintrag ins Prozeßregister **80**, 420/1, 429. Vollstreckbare Ausfertigung des Arrestbefehls **79**, 772/3, 1499; öffentliche Zustellung desselben **79**, 796. Eintrag des Arrestes im Vollstreckungsregister der Gerichtsvollzieher **79**, 1208, 1215.

---

121. Antrag auf persönlichen Sicherheits-Arrest.

Gerichtsschreiberei
des k. Amts-Gerichts
Hof.

Hof, am 20. Dezember 1895.

Es erscheint
Specht Joseph, Kaufmann in Hof,
und bringt gegen
Kraus Friedrich, Kaufmann in Chicago, gegenwärtig in Hof im Hotel „Kaiser" wohnhaft
wegen Forderung zu 1500 ℳ
folgenden Antrag an:

Arrestbeklagter schuldet mir nach der übergebenen Rechnung für die dort verzeichneten Kleidungsstücke und Schmuckgegenstände, welche ich ihm zu den vereinbarten und angemessenen Preisen am 10. ds. Mts. geliefert, die Summe von 1500 ℳ. Obwohl Arrestbeklagter die Forderung anerkannt, hat er bis jetzt nichts bezahlt und mich mit der Zahlung bis Neujahr vertröstet.

Dem Hotelbesitzer Johann Herr dahier erklärte Schuldner gestern, er wolle die Hotel-Rechnung begleichen, da er übermorgen abzureisen gedenke. ꝛc. Herr, den ich von meiner Forderung unterrichte, teilte mir dieses gestern abends noch mit.

Ich mache mein Vorbringen glaubhaft:
Durch die hiemit übergebene eidesstattliche Versicherung meines Buchhalters Ignaz Schmid, in der auch die Bestätigung über die Warenlieferung enthalten, sowie durch den gleichfalls übergebenen Brief des Hoteliers Johann Herr von gestern.

Arrestbeklagter ist Ausländer . . (Amerikaner) hält sich nur vorübergehend hier auf und hat die bestimmte Absicht, nächster Tage nach Amerika zurückzukehren.

Hienach wäre zu besorgen, daß ohne Verhängung des persönlichen Sicherheitsarrestes die seinerzeitige Vollstreckung des Urteils gegen Schuldner . . vereitelt oder wesentlich erschwert werden würde, da das wegen meiner Forderung ergehende Urteil im Auslande vollstreckt werden müßte.

Specht ∴ Kraus.

PRNo. $\frac{70}{1895}$ C.

Ich stelle daher gemäß § 812, 784 — 794, 796, 797 ZPO. den Antrag:

Kgl. Amts-Gericht Hof wolle zur Sicherung der späteren Zwangsvollstreckung zu gunsten meiner Forderung von 1500 ℳ Hauptsache ꝛc. nebst 150 ℳ Kostenaversum den persönlichen Arrest durch Verhaftung des Arrestbeklagten anordnen.

Sofort erlege ich einen Haftkosten-Vorschuß für das erste Monat mit 30 ℳ.

Vorgelesen, genehmigt, unterzeichnet:

Joseph Specht.

Zahn, k. Sekretär.

Der persönliche Sicherheitsarrest findet statt, wenn er erforderlich ist, um die gefährdete Zwangsvollstreckung in des Schuldners Vermögen zu sichern.

Für die Anordnung des Arrestes ist sowohl das Gericht der Hauptsache als das Amtsgericht zuständig, in dessen Bezirk die in ihrer persönlichen Freiheit zu beschränkende Person sich befindet.

Die Vollziehung des persönlichen Sicherheitsarrestes richtet sich, wenn sie durch Haft erfolgt, nach den Vorschriften der § 785 bis 794 der ZPO. und, wenn sie durch sonstige Beschränkung der persönlichen Freiheit erfolgt, nach den vom Arrestgerichte zu treffenden besonderen Anordnungen; er kann auch durch andere Maßregeln z. B. durch Beschlagnahme von Legitimationspapieren erfolgen.

Die Zwangs- oder Sicherheitshaft wird in den Amtsgerichtsgefängnissen vollstreckt; an den Orten, an welchen sich der Sitz des Landgerichts befindet, erfolgt die Haftvollstreckung im Landgerichtsgefängnisse.

Bei der Uebergabe des Verhafteten ist dem Gefängniswärter der Haftbefehl und die Quittung des Gerichtsschreibers über die geleistete Zahlung der Haftkosten auszuhändigen. Ebenso ist demselben im Falle der Erneuerung des Vorschusses die hierüber erteilte Quittung zu übergeben.

Die Haftentlassung erfolgt auf Anordnung des zuständigen Gerichts, wenn betreibender Teil sie bewilligt, wenn die Haftdauer 6 Monate erreicht hat; oder wenn die Zeit, für welche die Kosten der Haft vorausbezahlt sind, abgelaufen ist.

Kgl. Allerh. VO. v. 3. Dezbr. 1881 mit Wirksamkeit vom 1. Januar 1882. 81, 454, 483.

Die Kosten, welche für die Vollziehung der gerichtlichen Haft, insbesondere für die Sicherheits- und Zwangshaft (782, 812 ZPO.) zu erheben sind, werden für Kopf und Tag auf 1 ℳ festgesetzt. Der Tag des Eintritts in das Gefängnis wird für voll gerechnet; der Tag des Austritts bleibt außer Ansatz.

Wenn ein Gefangener, welcher sich für eigene Rechnung verköstigen darf, seine Kost von außen bezieht, betragen die Haftkosten täglich 50 ₰.

Im Falle der Verbringung eines Gefangenen in eine von dem Gefängnisse getrennte Krankenanstalt werden die der Staatskasse erwachsenden Auslagen erhoben.

Die Erhebung der Kosten der Zwangs- oder Sicherheitshaft, welche in einem bürgerlichen Rechtsstreite oder im Konkursverfahren angeordnet ist, obliegt dem Gerichtsschreiber des Gerichts, welches die Haft angeordnet hat, auch wenn die Haft in dem Gefängnisse eines anderen Gerichts vollzogen wird. Die Kosten sind, wenn die Haft auf Antrag einer Partei angeordnet ist, von dieser von Monat zu Monat vorauszuzahlen. (§ 792 ZPO.) Die Erneuerung des Vorschusses kann nur bis zum Mittage des letzten Tages erfolgen, für welchen die Zahlung geleistet ist. Dabei wird der Tag der Aufnahme für voll gerechnet. Die Haft darf die Dauer von 6 Monaten nicht übersteigen. (§ 794 ZPO.) Ueber die Zahlung wird eine Quittung erteilt, in der ausdrücklich anzugeben ist, für welchen Zeitraum die Kosten vorausgezahlt sind. Die Quittung kann auf den Haftbefehl gesetzt werden. Die Bewilligung des Armenrechts hat die einstweilige Befreiung von der Vorauszahlung der Kosten zur Folge.

Die entstandenen Haftkosten werden im Gebührenregister (als rückzuersetzende Gerichtsauslagen) zu Soll gestellt. Sind die Kosten vorausgezahlt, so wird der Betrag der entstandenen Kosten im Vorschußregister als Ausgabe und im Gebührenregister als wirkliche Einnahme verrechnet. In diesem Falle erhält der Gerichtsschreiber auch während der Vollstreckung der Haft zum Behufe des Ansatzes der entstandenen Kosten am Schlusse jedes Monats eine Anzeige des Gefängniswärters über die Dauer der während des Monats vollstreckten Haft.

83, 194; conf. **79**, 1436. Art. 85 Ausf. z. ZPO. Form. d. Gef.-Wärters **81**, 161.

Der Arrestbeschluß wird dem Gläubiger von amtswegen zugestellt, § 294, 809 Abs. 2; die Zustellung an den Schuldner hat der Gläubiger bewirken zu lassen, § 802 Abs. 2. Mit der ersteren Zustellung beginnt die 14tägige Frist des § 809 Abs. 2, zugleich aber,

122. Arrest-Beschlüsse.

Königl. Amts-Gericht Bamberg. — Bamberg, am 1. Dezember 1895.

In Arrestsachen

des von , vertreten,

gegen

den von , vertreten,

wegen Forderung, hier Arrest,

Gegenstandsw. . . . Mk.
AGRNr.

$^2/_{10}$ Geb. (§ 35 Ziff. 3) Mk.
Cop. "
Ins. "

wird zur Sicherung der seinerzeitigen Zwangsvollstreckung der dem Kläger . . gegen Beklagte . zustehenden . . . . Forderung von . . . ℳ . . ₰ Hauptsache nebst . . . % Zinsen hieraus seit . . . . 189 . sowie eines Kostenaversums von . . ℳ dinglicher Arrest

ZPO. § 796. 797. 799. 803. 810 (bewegl. Vermögen).

a) in das **bewegliche Vermögen** des Schuldners angeordnet und demgemäß gestattet, daß die vorhandene Einrichtung . . . . . . bis zum Belaufe der vorbezeichneten Beträge gepfändet werde.

ZPO. 730. 796. 797. 799. 803. (Forderung).

b) durch Pfändung de . de . Schuldner . . gegen . . . . zustehende **Forderung** von . . . . - wie solche im Hypothekenbuche für . . . . . Bd. . . S. . eingetragen — angeordnet und demgemäß de . Drittschuldner . . . . verboten, die gepfändete Forderung an . . . . zu bezahlen, diese . aber geboten, sich jeder Verfügung über die gepfändete Forderung insbesondere der Einziehung derselben zu enthalten.

ZPO. 796. 797. 799 ff. 803 Art. 44 mit 40 Nov. z. S. O. (unbewegl. Vermögen).

c) in das de . Schuldner . . gehörige **unbewegliche Vermögen** und zwar in Pl.-Nr. . . . . Steuer-Gd. . . . . . . ,

HGRNr.

Geb. (Art. 88) Mk.

wie solches im Hypothekenbuche für .... Bd. .. S. . vorgetragen, angeordnet.

An das diesgerichtliche Hypothekenamt behufs Eintragung des Arrestes.

ZPO. 796. 797. 784 bis 794. 803. 812 (Person).

d) **persönlicher Arrest** und zur Vollziehung desselben gegen Arrestbeklagten die Haft angeordnet. Auf grund dieses Haftbefehls und gläubigerischen Auftrags ist Schuldner .. durch einen Gerichtsvollzieher zu verhaften.

Durch Hinterlegung eines Barbetrages von ... ℳ wird (§ 803) der Vollzug des Arrestes gehemmt und ist Schuldner .. zu dem Antrage auf Aufhebung des vollzogenen Arrestes berechtigt.

ZPO. 796. 797. 799. 800. 802. (Zurückweisung.)

e) wird der unterm ...... gestellte **Antrag**, zur Sicherung der Zwangsvollstreckung einer de........ gegen Beklagte . zustehenden Forderung von .. ℳ .... dinglichen Arrest anzuordnen, beim Mangel genügender Glaubhaftmachung de .... unter Verfällung de . Antragsteller .. in die Kosten **zurückgewiesen.**

PRNo. $\frac{400}{1895}$ C.

---

nach § 809 Abs. 3 die Zulässigkeit der Vollziehung des Arrestes unter der auflösenden Bedingung nachträglicher Zustellung an den Schuldner.

Werden auf Grund ergangenen Arrestbeschlusses Gegenstände gepfändet, welche dem Verderben oder der Wertsverringerung ausgesetzt sind, so wird Gläubiger beantragen, daß nach § 810 Abs. 3 die sofortige Versteigerung der Pfandgegenstände angeordnet wird. Dieser Beschluß, welcher lautet: „In ꝛc. wird auf Antrag des Gläubigers vom .... die sofortige Versteigerung der durch GV. ... vom ..... am .... gepfändeten ...... sowie die Hinterlegung des Erlöses derselben bei .... angeordnet" wird den Parteien nach § 294 zugestellt. Sofortige Beschwerde hiegegen ist zulässig. § 701, 540.

128. Widerspruch gegen den Arrestbeschluß.

Gerichtsschreiberei des k. Amts-Gerichts Babenhausen.

Babenhausen, am 20. Januar 1895.

In Arrestsachen

Specht Joseph, Kaufmann in Babenhausen, Arrestklägers,

gegen

Kraus Friedrich, Melber von da, Arrestbeklagten,

wegen Forderung zu 250 ℳ hier Arrestes, erscheint der Arrestbeklagte und erklärt:

Der von Kläger . . angegebene Arrestgrund ist nicht vorhanden; ich bestreite dessen Behauptungen.

Ich muß zwar zugeben, daß ich dem Arrestkläger 500 ℳ schulde; Arrestkläger hat mir die Zahlung gestundet.

Unwahr ist, daß ich meine Ware verschleudere und auszuwandern im Sinne hätte; ich habe nur mein Reste-Lager zu reduzierten Preisen losgeschlagen, weil ich den Reste-Bazar aufgab. Arrestkläger wurde lediglich von einigen meiner Konkurrenten, welche sich auch als Beweis gegen mich gebrauchen ließen, aufgehetzt. Ich hatte nie die Absicht, meine Gläubiger, insbesondere den Arrestkläger zu benachteiligen.

(Folgen die weiteren Gründe unter Angabe der Beweismittel).

Verhandlungstermin wird auf ...., den .... 189 mittags Uhr im Sitzungszimmer dahier bestimmt.

Ich erhebe daher gemäß § 804, 805 ZPO. gegen den Arrestbeschluß des k. Amts-Gerichts Babenhausen vom 8. Januar 1895 Widerspruch und lade den Arrestkläger . . zur mündlichen Verhandlung vor das k. Amtsgericht Babenhausen zu dem von diesem zu bestimmenden, oben beigesetzten Termin, an dem ich beantragen werde:

„Kgl. Amtsgericht wolle den Arrestbeschluß vom 8. Januar c. aufheben und das Urteil für vorläufig vollstreckbar erklären; andernfalls anordnen, daß Arrestkläger . . innerhalb einer vom Gerichte zu bestimmenden Frist Klage zu erheben habe, widrigenfalls die Aufhebung des Arrestes ausgesprochen werde."

Specht ∴ Kraus.

Als Beweismittel für meine Behauptungen benenne ich Zeugen und Eid und berufe mich auf das Zeugnis des Kaufmanns Joseph Ott von hier.

PRNo. $\frac{10}{1895}$ A.

Vorgelesen, genehmigt, unterzeichnet:
Friedrich Kraus.

Zahn, k. Sekretär.

124. Antrag des Arrestbeklagten auf Erhebung der Klage.

Gerichtsschreiberei des k. Amts-Gerichts Babenhausen.

Babenhausen, am 20. Januar 1895.

In Arrestsachen

Specht Joseph, Kaufmann in Babenhausen, Arrestklägers,

gegen

Kraus Friedrich, Melber von da, Arrestbeklagten,

wegen Forderung zu 250 ℳ hier Arrestes, erscheint Arrestbeklagter und erklärt:

Ich beantrage, dem Arrestkläger . . aufzugeben, innerhalb der Frist von 2 Wochen die Klage gegen mich zu erheben, widrigenfalls der Arrestbeschluß vom 20. Januar c. aufgehoben werde.

Vorgelesen, genehmigt, unterzeichnet:
Friedrich Kraus.

Zahn, k. Sekretär.

Beschluß.

In 2c. wird auf Antrag des Arrestbeklagten angeordnet, daß Arrestkläger binnen 2 Wochen Klage zu erheben hat.

fiat Zustellung des Beschlusses an beide Parteien.

Gegen den Beschluß, durch welchen ein Arrest angeordnet wird, findet Widerspruch statt. Die widersprechende Partei hat den Gegner unter Mitteilung der Gründe, welche sie für die Aufhebung des Arrestes geltend machen will, zur mündlichen Verhandlung zu laden. Durch Erhebung des Widerspruchs wird die Vollziehung des Arrestes nicht gehemmt. Wird Widerspruch erhoben, so ist über die Rechtmäßigkeit des Arrestes durch Endurteil zu entscheiden. Das Gericht kann den Arrest ganz oder teilweise bestätigen, abändern oder aufheben, auch die Bestätigung, Abänderung oder Aufhebung von einer nach freiem Ermessen zu bestimmenden Sicherheitsleistung abhängig machen. Ist die Hauptsache nicht anhängig, so hat das Arrestgericht auf Antrag ohne vorgängige mündliche Verhandlung anzuordnen, daß die Partei, welche den Arrestbefehl erwirkt hat, binnen einer zu bestimmenden Frist Klage zu erheben habe. Wird dieser Anordnung nicht Folge geleistet, so ist auf Antrag die Aufhebung des Arrestes durch Endurteil auszusprechen. Für die Klage besteht kein besonderer Gerichtsstand. Dem durch den Arrest Betroffenen bleibt es überlassen, eine Frist zu beantragen, innerhalb deren derjenige, welcher Arrest erwirkt hat, Klage erheben muß. ZPO. § 804 u. ff. D. B. S. 89.

Gebühren. $^5/_{10}$ (§ 18 bis 24, 26 Ziff. 9) GKG.

Unter Anordnung eines Arrestes wird auch die auf Widerspruch gegen einen Arrestbeschluß durch Endurteil erfolgende Bestätigung desselben mitverstanden. Das Gericht ordnet nicht für alle Fälle ein Justifikationsverfahren an, sondern überläßt es dem durch den Arrest Betroffenen, eine Frist zu beantragen, innerhalb deren derjenige, welcher den Arrestbefehl erwirkt hat, Klage erheben muß.

125. Antrag auf Aufhebung des vollzogenen Arrestes.

Gerichtsschreiberei des k. Amts-Gerichts Baunach.

Baunach, am 28. Dezember 1896.

In Arrestsachen

Goldstein Abraham, Kaufmann in Bamberg, Arrestklägers,

gegen

Gerber Joseph, Oekonom in Baunach, Arrestbeklagten,

wegen Forderung zu 350 ℳ, hier Arrestes, erscheint Arrestbeklagter und erklärt:

Auf Grund Arrestbeschlusses des k. Amtsgerichts Baunach vom 15. Dezember c. sind durch den k. Gerichtsvollzieher Maier dahier am 20. ds. Mts. fünf Stück Kühe auf der Weide zu gunsten der gegnerischen Forderung gepfändet worden. Wie aus der hiemit übergebenen Bescheinigung der Depositenkommission des k. Amtsgerichts Baunach vom Heutigen ersichtlich, habe ich Sicherheit geleistet und den im Arrestbeschluß bestimmten Betrag von 400 ℳ gerichtlich deponiert. Ich stelle daher gemäß § 813 Abs. 3 ZPO. an das Vollstreckungsgericht den Antrag: „Die erfolgte Pfändung sofort aufzuheben."

VRNo. $\frac{400}{1896}$ R.

Vorgelesen, genehmigt, unterzeichnet:
Joseph Gerber.
Straßner, k. Sekretär.

Der Gerichtsbeschluß lautet: „In 2c. wegen Aufhebung eines Arrestvollzuges wird auf Antrag de . Arrestbeklagten vom .... praes. ... M., nach Einsicht des Arrestbefehls des k. .... gerichts .... vom .... 189 ., der Hinterlegungsbescheinigung des hiesigen Depositenbureaus vom .... 189 ., in der Erwägung, daß hienach die im Arrestbefehl zur Abwendung des Vollzugs verlangte Summe ordnungsmäßig hinterlegt ist, in Anwendung der § 813, 684 ZPO. ohne mündliche Verhandlung beschlossen:

„Die zum Vollzuge des obenbezeichneten Arrestbefehls im hiesigen Amtsgerichtsbezirke .... getroffenen Vollstreckungsmaßregeln sind aufzuheben."

Zur Gerichtsschreiberei behufs Zustellung an die Streitsteile, unter Rückschluß der Beilage an antragstellende . Arrestbeklagte . . Gebühren à conto Antragsteller . . Der k. Amtsrichter.

126. Antrag auf Erlaß einstweiliger Verfügung. (§ 814.)

Gerichtsschreiberei
des k. Amts-Gerichts
Bruck.

Bruck, am 8. Januar 1896.

Es erscheint
Weg Heinrich, Viehhändler in Maisach,
und bringt gegen
Hel Martin, Oekonom in Bruck,
wegen Erlassung einer einstweiligen Verfügung,
folgenden Antrag an:

Ich beabsichtige gegen 2c. Hel aus einem stattgefundenen Ochsenkaufsgeschäfte wegen Krankheit zweier solcher Tiere, die ich um 1800 ℳ gekauft, Viehgewährschaftsklage zu stellen. Die beiden Ochsen befinden sich noch im Stalle des Hel, der sie nicht in den Stall des Nachbaren zur Beobachtung verbringen läßt; außerdem fehlt es den Tieren an der nötigen Verpflegung, 2c. Hel spannt sie ein und soll sie sogar von Pfuschern haben behandeln lassen.

Es wäre sonach zu besorgen, daß durch eine Veränderung des bestehenden Zustandes mir die Verwirklichung des Rechts vereitelt oder wesentlich erschwert werden würde.

Als Beweismittel: lege ich vor die eidesstattliche Versicherung des genannten Nachbaren, Gütlers Joseph Höch von Bruck.

Indem ich mich zur gesetzlichen Sicherheitsleistung erbiete, stelle ich gemäß § 814 ff. ZPO. den Antrag:

„Im Wege der einstweiligen Verfügung anzuordnen, daß die fraglichen Ochsen sofort in den Stall des Joseph Höch verbracht werden. Sollte mündliche Verhandlung für erforderlich erachtet werden, so lade ich Beklagten vor das k. Amtsgericht Bruck zu dem von diesem zu bestimmenden Termin."

Vorgelesen, genehmigt, unterzeichnet:
Heinrich Weg.
Schlauch, k. Sekretär.

Beschluß.
Auf Antrag des 2c., welcher glaubhaft gemacht hat, daß 2c., ferner daß durch Veränderung des Zustandes dem Antragsteller die Verwirklichung des Rechts wesentlich erschwert würde, wird angeordnet, daß u. s. w. Zustellung an Antragsteller.

Weg ⁒. Hel.

PR No. $\frac{5}{1896}$ C.

Würde ein Gesuch um einstweilige Verfügung bei dem Landgerichte angebracht werden, unterläge die Ladung dem Anwaltszwange; es kann jedoch abgewartet werden, ob das Gericht die mündliche Verhandlung anordnet.

127. Antrag auf Erlaß einstweiliger Verfügung. (§ 819.)

Gerichtsschreiberei
des k. Amts-Gerichts
Bruck.

Bruck, am 10. Januar 1889.

Es erscheint
Waldmann Heinrich, Oekonom von Maisach, z. Zt. hier
und bringt gegen
Schmitt Friedrich, Kaufmann von da,
wegen Besitzstörung,

an:

Seit unvordenklicher Zeit haben ich und meine Besitzvorfahren den Durchgang von meinem Hof durch den Obstgarten meines Nachbars Schmitt auf meinen an diesen Garten anstoßenden Acker Pl.-Nr. 324a unbeanstandet benützt. Dieser Tage aber hat Schmitt mir die fernere Benützung dieses Weges untersagt und diesen Weg sogar durch mehrere Pflöcke mit darauf befestigten Querstangen abgesperrt. In jetziger Jahreszeit bin ich gezwungen, jenen mit Gemüse bepflanzten Acker häufig zu betreten, und ich könnte, wenn der fragliche Durchgang mir nicht freistünde, nur über fremde Grundstücke auf meinen Acker gelangen, was vielfach Weiterungen und Unannehmlichkeiten herbeiführen würde.

Obwohl gegen Schmitt bereits Besitzstörungsklage erhoben, wäre es für mich höchst beschwerlich, wenn ich bis zum Ausgange des Streites in meinem Rechte gestört würde; weshalb ich die Abwendung dieser Nachteile wünsche.

Indem ich die Vornahme eines Augenscheines und Vernehmung des Zeugen Oekonomen Josef Michel von Bruck beantrage, erkläre ich mich zur Erlage der vom Gericht etwa zu bestimmenden Sicherheitsleistung sowie des Kostenvorschusses bereit und stelle gemäß § 819 ff. ZPO. an das k. Amtsgericht Bruck den Antrag:

„Im Wege der einstweiligen Verfügung anzuordnen, daß mir bis zum Ausgange des anhängigen Rechtsstreites die Benützung des Durchganges, wie bisher, gestattet sei."

Wegen Dringlichkeit der Sache wolle die Entscheidung ohne vorgängige mündliche Verhandlung erfolgen.

Vorgelesen, genehmigt, unterschrieben:

Heinrich Waldmann.

Schlauch, Sekretär.

Beschluß.

Auf Antrag des ꝛc., welcher glaubhaft gemacht hat, daß ꝛc. abgesperrt, wodurch dem Antragsteller ein wesentlicher Nachteil entstünde, wird im Wege einstweiliger Verfügung angeordnet, daß der Zugang zu Pl.-Nr. ermöglicht und der frühere Zustand sofort wieder hergestellt wird.

Zustellung an Antragsteller.

Waldmann ⁒ Schmitt.

PRNo. $\frac{6}{1889}$ C.

128. Widerspruch gegen einstweilige Verfügung mit Antrag.

Gerichtsschreiberei des k. Amts-Gerichts Bruck.

Bruck, am 20. Januar 1896.

In Sachen

Waldmann Heinrich, Oekonom von Maisach, Klägers,

gegen

Schmitt Friedrich, Kaufmann daselbst, Beklagten,

wegen Besitzstörung, hier einstweiliger Verfügung,

erscheint Beklagter und erklärt:

Verhandlungstermin wird auf ...., den 189. mittags Uhr. im Sitzungszimmer: dahier bestimmt.

Die von Gegner vorgebrachten Behauptungen sind unrichtig. Ich muß zugeben, daß dem rc. Waldmann der Weg zu seinem Grundstück durch meinen Garten mit Pflöcken abgesperrt wurde, doch geschah dieses nicht, um ihn am Durchgange zu hindern, sondern ihm die Fahrt mit schwerem Fuhrwerk durch meinen Garten zu vereiteln.

Ich erhebe daher gemäß § 804, 805, 815 ZPO. gegen den die einstweilige Verfügung anordnenden Beschluß des k. Amtsgerichts Bruck vom 11. ds. Mts. Widerspruch, lade die Gegenpartei zur mündlichen Verhandlung vor das k. Amtsgericht Bruck zu dem von diesem zu bestimmenden, oben beigesetzten Termin, an dem ich beantragen werde:

„Kgl. Amtsgericht wolle den Beschluß vom 11. ds. Mts. aufheben und das Urteil für vorläufig vollstreckbar erklären."

Ich erbiete mich zu einer nach freiem Ermessen gerichtlich zu bestimmenden Sicherheitsleistung und benenne als Beweismittel für meine Behauptungen den Eid und als Zeugen den Gutsbesitzer Egid Schlecht von hier.

Waldmann Schmitt.

Vorgelesen, genehmigt, unterzeichnet:

Friedrich Schmitt.

PRNo. $\frac{12}{1896}$ A.

Schlauch, k. Sekretär.

Einstweilige Verfügungen in Beziehung auf den Streitgegenstand sind zulässig, wenn zu besorgen, daß durch eine Veränderung des bestehenden Zustandes die Verwirklichung des Rechts einer Partei vereitelt oder wesentlich erschwert werden könnte. Auf die Anordnungen einstweiliger Verfügungen und das weitere Verfahren finden die Vorschriften über die Anordnung von Arresten und über das Arrestverfahren entsprechende Anwendung, soweit nicht die nachfolgenden Bestimmungen abweichende Vorschriften enthalten. Für die Erlassung einstweiliger Verfügungen ist das Gericht der Hauptsache zuständig. Die Entscheidung kann in dringenden Fällen ohne vorgängige mündliche Verhandlung erfolgen. Das Gericht bestimmt nach freiem Ermessen, welche Anordnungen zur Erreichung des Zwecks erforderlich sind. Die einstweilige Verfügung kann auch in einer Sequestration sowie darin bestehen, daß dem Gegner eine Handlung geboten oder verboten, insbesondere die Veräußerung, Belastung oder Verpfändung eines Grundstücks untersagt wird. Nur unter besonderen Umständen kann die Aufhebung einer einstweiligen Verfügung gegen Sicherheitsleistung gestattet werden. Einstweilige Verfügungen sind auch zum Zwecke der Regelung eines einstweiligen Zustandes inbezug auf ein streitiges Rechtsverhältnis zulässig, soferne diese Regelung, insbesondere bei dauernden Rechtsverhältnissen zur Abwendung wesentlicher Nachteile oder zur Verhinderung drohender Gewalt oder aus anderen Gründen nötig erscheint. Ein in einer einstweiligen Verfügung enthaltenes Verbot der Veräußerung, Belastung oder Verpfändung einer unbeweglichen Sache wirkt gegen Dritte von dem Zeitpunkte der Eintragung im Hypothekenbuche an. (Art. 32 Ausf.-Ges. z. ZPO. u. KO.) Eintragung ins Hypothekenbuch Art. 27 u. 28 l. c.

Gebühren $^3/_{10}$ § 35 Abs. 3 KGK. eventuell $^5/_{10}$ der Gebühr (§ 18 bis 24).

Solche einstweilige Verfügungen kommen namentlich in Viehgewährschaftsklagesachen vor, wenn z. B. es einem Tiere an der nötigen Verpflegung fehlt oder es an seinem Standorte nicht gehörig beobachtet werden kann.

Conf. Maßnahmen des Handelsges.-Buches Art. 343—349, sowie auch § 814—822 ZPO.

Erfolgt die Aufhebung des Beschlusses veränderter Umstände wegen zugleich im Urteil zur Hauptsache, so wird die Gebühr des § 26 Ziff. 9 GKG. zu $^5/_{10}$ durch die Gebühr der Hauptsache absorbiert. Kostenvorschuß § 81 GKG.

In dem Beschlusse auf Erlassung der einstweiligen Verfügung kann das Gericht zugleich aussprechen, daß für jede Zuwiderhandlung eine Geldstrafe eventuell Strafe der Haft angeordnet wird; sowie daß Antragsteller den Gegner innerhalb bestimmter Frist über die Rechtmäßigkeit der einstweiligen Verfügung vor das Gericht der Hauptsache zu laden hat. (§ 820 Abs. 1.)

129. Haupt-Intervention.

Gerichtsschreiberei
des k. Amtsgerichts
Baunach.

Baunach, am 1. Februar 1896.

Es erscheint
Wieser Joseph, Kaufmann in Baunach
und bringt gegen
Münster Franz, Unterhändler in Burg, Kläger . .,
und
Auer Egid, Schneider daselbst, Beklagte . .
wegen Herausgabe einer Nähmaschine, hier Hauptintervention,
folgende Erklärung an:

Gegenstandſ. ℳ

In der bei dem k. Amtsgericht Baunach, anhängigen Prozeßsache Münster gegen Auer PRNr. 10/1896 A hat Münster gegen Auer Klage wegen Herausgabe einer Nähmaschine gestellt.

Diese Nähmaschine habe ich jedoch dem Egid Auer seit cirka 1 Jahre zur Benützung leihweise überlassen, sie ist mein Eigentum und könnte ich die Nähmaschine dem ꝛc. Auer jederzeit abverlangen.

Verhandlungstermin wird auf .... , den ...... 189 . mittags . Uhr, im Sitzungszimmer: dahier bestimmt.

Als Beweismittel bezeichne ich Zeugen und benenne als solchen den Schreiner Karl Her dahier.

Ich lade daher die beiden Streitsteile Münster und Auer vor das k. Amtsgericht Baunach zu dem von diesem zu bestimmenden, oben beigesetzten Verhandlungstermin, an dem ich beantragen werde:

I. Kgl. Amtsgericht wolle die Parteien zur Anerkennung meines Eigentums, sowie den Beklagten Auer zur Herausgabe der Nähmaschine an mich verurteilen.

II. Dieselben haben die Kosten des Urteils zu tragen, bezw. zu erstatten.

Das Urteil wird für vorläufig vollstreckbar erklärt.

PRNo. 10/1896 A.

Vorgelesen, genehmigt, unterzeichnet:
Joseph Wieser.

Herr, k. Sekretär.

Wer die Sache oder das Recht, worüber zwischen anderen Personen ein Rechtsstreit anhängig geworden ist, ganz oder teilweise für

130. Neben-Intervention.

Gerichtsschreiberei
des k. Amtsgerichts
Baunach.

Baunach, am 1. Februar 1896.

Es erscheint
Wieser Joseph, Unterhändler in Baunach und erklärt
in Sachen
Münster Franz, Kaufmann in Burg, Klägers,
gegen
Auer Egid, Schneider daselbst, Beklagten,
wegen Forderung, hier Beitritts als Nebenintervenient,

a. In der bezeichneten Prozeßsache hat Kläger . . Münster gegen Beklagten Auer Klage auf Zahlung eines Kaufschillings von 300 ℳ für gelieferte Stoffe geklagt. Beklagter bezahlt jedoch nicht und behauptet, die Stoffe wären schadhaft gewesen. Obwohl mir nun für die Vermittelung des Kaufgeschäftes vom Kläger eine Provision von 50 ℳ zusteht, weigert sich Kläger zur Zahlung dieser Provision, bis er das Geld vom Beklagten erhalten.

Ich trete daher, da ich am Ausgange des Rechtsstreites Münster gegen Auer PRNo. 20/1896 A ein rechtliches Interesse habe, dem **Kläger** als Nebenintervenient bei und beantrage, den Anträgen des Klägers gemäß zu erkennen und dem Beklagten auch die mir erwachsenen Kosten zu überbürden.

b. In bezeichneter Prozeßsache hat Kläger . . Münster gegen Beklagten Auer Klage auf Zahlung eines Kaufschillings von 300 ℳ für gelieferte Stoffe geklagt. Da Beklagter in Güte nicht bezahlte, hat Kläger, nachdem ich mich für die Schuld des Beklagten verbürgt, mir aus der von dem Verkaufe des Anwesens Hs.-Nr. 10 in Burg vertragsmäßig zustehenden Provision von 600 ℳ 300 ℳ abgezogen. Die Schuld ist also bereits vollständig getilgt.

PRNo. $\frac{20}{1896}$ A.

---

sich in Anspruch nimmt, ist bis zur rechtskräftigen Entscheidung dieses Rechtsstreits berechtigt, seinen Anspruch durch eine gegen beide Parteien gerichtete Klage bei demjenigen Gerichte gel-

Ich trete daher, da ich im Ausgange des Rechtsstreites Münster gegen Auer PRNo. 20/1896 A ein rechtliches Interesse habe, dem **Beklagten** als Nebenintervenient bei und beantrage, den Anträgen des Beklagten gemäß zu erkennen und dem Kläger . . auch meine Kosten aufzuerlegen.

Beweismittel: Zeugen; Abrechnung.

Vorgelesen, genehmigt, unterzeichnet:
Joseph Wieser.

Herr, k. Sekretär.

---

tend zu machen, vor welchem der Rechtsstreit in erster Instanz anhängig wurde. Die Hauptintervention ist noch möglich, während ein Prozeß in der Berufungs- oder Revisionsinstanz anhängig ist; nicht mehr nach rechtskräftiger Entscheidung im Exekutionsstadium. Wegen Hauptintervention in einem Prozeß vor der Handelskammer vgl. § 108 des GVG. Der Hauptprozeß kann auf Antrag einer Partei bis zur rechtskräftigen Entscheidung über die Hauptintervention ausgesetzt werden. Bezüglich der Terminsbestimmung, Zustellung 2c. gelten dieselben Bestimmungen wie in der gewöhnlichen Klage. § 61, 62 RZPO. conf. § 690, 710. Bezüglich der Vollstreckungsintervention s. § 690 l. c. Gerichtskosten und Anwaltsgebühren wie im ordentlichen Prozeß. Die Zustellung geschieht vorsorglich an die Parteien und die Prozeßbevollmächtigten, da hierüber geteilte Ansicht besteht.

Wer ein rechtliches Interesse daran hat, daß in einem zwischen anderen Personen anhängigen Rechtsstreit die eine Partei obsiege, kann dieser Partei zum Zwecke ihrer Unterstützung beitreten. Die Nebenintervention kann in jeder Lage des Rechtsstreits bis zur rechtskräftigen Entscheidung desselben auch in Verbindung mit der Einlegung eines Rechtsmittels erfolgen. Der Nebenintervenient muß den Rechtsstreit in der Lage annehmen, in welcher sich dieser zur Zeit seines Beitritts befindet; er ist berechtigt, Angriffs- und Verteidigungsmittel geltend zu machen und alle Prozeßhandlungen wirksam vorzunehmen, insoweit nicht seine Erklärungen und Handlungen mit Erklärungen und Handlungen der Hauptpartei in Widerspruch stehen.

131. Antrag auf Zurückweisung der Neben-Intervention.

Gerichtsschreiberei des k. Amtsgerichts Baunach.

Baunach, am 10. Februar 1896

In Sachen

Münster Franz, Kaufmann in Burg, Klägers,

gegen

Auer Egid, Schneider daselbst, Beklagten,

wegen Forderung, hier Beitritts des Wieser als Nebenintervenient, erscheint Kläger und erklärt:

Verhandlungstermin wird auf ...., den ...... 189. mittags Uhr, im Sitzungszimmer: dahier bestimmt.

Die Bürgschaft des Intervenienten besteht nicht mehr; Joseph Wieser erklärte mir, er könne für Beklagten keine Bürgschaft leisten, worauf ich ihm erklärte, ich werde dann mit Beklagtem schon allein fertig werden. Unrichtig ist, daß ich dem rc. Wieser 300 ℳ an einer Provision wegen der Schuld des Beklagten abgezogen, der Abzug erfolgte, weil das Anwesen um einen geringeren Kaufschilling veräußert wurde, als ursprünglich vereinbart war.

Ich lade daher den Beklagten vor das k. Amtsgericht Baunach zu dem von diesem zu bestimmenden, oben beigesetzten Termin zur mündlichen Verhandlung über die Zulässigkeit der Nebenintervention. Ich werde beantragen:

„Kgl. Amtsgericht wolle die Intervention zurückweisen und den Nebenintervenienten in die Kosten dieses Verfahrens verurteilen."

PRNo. $\frac{20}{1896}$ A.

Vorgelesen, genehmigt, unterzeichnet:

Franz Münster.

Herr, k. Sekretär.

Ueber den Antrag auf Zurückweisung einer Nebenintervention wird nach vorgängiger mündlicher Verhandlung unter den Parteien und dem Nebenintervenienten entschieden. Der Nebenintervenient ist zuzulassen, wenn er sein Interesse glaubhaft macht. Gegen das Zwischenurteil findet sofortige Beschwerde statt. Solange die Unzulässigkeit der Intervention nicht rechtskräftig ausgesprochen, wird der Intervenient im Hauptverfahren zugezogen. § 68 ZPO. Gebühr: $^{3}/_{10}$ der Geb. von § 18—24, § 27 Ziff. 1 GKG. wird erhoben, wen der Akt betrifft, die Zulässigkeit einer Nebenintervention. Vollzieht sich die Intervention ohne kontradiktorische Verhandlung und gerichtliche Entscheidung, kommen keine Gebühren in Betracht. Conf. GO. f. RA. § 23 Nr. 1; 29 Nr. 2.

132. Streitverkündung.

Gerichtsschreiberei
des k. Amtsgerichts
Baunach.

Baunach, am 11. Februar 1896.

In der Streitsache

Bauer Franz, Oekonom von Baunach, Klägers,

gegen

Fischer Christian, Gütler von Burg, Beklagten,

wegen Viehgewährschaft, hier Streitverkündung, erscheint Beklagter und verkündet dem Hermann Mathias, Gütler von Pörnbach den Streit, indem er erklärt: Der Kläger hat gegen mich anliegende Klage erhoben, inhaltlich deren er die Aufhebung des Kaufvertrags vom 2 Febr. c. verlangt. Da ich nun das fragliche Tier am 30. v. Mts. auf dem Viehmarkte zu Fürth von Mathias Hermann für 227 ℳ gekauft und dieser für alle gesetzlichen Fehler Gewährschaft geleistet, so verlange ich von Hermann, falls ich in dem besagten Prozesse unterliegen sollte, völlige Schadloshaltung.

oder a. wenn 2 Forderungsberechtigte existieren:

Kläger hat wegen einer Forderung von 200 ℳ anliegende Klage erhoben, diese Forderung wurde cediert, ich will den Betrag hinterlegen und aus dem Prozeß ausscheiden.

b. wenn 2 Eigentümer einer Sache existieren:

Kläger hat gegen mich Klage auf Herausgabe einer Uhr gestellt, diese Uhr wurde bei mir von ꝛc. Fischer für 6 ℳ versetzt.

Verhandlungstermin ist bereits auf Montag, den 20. Februar 1896, vormittags 10 Uhr bei hiesigem Gerichte anberaumt. Nachdem Mathias Hermann mir für die Entwährung haftet, so verkünde ich ihm, wie erwähnt, gemäß § 69 u. ff. ZPO. sowie Art. 75 des Ausf.-G. den Streit und lade ihn vor das k. Amtsgericht Baunach zu dem von diesem zu bestimmenden Termin. Ich stelle es dem Litisdenunziaten frei, sofort in die Verhandlung vom 20. Februar c. einzutreten.

PR No. $\frac{20}{1896}$ A.

Vorgelesen, genehmigt, unterzeichnet:
Christian Fischer.

Herr, k. Sekretär.

Eine Partei, welche für den Fall des ihr ungünstigen Ausganges des Rechtsstreits einen Anspruch auf Gewährleistung oder Schad-

125. Antrag auf Einstellung der Zwangsvollstreckung.

Gerichtsschreiberei des k. Amtsgerichts Erlangen.

Erlangen, am 2. Dezember 1895.

In Sachen:

Bierling Fanny, Wirtsehefrau dahier, nicht vertreten,

gegen

a) Maier Kuno, Metzger hier, vertreten durch Rechtsanwalt Rau dahier,

b) Ritter Max, Brauereibesitzer hier, nicht vertreten,

wegen Einstellung der Zwangsvollstreckung,

erscheint Frau Fanny Bierling und erklärt:

Laut Protokolls vom 12. November 1895 hat der k. Ger.-Vollz. Grob dahier im Auftrage des Kuno Maier zur Belastung meines Mannes Joh. Bierling in unserer Wohnung dahier Mobiliarpfändung vorgenommen; dieser Pfändung schloß sich unterm 16. November 1895 der k. G.-V. Knauser dahier im Auftrage des Max Ritter an. Auf Antrag des letzteren hat G.-V. Grob Versteigerungstermin auf 4. Dezember 1895 anberaumt.

An den Gegenständen Ziff. 3 u. 6 des Pfändungsprotokolls, Kleiderkasten und Pianino auf 15 ℳ bezw. 200 ℳ geschätzt, steht mir jedoch ein die Veräußerung hinderndes Recht zu, weil ich diese Sachen von meinen Eltern als Aussteuer erhalten und in die Ehe eingebracht habe, mein Eingebrachtes aber die Eigenschaft eines Receptizgutes hat. Zur Glaubhaftmachung übergebe ich Erklärung meines Vaters, des Oekonomen Xaver Dorn in Aufhausen vom 20. Nov. 1895 und Ausfertigung der Ehevertragsurkunde des k. Notars Igel dahier vom 27. Mai 1891 GRNr. 34.

Wegen der Nähe des Versteigerungstermins stelle ich gemäß § 688 Abs. 2 ZPO. den Antrag:

„Kgl. Amtsgericht als Vollstreckungsgericht wolle die Versteigerung unter Vorsetzung einer entsprechenden Frist zur Beibringung der Entscheidung des Prozeßgerichts über die weitere Sistierung einstweilen einstellen."

VRNo. $\frac{45}{1889}$ K.

Vorgelesen, genehmigt, unterschrieben:
Fanny Bierling.

Zahn, k. Sekretär.

---

loshaltung gegen einen Dritten erheben zu können glaubt oder den Anspruch eines Dritten besorgt, kann bis zur rechtskräftigen Entscheidung des Rechtsstreits dem Dritten gerichtlich den Streit verkünden. Der Dritte ist zu einer weiteren Streitverkündung berechtigt. Die Streitverkündung erfolgt durch Zustellung eines Schriftsatzes, in welchem der Grund der Streitverkündung und die Lage des Rechtsstreits anzugeben ist. Abschrift des Schriftsatzes ist dem Gegner mitzuteilen. Wenn der Dritte dem Streitverkünder beitritt, so bestimmt sich sein Verhältnis zu den Parteien nach den Grundsätzen über die Nebenintervention. Lehnt der Dritte den Beitritt ab oder erklärt er sich nicht, so wird der Rechtsstreit ohne Rücksicht auf ihn fortgesetzt. Gebühren: GKG. § 26 Nr. 3, 28. GO. f. RA. § 20, 29. $^5/_{10}$ der Gebühr (§ 18—24 GKG.) werden erhoben, wenn der Akt ausschließlich betrifft die Entlassung des Beklagten aus dem Rechtsstreite § 72, 73 ZPO. § 69 mit 73, 740 ZPO.; Art. 15, 16 Ausf.-Ges. hiezu. T. B. S. 55.

Der Beschluß lautet: „Einstweilige Anordnung. In ꝛc. wird auf den von ...... vertreten ..... am .... gestellten Antrag die von dem k. GV. .... auf ..... anberaumte Versteigerung der von den .... am ..... im Auftrage de .... vertreten .... in der Richtung gegen .... gepfändeten Gegenstände, nämlich: .... einstweilen eingestellt und de. Antragsteller .. eine Frist bis .... 189. einschließlich bestimmt, innerhalb welcher die Entscheidung des Prozeßgerichts über die weitere Einstellung beizubringen ist, widrigenfalls die Zwangsvollstreckung ohne weiteres fortgesetzt werden kann; in Erwägung, daß durch die vorgelegte Urkunde ..... die Receptizguteigenschaft glaubhaft gemacht und Dringlichkeit angesichts der nahen Versteigerung gegeben erscheint (ZPO. § 690, 688 Abs. 2, 684, 266, b. Bd.-R. T. II cap. VI § 8 Nr. 2. G. v. 5. V. 90)."

Die Entscheidung über diese Anträge erfolgt in der Regel ohne vorgängige mündliche Verhandlung. Gebühren nach § 35 Ziff. 1 KGG.

Der Beschluß über die Einstellung der Zwangsvollstreckung wird in der Regel den Parteien und dem Antragsteller zugestellt. — Conf. Nr. 97 Klage wegen Intervention, bei welcher der Antrag auf Einstellung der Zwangsvollstreckung mit der Klage verbunden ist.

$^2/_{10}$ der Gebühr (§ 8) werden erhoben für die Entscheidung, einschließlich des vorausgegangenen Verfahrens, über die Anträge auf vorläufige Einstellung, Beschränkung oder Aufhebung einer Zwangsvollstreckung (ZPO. § 647, 657, 688, 690 Abs. 3, 696, 710 Abs. 4).

Ueber die Einstellung oder Beschränkung der Zwangsvollstreckung vergleiche die § 691, 692 f. ZPO.

Auch infolge der Konkurseröffnung über das Vermögen des Schuldners tritt nach § 11 KO. die Wirkung ein, daß die vorher vorgenommene Zwangsvollstreckung einzustellen, die späteren Vollstreckungsmaßregeln aufzuheben sind.

134. Antrag auf Pfändung von Forderungen.

Gerichtsschreiberei
des k. Amts-Gerichts
Erlangen.

Erlangen, am 2. Dezember 1895.

In Sachen

Frisch Heinrich, Weinwirt von Erlangen, Gläubiger .,

gegen

Wüst Hermann, Metzger von Bubenreuth, Schuldner . .,

wegen Forderung, hier Pfändung einer Forderung, erscheint Gläubiger und erklärt:

Laut hiemit in vollstreckbarer Ausfertigung zu den Akten übergebenen diesgerichtlichen Endurteils vom 10. November 1895, welches dem Schuldner . . unterm 20. November 1895 zufolge vorgelegter Zustellungsnachweise rechtsförmlich zugestellt worden, schuldet mir Beklagter

200 ℳ Hauptsache für gelieferten Wein;
4 ℳ 20 ₰ 4%ige Zinsen seit 1. April l. Js.
30 ℳ 70 ₰ festgesetzte Kosten u. s. w.

Sa. 234 ℳ 90 ₰

Laut vorgelegten Schreibens des k. Gerichtsvollziehers Erdl von Erlangen hat die Zwangsvollstreckung in die Mobilien des Schuldners nur zur Deckung von 100 ℳ geführt; so daß 134 ℳ 90 ₰ restieren.

Schuldner . . besitzt nun aber eine ausstehende Forderung bei dem Oekonomen Friedrich Mahler in Bubenreuth zu 300 ℳ aus einem Viehkaufschillingsreste.

Ich bezeichne diese Forderung als Pfand und stelle an das k. Amtsgericht Erlangen, dem allgemeinen Gerichtsstand des Schuldners, den Antrag, ohne vorgängiges Gehör des Schuldners Beschluß zu erlassen:

Frisch . . Wüst

VRNo. $\frac{1}{1895}$ K.

„Es werde zu gunsten meiner obenbezeichneten Forderung in Haupt- und Nebensache, sowie eines Vollstreckungskostenaversums von 20 ℳ a) die dem Schuldnerteil gegen Oekonomen Friedrich Mahler in Bubenreuth zustehende

Kauf-Forderung zu 300 ℳ bis zum Belaufe meines Guthabens gepfändet;

[b) dem vorbezeichneten Drittschuldner . . Mahler *verboten*, den gepfändeten Betrag an Schuldner . . oder auf dessen Anordnung an Dritte zu bezahlen;

c) dem Schuldner . . Wüst *geboten*, sich jeder Verfügung über den gepfändeten Betrag insbesondere der Einziehung desselben zu enthalten.]“

Schließlich beantrage ich noch, mir die genannte Forderung zur *Einziehung* (an Zahlungsstatt zum Nennwert) zu überweisen.

Vorgelesen, genehmigt, unterzeichnet:

Heinrich Frisch.

Letter, k. Sekretär.

Das Ge- und Verbot ist nicht Bestandteil des Antrags sondern Offizialthätigkeit des Gerichts; weshalb es im Antrage weggelassen werden kann.

Die gerichtlichen Handlungen, welche die Zwangsvollstreckung in Forderungen und andere Vermögensrechte zum Gegenstande haben, erfolgen durch das Vollstreckungsgericht, als welches dasjenige Amtsgericht anzusehen ist, bei welchem Schuldner im Deutschen Reiche seinen allgemeinen Gerichtsstand hat und in Ermanglung eines solchen das Amtsgericht, bei welchem gemäß § 24 ZPO. gegen Schuldner Klage erhoben werden kann.

Soll eine Geldforderung gepfändet werden, so hat das Gericht dem Drittschuldner zu *verbieten*, an den *Schuldner* zu zahlen; zugleich aber an den Schuldner das *Gebot* zu erlassen, sich jeder Verfügung über die Forderung insbesondere der Einziehung derselben zu enthalten. Der Gläubiger hat den Beschluß dem Drittschuldner zustellen zu lassen. Der Gerichtsvollzieher hat den Beschluß mit einer Abschrift der Zustellungsurkunde dem Schuldner sofort zuzustellen, sofern nicht eine öffentliche Zustellung erforderlich wird. Ist die Zustellung an den Drittschuldner auf unmittelbares Ersuchen des Gerichtsschreibers durch die Post erfolgt, so hat der Gerichtsschreiber für die Zustellung an den Schuldner in gleicher Weise Sorge zu tragen. An

135. Antrag auf Pfändung eines Anspruchs.

Gerichtsschreiberei
des k. Amts-Gerichts
Erlangen.

Erlangen, am 3. Dezember 1895.

In Sachen

Frisch Heinrich, Weinwirt von Erlangen, Gläubiger . .,

gegen

Wüst Hermann, Metzger von Bubenreuth, Schuldner . .,

wegen Forderung, hier Pfändung eines Anspruchs,

erscheint Gläubiger . . und erklärt:

Laut hiemit in vollstreckbarer Form übergebenen diesgerichtlichen Vergleichs vom 10. November 1895, (zugestellt dem Schuldner . . am 10. Nov. 1895) schuldet mir Hermann Wüst

200 ℳ Hauptsache sowie
30 ℳ festgesetzte Kosten

Sa. 230 ℳ. Die erfolgte Zwangsvollstreckung war resultatlos.

Dem Schuldner . . steht nun aber ein Anspruch gegen den Oekonomen Friedrich Mahler in Bubenreuth zu, indem Schuldner von ꝛc. Mahler am 21. November c. einen Ochsen gekauft; diesen bezahlt, aber noch bei Mahler stehen hat.

Ich stelle daher an das k. Amtsgericht Erlangen, dem allgemeinen Gerichtsstand des Schuldners, den Antrag, ohne vorgängiges Gehör des Schuldners Beschluß zu erlassen:

Frisch ./. Wüst.

VRNr. $\frac{2}{1895}$ K.

„Es werde zu gunsten meiner obenbezeichneten Forderung in Haupt- und Nebensache sowie eines Vollstreckungskostenaversums von 20 ℳ. a) der Anspruch meines Schuldners gegen Oekonomen Friedrich Mahler von Bubenreuth

---

Stelle einer an den Schuldner im Auslande zu bewirkenden Zustellung erfolgt die Zustellung durch Aufgabe zur Post. Mit der Zu-

auf Herausgabe des von Schuldner . . dem ꝛc. Mahler abgekauften Ochsen gepfändet und zur Einziehung überwiesen.

b) dem Friedrich Mahler verboten, den bezeichneten Ochsen an Schuldner . . herauszugeben;

c) vielmehr angeordnet, daß der zur Herausgabe gelangende Ochse an den vom Gläubigerteil beauftragten Gerichtsvollzieher ausgeantwortet werde;

d) dem Schuldner . . geboten, sich jeder Verfügung über den Anspruch, insbesondere dessen Abforderung und Annahme zu enthalten."

Vorgelesen, genehmigt, unterzeichnet:

Heinrich Frisch.

Letter, k. Sekretär.

---

stellung des Beschlusses an den Drittschuldner ist die Pfändung als bewirkt anzusehen.

Bei Pfändung von Forderungen aus Wechseln und anderen Papieren, welche durch Indossement übertragen werden können, nimmt der Gerichtsvollzieher diese Papiere in Besitz.

Die gepfändete Geldforderung wird dem Gläubiger nach seiner Wahl zur Einziehung oder an Zahlungsstatt zum Nennwerte überwiesen. Die Pfändung einer Gehaltsforderung u. dergl. erstreckt sich auch auf den künftigen Gehalt.

Auf Verlangen des Gläubigers hat der Drittschuldner binnen 2 Wochen von der Zustellung des Pfändungsbeschlusses an gerechnet, dem Gläubiger zu erklären, ob und inwieweit er die Forderung als begründet anerkenne und Zahlung zu leisten bereit sei; ob und welche Ansprüche andere Personen an die Forderung machen; ob und wegen welcher Ansprüche die Forderung bereits für andere Gläubiger gepfändet sei. Die Aufforderung zur Abgabe dieser Erklärungen muß in die Zustellungsurkunde aufgenommen werden. Der Drittschuldner haftet dem Gläubiger für den aus der Nichterfüllung seiner Verpflichtung entstehenden Schaden. Schon vor der Pfändung kann der Gläubiger dem Drittschuldner ein Zahlungsverbot zugehen lassen. ZPO. § 739, 745.

Inwieweit die Pfändung einer Forderung in das Hypothekenbuch einzutragen und wie eine solche Eintragung zu erwirken ist, be-

136. Antrag auf Ueberweisung zur Einziehung.

Gerichtsschreiberei des k. Amts-Gerichts Erlangen.

Erlangen, am 22. Dezember 1895.

In Sachen

Frisch Heinrich, Weinwirt von Erlangen, Gläubiger . .,

gegen

Wüst Hermann, Metzger von Bubenreuth, Schuldner . .,

wegen Pfändung eines Anspruchs, hier Ueberweisung zur Einziehung,

erscheint Gläubiger . . und erklärt unter Uebergabe anliegenden Pfändungsbeschlusses und vollstreckbaren Titels:

Oekonom Friedrich Mahler von Bubenreuth hat bis jetzt an den von mir beorderten Gerichtsvollzieher den fraglichen Ochsen nicht herausgegeben.

oder: Drittschuldner hat bis jetzt die fragliche Forderung an mich nicht abgeführt.

Um die Klage gegen denselben zu erheben, beantrage ich: „Kgl. Amtsgericht wolle mir den durch Beschluß vom 3. Dezember c. gepfändeten Anspruch überweisen."

oder: die im Pfändungsbeschluß vom 3. Dezember c. genannte Forderung zur Einziehung [an Zahlungsstatt zum Nennwert] überweisen.

Vorgelesen, genehmigt, unterzeichnet:

Heinrich Frisch.

Lotter, k. Sekretär.

Beschluß.

In rc. wird auf Gläubigerantrag vom . . . nach Einsicht des vorgelegten, am . . . . rechtswirksam zugestellten . . . vom . . sowie des diesger. Pfändungsbeschlusses vom . . in Anwendung der § 736 f. 684. 707 ZPO. ohne mündliche Verhandlung beschlossen:

Es wird die bereits in obigem Pfändungsbeschlusse näher bezeichnete Forderung des Schuldners gegen . . . . de . Gläubiger . . . bis zur Deckung . . .es Guthabens zu . . . zur Einziehung überwiesen.

VRNr. $\frac{500}{1896}$ K.

---

stimmt sich nach den Landesgesetzen; sonach hat das Vollstreckungsgericht, wenn eine Hypothekforderung oder ein Ewiggeld gepfändet wird, die Eintragung der Pfändung im Hypotheken- oder Grundbuche von amtswegen zu veranlassen. Die Requisition lautet: „In Sachen . . gegen . . . teile ich gemäß § 731 ZPO. mit Art. 125 des Ausf.-Ges. hiezu beglaubigte Abschrift des heute erlassenen Beschlusses unter dem Ersuchen mit, die Pfändung de . . . . zu gunsten der Forder-

137. Antrag auf Pfändung des Anspruchs auf Herausgabe der im Gewahrsam des Dritten befindlichen Sache.

Gerichtsschreiberei des k. Amts-Gerichts Erlangen.

Erlangen, am 27. Dezember 1895.

In Sachen

Frisch Heinrich, Weinwirt von Erlangen, Gläubiger . .,

gegen

Wüst Hermann, Metzger von Bubenreuth, Schuldner . .,

wegen Pfändung, hier Herausgabe von Sachen, erscheint Heinrich Frisch und erklärt unter Uebergabe des vollstreckbaren Urteils des k. Amts-Gerichts Erlangen vom 16. Dezember c.: Metzger Hermann Wüst ist nach besagtem Urteil für schuldig erklärt, an mich die im Urteil näher bezeichnete Pflugmaschine herauszugeben. Dieser Gegenstand befindet sich nun bei dem Oekonomen Joseph Jobst in Bubenreuth, welcher ihn leihweise von Schuldner . . erhalten hat. Gemäß § 772 ZPO. beantrage ich: „K. Amtsgericht wolle den Anspruch des Schuldners auf dessen Herausgabe pfänden und mir zur Einziehung überweisen."

Beschluß.

In ꝛc. wird . . . . gepfändet und dem . . . . der bezeichnete Anspruch zur Einziehung überwiesen.

Vorgelesen, genehmigt, unterschrieben:

Heinrich Frisch.

Letter, k. Sekretär.

VRNr. $\frac{700}{1896}$ K.

---

ung de . . . . in Haupt- und Nebensache im einschlägigen Hypothekenbuchsfolium einzutragen und mir vom Vollzuge Nachricht zu geben."

Die Zwangsvollstreckung in Ansprüche, welche die Herausgabe oder Leistung körperlicher Sachen zum Gegenstande haben, erfolgt nach den Vorschriften der § 730—744 ZPO.

Befindet sich eine herauszugebende Sache im Gewahrsam eines Dritten, so ist dem Gläubiger auf dessen Antrag der Anspruch des Schuldners auf Herausgabe der Sache nach den für die Pfändung einer Geldforderung bestehenden Vorschriften zu überweisen.

Ueber das Hinterlegungs- und Verteilungsverfahren wird erwähnt: Ist eine Geldforderung für mehrere Gläubiger gepfändet, so ist der Drittschuldner berechtigt und auf Verlangen eines Gläubigers, welchem die Forderung überwiesen wurde, verpflichtet, unter Anzeige der Sachlage und unter Aushändigung der ihm zugestellten Beschlüsse an das Amtsgericht, dessen Beschluß ihm zuerst zugestellt ist, den Schuldbetrag zu hinterlegen.

Ist eine bewegliche, körperliche Sache für mehrere Gläubiger, welche gleichzeitig oder nacheinander die Pfändung bewirkt haben, versteigert worden, und verlangt ein Gläubiger ohne Zustimmung der übrigen eine andere Verteilung als nach der Reihenfolge der Pfändungen, so hat der Gerichtsvollzieher die Sachlage unter Hinterlegung des Erlöses dem Vollstreckungsgerichte anzuzeigen.

Betrifft der Anspruch des Schuldners eine unbewegliche Sache, so ist der Drittschuldner berechtigt und auf Verlangen eines Gläubigers, welchem der Anspruch überwiesen wurde, verpflichtet, die Sache unter Anzeige der Sachlage und unter Aushändigung der ihm zugestellten Beschlüsse an den von dem Amtsgerichte der belegenen Sache ernannten oder auf seinen Antrag zu ernennenden Sequester herauszugeben. — Gesuch einzutragen unter „F" im Vollstreckungsregister. § 708—768 ZPO. Art. 125, 140 u. 230 des Ausf.-Ges. hiezu. Art. 10, 20, 41, 110, 128, 152 der GO.

$^{3}/_{10}$ Gebühr nach § 35 Ziff. 2 GKG. Gebühr für die Eintragung der Pfändung in das Hypothekenbuch Art. 88 des Geb.-Ges. Bewirkung der Zwangsvollstreckung in bewegliche körperliche Sachen wegen Geldforderungen durch Pfändung **79**, 1513 ff. Pfändung von Pensionen **79**, 1517. Pfändungen von Forderungen aus Wechseln **79**, 1542. Vollziehung des Arrestes in bewegliches Vermögen durch Pfändung **79**, 1553. Pfändung des Diensteinkommens und der Pensionen der Offiziere, Aerzte und Beamten der Militärverwaltung **82**, 13 f., 14 f., Pfändung beweglicher Zugehörungen von Grundstücken **85**, 209.

Der Pfändung einer Sache kann ein Dritter, welcher sich nicht im Besitze der Sache befindet, auf grund eines Pfand- oder Vorzugsrechts nicht widersprechen, er kann jedoch seinen Anspruch auf vorzugsweise Befriedigung aus dem Erlöse im Wege der Klage geltend machen, ohne Rücksicht darauf, ob seine Forderung fällig ist oder nicht. Die Klage ist bei dem Vollstreckungsgerichte und, wenn der Streitgegenstand zur Zuständigkeit der Amtsgerichte nicht gehört, bei dem Landgerichte zu erheben, in dessen Bezirk das Vollstreckungsgericht seinen Sitz hat. Der Anspruch auf vorzugsweise Befriedigung kann nur in einem selbständigen Prozeß geltend gemacht werden. § 710 ZPO.

Die Ferien sind für das Zwangsvollstreckungsverfahren ohne Einfluß. § 204 GVG.

138. Antrag auf Pfändung eines Rechts ohne Drittschuldner.

Gerichtsschreiberei des k. Amtsgerichts Erlangen.

Erlangen, am 29. Mai 1896.

In Sachen

Maier Konstantin, Baumeister dahier, Gläubiger . .,

gegen

Nothas Michael, ehem. Gutsbesitzer dahier,

wegen Pfändung eines Rechtes

erscheint Gläubiger Konstantin Maier und erklärt unter Uebergabe der vollstreckbaren Ausfertigung des diesgerichtlichen Versäumnisurteils vom 3. d. Mts. erlassen zu Gunsten der dem Gläubigerteil gegen Schuldner . . . zustehenden Forderung von 200 ℳ Hauptsache, 6% Zinsen hieraus vom 1. Mai 1896:

Gemäß § 754 ZPO. beantrage ich zu gunsten meiner Forderung in Haupt- und Nebensache sowie 10 ℳ Vollstreckungskostenanschlag die Pfändung desjenigen Rechts, welches dem Schuldner . . aus dem Miteigentum an einem in der Gemeinde Schleißheim liegenden Fischwasser zusteht. (Sowie die Ueberweisung.)

Vorgelesen, genehmigt, unterschrieben:
Konstantin Maier.

Letter, k. Sekretär.

VRNr. $\frac{400}{1896}$ K.

Der Beschluß lautet: „In ꝛc. wird auf Gläubigerantrag vom 29. ds. nach Einsicht des mit dem Nachweise rechtswirksamer Zustellung vorgelegten Vollstreckungstitels, nämlich: vollstreckb. Ausf. des ꝛc. zu gunsten der hienach dem Gläubigerteil gegen Schuldner . . zustehenden Forderung von 200 ℳ Hauptsache ꝛc. sowie 10 ℳ Vollstreckungskostenanschlag dasjenige Recht gepfändet, welches dem Schuldner . . angeblich aus dem Miteigentume an einem in der Gemeinde Schleißheim liegenden Fischwasser (Würm) zusteht. Demnach wird dem Schuldner . . jegliche Verfügung über das gepfändete Recht, insbesondere aber die Veräußerung oder Nutzung verboten. (§ 754, 729 f. ZPO.)"

Die Verwerfung solcher Rechte durch Einziehung ist nicht thunlich und wird es sich empfehlen, nach Zustellung des Beschlusses an den Schuldner Antrag nach § 754 Abs. 3 u. 4 ZPO. auf Anordnung einer Verwaltung bezw. Anordnung der Veräußerung des Rechts selbst zu stellen.

Ausfertigung mit Beil. geht entweder antragsgemäß zur selbst. Bewirkung der Zustellung an die Partei, oder an GV. zur Bethätigung der Zustellung und Rückgabe der Beilage . an Gläubiger.

139. Pfändungsbeschlüsse mit Ueberweisung.

Kgl. Amts=Gericht Erlangen, am 4. Dezember 1895.
Erlangen.

Gegenstandsf. ℳ
Allg.Geb.Reg.Nr.
Gebühr (§ 35 Ziff. 2) ℳ
Cop. „

In Sachen
. . . . . . von . . . . Gläubiger . ., vertreten,
gegen
. . . . . ., von . . . . . . Schuldner . ., vertreten.
wegen Pfändung einer(s) . . . . =Forderung [Anspruchs] **wird** zu gunsten der de . Schuldner . . gegen . . . . laut in vollstreckbarer Ausfertigung vorgelegten, am . . . . rechtswirksam zugestellten . . . . zustehenden Forderung von . . . . Hauptsache, nebst . . . Zinsen und eines Vollstreckungskostenaversums von . . ℳ . .

ZPO. § 729. 730. 736. 737. (Forderung.)

a) diejenige **Forderung** gepfändet, welche de . Schuldner . . gegen . . von . . zusteht, und demgemäß dem . . . . verboten, an . . . . zu zahlen, de . letzteren dagegen geboten, sich jeder Verfügung über die gepfändete Forderung insbesondere der Einziehung derselben zu enthalten.

Zugleich wird in Entsprechung des weiter gestellten Antrags de . . . . d . . gepfändete . . . . zur **Einziehung** überwiesen.

(§ wie vor) Mietforderung.

b) **werden** diejenigen **Mietzinsforderungen** gepfändet, welche de . Schuldner . . N., als Eigentümer des Anwesens . . . . kraft bestehender Verträge gegen nachstehend aufgeführte Bewohner dieses Anwesens . 1. . 2. zustehen, 2c. sub a.

(§ wie vor) Erbteilungsforderung.

c) jene **Erbteilungsforderung** gepfändet, welche de . Schuldner . N., bezw. dessen Vormund . . . . . gegen das k. Amtsgericht . . ., als Verlassenschaftsgericht [den k. Notar . . . . ., als Kommissär in der Verlassenschaft de . am . . . . verstorbenen . . . . . .] zusteht, 2c. sub a.

(§ wie vor) Dienstgehalt.

d) der **dritte** Teil des die Summe von jährlich 1500 ℳ übersteigenden Betrags des **Dienstgehaltes**, welcher de . Schuldner . . von dem k. Fiskus, vertreten durch die Regierungsfinanzkammer und diese durch den Präsidenten (JMBl. **94**, 93; **95**, 1 zahlbar bei . . . . de . Staats=Kreis=Kasse 2c. zusteht, gepfändet und demgemäß de . . verboten, den gepfändeten Teil de . . . . bis zur vollständigen Tilgung obigen Guthabens in Haupt= und Nebensache an Genannte . zu bezahlen, dem . . . . . . dagegen geboten, sich jeder Verfügung über den gepfändeten Teil, insbesondere

VRNr. $\frac{600}{1895}$ K.

der Einziehung desselben zu enthalten, bis vorbezeichnetes Guthaben in Haupt= und Nebensache getilgt ist. Zugleich werden in Stattgebung des weiter gestellten Gesuches de . . . . . die gepfändeten Beträge bis zur vollständigen Tilgung der oben angegebenen Forderung in Haupt= und Nebensache zur Einziehung überwiesen.

(§ wie vor) Hypothekforderung.

e) diejenige **Hypothekforderung** gepfändet, welche de . Schuldner . . . . . gegen d . . Anwesensbesitzer . . M in O auf Zahlung von circa . . . ℳ zusteht und auf dem Anwesen de . letzteren dortselbst hypothekarisch versichert sein soll; ꝛc. sub a.

ZPO. § 731. Art. 125 d. Ausf.-G.

Das k. Amtsgericht . . . . wurde angegangen, die Pfändung fraglicher Forderung im Hypothekenbuche einzutragen.

ZPO. § 729. 745. 736. 737. (Anspruch.)

f) derjenige **Anspruch** gepfändet, welcher de . Schuldner . . gegen . . . . . . (Bank hinterlegte Depot) zusteht, und demgemäß de . . . verboten, d . . vorbezeichneten (Wertpapiere) an Schuldner . . . . . herauszugeben, de . Letzteren dagegen geboten, sich jeder Verfügung über den gepfändeten Anspruch, insbesondere der Einziehung zu enthalten.

Zugleich wird antragsgemäß der gepfändete Anspruch de . Gläubiger . . [bis zur Höhe des Guthabens] zur Einziehung überwiesen und weiter angeordnet, daß d . . zur Herausgabe gelangende [Pfandbriefe] statt an Schuldner . . an den von de . Gläubiger . . zu bezeichneten Gerichtsvollzieher . . . . . auszuantworten sind.

Vollstreckungstitel: Vollstreckbare Endurteile § 644; prozeßgerichtlicher Vergleich 702 Ziff. 1; amtsgerichtl. Vergleich beim Sühneversuch § 471. 702; mit Beschwerde anfechtbare Entscheidung § 702 Ziff. 3; Vollstreckungsbefehl § 702 Ziff. 4; rechtsförmlich aufgenommene gerichtliche, notarielle vollstreckbare Urkunde § 702 Ziff. 5, nach welcher Schuldner sich der sofortigen Zwangsvollstreckung unterworfen; Entscheidung über Vermögensstrafe oder Buße § 495; vollstreckbare Ausfertigung der Konkurstabelle § 152 Ziff. 2. 192 Abs. 2 KO.; vollstr. Ausf. des rechtskräftig bestätigten Zwangsvergleichs § 179 ZPO.; vollstr. Erhebungsanweisung § 706 ZPO. Art. 121 SO.; vorl. vollstr. Seemannsamts-Entscheidung § 106 Seemanns-O. (RGB. 72. 431); vorl. vollstr. oder rechtskr. Endurteile u. Vergleiche der Gewerbegerichte § 56 Gew. GO. Vollstreckbarer Verteilungsplan nach Genossenschaftsgesetz.

Die Einschreibung der Pfändung im Hypothekenbuche erfolgt wie gewöhnlich; möglich ist auch die Pfändung des Zinsengenußrechtes an einer Hypothek. Die besondere Benachrichtigung des Anwesensbesitzers von der Pfändung durch das Hypothekenamt ist nicht nötig, da derselbe durch den zugestellten Pfändungsbeschluß bereits Kenntnis hat. Die Abschrift des Pfändungsbeschlusses wird mit dem Vollzugsvermerk zu den Beilagen genommen. Dem Vollstreckungsgericht ist vom Hypothekenamte vom Vollzuge Kenntnis zu geben.

140. Antrag auf Ueberweisung einer durch Arrestbeschluß gepfändeten Forderung zur Einziehung.

Gerichtsschreiberei des k. Amtsgerichts Berchtesgaden.

Berchtesgaden, am 3. September 1896.

In Sachen

Hell Alois, Bäckermeister dahier, Gläubiger . .,

gegen

Finster Joh Nep., Schreinermeister daselbst, Schuldner . .,

wegen Ueberweisung einer durch Arrestbeschluß gepfändeten Forderung zur Einziehung, erscheint Gläubiger . . und erklärt: Ich übergebe Ausfertigung eines Arrest- u. Forderungspfändungsbeschlusses des k. Landgerichts Traunstein vom 8. Dezember 1894 nebst Zustellungsurkunden; hienach ist zu gunsten meiner Forderung zu 480 ℳ Hauptsache, nebst 5 % Zinsen vom 1. Oktober 1894 und eines Kostenanschlags von 30 ℳ diejenige Forderung gepfändet, welche dem Schuldner Finster gegen den Oekonomen Max Kirchner von Berchtesgaden auf Zahlung von etwa 5—600 ℳ für gelieferte Schreinerarbeiten zusteht. Der Beschluß ist dem Schuldner . . am 10. Dezember 1894, dem Drittschuldner . . am 9. desſ. Monats zugestellt worden.

Ich übergebe nun definitiven Vollstreckungstitel — Urteil des k. Landgerichts Traunstein vom 30. August 1895 mit Nachweis richtiger Zustellung an Schuldner — und stelle an das Vollstreckungsgericht den Antrag:

„Es wolle mir die bereits arrestweise gepfändete Forderung bis zu meiner vollen Befriedigung zur Einziehung überwiesen werden."

Vorgelesen, genehmigt, unterzeichnet:

Alois Hell.

Leger, k. Sekretär.

VRNr. $\frac{400}{1896}$ K.

Zuständig ist das Vollstreckungsgericht (§ 729, 707 ZPO.) Zu prüfen ist, ob die Zustellung des Arrestbeschlusses im Sinne des § 809 ZPO. erfolgt ist, da sonst ein rechtswirksames Arrestpfand niemals bestanden hätte und ein Ueberweisungsbeschluß nicht erlassen werden könnte. Der **Gerichtsbeschluß** lautet: „In ꝛc. wegen Ueberweisung wird auf Gläubiger-Antrag vom ..... nach Einsicht de. Arrest- und Forderungspfändungsbeschlusses des k. ..... Gerichts vom ..... 189 . PRNo. ... C, zugestellt de . Schuldner .. am .... 189 ., de . Drittschuldner .. am ....., ferner nachbezeichnete am .... rechtswirksam zugestellte Vollstreckungstitel .... in der Erwägung, daß hienach zu gunsten des Gläubigerteils gegen Schuldner .. von .. ℳ .. ₰ .... Kostenanschlag bereits rechtswirksames Arrestpfand an de . jenigen Forderung .. besteht, welche de . Schuldner .. gegen .... zustehen soll, daß für das vorbezeichnete, durch Arrestpfand gesicherte Guthaben in .. Höhe .... nunmehr definitiver Vollstreckungstitel vorliegt und Ueberweisungsantrag gestellt ist, gemäß § 736, 684, 707, 729, 796 f. ZPO. ohne vorgängige mündliche Verhandlung beschlossen: Es wird die obenbezeichnete, seit .... bereits arrestweise gepfändete Forderung de . Schuldner .. gegen ..... dem Gläubigerteil bis zur vollen Deckung von .. ℳ .. ₰ .... zur Einziehung überwiesen."

Die Pfändung und Ueberweisung einer Forderung kann auch getrennt erfolgen § 730, 736; die Pfändung erfolgt ohne jede Prüfung des wirklichen Bestehens der Forderung auf die Gefahr des Gläubigers, dessen Sache es ist, die Forderung gegen Drittschuldner zu erstreiten; gemäß § 735 wird ja auch der Schuldner über das Pfändungsgesuch nicht gehört; infolgedessen wird es im Pfändungsbeschlusse auch heißen können: „wird die angebliche Forderung gepfändet." Bei Ueberweisung zur Einziehung wird der Gläubiger erst durch die Leistung des Drittschuldners, bei Ueberweisung an Zahlungsstatt schon durch die Ueberweisung befriedigt. Die Zustellung des Beschlusses erfolgt abweichend von § 294 Abs. 3 nicht von amtswegen, sondern durch Aushändigung desselben an Gläubiger, wenn er selbst zustellen will, andernfalls durch Vemittlung des Sekretärs § 154. Zunächst erfolgt die Zustellung an den Drittschuldner, womit das Pfandrecht Platz greift § 730 Abs. 3, 709, denn ohne besonderen Auftrag an Schuldner und wenn dieser vertreten, lediglich an dessen Vertreter. § 730 Abs. 2, 162. Die Herausgabe von Gegenständen an den vom Gläubiger beauftragten Gerichtsvollzieher kann nur erfolgen, wenn der Dritte hiezu verpflichtet ist; verweigert letzterer jedoch die Herausgabe, so beantragt Gläubiger die Ueberweisung des Anspruchs zur Einziehung und erhebt Klage gegen den Dritten auf Herausgabe an den bestimmten Gerichtsvollzieher. § 736, 748.

141. Anträge auf Erwirkung zur Vornahme oder Unterlassung einer Handlung.

Gerichtsschreiberei des k. Amts-Gerichts Erlangen.

Gegenstandssumme ℳ
All.Geb.Reg.Nr.
G. 3 10 (§ 27, 2 GKG.) ℳ
Cop. "

I. Schreiben an Schuldner . .
In ꝛc. erhalten Sie anliegend Abschrift des Antrags vom . . . gemäß § 776 ZPO. zur Erklärung binnen 1 Woche.

II. Beschluß.
a) In ꝛc. wird Kläger . . ermächtigt, auf beklagtische Kosten den Abbruch vornehmen zu lassen.
Beklagter wird verurteilt, dem Kläger die durch Vornahme der bezeichneten Handlung entstehenden Kosten, welche auf 100 ℳ vorläufig festgesetzt werden, vorauszuzahlen.
b) In ꝛc. wird auf gläubigerischen Antrag gegen Schuldner . . behufs Erzwingung der letzterem durch Urteil auferlegten Rechnungsstellung eine Haftstrafe von 20 Tagen angeordnet.
c) In ꝛc. wird dem Schuldner . . aufgegeben, die im Urteil ausgesprochene Handlung bei Vermeidung einer Strafe von 200 ℳ ev. 20 Tage Haft für jeden Zuwiderhandlungsfall zu unterlassen.
fiat Zustellung des Beschlusses an beide Parteien.

Erlangen, am 28. Dezember 1895.

In Sachen
Frisch Heinrich, Weinwirt von Erlangen,
gegen
Wüst Hermann, Metzger von Bubenreuth,

wegen Vornahme (Unterlassung) einer Handlung, erscheint Kläger . . und erklärt unter Uebergabe der Ausfertigung des rechtskräftigen vollstreckbaren Urteils des k. Amts-Gerichts Erlangen vom 15. Dezember c. mit Zustellungsurkunde.

Beklagter wurde verurteilt:

a) das auf meinem Grund und Boden errichtete Gartenhäuschen mit Umzäunung abzubrechen und fortzuräumen;

b) mir über die in der Zeit vom 1. Juni bis 30. Okt. l. Js. gelieferten Fleischwaren Rechnung zu legen und ein genaues Verzeichnis der von mir leihweise entnommenen Gartengerätschaften anzufertigen;

c) die Benutzung der auf meinem Grund und Boden befindlichen Waschhalle zu unterlassen.

Beklagter leistet diesem Urteile nicht Folge und ist seiner Verpflichtung nicht nachgekommen, weshalb ich an das k. Amtsgericht den Antrag stelle:

ad a) mich gemäß § 775 ZPO. zu ermächtigen, diese Handlung auf Kosten des Beklagten vornehmen zu lassen, sowie Beklagten zu verurteilen, die hiedurch entstehenden Kosten mit 100 ℳ an mich vorauszuzahlen.

ad b) den Schuldner . . gemäß § 774 ZPO. durch eine Geldstrafe von 200 ℳ oder Haftstrafe von 20 Tagen zur Rechnungslegung anzuhalten.

ad c) gemäß § 775 ZPO. dem Schuldner . . durch eine anzudrohende und festzusetzende Strafe von 200 M für jeden Zuwiderhandlungsfall aufzugeben, die im Urteil ausgesprochenen Handlungen zu unterlassen.

Beweismittel: Kostenvoranschlag; Erklärung des Schuldners.

Ist Anhängsel des Prozeßaktes, daher kein neuer Register-Eintrag.

Vorgelesen, genehmigt, unterzeichnet:
Heinrich Frisch.

Letter, k. Sekretär.

Erfüllt Schuldner die Verpflichtung nicht, eine Handlung vorzunehmen, deren Vornahme durch einen dritten erfolgen kann, so ist Gläubiger vom Prozeßgericht I. Instanz auf Antrag zu ermächtigen, auf Kosten des Schuldners die Handlung vornehmen zu lassen; hiebei kann Gläubiger beantragen, den Schuldner zur Vorauszahlung der Kosten zu verurteilen, welche durch die Vornahme der Handlungen entstehen werden, unbeschadet des Rechts auf eine Nachforderung, wenn die Vornahme der Handlung einen größeren Kostenaufwand verursacht. Diese Bestimmungen finden jedoch auf die Zwangsvollstreckung zur Erwirkung der Herausgabe oder Leistung von Sachen keine Anwendung.

Kann jedoch eine Handlung durch einen Dritten nicht vorgenommen werden, so ist, wenn sie ausschließlich von dem Willen des Schuldners abhängt, auf Antrag von dem Prozeßgericht I. Instanz zu erkennen, daß Schuldner zur Vornahme der Handlung durch Geldstrafen bis zu 1500 M oder durch Haft anzuhalten sei. Diese Bestimmung findet jedoch auf eheliche Umstände keine Anwendung.

Handelt Schuldner der Verpflichtung zuwider, eine Handlung zu unterlassen, oder die Vornahme einer Handlung zu dulden, so ist er wegen einer jeden Zuwiderhandlung auf Antrag des Gläubigers vom Prozeßgericht I. Instanz zu einer Geldstrafe bis zu 1500 M oder zur Haft bis zu 6 Monaten zu verurteilen. Die Gesamtstrafe darf 2 Jahre nicht übersteigen. Der Verurteilung muß eine Strafandrohung vorausgehen, welche, wenn sie in dem die Verpflichtung aussprechenden Urteile nicht enthalten ist, auf Antrag von dem Prozeßgericht I. Instanz erlassen wird. Auch kann Schuldner auf Antrag des Gläubigers zur Bestellung einer Sicherheit für den durch fernere Zuwiderhandlung entstehenden Schaden auf bestimmte Zeit verurteilt werden.

Die in Vorstehendem zu erlassenden Entscheidungen können ohne vorgängige mündliche Verhandlung erfolgen; vor der Entscheidung ist jedoch der Schuldner zu hören. D. V. S. 37 vollstr. Ausf.; **81, 483. 83, 194.** GO. f. RA. § 33, 34.

Gebühr $^{3}/_{10}$; die die Strafandrohung aussprechende Entscheidung des § 775 Abs. 2 ZPO. ist gebührenfrei, wenn die Entscheidung aus Abs. 1 oder 3 erfolgt ist.

142. Antrag auf Zwangsvollstreckung in unbewegliches Vermögen.

Gerichtsschreiberei des k. Amtsgerichts Dachau.

Dachau, am 13. Januar 1896.

In Sachen

Dinkel Franz, Kaufmann in Dachau, Gläubigers,

gegen

Schwinn Michael, Oekonom daselbst, Schuldner . .,

wegen Forderung, hier Subhastation, erscheint Gläubiger . . und erklärt:

Laut hiermit übergebener vollstreckbarer Ausfertigung des rechtskräftigen diesgerichtlichen Endurteils vom 10. Oktober 1895, welches ausweislich des gleichfalls übergebenen Zustellungsnachweises dem Schuldner . . am 30. Oktober 1895 durch Ersatzzustellung an dessen Ehefrau Rosa Schwinn zugestellt wurde, habe ich von dem Schuldner . . zu fordern:

300 ℳ Hauptsache für ein Bardarlehen,
27 „ richterlich festgesetzten Kosten.

Die Zwangsvollstreckung in das bewegliche Vermögen des Schuldners verlief resultatlos; ich suche daher meine Befriedigung in dem schuldnerischen Grundvermögen, welches in nachstehenden Objekten besteht:

Pl. Nr. 50 — 0,006 ha Gebäude Hs. Nr. 10 in Dachau,
„ 51 — 0,026 „ Garten, Wurzgarten,
gelegen in der Steuergemeinde Dachau.

Vorkaufs- und Zurücknahme-Berechtigte sind nicht bekannt. Das Anwesen ist vermietet; der Garten ist nicht verpachtet. Anderweitige Vollstreckungen in die Beschlagnahmegegenstände oder in dessen bewegliche Zugehörungen sowie in ausstehende Erträgnisse sind noch nicht erfolgt.

In Bezug auf Art, Ort und Zeit der Versteigerung stelle ich vorerst keine anderen als die in Art. 55 der SO. sowie in Art. 1—9 der Novelle enthaltenen Versteigerungsbedingungen; der Strichschilling ist innerhalb 4 Wochen nach erfolgtem Zuschlage vom Ansteigerer gerichtlich zu hinterlegen.

Als Versteigerungsbeamter wird der k. Notar Fisch dahier in Vorschlag gebracht.

Dinkel ⁒ Schwinn.

VRNr. $\frac{20}{1896}$ H.

Die Versteigerungsbekanntmachung wolle außer im Amtsblatte auch noch in den Münchener Neuesten Nachrichten inseriert werden.

./. Ich nehme Bezug auf die einschlägigen Folien des diesgerichtlichen Hypothekenbuchs, sowie des anliegenden Grundsteuerkatasters und stelle gemäß § 755 u. ff. ZPO. (Art. 127 mit 129 des b. Ausf.-Ges. hiezu bei Hyp.-Briefen) sowie Art. 1. 21. 24. 25. 26. 29. 30 u. ff. 37 der SO. an das k. Amtsgericht **Dachau**, in dessen Bezirk der zu beschlagnahmende Immobiliarbesitz sich befindet, den Antrag: „zu gunsten meiner oben spezifizierten Forderung, sowie eines Kostenaversums von **30** *M* für die Vollstreckungs- und weiteren Kosten des Verfahrens die Beschlagnahme des voraufgeführten schuldnerischen Grundbesitzes zum Zwecke der Zwangsversteigerung zu beschließen.

Vorgelesen, genehmigt, unterzeichnet:

Franz Dinkel.

Hub, k. Sekretär.

Ermittelungen, Aufzeichnungen und Versteigerungen beweglicher Zugehörungen und Früchte im Subhastationsverfahren **79**, 612, 617, 626 f. 1545 f. Akteneinsicht **79**, 827, Erhebung von Abschlagszahlungen auf die Gerichtskosten im Subh.-Verfahren **80**, 287; Zustellungen in demselben **80**, 361; **81**, 324; **83**, 16 f.; **86**, 178 f. s. Subh.-Ordnung vom 23. II. 79 bezw. 29. V. 86; Vollzug des Art. 182: **80**, 422, des Art. 57 **86**, 188; des Gesetzes v. 29. V. 86 wegen Aenderung der Bestimmungen derselben **86**, 279 ff.; 293 f.

Gebühren: Art. 8—25 Geb.-Wesen $^{2}/_{10}$ für die Entscheidung einschließlich des vorangegangenen Verfahrens über Anträge auf Anordnung der Zwangsvollstreckung in unbewegliches Vermögen, sowie über Einwendungen, welche die Versteigerungsbedingungen oder das bei der Zwangsversteigerung zu beachtende Verfahren betreffen. Im Verfahren selbst kommen $^{5}/_{10}$ bis zur Einleitung der Verteilung, $^{3}/_{10}$ bei Erledigung vor der Zuschlagserteilung; für das Verteilungsverfahren der volle Betrag und bei Erledigung vor Beginn des Verteilungstermines $^{5}/_{10}$ zur Erhebung. Die Gebühr ist aus dem Meistgebote zu entnehmen; mehrere Meistgebote sind zusammenzurechnen.

143. Beschlagnahme-Beschluß.

Kgl. Amtsgericht Dachau.

Dachau, am 14. Januar 1896.

In Sachen

Dinkel Franz, Kaufmann in Dachau, Gläubiger . .,

vertreten . . . .

gegen

Schwinn Michael, Oekonom daselbst, Schuldner . .,

Gegenstandssumme	M.
Allg.Geb.Reg.Nr. . . .	
Geb. (² ₁₀ Art. 8)	M.
Cop.	„

wegen Subhastation

wird auf gläubigerischen Antrag sowie auf grund des mit Zustellungsurkunde . vom 30 Oktober 1895 vorgelegten rechtskräftigen in vollstreckbarer Form ausgefertigten Urteils des k. Amtsgerichts Dachau vom 10. Oktober 1895 zu gunsten der gläubigerischen Forderung zu

300 M. Hauptsache,

27 M. richterlich festgesetzten Kosten sowie

30 M. Kostenaversum für die Vollstreckungs- und weiteren Kosten des Verfahrens,

in Uebereinstimmung des gläubigerischen Antrags bezüglich der Beschlagnahmeobjekte mit dem Inhalte des Hypothekenbuches, die Beschlagnahme der dem Schuldner . . gehörigen und auf ihn im Hypothekenbuch für Dachau als Besitzer vorgetragenen Grundbesitzungen nämlich Pl.-Nr. 50 ꝛc. der St.-Gd. Dachau ꝛc. zum Zwecke der Zwangsversteigerung beschlossen und der k. Notar Herr Fisch in Dachau zum Versteigerungsbeamten ernannt.

Antragsteller . . hat nach Art. 21 des b. Geb.-Wesens einen Auslagenvorschuß von 30 M zu leisten.

VRNr. 20/1896 H.

Für die Zwangsvollstreckung in ein Grundstück ist nach § 755 ZPO. als Vollstreckungsgericht das Amtsgericht zuständig, in dessen Bezirke das Grundstück belegen. Die Zwangsvollstreckung wird von diesem Gerichte auf Antrag angeordnet. Ist es nach § 756 l. c. mit

Gehen sodann die Akten an das diesgerichtliche Hypotheken-Amt mit dem Ersuchen, die Beschlagnahme im Hypothekenbuche einzutragen und beglaubigten Hypothekenbuchsauszug anher mitzuteilen.

ZPO. § 755 u. ff. (Art. 127, 129 b. Ausf.-Ges. — bei Hyp.-Briefen —) Art. 1. 21. 24. 25. 26. 29. 30 ff. 37 SO.

Kgl. Amtsgericht als Vollstreckungsgericht.

Roth.

Hyp.Geb.Reg.Nr.

Geb. (Art. 88) M.
Geb. (Art. 93) Abs.) „
Cop. „
Ins. „

./.

H.-Tgb.-Nr. 40.

Unterm Heutigen wurde Beschlagnahme zum Zwecke der Zwangsversteigerung, eingetragen im Hypothekenbuche für Dachau, Bd. 1 S. 6. Beglaubigter (ergänzter) Hypothekenbuchsauszug liegt bei.

Gehen die Akten br. m. ins Bureau Nr. 3 zurück.

Kgl. Amtsgericht als Hypothekenamt.

Richter.

Verfügung.

I. Je Ausfertigung des Beschlagnahmebeschlusses mit hypothekenamtlicher Bestätigung über den Eintrag der Beschlagnahme ist
   a) dem Antragsteller . .
   b) dem Schuldner . ., letzterem unter abschriftl. Mitteilung des Beschlagnahmeantrags, zuzustellen.

II. Gehen die Vollstreckungsakten an den k. Notar Herrn Fisch dahier, als ernannten Versteigerungsbeamten, zum Vollzuge der Zwangsversteigerung.

Rücksicht auf die Grenzen verschiedener Amtsbezirke ungewiß, welches Amtsgericht zuständig sei, oder ist das Grundstück in den Bezirken verschiedener Amtsgerichte belegen, so ist auf Antrag eines Beteiligten von dem zunächst höheren Gerichte unter Berücksichtigung des § 36 l. c. eines dieser Gerichte zum Vollstreckungsgericht zu bestellen. Die Erfordernisse des Beschlagnahmegesuches richten sich nach Art. 24 SO.

Die Einschreibung der Beschlagnahme im Hypothekenbuch (Art. 21 Abs. 3, 30, 31, 43, 130, 144, 145 SO. § 27 Ziff. 9 der Instr. Hyp.-Ges.) erfolgt in II. Rubrik; im Eintrage ist zu erwähnen, ob die Einschreibung zwecks Zwangsverwaltung oder Versteigerung erfolgt, zu

144. Beschluß über die Aufforderung an Beteiligte zur Forderungsanmeldung.

In Sachen
Ottmann Philipp, Buchhalter in Regensburg, Gläubigers,
gegen
Blum Friedr., Bürstenbinder von Regensburg, Schuldner..,
wegen Zwangsversteigerung, nun Verteilung des Versteigerungserlöses zu 2600 Mk. wird als Verteilungstermin Mittwoch, der 27. Februar 1889 vormittags 10 Uhr, Geschäftszimmer Nr. 3 bestimmt.

Die nach Art. 108 und 110 der SO. beteiligten Gläubiger werden aufgefordert:

1) binnen 2 Wochen unter Vorlage der Beweisurkunden oder unter Bezugnahme auf die bei den Akten befindlichen Beweismittel ihre Ansprüche mit Angabe des Betrages in Haupt- und Nebensache, des Grundes der Forderung, sowie des beanspruchten Ranges bei diesem Gericht, als Vollstreckungsgericht, anzumelden, widrigenfalls bei Aufstellung des Verteilungsplanes die aus den Vollstreckungsakten erhellenden Forderungen nur mit den seit dem jüngsten Verfalltage vor der ersten Beschlagnahme sich berechnenden Zinsen, die übrigen Forderungen aber, mit Ausnahme der der Anmeldung nicht bedürfenden Forderungen, für welche Beschlagnahme erwirkt worden ist, überhaupt nicht berücksichtigt würden;

2) in dem angesetzten Verteilungstermine zum Zwecke der Erklärung über den Verteilungsplan und die in denselben eingestellten Ansprüche, — sowie über die vom Verwalter gestellte Rechnung — und zur Ausführung der Verteilung zu erscheinen, widrigenfalls angenommen würde, daß der Nichterscheinende mit dem aufgestellten oder im Termine berichtigten Verteilungsplane, sowie mit dessen Ausführungen einverstanden sei — und die Rechnung des Verwalters anerkenne. —

Zum angesetzten Verteilungstermine werden auch Sigmund Philipp Ottmann, Buchhalter in Regensburg, als Ansteigerer, und Bürstenbinder Friedrich Blum von da, als Schuldner bezw. Drittbesitzer hiermit geladen und zwar letztere unter dem Rechtsnachteile des

VRNr. $\frac{30}{1889}$ H.

Ausschlusses mit ihren Einwendungen gegen den aufgestellten oder im Termine berichtigten Verteilungsplan, die darin aufgenommenen Forderungen — und die vom Verwalter gestellte Rechnung. —

Die erfolgenden Anmeldungen und der Entwurf des Verteilungsplanes werden während der letzten Woche vor dem bestimmten Verteilungstermine auf der Gerichtsschreiberei dahier zur Einsichtnahme seitens der Beteiligten aufgelegt sein.

Der Gerichtsschreiber ist gehalten, jedem Gläubiger, der einen Anspruch angemeldet, auf Verlangen Abschrift des Verteilungsplanes zu erteilen.

Regensburg, am 20. Februar 1889.

Königliches Amtsgericht.

(L. S.) Niepe.

---

wessen gunsten sie erfolgt und welche Beträge in Frage kommen; der Beschluß des Vollstreckungsgerichts ist genau zu allegieren; Beschlagnahmen können mehrere erfolgen, sie müssen jedoch als „weitere Beschlagnahmen" genau gekennzeichnet werden. Der Eintrag lautet: „Datum. Auf Grund Requis. des k. Amtsgerichts . . sowie Beschlusses vom . . . . wird zu gunsten de. X in O für de . . en Guthaben zu . . ℳ . . zc. Beschlagnahme (weitere) zum Zwecke der Zwangsversteigerung (Verwaltung) eingetragen."

Stets ist zu prüfen, ob die Beschlagnahme eingetragen werden kann und ob Schuldner wirklicher Besitzer ist; stehen dem Beschlagnahmeeintrag Hindernisse im Wege, wird die Beschlagnahme (§ 106 Hyp.-Ges.) nur vorgemerkt; bei Beseitigung des Hindernisses erfolgt sodann Definitiveintrag auf Veranlassung des Vollstreckungsgerichts.

Ist das Subhastationsverfahren durchgeführt, erfolgt auf Antrag des Vollstreckungsgerichts die Hypothekenbuchsbereinigung in der Weise, daß alle Hypotheken, Dispositionsbeschränkungen, Beschlagnahmen mit Ausnahme derjenigen Hypotheken, welche vom Ansteigerer übernommen wurden, gelöscht werden sowie daß der Besitztitel auf den Ansteigerer berichtigt wird. Die hypothekenamtliche Vollzugsanzeige lautet: „Unterm Heutigen wurde Anwesen Nr. . . auf Ansteiger . . umgeschrieben, sowie die Beschlagnahme und die sämtlichen Hypotheken mit Ausnahme der vom Ansteiger . . übernommenen gelöscht. Hyp.-Bch. für . . Bd. . . S. . ."

Dem einschlägigen Rentamte ist Mitteilung zu machen.

145. Gerichtlicher Verteilungsplan.

Betreff: Scheuer ./. Gerber,
wegen Subhastation.

Gerichtlicher Verteilungsplan.

Niedergelegt: 12. Dezember 1893.
Abgeschlossen: 10. Juli 1895.
Tag der **früheren Versteigerung:** 23. Mai 1893,
früherer Ansteigerer: Emil Huber in Rosenheim.
Tag der **Wiederversteigerung:** 7. November 1893.
nunmehriger Ansteigerer: Ignaz Günter, Rentier in Traunstein.
Verteilungstermin: 23. Dezember 1893.
Strichsobjekt: Hs.-Nr. 108 in Traunstein — des Oekonomen Gerber Max.

Etwaige Bemerkungen für den Verteilungsplan können hier angebracht werden.

Bei Berechnung der Stückzinse sind nicht in Ansatz zu bringen:
die vom Ansteigerer mit Verzinsung vom Versteigerungstag an übernommenen Hypotheken,
die gemachten Barzahlungen,
die hinterlegte Kaution.

Die Anweisung im Verteilungstermin erfolgt zuerst auf die hinterliegenden Beträge, dann ist Erhebungsanweisung auf die Schuldigkeit des 2. Ansteigerers, zuletzt auf die Schuldigkeit des 1. Ansteigerers zu erteilen; (je mit 5% Zinsen vom Verteilungstermin an.)

Die Erhebungsanweisung — die vom Richter zu fertigen ist —, wird vom Gerichtsschreiber mit der Vollstr.-Klausel versehen.

VRNr. $\frac{65}{1893}$ H.

Teilungs-Masse.	Im Ganzen M	₰	hinterlegt M	₰	nicht hinterlegt M	₰	Bemerkungen.
1. Strichschilling (Versteigerung vom 7. Nov. 1893)	43000	–	10000	–	33000	–	
Depositalzins bis zum Verteil.-Termin	71	20	71	20	–	–	
2. Bezahlte Miet-Zinse (Verwaltungs-Ueberschuß)	112	–	112	–	–	–	auf Bankschein angelegt.
2% Depositalzins bis zum Verteil.-Termin	1	50	1	50	–	–	
3. Depositalzinsen:							
4. Stückzinse nach Art. 55 Ziff. 1 SO. 5% aus 7282 M bis zum Verteil.-Termin	45	50	–	–	45	50	vom Strichschilling sind für die Berechnung abzuziehen: 10000 M Kaution 24110 „ I. Hyp. 1608 „ bez. Zins. u. Kosten d. I. Hyp. 35718 M
5. Haftung des früheren Ansteigerers (Art. 92 SO.)							
und zwar:							
a) für den Mindererlös (45000–43000)	2000	–	–	–	2000	–	Etwa vom ersten Ansteigerer gemachte Zahlungen sind abzurechnen.
b) für die Zinsen des ersten Steigerungspreises vom Tage der ersten Versteig. bis zur Wiederversteigerung:	1031	25	–	-	1031	25	
c) für die Kosten der Wiederversteig.: (Notariatskosten)	45	–	–	–	45	–	
Summa:	46306	45	10184	70	36121	75	

Schuldenmasse	Im Ganzen M.	₰	bezahlt M.	₰	übernommen M.	₰	anzuweisen M.	₰
1. Forderungen nach Art. 107 SO.								
a) etwaige Verwaltungskosten	—	—	—	—	—	—	—	—
b) Gesamtgerichtskosten	680	—	—	—	—	—	680	—
c) Kosten des Notars	45	—	—	—	—	—	45	—
2. Forderungen nach Art. 108 Ziff. 1 SO.								
a) Grund- und Haussteuern nebst Umlagen	210	—	—	—	—	—	210	—
b) Brandversicherungsbeiträge bis zum Wiederversteigerungstage	49	—	—	—	—	—	49	—
c) Kaminkehrer-Löhne bis zum Wiederversteigerungstage vom 1. I. 91 an	73	—	—	—	—	—	73	—
3. Hypotheken Art. 108 Z. 2 der SO.								
I. Hypothek: Bayer. Hypothek- und Wechselbank								
a) Kapital im Restbetrage zu	24110	—	—	—	24110	—	—	—
b) Rückständige Zinsen u. Kosten erfolgte Zahlung nach dem Tage der Wiederverst., so sind Stückzinse anzusetzen	1608	—	1608	—	—	—	—	—
II. Hypothek: Konrad Hubert, Oekonom in Traunstein, Kapital 22000 M								
a) 5% Zinsen bis zum Wiederversteigerungstag vom 1. Okt 92 an	1206	—	—	—	—	—	1206	—
5% Stückzinse bis zum Verteil.-Termin	132	—	—	—	—	—	132	—
b) Kapital:	18193	95	—	—	—	—	18193	95
Rest, wie weitere Hypotheken fallen durch.								
Summa:	46306	95	1608	—	24110	—	20588	95

146. Termin im Verteilungsverfahren.

Protokoll

aufgenommen bei dem k. Amtsgericht Roth.

Gegenwärtig:

k. . Amtsrichter Jlg.
als Richter,
k. Sekretär Hart,
als Gerichtsschreiber.

Roth, am 1. Februar 1896.

In Sachen

Ottinger Georg, Krämer in Roth, Gläubiger . .,

gegen

Bucher Franz, Schreiner in Rieden, Schuldner . .,

wegen Forderung, hier Verteilungsverfahren, steht auf heute dahier Termin zur Ausführung der Verteilung an und erschienen auf den Aufruf der Sache:

Gegenstandsf. ℳ
AGRNr.

Geb. (§ 42) ℳ
Cop. ℳ

. . . . Schuldner . .
. . . . Gläubiger . .

a) wenn kein Widerspruch erhoben:

Vor Allem wird konstatiert, daß gemäß § 759 ZPO. die Gläubiger zur Einreichung der Berechnung ihrer Forderungen innerhalb 2 Wochen aufgefordert wurden. Der Teilungsplan ist 3 Tage vor dem Termin auf der Gerichtsschreiberei zur Einsicht der Beteiligten niedergelegt worden. Ein Widerspruch gegen den Verteilungsplan wurde weder vor noch in dem Termine erhoben, weshalb die verfügbare Masse verteilt wurde wie folgt:

b) wenn Widerspruch erhoben:

Schuhmachermeister Georg Huber von Roth erhob gegen die Forderung des Krämers Georg Ottinger daselbst Widerspruch, indem er behauptete, die beanspruchte Forderung sei schon längst getilgt.

Nachdem die übrigen Beteiligten auf den Widerspruch nicht weiter eingingen, wurde die Masse verteilt, wie folgt: ꝛc.

Mangels Einigung erfolgte Verweisung auf § 764 ZPO.

Vorgelesen, genehmigt:

VRNr. $\frac{87}{1896}$ G.

(L. S.) Jlg. Hart.

Verteilungsverfahren ZPO. § 758 mit 768. Die Niederlegung von Schriftstücken (D. V. f. Gschrbr. S. 72) wird vom Gericht angeordnet bei dem Teilungsplane im Verteilungsverfahren, bei Zwangsvollstreckungen in das bewegliche Vermögen conf. Art. 97, 103, 146 SO. Das Verteilungsverfahren tritt ein, wenn bei der Zwangsvollstreckung in das bewegliche Vermögen ein Geldbetrag hinterlegt ist, welcher zur Befriedigung der beteiligten Gläubiger nicht hinreicht. Als Wertsobjekt wird der hinterlegte Geldbetrag gelten; für das Verteilungsverfahren werden $^5/_{10}$ und wenn das Verfahren vor dem Termine zur Ausführung der Verteilung erledigt wird, $^3/_{10}$ erhoben. GKG. § 42.

147. Beschluß nach Ausführung des Verteilungsplanes.

Kgl. Amtsgericht
Dachau.

Dachau, am 20. Februar 1896.

In Sachen

Dinkel Franz gegen Schwinn Michael wegen Subhastation, wird, nachdem der Verteilungsplan abgeschlossen und vollständig ausgeführt ist, gemäß Art. 94 mit 122 der SO. bezüglich des Versteigerungsobjektes die Vereinigung des Hypothekenbuches veranlaßt und demgemäß das diesgerichtliche Hypothekenamt ersucht, im Hypothekenbuche für Dachau Bd. I S. 6 die Besitztitelberichtigung auf die Ansteigerer. Schneiderseheleute Johann und Barbara Sommer von hier vorzunehmen und die Hypotheken mit Ausnahme der zu 2000 ℳ für die städt. Sparkasse Pappenheim sowie die Beschlagnahme und sonstigen der Besitztitelberichtigung entgegenstehenden Einträge zu löschen und den Vollzug auf der Versteigerungsurkunde zu bestätigen.

br. m. an das diesgerichtliche Hyp.-Amt zum gefälligen Vollzuge. Zu fertigen: Schreiben an das k. Rentamt Dachau.

„Ich beehre mich, Sie in Kenntnis zu setzen, daß das im Besitze des Kaufmanns Franz Dinkel sich befundene Anwesen Hs.-Nr. 20 in Dachau mit einer Gesamtfläche zu 3,007 ha, gelegen in der St.-Gd. Dachau zufolge Zwangsversteigerung gemäß Urkunde des k. Notars Fisch hier vom 1. Februar 1896 GRNr. 20 um das Meistgebot von 4000 ℳ den Schneiderseheleuten Johann und Barbara Sommer hier zugeschlagen wurde und daß der Besitzumschreibung ein Hindernis nicht im Wege steht.

Dinkel ./. Schwinn wegen Subhastation.

Sodann an die k. Gerichtsschreiberei dahier.

Roth.

VRNr. $\frac{20}{1896}$ H.

148. Antrag auf Umgangnahme des Verteilungsverfahrens.

Gerichtsschreiberei des k. Amtsgerichts Regensburg I.

Regensburg, am 1. März 1889.

In Sachen

Oettinger Sigm., Banquier in Regensburg, Gläubigers,

gegen

Binder J., Austragswitwer v. Regensburg, Schuldner . .,

wegen Zwangsversteigerung,

erscheint Banquier Sigmund Oettinger in Regensburg, und erklärt:

Ich habe am 1. Januar 1889 das Anwesen des Schuldners Haus-Nr. 11 mit Pl.-Nr. 386 in Regensburg um das Meistgebot von 3000 ℳ ersteigert. Der Zuschlag ist rechtskräftig; die Besitzveränderungsgebühr ist bezahlt. Es sind nun mit den seit dem Tage der Versteigerung erwachsenen 5 % igen Zinsen zu erlegen: 3040 Mk.

Dieser Verpflichtung bin ich außergerichtlich bereits nachgekommen.

Durch Barzahlung habe ich laut der hiermit übergebenen Quittungen folgende zum Zuge kommende Forderungen berichtigt:

1) Gerichtskosten: 43 Mk.
2) Kosten des Versteigerungsbeamten 108 Mk. (Passivrest aus der geführten Verwaltung.)
3) Steuern, Kreisumlagen, Brandversicherungsbeiträge 37,06 Mk.
4) Gemeinde- und Distriktsumlagen 5,60 Mk.
5) Kaminkehrerlöhne 3,50 Mk.
6) Rückstände an Zinsen und Kosten im Betrage zu 110 Mk.

Summe der Forderungen . . ℳ . . ₰ nach Art. 107. 108 Ziff. 1 SO.

Durch Uebernahme von Hypothekkapitalien zur ferneren Verzinsung und Heimzahlung werden gutgerechnet:

VRNr. $\frac{30}{1889}$ H.

Aufführung der Kapitalien, welche auf dem Anwesen liegen bleiben und vom Käufer übernommen werden.

Hiermit ist der Strichschilling samt Zinsen vollständig ausgewiesen.

Da ich nun auch die Kosten des Versteigerungsprotokolls bezahlt habe, sind die Voraussetzungen des in Art. 96 der SO. gestatteten Verfahrens gegeben und stelle ich daher an das k. Amtsgericht Regensburg I den

Antrag:

„Kgl. Amtsgericht wolle nach Ablauf der den Beteiligten, soweit sie nicht darauf verzichtet haben, vorzusetzenden 2 wöchentlichen Erinnerungsfrist nach Art. 94 der SO. verfahren, sonach die Berichtigung des Besitztitels auf mich und die Löschung der von mir nicht übernommenen Hypotheken sowie der Beschlagnahme und der der Besitztitelberichtigung etwa entgegenstehenden Einträge bezüglich des Versteigerungsobjektes im Hypothekenbuche veranlassen."

Vorgelesen, genehmigt, unterzeichnet:
Sigmund Oettinger.

Herold, k. Sekretär.

Das Gericht erläßt sodann an Gläubiger, Schuldner und Beteiligte unter abschriftlicher Mitteilung des Antrags Beschluß mit der Aufforderung, binnen 2 Wochen von der Zustellung der Verständigung und Aufforderung an ihre etwaigen Erinnerungen hiegegen bei Gericht geltend zu machen, als außerdem nach Ablauf der Frist ohne Erinnerungsabgabe gemäß Art. 96 SO. antragsgemäß weiter verfügt wird. Der Gerichtsschreiber besorgt die Zustellung an die Beteiligten.

Verteilung ungenügenden Erlöses, wenn für mehrere Gläubiger bewegliche Sachen gepfändet wurden oder bei Zwangsvollstreckungen in Forderungen auf Herausgabe beweglicher Sachen 79, 1537, 1541. Verteilungsplan über die von Mitgliedern einer eingetragenen Genossenschaft zur Befriedigung der Genossenschaftsgläubiger zu leistenden Beiträge, Zwangsvollstreckung aus dem von einem deutschen Gerichte für vollstreckbar erklärten Verteilungsplanes 79, 1498. Uebersendung von Geldbeträgen und Erhebungsanweisungen an die im Verteilungstermine nicht erschienenen Beteiligten durch den Gerichtsschreiber. 79, 810. Ersichtlichmachung der Eröffnung des Verteilungsverfahrens bei Zwangsversteigerungen und Zwangsverwaltungen im Vollstreckungsregister. 80, 422.

149. Antrag auf Hinterlegung des Versteigerungserlöses.

Gerichtsschreiberei
des k. Amtsgerichts
Dachau.

Gegenstandsf. ℳ
AGRNr.

Geb. ($^{2}/_{10}$ § 35, 1) ℳ
Cop. "

Beschluß.

Jn ꝛc. wird auf Grund des von .... vertreten durch .... gestellten Antrags die Hinterlegung des Erlöses angeordnet, welcher aus der vom G.-V. .... auf .... anberaumten / am abgehaltenen Versteigerung der von demselben am .... im Auftrag de.... in der Richtung gegen ... gepfändeten Gegenstände erzielt werden wird / worden und noch nicht abgeliefert ist, nachdem durch ... das Vorzugsrecht glaubhaft gemacht und Dringlichkeit bei der Nähe des Versteigerungstermins (Erlös-Ablieferung) gegeben erscheint.

Diese einstweilige Anordnung tritt mit Ablauf des .... außer Kraft und wird ein allenfalls

VRNr. 40/1895 K.

Dachau, am 30. Dezember 1895.

In Sachen

Lechner Paul, Kaufmann in Dachau, Gläubiger . .,

gegen

Schubert Karl, Tischlermeister daselbst, Schuldner . .,

wegen Zwangsvollstreckung, hier die Anordnung der Hinterlegung des Versteigerungserlöses, erscheint Anwesensbesitzer Joseph Müller von Dachau und erklärt: In bezeichneter Zwangsvollstreckungssache hat der k. Gerichtsvollzieher Aub dahier im Auftrage des Gläubigers Lechner am 20. Dezember c. bei dem Schuldner . . Schubert für eine Forderung zu 200 ℳ. gepfändet und Versteigerungstermin auf 31. ds. Mts. bereits anberaumt.

Abschrift des Pfändungsprotokolls nebst Versteigerungsbekanntmachung wird übergeben.

Wie aus dem weiters überreichten Mietvertrag vom 1. März 1893 hervorgeht, hat Schuldner . . in meinem Hause Nr. 10 an der Erbstraße dahier für die Zeit vom 1. März 1893 bis 1. März 1896 eine Wohnung für jährlich 300 ℳ gemietet. Wegen der rückständigen und laufenden Miete zu in Sa. 600 ℳ. (Diese Summe ist genau zu spezifizieren) (sowie eines Kostenaversums von 20 ℳ) mache ich das mir als Vermieter . . gesetzlich zustehende Pfandrecht geltend, indem ich in Höhe meiner ganzen Forderung vorrechtliche Befriedigung aus dem Erlöse der zur Versteigerung kommenden Gegenstände des Schuldners beanspruche.

hinterlegter Erlös an den G.-V. . . . behufs Fortsetzung der Vollstreckung hinausgegeben werden, falls nicht bis dahin ein Anerkenntnis sämtlicher Beteiligter hinsichtlich des beanspruchten Vorrechtsbetrages oder eine Entscheidung des Prozeßgerichts über die Weiterhinterlegung anher beigebracht ist. (§ 710. 688. 684. 266 ZPO. 41 KO. Art. 140 Ausf.-G. hiezu.)

Da der Verkauf der Pfandobjekte und die Auszahlung des Erlöses an Gläubiger .. unmittelbar bevorsteht, beantrage ich gemäß § 688, 710 ZPO. Art. 140 des Ausf.-Ges. hiezu, k. Amtsgericht wolle durch Beschluß anordnen; daß der k. Gerichtsvollzieher Aub angewiesen werde, den Versteigerungserlös der Pfandobjekte in der genannten Zwangsvollstreckungssache bis zur Höhe von 600 ℳ zu hinterlegen."

(Zugleich wolle entsprechende Frist zur Beibringung der Entscheidung des Prozeßgerichts über die weitere Hinterlegung bestimmt werden.)

Vorgelesen, genehmigt, unterzeichnet:

Joseph Müller.

Spietz, k. Sekretär.

Zuständig ist das Vollstreckungsgericht; in nicht dringenden Fällen muß gleichzeitig mit dem Antrage die Klage auf Anerkennung des Vorrechts eingereicht werden; es ist dann nur unter Ueberreichung der Urkunden der Schlußantrag zu stellen, im Uebrigen auf den Klageinhalt Bezug zu nehmen. Bezüglich der Klage conf. der Teil für Rechtsanwälte.

³/₁₀ Gebühr nach § 35 Nr. 1. Dem Antrage dürfte in der Regel die Aufforderung zur Anerkennung des Vorrechts an den die Zwangsvollstreckung Betreibenden oder dessen Anwalt vorausgehen. Nach § 23 Nr. 1, 29 Abs. 2 Nr. 4, 30 Abs. 1 Nr. 2 u. Abs. 2 Anw.-Geb.-Ord. sind ³/₁₀ zu liquidieren, Objekt ist der Mietbetrag; falls aber der Wert der Pfandobjekte kleiner ist, ist dieser letztere maßgebend. Der Pfändung einer Sache kann ein Dritter, welcher sich nicht im Besitze der Sache befindet, auf Grund eines Pfand- oder Vorzugsrechts nicht widersprechen; er kann jedoch seinen Anspruch auf vorzugsweise Befriedigung aus dem Erlöse im Wege der Klage geltend machen, ohne Rücksicht darauf, ob seine Forderung fällig ist oder nicht. Die Klage ist bei dem Vollstreckungsgerichte und, wenn der Streitgegenstand zur Zuständigkeit der Amtsgerichte nicht gehört, bei dem Landgerichte zu erheben, in dessen Bezirke das Vollstreckungsgericht seinen Sitz hat. Wird die Klage gegen den Gläubiger und den Schuldner gerichtet, so sind diese als Streitgenossen anzusehen.

150. Urteil bei Feststellung des Rechtes auf vorzugsweise Befriedigung.

Im Namen
Seiner Majestät des Königs von Bayern
erläßt
Das K. Amtsgericht . . . .
K. Amtsrichter . . . . . .
in Sachen:
vertreten,
gegen
vertreten,
wegen Vorrecht
folgendes
. . . . Urteil:

I. Es wird festgestellt, daß dem Klageteil ein Recht auf vorzugsweise Befriedigung vor dem beklagten Teil in Höhe von . . ℳ . . ₰ (mit Worten) an dem Erlöse aus den vom . . . . . k. Gerichtsvollzieher . . . . hier am . . . . 189 . in Sachen gegen wegen Forderung gepfändeten Sachen zusteht.

II. Beklagter Teil hat die Kosten des Rechtsstreits einschließlich derjenigen der einstweiligen Anordnung zu tragen bezw. zu erstatten.

III. Der Erlös, wie unter Ziffer I bezeichnet, bleibt bis zur Rechtskraft dieses Urteils weiter hinterlegt.

Thatbestand.

Klageteil beantragte heute wie unter Ziffer I und II geschehen, zu erkennen mit dem Vorbringen, beklagter Teil habe am . . . . 189 . zur Belastung de . . . . hier Mobiliarpfändung vornehmen lassen. Diese . . . . . einen Strichschilling von . . . . ergeben, welcher auf beklagten Teil entfallen solle, jedoch zufolge gerichtlicher Anordnung zur Hinterlegung . . sei.

PRNo. ——— A. / 189

Die Pfandobjekte seien seitens des . . . . in die vom Kläger abgemieteten Räume eingebracht gewesen und schulde Ersterer für diese Räume an Mietzins den Betrag von . . . . ℳ

für die Zeit von bis

Beklagter Teil

Gründe.

Die Klage ist angesichts der Pfändung im hiesigen Stadtbezirke, des 300 ℳ nicht übersteigenden Streitwerts, und mangels Beendigung der Vollstreckung formell nicht zu beanstanden (§§ 710. 707. 684. 231 RZPO.)

Sachlich ist dieselbe begründet.

Die vorgebrachten Thatsachen sind bewiesen durch

Gemäß § 710 ZPO., Art. 140 b. AusfGes., § 41 Nr. 4 KO. steht in Bayern dem Vermieter das Recht auf Vorabbefriedigung vor dem Pfandgläubiger zu Gunsten des laufenden, oder nicht über ein Jahr rückständigen Mietzinses sowie sonstiger Forderungen aus dem Mietverhältnisse hinsichtlich des Erlöses aus eingebrachtem Gut der Mietpartei zu.

Hienach war zu erkennen wie geschehen, im Kostenpunkte gemäß § 87 ZPO., hinsichtlich Ziff. III des Urteilssatzes gemäß § 689 a. a. O.

Verkündungsvermerk.

Das Prozeßgericht kann in dem Urteile, durch welches über die Einwendung entschieden wird, die in § 688 ZPO. bezeichneten Anordnungen erlassen oder die bereits erlassenen Anordnungen aufheben, abändern oder bestätigen. In betreff der Anfechtung einer solchen Entscheidung finden die Vorschriften des § 656 entsprechende Anwendung, welche in Absatz 3 ergeben, daß das Urteil des Berufungsgerichts, soweit es die in § 688 bezeichneten Anordnungen erläßt, aufhebt, ändert oder bestätigt, nicht mit Revision angegriffen werden kann.

151. Antrag auf Ableistung des Offenbarungseides.

Gerichtsschreiberei des k. Amtsgerichts Eltmann.

Eltmann, am 18. Februar 1896.

Zur Sache

Schmid N., großj. Bauerstochter von Eltmann, Gläubigerin,

gegen

Hipper Lorenz, Buchhalter von da, Schuldner . .,

wegen Forderung, hier Ableistung des Offenbarungseides, erscheint die Gläubigerin und erklärt:

Lorenz Hipper schuldet mir laut der hiermit übergebenen vollstreckbaren Ausfertigung des Urteils des k. Amts-Gerichts Roth vom 6. Januar c., welche dem Schuldner . . laut beiliegender Zustellungsurkunde am 8. Januar 1896 persönlich zugestellt wurde: 300 ℳ Hauptsache, 4% Zinsen u. s. w.

Die durch den k. Gerichtsvollzieher Was bei dem Schuldner . . am 11. Februar 1896 vorgenommene Zwangsvollstreckung hat ausweislich der anliegenden Pfändungsprotokolls-Abschrift zu meiner (vollständigen) Befriedigung nicht geführt, da nur ein Kleiderkasten im Werte von 30 ℳ gepfändet werden konnte, nachdem Schuldner außer seiner Kleidung nichts besitzt. — Schuldner Pfändbares nicht besitzt. —

Ich verlange nunmehr wegen meiner Forderung zu 300 ℳ von dem Schuldner . . die Ableistung des Offenbarungseides und lade denselben gemäß § 711. 780 ff. ZPO. zu diesem Zwecke vor das k. Amtsgericht Eltmann zu dem von diesem zu bestimmenden, oben beigesetzten Termine mit der Aufforderung, in diesem Termin ein Verzeichnis seines Vermögens vorzulegen und im Be-

./.

Termin:
Zur Vorlage des Vermögensverzeichnisses und Leistung des Offenbarungseides wird auf
....., den ..... 189.
...... mittags Uhr
im Sitzungszimmer: dahier bestimmt.

VRNr. $\frac{25}{1896}$ K.

treffe seiner Forderungen den Grund und die Beweismittel zu bezeichnen, sowie den Offenbarungseid dahin zu leisten: „daß er sein Vermögen vollständig angegeben und wissentlich nichts verschwiegen habe."

Sollte Schuldner . . im Termine nicht erscheinen oder die Leistung des Eides ohne Grund verweigern, so werde ich die Anordnung der **H a f t** gegen denselben beantragen.

Vorgelesen, genehmigt, unterzeichnet:

Rosa Schmid.

Kraft, k. Sekretär.

Aehnlich ist auch der Antrag auf Abnahme des Offenbarungseides zur Erwirkung der Herausgabe von Sachen 2c., nur die Eidesnorm nach § 769 ZPO. ist eine andere. Hat Schuldner eine bewegliche Sache oder von bestimmten beweglichen Sachen eine Quantität herauszugeben, so sind dieselben vom Gerichtsvollzieher ihm wegzunehmen und dem Gläubiger zu übergeben; wird jedoch die herauszugebende Sache nicht vorgefunden, ist Schuldner verpflichtet, auf gläubigerischen Antrag den Offenbarungseid zu leisten: „daß er die Sache nicht besitze, auch nicht wisse, wo die Sache sich befinde." Das Gericht kann auch die Aenderung dieser Eidesnorm beschließen. Ein Gemeinschuldner hat zu beschwören, daß er sein zur Konkursmasse gehöriges Vermögen richtig angegeben hat.

Außer zur Erzwingung des prozessualen Offenbarungseides ist die Haft als **Z w a n g s m i t t e l** zulässig: zur Erzwingung des wiederholt verweigerten Zeugnisses oder der wiederholt verweigerten Eidesleistung (§ 355 Abs. 2); zur Erwirkung und Unterlassung einer Handlung im Zwangsvollstreckungsverfahren (§ 774, 775); sowie als Mittel zur Vollziehung des persönlichen Sicherheitsarrestes (§ 798, 812), sowie nach § 93 u. 98 KO. Die Unstatthaftigkeit und Unterbrechung der Haft richtet sich nach § 785, 786. conf. § 38 des Reichsmilitärges. sowie Art. 446 Ab.. 3 HGB.

152. Abnahme des Offenbarungseides.

Protokoll

aufgenommen in öffentlicher Sitzung des k. Amtsgerichts Eltmann.

Gegenwärtig:
k. . . Amtsrichter Hauer.
als Richter,
k. Sekretär Stoß.
als Gerichts-schreiber.

Eltmann, am 28. Februar 1896.

In Sachen

Schmid R., großj. Bauerstochter v. Eltmann, Gläubigerin,

gegen

Hipper Lorenz, Buchhalter von da, Schuldner . .,

wegen Zwangsvollstreckung, hier Ableistung des Offenbarungseides, erschienen auf den Aufruf der Sache:

1. für die Gläubigerin der mit Vollmacht versehene Bruder Adam Schmid,
2. Schuldner in Person.

Es wurde dargethan, daß der heutige Termin zur Leistung des Offenbarungseides wegen einer bisher uneinziehbaren Geldforderung der Rosa Schmid bestimmt sei. Der Bevollmächtigte der Gläubigerin erklärt, daß die Gläubigerin bis auf 300 ℳ befriedigt sei.

./. Schuldner . . übergibt sodann das von ihm unterm 8. ds. Mts. gefertigte und heute ergänzte Vermögensverzeichnis, welches mit ihm durchgegangen und als vollständig bezeichnet wurde;

oder: zu dessen Vervollständigung bemerkt er: Außer den im Verzeichnisse aufgeführten Gegenständen besitze ich noch eine goldene Busennadel, welche ich im städtischen Leihhause dahier um 40 ℳ versetzt habe und zur Einlösung außer stande bin.

VRNr. 25/1896 K.

Nach Belehrung über die Wichtigkeit des Eides und die Folgen des Meineides leistet sodann Schuldner .. dem gläubigerischen Antrag entsprechend, den Offenbarungseid in folgender Fassung: „Ich schwöre bei Gott dem Allmächtigen und Allwissenden, daß ich in dem von mir übergebenen Vermögensverzeichnisse mein Vermögen vollständig angegeben und wissentlich nichts verschwiegen habe, so wahr mir Gott helfe."

Vorgelesen und genehmigt:

(L. S.) Hauer. Stoß.

---

§ 711 ZPO. s. Art. 85 des Ausf.-G. $^3/_{10}$ Gebühr (§ 43 GKG.) für die Verhandlung in dem zur Abnahme des Offenbarungseides bestimmten Termine (ZPO. 780, 782), soferne nicht über einen spätestens im Termine gestellten Antrag auf Erzwingung der Eidesleistung oder Verurteilung des Schuldners zur Eidesleistung zu entscheiden ist. Gebührenfrei (§ 56 GKG.) ist die nach § 115 KO. erfolgende Abhaltung des zur Abnahme des Offenbarungseides bestimmten Termins sowie das Verfahren und die Entscheidung über Anträge auf Erzwingung der Eidesleistung (§ 782 ZPO.).

Für die Abnahme des Offenbarungseides ist das Amtsgericht, in dessen Bezirke der Schuldner im deutschen Reiche seinen Wohnsitz oder in Ermangelung eines solchen seinen Aufenthaltsort hat, als Vollstreckungsgericht zuständig; im Konkursverfahren das Konkursgericht. Die Vorschriften der § 780 ff., § 711, 769 u. KO. § 115 gelten für die Offenbarungseide; nicht für den Manifestationseid, conf. Art. 85 Ausf.-G. ZPO. Das Verfahren beginnt mit der **Ladung des Schuldners** zur Leistung des Offenbarungseides. Bestreitet Schuldner die Verpflichtung zur Leistung des Eides, so ist vom Gerichte durch Urteil über den Widerspruch zu entscheiden. Die Eidesleistung erfolgt erst nach Eintritt der Rechtskraft des Urteils. Gegen den Schuldner, welcher in dem zur Leistung des Offenbarungseides bestimmten Termine nicht erscheint oder die Leistung des Eides ohne Grund verweigert, hat das Gericht zur Erzwingung der Eidesleistung auf Antrag die Haft anzuordnen. Gebühren: s. GKG. § 35 Nr. 2, 43; GO. f. RA. § 32. Der verhaftete Schuldner kann zu **jeder Zeit** bei dem Amtsgerichte des Haftorts beantragen, ihm den Eid abzunehmen. Dem Antrag ist ohne Verzug stattzugeben.

---

153. Verweigerung der Leistung des Offenbarungseides.

Protokoll

aufgenommen in öffentlicher Sitzung des k. Amtsgerichts Eltmann.

Gegenwärtig: Eltmann, am 1. März 1896.

k. Amtsrichter Hauer.

k. Sekretär Stoß.

In Sachen

Schmid R., großj. Bauerstochter von Eltmann, Gläubigerin,

gegen

Hipper Lorenz, Buchhalter von da, Schuldner . .,

wegen Ableistung des Offenbarungseides, erschienen auf den Aufruf der Sache: (niemand.)

1. . . . Gläubigerin Rosa Schmid,
2. . . . Schuldner . . in Person.

Gläubigerin übergibt Zustellungsnachweis und beantragt die sofortige Leistung des Offenbarungseides seitens des Schuldners. Schuldner erklärt ohne Angabe eines Grundes, daß er die Leistung des Offenbarungseides verweigere.

oder: Schuldner bestreitet seine Verpflichtung zur Leistung des Offenbarungseides mit der Behauptung den Eid in Sachen Merk ./. Hipper vor 10 Monaten bereits geleistet zu haben, worauf die Parteien über diesen Widerspruch verhandelten.

Gläubigerin beantragte sofortige Anordnung der Haft zur Erzwingung der Eidesleistung wegen ihrer Forderung zu 300 ℳ aus dem vollstreckbaren Urteil des k. Amtsgerichts Roth vom 6. Januar c. [oder wegen Herausgabe von (§ 769.)]

Vorgelesen und genehmigt.

Hierauf wurde $\frac{\text{folgender Beschluß}}{\text{anliegendes Urteil}}$ erlassen und verkündet:

In der Erwägung, daß Schuldner . . die Leistung des Offenbarungseides ohne Grund verweigert, wird gegen d . . selbe . zu gunsten der gläubigerischen Forderung zu . . ℳ . aus dem rechtskräftigen Urteil . . . . gemäß § 711. 872 ZPO. zur Erzwingung der Eidesleistung die Haft angeordnet und der Haftbefehl ausgefertigt.

L. S. Hauer. Stoß.

Im Namen Sr. Majestät des Königs von Bayern.

Haftbefehl.

In Sachen ꝛc. wird auf Antrag de. Ersteren gegen . . . . zur Erzwingung der Leistung des Offenbarungseides die Haft angeordnet.

Demgemäß ist Schuldner . . auf Grund dieses Haftbefehls gemäß § 789. 790 ZPO. sowie gläubigerischen Auftrages durch einen Gerichtsvollzieher zu verhaften und unter Uebergabe dieses Haftbefehls mit der Quittung über die vorgeschossenen Haftkosten in das . . . . Gefängnis einzuführen, wobei ihm dieser Haftbefehl vorzuzeigen oder abschriftlich mitzuteilen ist.

VRNo. $\frac{25}{1896}$ K.

154. Schuldner anerkennt die Verpflichtung zur Eidesleistung.

Protokoll

aufgenommen in öffentlicher Sitzung des k. Amtsgerichts Eltmann.

Eltmann, am 3. März 1896.

Gegenwärtig:

k. . . Amtsrichter Hauer.

k. Sekretär Stoß.

In Sachen

Schmid R., großj. Bauerstochter von Eltmann, Gläubigerin,

gegen

Hipper Lorenz, Buchhalter von da, Schuldner . .,

wegen Ableistung des Offenbarungseides, erschienen auf den Aufruf der Sache . . . . Gläubigerin persönlich . . . . Schuldner . . in Person.

Letzterer erkannte an, daß Gläubigerin durch die Mobiliarpfändung vom 11. Februar 1896 infolge keiner vorhandenen Pfandobjekte Befriedigung für ihr Guthaben nicht gefunden habe, erklärte sich zur Eidesleistung bereit und empfing Anleitung zur Anfertigung eines Vermögensverzeichnisses, worauf dem gemeinsamen Antrage entsprechend — unter Hinausgabe von Schuldtitel und Pfändungsprotokollsabschrift an den Gläubigerteil — durch sofort verkündeten Beschluß zur Eidesleistung neuerlicher Termin auf

Montag, den 15. März 1896

vormittags 9 Uhr

anberaumt wurde.

VRNr. 25/1896 K.

(L. S.) Hauer. Stoß.

Die nach § 711 ZPO. vorzulegenden Vermögensverzeichnisse sollen enthalten: Die gesonderte Aufführung über 1. Immobilien: Häuser, sonstige Gebäude, Grundstücke, bewegliche Zugehörungen, wozu auch die Immobilien gehören, die mit anderen gemeinsam besessen werden; 2. Mobilien: Wohnungseinrichtung, Betten, Schränke, Tische, Stühle; Kücheneinrichtung; Kleider, Wäsche, Uhren, Ringe, Schmuckgegenstände, Bücher, Bilder, Kunstgegenstände, Geschäftseinrichtung, Handwerkszeug, Nähmaschinen; Vorrat an Holz, Lebensmitteln;

155. Gläubiger beantragt Haftbefehl.

Protokoll

aufgenommen in öffentlicher Sitzung des k. Amtsgerichts Eltmann.

Eltmann, am 2. März 1896.

Gegenwärtig:
k. . . Amtsrichter Hauer.
k. Sekretär Stoß.

In Sachen
Schmid R., großj. Bauerstochter von Eltmann, Gläubigerin,
gegen
Hipper Lorenz, Buchhalter von da, Schuldner . .,
wegen Ableistung des Offenbarungseides,

erschien . . auf den Aufruf der Sache lediglich für Gläubigerin Rechtsanwalt Herr von Bamberg mit Vollmacht vom 20. v. Mts., welcher unter Uebergabe der Ladungsschrift samt Zustellungsnachweises und unter Berufung auf den von ihm vorgezeigten Schuldtitel mit Pfändungsprotokollsabschrift gegen den nichterschienenen Schuldner . . die Erlassung des Haftbefehls beantragte. Diesem Antrage entsprechend wurde durch sofort verkündeten Beschluß anliegender

Haftbefehl

erlassen, in der Erwägung, daß ausweislich des rechtswirksam zugestellten Urteils des k. Amts-Gerichts Roth vom 6. Januar 1896 Gläubigerin gegen Schuldner . . eine vollstreckungsreife Forderung von 300 M . . ₰ Hauptsache 2c. besitzt, hiefür jedoch für die Mobiliarpfändung vom 11. Februar infolge mangels pfändbarer Gegenstände keine Befriedigung fand, und Schuldner . . trotz rechtswirksamer Ladung zum heutigen Termine nicht erschienen ist. ZPO. § 782, 711, 671.

VRNr. $\frac{25}{1896}$ K.

(L. S.) Hauer. Stoß.

Futter, Stroh; Warenvorräte mit besonderer Angabe, welche Gegenstände unentbehrlich, welche auf Abzahlung erworben, welche gepfändet und welche anderweitig untergebracht sind; 3. Bargeld und Wertpapiere; 4. Ausstehende Forderungen, wenn auch uneinbringlich, aus Schuldscheinen, Wechseln, Geschäftsaußenständen, Renten und Nutzungsrechten, Gehaltsbezügen, Lebensversicherung, Erbschaften, Miet- und Pachtschillingen unter Angabe der Beweismittel und des Grundes.

Nach Leistung des Eides wird Schuldner aus der Haft entlassen und Gläubiger hievon in Kenntnis gesetzt. Ein Schuldner, welcher den im § 711 erwähnten Offenbarungseid geleistet, ist zur nochmaligen Leistung des Eides auch einem anderen Gläubiger gegenüber nur verpflichtet, wenn glaubhaft gemacht wird, daß er später Vermögen erworben. Gegen einen Schuldner, dessen Gesundheit durch die Vollstreckung der Haft einer nahen und erheblichen Gefahr ausgesetzt wird, darf, solange dieser Zustand dauert, die Haft nicht vollstreckt werden. Die Haft wird in einem Raume vollstreckt, in welchem nicht zugleich Untersuchungs- oder Strafgefangene sich befinden. Das Gericht hat bei Anordnung der Haft einen Haftbefehl zu erlassen, in welchem der Gläubiger, der Schuldner und der Grund der Verhaftung zu bezeichnen sind.

Die Verhaftung des Schuldners erfolgt durch einen Gerichtsvollzieher. Der Haftbefehl muß bei der Verhaftung dem Schuldner vorgezeigt und auf Begehren abschriftlich mitgeteilt werden. Gebühr: § 9 GO. f. GV. 15 ℳ für Verhaftung, 2 ℳ für Nachverhaftung, 5 ℳ Unausführbarkeit der angeordneten Verhaftung.

Vor der Verhaftung eines Beamten, eines Geistlichen oder eines Lehrers an öffentlichen Unterrichtsanstalten ist der vorgesetzten Dienstbehörde von dem Gerichtsvollzieher Anzeige zu machen. Die Verhaftung darf erst dann erfolgen, nachdem die vorgesetzte Behörde für die dienstliche Vertretung des Schuldners gesorgt hat. Die Behörde ist verpflichtet, ohne Verzug die erforderlichen Anordnungen zu treffen und den Gerichtsvollzieher hievon in Kenntnis zu setzen.

Der Gläubiger hat die Kosten, welche durch die Haft entstehen, einschließlich der Verpflegungskosten von Monat zu Monat vorauszuzahlen. Die Aufnahme des Schuldners in das Gefängnis ist unstatthaft, wenn nicht mindestens für einen Monat die Zahlung geleistet ist. Wird die Zahlung nicht spätestens bis zum Mittage des letzten Tages erneuert, für welchen sie geleistet ist, wird der Schuldner von amtswegen aus der Haft entlassen. Gegen den Schuldner, welcher aus diesem Grunde oder ohne sein Zuthun auf Antrag desselben Gläubigers entlassen ist, findet auf Antrag desselben Gläubigers eine Erneuerung der Haft nicht statt. (GKG. § 79 Nr. 8.)

Soll die Haft gegen eine dem aktiven Heere oder der aktiven Marine angehörende Militärperson vollstreckt werden, so hat das Gericht die vorgesetzte Militärbehörde um die Vollstreckung zu ersuchen. Gebührenfrei § 47 Nr. 13 GKG.

Unstatthaftigkeit und Unterbrechung der Haft ZPO. § 785 ff. Die Haft darf die Dauer von 6 Monaten nicht übersteigen, nach Ablauf dieser Zeit wird Schuldner von amtswegen aus der Haft entlassen. **83**, 194, **79**, 1549/50, **80**, 199. D. V. 55, 77, 78.

156. Antrag auf Erteilung der Vollstreckungsklausel auf die Rechtsnachfolger.

Gerichtsschreiberei des k. Amts-Gerichts Lauf.

Lauf, am 26. Januar 1896.

In Sachen
Schmid Wilhelm, Privatier in Lauf, Klägers,
gegen
Bauer Otto, Früchtenhändler in Lauf, Beklagten,

Wertsumme ℳ
AGRNr.

¹⁄₁₀ Geb. ℳ
Cop. "

wegen Forderung, hier Erteilung der Vollstreckungsklausel, erscheinen:

a) die großjähr. Privatierstochter Rosa Schmid, Lehrerin dahier,
b) Hermann Fleck, Kaufmann hier, gerichtlich bestellter Vormund des minderj. Privatierssohnes Ignaz Schmid; das Aktorium vorzeigend.

Dieselben übergeben vollstreckbare Ausfertigung des Urteils des k. Amtsgerichts Lauf vom 10. Dezember 1895 – P.-R.-Nr. 100 1895 A. und erklären: Beklagter wurde in genanntem Urteil für schuldig erklärt, an Kläger . . Wilhelm Schmid 200 ℳ Hauptsache nebst 5% Zinsen seit 10. vor. Mts. zu zahlen und sämtliche Streitskosten zu tragen. Wilhelm Schmid ist jedoch am 12. Dezember 1895 dahier gestorben und hat als seine gesetzlichen Erben hinterlassen:

a) mich Rosa Schmid und
b) meinen 16 Jahre alten Bruder Philipp Schmid.

Die Erbschaft wurde von uns unbedingt und unter Haftung für alle Schulden angetreten.

Beweismittel: Die diesgerichtlichen Pfleg- und Verlassenschaftsakten. (Erbschaftszeugnis u. s. w.)

Indem wir auf diese Akten (Urkunden) Bezug nehmen, stellen wir an das k. Amtsgericht Lauf den Antrag:

„Kgl. Amtsgericht wolle gemäß § 665 ZPO. uns als die Rechtsnachfolger des am 12. vor. Mts. verstorbenen Gläubigers gegen ge-

Beschluß.

In ꝛc. wird auf Antrag de . . . . .
a) für die Rechtsnachfolger . . des im Urteil bezeichneten Gläubiger . . (Namen).
b) gegen die allgemeinen Rechtsnachfolger der im Urteil bezeichneten Schuldner. (Namen) die Erteilung der Vollstreckungsklausel angeordnet.
in Erwägung ꝛc.

Kein besonderer Eintrag ins Register!

nannten Schuldner .. die Vollstreckungsklausel erteilen."

oder: „Kgl. Amtsgericht wolle uns gegen den genannten Rechtsnachfolger .. des Schuldners solidarisch (nach Kopfteilen) die Vollstreckungsklausel erteilen."

Vorgelesen, genehmigt, unterzeichnet:
Rosa Schmid. Hermann Fleck.
Otto, k. Sekretär.

Eine vollstreckbare Ausfertigung kann sowohl **für** den Rechtsnachfolger des im Urteile bezeichneten Gläubigers, als auch **gegen** die allgemeinen Rechtsnachfolger des im Urteile bezeichneten Schuldners und unter Berücksichtigung der § 236, 238 ZPO. gegen denjenigen Rechtsnachfolger dieses Schuldners erteilt werden, an welchen die in Streit befangene Sache während der Rechtshängigkeit oder nach Beendigung des Rechtsstreits veräußert ist, soferne die Rechtsnachfolge bei dem Gerichte offenkundig ist oder durch öffentliche Urkunden nachgewiesen wird.

Ist die Rechtsnachfolge bei dem Gerichte offenkundig, ist dies in der Vollstreckungsklausel zu erwähnen; ist sie offenkundig oder auf Grund öffentlicher Urkunden erwiesen, so darf die vollstreckbare Ausfertigung nach § 666 ZPO. nur auf Anordnung des Vorsitzenden erteilt werden. Der Rechtsnachfolger des Gläubigers, für welchen die vollstreckbare Ausfertigung erteilt wird und der Rechtsnachfolger des Schuldners, gegen welchen dieselbe erteilt wird, sind in der Vollstreckungsklausel unter Angabe des Verhältnisses, vermöge dessen für oder gegen sie erteilt wird, wie (Erbschaft, Cession, Erwerb während der Rechtshängigkeit 2c.) namhaft zu machen. Die Vollstreckungsklausel lautet: „Vorstehende Ausfertigung wird auf Anordnung des Herrn Amtsrichters (Vorsitzenden) A dem J. S. (ausweislich der Urkunde des k. Notars H in M vom .... 189. GRNr. ., Cessionar des Gläubigers R. S.) zum Zwecke der Zwangsvollstreckung gegen den L. R., wie bei dem k. Amtsgerichte .... offenkundig ist, Erben des Schuldners L. R. erteilt." conf. D. V. § 21.

Im Falle des § 694 ZPO. kann die vollstreckbare Ausfertigung gegen den dem Nachlasse oder dem Erben bestellten Kurator erteilt werden. Die Momente der Vollstreckungsklausel sind: vollstreckbare Erkenntnisse: Vollstreckungsbefehl, Arrestbefehl, einstweilige Verfügung, vollstreckbare Vergleiche, Kostenfestsetzungsbeschluß, Konkurstabelle.

Gebühr: § 38 Abs. 2 mit $^1/_{10}$. RAGO. § 20. Bei Konkursforderungen ist nach § 152, 134 KO. das Konkursgericht bezw. das vorgesetzte Landgericht zuständig. Die Erteilung der Vollstreckungsklausel gegen die Rechtsnachfolger des Schuldners erfolgt entweder solidarisch oder nach Kopfteilen.

157. Einwendungen des Schuldners gegen die Zulässigkeit der Vollstreckungsklausel.

Gerichtsschreiberei des k. Amtsgerichts Lauf.

Lauf, am 29. Januar 1896.

In Sachen

Schmid Wilhelm, Privatier in Lauf, Gläubigers,

gegen

Bauer Otto, Früchtenhändler in Lauf, Schuldner . .,

wegen Forderung, hier Einwendung gegen die Zulässigkeit der Vollstreckungsklausel erscheint der Schuldner . . und erklärt: der Gläubiger . erwirkte am 27. Dezember 1896 gegen mich ein Urteil, welches am 28. Januar 1896 vom Gerichtsschreiber mit der Vollstreckungsklausel versehen wurde. Dieses Urteil hat aber die Rechtskraft noch nicht erlangt, weshalb auch die erteilte Vollstreckungsklausel unzulässig erscheinen muß. Der k. Gerichtsvollzieher Scher dahier hat nun in meiner Wohnung Pfändung vorgenommen und hiebei gepfändet einen altdeutschen Divan.

Ich stelle daher gemäß § 668 ZPO. den Antrag: „Kgl. Amtsgericht wolle die vom Gerichtsschreiber erlassene Vollstreckungsklausel aufheben."

Vorgelesen, genehmigt, unterzeichnet:
Otto Bauerr I.

Otto, k. Sekretär

Beschluß.

In rc. wird die gegen . . unterm . . . erfolgte Zwangsvollstreckung gegen Sicherheitsleistung von . . ℳ einstweilen eingestellt; in der Erwägung.

Ueber die Einwendungen des Schuldners, welche die Zulässigkeit der Vollstreckungsklausel betreffen, entscheidet das Gericht, von dessen Gerichtsschreiber die Vollstreckungsklausel erteilt ist. Die Entscheidung kann ohne vorgängige mündliche Verhandlung erfolgen. Das Gericht kann vor der Entscheidung eine einstweilige Anordnung erlassen und insbesondere anordnen, daß die Zwangsvollstreckung gegen oder ohne Sicherheitsleistung einstweilen einzustellen oder nur gegen Sicherheitsleistung fortzusetzen sei. conf. ZPO. § 701, 539, 540, 687. Gebühr $^1/_{10}$ § 38 Z. 2 GKG. Der zu erlassende Beschluß ist den Parteien zuzustellen.

Einwendungen in diesem Sinne sind nur gegeben, wenn Schuldner die Rechtskraft auf Grund deren der Gerichtsschreiber die Vollstreckungsklausel erteilt hat, bestreitet, oder wenn aus formellen Gründen eine Rechtsnachfolge bestritten wird. Diese Anträge erscheinen, nachdem sie das Klagerecht des Schuldners nach § 687 ZPO. nicht ausschließen, als Anhängsel des Prozesses und werden in das Register nicht eingetragen.

158. Antrag auf Erteilung einer weiteren vollstreckbaren Ausfertigung.

Gerichtsschreiberei
des k. Amts-Gerichts
Lauf.

Gegenstandsw. M.
AGRNr.

1/10 Geb. M
Cop. "

Beschluß.

In ꝛc. wird auf Antrag de. ohne vorgängiges Gehör de. Schuldner, die Erteilung einer weiteren vollstreckbaren Ausfertigung des Urteils des Gerichts vom .... durch den Gerichtsschreiber angeordnet.

Antragsteller ... hat die Kosten zu tragen.

Gegner.. ist hievon nachweislich in Kenntnis zu setzen.

Lauf, am 27. Januar 1896.

In Sachen

Schmid Wilhelm, Privatier in Lauf, Klägers,

gegen

Bauer Otto, Früchtenhändler in Lauf, Beklagten,

wegen Forderung hier Erteilung einer weiteren vollstreckbaren Ausfertigung erscheint Kläger und erklärt: Die vollstreckbare Ausfertigung des Urteils des k. Amts-Gerichts Lauf vom 10. Dezember 1895 ist mir zu Verlust gegangen. Ich schickte die fragliche Ausfertigung sofort nach Empfang zur Vollstreckung an Gerichtsvollzieher Meier in Fürth und zwar in gewöhnlichem Brief. Da ich von ꝛc. Meier über die Zwangsvollstreckung nichts erfuhr, monierte ich und bekam dann die Mitteilung, daß er von mir kein derartiges Schreiben erhalten habe. Die Recherchen auf der Post waren gleichfalls resultatlos.

Als Beweismittel übergebe ich Bestätigung der k. Postexpedition Fürth, sowie den eingeschriebenen Brief des k. Gerichtsvollziehers Meier und stelle gemäß § 669 ZPO. den Antrag: „Kgl. Amtsgericht bezw. der Herr Vorsitzende wolle ohne vorgängiges Gehör des Schuldners anordnen, daß mir von dem obengenannten Urteile eine weitere vollstreckbare Ausfertigung erteilt werde."

Sollte ich in den Besitz der ersten Ausfertigung gelangen, werde ich dieselbe dem Gerichte zurückgeben.

Vorgelesen, genehmigt, unterzeichnet:

Wilhelm Schmid.

Otto, k. Sekretär.

Eine weitere vollstreckbare Ausfertigung darf derselben Partei, sofern nicht die zuerst erteilte Ausfertigung zurückgegeben wird, **nur** auf Anordnung des Vorsitzenden erteilt werden, dieser kann vor der Entscheidung den Schuldner hören. Der Gerichtsschreiber hat vor Erteilung der weiteren Ausfertigung, wenn die Entscheidung, durch welche dieselbe angeordnet wird, nicht verkündet ist, den Gegner in Kenntnis

159. Antrag gegen die Art und Weise der Zwangsvollstreckung.

Gerichtsschreiberei des k. Amtsgerichts Lauf.

Gegenstandssumme ℳ
AGRNr.

²/₁₀ Geb. ℳ
Cop. "

Lauf, am 1. April 1896.

In Sachen

Müller Georg, Kaufmann in Lauf, Gläubiger . .,

gegen

Heiß Karl, Schriftsetzer in Lauf, Schuldner . .,

wegen Forderung, hier Einwendungen gegen die Art und Weise der Zwangsvollstreckung, erscheint vor dem Gerichtsschreiber der Schriftsetzer Karl Heiß von Lauf und erklärt:

Laut der hiermit übergebenen Pfändungsprotokolls-Abschrift hat der k. Gerichtsvollzieher Mark am 20. März 1896 im Auftrage des Georg Müller in der Richtung gegen mich in der Wohnung von mir, Bachstraße 6/0 Mobiliarpfändung vorgenommen und Versteigerungstermin auf 5. April 1896 früh 9 Uhr anberaumt.

Der genannte Gerichtsvollzieher pfändete mangels anderer Objekte 2 neue Betten, die ich erst von meinem Bruder ererbte. Meine Familie besteht außer mir und meiner Frau in 2 erwachsenen Töchtern, welche augenblicklich auf Besuch bei meiner Schwester in Nürnberg weilen. Da ich im Ganzen nur 4 Betten besitze, sind diese beiden gepfändeten Betten unentbehrlich.

Ich erhebe . daher gemäß § 685 ZPO. Einwendungen gegen die Art und Weise der Zwangsvollstreckung und stelle . den Antrag: „Kgl. Amtsgericht wolle die Pfändung der

Beschluß.

In ꝛc. wird auf Antrag de . . . die von dem k. Gerichtsvollzieher . . . vorgenommene Zwangsvollstreckung in . . . . . de . Schuldner . gemäß § 685. 715 Z . . (749) ZPO. aufgehoben, in der Erwägung ꝛc.

VRNr. $\frac{26}{1896}$ K.

---

zu setzen. Diese weitere Ausfertigung ist als solche unter Erwähnung der Entscheidung sowohl in der Ueberschrift als auch in der Vollstreckungsklausel ausdrücklich zu bezeichnen. ZPO. § 669 ff. Geb. ¹/₁₀ § 38 GKG. Streitgegenstand ist derjenige Betrag, dessen Erstattung der Antragsteller verlangt. D. V. § 22, 23, 34; 80, 424. Ist das von

vorbezeichneten Gegenstände als ungesetzlich aufheben."

Für den Fall, daß Termin zur mündlichen Verhandlung über meine Einwendungen anberaumt werden sollte, lade ich hiezu den Kaufmann Georg Müller dahier vor das k. Amtsgericht Lauf zu dem von diesem zu bestimmenden Termin.

Vorgelesen, genehmigt, unterzeichnet:

Karl Heiß.

Vogel, k. Sekretär.

---

dem Gericht der höheren Instanz erlassene Urteil von dem Gerichtsschreiber der unteren Instanz ausgefertigt, ist die Bemerkung über die weitere vollstreckb. Ausfertigung auf die im Akte befindliche beglaubigte Urteilsabschrift zu setzen. Sofortige Beschwerde § 701.

Solche Anträge nach § 685 ZPO. werden nicht allein vom Schuldner, sondern auch von unmittelbar Beteiligten gestellt, wie z. B. von solchen, welche besonderes Interesse an der Bewirtschaftung von Geschäften, Anwesen, Grundstücken u. s. w. haben oder von solchen Personen, deren Gewahrsam durch die Pfändung verletzt worden ist. conf. Geb.-O. f. GV. § 22. 79, 1497. Dem Vollstreckungsgericht steht auch die Entscheidung über die Weigerung eines Gerichtsvollziehers, einen Vollstreckungsauftrag zu übernehmen oder eine Vollstreckungshandlung antragsgemäß auszuführen, oder wegen Erinnerungen gegen Gerichtsvollzieherkosten zu. Die Zustellung des Beschlusses erfolgt an Antragsteller und Parteien. Gebühr: $^{3}/_{10}$ § 35 Nr. 4, 39, 47 Nr. 14 GKG.; RAGO. § 23 Nr. 2, 31. Wegen der Kosten im Zwangsvollstreckungsverfahren § 697 ZPO. Die Kosten der Zwangsvollstreckung sind zunächst vom Gerichtsvollzieher zu berechnen. Gegen die Berechnung können der Gläubiger und der Schuldner Einwendungen nach § 685 erheben, jener, wenn der GV. sich weigert, eine liquidierte Auslage in die Berechnung aufzunehmen, dieser, wenn der GV. unnötige Kosten in die Berechnung aufnahm und zu hohe Ansätze berechnete. Für das Verfahren und die Entscheidung über die nach § 685 erhobenen Anträge gilt § 684 Abs. 3; zuständig ist nur das Vollstreckungsgericht. Ablehnung der Uebernahme von Aufträgen durch GV. nach GVG. § 156; § 18 GO. f. GV.

160. Antrag um Wiedereinsetzung in den vorigen Stand.

Gerichtsschreiberei
des k. Amtsgerichts
Eichstätt.

Eichstätt, am 9. Februar 1889.

In Sachen

Fischer Friedrich, Bierbrauer von Ober-Eichstätt, Klägers,

gegen

Hirschkind Abrah., Handelsmann von Eichstätt, Beklagten,

wegen Forderung, hier Wiedereinsetzung in den vorigen Stand, erscheint Beklagter und erklärt:

a) Angabe der die Wiedereinsetzung begründenden Thatsachen; z. B. Naturereignisse, unabwendbare Zufälle, durch welche die Einhaltung der Notfrist unmöglich gemacht wurde.

b) Nachholung der versäumten Prozeßhandlung, oder, wenn diese bere.ts nachgeholt ist, Bezugnahme hierauf.

Gegen das in obiger Sache vom k. Amtsgerichte unterm 28. v. Mts. gegen mich erlassene Versäumnis-Urteil habe ich am 31. vor Mts. Einspruch eingelegt und den Gegner zur mündlichen Verhandlung geladen. Dieser Einspruch wurde aber vom Gerichtsvollzieher nicht rechtzeitig zugestellt. Ich lege hiemit gegen das vorbezeichnete Urteil Einspruch ein.

Zugleich bitte ich um Wiedereinsetzung in den vorigen Stand, lade Kläger . . bezw. dessen Vertreter vor das k. Amtsgericht Eichstätt zu dem von diesem zu bestimmenden Termine behufs mündlicher Verhandlung des Rechtsstreits. Ich werde gemäß § 211 ff. ZPO. beantragen, mir die Wiedereinsetzung in den vorigen Stand gegen die Versäumung der Not-, Berufungs-, Einspruchs-, Beschwerde-Frist zu erteilen; das Urteil des k. Amtsgerichts Eichstätt aufzuheben; Kläger . . mit seiner Klage kostenfällig abzuweisen; das Urteil für vorläufig vollstreckbar zu erklären.

Vorgelesen, genehmigt, unterzeichnet:

Abraham Hirschkind.

PRNo. $\frac{46}{1889}$ A.

Eigner, k. Sekretär

Notfristen sind enthalten in § 304, 477, 514, 540, 549, 835, 870 ZPO. Einspruchsfrist 2 Wochen; Berufungsfrist 1 Monat; Revisionsfrist 1 Monat; Frist z. sof. Beschwerde 2 Wochen; Frist für Nichtigkeits- und Restitutionsklage, für die Anfechtungsklage gegen das Ausschlußurteil im Aufgebotsverfahren, für Klage auf Aufhebung eines Schiedsspruches je 1 Monat. Einer Partei, welche durch Naturereignisse oder andere unabwendbare Zufälle verhindert worden ist, eine Notfrist einzuhalten, ist auf Antrag die Wiedereinsetzung in den vorigen Stand zu erteilen. Hat eine Partei die Einspruchsfrist versäumt, so ist ihr die Wiedereinsetzung auch dann zu erteilen, wenn sie von der Zustellung des Versäumnisurteils ohne ihr Verschulden keine Kenntnis erlangt hat. Die Wiedereinsetzung muß innerhalb einer zweiwöchigen Frist beantragt werden, welche mit dem Tage, an dem das Hindernis gehoben ist, beginnt; sie kann durch Vereinbarung der Parteien nicht verlängert werden. Nach Ablauf eines Jahres, vom Ende der versäumten Notfrist an, kann die Wiedereinsetzung nicht mehr beantragt werden. (Restitutio restitutionis non datur.) Die Erfordernisse des Wiedereinsetzungs-Antrages sind in § 214 ZPO. enthalten. Die Wiedereinsetzung muß innerhalb einer einmonatlichen Frist nach Ablauf der versäumten Notfrist beantragt werden. Ueber den Antrag auf Wiedereinsetzung entscheidet das Gericht, welchem die Entscheidung über die nachgeholte Prozeßhandlung zusteht. Die Zuständigkeit erhellt aus § 303, 473, 510, 540, 547, 640, 834, 871 ZPO. Das Verfahren über den Antrag auf Wiedereinsetzung ist mit dem Verfahren über die nachgeholte Prozeßhandlung zu verbinden. Das Gericht kann jedoch das Verfahren zunächst auf die Verhandlung und Entscheidung über den Antrag beschränken. Die Wiedereinsetzung ist auch dann zuzulassen, wenn die Partei bereits am 3. Tage vor Ablauf der Notfrist das zuzustellende Schriftstück dem Gerichtsvollzieher oder Sekretär zur Zustellung übergeben hat und dieser die rechtzeitige Zustellung versäumte. Die Kosten der Wiedereinsetzung fallen dem Antragsteller zur Last, soweit sie nicht durch einen unbegründeten Widerspruch des Gegners entstanden sind. Gebühren: GKG. § 26 Abs. 1 Nr. 5 u. Abs. 2; GO. f. RA. § 26. $^5/_{10}$ der Gebühr (§ 18—24) werden erhoben, wenn der Akt einschließlich betrifft die Zulässigkeit der Wiedereinsetzungen in den vorigen Stand. Wiedereinsetzung in den vorigen Stand gegen Urteile der Disziplinarkammern 81, 264, 265; conf. 79, 1188. D. V. S. 28. conf. § 210 mit 216 ZPO.

161. Beschwerde wegen Verweigerung des Armenrechts.

Gerichtsschreiberei des k. Amts-Gerichts Feuchtwangen.

Feuchtwangen, am 22. Februar 1889.

In Sachen

Dippold Markus, Schneider von Feuchtwangen, Klägers,

gegen

Brennfleck Isidor, Uhrmacher von Feuchtwangen, Beklagten,

wegen Forderung, hier Beschwerde,

erscheint Kläger und erklärt:

Gegen den diesgerichtlichen Beschluß vom 18. Februar l. Js., zugestellt am 20. Februar l. Js., wornach mir in obiger Streitsache die nachgesuchte Bewilligung des Armenrechts verweigert worden ist, lege ich hiemit gemäß § 530 ff. der ZPO. Beschwerde an das k. Landgericht Ansbach ein. Ich beantrage die Aufhebung des genannten Beschlusses sowie die Genehmigung meines Gesuches vom 16. ds. Mts. welches ich damit begründe, daß ich in meiner Prozeßsache gegen Krämer wegen Forderung zu Anfang dieses Jahres bereits zum Armenrechte zugelassen worden bin, daß meine Vermögensverhältnisse noch dieselben sind, ja sogar dadurch verschlimmert wurden, daß ich wegen Gebrechlichkeit und Alters meinem Geschäfte nicht mehr nachkommen kann, keinerlei Vermögen besitze und auch meine Frau stets leidend und erwerbsunfähig ist.

Als Beweismittel benenne ich: Zeugen und zwar Bürgermeister Karl Müller dahier.

Vorgelesen, genehmigt, unterzeichnet:

Markus Dippold.

Maurer, k. Sekretär.

Beschluß.

Wird gegenwärtige Beschwerde samt Akten der Zivilkammer des k. Landgerichts Ansbach zur Verbescheidung in Vorlage gebracht, nachdem diese Beschwerde keine neuen die sofortige Abhilfe und Aufhebung des Beschlusses vom 18. ds. Mts. rechtfertigenden thatsächlichen Aufstellungen enthält.

Gehorsam!

AR.Nr. 60/1889

162. Beschwerde eines Zeugen oder Sachverständigen gegen Strafverfällung.

Gerichtsschreiberei des k. Land-Gerichts Frankenthal.

Frankenthal, am 24. Februar 1889.

In Sachen

Bartl Max, Kaufmann in Frankenthal, Klägers,

gegen

Frisch Josepha, Privatiere von Frankenthal, Beklagte ., wegen Vertragserfüllung, hier Beschwerde eines Zeugen erscheint der Buchhalter Friedrich Radlkofer von Günzburg und erklärt:

Durch Beschluß des kgl. Land-Gerichts Frankenthal vom 23. Februar l. Js., welches mich auf diesen Tag zur Vernehmung als Zeuge (Sachverständiger) geladen hatte, wurde ich wegen Nichterscheinens in eine Geldstrafe von 50 ℳ event. 5 Tage Haft sowie in die durch den vereitelten Termin entstandenen Kosten verurteilt.

Gegen diesen Beschluß lege ich hiemit gemäß § 345, 355, 374, 530 ff. der ZPO. Beschwerde zu dem k. Land-Gerichte Frankenthal ein mit der Bitte, „diesen Beschluß aufzuheben.“ Zur Begründung füge ich an, daß es mir unmöglich war, am Termine zu erscheinen, da der Bahnzug, mit welchem ich am 22. d. M. früh 8 Uhr in Haßfurt einzutreffen gedachte, wegen Unbrauchbarwerden der Maschine den Anschluß in Bamberg verfehlte, so daß ich erst nachmittags hier eintraf und zwar mit abermaliger Verspätung, weil der Zug im Schnee stecken blieb.

Zum Beweise hiefür berufe ich mich auf das Zeugnis der k. Bahnverwaltung Bamberg, welches ich hiemit übergebe.

Vorgelesen, genehmigt, unterschrieben:

Friedrich Radlkofer.

Reiger, k. Sekretär.

Beschluß.

In 2c. werden die gegen 2c. Radlkofer in dem Beschlusse vom 23. II. 89 getroffenen Anordnungen wieder aufgehoben, da derselbe sein Ausbleiben im Termin nachträglich genügend entschuldigt hat.

PRNo. $\frac{40}{1889}$ A.

163. Sofortige Beschwerde.

Gerichtsschreiberei des k. Amts-Gerichts Frankenthal.

Frankenthal, am 20. Dezember 1895.

In Sachen

Bartl Max, Kaufmann in Edenkoben, Klägers,

gegen

Frisch Josepha, Privatiere in Frankenthal, Beklagte.,

wegen Forderung, hier sofortiger Beschwerde, erscheint $\frac{\text{Kläger}}{\text{Beklagte}}$ und erklärt:

Gegen den Kostenfestsetzungsbeschluß des k. Amts-Gerichts Frankenthal vom 10. Dezember 1895, zugestellt am 15. Dezember c. erhebe ich hiermit gemäß § 540 ZPO. die sofortige Beschwerde. In dem genannten Kostenfestsetzungs-Beschluß wurde:

a) meine Fahrtauslage II. Kl. von Edenkoben nach Frankenthal zum Termine in der Weise gestrichen, daß lediglich die III. Wagenklasse genehmigt, sonach meine Reiseauslage um 6 ℳ gekürzt wurde. Es wurde mir in anderen Prozeßsachen noch bei keinem Gericht die Fahrttaxe II. Kl. beanstandet. Fraglicher Abstrich ist schon deswegen nicht gerechtfertigt, da ich den Frühzug um 5 Uhr morgens benutzen muß, dessen Wägen III. Kl. nicht genügend geheizt und von Bahnarbeitern überfüllt sind. Zudem bin ich lungenkrank.

b) wurden dem Kläger für Wahrnehmung von 6 Terminen für Aufwand und Versäumnis je 6 ℳ sonach 36 ℳ zugebilligt; Kläger kann aber keinesfalls mehr als 18 ℳ für Aufwand verlangen, da er als Privatier nichts versäumt, nachdem er schon seit Jahren das Geschäft seinem Sohne übergeben.

Beweismittel: Zeugnis.

Ich stelle daher an das k. Landgericht Frankenthal den Antrag: ad a: die abgesetzten Kosten mit 6 ℳ noch festzusetzen, ad b: von den festgesetzten mir zur Erstattung auferlegten Kosten den Betrag von 18 ℳ abzusetzen.

Vorgelesen, genehmigt, unterzeichnet:

Max Bartl.

Reiger, k. Sekretär.

Verfügung.

Werden die Prozeß-Akten . . . . der Zivilkammer des k. Landgerichts . . . gehorsamst in Vorlage gebracht.

PR No. $\frac{600}{1895}$ A.

Mit diesem Antrag kann auch bei Versäumung einer abgelaufenen Notfrist die Wiedereinsetzung in den vorigen Stand beantragt werden. Die Beschwerde wird bei dem Gericht eingelegt, von welchem oder von dessen Vorsitzenden die angefochtene Entscheidung erlassen ist; sie kann in dringenden Fällen auch bei dem Beschwerdegericht eingelegt werden. Die Einlegung erfolgt durch Einreichung einer Beschwerdeschrift, sowie durch Erklärung zum Protokolle des Gerichtsschreibers, wenn der Rechtsstreit bei einem Amtsgericht anhängig ist oder war, wenn die Beschwerde das Armenrecht betrifft oder von einem Zeugen oder Sachverständigen erhoben wird. Die Beschwerde kann auf neue Thatsachen und Beweise gestützt werden. Erachtet das Gericht oder der Vorsitzende, dessen Entscheidung angefochten wird, die Beschwerde für begründet, so haben sie derselben abzuhelfen; andernfalls ist die Beschwerde vor Ablauf 1 Woche dem Beschwerdegericht vorzulegen. Zulässigkeit: 530; Form: 532 Abs. 2, 540 Abs. 2; Frist 540. Die sofortige Beschwerde ist binnen einer Notfrist von 2 Wochen, welche mit der Zustellung in den Fällen der § 301 und 829 Abs. 3 mit der Verkündung der Entscheidung beginnt, einzulegen. Die Einlegung bei dem Beschwerdegerichte genügt zur Wahrung der Notfrist, auch wenn der Fall für dringlich nicht erachtet wird. Das Gericht ist zu einer Abänderung seiner durch Beschwerde angegriffenen Verfügung nicht befugt. $^3/_{10}$ der Gebühr (§ 8) werden erhoben für die Entscheidung, einschließlich des vorausgegangenen Verfahrens in der Beschwerdeinstanz, soweit die Beschwerde als unzulässig verworfen oder zurückgewiesen wird oder die Kosten des Verfahrens einem Gegner zur Last fallen, andernfalls gebührenfrei. Gebühr: GKG. § 45, 47, 48, 57, 67, 79. GO. f. RA. § 29 Nr. 5, 41 Abs. 1, Nr. 1 u. 2; Abs. 2. **Beschwerden** gegen den Beschluß der Distriktspolizeibehörden auf Verwahrung **64**, 69; Zuständigkeit des Oberlandesgerichts München für Beschwerden in Strafsachen **79**, 100; in Aufsichts- und Justizverwaltungssachen **79**, 108 f.; wegen Verzögerung der Rechtspflege **79**, 108; in Rechtshilfesachen **79**, 110; Fälle der sofortigen Beschwerde in schöffengerichtlichen Strafsachen **79**, Beil. 28; der Gerichtsvollzieher im Disziplinarverfahren gegen sie und gegen die Verfügung der Suspension **79**, 618 f.; in bürgerlichen Rechtsstreitigkeiten und im Konkursverfahren, Bezeichnung mit H. **80**, 428; im Disziplinarverfahren gegen richterl. Beamte **81**, 258, 260, 267, 270; der Gefangenen in Gerichtsgefängnissen **83**, 102. **Beschwerderegister** der Landgerichte, Oberlandesgerichte, des Obersten Landesgerichts in bürgerlichen Rechtsstreitigkeiten **79**, 822 f.; **80**, 423 (For.), 901 ff. Beschwerde: ZPO. § 118, 206, 345, 355, 374, 579; GKG. § 4, 16, 47, 48, GO. f. GV. § 22; GO. f. Zeugen u. Sachv. § 17; GO. f. RA. § 12, 53. Sofortige Beschwerde: ZPO. § 46, 49, 68, 97, 99, 126, 229, 290, 301, 345, 352, 367, 371, 604, 619, 621, 625, 639, 701, 813 Abs. 4, 815, 829 Abs. 3; KO. § 66. Ueber die Beschwerde entscheidet das im Instanzanzug zunächst höhere Gericht.

164. Antrag auf Verlängerung einer richterlichen Frist.

Gerichtsschreiberei des k. Amtsgerichts Dorfen.

Dorfen, am 13. Dezember 1895.

In Sachen

Bauer Wilhelm, Kaufmann in Dorfen, Kläger . .,

gegen

Herzog Ludwig, Krämer in Moosen, Beklagten,

wegen Forderung, hier Fristverlängerung, erscheint der Beklagte und erklärt:

Durch diesgerichtlichen Beschluß vom 10. ds. Mts. ist mir aufgegeben worden, die Adresse des als Zeugen benannten Händlers Robert Feicht von Moosen, z. B. auf der Handelschaft, innerhalb 2 Wochen bei Meidung des Verlustes dieses Beweises anzugeben. Nach brieflicher Mitteilung des Bruders des Zeugen ist letzterer nach Tyrol und sein gegenwärtiger Aufenthalt nicht bekannt Diesen Brief übergebe ich.

Da innerhalb der mir vorgesetzten Frist, der Aufenthalt des Zeugen voraussichtlich nicht zu ermitteln, stelle ich gemäß § 202 ff. ZPO. den Antrag: „Die mir gesetzte, mit 24. Dezember 1895 ablaufende Frist um 2 Wochen zu verlängern."

Vorgelesen, genehmigt, unterzeichnet:

Ludwig Herzog.

Müller, k. Sekretär.

Beschluß:

In ꝛc. wird auf Antrag de . . . . . die mit . . . . 189 . ablaufende Frist um . . . . . verlängert.

Zustellung an Parteien.

PRNo. $\frac{400}{1895}$ A.

Auf Antrag können richterliche und gesetzliche Fristen abgekürzt oder verlängert werden, wenn erhebliche Gründe glaubhaft gemacht sind, gesetzliche Fristen jedoch nur in den besonders bestimmten Fällen. Im Falle der Verlängerung wird die neue Frist von dem Ablaufe der vorigen Frist an berechnet, wenn nicht im einzelnen Falle ein anderes bestimmt ist. Ueber das Gesuch kann ohne vorgängige mündliche Verhandlung entschieden werden. Die Abkürzung oder wiederholte Verlängerung darf nur nach vorgängigem Gehör des Gegners bewilligt werden. Eine Anfechtung des Beschlusses, durch welchen das Gesuch um Verlängerung einer Frist zurückgewiesen ist, findet nicht statt. ZPO. § 200 mit 204. Gebührenfrei § 47 Nr. 1.

165. Antrag auf Berichtigung und Ergänzung des Urteils.

Gerichtsschreiberei des k. Amtsgerichts Dorfen.

Dorfen, am 14. Dezember 1895.

In Sachen

Bauer Wilhelm, Kaufmann in Dorfen, Kläger . .,

gegen

Herzog Ludwig, Krämer in Mcosen, Beklagten,

wegen Forderung, hier Urteils-Berichtigung, (Ergänzung) erscheint der Kläger und erklärt:

In dem Urteile des kgl. Amtsgerichts Dorfen vom 10. Dezember 1895 hat sich folgende Unrichtigkeit ergeben:

a) im Thatbestand: wurde nicht erwähnt, daß ich die beklagtische Behauptung, ich hätte dem Beklagten die Forderung zur Hälfte nachgelassen, bestritten habe.

b) in der Urteilsformel: befindet sich keine Verurteilung zur Zahlung von 5% Zinsen.

Ich lade daher den Beklagten zur mündlichen Verhandlung hierüber vor das k. Amtsgericht Dorfen zu dem von diesem zu bestimmenden Termine.

Unter Beifügung der mir zugestellten Urteilsausfertigung beantrage ich gemäß § 291 (292, 654) ZPO.

ad a) den Thatbestand des Urteils vom 10. Dezember 1895 dahin zu berichtigen, daß rc.

ad b) das Urteil vom 10. Dezember 1895 zu ergänzen und Beklagten zur Zinsenzahlung zu verurteilen.

Vorgelesen, genehmigt, unterzeichnet:
Wilhelm Bauer.

Müller, k. Sekretär.

Beschluß.
Termin zur mündlichen Verhandlung über die Berichtigung (Ergänzung) des Urteils wird auf
. . . .
im Sitzungszimmer Nr. anberaumt.

PRNo. $\frac{401}{1895}$ A.

In obigen beiden Fällen ist Ladung zur mündlichen Verhandlung nötig; im Falle des § 290 ZPO. werden Schreib- und Rechnungsfehler sowie ähnliche offenbare Unrichtigkeiten, die sich im Urteile finden, von amtswegen berichtigt und kann über diese Berichtigung ohne vorgängige mündliche Verhandlung entschieden werden. Gegen den Beschluß auf Zurückweisung des Antrags auf Berichtigung findet kein Rechtsmittel, gegen den die Berichtigung aussprechenden Beschluß sofortige Beschwerde statt. D. V. S. 25, 26. In den beiden obigen Anträgen läuft eine einwöchige Frist zur Antragstellung, welches im Falle des § 291 mit dem Tage des Aushangs des Verzeichnisses, in

166. Protokoll im Berichtigungstermin.

Protokoll

aufgenommen in öffentlicher Sitzung des k. Amtsgerichts Dorfen.

Gegenwärtig:
Amtsrichter Hel.
als Richter;
Sekretär Herr.
als Gerichtsschreiber.

Dorfen, am 10. Januar 1896.

In Sachen

Bauer Wilhelm, Kaufmann in Dorfen, Kläger . .,

gegen

Herzog Ludwig, Krämer in Moosen, Beklagten,

wegen Forderung, hier Urteils-Berichtigung,

erschienen bei Aufruf der Sache

. . . Kläger . . in Person,

. . . Beklagte . mit Rechtsanwalt Eder von München

Die Parteien verhandelten über den Berichtigungsantrag. Es wurde hierauf folgender Beschluß erlassen und verkündet:

Der Thatbestand (Tenor) des am 10. Dezember 1895 vom hiesigen Gerichte erlassenen und verkündeten Urteils wird dahin berichtigt (ergänzt) 2c.

In Erwägung, daß der Antrag auf Berichtigung (Ergänzung) des Thatbestandes (Urteilstenors) des am 10. Dezember 1895 verkündeten Urteils, welches am . . . . . in das Aushangverzeichnis eingetragen und am . . . . dem . . zugestellt wurde, gerechtfertigt erscheint.

PRNo. $\frac{401}{1895}$ A.

(L. S.) Hel. Herr.

---

dem das Urteil eingetragen; im Falle des § 292 mit der Zustellung des Urteils beginnt. Gebühr: frei ist die Berichtigung eines Urteils oder des Thatbestandes desselben (ZPO. § 290, 291) bei mutwilliger Veranlassung des Verfahrens $^3/_{10}$ (§ 8) GKG. § 47 Nr. 10 u. Abs. 2, bei Ergänzung des Urteils (§ 292) Gebühr nach § 29 mit 12 GKG.

Der die Berichtigung oder Ergänzung enthaltende Beschluß ist auf das Urteil und die Urteilsausfertigung zu setzen. Der Antrag auf Berichtigung eines Schreibfehlers würde lauten: „In der hiemit übergebenen Urteilsausfertigung heißt der Beklagte Mayer; dieser Name wird jedoch geschrieben „Majer". Ich bitte gemäß § 290 ZPO. daher um Berichtigung dieses offenkundigen Schreibfehlers; da Beklagter sonst möglicherweise die Annahme der Zustellung verweigern könnte."

167. Antrag auf Entmündigung wegen Geisteskrankheit.

Gerichtsschreiberei des k. Amtsgerichts Pappenheim.

Pappenheim, am 26. Februar 1889

Es erscheint vor dem Gerichtsschreiber Stark Andreas, Müller in Dietfurt, Post Treuchtlingen, und bringt gegen Stark Babette, Müllerstochter daselbst, wegen Entmündigung, folgenden Antrag an:

I. Termin zur Vernehmung der Babette Stark und zur Feststellung ihres Geisteszustandes wird auf ...... anberaumt;
II. Ladung:
a) der Babette Stark,
b) der Zeugen,
c) des Sachverständigen,
d) des Antragstellers.

Meine am 17. November 1869 geborene Tochter „Babette" ist seit ungefähr 5 Jahren blödsinnig und infolge dessen in ihrer Zurechnungsfähigkeit beschränkt, so daß sie außer stande ist, ihren Vermögensangelegenheiten selbst vorzustehen. Ueber diesen Zustand benenne ich als Zeugen:

1. Margarethe Pfister, Bauersfrau in Dietfurt,
2. Johann Kolb, Pfarrer daselbst.

Zugleich übergebe ich ein Zeugnis des praktischen Arztes Dr. Holbmann von Pappenheim den ich auch als Sachverständigen in Vorschlag bringe.

Ich stelle daher als Vater der Babette Stark gemäß § 593 ff. der ZPO. an das k. Amtsgericht Pappenheim, dem allgemeinen Gerichtsstand der zu Entmündigenden, den Antrag:

„Kgl. Amtsgericht wolle gegen Babette Stark von Dietfurt das Entmündigungsverfahren einleiten und nach dessen Durchführung Beschluß erlassen, daß meine Tochter unter gleichzeitiger Ueberbürdung der Kosten des Verfahrens auf sie entmündigt werde.

Stark ./. Stark.

Entmündigung.

Als Vormund wird Oekonom Heinrich Rein, Onkel der zu Entmündigenden, in Vorschlag gebracht.

PRNo. $\frac{84}{1889}$ D.

Vorgelesen, genehmigt, unterschrieben:
Andreas Stark.

Fellner, k. Sekretär.

168. Protokoll bei Feststellung des Geisteszustandes.

Protokoll

aufgenommen in nicht öffentlicher Sitzung des k. Amtsgerichts Pappenheim.

Gegenwärtig: Pappenheim, am 1. März 1889.

Amtsrichter Burger.

Sekretär Fellner.

In Sachen

betreffend die Entmündigung der Müllerstochter Babette Stark von Dietfurt,

erschienen im heutigen Termin:

1. der Antragsteller, Müller Andreas Stark von Dietfurt;
2. die Müllerstochter Babette Stark,
3. als Zeugen: Bauersfrau Margaretha Pfister, sowie Pfarrer Johann Kolb;
4. als Sachverständiger, k. Bezirksarzt Dr. Holdmann in Pappenheim.

Beschlüsse:

In Sachen 2c. beschließt das k. Amtsgericht ... vertreten durch A.-R. .. d. . wird für ..... (eine. Verschwender ..) erklärt und werden de.. selben die Kosten des Verfahrens zur Last gelegt.

oder

Die Entmündigung de. .... wegen ...... wird abgelehnt. Die Kosten hat die Staatskasse (Antragsteller ..) zu tragen.

Gründe:

Anna Stark wurde in Abwesenheit der Zeugen und nachdem die Oeffentlichkeit während deren Vernehmung ausgeschlossen worden (§ 172 GVG.) vernommen wie folgt:

1. Wie heißen Sie? Antwort:
2. Was waren Ihre Eltern?
3. Wo sind Sie geboren? u. s. w.

Der Sachverständige stellte sodann noch folgende Fragen:

4. Kennen Sie dieses Geldstück? 2c.

Anna Stark entfernte sich; es wurden sodann die Zeugen vorgerufen, über die Bedeutung des Eides und die Folgen des Meineides belehrt und einzeln vernommen wie folgt:

1. Person: Gesetzlich beeidigt. Ich heiße Margaretha Pfister, bin 30 Jahre alt, katholisch, Bauersfrau in Dietfurt, zur Stark nicht verwandt, nicht verschwägert; cet. gen. neg. Zur Sache:

2. Person: 2c.

PRNo. $\frac{84}{1889}$ D.

Hierauf wurde auch der Sachverständige nach Leistung des Sachverständigen-Eides — unter Hinweis auf den geleisteten Sachverständigen-Eid — vernommen wie folgt:

Derselbe erklärte: Ich heiße 2c.

Ich halte die Anna Stark für geistig nicht normal, dieselbe ist blödsinnig und ist sohin nicht im stande, auch nur einigermaßen ihren Vermögensangelegenheiten vorzustehen Aus den ihr vorgelegten Fragen u. s. w.

Vorgelesen, genehmigt.

(L. S.) Burger. Fellner.

Eine Person kann für geisteskrank (wahnsinnig, blödsinnig u. s. w.) sowie für einen Verschwender nur durch Beschluß des Amtsgerichts erklärt werden. Der Beschluß wird nur auf Antrag erlassen. Das Amtsgericht, bei welchem der zu Entmündigende seinen allgemeinen Gerichtsstand (§ 13—18) hat, ist ausschließlich zuständig. Gegen einen Deutschen, welcher seinen Wohnsitz nur im Auslande hat, kann der Antrag bei dem Amtsgerichte seines letzten Wohnsitzes im Deutschen Reiche gestellt werden. Der Antrag kann von dem Ehegatten, einem Verwandten oder dem Vormunde des zu Entmündigenden gestellt werden. Gegen eine Ehefrau kann nur von dem Ehemanne, gegen eine Person, welche unter väterlicher Gewalt oder unter Vormundschaft steht, nur von dem Vater oder dem Vormunde der Antrag gestellt werden. Die Bestimmungen des bürgerlichen Rechts, nach welchen noch andere Personen den Antrag stellen können, bleiben unberührt. In allen Fällen ist auch der Staatsanwalt bei dem vorgesetzten Landgerichte zur Stellung des Antrags befugt. Der Antrag kann bei dem Gerichte schriftlich eingereicht oder zum Protokolle des Gerichtsschreibers angebracht werden. Er soll eine Angabe der ihn begründenden Thatsachen und die Bezeichnung der Beweismittel enthalten. Vgl. § 74 Abs. 2. Das Gericht hat unter Benutzung der in dem Antrage angegebenen Thatsachen und Beweismittel von amtswegen die zur Feststellung des Geisteszustandes erforderlichen Ermittelungen zu veranstalten und die geeignet erscheinenden Beweismittel aufzunehmen. Das Gericht kann vor Einleitung des Verfahrens die Beibringung eines ärztlichen Zeugnisses anordnen. Der zu Entmündigende ist persönlich unter Zuziehung eines oder mehrerer Sachverständigen zu vernehmen, letzteres auch durch ersuchten Richter. Die Vernehmung kann unterbleiben, wenn sie nach Ansicht des Gerichts schwer ausführbar oder für die Entscheidung unerheblich oder für den

169. Antrag auf Entmündigung wegen Verschwendung.

Gerichtsschreiberei des k. Amtsgerichts Pappenheim.

Pappenheim, am 27. Februar 1889.

Es erscheint
Stark Andreas, Steinbruchbesitzer von Langenaltheim,
und bringt gegen
Stark Wilhelm, Steinbruchbesitzer von da,
wegen Entmündigung
vor dem Sekretär an:

Termin zur Vernehmung de . . . . wird auf . . . . anberaumt.

Ladung: des Wilhelm Stark, der Zeugen und Sachverständigen.

Der Steinbruchbesitzer Wilhelm Stark, mein Neffe, ist 27 Jahre alt; seit längerer Zeit zeigen seine Handlungen, daß er seinem Vermögen selbst nicht mehr vorzustehen vermag, da er dasselbe verschwendet. Er hat beispielsweise sich erst neulich um 3000 ℳ ein Reitpferd angeschafft. Sein Geschäft treibt er nur lässig, hält sich viel in Wirtshäusern auf, bewirtet da jeden, der ihm vorkommt, borgt oft größere Summen Geldes hinaus, ohne sich zu kümmern, ob er es wieder zurückerhalten wird. Was er in den letzten drei Jahren unnützer Weise vergeudet oder eingebüßt hat, dürfte über 12000 ℳ betragen.

Alle diese Ausgaben gehen auch über seine Bedürfnisse und nach seiner Vermögenslage über die Mittel desselben weit hinaus, so daß zu befürchten ist, Wilhelm Stark wird sein Vermögen verlieren und Verwandten zur Last fallen.

Stark ./. Stark.

Entmündigung.

PRNo. $\frac{86}{1889}$ D.

Ich stelle daher als dessen Oheim, nachdem gemäß b. Ldr. Teil I cap. VII § 37 Nr. 2 eine richterliche Ermahnung vorausgegangen, nach § 621 ZPO. an das k. Amtsgericht Pappenheim, dem allgemeinen Gerichtsstand des

---

Gesundheitszustand des zu Entmündigenden nachteilig ist. Die Entmündigung darf nicht ausgesprochen werden, bevor das Gericht einen

zu Entmündigenden, den Antrag: K. Amtsgericht wolle Beschluß erlassen:

„I. Wilhelm Stark, Steinbruchbesitzer von Langenaltheim, wird wegen Verschwendung entmündigt;

II. Derselbe hat die Kosten des Verfahrens zu tragen."

Zum Beweise meiner Behauptungen benenne ich als Zeugen: Isidor Fleischer, Oekonom in Langenaltheim; Peter Auer, Steinbruchbesitzer daselbst; um deren Vernehmung ich bitte. Als Vormund bringe ich den Privatier Max Stark von Langenaltheim, meinen Bruder, in Vorschlag.

Vorgelesen, genehmigt, unterzeichnet:

Andreas Stark.

Fellner, k. Sekretär.

---

oder mehrere Sachverständige über den Geisteszustand des zu Entmündigenden gehört hat. Sobald das Gericht die Anordnung einer Fürsorge für die Person oder das Vermögen des zu Entmündigenden für erforderlich hält, ist der Vormundschaftsbehörde zum Zwecke dieser Anordnung Mitteilung zu machen. „Auf Antrag de . . . ist das Entmündigungsverfahren gegen seine . . . . . . eingeleitet worden, was gemäß § 600 ZPO. andurch ergebenst mitgeteilt wird." Die Kosten des Verfahrens sind, wenn die Entmündigung erfolgt, von dem Entmündigten, anderenfalls von der Staatskasse, bei Verschwendern von dem Antragsteller zu tragen. Insoweit einen der im § 595 Abs. 1 bezeichneten Antragsteller bei Stellung des Antrags nach dem Ermessen des Gerichts ein Verschulden trifft, können demselben die Kosten ganz oder teilweise zur Last gelegt werden. Der über die Entmündigung zu erlassende Beschluß ist dem Antragsteller und dem Staatsanwalte, bei Verschwendern dem zu Entmündigenden von amtswegen zuzustellen. Der die Entmündigung aussprechende Beschluß, welcher innerhalb 1 Monats im Klagewege angefochten werden kann, ist von amtswegen der Vormundschaftsbehörde und, wenn eine gesetzliche Vormundschaft stattfindet, auch dem gesetzlichen Vormunde mitzuteilen. Mit der Mitteilung des Beschlusses an die Vormundschaftsbehörde tritt die Entmündigung in Wirksamkeit. Gegen den Beschluß, durch welchen die

(Fortsetzung siehe Seite 294.)

170. Antrag auf Wiederaufhebung der Entmündigung wegen Verschwendung.

Gerichtsschreiberei des k. Amtsgerichts Pappenheim.

Pappenheim, am 27. März 1889.

Zur Sache:

Stark Andreas, Steinbruchbesitzer von Langenaltheim, gegen Stark Wilhelm, Steinbruchbesitzer von da, wegen Entmündigung, hier deren Wiederaufhebung, erscheint Steinbruchbesitzer Wilhelm Stark von Langenaltheim und erklärt:

Beschluß.
I. Die Wiederaufhebung der Entmündigung wird ausgesprochen. (abgelehnt.)

Durch den mir unterm 3. März l. Jrs. zugestellten Beschluß des k. Amtsgerichts Pappenheim vom 1. März c. wurde ich wegen Verschwendung für entmündigt erklärt. Zur Widerlegung der dafür bezeichneten Gründe füge ich an:

Wenn auch die Zeugen in ihrer Vernehmung bestätigten, daß ich in letzter Zeit mir ein teures Reitpferd gekauft, so ist dieses ja richtig; ich hätte dieses jedoch nicht gethan, wenn ich nicht schon beim Kaufsabschlusse einen Liebhaber für dieses Pferd gewußt hätte, der mir dieses Tier abkaufen wird. Privatier Lern von Pappenheim will mir für dieses Tier 3200 Mk. geben. Daß ich fernerß meinem Geschäfte nicht nachkomme, ist keinesfalls erwiesen; bin ich auch an verschiedenen Tagen nicht in meinen Steinbruch gekommen, so hat das seinen Grund darin, daß ich längere Zeit mit Gicht behaftet war ꝛc. ꝛc.

Zum Beweise meiner Behauptungen benenne ich folgende Zeugen und Sachverständige und beantrage deren Vernehmung.

1. Michael Lern, Privatier in Pappenheim,
2. Moritz Popp, Ingenieur in Langenaltheim, diese als Zeugen,
3. Josef Holzmann, prakt. Arzt daselbst, als Sachverständigen.

Stark . / Stark.
Aufhebung der Entmündigung.

Ich stelle daher gemäß § 625 ZPO. an das k. Amtsgericht Pappenheim den Antrag:

„Die durch diesgerichtlichen Beschluß vom 1. März c. ausgesprochene Entmündigung wieder aufzuheben."

Vorgelesen, genehmigt, unterzeichnet:
Wilhelm Stark.

Fellner, k. Sekretär.

PRNo. $\frac{85}{1889}$ D.

Der Antrag auf Wiederaufhebung wegen Geisteskrankheit § 661 f. ZPO. lautet ebenso.

171. Antrag auf Beiordnung eines Rechtsanwalts zur Erhebung der Anfechtungsklage.

Gerichtsschreiberei
des k. Land-Gerichts
Eichstätt.

Eichstätt, am 2. März 1889.

In Sachen

Stark Andreas, Steinbruchbesitzer von Langenaltheim,

gegen

Stark Wilhelm, Steinbruchbesitzer daselbst,

wegen Entmündigung, hier Beiordnung eines Rechtsanwalts erscheint vor dem Gerichtsschreiber Wilhelm Stark und erklärt:

Ich beabsichtige, den Beschluß des k. Amtsgerichts Pappenheim vom 27. Februar 1889, durch welchen ich wegen Verschwendung entmündigt wurde, anzufechten und stelle daher gemäß § 626 Abs. 2 ZPO. den Antrag: mir behufs Erhebung der Klage gegen Steinbruchbesitzer Andreas Stark auf Anfechtung des die Entmündigung aussprechenden Beschlusses des k. Amtsgerichts Pappenheim einen bei dem k. Landgericht Eichstätt zugelassenen Rechtsanwalt zu meinem Vertreter zu bestellen.

Vorgelesen, genehmigt, unterzeichnet:

Wilhelm Stark.

Zoller, k. Sekretär.

Entmündigung abgelehnt wird, steht dem Antragsteller und dem Staatsanwalte die sofortige Beschwerde zu (§ 597). Das Recht zur Erhebung der Klage steht dem Entmündigten selbst, dem Vormunde desselben und den in § 595 bezeichneten Personen zu. Die Frist, eine Notfrist, beginnt für den Entmündigten mit dem Tage, an welchem er von der Entmündigung Kenntnis erhalten hat, bei Verschwendern mit Zustellung des Beschlusses, für die übrigen Personen mit der Bestellung des Vormundes und im Falle einer gesetzlichen Vormundschaft mit der Mitteilung des Beschlusses an den gesetzlichen Vormund. Für die Klage ist das Landgericht, in dessen Bezirke das Amtsgericht seinen Sitz hat, ausschließlich zuständig. (Anwaltszwang: § 74.) Wird der Antrag auf Wiederaufhebung von dem Amtsgerichte abgelehnt, so kann dieselbe im Wege der Klage beantragt werden, wozu der dem Entmündigten bestellte Vormund und der Staatsanwalt befugt sind. Will der Vormund die Klage nicht erheben, so kann der Vorsitzende des Prozeßgerichts dem Entmündigten einen Rechtsanwalt als Vertreter beiordnen. Die Entmündigung einer Person wegen Verschwendung sowie die Wiederaufhebung der Entmündigung ist von dem Gerichte öffentlich bekannt zu machen. ZPO. § 593 mit 627. Gebühren: GKG. § 20 Nr. 1, 47 Nr. 9, 34 Nr. 1: $^3/_{10}$ (§ 8) für die Entscheidung einschließlich des Verfahrens auf Entmündigung oder deren Wiederaufhebung, soweit die Amtsgerichte zuständig sind. GO. f. RA. § 16, 23 Nr. 1, 29 Nr. 6. Der Wert des Streitgegenstandes ist richterlich festzusetzen. Der Armenpflegschaftsrat ist berechtigt, die Bestellung gerichtlicher Kuratel über Personen zu beantragen, welche durch Verschwendung Besorgnis begründen, daß sie der Armenkasse zur Last fallen werden. (Art. 36 Abs. 4, Ges. v. 29. April 1869.) Mitteilung der Entmündigungsbeschlüsse an die Notariatskammern in der Pfalz 81, 431 f. conf. 80, 421, 81, 61, 82, 289, b. LR. Teil I cap. 7 § 37.

Die Wiederaufhebung der Entmündigung erfolgt auf Antrag des Entmündigten oder seines Vormundes unter entsprechender Anwendung der Vorschriften der § 616—619. Eine Anfechtung des Beschlusses, durch welchen die Entmündigung aufgehoben wird, findet nicht statt. Nachdem der Beschluß, wodurch die Entmündigung aufgehoben wird, unanfechtbar ist, so tritt die Aufhebung mit der Erlassung des Beschlusses in Kraft; der Beschluß ist erlassen, sobald er dem Sekretär zur Zustellung vom Richter übergeben ist. Für die Wiederaufhebung der Entmündigung ist das Amtsgericht ausschließlich zuständig, bei welchem der Entmündigte seinen allgemeinen Gerichtsstand hat. Ist der Entmündigte ein Deutscher und hat er seinen Wohnsitz nur im Auslande, so kann der Antrag bei dem Amtsgerichte seines letzten Wohnsitzes im deutschen Reiche gestellt werden, soferne die Entmündigung von einem deutschen Gerichte ausgesprochen ist. (§ 617, 624.) Der den Antrag auf Wiederaufhebung der Entmündigung abweisende Beschluß ist nur dem Antragsteller von amtswegen zuzustellen. (§ 294.)

172. Antrag auf Amortisierung einer Hypothek.

Gerichtsschreiberei
des k. Amtsgerichts
Simbach a. I.

Simbach, am 1. März 1895.

Es erscheint:

Oekonom Joseph Wagentaler von Ering und erklärt:

Auf meinem Anwesen Hs.-Nr. 12 in der St.-G. Ering ist seit 18. April 1885 für Georg Huber, Bauerssohn von Ering, ein Heiratgut von 200 fl. = 342,86 ℳ nebst einem vollständigen Bett oder hiefür 40 fl. sowie in Krankheitsfällen das Unterschlupfsrecht im Hause Nr. 12, freie Kost, Wart und Medizin im Hypothekenbuche für Ering Bd. I S. 9; auf Grund Vertrags vom 23. Juli 1819 eingetragen.

Alle von mir angestellten Nachforschungen nach dem rechtmäßigen Inhaber blieben erfolglos; zum Nachweise hierüber übergebe ich anliegende Schriftstücke.

Nachdem nun vom Tage der letzten auf obige Forderung sich beziehenden Handlungen an gerechnet mehr als 30 Jahre verstrichen sind, beantrage ich gemäß § 82 Hyp.-Ges., Art. 123 Ziff. 3 Ausf.-Ges. z. ZPO. § 824 f ZPO., Art. 24 Ges. über die Inhaberpapiere.

„Das Aufgebotsverfahren einzuleiten und alle diejenigen, welche auf einen der aufgeführten Ansprüche ein Recht zu haben glauben, zur Anmeldung innerhalb 6 Monaten aufzufordern, da außerdem im Falle der Unterlassung der Anmeldung die obenerwähnten Forderungen für erloschen erklärt und im Hypothekenbuche gelöscht würden."

Sollten innerhalb gesetzlicher Frist Ansprüche nicht geltend gemacht werden, werde

Bekanntmachung.

Das k. Amtsgericht . . . . . hat am . . . . 189 . folgendes Aufgebot erlassen:

Auf Antrag de . . . ., als derzeitigen Besitzer von . . . . . , auf welchem seit . . . . . ein . . . . . von . . ℳ . ₰ für . . . im Hyp.-Bch. . . . Bd. .

. / .

S. . eingetragen ist, ergeht hiemit bei dem Vorhandensein der gesetzlichen Voraussetzungen an alle diejenigen, welche auf obige Forderung ein Recht zu haben glauben, die Aufforderung, ihre Ansprüche innerhalb 6 Monaten, spätestens aber in dem auf . . . . 189 . anberaumten Aufgebotstermin anzumelden, widrigenfalls die Forderung für erloschen erklärt und im Hypothekenbuche gelöscht werden wird.

PRNo. $\frac{24}{1895}$ E.

ich beantragen, das Ausschlußurteil im vorstehenden Sinne zu erlassen.

Als Beweismittel bezeichne ich: Eid und das allegierte Hypothekenbuch.

Ich bin bereit, die Wahrheit meiner Angaben eidlich zu erhärten.

Vorgelesen, genehmigt unterzeichnet:

Joseph Wagentaler.

Straß, k. Sekretär.

---

oder: in den Hypothekenbüchern des k. AG. .... für .... Bd. S. sind auf Anwesen de...... für d...... Hypotheken zu ...*M* seit..... 18.. eingetragen. Da die Nachforschungen nach dem rechtmäßigen Inhaber dieser Forderung fruchtlos geblieben und vom Tage der letzten auf diese. Forderung.. sich beziehenden Handlungen an gerechnet 30 Jahre verstrichen sind, werden auf Antrag der obengenannten Besitzer der Pfandobjekte alle jene, welche auf diese Forderung ein Recht zu haben glauben, zur Anmeldung innerhalb 6 Monaten spätestens aber in dem auf.......189. anberaumten Aufgebotstermine unter dem Rechtsnachteile öffentlich aufgefordert, daß im Falle der Unterlassung der Anmeldung die Forderung für erloschen erklärt und im Hypothekenbuche gelöscht werden wird.

Für das Aufgebotsverfahren ist das Gericht des Orts zuständig, welches die Urkunde als den Erfüllungsort bezeichnet. Enthält die Urkunde eine solche Bezeichnung nicht, so ist das Gericht zuständig, bei welchem der Aussteller seinen allgemeinen Gerichtsstand (§ 13—20) hat, und in Ermangelung eines solchen Gerichts dasjenige, bei welchem der Aussteller zur Zeit der Ausstellung seinen allgemeinen Gerichtsstand gehabt hat. Ist der Anspruch, über welchen die Urkunde ausgestellt ist, in einem Grund- oder Hypothekenbuche eingetragen, so ist das Gericht der belegenen Sache ausschließlich zuständig (§ 839). Der Antragsteller hat zur Begründung des Antrags: entweder eine Abschrift der Urkunde beizubringen oder den wesentlichen Inhalt der Urkunde und alles anzugeben, was zur vollständigen Erkennbarkeit derselben erforderlich ist; den Verlust der Urkunde, sowie diejenigen Thatsachen glaubhaft zu machen, von welchen seine Berechtigung abhängt, das Aufgebotsverfahren zu beantragen; sowie sich zur eidlichen Versicherung der Wahrheit seiner Angaben zu erbieten (§ 840).

173. Antrag auf Aufgebot von Wechseln.

Gerichtsschreiberei
des k. Amtsgerichts
Simbach a. J.

Simbach a. J. am 2. März 1895.

Es erscheint:

Kaufmann David Hamerl von Simbach und erklärt:

In meinem Besitze befand sich ein am 30. Dezember 1894 von Privatier Johann Kern von Schildthurn ausgestellter, auf den Krämer Isidor Mühl in Schildthurn gezogener und von diesem acceptierter Wechsel über 400 ℳ zahlbar in Schildthurn, fällig am 1. Februar 1895. Dieser Wechsel ist durch Giro vom 1. Januar 1895 auf mich übergegangen.

Diese Behauptung, daß fraglicher Wechsel im angegebenen Betrage existierte, mache ich glaubhaft durch die anliegende Protesturkunde vom 2. Februar c. (Abschrift des Wechsels) [die anliegende eidesstattliche Versicherung des Kern].

Am 10. Februar l. Js. wurde in meinem Laden eingebrochen, dort der Ladentisch erbrochen und das daselbst befindliche Geld mit dem Wechsel gestohlen. (machte ich eine Geschäftsreise und habe die Brieftasche mit dem Wechsel verloren.) Hiewegen nehme ich Bezug auf die Untersuchungsakten (Reklamation bei der Bahnverwaltung).

Indem ich mich hiemit zur eidlichen Bekräftigung der Wahrheit meiner Angaben erbiete, beantrage ich gemäß § 837 f. ZPO. (Art. 69 Ausf.-Ges. hiezu), Kgl. Amtsgericht als Gericht des Erfüllungsortes (allgemeiner Gerichtsstand des Ausstellers) wolle das Aufgebot des von Isidor Mühl acceptierten, am 1. Februar c. fälligen Wechsels über 400 ℳ vom 30. Dezember 1894 erlassen und diesen Wechsel für kraftlos erklären.

Vorgelesen, genehmigt, unterzeichnet:

David Hamerl.

Straß, k. Sekretär.

Bekanntmachung.

Das . . . . hat . . . . erlassen.

Zu Verlust gegangen ist ein seitens de . . . . . auf . . . . . . gezogener . . . . Wechsel d. d. . . . . 189 . über . . ℳ zahlbar am . . . . an die Ordre de . . . . . versehen mit . . . .

. . . .

./.

Auf Antrag de . . . . wird daher der unbekannte Inhaber dieses Wechsels aufgefordert, spätestens im Aufgebotstermin am . . . . . 189 . im Zimmer Nr. . des k. AG. . . . . . seine Rechte anzumelden und den Wechsel vorzulegen, widrigenfalls derselbe für kraftlos erklärt werden wird.

PRNo. $\frac{25}{1895}$ E.

Nach Erlassung des Aufgebotsbeschlusses lautet die richterliche Verfügung: I. An die Gerichtsschreiberei, um vorstehendes Aufgebot 1) an die Gerichtstafel anheften und 2) dreimal und zwar a. im deutschen Reichsanzeiger, b. im . . . . Amtsblatt in 2monatlichen Zwischen-

174. Antrag auf Aufgebot von Wertpapieren.

Gerichtsschreiberei des k. Amtsgerichts Simbach a. J.

Simbach a. J., am 3. März 1895.

Es erscheint:

Kaufmann Georg Huber von Simbach a. J. und erklärt:

Unterm 16 Februar l. J. a) kaufte ich laut anliegender Nota bei dem Bankier Joseph Goldstern dahier einen 3½ % igen Pfandbrief der süddeutschen Bodenkreditbank München Lit. E Ser. 37 Nr. 4639 über 1000 ℳ mit Coupons vom 1. April 1895 mit 1 April 1906. Die Zinsen sind am 1. April und 1. Oktober jeden Jahres fällig.

Fragliches Wertpapier war vinkuliert und lautete auf meinen Namen.

Am 28. Februar c. wurde meine Ladenkasse erbrochen und fraglicher Pfandbrief gestohlen (verloren, verbrannt).

Ich habe den Verlust der betreffenden Bank sofort mitgeteilt, welche denselben öffentlich bekannt machte; zugleich übergebe ich Bescheinigung der Bankdirektion vom 1. März c., nach welcher erhellt, daß seit der Bekanntmachung durch 6 Zinszahlungstermine sich niemand gemeldet hat.

b) legte ich bei der Sparkasse der Gemeinde Simbach auf meinen Namen den Betrag von 1000 ℳ gegen 3 % ige Verzinsung an und erhielt hierüber Sparkassebuch mit Nr. 2609 ausgestellt.

./.

Bekanntmachung.

Das .... hat .... erlassen:

Es ist zu Verlust gegangen ein .. % iger Pfandbrief der .... Bank Lit. .. Ser. .. Nr. .. über .. ℳ.

Auf Antrag de .... wird der Inhaber des angeblich verlorenen Pfandbriefes (Buches, Scheines 2c.) aufgefordert, seine

./.

Rechte auf diese ..... spätestens im Aufgebotstermine am .... 189 . anzumelden und de ... ..., vorzulegen, widrigenfalls e. für kraftlos erklärt werden wird.

PRNo. $\frac{26}{1895}$ E.

---

räumen einrücken zu lassen. II. Schreiben an Antragsteller, dem es durch die Post zuzustellen ist: „Das in bez. Sache heute erlassene Aufgebot wird Ihnen anbei in beglaubigter Abschrift mit der Aufforderung zugestellt, sich bei dem Aufgebotstermin vom .... dahier bestimmt einzufinden, da das Ausschlußurteil nur auf Antrag erlassen werden kann."

Dieses Büchlein wurde mir nun auf unaufgeklärte Weise aus meinem Schreibtisch entwendet u. s. w., den Verlust desselben habe ich der genannten Sparkasse sofort angezeigt.

./. Ich übergebe Bescheinigung der Verwaltung der Sparkasse Simbach a. J. vom 1. März c.

./. Ich mache Vorstehendes glaubhaft durch anliegende eidesstattliche Versicherung de .... und erbiete mich selbst zur eidlichen Versicherung der Wahrheit meiner Angaben.

Ich beantrage gemäß § 837 f. ZPO. Art. 301, 302 HGB. (839 mit 842, 846 bis 848 ZPO.), das Aufgebot des betreffenden Pfandbriefes / Sparkassebuches über 1000 *M* zu erlassen und diesen Pfandbrief für kraftlos zu erklären.

Vorgelesen, genehmigt, unterzeichnet:

Georg Huber.

Straß, k. Sekretär.

Wegen Amortisation von Staatsobligationen siehe Allerh. Verord. vom 10. Oktober 1810; 17. August 1813; 12. März 1817; zuständig ist ausschließlich das k. Amtsgericht München I, Abt. A f. ZS. Vergleiche auch das Gesetz vom 18. März 1896 die Bestimmungen über die Inhaberpapiere betreffend. (B. Ges.- und VOBl. vom Jahre 1896 S. 174 f.)

In dem Aufgebot ist der Inhaber der Urkunde aufzufordern, spätestens im Aufgebotstermine seine Rechte bei dem Gericht anzumelden und die Urkunde vorzulegen. Als Rechtsnachteil ist anzudrohen, daß die Kraftloserklärung der Urkunde erfolgen werde (841). Die öffentliche Bekanntmachung des Aufgebots erfolgt durch Anheftung an die Gerichtstafel und in dem Lokale der Börse, wenn eine solche am Sitze des Aufgebotsgerichts besteht, sowie durch dreimalige Einrückung in die im § 187 Abs. 2 bezeichneten Blätter. Das Gericht kann anordnen, daß die Einrückung noch in andere Blätter und zu mehrerenmalen erfolge (842).

175. Antrag auf Todeserklärung Verschollener.

Gerichtsschreiberei des k. Amtsgerichts Simbach a. I.

Simbach a. I., am 4. März 1895.

Es erscheint:

Webermeister Andreas Wirt von Simbach und erklärt:

Bei dem k. Amtsgericht Simbach wird über die Schuhmacherstochter Elise Hauner Vormundschaft geführt. rc. Hauner ist laut anliegenden Geburtszeugnisses am 10. Dezember 1810 geboren und in Ering heimatberechtigt; ich wurde im Jahre 1870 für sie als Kurator bestellt. Kurandin ist im Jahre 1850 mit ihrem Geliebten, dem Schneider Alois Knecht von hier nach Amerika ausgewandert.

Trotz der eingehendsten Erkundigungen, welche von mir eingezogen wurden, haben sich alle Recherchen nach ihrem jetzigen Aufenthalte fruchtlos erwiesen. Im Jahre 1875 erhielt ich durch einen Bekannten, Karl Herr aus Cincinnati, die letzte Mitteilung über rc. Hauner, indem ersterer schrieb, er habe die Hauner auf einem Schiff gesehen. Seit dieser Zeit sind alle Spuren verschwunden, die Ausschreibungen in den verschiedensten Zeitungen blieben unbeantwortet; die Anfragen bei den Konsulatsbehörden waren resultatlos.

Zeugnis der Gemeinde Ering, daß seit 10 Jahren vom Verschollenen nichts mehr bekannt ist, übergebe ich.

Ich nehme ferner Bezug auf die Pflegschafts-Akten des hiesigen Gerichtes 1870 Nr. 20, deren Adhibierung ich beantrage; das kuratelamtlich verwaltete Vermögen beträgt 2030 ℳ mit den Zinsen und ist in 3½% igen Wertpapieren angelegt, welche im gerichtlichen Depositenbureau aufbewahrt sind.

Ich erbiete mich zu eidlicher Versicherung der Wahrheit meiner Angaben, übergebe

---

Bekanntmachung.

Das k. AG. . . . . hat am . . . folgendes Aufgebot erlassen:

Auf Antrag de . . . . als . . . . ergeht hiemit die Aufforderung:

1. an d . . . , geboren am . . . . . in . . . . . . zuletzt wohnhaft in . . ., verschollen seit . . . . . ., sich spätestens in dem auf . . . . 189 . anberaumten Aufgebotstermin persönlich oder schriftlich bei dem k. AG. . . . . zu melden, widrigenfalls . . für tot erklärt werden wird.

2. an die Erbbeteiligten, ihre Interessen im Aufgebotsverfahren wahrzunehmen;

3. an alle diejenigen, welche über das Leben de . . . . . Kunde geben können, Mitteilung hierüber bei Gericht zu machen.

PRNo. $\frac{27}{1895}$ E.

./. Zeugnis der Gemeinde Simbach vom 1. März c, inhaltlich dessen seit 20 Jahren über das Leben der Abwesenden keine Nachricht eingetroffen. und beantrage gemäß § 824—834, 836 ZPO., Art. 103—106, 107 Abs. 2; 108—112 f. des b. Ausf.-Ges. hiezu, das Aufgebot zu erlassen und die Elise Hauner von Ering für tot zu erklären.

Vorgelesen, genehmigt, unterzeichnet:

Andreas Wirt.

Straß, k. Sekretär.

Nach Erlaß des Beschlusses lautet die Verfügung: I. An die Gerichtsschreiberei zur öffentl. Bekanntmachung vorstehenden Aufgebots: 1) durch Anheftung a. an die Gerichtstafel, b. an die Gemeindetafel der Heimatgemeinde .... des Verschollenen (letzteres geschieht durch Gerichtsvollzieher); 2) durch einmalige Einrückung in den Deutschen Reichsanzeiger (9 monatliche Frist zwischen der Einrückung und dem Termin); 3) durch 2 malige Einrückung ohne Zwischenräume im .... Amtsblatte. II. Schreiben an Antragsteller: „Anbei erhalten Sie Ausfertigung des Aufgebots von heute zur Kenntnis mit der Weisung zugeschlossen, am Aufgebotstermin vom .... zuverlässig dahier zu erscheinen, da das Ausschlußurteil nur auf Antrag erlassen werden kann. Sollten Sie bei der Verhandlung gleichwohl ausbleiben, würde auf Ihre Kosten neuerlicher Termin anberaumt werden."

Bei Personen, welche im Aufgebotsverfahren für tot erklärt worden sind, vertritt die Ausfertigung des Urteils auf Todeserklärung die Stelle der Sterbeurkunde. (Art. 119 AG. z. ZPO.) Wegen des Kostenvorschusses siehe § 79 Ziff. 3 mit 84 Abs. 1 GKG.; wegen der Beglaubigung des an die Gerichtstafel anzuheftenden Schriftstückes conf. D. V. f. Gerichtsschreiber S. 61. Die Anheftungsbestätigung des Sekretärs lautet: „Gegenwärtiges Schriftstück wird mit diesgerichtlichem Beschluß vom ..... 189 . zum Zweck der öffentlichen Zustellung (durch den Gerichtsdiener M dahier) an die Gerichtstafel angeheftet. Datum. N. N. k. Sekretär." Bei Todeserklärungen muß nach Art. 112 AG. z. ZPO. zwischen dem Tage, an welchem die Einrückung oder die erste Einrückung des Aufgebots in den deutschen Reichsanzeiger erfolgt ist, und dem Aufgebotstermin ein Zeitraum von mindestens 9 Monaten liegen.

---

176. Protokoll im Aufgebotstermin.

Protokoll

aufgenommen in öffentlicher Sitzung des k. Amtsgerichts Simbach a. J.

Gegenwärtig: Simbach a. J., am 1. Dezember 1895.

Amtsrichter Burger,
Sekretär Straß.

In Sachen

betreffend das Aufgebot von Hypotheken

erschien . . im heutigen Termin auf Aufruf der Sache: Oekonom Joseph Wagentaler von Ering.

Nach Eröffnung der mündlichen Verhandlung

a) wurde seitens des Gerichts durch sofort verkündeten Beschluß angeordnet, daß dem Antragsteller folgender Eid abzunehmen sei:

„Ich schwöre bei Gott dem Allm. u. Allw., daß ich die von mir angezeigten Bemühungen, um die Rechtsnachfolger des X zu finden, angewendet und keine als die angegebenen Nachrichten erhalten habe, daß ich den Pfandbrief nicht doloser Weise vernichtet und auch nicht weiß, wo sich derselbe befindet), [daß mir keine Eigentums- und Real-Berechtigte bekannt sind], daß ich weder vor noch nach dem Aufgebot von dem Vorhandensein eines Erben Kenntnis erhielt, zc. so wahr mir Gott helfe."

Dieser Eid wurde nach erfolgter Eidesbelehrung vorschriftsgemäß geleistet.

PRNo. $\frac{24}{1895}$ E.

b) beantragte Joseph Wagentaler die Erlassung des Ausschlußurteils, worauf entsprechend diesem Antrage sofort anliegendes Urteil erlassen und verkündet wurde.

(L. S.) Burger. Straß.

Der Beschluß über die Erlassung des Aufgebots ist dem Antragsteller zuzustellen. Das Ausschlußurteil ist dem wesentlichen Inhalte nach im Reichsanzeiger bekannt zu machen. Das Schreiben des Sekretärs lautet: „An die k. Expedition des deutschen Reichs- und k. preuß. Staatsanzeigers. In Sachen zc. ersuche ich um einmalige Veröffentlichung anliegender Bekanntmachung; der Nachweis wolle gegen Nachnahme der Kosten anher übermittelt werden." Die Bekanntmachung des Aufgebots erfolgt im Amtsblatte, eventuell auch noch in anderen Blättern

177. Urteile im Aufgebots-Verfahren.

Im Namen
Seiner Majestät des Königs von Bayern
erläßt das k. Amtsgericht ...., vertreten durch Amtsrichter ...., betreffend das Aufgebot folgendes Urteil:

a. einer Hypothek: I. Die unbekannten Berechtigten der auf ..... für ..... im Hyp.-Bch. für ..... Bd. S. eingetragenen ..... Forderung zu ..... werden mit ihren Ansprüchen auf diese Forderung ausgeschlossen.

II. Die Kosten fallen dem Antragsteller ..... zur Last; in Erwägung, daß ..... das Aufgebot beantragt hat, indem er behauptete und glaubhaft machte, daß ihm die Erben des eingetragenen Gläubigers nicht bekannt sind, in fernerer Erwägung, daß das Aufgebot durch Anheftung an die Gerichtstafel sowie Einrückung in ...... öffentlich bekannt gemacht worden ist und alle diejenigen, welche Ansprüche auf die Hypothek zu erheben haben, öffentlich aufgefordert wurden, diese spätestens im Aufgebotstermine vom ..... anzumelden, widrigenfalls sie mit ihren Ansprüchen auf diese Hypothek ausgeschlossen würden (in Erwägung, daß vom Tage der letzten auf diese . Forderung .. sich beziehenden Handlungen an gerechnet 30 Jahre verstrichen sind), die Forderung für erloschen erklärt und im Hyp.-Bch. gelöscht werden wird; in Erwägung, daß weder am Aufgebotstermine noch vorher derartige Ansprüche angemeldet sind, Antragsteller die Erlassung des Ausschlußurteils beantragt und als solcher auch die Kosten zu tragen hat.

b. eines Wechsels: I. Der Wechsel d. d. .... über .. ℳ, zahlbar ..... ausgestellt von ...., acceptiert von ...... wird für kraftlos erklärt.

II. Die Kosten fallen dem Antragsteller zur Last; in Erwägung, daß .... als letzter Inhaber des bezeichneten Wechsels das Aufgebot bei dem zuständigen Gerichte beantragt und den Verlust desselben glaubhaft gemacht hat, in fernerer Erwägung ꝛc. wie sub (a.)

c. von Wertpapieren: I. Der %ige Pfandbrief der . . . Bank lit. . . Ser. Nr. über . . *M* (das Sparkassebuch der Sparkasse . . . . mit Nr. . . über . . . *M*, ausgestellt für . . . .) wird für kraftlos erklärt.

II. Die Kosten fallen dem Antragsteller zur Last; in Erwägung, daß . . . . als letzter Inhaber des bezeichneten Pfandbriefes (Sparkassebuches) bei dem unterfertigten zuständigen Gerichte beantragt und glaubhaft gemacht hat, daß der Pfandbrief ihm durch . . . . zu Verlust gegangen, daß er Zeugnis über die erfolgte Bekanntmachung des Verlustes und den vergeblichen Ablauf von 6 Zinsterminen beibrachte (Bescheinigung der Sparkassenverwaltung vorlegte), daß der Inhaber des . . . . aufgefordert wurde, bei Meidung der Kraftloserklärung des . . . . seine Rechte spätestens im Aufgebotstermine vom . . . . anzumelden.

d. zum Zwecke der Todeserklärung: I. Der am . . . . . zu . . . . . geborene . . . . wird für tot erklärt, und ist als dessen Todestag der Heutige anzusehen.

II. Die Kosten des Verfahrens sind aus dem Vermögen des Verschollenen zu ersetzen; in Erwägung, daß . . . . . . den Antrag bei dem zuständigen Gerichte gestellt und die Abwesenheit des . . . . . . seit mehr als 10 Jahren glaubhaft gemacht hat, daß . . . . . aufgefordert wurde, sich spätestens im Aufgebotstermine vom . . . . . persönlich oder schriftlich zu melden, widrigenfalls er für tot erklärt werden würde, eine solche Meldung aber weder vorher noch im Termine erfolgte und Antragsteller die Erlassung des Ausschlußurteils beantragt hat.

Unter gerichtlichem „Aufgebot" versteht man die öffentliche gerichtliche Aufforderung an unbestimmte Personen zur Anmeldung von Ansprüchen bei Vermeidung der Ausschließung mit denselben.

Aufgebot zum Zwecke a) der Amortisation von Urkunden: Ausf.-Ges. z. ZPO. Art. 69; b) der Löschung von Hypotheken- und Grundschuldforderungen: Art. 123 Ziff. 3 l. c.; c) der Todeserklärung: Art. 69, 103—122 l. c. Der Antrag kann schriftlich oder zum Protokolle des Gerichtsschreibers gestellt werden. Anwaltszwang besteht nicht. Die Entscheidung kann ohne vorgängige mündliche Verhandlung erfolgen. Ist der Antrag zulässig, so hat das Gericht das Aufgebot zu erlassen.

In dasselbe ist insbesondere aufzunehmen: die Bezeichnung des Antragstellers; die Aufforderung, die Ansprüche und Rechte spätestens im Aufgebotstermine anzumelden; die Bezeichnung der Rechtsnachteile, welche eintreten, wenn die Anmeldung unterbleibt; die Bestimmung eines Aufgebotstermins. Auf die Giltigkeit der öffentlichen Bekanntmachung hat es keinen Einfluß, wenn das anzuheftende Schriftstück von dem Orte der Anheftung zu früh entfernt ist oder wenn im Falle wiederholter Bekanntmachung die vorgeschriebenen Zwischenfristen nicht eingehalten sind. Zwischen dem Tage, an welchem die Einrückung oder die erste Einrückung des Aufgebots in den Deutschen Reichsanzeiger erfolgt ist, und dem Aufgebotstermin muß, soferne das Gesetz nicht eine abweichende Anordnung enthält, ein Zeitraum von mindestens 6 Wochen liegen (827). Eine Anmeldung, welche nach dem Schlusse des Aufgebotstermins, jedoch vor Erlassung des Ausschlußurteils erfolgt, ist als eine rechtzeitige anzusehen. Das Ausschlußurteil ist in öffentlicher Sitzung auf Antrag zu erlassen. Gegen das Ausschlußurteil findet ein Rechtsmittel nicht statt. In den Fällen des § 834 Abs. 2 ZPO. kann im Wege einer gegen den Antragsteller gerichteten Klage das Ausschlußurteil angefochten werden; die Anfechtungsklage ist bei dem übergeordneten Landgerichte innerhalb 1 Monats nach Kenntnis des Anfechtungsgrundes zu erheben. Nach Ablauf von 10 Jahren, von dem Tage der Verkündung des Ausschlußurteils an gerechnet, ist die Klage unstatthaft. Für das Aufgebotsverfahren zum Zwecke der Kraftloserklärung abhanden gekommener oder vernichteter Wechsel und der in den Art. 301, 302 HGB. bezeichneten Urkunden gelten besondere Bestimmungen; diese finden in betreff anderer Urkunden, bezüglich welcher das Gesetz das Aufgebotsverfahren zuläßt, insoweit Anwendung, als in dem Gesetze nicht besondere Vorschriften enthalten sind. (WO. Art. 4, 96.) Im Uebrigen sind einschlägig die § 823 mit 850 ZPO. Im Ausschlußurteile ist die Urkunde für kraftlos zu erklären. Derjenige, welcher das Ausschlußurteil erwirkt hat, ist dem durch die Urkunde Verpflichteten gegenüber berechtigt, die Rechte aus der Urkunde geltend zu machen. conf WO. Art. 73; 98 Nr. 9; ZPO. § 823 mit 850. GKG. § 44; GO. f. RA. § 40. Protokolle der Gerichtsschreiber über Anträge auf Erlassung der Aufgebote **79**, 749; Anheftung des Beschlusses bezw. Urteils durch Gerichtsvollzieher **79**, 1260 f. Bezeichnung des Verfahrens bei den Amtsgerichten „E" **80**, 421 f. Für die Todeserklärung ist das Amtsgericht zuständig, bei welchem der Verschollene zuletzt den Gerichtsstand des Wohnsitzes gehabt hat. Besteht jedoch für den Verschollenen eine Pflegschaft, so ist das Amtsgericht, welches dieselbe führt, wenn aber die Pflegschaft von einem anderen Gerichte geführt wird, das Amtsgericht zuständig, in dessen Bezirke das Pflegschaftsgericht seinen Sitz hat. Zu dem Antrage auf Todeserklärung sind berechtigt die nächsten gesetzlichen Erben des Verschollenen, der Ehegatte desselben oder wer sonst ein rechtliches Interesse

178. Sitzungs-Protokolle beim Versäumnis-Urteil.

Protokoll

aufgenommen in öffentlicher Sitzung des k. Amtsgerichts Heidenheim.

Gegenwärtig: Heidenheim, am 2. Januar 1895.

.. Amtsrichter Hegl. als Richter.

Sekretär Burg als Gerichtsschreiber.

In Sachen

Auer Georg, Fabrikbesitzer in Treuchtlingen, (vertr.) Klägers,

gegen

Lutz Johann, Spängler in Heidenheim, Beklagten,

wegen Forderung

a. gegen Beklagten. erschien .. bei Aufruf der Sache ..... Kläger ..... Beklagter war .. weder vertreten noch erschienen. Kläger .... trug sodann das Streitverhältnis und den Klageantrag, wie letzterer in der Klageschrift enthalten ist, vor, wies die rechtzeitige und richtige Ladung des Beklagten unter Uebergabe des Zustellungsnachweises nach und beantragte gegen Beklagten die Erlassung des Versäumnisurteils im Sinne der Klagsbitte.

b. gegen Kläger. erschien .. bei Aufruf der Sache .... Beklagte ....., für Kläger .. war niemand erschienen. Nach Eröffnung der mündlichen Verhandlung wies Beklagter seine Ladung zum heutigen Termin nach und beantragte, gegen Kläger .. das Versäumnisurteil zu erlassen und die erhobene Klage kostenfällig abzuweisen.

a. und b. Der Antrag wurde vorgelesen und genehmigt, worauf sofort anruhendes Versäumnisurteil erlassen und durch Bekanntgabe der Urteilsformel verkündet wurde.

PRNo. $\frac{40}{1895}$ A.

(L. S.) Hegl. Burg.

(ZPO. § 269, 270, 280—282, 284, 287, 295, 296. GKG. § 18.)

darzulegen vermag. Besteht eine Pflegschaft über das Vermögen des Verschollenen, so kann die Todeserklärung auch von dem Pfleger mit

179. Versäumnis-Urteile für gewöhnliche Fälle.

**Im Namen
Seiner Majestät des Königs von Bayern.**

Das k. b. Amtsgericht ....., (... Amtsrichter .....) erläßt in Sachen

........................, Klagepartei,

gegen

........................, beklagte Partei

wegen ...... folgendes Versäumnisurteil

a. gegen Beklagte:

I. Beklagte ...... schuldig, an die Klagepartei ...... zu zahlen und ha . . die Kosten des Rechtsstreites . . . . zu tragen, bezw. dem Klageteil zu erstatten.

II. Dieses Urteil wird für vorläufig vollstreckbar erklärt.

Thatbestand: Klagepartei ließ Beklagte . zur mündlichen Verhandlung über die unterm . . . . gegen d . . selbe . erhobene Klage laut Gerichtsvollzieherakt nebst Postzustellungsurkunde zu dem auf heute bestimmten Termine vorladen.

Streitgegenstand: .... M

Bei Aufruf der Sache war . . lediglich . . . . Kläger ...... erschienen. Diese . trug den Inhalt der Klage mündlich vor, nach welcher behauptet wird .... und stellt den Antrag: gegen Beklagte . Versäumnisurteil zu erlassen und demgemäß in Haupt- und Nebensache, wie im Klageantrag gebeten, zu erkennen und das Urteil für vorläufig vollstreckbar zu erklären.

AGRNr.

	M	₰
Verh.-Geb.	M	₰
Entscheidgeb.	"	"
Schreibgeb.	"	"
Inſ.	"	"
Sa.	M	₰

Entscheidungsgründe: In Erwägung, daß Beklagte . ordnungsmäßig, insbes. rechtzeitig geladen aber nicht erschienen, daß somit das thatsächliche mündliche klägerische Vorbringen als zugestanden anzunehmen war, daß endlich dieses

---

Genehmigung oder auf Anweisung des Vormundschaftsgerichts beantragt werden. Mit dem Antrage auf Todeserklärung hat der Antragsteller über die thatsächlichen Voraussetzungen derselben die ihm zu Gebote

Vorbringen den Klageantrag rechtfertigt, war gemäß § 296, 87, 649 Ziff. . . ZPO. zu erkennen, wie geschehen.

b. gegen Kläger: I. Kläger wird mit der erhobenen Klage abgewiesen;

II. Derselbe hat die Kosten des Rechtsstreits zu tragen bezw. dem beklagten Teil zu erstatten.

Thatbestand: rc. wie oben. Bei Aufruf der Sache war . . lediglich . . . Beklagte . . . . erschienen, diese . trug das Streitverhältnis vor und beantragte, gegen Kläger . . das Versäumnisurteil zu erlassen und . . . mit der erhobenen Klage abzuweisen.

Gründe: In Erwägung, daß Kläger . . gegen Beklagte . auf . . . . geklagt; Beklagte . aber beim Nichterscheinen de . Kläger . . im Verhandlungstermin die Erlassung des Versäumnisurteils gegen Kläger . . beantragt hat, war gemäß § 295, 87 ZPO. zu erkennen, wie geschehen.

(Unterschrift des Richters.)

PRNo. $\frac{40}{1895}$ A. Verkündet in öffentlicher Sitzung am . . . . .

(Gerichtsschreiber.)

---

stehenden Urkunden vorzulegen und seine sonstigen Beweismittel unter Angabe der zu erhebenden Thatsachen zu bezeichnen. Die öffentliche Bekanntmachung hat neben den sonstigen Arten (Anheftung an die Gerichtstafel, Einrückung in den deutschen Reichsanzeiger) auch durch Anheftung an dem üblichen Orte in der Gemeinde zu geschehen, wo der Verschollene seine Heimat hat. (§ 187, 825 ZPO.) Dem Antragsteller ist eine Ausfertigung von amtswegen zuzustellen. Die Kosten des Verfahrens sind im Falle der Todeserklärung aus dem Vermögen des Verschollenen zu ersetzen. Ausf.-Ges. z. ZPO. Art. 69, 71, 103—123 mit § 82 des Hyp.-Ges. Im Aufgebotsverfahren wird $^1/_{10}$ der Gebühr (§ 8) erhoben für die Entscheidung über die Zulässigkeit des Antrags; für die Verhandlung im Aufgebotstermine, für die Endentscheidung. (§ 44 des GKG.) Art. 27 des Geb.-Ges.

Die Anheftungen an die Gerichtstafel und im Heimatsorte des Verschollenen sind obligatorisch; sie haben sich auf den ganzen Ausspruch der Todeserklärung zu erstrecken. Art. 116 AG. z. ZPO.

180. Versäumnisurteil im Wechselprozeß.

Im Namen
Seiner Majestät des Königs von Bayern.

Das k. b. Amtsgericht . . . . ., (. . . Amtsrichter . . . . .) erläßt in Sachen

. . . ., Klagepartei,

gegen

. . . ., beklagte Partei,

wegen Wechselforderung folgendes Versäumnisurteil:

Streitgegenstand: . . . . ℳ

I. Beklagte . . . . . schuldig, an die Klagepartei . . . . nebst 6 % Zinsen seit . . . . sowie die Protestkosten, Spesen und gesetzliche Provision mit . . ℳ zu bezahlen und ha . . . die Kosten des Rechtsstreites zu tragen bezw. dem Klageteil zu erstatten.

II. Dieses Urteil wird für vorläufig vollstreckbar erklärt.

AGRNr.

Verh.-Geb.	ℳ	₰
Entscheidgeb.	"	"
Schreibgeb.	"	"
Ins.	"	"
Sa.	ℳ	₰

Thatbestand: Inhaltlich der im Wechselprozesse erhobenen Klage, welche Beklagte . unter gleichzeitiger Ladung in die heutige Sitzung am . . . . . zugestellt wurde, beantragt Kläger . . auf Grund des im Original (Abschrift) vorgelegten von . . . unterm . . . an . . . ausgestellten und von letztere . angenommenen . . . . zahlbaren und laut Protesturkunde vom . . . . . . in gesetzlicher Weise mangels Zahlung (Annahme) protestierten Wechsels über . . ℳ von Beklagte . die Bezahlung der Wechselsumme nebst 6 % Zinsen hieraus seit . . . ., dann die Protestkosten, Spesen und die gesetzliche Provision.

Bei Aufruf der Sache erschien in heutiger Sitzung für Beklagte . niemand. Kläger . . . . . beantragte unter Vorlage der Urschriften der bezeichneten Urkunden Erlassung eines Versäumnisurteils im Sinne des Klagsantrags.

Entscheidungsgründe: Da Beklagte . trotz ordnungsmäßiger und rechtzeitiger Ladung in der heutigen Sitzung nicht erschien, somit der den gesetzlichen Erfordernissen entsprechende Wechsel sowie die Protesturkunde als anerkannt zu gelten haben, das klägerische Vorbringen den Klageantrag rechtfertigt und Beklagte . als sachfälliger Teil die Kosten des Rechtsstreites zu tragen ha . . ., war gemäß § 567, 296, 87, 648 Ziff. 4 ZPO. sowie Art. 4, 6, 8, 23, 51 WO. in Haupt- und Nebensache zu erkennen, wie geschehen und das Urteil für vorläufig vollstreckbar zu erklären.

Verkündet 2c.

PRNo. $\frac{41}{1895}$ B.

181. Sitzungsprotokoll beim Anerkenntnis-Urteil.

Protokoll

aufgenommen in öffentlicher Sitzung des k. Amtsgerichts Heidenheim.

Gegenwärtig:
. . Amtsrichter Hel
als Richter
Sekretariatsassistent Hoch
als k. Gerichtsschreiber.

Heidenheim, am 3. Januar 1895.

In Sachen

Auer Georg, Fabrikant in Treuchtlingen (vertr.), Klägers,

gegen

Lutz Johann, Spengler in Heidenheim, Beklagten,

wegen Darlehensforderung,

erschienen bei Aufruf der Sache:

1. . . . . Kläger . . persönlich,
2. für Beklagten Rechtsanwalt Herr von Heidenheim mit Prozeßvollmacht.

Nach Eröffnung der mündlichen Verhandlung trug Kläger . . das Sachverhältnis und den Klageantrag mündlich vor, wie er in der Klageschrift vom 16. d. Mts. enthalten ist, diese Anträge wiederholend. [Beim Landgericht: verlas der klägerische Vertreter die Klage nebst Klageantrag aus Anlage I.]

Beklagter Vertreter erkannte den geltend gemachten Anspruch an.

Kläger . . beantragte, Beklagten dem Anerkenntnisse gemäß zu verurteilen. Das Anerkenntnis und der Antrag wurden vorgelesen und genehmigt.

PRNo. $\frac{42}{1895}$ A.

Es wurde sofort anliegendes Urteil erlassen und verkündet.

./.

(L. S.) Hel. Hoch.

ZPO. § 278: 87, 88, 146 Nr. 1, 148, 281, 282, 284, 287, 648 Nr. 1. GKG. § 21, 22, 23, 101. Gebühr: $^{3}/_{10}$.

182. Anerkenntnis-End-Urteil.

Im Namen
Seiner Majestät des Königs von Bayern.

Das k. b. Amtsgericht . . . (. . . Amtsrichter . .)
erläßt in Sachen

. . . ., Klagepartei,

gegen

. . . ., beklagte Partei,

Streitgegenstand ℳ

wegen . . . . folgendes Anerkenntnisurteil.

I. Beklagte . . . schuldig, an Klagepartei die eingeklagten . . . zu zahlen und ha . . die Kosten des Rechtsstreites zu tragen bezw. dem Klageteil zu erstatten.

II. Dieses Urteil wird für vorläufig vollstreckbar erklärt.

AGRNr.

Verh.-Geb.	ℳ	₰
Entscheidgeb.	„	„
Schreibgebühr	„	„
Zus.	„	„
Sa.	ℳ	₰

Thatbestand: Inhaltlich der am . . . . . der beklagten Partei zugestellten Klage mit Ladung in die heutige Sitzung behauptet Kläger . . . . . Beklagte . schuldet ih . . . . .

Kläger . . beantragte deshalb, de . Beklagte . im Sinne der Klagsbitte zu verurteilen und das Urteil für vorläufig vollstreckbar zu erklären.

Entscheidungsgründe: In der Erwägung, daß Beklagte . die gegen . . . geltend gemachten Ansprüche zugestanden und anerkannt hat, dieselben auch die Klagsanträge voll und ganz rechtfertigen, war auf Grund der § 278, 87 und 648 Ziff. 1 ZPO. Urteil im Sinne der Klagsbitte, wie geschehen, zu erlassen und dieses Urteil für vorläufig vollstreckbar zu erklären.

PRNo. $\frac{42}{1895}$ A.

Verkündet ꝛc.

Auf Antrag des Klägers ist Beklagter dem Anerkenntnisse gemäß zu verurteilen; ohne Antrag wird nicht geurteilt. Bei der Antragstellung obliegt dem Gerichte die Prüfung, ob die von amtswegen zu beachtenden Prozeßvoraussetzungen gegeben sind; mangeln solche, so kann zur Hauptsache nicht erkannt werden. Das Anerkenntnis, welches nicht beliebig wiederrufen werden kann, behält für die höhere Instanz seine Kraft.

183. Protokoll bei Urteilsverkündung.

Protokoll

aufgenommen in öffentlicher Sitzung des k. Amtsgerichte Ellingen.

Ellingen, am 6. Februar 1896.

Gegenwärtig:
Amtsrichter Hel
als Richter,
Sekretär Herr
als Gerichtsschreiber.

In Sachen
Huber Mathias, Metzger in Treuchtlingen, Kläger . .,
gegen
Windisch Rosa, Krämerswitwe in Ellingen, Beklagte .,
wegen Forderung,
erschienen bei Aufruf der Sache:

1. . . Kläger in Person mit Rechtsanwalt Schott von Ellingen,
2. . . Beklagte in Person.

Auf Grund der in der Sitzung vom 29. Januar c. gepflogenen Verhandlung, in welcher die Sache zur Verkündung des Urteils auf heute vertagt worden ist, wurde heute das diesem Protokoll beigelegte Urteil durch Vorlesung der Urteilsformel mit Entscheidungsgründen verkündet.

PRNo. $\frac{400}{1895}$ A.

(L. S.) Hel. Herr.

ZPO. § 281, 282, 283, 286. Die Verkündung des Urteils erfolgt in dem Termin, in welchem die mündliche Verhandlung geschlossen wird, oder in einem sofort anzuberaumenden Termine, welcher nicht über 1 Woche hinaus angesetzt werden soll. Die Urteilsverkündung erfolgt durch Vorlesung der Urteilsformel. Versäumnisurteile können verkündet werden, auch wenn die Urteilsformel noch nicht schriftlich abgefaßt ist. Wird die Verkündung der Entscheidungsgründe für angemessen erachtet, so erfolgt sie durch Verlesung der Gründe oder durch mündliche Mitteilung des wesentlichen Inhalts. Die Anwesenheit der Parteien bei der Urteilsverkündung ist nicht notwendig. Ein bei Verkündung noch nicht vollständig abgefaßtes Urteil ist innerhalb 1 Woche in vollständiger Abfassung dem Gerichtsschreiber zu übergeben, welcher hierauf die Verkündung vermerkt.

ZPO. § 568 mit 592. Die vom Staatsanwalte gestellten Anträge sind ins Protokoll aufzunehmen. conf. § 257—259, 320 ff., 323—326, 426, 558 ZPO. über Beweisbeschlüsse.

184. Verhandlung in Ehesachen. (Beweisbeschluß.)

Protokoll

aufgenommen in öffentl. Sitzung der I. Zivilkammer des k. Landgerichts Eichstätt.

Gegenwärtig:
Landgerichtspräsident Herz,
als Vorsitzender,
Landgerichtsrat Huber
Landgerichtsrat Meier,
als beis. Richter,
II. Staatsanwalt Ernst,
als Vertr. der Staatsanw.
Sekretär Zoller,
als Gerichtsschreiber.

Eichstätt, am 10. Februar 1896.

In Ehesachen:

Huber Fritz, Maurer von Pappenheim, Kläger .., vertreten von Rechtsanwalt Fischer von Eichstätt,

gegen

Huber Barbara, geb. Engl, dessen Ehefrau, Beklagte .,

wegen Ehescheidung,

erschienen auf Aufruf der Sache:

1. ... Kläger .. in Person mit Rechtsanwalt Fischer.
2. für Beklagte . deren Rechtsanwalt Busch.

Der klägerische Prozeßbevollmächtigte beantragte, die Oeffentlichkeit auszuschließen.

Nach Verhandlung hierüber in nicht öffentlicher Sitzung wurde sofort folgender Beschluß erlassen und verkündet:

Die Oeffentlichkeit wird ausgeschlossen.

Dieser Beschluß wurde durch Räumung des Sitzungssaales ausgeführt.

Der klägerische Vertreter trug sodann die Klage mündlich vor; der Prozeßbevollmächtigte der Beklagten widersprach das klägerische Vorbringen. Nach kontradiktorischer Verhandlung wurde folgender

Beweisbeschluß

erlassen und verkündet:

I. Es soll Beweis erhoben werden

A. über die Behauptung des Klägers:

„daß die Beklagte nachts mit Mannspersonen in verschiedenen Gasthäusern umherzieht,"

durch die Zeugen:

a) Gastwirt Jos. Voll in Pappenheim;

b) Krämer Joh. Kerl daselbst.

B. über die Behauptung der Beklagten:

„Kläger habe Beklagte oftmals mißhandelt und ihr den Einlaß in die Wohnung verwehrt,"

durch die Zeugin:

Rosa Lieb, Näherin in Pappenheim.

II. Zur Vernehmung der Zeugen und weiteren Verhandlung wird Termin auf

Montag, den 9. März 1896,
vormittags 10 Uhr,

im Sitzungssaale Nr. 31 dahier anberaumt.

PRNo. 40/1896 E.

Seitens der Staatsanwaltschaft wurden Anträge nicht gestellt.

(L. S.) Herz. Zoller.

185. Vergleich.

Protokoll

aufgenommen in öffentlicher Sitzung der II. Zivilkammer des k. Landgerichts Eichstätt.

Eichstätt, am 15. Februar 1896.

Gegenwärtig:
Landgerichtsdirektor Hack,
als Vorsitzender,
Landgerichtsrat Zaske,
Landgerichtsrat Herr,
als beis. Richter,
Rpr. Huber,
als f. Gerichtsschreiber.

In Sachen

Weinberg Xaver, Händler in Solnhofen, Kläger . .,
vertreten von Rechtsanwalt Fischer in Eichstätt,
gegen
Oster Martin, Kaufmann in Eichstätt, Beklagten,
vertreten von Rechtsanwalt König in Eichstätt,
wegen Forderung,

erschienen bei Aufruf der Sache:

a) der klägerische Prozeßbevollmächtigte,
b) für den Prozeßbevollmächtigten des Beklagten, Rechtsanwalt Prinz mit Substitutorium von heute.

Nach kontradiktorischer Verhandlung wurde zwischen den Parteien folgender

Vergleich

geschlossen.

I. Beklagter zahlt an Kläger . . 400 ℳ (vierhundert Mark) Hauptsache.

II. Kläger . . verzichtet auf den eingeklagten Mehrbetrag.

III. Die Zahlung der 400 ℳ erfolgt in monatlichen Raten jeweils am 1. eines jeden Monats, während die erste Rate am 1. März l. Js. getilgt wird; bei Nichteinhaltung einer Ratenzahlung ist der jeweils noch vorhandene Restbetrag sofort zur Zahlung fällig.

IV. Der Beklagte trägt sämtliche Kosten. (Die Kosten werden je zur Hälfte getragen. — Jeder Teil trägt seine Kosten.)

Doch soll dieser Vergleich nur dann verbindlich sein, wenn Beklagter ihn nicht binnen acht Tagen durch eine Erklärung zu den Akten widerruft.

Der Vergleich wurde vorgelesen und genehmigt.

PRNo. $\frac{401}{1896}$ G.

(L. S.) Hack. Huber.

Vergleiche ZPO. § 77, 79, 93, 471, 702 Ziff. 2 GKG. § 21, 22, 23, 41, 101. Im allgemeinen $^3/_{10}$ Gebühr. RAGO. § 13 Abs. 1. Nr. 3, 18.

186. Leistung des durch bedingtes Endurteil auferlegten Eides.

Protokoll

aufgenommen in öffentlicher Sitzung der II. Kammer für Handelssachen des k. Landgerichts Augsburg.

Gegenwärtig:
Landgerichtsrat Merz,
als Vorsitzender,
Handelsrichter Merl,
Handelsrichter Kern,
als beis. Richter,
Sekretär Wieser,
als Gerichtsschreiber.

Augsburg, am 22. Februar 1896.

In Sachen

Blum Georg, Kaufmann in Friedberg, Kläger . .,
vertreten durch RA. Fest in Augsburg,
gegen
Rost Ignaz, Kaufmann in Augsburg, Beklagten,
vertreten durch Rechtsanwalt Schnorr in Augsburg,
wegen Warenforderung,

erschienen auf Aufruf der Sache:

1. . . . Kläger in Person mit seinem Prozeßbevollmächtigten, Rechtsanwaltes Fest,
2. für Beklagten, Rechtsanwalt Schnorr daselbst.

Es wurde dargethan, daß der heutige Termin zur Ableistung des nach dem bedingten Endurteil vom 8. Januar c. durch den Kläger zu leistenden Eides bestimmt und besagtes Urteil laut Zustellungsurkunde des GV. Fischl von Augsburg vom 10. d. Mts. (Empfangsbescheinigung des Rechtsanwalts Schnorr) nebst Bestätigung des Gerichtsschreibers des k. Oberlandesgerichts Augsburg vom 12. ds. Mts. rechtskräftig sei.

Kläger wurde sodann auf die Bedeutung des Eides und die Folgen hingewiesen.

PRNo. $\frac{406}{1895}$ G.

a) Derselbe leistete hierauf den durch das

bezeichnete Urteil auferlegten Eid in vorschriftsmäßiger Weise ab.

b) Derselbe verweigerte die Leistung des durch das bezeichnete Urteil auferlegten Eides.

(Raum für die Eidesnorm.)

Der Anwalt des Klägers beantragte, den Eintritt der Folge der Verweigerung des Eides nunmehr durch Endurteil auszusprechen.

Die Anwälte verhandelten über diese Anträge.

Es wurde sofort anliegendes Urteil erlassen und durch Vorlesung der Urteilsformel verkündet.

(L. S.) Merz. Wieser.

Jedes Geständnis ist, da die Eidesleistung zur Aufnahme des Beweises gehört, im Protokolle festzustellen. ZPO. § 427, 648 Ziff. 2 ff. Die Erlassung des Eides seitens des Gegners hat dieselbe Wirkung wie die Leistung des Eides.

Das Urteil, das den Eintritt der Folge der Leistung oder der Nichtleistung des Eides ausspricht (Purifikations-, Läuterungsurteil), kann erst nach mündlicher Verhandlung erlassen werden. Ist die Eidesleistung vor dem Prozeßgerichte erfolgt, so reiht sich die mündliche Verhandlung unmittelbar an (§ 335 Abs. 1); andernfalls ist von amtswegen ein Termin zur mündlichen Verhandlung zu bestimmen und den Parteien bekannt zu geben; für die nachfolgende Verhandlung gilt die Vorschrift des § 258; dabei kommt es darauf an, ob der Eid richtig, ob ganz oder teilweise geleistet, ob verweigert, ferner, welche der im bedingten Urteile festgestellten Folgen zu realisieren ist. Das Purifikationsurteil ist auch ohne Antrag für vorläufig vollstreckbar zu erklären. (648 Nr. 2.) Wegen der Gebühren GKG. § 24, GO. f. RA. § 13 Nr. 4, 17, 21, 29, 45.

187. Läuterungsurteil.

Im Namen
Seiner Majestät des Königs von Bayern.

Das k. b. Landgericht . . . .
erläßt in öffentlicher Sitzung der Handelskammer, unter Mitwirkung des k. . . . . . als Vorsitzenden und der Handelsrichter . . . . . und . . . . als Beisitzer

in Sachen

. . . . . . vertreten . . . . . . vertreten .

wegen . . . . folgendes Urteil:

Streitgegenstand ℳ .

I. Beklagte . wird . . verurteilt, an Kläger . . . . ℳ (m. W.) nebst . % Zinsen seit . . . zu zahlen und ha . . die Kosten des Rechtsstreits zu tragen bezw. zu erstatten.

II. Dieses Urteil wird für vorläufig vollstreckbar erklärt.

Thatbestand und Gründe.

Gebührenberechnung .

Nachdem das bedingte Endurteil vom . . . . rechtskräftig geworden ist, ha . Beklagter (Kläger) den durch dasselbe ih . auferlegten Eid geleistet, verweigert, de . . . . die Leistung des Eides.

Kläger (Beklagter) ha . beantragt, den Eintritt der Folgen der Verweigerung 2c. de . Eide . (der Eidesleistung) durch Endurteil auszusprechen.

Dem Antrage de . Kläger . . (Beklagten) war daher nach § 427 Abs. 2 ZPO. stattzugeben und das Urteil gemäß § 648 Nr. 2 l. c. für vorläufig vollstreckbar zu erklären.

Unterschriften.

PRNo. 189

Verkündet 2c.

Das Urteil zu Nr. 188 lautet: „In Sachen 2c. folgendes Urteil: Der durch Beweisbeschluß vom . . . angeordnete Eid ist als verweigert anzusehen; in der Erwägung, daß Kläger im Termin zur Leistung des ihm auferlegten Eides am . . . . nicht erschienen und Beklagter Versäumnisurteil beantragt hat, 2c. gemäß § 430 ZPO. conf. § 427, 648 Nr. 2 ZPO."

188. Eidesversäumnis-Urteil.

Protokoll

aufgenommen in öffentlicher Sitzung der I. Zivilkammer des k. Oberlandesgerichts München.

München, am 1. März 1896.

Gegenwärtig:
Senatspräsident Bram,
als Vorsitzender,
Die Oberlandesgerichtsräte
Schuß.
Kalb.
Ernst.
Hirsch
als beis. Richter,
Obersekretär Franz
als Gerichts=schreiber.

In Sachen

Zalin Gottlob, Hotelbesitzer in Rosenheim, Kläger .. und Berufungskläger .., vertreten von RA. Gerstner in München,

gegen

Mühl Fritz, Privatier in Rosenheim, Beklagten und Berufungsbeklagten, vertreten von RA. Guß in München

wegen Entschädigung,

erschien .. bei Aufruf der Sache:

1. für Berufungskläger niemand,
2. für Berufungsbeklagten Rechtsanwalt Sigl I mit Substitutorium vom 27. v. Mts.

Es wurde dargethan, daß der heutige Termin zur Leistung des nach (Beschluß) bedingtem Endurteile des k. Landgerichts Traunstein vom 20. Dezember 1895 durch den Berufungskläger .. abzuleistenden Eides bestimmt sei und daß besagtes Urteil (nach Zurückweisung der Berufung) laut Zustellungsurkunde vom 31. Januar 1896 sowie Bestätigung des Gerichtsschreibers des k. Obersten Landesgerichts vom 15. Februar c. rechtskräftig sei.

Der schwurpflichtige Berufungskläger war nicht erschienen. Der prozeßbevollmächtigte Anwalt des Berufungsbeklagten beantragte die Erlassung des Versäumnisurteils.

PRNo. $\frac{408}{1895}$ A.

Der Antrag wurde vorgelesen und genehmigt. Diesem Antrage entsprechend wurde sofort anliegendes Versäumnisurteil erlassen und durch Vorlesung der Urteilsformel verkündet.

(L. S.) Bram. Franz.

189. Ladung zur Eidesleistung auf Grund Urteils.

Gerichtsschreiberei
des k. Amtsgerichts
Augsburg.

Augsburg, am 18. Januar 1886.

In Sachen

Blum Georg, Kaufmann in Friedberg, Kläger,

gegen

Rost Ignaz, Krämer in Augsburg, Beklagten,

wegen Forderung,

erscheint Kläger und erklärt:

Termin zur Eidesleistung und weiteren Verhandlung wird auf .... 189 . früh 10 Uhr im Sitzungszimmer Nr. .. dahier bestimmt.

Nachdem das Urteil des k. Amts-Gerichts Augsburg vom 8. Dezember 1895, durch welches mir ein Eid auferlegt wurde, die Rechtskraft beschritten hat, erbiete ich mich, diesen Eid in dem anzuberaumenden Termine zu leisten.

Ich lade deshalb den Beklagten zu Eidesleistung und zur mündlichen Verhandlung über den Antrag auf Läuterung des Urteils vor das k. Amtsgericht Augsburg zu dem von diesem zu bestimmenden und oben beigesetzten Termine.

./.

Zugleich übergebe ich das obengenannte Urteil mit Zustellungsnachweis sowie Bestätigung des Gerichtsschreibers des k. Landgerichts Augsburg vom 15. Januar c., daß innerhalb der Berufungsfrist ein Schriftsatz zum Zwecke der Terminsbestimmung nicht eingereicht wurde, und werde am Termine beantragen:

Das Urteil für den Schwörungsfall zu läutern.

PRNo. $\frac{40}{1896}$ A.

Vorgelesen, genehmigt, unterzeichnet:
Georg Blum.

Kraus, k. Sekretär.

Auf die Leistung eines Eides ist durch bedingtes Endurteil zu erkennen. Die Eidesleistung erfolgt erst nach Eintritt der Rechtskraft des Urteils (425). Im bedingten Urteile ist die Eidesnorm und die Folge sowohl der Leistung als der Nichtleistung des Eides so genau, als die Lage der Sache dies gestattet, festzustellen (427). Der Eintritt dieser Folge wird durch Endurteil ausgesprochen.

190. Protokoll bei Verhandlung, Beweisaufnahme, Eidesleistung.

Protokoll

aufgenommen in öffentlicher Sitzung des k. Amtsgerichts.

Gegenwärtig:
Amtsrichter Rup,
als Richter,
Sekretär Bora,
als Gerichtsschreiber.

Ellingen, am 10. Februar 1896.

In Sachen

Huber Mathias, Metzger in Treuchtlingen, Kläger . .,

gegen

Wind Joseph, Krämer in Ellingen, Beklagten,

wegen Forderung,

erschienen bei Aufruf der Sache:

beide Streitsteile in Person;

sowie die nachbenannten namentlich aufgeführten Zeugen (Sachverständige.)

Die letzteren wurden sodann über die Bedeutung des Eides, die strafrechtlichen Folgen des Meineides geeignet belehrt und in Abwesenheit der später zu hörenden Zeugen einzeln vorgerufen und vernommen wie folgt:

I. Zeuge, nach Leistung des Zeugeneides:

Joseph Albrecht, 80 Jahre alt, katholisch, verh. Metzgermeister von Treuchtlingen, nicht verwandt, die übrigen Fragen verneinend.

Zur Sache;

Ich habe am 20. Dezember v. Js. selbst auf Ersuchen des Klägers 2 Zentner Rindfett nach Ellingen in seine Wohnung gefahren; ich vermag jedoch nicht anzugeben, ob diese 2 Zentner Fett dieselben sind, welche den Klagegegenstand bilden, oder ob sie nicht mit einer früheren Lieferung identisch sind; ꝛc.

Vorgelesen, genehmigt.

Dem Zeugen wurden auf Verlangen 3 ℳ Zeug.-Geb. angewiesen.

u. s. w.

Die Parteien verhandelten kontradiktorisch.

PRNo. $\frac{200}{1895}$ A.

Es wurde folgender Eid für den Kläger normiert:

„Ich schwöre bei Gott dem Allmächtigen und Allwissenden, daß es (nicht) wahr ist, daß rc. . . . . . . so wahr mir Gott helfe."

Nachdem die Parteien über die Norm und Erheblichkeit des Eides einverstanden waren und Kläger sich zur Leistung des Eides sofort bereit erklärte, wurde dem Kläger nach vorheriger Eidesbelehrung auch sofort der Eid in besagter Form abgenommen.

. . Es wurde sodann anliegendes Urteil erlassen und durch Verlesung der Urteilsformel verkündet.

(L. S.) Rup. Bora.

ZPO. § 257, 320, 323, 424 f., 294. Beweisaufnahme durch beauftragten oder ersuchten Richter § 320, 337, 340, 370, 399, 441; im Auslande § 328, 329, 334. Eidesannahme: § 270, 417, 418, 423, 470, 495. Eidesformel: 443 f. Eidesnorm: 324 Ziff. 4; 427. Eidesleistung: 425, 440. In gleicher Weise verhält es sich auch, wenn die Beweisaufnahme in der Berufungsinstanz stattfindet; z. B.: „Der Berufungskläger wurde auf die Bedeutung des Eides hingewiesen und leistete den ihm im Beweisbeschlusse vom . . . . auferlegten Eid vorschriftsmäßig (§ 440 f.) ab. Der Anwalt des Berufungsklägers verlas den Antrag aus der Berufungsschrift und aus dem Schriftsatze vom . . . . Die Anwälte verhandelten sodann zur Sache. Es wurde hierauf folgender Beweisbeschluß verkündet: Auf Antrag des Klägers soll ferner durch sachverständige Untersuchung festgestellt werden, ob rc.; auf Antrag des Beklagten soll durch Einnahme richterlichen Augenscheins und Vernehmung von . . . festgestellt werden, ob rc. Mit der Beweisaufnahme (welche an Ort und Stelle zu bethätigen ist) wird der k. Oberlandesgerichtsrat . . . beauftragt. Termin zur Beweisaufnahme rc. anberaumt."

191. Klage auf Benennung eines Schiedsrichters.

Gerichtsschreiberei des k. Amtsgerichts Dahn.

Dahn, am 30. März 1896.

Es erscheint

Sieber Adolf, Kaufmann in Dahn als Kläger ..,

und bringt gegen

Levi Salomon, Kaufmann daselbst, als Beklagten,

wegen Ernennung eines Schiedsrichters folgende Klage an:

Streitgegenst. 270 ℳ

Wird Verhandlungstermin auf .... 189 .... im Sitzungszimmer: dahier anberaumt.

Unterm 1 Januar 1890 habe ich mit Beklagtem einen Engagements-Vertrag abgeschlossen und wurde in Ziffer 10 des genannten Vertrages ausdrücklich bestimmt, daß alle etwa sich ergebenden Streitigkeiten aus dem Gesellschafts- (Dienst-) Verhältnisse durch ein Schiedsgericht entschieden werden sollen. Ueber die Bildung des Schiedsgerichts wurde bestimmt, daß dasselbe aus dem Kaufmann Wilhelm dahier als Obmann und 2 anderen Kaufleuten bestehen soll (nichts bestimmt, weshalb nach § 854 ZPO. jeder von uns einen Schiedsrichter zu bestellen hat). Beklagter schuldet mir 270 ℳ nachträgliche Geschäftseinlage.

Ich habe meinerseits den Kaufmann Gerold in Dahn als Schiedsrichter bezeichnet und dem Beklagten hievon unter der Aufforderung Mitteilung gemacht, innerhalb der gesetzlichen einwöchigen Frist auch seinerseits einen Schiedsrichter zu benennen.

Vertrag, Aufforderungsschreiben mit Zustellungsurkunde werden am Termine vorgelegt.

Beklagter hat bisher einen Schiedsrichter nicht ernannt. Ich lade daher Beklagten zur mündlichen Verhandlung des Rechtsstreits vor das k. Amtsgericht Dahn zu dem von diesem zu bestimmenden, oben beigesetzten

PRNo. 600/1896 A.

Termin, an welchem ich gemäß § 855 ZPO. beantragen werde:

„Kgl. Amtsgericht wolle einen (zweiten) Schiedsrichter, als welchen ich den X. X. hiermit vorschlage, zur Entscheidung des zwischen mir und dem Beklagten schwebenden Rechtsstreites ernennen und das Urteil wegen der Kosten für vorläufig vollstreckbar erklären."

Beweismittel: Die angeführten Urkunden.

Vorgelesen, genehmigt, unterzeichnet:

Adolf Sieber.

Kohl, k. Sekretär.

ZPO. § 851 mit 872 b. Ausf.-Ges. Art. 12 mit 14.

Gebühr: $^5/_{10}$ der Geb. (§ 18—24) für die Ernennung oder Ablehnung eines Schiedsrichters, das Erlöschen eines Schiedsvertrags, die Unzulässigkeit des schiedsrichterlichen Verfahrens oder die Aufhebung eines Schiedsspruchs. § 26 Ziff. 10 GKG. Die vorherige Aufforderung (§ 855) würde lauten: „Im Vertrage vom .... haben wir gegenseitig bestimmt, daß alle aus diesem Verhältnis entstehenden Streitigkeiten unter Ausschluß des ordentlichen Gerichts schiedsgerichtlich zu erledigen sind; behufs Stellung der Klage teile ich Ihnen mit, daß ich den X als Schiedsrichter bestellt, und fordere Sie auf, innerhalb 1 Woche Ihren Schiedsrichter zu bezeichnen."

Um weitläufige Prozesse zu vermeiden, ist es den Parteien gestattet, durch Vereinbarung, den Rechtsstreit statt vor den ordentlichen Gerichten von einem oder mehreren Schiedsrichtern zur Entscheidung bringen zu lassen. Die Praxis lehrt jedoch, daß von dieser Einrichtung höchst selten Gebrauch gemacht wird. Ist über die Ernennung des Schiedsrichters nichts bestimmt, hat jede Partei einen Schiedsrichter zu ernennen, weigert sich eine Partei, so wird bei fruchtloser Aufforderung nach einwöchiger Frist Klage zum zuständigen Gericht erhoben, worauf das Gericht den Schiedsrichter ernennt. Das Schiedsgericht muß die Parteien hören und das Sachverhältnis ermitteln, Beeidigungen erfolgen durch das Gericht. Der Schiedsspruch wird vom Schiedsgericht mit absoluter Stimmenmehrheit gefaßt und hat nach Erfüllung der Formalitäten die Wirkung eines rechtskräftigen gerichtlichen Urteils; die Zwangsvollstreckung kann jedoch erst erfolgen, wenn das ordentliche Gericht bezüglich des Schiedsspruches das Vollstreckungsurteil erlassen

192. Schiedsspruch.

In Sachen 2c.
wegen ...... wird folgender Schiedsspruch erlassen:

I. Beklagter wird verurteilt, an Kläger .... zu zahlen;

II. Beklagter hat die Kosten, welche durch die Beweisaufnahme entstanden sind, inkl. der dem Schiedsgericht erwachsenen Barauslagen zu tragen bezw. zu erstatten.

Die Parteien haben unterm ..... einen schriftlichen Vertrag geschlossen und wurde in diesem Vertrage ausdrücklich vereinbart, daß alle aus dem ..... Verhältnis sich ergebenden Streitigkeiten der Parteien unter Ausschluß des ordentlichen Rechtswegs einem Schiedsgericht zu unterbreiten sind.

Kläger hat nun ...... beansprucht und zur Entscheidung über den Streit den ... als Schiedsrichter bestimmt, während Beklagter trotz Aufforderung die Benennung eines solchen unterließ. Vom zuständigen Amtsgericht ... erfolgte sodann die Ernennung des Schiedsrichters .... Die Parteien wurden von dem Schiedsgericht schriftlich und mündlich gehört. Beklagter wendete ein, ... Kläger hat den ihm auferlegten Eid angenommen und vor dem k. Amtsgericht ....., welches um die Abnahme des Eides ersucht wurde, abgeleistet, worauf das unterfertigte Schiedsgericht, wie geschehen, erkannte.

Datum und Unterschriften der Schiedsrichter.

(§ 864, 865 ZPO.)

---

hat, um dessen Erlangung Kläger neuerliche Klage beim ordentlichen Gerichte zu stellen hat. Das Protokoll bei Niederlegung des Schiedsspruchs (§ 865) würde lauten: „Erscheint X und übergibt in dem schiedsrichterlichen Verfahren X gegen Y wegen .... Ausfertigung des Schiedsspruches vom ... nebst Zustellungsurkunden des k. GV. ....., ausweislich deren jeder Partei je Ausfertigung dieses Schiedsspruchs zugestellt wurde." Niederlegung des Schiedsspruchs kostenfrei. GKG. § 47.

Gebühr: $^5/_{10}$ der (§ 18—24) über Einwendungen gegen die Zulassung der Zwangsvollstreckung aus einem Schiedsspruche. § 26 Ziff. 8 GKG.

193. Klage um Vollstreckungsurteil zum Schiedsspruch.

Gerichtsschreiberei des k. Amtsgerichts Dahn.

Dahn, am 31. Mai 1896.

Es erscheint

Sieber Adolf, Kaufmann in Dahn, als Kläger . . ,

und bringt gegen

Levi Salomon, Kaufmann daselbst, als Beklagten,

wegen Erlassung des Vollstreckungsurteils zum Schiedsspruch folgende Klage an:

Streitgegenstd. 270 ℳ.

Wird Verhandlungstermin auf . . . . im Sitzungszimmer Nr. dahier anberaumt.

Im schiedsrichterlichen Verfahren zwischen mir und Beklagten wegen Zahlung von 270 ℳ hat das Schiedsgericht bestehend aus den Kaufleuten Wilhelm, Gerold und Huber von Dahn, nach Einvernahme beider Streitsteile am 15. April c. folgendes Urteil erlassen:

„Beklagter wird verurteilt, an Kläger 270 ℳ Hauptsache nebst 5 % Zinsen hieraus seit 1. November 1894 an zu bezahlen, sowie die durch die Beweisaufnahme erwachsenen und weiteren notwendigen Barauslagen des Schiedsgerichts im festgesetzten Betrage von 20 ℳ zu erstatten."

Dieser Schiedsspruch, den ich in Abschrift beilege, ist seitens des Schiedsgerichts beiden Streitsteilen zugestellt worden und wurde Ausfertigung desselben mit Zustellungsurkunden bei hiesiger Gerichtsschreiberei hinterlegt.

Zur mündlichen Verhandlung des Rechtsstreits lade ich Beklagten vor das k. Amtsgericht Dahn zu dem von diesem zu bestimmenden, oben beigesetzten Termine, an dem ich gemäß § 868 ZPO. beantragen werde:

I. Die Zulässigkeit der Zwangsvollstreckung aus dem Schiedsspruch vom 15. April 1896 durch Urteil auszusprechen.

II. Beklagtem die Prozeßkosten aufzuerlegen.

III. Das Urteil für vorläufig vollstreckbar zu erklären.

Beweismittel: Die angegebenen Urkunden.

Vorgelesen, genehmigt, unterzeichnet:

Adolf Sieber.

Kohl, k. Sekretär.

PRNo. $\frac{700}{1896}$ A.

194. Klage bei dem Gewerbegericht.

Gerichtsschreiberei des Gewerbegerichts München.

München, am 1. April 1896.

Es erscheint vor dem Gerichtsschreiber

Huber Eugen, großj. Metzgergeselle in München, Louisenstr. 6/0

und bringt gegen

Uhl Heinrich, Metzgermeister daselbst, Promenadestr. 15 0,

Streitgegenstand: ℳ

nachstehende Klage an:

Termin: wird auf .... dahier anberaumt. .... 189 . Der Vorsitzende.

Ich war . bei dem Beklagten vom 1. Januar 1896 bis 1. April 1896 als Metzgergeselle gegen einen Monats-Lohn von 30 ℳ freie Verpflegung, täglich 1 Liter Bier und unentgeltliche Wohnung beschäftigt und wurde . am 31. März c. ohne daß einer der in § 123 der RGO. aufgeführten Gründe vorlag, ohne Kündigung plötzlich entlassen.

Ich sträubte mich gegen diese grundlose sofortige Entlassung, Beklagter erklärte mir jedoch, ich hätte sofort sein Haus zu verlassen.

Da aber mangels einer besonderen Vereinbarung über Kündigung die gesetzliche Kündigungsfrist des § 122 der RGO. zur Anwendung kommt und Beklagter durch Nichteinhaltung derselben vertragsbrüchig geworden, sowie zum Ersatz des mir dadurch entstandenen Schadens, bezw. Verdienstentganges verpflichtet ist, so beanspruche . ich für mich eine Entschädigung von 30 ℳ Monatslohn; 1.50 ℳ täglich für Kost und Bier; sowie 8 ℳ Monatsbetrag für eine Schlafstelle, in Sa. 83 ℳ.

Vom Termin Kenntnis erhalten ....

Beklagter, welcher mich in der wegwerfendsten Weise behandelte, war in Güte zu einer Entschädigungsleistung nicht zu bewegen.

Ich stelle . daher den Antrag, Beklagten zur Zahlung von 83 ℳ Hauptsache als Entschädigung für plötzliche Dienstentlassung, sowie in die

PRNo. $\frac{1}{1896}$.

Streitskosten zu verurteilen; das Urteil für vorläufig vollstreckbar zu erklären.

Beklagten lade ich zur mündlichen Verhandlung des Rechtsstreites vor das Gewerbegericht München zu dem von diesem zu bestimmenden Termine und bitte um Bethätigung der Ladung.

Vorgelesen, genehmigt, unterzeichnet:

Eugen Huber.

Herr, Gerichtsschreiber.

Im allgemeinen unterscheiden sich die Anträge und Protokolle bei den Gewerbegerichten nicht von denen im gewöhnlichen Prozeßverfahren bei den Amtsgerichten; es würde auch zu weit führen, auf alle Details einzugehen; man beschränkte sich daher auf die folgenden einzelnen besonderen Umstände.

Die Gewerbegerichte sind, gleichviel, wie hoch der Wert des Streitgegenstandes ist, zuständig für alle Streitigkeiten:

a. über Antritt, Fortsetzung und Auflösung eines Arbeitsverhältnisses, sowie über Aushändigung oder Inhalt des Arbeitsbuches oder Zeugnisses;
b. über Leistungen und Entschädigungsansprüche aus dem Arbeitsverhältnisse;
c. über Berechnung und Anrechnung der von den Arbeitern zu zahlenden Krankenkassenbeiträge;
d. über Ansprüche, welche die Arbeiter desselben Arbeitgebers auf Grund der Uebernahme einer gemeinsamen Arbeit gegen einander erheben.

Die ordentlichen Gerichte, also besonders die Amtsgerichte sind über diese Streitigkeiten nicht zuständig.

Die Gewerbegerichte werden durch einen Vorsitzenden und mindestens 4 Beisitzern gebildet; letztere müssen je zur Hälfte aus Arbeitgebern und Arbeitern zusammengesetzt sein und werden gewählt. Ihr Amt ist ein Ehrenamt. Die Verhandlung und Entscheidung der Gewerbegerichte geschieht der Regel nach in der Besetzung von 3 Mitgliedern, einschließlich des Vorsitzenden.

Dasjenige Gewerbegericht ist zuständig, in dessen Bezirk die streitige Verpflichtung zu erfüllen ist.

195. Antrag auf Bestellung eines gesetzlichen Vertreters.

Gerichtsschreiberei des k. Amtsgerichts München.

München, am 10. April 1896.

In Sachen

Uhl Heinrich, Metzgermeister in München, Klägers,

gegen

Huber Eugen, Metzgergehilfe, daselbst, Beklagten,

wegen einseitiger Auflösung des Dienstverhältnisses,

erscheint vor dem Gerichtsschreiber Beklagter und erklärt:

Inhaltlich der mir am 8. April l. Js. zugestellten Klage hat Kläger den Rückkehr in den Dienst gefordert; ich habe wegen schlechter Behandlung und Verköstigung mit Einwilligung der Ehefrau des Klägers ohne Kündigung den Dienst plötzlich verlassen 2c.

Ich beantrage nun, da ich minderjährig bin und mein gesetzlicher Vertreter, mein Vater, in Mainz wohnt, mir bis zum Eintritt desselben einen Vertreter zu bestellen, als welchen ich den Gastwirt Georg Ertl dahier, Hotterstr. 60, in Vorschlag bringe.

Verfügung:

Zum Vertreter de . nicht prozeßfähigen Beklagten wird .... bestellt.

Diese . ist zum Termin zu laden.

Der Vorsitzende.

Vorgelesen, genehmigt, unterzeichnet:

Eugen Huber.

Herr, Gerichtsschreiber.

PRNo. $\frac{1}{1896}$.

NB. Dieser Antrag auf Bestellung eines gesetzlichen Vertreters ist auch zu berücksichtigen, wenn der Kläger minderjährig ist; in diesem Falle empfiehlt es sich jedoch, diesen Antrag sofort am Schlusse der Klage beizufügen.

Die Gebühr für die Verhandlung eines Rechtsstreits vor dem Gewerbegericht wird nur einmal erhoben. Sie beträgt

in Streitigkeiten im Werte bis 20 ℳ einschließlich	1 ℳ
von mehr als 20 ℳ — 50 ℳ inkl.	1 „
von mehr als 50 ℳ — 100 ℳ inkl.	3 „

196. Vergleichs-Protokoll.

Protokoll

aufgenommen in öffentlicher Sitzung des Gewerbegerichts München.

Gegenwärtig:
1. Rechtsrat Muzer, als Vorsitzender,
2. a) Joseph Huber,
   b) Erich Welk,
   c) Michael Fischer,
   d) Johann Dobler

als Beisitzer, welche laut gesonderten Protokolles vom 2. Januar 1896 den vorgeschriebenen Eid gemäß § 17 der Ausführungsbestimmungen als Beisitzer geleistet haben.

3. Offiziant Kager, als Gerichtsschreiber.

PRNo. $\frac{1}{1896}$ A.

München, am 10. April 1896.

In Sachen

Huber Eugen, Metzgergeselle in München, Kläger . .,

gegen

Uhl Heinrich, Metzgermeister daselbst, Beklagten,

wegen Lohnentschädigung,

erschienen auf den Aufruf der Sache:

Kläger in Person,

für Beklagten, dessen Ehefrau Marie Uhl mit Vollmacht,

dieselben einigten sich nach verhandelter Sache zu folgendem Vergleiche:

Beklagter bezahlt an Kläger . . sofort eine Vergleichssumme von 60 ℳ – m. W. sechzig Mark –, womit dieser sich zufrieden erklärt und alle weiteren Ansprüche beglichen sein sollen.

Vorgelesen und genehmigt.

Der Vorsitzende: Muzer.

Gerichtsschreiber: Kager.

. . . .

Die ferneren Wertklassen steigen um je 3 ℳ;
beim Hundert also von 100—200 ℳ inkl. 6 ℳ.

Die höchste Gebühr beträgt 30 ℳ. Ueberall, wo ein Rechtsstreit durch Vergleich erledigt wird, wird keine Gebühr, wo er durch Versäumnis- und Anerkenntnisurteil oder Klagezurücknahme erledigt wird, die Hälfte obiger Ansätze erhoben. Es werden weder Schreibgebühren noch Barauslagen für Zustellungen erhoben.

197. Beeidigungsprotokoll für die Beisitzer.

Protokoll

über die Beeidigung der Beisitzer des Gewerbegerichts,
geführt
in der öffentlichen Sitzung des Gewerbegerichts München,
am 10. Januar 1896.

Gegenwärtig:
Der Vorsitzende:
Rechtsrat Muzer,
der Gerichtsschreiber:
Kager.

In der heutigen Sitzung wurden die für dieselbe ausgelosten, in der Wahlperiode 1895/6 zum ersten Male zur Dienstleistung einberufenen Beisitzer:

1. Joseph Huber, Schmiedmeister in München,
2. Erich Welk, Schneidermeister in München,
3. Michael Fischer, Spenglergehilfe in München,
4. Johann Dobler, Uhrmachergehilfe in München,

nach Maßgabe der § 16 und 17 der Ausführungsbestimmungen für das Gewerbegericht beeidigt.

Der Vorsitzende:
Muzer.

Der Gerichtsschreiber:
Kager.

Die Beeidigung der Beisitzer erfolgt ganz nach Analogie der Schöffen und zwar in den Rahmen des § 51 GVG; sie gilt für die Dauer der Wahlperiode.

Das Gewerbegericht kann auch von beiden Parteien als Einigungsamt angerufen werden. Es verhandelt dann über die Sache, versucht eine Einigung und gibt, falls das nicht gelingt, einen Schiedsspruch ab, unter Angabe einer Frist, innerhalb welcher die Parteien sich darauf erklären sollen. Unterbleibt die Erklärung, so gilt das als Ablehnung der Unterwerfung unter den Schiedsspruch. Dies Ergebnis wird vom Vorsitzenden als Einigungsamt öffentlich bekannt gemacht.

198. Urteil des Gewerbegerichts.

Im Namen
Seiner Majestät des Königs von Bayern.
Das Gewerbegericht München
erläßt in Sachen
Gust Jos., Schlossergeselle in München (Wohnung), Klägers,
gegen
Herting G., Schlossermeister daselbst (Wohnung), Beklagten,
wegen Entschädigungsforderung,

auf Grund der in öffentlicher Sitzung vom 8. März c. gepflogenen mündlichen Verhandlung, wobei zugegen waren:

1. Rechtsrat Muzer, als Vorsitzender,
2. a) Joseph Huber, b) Erich Welk,
   c) Michael Fischer, d) Johann Dobler,

folgendes Urteil:

Kläger wird mit dem Antrage auf Verurteilung des Beklagten zur Zahlung von 70 ℳ abgewiesen.

Kläger hat die Kosten des Rechtsstreits zu tragen bezw. zu erstatten. Das Urteil wird für vorläufig vollstreckbar erklärt.

Thatbestand: Kläger wurde bei dem Beklagten am 1. Juni 1895 als Gehilfe mit monatlichem Salair von 70 ℳ gegen Vereinbarung beiderseitiger monatlicher Kündigung eingestellt. Am 10. Februar c. erfolgte seine Entlassung ohne vorherige Kündigung.

Unter der Behauptung, daß die Dienstentlassung eine ungerechtfertigte war, hat Kläger Klage auf Schadloshaltung wegen Verdienstentganges von . . . ℳ erhoben.

Beklagter bestritt die Klagsbehauptungen, wendete ein, daß die sofortige Entlassung vollkommen gerechtfertigt war, indem er behauptete, Kläger sei Montags meist betrunken zur Arbeit gekommen, und habe dann mit dem übrigen Personal Händel und Streit angefangen, oder habe vielfach an Montagen ganz blau gemacht, sich mit Krankheit ausredend.

Beklagter beantragte kostenfällige Abweisung der Klage.

Kläger hat die Angaben des Beklagten bestritten. Es hat sodann Beweisaufnahme über die Behauptungen des Beklagten durch Vernehmung der Zeugen .... stattgefunden und wird bezüglich des Ergebnisses der Beweisaufnahme auf das Zeugenvernehmungsprotokoll vom ... Bezug genommen.

Entscheidungsgründe: Die Klage wurde abgewiesen, da durch die Beweisaufnahme dargethan ist, daß Kläger sich durch sein Benehmen und insbesondere durch seine fortgesetzte Nachlässigkeit eines die sofortige Entlassung rechtfertigenden Grundes schuldig gemacht hat.

Zeuge X hat bekundet, daß Kläger insbesondere auch bei Arbeiten außer dem Hause sich dem Trunke ergeben und absichtlich verschiedene Werkzeuggegenstände des Beklagten vernichtet und beschädigt hat rc.; und verdient in seinen Angaben vollkommene Glaubwürdigkeit.

Da endlich auch die Mahnungen und Androhungen des Beklagten im Benehmen des Klägers sich als fruchtlos erwiesen haben, so rechtfertigt sich die Entlassung und demgemäß die Abweisung der Klage. (§ 123 RGO.) (conf. Art. 64 Abs. 5 HGB.)

Die Entscheidung bezüglich der Kosten und der vorläufigen Vollstreckbarkeit erfolgte gemäß § 87, 649 Ziff. 4 ZPO.

Unterschrift. Verkündungsvermerk.

199. Antrag auf Entscheidung über Kompetenzkonflikte.

Gerichtsschreiberei des k. Amts-Gerichts Landsberg.

Landsberg, am 10. Juni 1896.

In Sachen

Hohensinn Valentin, Oekonom in Landsberg, Kläger . . ,

gegen

Wirt Johannes, Hausbesitzer daselbst, Beklagten,

wegen Fischereirechte,

erscheint Kläger und erklärt:

Sowohl das k. Bezirksamt Landsberg, wie das k. Amtsgericht Landsberg haben durch rechtskräftige Entscheidung vom 10. März c. bezw. 16. Mai l. Js. in vorstehender Sache ihre Unzuständigkeit ausgesprochen. Die genannten Entscheidungen sind nicht mehr anfechtbar, indem die Beschwerde- bezw. Berufungsinstanz die erstinstanziellen Entscheide nicht aufhob. Gemäß Art. 22 und 23 des Ges. vom 18. Aug. 1879 stelle ich daher den Antrag: „Der Gerichtshof für Kompetenzkonflikte wolle über die Zuständigkeit entscheiden.“

Vorgelesen, genehmigt, unterschrieben:

Valentin Hohensinn.

Huber, k. Sekretär.

Das Gericht hat den Antrag der Gegenpartei und der Verwaltungsbehörde mitzuteilen. Wird der Antrag schriftlich gestellt, so ist die erforderliche Zahl von Abschriften mit dem Antrage einzureichen. Anwaltszwang besteht nach § 74 Abs. 2 ZPO. nicht. Benachrichtigung Art. 14; Erklärung der Verwaltungsbehörde Art. 10. conf. D. V. f. Gerichtsschrb. § 49, letzter Abs. Vergl. § 36 Z. 6, 528 ZPO., § 19, 398 ZPO., § 135, 136 GVG. Das durch die Erhebung eines Kompetenzkonfliktes veranlaßte Verfahren ist kostenfrei; eine Erstattung der den Parteien erwachsenden Auslagen findet nicht statt. GKG. § 1, 68, 79 b. Geb.-W. Art. 7. Die Akten sind stets dem Gerichtsschreiber der I. Instanz zurückzusenden, falls die Sache bei einem höheren Gerichte anhängig ist. Art. 15. Die Denkschriften der Parteien müssen von einem Rechtsanwalt, wenn sie seitens des Staatsärars eingereicht werden, von einem Fiskale unterzeichnet sein.

C. Das Konkursverfahren.

Der Antrag auf Konkurseröffnung kann sowohl von Gemeinschuldner als auch von einem Gläubiger schriftlich oder zu Protokoll des Gerichtsschreibers gestellt werden. § 457, 74 ZPO.

Das Konkursverfahren über Aktiengesellschaften, Genossenschaften, offene Handelsgesellschaften, über einen Nachlaß und über das Vermögen eines Ausländers entspricht dem allgemeinen Verfahren.

Für das Konkursverfahren ist das Amtsgericht ausschließlich zuständig, bei welchem der Gemeinschuldner seinen allgemeinen Gerichtsstand hat. Sind mehrere Gerichte zuständig, so schließt dasjenige, bei welchem zuerst die Eröffnung des Verfahrens beantragt worden, die übrigen aus. (§ 64 KO.)

Für das Konkursverfahren über einen Nachlaß ist das Amtsgericht ausschließlich zuständig, bei welchem der Erblasser zur Zeit seines Todes den allgemeinen Gerichtsstand gehabt hat. (§ 202 KO.)

Die Konkursmasse umfaßt das gesamte Vermögen des Gemeinschuldners, welches demselben eigentümlich zur Zeit der Eröffnung des Verfahrens gehört und Gegenstand einer Zwangsvollstreckung sein kann.

Der Antrag eines Gläubigers auf Eröffnung des Verfahrens ist zuzulassen, wenn die Forderung des Gläubigers und die Zahlungsunfähigkeit des Gemeinschuldners glaubhaft gemacht werden. Wird der Antrag zugelassen, so hat das Gericht den Schuldner zu hören, sofern dieser nicht seine Zahlungsunfähigkeit oder Zahlungseinstellung einräumt, und die erforderlichen Ermittelungen anzuordnen.

Die Anhörung des Schuldners kann unterbleiben, wenn sie eine öffentliche Zustellung oder eine Zustellung im Auslande erfordert; in diesem Falle ist, soweit thunlich, ein Vertreter oder Angehöriger des Schuldners zu hören. (§ 97 KO.)

Die Kosten des Verfahrens trägt im Falle der Abweisung der Antragsteller (ZPO. § 87). Bestimmungen für die Pfalz, Ausf.-Ges. z. ZPO. Art. 194.

Wenn neben der öffentlichen Bekanntmachung eine besondere Zustellung vorgeschrieben ist, so „kann" dieselbe durch Aufgabe zur Post bewirkt werden. Einer Beglaubigung der Abschrift des zuzustellenden Schriftstücks bedarf es nicht. (KO. § 69.)

Die dem Verwalter obliegenden Mitteilungen können unmittelbar und ohne besondere Form geschehen.

Die Einschreibung der Konkurseröffnung erfolgt auf Vorlage einer beglaubigten Abschrift des Eröffnungsbeschlusses; die Löschung

200. Antrag des Gemeinschuldners auf Konkurseröffnung.

Gerichtsschreiberei des k. Amtsgerichts Berchtesgaden.

Berchtesgaden, am 1. April 1896.

Es erscheint:

Der Kaufmann Eduard Oestreicher von hier und erklärt:

Ich betreibe seit 1890 in Berchtesgaden ein Spezerei- und Colonialwarengeschäft. Infolge der schon seit Geschäftsbeginn anhaltenden allgemeinen Schädigungen und hauptsächlich wegen der Nichtrealisierung bedeutender Außenstände bei verschiedenen Kunden bin ich außer stande, meinen Zahlungsverbindlichkeiten nachzukommen und habe heute meine Zahlungen nunmehr einstellen müssen.

Namentlich in letzterer Zeit wurde ich mit Klagen förmlich überschüttet; so wurde ich beispielsweise von der Firma Frisch in Traunstein wegen einer Wechselsumme von 3000 ℳ und von der Firma Huler daselbst wegen einer Forderung von 2000 ℳ ausgeklagt.

Am 26. März c. fand durch den Gerichtsvollzieher Scharer bereits Zwangsvollstreckung wegen einer ausgeklagten Forderung von 1000 ℳ in Sachen Kamm ./. mich statt, und wurde auch schon Termin zur Versteigerung der Pfandobjekte auf 10. April c. anberaumt.

Ich lege vor Pfändungsprotokoll des genannten Gerichtsvollziehers, ferner Brief des Rentier Zunner in Rosenheim, welcher mir wegen fälliger Hypothekzinsen Klagestellung androht; Urteilsausfertigungen des k. Landgerichts Traunstein über die Posten zu 3000 und 2000 ℳ.

Zugleich übergebe ich hiemit je ein Verzeichnis über meine Gläubiger und Schuldner sowie eine Uebersicht meiner Vermögensmassen, nach welcher eine Ueberschuldung von 60000 ℳ

KRNo. 1/1896

---

auf Mitteilung des Konkursverwalters, daß das Grundstück nicht zur Masse gezogen wird oder nach Vorlage einer beglaubigten Abschrift des Aufhebungs- oder Einstellungsbeschlusses.

Diese Mitteilung wird sodann zu den Hypothekenbuchs-Beilagen

vorliegt und stelle gemäß § 64, 94 f. KO. den Antrag:

„Das Konkursverfahren über mein Vermögen zu eröffnen." Bezüglich der Richtigkeit meiner Verzeichnisse beziehe ich mich auf meine im Geschäftslokale befindlichen Geschäftsbücher.

Als Konkursverwalter bringe ich den Kaufmann Joseph Igl dahier in Vorschlag.

Vorgelesen, genehmigt, unterzeichnet:

Eduard Oestreicher.

Fischer, k. Sekretär.

---

genommen. Gebühr für Eintragung ins Hypothekenbuch nach Art. 88 d. Geb.-G.

Ist die Konkursmasse von geringerem Betrage oder der Kreis der Konkursgläubiger von geringerem Umfange, so kann das Gericht den ersten Termin mit dem Prüfungstermine verbinden.

Das Hören des Schuldners kann ohne mündliche Verhandlung veranlaßt werden. (§ 66 KO.) Das Gericht kann auch den Schuldner zu einem Termine zur Erklärung laden lassen; auch kann bestimmt werden, daß über den Antrag mündlich verhandelt werde, wenn aus dem Antrage oder den Erklärungen des Schuldners Momente zu Tage treten, welche eine Aufklärung der Sachlage unter Zuziehung beider Teile erheischen. Gebühren: GKG. § 82, 53.

Konkursgläubiger sind alle persönlichen Gläubiger, welche einen zur Zeit der Eröffnung des Verfahrens begründeten Vermögensanspruch an den Gemeinschuldner haben.

Die Konkursforderungen teilen sich in bevorrechtigte und nichtbevorrechtigte.

Nach § 68 KO. erfolgen die öffentlichen Bekanntmachungen durch mindestens einmalige Einrückung in das zur Veröffentlichung amtlicher Bekanntmachungen des Gerichtes bestimmte Blatt; die Einrückung kann auszugsweise geschehen. Die Bekanntmachung gilt als bewirkt mit dem Ablaufe des zweiten Tages nach der Ausgabe des die Einrückung oder die erste Einrückung enthaltenden Blattes. Das Gericht kann weitere Bekanntmachungen anordnen. Die öffentliche Bekanntmachung gilt als Zustellung an alle Beteiligte, auch wenn dieses Gesetz neben ihr eine besondere Zustellung vorschreibt. Vergl. auch Dienstvorschriften f. Gschrbr. § 33. Auslagenvorschuß GKG. § 79, 84, 80, 287. Als Konkursverwalter empfiehlt es sich, vor allem Rechtsanwälte aufzustellen.

201. Antrag eines Gläubigers auf Konkurseröffnung.

Gerichtsschreiberei des k. Amtsgerichts Berchtesgaden.

Berchtesgaden, am 2. April 1896.

Es erscheint

Kaufmann Ignaz Guldern, Inhaber der Firma A. Pfahler von Berchtesgaden und erklärt:

Kaufmann Eduard Oestreicher von hier schuldet mir, wie aus dem übergebenen Wechsel ersichtlich, für gelieferte Waren die Summe von 2000 M.

Der genannte Wechsel wurde dem rc. Oestreicher am Verfalltage zur Zahlung präsentiert, dieser ließ jedoch den Wechsel mangels Zahlung protestieren.

Am 20. März c. hat der Gerichtsvollzieher Waas dahier im Auftrage des Rentier Buch wegen einer Forderung zu 1600 M Zwangsvollstreckung vornehmen lassen. Das diesbezügliche Pfändungsprotokoll übergebe ich.

Schließlich übergebe ich Brief des rc. Oestreicher d. d. Berchtesgaden am 28. März 1896, worin er mir ein Arrangement mit 40 % anbietet; indem er erklärte, daß er gegenwärtig nicht zahlen und ein höheres Angebot zu stellen nicht in der Lage sei, zumal er sich mit den übrigen Gläubigern wegen Vereinigung seiner Schulden in Unterhandlungen befinde.

Zur Deckung der Kosten des zu eröffnenden Konkursverfahrens ist genügende Masse vorhanden, da Oestreicher bedeutende Warenvorräte und auch Außenstände besitzt.

Nachdem nun meine Forderung wie auch die Zahlungsunfähigkeit des rc. Schuldners glaubhaft ist, stelle ich gemäß § 64, 94, 95, 97 KO. den Antrag:

„Das Konkursverfahren über das Vermögen des Kaufmanns Eduard Oestreicher in Berchtesgaden zu eröffnen.“

Als Konkursverwalter bringe ich den Rechtsanwalt Trenkle in Berchtesgaden in Vorschlag.

Vorgelesen, genehmigt, unterzeichnet:

Ignaz Guldern, in Firma A. Pfahler.

Fischer, k. Sekretär.

Beschluß.

Der Antrag des ... von .... auf Eröffnung des Konkursverfahrens über das Vermögen de. von .... wird mangels genügender Glaubhaftmachung der Zahlungsunfähigkeit des Gemeinschuldners zurückgewiesen und hat Antragsteller die Kosten zu tragen. § 66, Abs. 1, 97 KO. 87, 266 ZPO.

oder

Abschrift gegenwärtigen Antrags ist dem Gemeinschuldner zur Erklärung innerhalb ... zu übermitteln.

fiat Ladung des Gemeinschuldners auf ...

KRNr. $\frac{2}{1896}$

Bei einer Handelsgesellschaft heißt der Antrag: „Den Konkurs über das Vermögen der Handelsgesellschaft .... sowie über das Privatvermögen der Kaufleute ... in ... zu eröffnen.“ Das Schreiben an Gemeinschuldner (§ 156, 458 ZPO.) lautet: „Adressat erhält beglaubigte Abschrift des Antrags des Gläubigers vom rc. unter dem Auftrage zugeschlossen, binnen (zwei Wochen) ausschließender Frist sich darüber zu erklären, ob er seine Zahlungsunfähigkeit oder Zahlungseinstellung einräumt.“

202. Erklärung des Schuldners auf Konkurseröffnungsantrag des Gläubigers.

Gerichtsschreiberei des k. Amtsgerichts Berchtesgaden.

Berchtesgaden, am 5. April 1896.

In dem Konkursverfahren über das Vermögen des Kaufmanns Eduard Oestreicher von Berchtesgaden,

erscheint der Schuldner . . Eduard Oestreicher und erklärt:

Die in dem Antrage des Ignaz Goldern vom 2. April c. angegebenen Thatsachen sind . . . . richtig. Die allgemeine schlechte Geschäftslage, sowie der Umstand, daß ich unverschuldeter Weise bei einem Verwandten, dem Kaufmann Frisch in Traunstein, welcher vor Jahresfrist in Konkurs geraten ist, einen großen Teil meines Vermögens verlieren mußte, bilden die Ursache, daß ich meinen Zahlungsverpflichtungen in letzterer Zeit keineswegs mehr nachkommen konnte; noch dazu als alle Gläubiger auf einmal ihre Befriedigung verlangten. In letzterer Zeit hoffte ich noch, durch Abhandlung mit meinen Gläubigern über das Konkursverfahren hinweg zu kommen.

Der Stand meines Vermögens dürfte etwa folgender sein:

1. an Buch und Wechselschulden ca.	30000 ℳ
2. Eheeinbringen meiner Frau	10000 „
3. Darlehen meines Schwiegersohnes Doser .	5000 „
sonach an Passiven Sa.	45000 ℳ
Diesen stehen gegenüber:	
1. der Wert des Warenlagers mit ca. . . .	20000 ℳ
2. Außenstände für Waren im nominellen Betrage zu	10000 „
3. Forderung im Konkurse meines Schwagers Jos. Frisch in Traunstein	8000 „
an Aktiven die Sa.	38000 ℳ

was eine Ueberschuldung von ca. 7000 ℳ ergibt.

Ich räume sohin meine Zahlungsunfähigkeit . . . . . ein.

Vorgelesen, genehmigt, unterzeichnet:

Eduard Oestreicher.

Fischer, k. Sekretär.

KRNo. $\frac{2}{1896}$

Die Einreichung eines genauen Verzeichnisses ist hier nicht absolut notwendig; doch empfiehlt es sich, den Gemeinschuldner zur Vorlage des Verzeichnisses zu veranlassen.

203. Konkurs-Eröffnungs-Beschluß.

Im Namen Seiner Majestät des Königs von Bayern

beschließt

das k. bayer. Amtsgericht Berchtesgaden, heute, den 10. April 1896; nachmittags zwei Uhr:

Auf den von Schuldner (Gläubiger) unterm 2. April 1896 gestellten Antrag, über das Vermögen des Kaufmanns Eduard Oestreicher von Berchtesgaden das Konkursverfahren einzuleiten, wird in der Erwägung:

§ 64, 94, 96, (97,) 100, 102, 108, 126 f. KO.

Vorschuß-Reg. Nr. . . .

. . . M. Geb.-Vorschuß.
. . . „ Kosten-Vorsch.

. . M. in Summa.

a) daß Schuldner seine Zahlungsunfähigkeit und seine am 20. März c. erfolgte Zahlungseinstellung dargethan hat;

b) daß Gläubiger . . . gegen rc. Oestreicher eine Wechselforderung von 2000 M. hat, diese Forderung und die Zahlungseinstellung glaubhaft gemacht und den Antrag auf Eröffnung des Konkursverfahrens gestellt, der Gemeinschuldner seine Zahlungsunfähigkeit und Zahlungseinstellung eingeräumt hat, oder (daß Gläubiger — hat, und obwohl Gemeinschuldner seine Zahlungseinstellung nicht eingeräumt, solche jedoch durch . . . . erwiesen ist.

1. Ueber das Vermögen des Kaufmanns Eduard Oestreicher dahier der Konkurs eröffnet;

2. als Konkursverwalter Rechtsanwalt Trenkle dahier ernannt;

3. der offene Arrest erlassen: (Allen Personen, welche eine zur Konkursmasse gehörige Sache im Besitz haben oder zur Konkursmasse etwas schuldig sind, wird aufgegeben, nichts an den Gemeinschuldner zu verabfolgen oder zu leisten, auch die Verpflichtung auferlegt, von dem Besitze der Sachen und von den Forderungen, für welche sie aus der Sache abgesonderte Befriedigung in Anspruch nehmen, dem Konkursverwalter bis längstens . . . . Anzeige zu machen, — entweder schriftlich oder zu Protokoll —) und die Anzeigefrist in dieser Richtung bis zum 10. Juni 1896 einschließlich festgesetzt;

KRNr. $\frac{400}{1896}$

4. die Frist zur Anmeldung der Konkursforderungen bis zum 20. Juni 1896 einschließlich bestimmt;

5. Wahltermin zur Beschlußfassung über die Beibehaltung des ernannten oder die Wahl eines anderen Verwalters, sowie über die Bestellung eines Gläubigerausschusses, dann eintretenden Falles über die in § 120 und 125 der KO. bezeichneten Gegenstände auf 10. Mai 1896, vormittags 10 Uhr;

6. der allgemeine Prüfungstermin auf 10. Juli 1896 vormittags 9 Uhr, im Zimmer Nr. 3 des genannten Gerichts anberaumt;

7. provisorisch ein Gläubigerausschuß bestellt, zu dessen Mitglieder ernannt werden:

Huber, k. Oberamtsrichter.

Weitere Maßnahmen:

I. Bekanntmachung der Eröffnungs-Formel im Deutschen Reichsanzeiger in Berlin. (§ 103 KO.)

Ich ersuche anliegende Bekanntmachung im Deutschen Reichsanzeiger einmal zu inserieren und die Kosten unter Zusendung der betreffenden Nummer als Beleg gegen Postnachnahme zu erheben. Der k. Sekretär.

II. Veröffentlichung der Bekanntmachung (auszugsweise) im Amtsblatte. (§ 68 Abs. 1 KO.)

III. Etwaige weitere Bekanntmachung auch in einem anderen verbreiteten Blatte nach Anordnung des Gerichts. (§ 68 Abs. 2 KO.)

IV. Zustellung des Beschlusses:

a. an Gemeinschuldner, persönlich durch den Gerichtsvollzieher, wenn ersterer am Gerichtssitze wohnt, sonst durch die Post (79, 781), § 152 ZPO. (§ 65, 66 Abs. 2 KO.)

b. an die Gläubiger und Schuldner, welche vom Gemeinschuldner benannt sind, durch Aufgabe zur Post. (§ 69, 103 Abs. 3 KO.)

Bekanntmachung.

Das k. Amtsgericht .... hat am .... 189 . (.. mittags .. Uhr) über das Vermögen de ..... von .... den Konkurs eröffnet.

Als Konkursverwalter wurde .... in ..... ernannt. Anmeldefrist bis ...... einschließlich. Erste Gläubigerversammlung am ...... Allgemeiner Prüfungstermin am .... Offener Arrest mit Anzeigefrist bis zum ... einschließlich.

Datum.

Gerichtsschreiberei des k. Amtsgerichts.

.... k. Sekretär.

Beim offenen Arrest kann auch die Klausel: „Alle Personen 2c. Anzeige zu machen“ (conf. Nr. 3 Seite 340) eingefügt werden; diese Art empfiehlt sich wohl wegen der Deutlichkeit; verursacht jedoch höhere Inserationsgebühren.

V. Schreiben an das k. Oberpostamt ... (Postexpedition). RGBl. 71, 347; 92, 467.

Gemäß § 111 KO. stelle ich in obigem Betreffe das ergebene Ersuchen, dafür Sorge zu tragen, daß alle für Gemeinschuldner ...... bei der Post- und Telegraphen-Anstalt eingehenden Sendungen, Briefe und Depeschen nicht de. Gemeinschuldner ... sondern dem Verwalter ..... ausgehändigt werden. Der k. Amtsrichter.

VI. Zeugnis für den Konkursverwalter liegt an und ist demselben gegen Nachweis zu behändigen. (§ 73 Abs. 2 KO.)

Herrn .... wird hiemit bestätigt, daß er mit diesgerichtlichem Beschluß vom ... zum Konkursverwalter über das Vermögen de..... ernannt wurde. Der k. Amtsrichter.

VII. Mitteilung beglaubigter Abschriften des Eröffnungsbeschlusses:
a. dem Hypotheken-Amte,
b. den Behörden für die Führung des Handels- und Genossenschaftsregisters oder ähnlicher Register (Kammer für Handelssachen oder wo solche nicht bestehen Zivilkammern der Landgerichte) und der Dienstbehörde des Gemeinschuldners unter Bezeichnung des Konkursverwalters. — (Berichtigung der Schöffenliste) (§ 104, 106 KO. Art. 35 Ausf.G.)

Der Eintrag lautet: Datum. Ueber das Vermögen des ..... wurde das Konkursverfahren eröffnet, lt. Beschlusses des k. Amtsgerichts .... vom ... KRNr.

Die Vollzugsanzeige lautet: Br. m. zurück mit der Bestätigung, daß die Eröffnung des Konkursverfahrens über das Vermögen de .... auf de. en Anwesen .. in ... im Hyp.-Bch. für .... Bd. .. S. heute antragsgemäß eingeschrieben wurde. oder, daß Realitäten des Gemeinschuldners in den diesger. Hypothekenbüchern nicht vorgetragen sind.

VIII. Schließung der Geschäftsbücher des Gemeinschuldners.

Wegen Eröffnung des Konkursverfahrens abgeschlossen am .... 189 . Der k. Gerichtsschreiber: k. Sekretär.

Die Just.-Minist.-Entschl. vom 27. November 1895, betreffend die Zustellungen lautet: „Nach § 69 KO. kann, wenn neben der öffentlichen Bekanntmachung eine besondere Zustellung vorgeschrieben, diese durch Aufgabe zur Post erfolgen. Maßgebend für die Zulassung dieser einfacheren Art der Zustellung war, wie in den Motiven zur KO. ausdrücklich hervorgehoben ist, in erster Reihe die Rücksicht auf Kostenersparung. Nach den bestehenden Vorschriften werden aber, wenn Zustellungen in Bayern durch Aufgabe zur Post erfolgen, Kosten hervorgerufen, die bei Zustellungen, welche auf Ersuchen der Gerichtsschreiber durch die Post erfolgen, nicht entstehen würden. Für letztere Zustellungen kommen keinerlei Auslagen in Ansatz, während für erstere, zu denen nur der Gerichtsvollzieher befugt ist, eine Zustellgebühr erwächst. Die Anordnung der Zustellung durch Aufgabe zur Post wird sich daher im Falle des § 69 KO., von besonderen Fällen abgesehen, nur dann empfehlen, wenn die Zustellungen außerhalb Bayerns erfolgen.“

204. Schließung der Geschäftsbücher.

Protokoll

aufgenommen in der Konkurssache über das Vermögen des Kaufmanns und Gutsbesitzers Heinrich Sperr in Gern.

Gegenwärtig: Gern, am 4. April 1896,

k. Sekretär Fischer von Berchtesgaden als Gerichtsschreiber.

10 Klm. vom Amtssitze entfernt.

In obiger Konkurssache begab sich der unterfertigte Beamte gemäß § 112 Abs. 2 KO. behufs Schließung der Geschäftsbücher des Gemeinschuldners heute hieher nach Gern, in das Anwesen Hs. Nr. 16 woselbst man antraf:

1. den Gemeinschuldner Heinrich Sperr,
2. den Konkursverwalter Friedrich Engl, Kaufmann das.

Die Anwesenden wurden vom Zwecke des Geschäftes geeignet verständigt, worauf man den Gemeinschuldner zur Vorlage seiner Geschäftsbücher aufforderte; dieser legte vor:

1. ein Hauptbuch mit 600 Folienseiten,
2. ein Kassabuch mit 200 "
3. ein Konto-Kurrentbuch mit 400 Folienseiten,
4. ein sogenanntes allgemeines Aufschreibbuch,
5. ein Lieferungsbuch.

Im Beisein des Gemeinschuldners wurden nun sämtliche genannten Bücher durch Ziehung von Querlinien und Beisetzung des Abschlußvermerks mit Siegel ordnungsgemäß abgeschlossen, wobei . . . zu konstatieren ist, daß das Kassabuch sich in ganz defektem Zustande befindet; die Blätter sind lose, Blatt 16, 28, 34 und 40 fehlen ganz.

Die so abgeschlossenen Bücher wurden im Gewahrsam des Gemeinschuldners belassen, während das Kassabuch sofort dem Konkursverwalter übergeben wurde.

Dem Gemeinschuldner wurde strengstens aufgetragen, die Geschäftsbücher und deren Zustand vor jedwedem Schaden bei Meidung der ihn treffenden Strafen sorgfältigst zu bewahren.

Liquidation:
Abgang 12 Uhr mittags, Rückkunft 6½ Uhr nachmittags Geschäftsdauer 2 Stunden.
7 ℳ Tagegeld.
6 „ Gefährtsauslage
Sa. 13 ℳ
Auf Dienstpflicht:
Fischer, k. Sekretär.

Vorgelesen, genehmigt, unterzeichnet:

Heinrich Sperr. Friedrich Engl.

(L. S.) Fischer, k. Sekretär.

KRNr. 2/1896

205. Uebergabe der Geschäftsbücher bei Gericht.

Gerichtsschreiberei des k. Amtsgerichts Berchtesgaden.

./.

Berchtesgaden, am 5. April 1896.

In dem Konkursverfahren über das Vermögen des Kaufmanns Heinrich Sperr in Gern, erscheint der Gemeinschuldner Heinrich Sperr dahier, und erklärt unter Uebergabe

a) eines als „Tagebuch" überschriebenes, zwei Tausend Seiten umfassendes Geschäftsbuch,

b) von drei Bögen Aufschreibungen über die in den letzten Tagen bezogenen im Geschäftsbuche nicht mehr verzeichneten Waren,

daß er weitere Geschäftsbücher oder etwaige sonstige Aufschreibungen nicht besitze.

Das übergebene Tagebuch enthält die Aufschreibung der Warenschulden sowie die Außenstände des Gemeinschuldners.

Dieses Geschäftsbuch wurde sodann durch den unterfertigten Gerichtsschreiber ordnungsgemäß abgeschlossen und behufs Behändigung an den Konkursverwalter zurückbehalten.

Schließlich wird konstatiert, daß am Schlusse des Tagebuches auf Seite 489 für in den Jahren 1892—1893 an die Firma Hundertpfund gelieferten Spiritusquantitäten Einträge bestehen, welche nach Erklärung des Gemeinschuldners längst getilgt sind; da die bezüglichen Rechnungen beglichen wurden.

Vorgelesen, genehmigt, unterzeichnet:

Heinrich Sperr.

Fischer, k. Sekretär.

KRNr. $\frac{200}{1896}$

Die Schließung der Geschäftsbücher des Gemeinschuldners hat den Zweck, nachträgliche Eintragungen zu verhindern. Dieselbe erfolgt in der Art, daß am Schlusse der Einträge ein Querstrich gezogen und unter denselben der Vermerk: „Geschlossen" unter Beifügung des Datums und der Unterschrift des Gerichtsschreibers und Beidrückung des Gerichtssiegels gesetzt wird. Bei Büchern, welche aus selbständigen Konten bestehen, wie die Hauptbücher der Kaufleute, muß jeder Konto besonders geschlossen werden. Die Schließung der einzelnen Konten erfolgt unmittelbar unter dem letzten Eintrage durch Beisetzung des Handzuges des Gerichtsschreibers. In dem am Schlusse des Buches beizusetzenden Schließungsvermerke ist ausdrücklich zu erwähnen, daß die einzelnen Konten in der bezeichneten Weise geschlossen worden sind. Auffallende Unregelmäßigkeiten, bei deren Beschaffenheit es ohne besondere Feststellung ungewiß erscheinen könnte, ob sie schon zur Zeit

206. Antrag auf Genehmigung des vom Verwalter gewährten Unterhalts.

Gerichtsschreiberei des k. Amtsgerichts Berchtesgaden

Berchtesgaden, am 10. April 1896.

In der Konkurssache über das Vermögen des Kaufmanns Eduard Oestreicher dahier erscheint der Konkursverwalter Kaufmann Joseph Igl dahier und erklärt:

Ich habe vor, das Geschäft des Gemeinschuldners fortzuführen und den Gemeinschuldner dabei mitzuverwenden. Die Familie des Gemeinschuldners besteht aus ihm, seiner Ehefrau und 6 Kindern, von denen das älteste erst 10 Jahre alt ist. Da die Ehefrau und die Kinder keinerlei Vermögen besitzen, werde ich der Familie des Gemeinschuldners eine tägliche Unterstützung von 4 *M.* aus der Konkursmasse gewähren.

Wird dem Antrage die Genehmigung erteilt.

Gemäß § 118 Abs. 1 KO. stelle ich daher den Antrag, zu dieser Unterhaltsleistung die Genehmigung zu erteilen.

Vorgelesen, genehmigt, unterschrieben:

Joseph Igl.

Fischer, k. Sekretär.

KRNr. $\frac{100}{1896}$

---

der Schließung des Buches bestanden oder ob sie aus späterer Zeit stammen (Art. 32 HGB.), insbesondere das Fehlen einzelner Blätter, sind in dem Schließungsvermerke ausdrücklich anzuführen.

Bis zur Beschlußfassung durch eine Gläubigerversammlung kann der Verwalter mit Genehmigung des Gerichts oder wenn von dem Gerichte ein Gläubigerausschuß bestellt ist, mit dessen Genehmigung dem Gemeinschuldner und dessen Familie notdürftigen Unterhalt aus der Konkursmasse gewähren. conf. § 1 Abs. 2 KO.

Die Gewährung des Unterhalts ist Sache des Verwalters; dieses sein Recht ist nur an die Genehmigung des Gerichts gebunden. Das Gericht kann den Verwalter niemals zwingen, eine Unterstützung zu gewähren, sondern wird, wenn der Verwalter eine Unterstützung verweigert, eine Gläubigerversammlung zur Beschlußfassung hierüber (120) einberufen.

Würde dagegen der Verwalter eine Unterstützung gewähren, das Gericht aber die Genehmigung ganz oder in beantragter Höhe versagen, so stünde gegen diesen Beschluß sowohl dem Gemeinschuldner, als dem Verwalter die sofortige Beschwerde zu.

Aehnlich verhält es sich, wenn das Gericht die Auszahlung der bevorrechtigten Forderungen vor Schlußverteilung genehmigt. (§ 157 KO.)

207. Antrag auf Festsetzung einer Frist zur Verwertung von Faustpfändern.

Gerichtsschreiberei des k. Amtsgerichts Berchtesgaden.

Berchtesgaden, am 16. April 1896.

In der Konkurssache über das Vermögen des Kaufmanns Eduard Oestreicher dahier, erscheint der Konkursverwalter Joseph Igl und erklärt:

Der Gemeinschuldner hat im Oktober v. Js. bei der Privatiere Johanna Hartl dahier ein Darlehen von 700 ℳ entnommen und zur Sicherheit für dessen Rückzahlung 2 große Brillantohrringe im Werte von mindestens 800 ℳ in Pfand gegeben. Ich vermute, daß der Verkauf der Pfandgegenstände einen bedeutenden Ueberschuß über die Forderung der Darlehensgeberin ausmachen wird und stelle gemäß § 117 KO. mit Art. 24 des b. Ausfges. den Antrag:

„Der Gläubigerin Johanna Hartl eine Frist zu bestimmen, innerhalb welcher sie die Ohrringe zu verwerten hat."

Vorgelesen, genehmigt, unterzeichnet:
Joseph Igl.

Fischer, k. Sekretär.

Beschluß.
hat b innerhalb Woche. zu verwerten, nach Ablauf dieser Frist erhält der Verwalter das Recht, die Verwertung zu betreiben.

KRNr. 1/1896

Der Verwalter ist berechtigt, die Verwertung eines zur Masse gehörigen beweglichen Gegenstandes, an welchem ein Gläubiger ein Faustpfandrecht oder ein diesem gleichstehendes Recht beansprucht, nach Maßgabe der Vorschriften über die Zwangsvollstreckung zu betreiben. Der Gläubiger kann einer solchen Verwertung nicht widersprechen, vielmehr seine Rechte nur auf den Erlös geltend machen. Ist der Gläubiger befugt, sich aus dem Gegenstande ohne gerichtliches Verfahren zu befriedigen, so kann auf Antrag des Verwalters das Konkursgericht dem Gläubiger nach dessen Anhörung eine **Frist** bestimmen, innerhalb welcher er den Gegenstand zu verwerten hat. (Vergl. HGB. Art. 310, 374, 375, 382, 387, 409, 624, 626, 629, 675, 727, ZPO. § 728 Abs. 3, 751 Abs. 3, 758 f. Gebühren: § 52, 55 GKG.) Ist die Frist verstrichen, so verliert der Gläubiger das Recht, sich ohne gerichtliche Verfügung aus dem Gegenstande zu befriedigen. Ist ein Dritter (also ein Faustpfandgläubiger) im Besitze des Gegenstandes und verweigert trotz Ablaufes der Frist die Herausgabe, so hat der Konkursverwalter das Recht, auf Herausgabe zu klagen und nach Erwirkung des Urteils die Herausgabe zu erzwingen sowie die Veräußerung zu betreiben. Insbes. ZPO. § 713.

208. Siegelung und Aufzeichnung der zur Konkursmasse gehörigen Gegenstände.

Protokoll

aufgenommen in der Konkurssache über das Vermögen des
Kaufmanns Eduard Oestreicher in Berchtesgaden.

Gegenwärtig:

Fischer, k. Sekretär.
Röthlein, Gerichtsdiener.

Berchtesgaden, am 8. April 1896.

Gemäß richterlicher Verfügung vom 7. ds. Mts. begab sich in genannter Sache die nebenbezeichnete Gerichtskommission zur Vornahme der Siegelung und auf Aufzeichnung der zur Konkursmasse gehörigen Gegenstände heute in das Anwesen Hs.-Nr. 6 des Gemeinschuldners dahier, woselbst man antraf:

1. den Gemeinschuldner mit Rechtsanwalt Fürst von Traunstein;
2. den Konkursverwalter, Kaufmann Joseph Igl dahier.

Nach geeigneter Verständigung vom Zwecke der Amtshandlung wurde in Gegenwart der genannten Beteiligten zur Aufzeichnung der Konkursmasse geschritten und sofort folgendes

Inventar: errichtet:

Aktiva:	Passiva:
1. Warenlager,	1. Hypothekschulden.
2. Ladeneinrichtung,	2. Kurrentschulden,
3. bares Geld,	3. Warenschulden.
4. Wertsachen,	
5. Mobiliar,	
6. Außenstände,	
7. Immobilien,	
8. Haustiere.	

Bilanz:

Passiv-Rest: . . . ℳ.

Sodann hat man das Warenlager im ersten Stocke und die Parterre-Räume des Geschäftslokals und Comptoirs abgeschlossen und versiegelt.

Vorgelesen, genehmigt, unterzeichnet:

Eduard Oestreicher. Fürst, Rechtsanwalt. Joseph Igl.

(L. S.) Fischer, k. Sekretär. Röthlein.

KRNr. 1/1896

Der Verwalter kann zur Sicherung der zur Konkursmasse gehörigen Sachen durch eine zur Vornahme solcher Handlungen gesetzlich

209. Antrag auf Leistung des Offenbarungseides.

Gerichtsschreiberei des k. Amtsgerichts Berchtesgaden.

Berchtesgaden, am 1. Mai 1896.

In der Konkurssache über das Vermögen des Kaufmanns Ed. Oestreicher hier, erscheint Kaufmann Heinrich Schroll von hier und erklärt:

Ich habe gegen den Gemeinschuldner .. eine bereits zum Konkursverfahren angemeldete Forderung von 600 ℳ. Der aufgestellte Konkursverwalter hat bezüglich der zur Konkursmasse gehörigen Gegenstände bereits ein Inventar angefertigt.

Termin zur Leistung des Offenbarungseides wird auf .... , 189 . im Sitzungszimmer Nr.: dahier bestimmt.

Gemäß § 115 KO. stelle ich an das k. Amtsgericht Berchtesgaden, als Vollstreckungsgericht, den Antrag, dem Gemeinschuldner .. den Offenbarungseid, „daß er sein zur Konkursmasse gehöriges Vermögen richtig angegeben hat," abzunehmen und lade daher den Gemeinschuldner .. zur Leistung des Offenbarungseides zu dem vom k. Amtsgericht Berchtesgaden zu bestimmenden eben beigesetzten Termin.

VRNr. $\frac{400}{1896}$ K.

Vorgelesen, genehmigt, unterzeichnet:
Heinrich Schroll.

Fischer, k. Sekretär.

---

ermächtigte Person (Sekretär, Gerichtsvollzieher) siegeln lassen. (§ 112 Abs. 1, 113 Abs. 2 KO.) Gebührenfrei Art. 73 Geb.-Wes. Der Verwalter bestimmt, welche Gegenstände von der Siegelung freizulassen sind. Bei der Einsiegelung ist das Vorhandensein der sämtlichen Siegel und deren Unverletztheit zu prüfen; sie erfolgt schrittweise nach der seinerzeit vorgenommenen Aufzeichnung. Im Aufzeichnungsprotokoll ist der Wert der verzeichneten Gegenstände durch Sachverständige oder wenn solche nicht zugezogen, durch den Verwalter anzugeben.

Vollstreckungsgericht nach § 711, 780 f. ZPO., jedoch mit Beschränkung der örtlichen Zuständigkeit des Konkursgerichts. Auf den Offenbarungseid finden die § 782, 783, 785—794, nicht aber die § 784, 795 ZPO. Anwendung. Die Ladung geschieht nach § 191 f., 461, 783 ZPO. Gebührenfrei. § 56 GKG. Der Offenbarungseid wird auch zur Ergänzung des Inventars und der Bilanz vom Gemein-

210. Erste Gläubiger-Versammlung.

Protokoll

aufgenommen bei dem k. Amtsgerichte Berchtesgaden.

Gegenwärtig:

Ober-Amtsrichter Meier.

Sekretär Fischer.

Berchtesgaden, am 29. April 1896.

In der Konkurssache

über das Vermögen des Kaufmanns Eduard Oestreicher von Berchtesgaden

erschienen nach Aufruf im heutigen Termine zur ersten Gläubigerversammlung:

1. der (bisherige) Konkursverwalter Kaufmann Joseph Igl dahier,
2. . . Gemeinschuldner . . Eduard Oestreicher in Person,
3. folgende Konkursgläubiger bezw. deren Bevollmächtigte:
   a) Bierbrauer Ignaz Peduel in Rosenheim mit einer Forderung von 8000 ℳ,
   b) Tuchfabrikant Albert König in München mit einer Forderung von 3000 ℳ,

   dann folgende Konkursgläubiger, welche bisher ihre Forderungen noch nicht angemeldet haben.

Der Konkursverwalter erstattete Bericht über die Entstehung der Zahlungsunfähigkeit des Gemeinschuldners, über die Lage der Sache und über die bisher ergriffenen Maßregeln.

Nach dem Bilanzergebnis dürfte für die nicht bevorrechtigten Konkursgläubiger eine beiläufige Dividende von 40 % sich ergeben.

Die vorgelegte Rechnung des Konkursverwalters wurde von jeder Seite anerkannt.

Das Stimmrecht wurde erörtert; weder vom Konkursverwalter noch von einem Konkursgläubiger wurde gegen die Stimmberechtigung der vorgenannten Gläubiger sub a mit k und Forderungen, welche noch nicht geprüft und festgestellt sind, ein Widerspruch erhoben.

KRNr. $\frac{1}{1896}$

Dem Stimmrecht des Privatier Joseph Hahn in Traunstein für seine Hypothekforderung zu 3000 ℳ, eingetragen auf dem Grundvermögen des Gemeinschuldners widersprechen der

---

schuldner gefordert. Die Vollmacht im Konkurs lautet: „Den . . bevollmächtigen . . . hiedurch . . ., wegen . . Forderung von . . ℳ in dem Konkurse über das Vermögen de . zu vertreten, insbesondere für und

Verwalter und die Gläubiger Peduel, König, Musch und Herz, da ein mutmaßlicher Ausfall seiner Hypothekenforderung nicht anzunehmen sei.

Dem Stimmrecht der Frau des Gemeinschuldners, Rebekka Oestreicher widersprechen sämtliche Gläubiger, indem sie die Forderung bestritten.

Es wurde folgender Beschluß verkündet:

Dem Privatier Joseph Hahn in Traunstein und der Rebekka Oestreicher wird das Stimmrecht für die heutige Versammlung versagt; da bei ersterem ein mutmaßlicher Ausfall seiner Hypothekforderung nicht anzunehmen, bei letzterer die Forderung fingiert erscheint.

Von der Gläubigerversammlung wurde sodann beschlossen:

1. Als definitiver Konkursverwalter wurde Kaufmann Joseph Igl von Berchtesgaden, der bisherige Verwalter aufgestellt.

2. Es soll ein Gläubigerausschuß mit 3 Mitgliedern gewählt werden, die Wahl fiel auf:

a) Michael Hersch, Kaufmann in Berchtesgaden, anwesend,
b) Georg Tausch, Privatier daselbst, anwesend,
c) Ignaz Peduel, Bierbrauer in Rosenheim, anwesend.

Die gewählten Ausschußmitglieder nahmen die Wahl an.

3. Bezüglich der Fortführung oder Schließung des Geschäftes des Gemeinschuldners wurde die Schließung bestimmt.

4. Dem Gemeinschuldner . . wird eine Unterstützung von 200 ℳ bewilligt.

5. Die eingehenden Gelder sollen bei der städtischen Sparkasse deponiert werden.

6. Konkursverwalter hat dem Gläubigerausschuß über die Verwaltung der Masse und deren Verwertung alle 2 Wochen Bericht zu erstatten und Rechnung zu legen.

Die Beschlüsse wurden einstimmig gefaßt.

Schließlich wird konstatiert, daß, ausweislich der bei den Akten befindlichen Blätter,

---

gegen einen etwaigen Zwangsvergleich zu stimmen, das . . zustehende Stimmrecht im Konkursverfahren auszuüben, Gelder und Dokumente für . . in Empfang zu nehmen und darüber zu quittieren, sowie endlich . . in allen etwa durch das Konkursverfahren veranlaßten Prozessen zu vertreten.

der heutige Termin unter Hinweis auf die Gegenstände der Beschlußfassung a) im Deutschen Reichsanzeiger in Nr. 80, b) im Berchtesgadener Wochenblatte in Nr. 14, c) in der Augsburger Abendzeitung in Nr. 110 bekannt gemacht wurde.

Der Konkursverwalter erhielt Bescheinigung über seine definitive Ernennung.

Vorgelesen, genehmigt.

Meier, k. Oberamtsrichter. Fischer, k. Sekretär.

KO. § 119, 120, 72, 79 Abs. 2, 87 Abs. 2, 92; vergl. § 51 Nr. 3, 80. Nicht öffentlich § 170 GVG.

Ueber die Berufung der Gläubigerversammlung beschließt das Gericht. Die Berufung muß erfolgen, wenn sie von dem Verwalter, dem Gläubigerausschusse oder von mindestens 5 Konkursgläubigern, deren Forderungen nach der Schätzung des Gerichts den 5. Teil der Schuldenmasse erreichen, beantragt wird. Die Berufung muß öffentlich bekannt gemacht werden. Der Gegenstand, über welchen in der Gläubigerversammlung ein Beschluß gefaßt werden soll, muß bei der Berufung derselben öffentlich bekannt gemacht werden. Die öffentliche Bekanntmachung gilt als Zustellung an alle Beteiligte, auch wenn noch eine besondere Zustellung vorgeschrieben ist. (KO. § 85, 90, 68.) Der Gläubigerausschuß ist berechtigt, von dem Verwalter Berichterstattung über die Lage der Sache und die Geschäftsführung zu verlangen. Er ist verpflichtet, die Untersuchung der Kasse des Verwalters wenigstens einmal in jedem Monat durch ein Mitglied vornehmen zu lassen. (KO. § 80.) Wird in der Gläubigerversammlung ein Antrag eingebracht, welcher bei der Einberufung nicht öffentlich bekannt gemacht worden, so hat das Gericht denselben zu verwerfen. Im Protokolle ist eine Konstatierung hierüber aufzunehmen. Die Stimmenmehrheit ist nach den Forderungsbeträgen zu berechnen. Bei Gleichheit der Stimmen entscheidet die Zahl der Gläubiger. (KO. § 86.) Ob und zu welchem Betrage nicht geprüfte Konkursforderungen — Forderungen, für welche abgesonderte Befriedigung beansprucht wird, in Ansehung ihres mutmaßlichen Ausfalls, sowie Konkursforderungen unter aufschiebender Bedingung — zum Stimmen in einer Gläubigerversammlung berechtigen, entscheidet auf den Widerspruch eines Konkursgläubigers oder des Verwalters das Gericht. Eine Anfechtung der Entscheidungen findet nicht statt. KO. § 87 u. 88. Geb. O. f. RA. § 58. Die öffentliche Bekanntmachung des Namens des Verwalters im Amtsblatte ꝛc. ist zu bethätigen. (KO. § 68, 79, 797.) Für jeden besonderen Prüfungstermin (KO. § 130) werden nach dem Betrage der einzelnen Forderungen, zu deren Prüfung der Termin dient, die volle Gebühr und, soweit Anmeldungen vor der Prüfung zurückgenommen werden, $^3/_{10}$ erhoben. Auf die Wertsberechnung findet die Vorschrift des § 136 l. c. entsprechende Anwendung. (§ 54 GKG.)

211. Anmeldung einer Konkursforderung, welche bei Absonderung ungedeckt bleibt.

Gerichtsschreiberei
des k. Amtsgerichts
Berchtesgaden.

Berchtesgaden, am 1. Mai 1896.

In der Konkurssache

über das Vermögen des Kaufmanns Eduard Oeftreicher von Berchtesgaden, erscheint Privatier Nathan Rosen von Prien und erklärt:

Inhaltlich der übergebenen vollstreckbaren Urkunde des k. Notars Mehr in Prien vom 3. Oktober 1895 GRNr. 80 schuldet mir der Gemeinschuldner ein mit 4% verzinsliches, in 5%igen Annuitäten rückzahlbares Darlehen zu 6000 ℳ; für welches nebst einer Kostenkaution zu 600 ℳ II. Hypothek auf dem Anwesen Hs. Nr. 6 in Berchtesgaden des Gemeinschuldners eingetragen ist.

Diese Forderung, für welche ich gemäß § 39 KO. zunächst abgesonderte Befriedigung aus dem Erlöse für das zwangsweise zu versteigernde Anwesen Hs. Nr. 6 in Berchtesgaden beanspruche, mache ich nach § 57 KO. zugleich für den Ausfall hiemit zur Konkursmasse geltend und beantrage für denjenigen Betrag, welcher allenfalls bei der abgesonderten Befriedigung ungedeckt bleiben sollte, die verhältnismäßige Befriedigung aus der Konkursmasse.

KRNr. 1/1896

Vorgelesen, genehmigt, unterzeichnet:
Nathan Rosen.
Fischer, k. Sekretär.

In Spalte 9 der Konkurstabelle ist zu bemerken: „Vom Gläubiger nur für den Betrag des Ausfalls bei abgesonderter Befriedigung angemeldet."

KO. § 39, 40, 41, 43, 44, 57 b. Ausf.-Gef. Art. 87, 201 SO. Art. 169. Zur abgesonderten Befriedigung dienen die Gegenstände, welche in Ansehung der Zwangsvollstreckung zum unbeweglichen Vermögen gehören, insoweit ein dingliches oder sonstiges Recht auf vorzugsweise Befriedigung aus demselben besteht.

Gegenstand der Absonderung ist immer eine dem Gemeinschuldner gehörige Sache. Das Recht auf abgesonderte Befriedigung ist festgestellt:

I. bezüglich des unbeweglichen Vermögens für die dinglich Berechtigten, insbesondere die Hypothekgläubiger, dann diejenigen Forder-

212. Antrag auf abgesonderte Befriedigung.

Gerichtsschreiberei des k. Amtsgerichts Berchtesgaden.

Berchtesgaden, am 2. Mai 1896.

In der Konkurssache über das Vermögen des Kaufmanns Eduard Oestreicher von Berchtesgaden, erscheint Gastwirt Albert Horn von hier und erklärt:

Gemeinschuldner . . schuldet mir für Miete und verabfolgte Speisen und Getränke laut beigefügter spezifizierter Rechnung 80 ℳ. Ich habe nun einen Koffer des Gemeinschuldners enthaltend Kleider und Wäsche in meinem Besitz und beanspruche gemäß § 41 Ziffer 5 KO. abgesonderte Befriedigung aus den genannten Gegenständen wegen der fraglichen Schuld zu 80 ℳ.

Der Konkursverwalter nimmt hiervon Kenntnis.

Vorgelesen, genehmigt, unterzeichnet:
Albert Horn. Joseph Jal.
Fischer k. Sekretär.

KRNo. $\frac{1}{1896}$

ungen, denen ein sonstiges Recht auf vorzugsweise Befriedigung aus den Immobilien zusteht (KO. § 39 Art. 108 SO.);

II. aus den ihnen verpfändeten Gegenständen können abgesonderte Befriedigung diejenigen Gläubiger verlangen, welche ein Faustpfandrecht an beweglichen Sachen, an einer Forderung oder an einem anderen Vermögensrecht haben (KO. § 40, § 14 EG. z. KO.);

III. aus den betreffenden Objekten auch für jene, welche den Faustpfandgläubigern gleichgestellt sind. (KO. § 41 Ziff. 1 mit 9. conf. Ausf.=Ges. ZPO. u. KO. Art. 4—9, 140 b. Landr. T. IV cap. 15, cap. 6; HGB. Art. 368, 374, 382, 409, 410, 624, 626, 615, 629, 675, 727, 753, 757 ff., 893, 313, 314 ZPO. § 709, 810.

Bezüglich des Absonderungsrechtes der Nachlaßgläubiger oder Vermächtnisnehmer conf. Art. 87 Ausf.=Ges. ZPO. u. KO. § 43 KO.

Gläubiger, welche an einer beweglichen körperlichen Sache, an einer Forderung oder an einem anderen Vermögensrechte des Gemeinschuldners ein Faustpfandrecht haben, können aus den ihnen verpfändeten Gegenständen a b g e s o n d e r t e Befriedigung wegen ihrer Pfandforderung verlangen, zunächst wegen der Kosten, dann wegen der Zinsen, zuletzt wegen des Kapitals.

Der Gläubiger muß daher den thatsächlichen Besitz, den Gewahrsam der Sache erlangt und behalten haben, und soll insbesondere keinen Genuß vom Absonderungsrechte haben, wenn der Gewahrsam dem Schuldner verblieb, oder ihm später anvertraut wurde.

213. Antrag auf Aussonderung.

Gerichtsschreiberei
des k. Amtsgerichts
Berchtesgaden.

Berchtesgaden, am 3. Mai 1896.

In der Konkurssache
über das Vermögen des Kaufmanns Eduard Oestreicher von Berchtesgaden, erscheint Rentier Albert Horn von hier und erklärt:

Laut übergebenen Depositenscheins habe ich dem Gemeinschuldner . . am 1. März 1896 2000 ℳ in 3½%igen Pfandbriefen der süddeutschen Bodenkreditbank zu je 500 ℳ sonach 4 Stück in Depot gegeben.

Diese Wertpapiere sind mein Eigentum, weshalb ich die Aussonderung und demgemäß die Herausgabe derselben an mich beantrage.

Vorgelesen, genehmigt, unterzeichnet:

Albert Horn.

Fischer, k. Sekretär.

Brm. an den Herrn Konkursverwalter

Fischer, k. Sekretär.

KRNo. $\frac{1}{1896}$

KO. § 35 mit 38.

Gegenstand der Aussonderung sind fremde, dem Gemeinschuldner nicht gehörige, in der Konkursmasse befindliche Sachen, welche aus der Masse ausgeschieden und an die Berechtigten hinausgegeben werden müssen. Ob jemand Anspruch auf Aussonderung zufolge eines dinglichen oder persönlichen Rechtes hat oder nicht, bestimmt sich nach gemeinem Recht, bayer. Landrecht, Handelsgesetzbuch ꝛc., ausgenommen der Fälle nach § 36, 37, 38 KO. Die Aussonderungsansprüche sind außerhalb des Konkurses gegen den Verwalter zu erheben und wenn solche von ihm nicht anerkannt werden, im gewöhnlichen Prozeßwege zu verfolgen, als wenn ein Konkursverfahren nicht bestünde.

Wenn nach § 38 KO. die Gegenleistung für den vom Gemeinschuldner veräußerten Gegenstand von ihm vor der Eröffnung des Verfahrens bereits eingezogen ist, hat der Berechtigte seinen Entschädigungsanspruch als Konkursforderung zu verfolgen, § 2, 54 ff.

Die Ehefrau ist nach § 37 KO. befugt, in dem Konkurse ihres Ehemannes alles das zu vindicieren, was sie außerhalb des Konkurses als ihr Eigentum in Anspruch nehmen kann. (conf. das eheliche Güterrecht b. Landrecht Teil I cap. 6.)

214. Anmeldung von Forderungen zur Masse mit Vorrecht.

Gerichtsschreiberei des k. Amtsgerichts Berchtesgaden.

Berchtesgaden, am 4. Mai 1896.

In der Konkurssache

über das Vermögen des Kaufmanns Eduard Oestreicher von Berchtesgaden,

erscheint die großjährige Dienstmagd Barbara Knott von hier und erklärt:

Ich stand seit Jakobi v. Js. bei Gemeinschuldner in der Eigenschaft als Köchin im Dienste und war gegen monatlichen Lohn zu 20 ℳ, freie Station, monatliche Kündigung gebungen. Seit 1. Januar 1896 erhielt ich keinen Lohn mehr; ich habe sonach für 4 Monate, vom 1. Januar mit 30. April c. den Lohn mit 80 ℳ zu fordern.

Indem ich diesen Betrag anmelde, beanspruche ich gemäß § 54 Ziffer 1 der KO. das Vorrecht.

Vorgelesen, genehmigt, unterzeichnet:

Barbara Knott.

KRNo. $\frac{1}{1889}$

Fischer, k. Sekretär.

oder: Erscheint die Hebamme Frisch, übergibt Rechnung über 30 ℳ für Hilfeleistung bei der am 6. Februar c. erfolgten Geburt des Kindes Hedwig und beansprucht das Vorrecht nach § 54 Ziff. 4 KO.

Die Anmeldungen der Konkursforderungen erfolgen entweder schriftlich oder zu Protokoll; in letzterem Falle können sie vom Gerichtsschreiber auch in fortlaufendem Protokolle entgegengenommen werden und ist jedes neue Protokoll mit „Fortgesetzt am" zu überschreiben. Die Anmeldungen müssen in deutscher Sprache (§ 186 bis 193 GVG.) und in deutscher Reichswährung erfolgen. (§ 62 KO.)

Die Frist zur Anmeldung der Konkursforderungen beträgt 3 Wochen bis 3 Monate. Der Zeitraum zwischen dem Ablaufe der Anmeldefrist und dem allgemeinen Prüfungstermine soll mindestens eine Woche und höchstens 2 Monate betragen. (KO. § 126.) Berechnung der Wochen- und Monatsfristen (ZPO. § 200). Erfolgt vor dem Ablauf der Anmeldefrist eine Einstellung $^{3}/_{10}$ Gebühr nach § 51 Ziff. 5 GKG. Diese Gebühr wird nach § 52 l. c. nach dem Betrage der Aktivmasse erhoben, s. Geb.-O. f. RA. § 55.

215. Tabelle der in dem Konkursverfahren über das angemeldeten

Laufende Nr.	Namen, Stand oder Gewerbe und Wohnort des Gläubigers.	Vertreter des Gläubigers. Hinweis auf die Vollmacht.	Tag der Anmeldung.	Betrag d. Forderung ℳ	Betrag d. Forderung ₰	Grund der Forderung und urkundliche Beweisstücke.
1	2	3	4	5		6
						I. Berechtigte
1	Rechner Karl, Buchhalter in Berchtesgaden.	—	1. Mai 1896	300	—	Gehalt für die Monate Februar März und April 1896.
2	Knott Barb., Dienstm. in Berchtesgaden.	—	4. Mai 1896	80	—	Lohn vom 1. Januar mit 30. April 1896.
3	Frisch Magdalena, approb. Hebamme dahier.	RA. Bernstein in Traunstein. Vollmacht v. 10. d. Mts.	5. Mai 1896	30	—	Deserviten für Hilfeleistung bei der am 6. Februar c. erfolgten Geburt der Frau Oestreicher.
4	Herr Isaak, Dr. med. dahier.	Derselbe Anwalt.	7. Mai 1896	100	40	Arztlohn pro 1895.
						II. Nicht berechtigte
1	Gerber und Gebler offene Handelsgesellschaft in München.	RA. Brunner in Traunstein. Vollmacht 1. V. 96.	10. Mai 1896	2000	48	Warenforderung. Vollstr. Urteil vom 10. IV. 96. Absonderungsrecht auf gepfändete Waren.
2	Wagner Karl, Rentier in Berchtesgaden.	RA. Adlerstein in Rosenheim. Vollmacht v. 1. IV. 95.	12. Mai 1896	750	—	Miete pro 1895.
3	Maier August, Gastwirt in Prien.	—	12. Mai 1896	100	40	Darlehen lt. Schuldscheins vom 1. III. 96.
4	Huber Johann, Kaufmann hier.	—	13. Mai 1896	400	—	Warenforderung. Rechnung v. 30. II. 96.
5	Maidl Xaver, Metzger dahier.	—	14. Mai 1896	200	—	Darlehen lt. Schuldschein vom 2. Februar 1896.
6	Wurzer Ernst, Fabrikant in Leipzig.	Busch Jos., Kaufmann hier, Vollmacht v. 3. V. 96.	16. Mai 1896	300	—	Darlehen lt. Schuldschein vom 2. Januar 1896.

Vermögen des Kaufmanns Eduard Oestreicher in Berchtesgaden
Konkursforderungen.

Ergebnis der Prüfungsverhandlung.	Berichtigungen.	Bemerkungen.
7	8	9
Forderungen:		
Festgestellt. Berchtesgaden, am 17. Mai 1896. Huber, OAR.		Vorrecht Nr. 1.
		Vorrecht Nr. 1.
		Vorrecht Nr. 4.
		Vorrecht Nr. 4.
Forderungen:		
Vom Verwalter und den Gläubigern Keck, Wieser und Maier in der Höhe von 400 ℳ bestritten. B., 17. Mai 1896. Huber.	Die Bestreitung ist zurückgezogen. Daher festgestellt. B., 17. Mai 1896. Huber.	
Vom Verwalter als Konkursforderung bestritten. B., 17 Mai 1896. Huber.		Liquident nimmt die Anmeldung zurück. B., 17. Mai 1896. Huber.
Festgestellt ꝛc.		
Der Betrag von 350 ℳ festgestellt; 50 ℳ vom Verwalter bestritten. B., 17. Mai 1896. Huber.	Nach Vorlage des rechtskräftigen Urteils des k. Amtsgerichts Berchtesgaden vom 30. IV. 1896 auf den vollen Betrag festgestellt. B., 10. Juni 1896. Huber.	
Vom Verwalter bestritten. B. ꝛc.		Vom Gemeinschuldner bestritten, da dessen Bruder Isaak Oestreicher die Zahlung übernommen. B., 17. Mai 1896. Huber.
Festgestellt in der Höhe des noch zu ermittelnden Ausfalles. B. ꝛc.		Liquident beansprucht abgesonderte Befriedigung aus dem Pianino.

216. Anmeldung von Forderungen zur Masse ohne Vorrecht.

Gerichtsschreiberei des k. Amtsgerichts Berchtesgaden.

Berchtesgaden, am 5. Mai 1896.

In der Konkurssache

über das Vermögen des Kaufmanns Eduard Oestreicher von Berchtesgaden,

erscheint Händler David Herzog von Zell und erklärt:

Laut der hiemit zu den diesgerichtlichen Konkursakten übergebenen Rechnung vom 20. Februar 1896 hat der Gemeinschuldner . . die in dieser Rechnung aufgeführten Gegenstände zu den beigesetzten Zeiten und den vereinbarten angegebenen Preisen käuflich bezogen und geliefert erhalten. Ich habe sonach von dem Gemeinschuldner . . 90.05 ℳ zu fordern.

Diese Forderung melde ich hiemit ohne Anspruch auf ein Vorrecht gemäß § 126 f. KO. zur Masse an.

Vorgelesen, genehmigt, unterzeichnet:

David Herzog.

Fischer, k. Sekretär.

KRNo. $\frac{1}{1896}$

Die Anmeldung hat die Angabe des Betrages und des Grundes der Forderung sowie des beanspruchten Vorrechts zu enthalten. Sie kann bei dem Gerichte schriftlich eingereicht oder zum Protokolle des Gerichtsschreibers angebracht werden. Die urkundlichen Beweisstücke oder eine Abschrift derselben sind beizufügen. Betrag, Grund und Vorrecht gehören zum wesentlichen Bestandteil der Anmeldung. Beim Aerar erfolgt die Anmeldung durch Fiskale. Die schriftliche oder mündliche Anmeldung kann durch jede prozeßfähige Person als Bevollmächtigten ohne Anwaltszwang geschehen. Geb.-O. f. RA. § 57.

Die Anmeldungen sind in der Gerichtsschreiberei zur Einsicht der Beteiligten niederzulegen. Der Gerichtsschreiber hat jede Forderung sofort nach der Anmeldung derselben in der Rangordnung des beanspruchten Vorrechts in eine Tabelle (Form XIII D. B. 79, 875) einzutragen, welche innerhalb des ersten Dritteils des zwischen dem Ablaufe der Anmeldefrist und dem Prüfungstermine liegenden Zeitraums auf der Gerichtsschreiberei zur Einsicht der Beteiligten niederzulegen und abschriftlich dem Verwalter mitzuteilen ist. (KO. 127 und 128.) 79, 814.

Die Tabelle wird wohl am zweckmäßigsten in zwei Abteilungen geführt. Die erste ist überschrieben: „I. Bevorrechtigte Forderungen."

Diese enthält 5 Unterabteilungen: 1. Die für das letzte Jahr rückständigen Forderungen an Lohn, Kostgeld ꝛc. 2. die Forderungen der Reichs- und Staatskasse, der Gemeinden ꝛc. 3. Forderungen der Kirchen und Schulen, der öffentlichen Verbände. 4. Forderungen der Aerzte, Apotheker, Hebammen, Krankenpfleger ꝛc. 5. desgl. der Kinder und der Pflegebefohlenen. (KO. § 54 Ziff. 1—5.)

Die zweite Abteilung mit: „II. Nicht bevorrechtigte Forderungen" enthaltend alle übrigen Konkursforderungen. KO. § 54 Ziff. 7 mit Art. 233 und 234 hiezu.

In jeder dieser Unterabteilungen werden die einzelnen Forderungen mit laufenden Nummern — was auch dann gilt, wenn mehrere Forderungen eines Gläubigers in einer Anmeldung zusammengefaßt sind — nach der Zeit der Anmeldung eingetragen und zwischen jeder Uebersicht ist ein entsprechender Raum zu lassen. In der Abteilung für nichtvorberechtigte Forderungen erfolgt der Eintrag nach der Zeit der erfolgten Anmeldung unter fortlaufender Nummer. Werden von der Tabelle vollstreckbare Ausfertigungen gefertigt, so ist dieses in Spalte 9 zu bemerken. Bei streitig gebliebenen Forderungen wird von amtswegen vom Sekretär Auszug aus der Tabelle erteilt: „Vorstehender Auszug wird beglaubigt und dem X von Y gemäß § 134 KO. zwecks eigener Betreibung der Feststellung seiner Forderung erteilt." Die in § 55 der KO. genannten Nebenforderungen werden mit der Kapitalsforderung unter einer Nummer angesetzt. Wird ein Vorrecht nur für einen Teil der Forderung beansprucht, so wird jeder der beiden Teile an gehöriger Stelle besonders eingetragen. Bei Forderungen unter aufschiebender Bedingung und bei Forderungen, für welche nach § 57 der KO. verhältnismäßige Befriedigung aus der Konkursmasse nur für den Betrag verlangt wird, zu welchem der Gläubiger abgesonderte Befriedigung nicht erlangt, ist in Spalte 9 eine entsprechende Bemerkung aufzunehmen.

Der Gerichtsschreiber hat auf Wechseln und sonstigen Schuldurkunden, wenn die Forderung als unstreitig festgestellt ist, die Feststellung zu vermerken (KO. § 133). Diese erfolgt auf grund der von dem Gerichte in die Tabelle (KO. § 43) gemachten Eintragung über das Ergebnis der Prüfungsverhandlung. In dem Vermerke ist auf den Eintrag in der Tabelle zu verweisen und bei bevorrechteten Forderungen das festgestellte Vorrecht zu bezeichnen. Auf Verlangen des Gläubigers ist auch auf Urkunden über Forderungen, welche nur teilweise festgestellt sind, die erfolgte Feststellung zu vermerken und dabei anzugeben, inwieweit der Betrag oder das beanspruchte Vorrecht streitig geblieben ist.

217. Prüfungstermin.

Protokoll

aufgenommen bei dem k. Amtsgerichte Berchtesgaden.

Gegenwärtig: Berchtesgaden, am 31. Mai 1896.

Ober-Amtsrichter Huber,

Sekretär Fischer.

In der Konkurssache über das Vermögen des Kaufmanns Ed. Oestreicher von hier, steht auf heute vormittags 10 Uhr dahier allgemeiner Prüfungstermin an und erschienen bei Aufruf der Sache:

a) der Konkursverwalter Kaufmann J. Igl hier,

b) Gemeinschuldner Ed. Oestreicher dahier, persönlich,

c) folgende Konkursgläubiger bezw. deren Vertreter:

1. Bierbrauer Joseph Peduel von Rosenheim,
2. Kaufmann Heinrich Mühl von Reichenhall,
3. Prokurist Ernst Gebler für die Firma Gerber und Gebler in München u. s. w.

Die sämtlichen angemeldeten Forderungen der Abteilung I, Ziffer 1 mit 4; Abteilung II, Ziffer 1 mit 20 (und die nachträglich angemeldeten Forderungen, gegen deren Prüfung ein Widerspruch nicht erhoben wurde) wurden ihrem Betrage und dem beanspruchten Vorrecht nach einzeln erörtert. Bezüglich der Forderungen sub Nr. 1 mit 4 Abt. I; 1. 3, 6 zc. Abt. II wurde von keiner Seite ein Widerspruch erhoben; bestritten wurden die Forderungen sub Nr. 2, 4, 5 der Abteilung II von dem Verwalter;

sub Nr. 10, 24, 26 zc. von den Gläubigern Herz, Mitter, Gast zc. (Nr. 14, 27, 28.)

KRNo. $\frac{1}{1896}$

Das Ergebnis der Erörterung bezw. Prüfung wurde von dem Richter in die Kon-

---

Die Vermerkung auf den Schuldurkunden soll die Veräußerung der Forderungen erleichtern, da nunmehr die Urkunden zurückgegeben werden können. Der Vermerk auf der Wechselrückseite unter dem letzten Giro lautet: „Im Konkurse über das Vermögen des X von Y auf die Höhe von . . ℳ festgestellt. Datum. Unterschrift des Sekretärs."

kurstabelle eingetragen. Auf den vorgelegten Wechseln und Schuldurkunden wurde durch den Sekretär die erfolgte Feststellung vermerkt und hat man diese Urkunden den Gläubigern sofort zurückgegeben.

Der Prüfungstermin wurde ausweislich der bei den Akten befindlichen Blätter: a) im Deutschen Reichsanzeiger Nr. 40, b) in der Augsburger Abendzeitung Nr. 200, c) im Amtsblatte (Berchtesgadener Wochenblatt) Nr. 30 rechtzeitig und richtig bekannt gemacht.

Vorgelesen und genehmigt.

Huber, k. Oberamtsrichter.

Fischer, k. Sekretär.

KO. § 127—136, 85. Es liegt auch nahe, daß im Prüfungstermine noch Parteien erscheinen und ihre Forderungen anmelden; wenn solche Forderungen nicht sofort geprüft oder wenn gegen die Prüfung solcher Forderungen Widerspruch erhoben wird, ist ein neuer Prüfungstermin anzuberaumen.

Diese Bekanntmachung lautet: „Das k. Amtsgericht . . . hat mit Beschluß vom . . . in dem Konkursverfahren über das Verm. de . zur Prüfung der von de . . nach dem allgemeinen Prüfungstermin angemeldeten Forderungen Termin auf . . . anberaumt."

Im Prüfungstermine werden die angemeldeten Forderungen ihrem Betrage und ihrem Vorrechte nach einzeln erörtert. Die Vollmachten werden von amtswegen geprüft. Der Gemeinschuldner hat sich über die Forderungen zu erklären. Die Erklärung des Gemeinschuldners ist nur aufklärend aber nicht maßgebend, da Prozesse nur vom Konkursverwalter oder den Gläubigern geführt werden können.

In dem Prüfungstermine sind auch diejenigen Forderungen, welche nach dem Ablaufe der Anmeldefrist angemeldet sind, zu prüfen, wenn weder der Verwalter noch ein Konkursgläubiger hiergegen Widerspruch erhebt; andernfalls ist auf Kosten der Säumigen ein besonderer Prüfungstermin zu bestimmen. Gläubiger, welche Forderungen nach dem Prüfungstermin anmelden, tragen die Kosten des besonderen Prüfungstermins. (KO. § 129 und 130.) GKG. § 54, 82, 92. Die Prüfung einer angemeldeten Forderung findet statt, wenngleich der anmeldende Gläubiger im Prüfungstermin ausbleibt. Im Falle Ausbleibens des Verwalters muß der Prüfungstermin allenfalls auf Kosten des Säumigen vertagt werden.

218. Prüfungstermin mit Einstellung des Verfahrens.

Protokoll

aufgenommen bei dem k. Amtsgerichte Berchtesgaden.

Gegenwärtig: Berchtesgaden, am 31. Mai 1896.

Amtsrichter Huber

Sekretär Fischer.

In der Konkurssache

über das Vermögen des Kaufmanns Ed. Oestreicher von hier, steht auf heute vormittags 10 Uhr allgemeiner Prüfungstermin an, zu dem sich einfanden:

Die Namen der Erschienenen.

Ehe man die angemeldeten Forderungen ihrem Betrage und ihrem Vorrecht nach erörterte, hat man den Verwalter zur Erklärung veranlaßt, ob eine die Kosten des Verfahrens entsprechende Masse vorhanden oder eine solche gebildet werden könne, worauf dieser erklärte, daß eine Konkursmasse nicht vorhanden sei, sondern schon jetzt ein Passivrest von 200 ℳ bestehe.

Hierauf wurde seitens des Gerichts sofort folgender

Beschluß

erlassen und verkündet:

Das Konkursverfahren über das Vermögen des Kaufmanns Ed. Oestreicher dahier wird wegen ungenügender Konkursmasse gemäß § 190 KO. eingestellt; in der Erwägung, daß bereits das Subhastationsverfahren in Sachen Meier gegen Oestreicher anhängig und Termin zur Versteigerung des schuldnerischen Anwesens auf 20. Juni c. ansteht, und nach Erklärung des Verwalters eine Konkursmasse nicht vorhanden, vielmehr über die Kosten ein Passivrest von 200 ℳ besteht.

KRNo. $\frac{1}{1896}$

(L. S.) Huber, k. Amtsrichter. Fischer, k. Sekretär.

Eine Forderung gilt als festgestellt, soweit gegen sie im Prüfungstermine ein Widerspruch weder von dem Verwalter noch von einem

Konkursgläubiger erhoben wird oder ein erhobener Widerspruch beseitigt ist. Vom Gerichte wird die Forderung nur durch Eintragung des Ergebnisses beurkundet mit der Wirkung eines rechtskräftigen Urteils gegenüber allen Konkursgläubigern. Das Gericht hat nach der Erörterung einer jeden Forderung das Ergebnis in die Tabelle einzutragen. Auf Wechseln und sonstigen Schuldurkunden ist von dem Gerichtsschreiber die Feststellung zu vermerken. Dieser Vermerk muß mit dem in der Tabelle konstatierten wörtlich übereinstimmen. Dieser Vermerk ist als Ausfertigung des Tabelleneintrags anzusehen. Diese Vermerkung des Gerichtsschreibers auf den Schuldurkunden ist auch mit dem Gerichtssiegel zu versehen. Der Vermerk hätte etwa zu lauten: „Im Konkursverfahren über das Vermögen des X ist die Forderung im Prüfungstermine als unstreitig und mit Vorrecht nach KO. § 54 Ziff. 4 festgestellt worden. Datum. Fischer, k. Sekretär." Den Gläubigern streitig gebliebener Forderungen bleibt überlassen, die Feststellung derselben gegen die Bestreitenden zu betreiben. Zu diesem Behufe hat das Gericht dem Gläubiger einen Auszug aus der Tabelle in beglaubigter Form zu erteilen. Auf die Feststellung ist im ordentlichen Verfahren Klage zu erheben. Für die Klage ist das Amtsgericht, bei welchem das Konkursverfahren anhängig ist und, wenn der Streitgegenstand zur Zuständigkeit der Amtsgerichte nicht gehört, das Landgericht ausschließlich zuständig, zu dessen Bezirke das Konkursgericht gehört. (KO. § 131, 132, 133, 134, 136. GKG. § 9, 54. GO. f. RA. § 59.)

Für jeden besonderen Prüfungstermin (KO. § 130) werden nach dem Betrage der einzelnen Forderungen, zu deren Prüfung der Termin dient, die volle Gebühr und, soweit Anmeldungen vor der Prüfung zurückgenommen werden, $^{3}/_{10}$ erhoben. Auf die Wertsberechnung kommt § 136 KO. zur Anwendung.

Die Bekanntmachung lautet: „Das k. Amtsgericht ... hat mit Beschluß vom ... das am ... über das Vermögen de . eröffnete Konkursverfahren, nachdem sich ergeben, daß eine den Kosten des Verfahrens entsprechende Konkursmasse nicht vorhanden ist, eingestellt." (§ 190 KO.)

Der Widerspruch gegen eine Forderung, für welche ein mit der Vollstreckungsklausel versehener Schuldtitel, ein Endurteil oder ein Vollstreckungsbefehl vorliegt, ist von dem Widersprechenden zu verfolgen. Die obsiegende Partei hat die Berichtigung der Tabelle zu erwirken. Soweit durch ein Urteil rechtskräftig eine Forderung festgestellt oder ein Widerspuch für begründet erklärt ist, wirkt dasselbe gegenüber allen Konkursgläubigern. War der Prozeß nur gegen einzelne Gläubiger geführt, so können diese den Ersatz ihrer Prozeßkosten aus der Konkurs-

219. Antrag auf Berichtigung der Konkurstabelle.

Gerichtsschreiberei des k. Amtsgerichts Berchtesgaden.

Berchtesgaden, am 10. Juli 1896.

In der Konkurssache

über das Vermögen des Kaufmanns Ed. Oestreicher hier, erscheint der Konkursgläubiger .. Max Söler von hier und erklärt: In dem .. Prüfungstermin vom 31. Mai 1896 wurde meine angemeldete Konkursforderung im Betrage zu 300 ℳ bestritten und nur 100 ℳ festgestellt. Ich habe auf Feststellung dieser Forderung zu 300 ℳ inzwischen geklagt, übergebe rechtskräftiges Urteil des k. Amtsgerichts Berchtesgaden vom 1. Juli c. und stelle gemäß § 134 KO. den Antrag, nunmehr die Konkursforderung im vollen Betrage festzustellen und die Konkurstabelle dementsprechend zu berichtigen.

Vorgelesen, genehmigt, unterzeichnet:

Max Söler.

Fischer, k. Sekretär.

KRNo. $-\frac{1}{1896}$

---

masse insoweit verlangen, als der letzteren durch das Urteil ein Vorteil erwachsen ist.

Im Falle der Ergänzung oder Berichtigung einer Anmeldung ist auch die Tabelle entsprechend zu ergänzen oder zu berichtigen. Wird nachträglich ein Vorrecht oder ein anderes als das bei der Anmeldung beanspruchte Vorrecht beansprucht oder der Anspruch auf ein Vorrecht zurückgenommen, so ist die Forderung an der Stelle neu einzutragen, an welche sie infolge der Aenderung gehört, und bei dem bisherigen Eintrage in Spalte 8 zu bemerken, daß dieselbe hier wegfällt. Im Falle der Zurücknahme einer Anmeldung wird der Wegfall der Forderung gleichfalls in dieser Spalte angeführt. In allen Fällen, in welchen eine Aenderung eine wiederholte Eintragung zur Folge hat, ist bei jedem der auf die Forderung bezüglichen Einträge in Spalte 9 auf den andern Eintrag zu verweisen.

220. Antrag auf Beschlagnahme von Grundvermögen.

Gerichtsschreiberei
des k. Amtsgerichts
Berchtesgaden.

Berchtesgaden, am 2. Mai 1896.

In der Konkurssache

über das Vermögen des Kaufmanns Ed. Oestreicher von hier, erscheint Kaufmann Gustav Herz von hier, übergibt vollstreckbare Ausfertigung des Schuld- und Hypothekenbriefes des k. Notars Maier dahier, de dato 3. Februar 1890 GRNr. 30 und erklärt:

Gemeinschuldner . . schuldet mir ein Darlehen von 3000 ℳ mit 4% verzinslich und ¼ jährig kündbar.

Weiters wird übergeben Urkunde über die am 20. April c. erfolgte Zustellung der vollstreckbaren Urkunde an den Konkursverwalter Joseph Igl dahier.

Ich nehme Bezug auf das diesgerichtliche Hypothekenbuch und den vorgelegten Grundsteuer-Kataster und beantrage gemäß Art. 21, 24, 25, 26, 169, 171 der SO. § 684, 755, (756) die Beschlagnahme des dem Gerichtsschuldner . . gehörigen, für meine Forderung zu 3000 ℳ verpfändeten Anwesens Hs.-Nr. 9 in Berchtesgaden zum Zwecke der Zwangsversteigerung.

Vorgelesen, genehmigt, unterzeichnet:
Gustav Herz.
Fischer, k. Sekretär.

VRNo. $\frac{600}{1896}$ H.

Wenn zur Zeit der Konkurseröffnung eine Zwangsvollstreckung in das zur Konkursmasse gehörige, unbewegliche Vermögen noch nicht anhängig ist, so kann eine solche eingeleitet und durchgeführt werden, damit festgestellt wird, was nach Deckung der absonderungsberechtigten Gläubiger für die zur Verteilung unter die Konkursgläubiger bestimmte Masse übrig bleibt. Gemäß Art. 170 Abs. 2 SO. wird das Verfahren nicht gegen Gemeinschuldner, sondern gegen den Konkursverwalter gerichtet, welcher die Stelle des Gemeinschuldners vertritt, weshalb die Zustellungen auch an Konkursverwalter zu richten sind. Beschlagnahmebeschluß mit Verfügung lauten wie im üblichen Subhastationsverfahren; nur erhält der Konkursverwalter statt des Gemeinschuldners den Beschluß unter Mitteilung der Abschrift des Beschlagnahme-Antrags.

221. Antrag auf Versteigerung von Hypothekobjekten.

Gerichtsschreiberei des k. Amtsgerichts Berchtesgaden.

Berchtesgaden, am 20. Mai 1896.

In der Konkurssache über das Vermögen des Kaufmanns Ed. Oestreicher dahier erscheint der Konkursverwalter Joseph Igl, Kaufmann dahier, übergibt urkundliche Bescheinigung der Ernennung zum Konkursverwalter und erklärt:

Ich beantrage gemäß § 116 KO. Art. 171 b. Subh.=Ord. die Zwangsversteigerung (Zwangsverwaltung) des nachstehend aufgeführten Grundvermögens. Als Versteigerungs-Beamten bringe ich den k. Notar Herr dahier in Vorschlag.

Das Grundvermögen besteht in:

Pl.=Nr. 30 — 0,064 Wohnhaus mit Stelle rc.

VRNo. $\frac{600}{1896}$ H

(Verwaltung J.)

Vorgelesen, genehmigt, unterzeichnet:

Joseph Igl.

Fischer, k. Sekretär.

Die Zwangsverwaltung und die Zwangsversteigerung der zur Masse gehörigen unbeweglichen Gegenstände kann bei der zuständigen Behörde durch den Konkursverwalter betrieben werden; in diesem Falle kommen die Vorschriften der Art. 171 mit 173 der SO. zur Anwendung. Eine Beschlagnahme findet nicht statt. Das Vollstreckungsgericht ordnet auf den Antrag des Konkursverwalters die Zwangs-Versteigerung oder Verwaltung an und ernennt im ersten Falle den Versteigerungsbeamten. Der Gerichtsbeschluß lautet: „Auf Antrag des Konkursverwalters X von Y vom . . . wird, da über das Vermögen de . . . am . . . der Konkurs eröffnet worden, die Zwangsversteigerung der dem . . . gehörigen Objekte Pl. Nr. . . . angeordnet und der k. Notar Z als Versteigerungsbeamter ernannt.“ (Art. 24 Ziff. 3—7, 25, 26 Abs. 1 Ziff. 3 u. 4, 129.) Dieser Beschluß wird dem Konkursverwalter zugestellt; das weitere Verfahren richtet sich nach der SO. Der nach Deckung der absonderungsberechtigten Gläubiger verbleibende Betrag fließt in die zur Verteilung unter die Konkursgläubiger bestimmte Masse. Gebühren s. GKG. § 52, 55.

222. Antrag auf Schlußverteilung.

Gerichtsschreiberei des k. Amtsgerichts Berchtesgaden.

Berchtesgaden, am 10. Mai 1896.

In der Konkurssache

über das Vermögen des Kaufmanns Ed. Oestreicher hier, erscheint der Konkursverwalter Joseph Igl dahier und erklärt: Der Gläubigerausschuß hat die Schlußrechnung geprüft und sich (im Wesentlichen) mit derselben einverstanden erklärt. Ich übergebe daher die Schlußrechnung nebst Belegen und den Bemerkungen des Gläubigerausschusses sowie das aufgestellte Schlußverzeichnis zu den Akten und stelle gemäß § 149, 150 KO. den Antrag:

Die Schlußverteilung zu genehmigen und den Schlußtermin anzusetzen.

Vorgelesen, genehmigt, unterschrieben:

Joseph Igl.

Fischer, k. Sekretär.

Beschluß.

In ꝛc. wird auf den vom Konkursverwalter am .... gestellten Antrag die Vornahme der

./.

Schlußverteilung genehmigt und Schlußtermin auf ..... 189.. Uhr im Geschäftszimmer Nr. .. anberaumt, an welchem auch Beschlußfassung über die Ansprüche der Mitglieder des Gläubigerausschusses stattfindet.

KRNo. $\frac{1}{1896}$

Ist die Masse verwertet und auf Antrag des Verwalters mit Zustimmung des Gläubigerausschusses vom Gerichte die Vornahme der Schlußverteilung genehmigt, so hinterlegt der Verwalter das Schlußverzeichnis der Forderungen auf der Gerichtsschreiberei und beantragt die Anberaumung des Schlußtermins zur Abnahme der Schlußrechnung, zur Erhebung der Einwendungen gegen das Schlußverzeichnis und zur Beschlußfassung der Gläubiger über die nicht verwertbaren Vermögensstücke.

Das Schreiben an Konkursverwalter lautet: „Auf Ihren Antrag wurde die Vornahme der Schlußverteilung genehmigt und Schlußtermin auf ..... anberaumt. Es liegt Ihnen ob, für rechtzeitige Niederlegung des Schlußverzeichnisses und der Schlußrechnung auf der Gerichtsschreiberei (§ 78 KO.), für den Erlaß der Bekanntmachung (§ 139 KO.) sowie die Zurückbehaltung der Anteile gemäß § 155, 156 KO. Sorge zu tragen, auch den Nachweis der Beobachtung dieser Vorschriften am anberaumten Termine in Vorlage zu bringen" und ist gegen Empfangsbestätigung zu behändigen.

223. Schlußtermin.

Protokoll

aufgenommen bei dem k. Amtsgerichte Berchtesgaden.

Gegenwärtig:
Ober-Amtsrichter Huber.
k. Sekretär Fischer.

Berchtesgaden, am 10. Juni 1896.

In der Konkurssache über das Vermögen des Kaufmanns Ed. Oestreicher von hier, steht auf heute dahier Schlußtermin an. In demselben erschienen:

a) der Konkursverwalter Igl.
b) . . Gemeinschuldner . . Ed. Oestreicher in Person,
c) die Mitglieder des Gläubigerausschusses:
1. Kaufmann Frisch, 2. Handelsmann Michel, 3. Rentier Moriz, dahier,
d) folgende Konkursgläubiger bezw. deren Vertreter:
1. Joseph Müller in Reichenhall ꝛc.

Das Stimmrecht ist für die festgestellten Forderungen sub Nr. 1—20 und für die streitigen Forderungen sub Nr. 22, 26, 29 gemäß Entscheidung vom 1. Juni c. unbestritten.

Gläubiger Remmele beansprucht für den mutmaßlichen Ausfall seiner Forderung zu 2000 ℳ ein Stimmrecht; was der Konkursverwalter widerspricht. Das Gericht entschied im Sinne des Verwalters. (§ 87 KO.)

Gegen die Schlußrechnung wurden Einwendungen nicht (in der Weise) erhoben:

daß der Verwalter die Warenvorräte an Zigarren aus freier Hand verkaufte, während durch Versteigerung ein höherer Kaufpreis erzielt worden wäre.

Es wurde dem Einwendungsführer eröffnet, daß solche Einwendungen im Prozeßwege auszutragen sind.

KRNo. $\frac{1}{1896}$

Die Bekanntmachung des Schlußtermins lautet: „Das k. AG. . . hat mit Beschluß vom . . . in dem Konkursverfahren über

Gegen das Schlußverzeichnis wurden Einwendungen nicht erhoben.

Schließlich wird konstatiert, daß der Schlußtermin ausweislich der bei den Akten befindlichen Blätter (a. im deutschen Reichsanzeiger), b. in der Augsburger Abendzeitung, c. im Berchtesgadener Wochenblatte rechtzeitig bekannt gemacht wurde.

Vorgelesen, genehmigt.

(L. S.) Huber. Fischer.

(§ 150—152, 159 KO.)

---

das Vermögen de . . . . . auf den vom Konkursverwalter . . unterm . . . gestellten Antrag die Vornahme der Schlußverteilung genehmigt und zur Abnahme der Schlußrechnung, zur Erhebung von Einwendungen gegen das Schlußverzeichnis und zur Beschlußfassung der Gläubiger über die nicht verwertbaren Vermögensstücke Schlußtermin auf . . . dahier anberaumt, wozu alle Beteiligten hiemit geladen werden. (An diesem Termin findet auch die Beschlußfassung über die Ansprüche der Mitglieder des Gläubigerausschusses statt.) Schlußverzeichnis und Schlußrechnung nebst Belegen und Bemerkungen des Gläubigerausschusses sind auf der Gerichtsschreiberei zur Einsicht niedergelegt."

Beim Schlußtermin wird wie bei jeder anderen Gläubigerversammlung verfahren, auf ihn finden die Bestimmungen der § 85—91 KO. volle Anwendung.

Wird der Vergleichsvorschlag nicht zurückgewiesen (§ 162 ff. KO.), so hat der Gläubigerausschuß (oder falls ein solcher nicht aufgestellt ist, der Verwalter) sich über die Annehmbarkeit des Vorschlags zu äußern. Der Vorschlag und diese Erklärung sind auf der Gerichtsschreiberei niederzulegen. — Der Termin ist nicht über einen Monat hinaus anzuberaumen. Die öffentliche Bekanntmachung gemäß § 68 KO. lautet: „Das k. Amtsgericht . . . . . hat mit Beschluß vom . . . . in dem Konkursverfahren über das Vermögen de . . . . . zur Beratung und Abstimmung über den Zwangsvergleichsvorschlag de . Gemeinschuldner . . Termin auf . . . . . anberaumt. Zwangsvergleichsvorschlag und Gutachten des Konkursverwalters (Erklärung des Gläubigerausschusses) sind auf der Gerichtsschreiberei zur Einsicht der Beteiligten niedergelegt."

Zum Termine sind die nicht bevorrechtigten Konkursgläubiger, welche angemeldet haben, unter Mitteilung des Vergleichsvorschlags und des Ergebnisses der Erklärung des Gläubigerausschusses (bezw. des

224. Zwangsvergleichsvorschlag.

Gerichtsschreiberei des k. Amtsgerichts Berchtesgaden.

Berchtesgaden, den 1. Juni 1896.

In der Konkurssache über das Vermögen des Kaufmanns Ed. Oestreicher von hier, erscheint der Gemeinschuldner und erklärt:

Nach Inhalt der Konkursakten betragen die Forderungen der nicht bevorrechtigten Konkursgläubiger ca. 30000 ℳ; da die zur Verteilung voraussichtlich verfügbare Masse nur ca. 10000 ℳ betragen wird, würden auf die nicht bevorrechtigten Konkursgläubiger etwa 30 % entfallen.

Ich biete nun gemäß § 160 KO. folgenden Zwangsvergleichsvorschlag:

Die nicht bevorrechtigten Konkursgläubiger erhalten 40 % ihrer Forderungen gegen Verzicht auf den Rest, und zwar:

a) 10 % sofort nach Rechtskraft des Vergleichs,
b) 3 Raten zu je 10 % je am 1. Juli, 1. Aug. und 1. Sept. 96.

./. Ich übergebe gemeindeamtlich beglaubigte Bürgschaftserklärung, wornach der Fabrikant Josef Müller hier für Bezahlung der sub b genannten Raten die Bürgschaft als Selbstschuldner und Selbstzahler übernommen hat. —

Die bevorrechtigten Forderungen, Massekosten und Masseschulden sind durch den in Händen des Verwalters befindlichen Betrag von etwa 350 ℳ hinreichend gedeckt. —

Ich beantrage Anberaumung eines Termins zur Abstimmung.

KRNr. $\frac{1}{1896}$

Vorgelesen, genehmigt, unterschrieben;
Eduard Oestreicher.
Fischer, k. Sekretär.

Verwalters) besonders zu laden. — Diese Zustellungen können durch Aufgabe zur Post (was nur der Gerichtsvollzieher bethätigen kann) erfolgen.
Der Konkursverwalter erhält den Vorschlag in Original oder Abschrift zugeleitet, damit er den Gläubigerausschuß zur Erklärung veranlasse.

225. Antrag auf Verwerfung des Zwangsvergleichs.

Gerichtsschreiberei des k. Amtsgerichts Berchtesgaden.

Berchtesgaden, am 10. Juni 1896.

In der Konkurssache über das Vermögen des Kaufmanns Ed. Oestreicher hier, erscheint Kaufmann Ignaz Hoberdizel von Freilassing und erklärt: Am 1. ds. Mts. hat Gemeinschuldner . . . einen Zwangsvergleichsvorschlag eingebracht, die dargelegten Gründe zu diesem Vorschlag sind jedoch nicht stichhaltig.

Gemeinschuldner hat dem Hauptgläubiger für den Fall seiner Zustimmung nach Umlauf von Jahresfrist die Gewähr weiterer 10 % versprochen; der von dem Gemeinschuldner vorgeschobene Bürge, dessen Schwager Fabrikant Jos. Müller, ist kein solventer Mann; derselbe steht selbst nicht gut und ist in mehrere größere Prozesse verwickelt, er bietet sonach keineswegs Gewähr für die von ihm übernommene Verbindlichkeit.

Es ist sonach der Vergleich durch Versprechen und Begünstigung auf unlautere Weise zustande gebracht worden und widerspricht dem gemeinsamen Interesse der nicht bevorrechtigten Konkursgläubiger.

Ich stelle daher gemäß § 173 KO. den Antrag:

„den von dem Gemeinschuldner . . vorgeschlagenen Zwangsvergleich zu verwerfen."

Dem Comparenten wurde eröffnet, daß eine mündliche Wiederholung dieses Antrags im Vergleichstermine geboten sei.

Vorgelesen, genehmigt, unterzeichnet:

Ignaz Hoberdizel.

KRNr. $\frac{1}{1896}$.

Fischer, k. Sekretär.

KO. § 168 f. 86—89. Ist der Zwangsvergleich rechtskräftig, hat der Verwalter die Schlußrechnung gestellt und die Ansprüche an die Masse befriedigt, wird das Konkursverfahren aufgehoben. Die Bekanntmachung lautet: „Das k. Amtsgericht . . . . hat mit Beschluß vom . . das über das Vermögen de . . . eröffnete Konkursverfahren als durch

226. Zwangs-Vergleich.

Protokoll

aufgenommen bei dem k. Amtsgerichte Berchtesgaden.

Gegenwärtig:	Berchtesgaden, am 1. Juli 1896.
Ober-Amtsrichter Huber. Sekretär Fischer.	In der Konkurssache über das Vermögen des Kaufmanns Ed. Oestreicher dahier, steht auf heute . . mittags . Uhr dahier Termin zur Verhandlung über den von Gemeinschuldner . . beantragten Zwangsvergleich an. Es fanden sich ein:

a) der Konkursverwalter Igl dahier,

b) . . . Gemeinschuldner . . Ed. Oestreicher in Person,

c) die Mitglieder des Gläubigerausschusses,

d) folgende Konkursgläubiger bezw. ihre Vertreter:

1. Joseph Veduel mit einer Forderung von 2000 ℳ,
2. Ignaz Mendel mit einer Forderung von 1000 ℳ rc.

Diese sämtlichen Forderungen wurden im Prüfungstermin vom 31. Mai c. festgestellt, weshalb alle obigen Konkursgläubiger stimmberechtigt erscheinen.

Hierauf wurde über den Vergleichsvorschlag verhandelt, den Gemeinschuldner . . wiederholte. Der Verwalter erörterte die Sachlage und sprach sich für die Annahme des Vergleiches aus; der Gläubigerausschuß schloß sich den Anträgen des Verwalters . . . an.

KRNr. $\frac{1}{1896}$

Schlußverteilung (rechtskräftige Bestätigung des Zwangsvergleichs) beendigt, aufgehoben."

Die Gerichtsbeschlüsse hätten zu lauten:

a) bei Genehmigung des Zwangsvergleichs: „In rc. wird der im heutigen Termine angenommene Vergleich hiemit bestätigt; in

Es wurde sodann zur Abstimmung über den Vergleich geschritten; es stimmten

a) für den Vergleich die Gläubiger Nr. 1, 3, 4, 7, 9, 11–20 rc. mit einer Summe von 19000 ℳ,

b) gegen den Vergleich die Gläubiger Nr. 2, 5, 6, 8, 10 mit einer Summe von 11000 ℳ.

Der Zwangsvergleich wurde sohin nicht angenommen, worauf vom Gerichte, nachdem seitens der Beteiligten weitere Erklärungen nicht abgegeben worden, anliegender die Genehmigung (Verwerfung) des Zwangsvergleichs aussprechende Beschluß erlassen und verkündet wurde.

Der heutige Zwangsvergleichstermin wurde ausweislich der bei den Akten befindlichen Blätter rechtzeitig und richtig bekannt gemacht.

Vorgelesen, genehmigt:

(L. S.) Huber. Fischer.

Erwägung, daß der von Gemeinschuldner offerierte Vergleichsvorschlag Annahme fand und die Mehrzahl der im Vergleichstermin anwesenden stimmberechtigten Gläubiger dem Vergleiche ausdrücklich zugestimmt hat, in Erwägung, daß die Gläubiger, der Verwalter und der Gläubigerausschuß mit ihren Anträgen gehört wurden (und die Gesamtsumme der Forderungen der zustimmenden Gläubiger ³/₄ der Gesamtsumme aller zum Stimmen berechtigenden Forderungen betrug) und Verwerfungsgründe nicht bekannt, auch nicht vorgebracht wurden. (§ 169, 170 KO.)

b) bei Verwerfung: „In rc. wird der von Gemeinschuldner vorgeschlagene Zwangsvergleich hiemit verworfen, in Erwägung, daß die für das Verfahren und den Abschluß des Vergleichs gegebenen Vorschriften nicht beobachtet wurden und das Fehlende nicht ergänzt werden konnte, in Erwägung, daß der Fall der Unzulässigkeit des Zwangsvergleichs nachträglich eingetreten ist, indem u. s. w. oder in Erwägung, daß der Vergleich durch Begünstigung eines Gläubigers und in unlauterer Weise zu stande gebracht wurde, indem rc. sowie daß der Vergleich dem gemeinsamen Interesse der nicht bevorrechtigten Konkursgläubiger widerspricht, in Erwägung, daß diese Thatsachen, auf welche der Vergleich begründet wurde, dadurch glaubhaft gemacht wurden, daß rc. (§ 172, 173 KO.) Vergl. § 282, 294 ZPO; 66 Abs. 2 KO.

Ist nur 1 der Mehrheiten des § 169 KO. erreicht, so ist auf Antrag des Gemeinschuldners, der bis zum Schlusse des Termins gestellt werden kann, neuer Termin zur nochmaligen Abstimmung zu verkünden.

Zur Annahme eines Vergleichs ist erforderlich, daß 1. die Mehrzahl der in dem Vergleichstermine anwesenden stimmberechtigten Gläubiger dem Vergleiche ausdrücklich zustimmt und 2. die Gesamtsumme der Forderungen der zustimmenden Gläubiger wenigstens $^3/_4$ der Gesamtsumme aller zum Stimmen berechtigten Forderungen beträgt. (§ 169 KO.) Abs. 2 des § 169 KO. ist wesentlich.

Sobald der allgemeine Prüfungstermin abgehalten und so lange nicht die Vornahme der Schlußverteilung genehmigt worden ist, kann auf den Vorschlag des Gemeinschuldners zwischen diesem und den nicht bevorrechtigten Konkursgläubigern ein Zwangsvergleich geschlossen werden. Der Vergleich muß allen nicht bevorrechtigten Konkursgläubigern gleiche Rechte gewähren. Der Vorschlag und die Erklärung des Gläubigerausschusses sind auf der Gerichtsschreiberei zur Einsicht der Beteiligten niederzulegen. (§ 160, 168, 165 KO.) Der vom Gerichte festgesetzte Vergleichstermin ist von dem Gerichtsschreiber öffentlich bekannt zu machen und sind zu demselben durch Aufgabe zur Post die nicht bevorrechtigten Konkursgläubiger, welche Forderungen angemeldet haben, unter Mitteilung einer Abschrift des Vergleichsvorschlages und der Erklärung des Gläubigerausschusses zu laden. GKG. § 51 Nr. 2. GO. f. RA. § 56.

Für das Konkursverfahren, einschließlich des der Eröffnung vorangegangenen Verfahrens, werden erhoben: wenn auf grund eines Zwangsvergleiches die Aufhebung erfolgt, die volle Gebühr und $^8/_{10}$ derselben.

Ueber die Erhebung eines Gebührenvorschusses s. § 82 GKG. Der Vorschuß beträgt ebensoviel wie die zu erhebende Gebühr.

Die im § 51 des GKG. bestimmte Gebühr wird nach dem Betrage der Aktivmasse erhoben. Massekosten, mit Ausnahme der Gebühren des Konkursgerichts, des Konkursverwalters und des Gläubigerausschusses, sowie Massekosten werden abgesetzt.

Ist die Aktivmasse höher als die Schuldenmasse, so wird die Gebühr nach dem Betrage der letzteren erhoben. Für die Berechnung der Masse ist die Zeit der Beendigung des Verfahrens maßgebend. (GKG. § 52.)

Abweichende Bestimmungen des Konkursverfahrens bestehen: I. beim Konkurse über das Vermögen einer Handelsgesellschaft und Genossenschaft (§ 193—201 KO.)

II. für das Konkursverfahren über einen Nachlaß in (§ 202 bis 206 l. c.)

III. beim Konkurse über das inländische Vermögen eines Ausländers. (§ 207 und 208 KO.)

327. Antrag auf Einstellung des Konkursverfahrens.

Gerichtsschreiberei des k. Amtsgerichts Berchtesgaden.

Berchtesgaden, am 1. Juli 1896.

In der Konkurssache über das Vermögen des Kaufmanns Ed. Oestreicher hier, erscheint der Gemeinschuldner .. und erklärt:

Ich übergebe Zustimmungserklärungen aller Konkursgläubiger, welche Forderungen angemeldet haben (oder falls die Anmeldefrist noch nicht abgelaufen ist: Ich übergebe Zustimmungserklärungen aller bekannten Gläubiger) und stelle gemäß § 188 KO. den Antrag auf Einstellung des Verfahrens.

./.

KRNr. $\frac{1}{1896}$

Vorgelesen, genehmigt, unterzeichnet:
Eduard Oestreicher.

Fischer, k. Sekretär.

Der Antrag ist — nach Prüfung durch das Gericht — öffentlich bekannt zu machen; die Einrückung lautet: „Im Konkursverfahren über das Vermögen de . . . . . hat der Gemeinschuldner die Einstellung des Verfahrens gemäß § 188 KO. beantragt." Dies wird den Konkursgläubigern mit dem Bemerken bekannt gegeben, daß die Aufhebung des Konkursverfahrens zu erfolgen hat, wenn innerhalb einer Woche Widerspruch gegen den Antrag nicht erhoben wird. Die zustimmenden Erklärungen der Konkursgläubiger sind auf der Gerichtsschreiberei zur Einsicht der Beteiligten niedergelegt." Nach Ablauf dieser Frist sind der Verwalter und der Gemeinschuldner und der etwa widersprechende Gläubiger zu hören; der Richter hat zu diesem Zwecke einen Hörtermin anzusetzen. Nach Anhörung vorgenannter Personen beschließt das Gericht über die Aufhebung.

Beschluß und dementsprechende Bekanntmachung lauten: „Das k. Amtsgericht Berchtesgaden hat mit Beschluß vom Heutigen das am . . . . über das Vermögen des . . . . . eröffnete Konkursverfahren mit Zustimmung der Konkursgläubiger eingestellt." Schlußtermin fällt natürlich weg, doch ist eine Abrechnung zwischen Verwalter und Gemeinschuldner zu verlangen. — Die Einstellung **mangels Masse** erfolgt ohne besonderen Antrag, wohl zweckmäßig nach Bericht des Verwalters. Der Beschluß lautet: „Das k. Amtsgericht . . . hat mit Beschluß vom Heutigen das über das Vermögen des . . . am . . . eröffnete Konkursverfahren mangels einer den Kosten des Verfahrens entsprechenden Konkursmasse eingestellt. — Termin zur Abnahme der Schlußrechnung des Verwalters ist auf . . . . anberaumt; die Schlußrechnung ist spätestens 3 Tage vor diesem Termine auf der Gerichtsschreiberei niedergelegt." Die öffentliche Bekanntmachung lautet dementsprechend. — Die Thatsache der Einstellung (d. i. der erste Satz) ist auch im Reichsanzeiger zu veröffentlichen. Der Schlußrechnungstermin nur im Amtsblatte.

Die Aufhebung des Konkursverfahrens im Falle der Erledigung durch Schlußverteilung erfolgt nach dem Schlußtermin und nachdem der Verwalter die Belege über Ausschüttung der Masse erbracht hat. § 151 KO.; im Falle der Beendigung durch Zwangsvergleich, wenn dieser Beschluß rechtskräftig ist; letzterenfalls ist noch Termin zur Annahme der Schlußrechnung des Verwalters zu bestimmen; Veröffentlichung der Beendigung im Reichsanzeiger und im Amtsblatt des Termins nur im Amtsblatt.

Die Aufhebung des Konkursverfahrens wird beschlossen, wenn der zur Abnahme der Schlußrechnung, zur Erhebung von Einwendungen gegen das Schlußverzeichnis und zur Beschlußfassung der Gläubiger über die nicht verwertbaren Vermögensstücke anberaumte Schlußtermin abgehalten ist; sowie ferners, wenn der angenommene Zwangsvergleich durch das Konkursgericht bestätigt und der bezügliche Beschluß rechtskräftig geworden ist. (§ 150, 151, 174 KO.)

Die Einstellung des Konkursverfahrens erfolgt auf Antrag des Gemeinschuldners nach Zustimmung aller Konkursgläubiger, sowie von amtswegen, wenn sich ergibt, daß eine den Kosten des Verfahrens entsprechende Konkursmasse nicht vorhanden ist. (§ 188, 190 KO.)

Der Beschluß über Aufhebung und Einstellung sowie der Grund hiezu (Schlußverteilung, rechtskräftiger Zwangsvergleich, Antrag des Gemeinschuldners mit Gläubigerzustimmung, Massemangel) sind öffentlich bekannt zu machen wie bei der Eröffnung. (§ 68, 103 Abs. 2, 151, 175, 191 KO. Art. 33 b. Ausf.-Ges.)

Konkursakte der Amtsgerichte **79**, 823, 905, **80**, 424. Führung der Konkursregister der Amtsgerichte. Form **79**, 907. Siegelungen, Entsiegelungen und Verrichtungen einer Urkundsperson durch Gerichtsschreiber **79**, 105 f., 812 ff. Durch Gerichtsvollzieher **79**, 106, 627, 1562 f. Protokolle der Gerichtsschreiber über Gesuche und Erklärungen der Beteiligten, dann über gerichtliche Verhandlungen in demselben **79**, 749, 751 f., 753, 755. Oeffentliche Bekanntmachungen Mitteilung beglaubigter Abschriften durch die Gerichtsschreiber **79**, 797 f., 800. Schließung der Geschäftsbücher des Gemeinschuldners, Vornahme von Siegelungen und Entsiegelungen, sowie Aufzeichnung der zur Konkursmasse gehörigen Gegenstände durch Gerichtsschreiber **79**, 812 ff. Tabelle über die in dem Konkursverfahren angemeldeten Forderungen **79**, 814 ff.; (Form.) 875 ff. Vormerkung der im Konkursverfahren erfolgten Feststellung einer Forderung auf der Schuldurkunde **79**, 816. Zustellungen im Konkurse durch Gerichtsvollzieher **79**, 1233 ff. Schuldtitel zur Zwangsvollstreckung aus dem Konkursverfahren **79**, 1498. Zwangsvollstreckungen und Arreste während des Konkursverfahrens **79**, 1504 f. Einstweilige Verfügungen vor Eröffnung des Konkursverfahrens und Haft des Schuldners **79**, 1555. Vertretung des Staatsärars im Konkursverfahren **79**, 1605 f. Erhebung von Abschlagszahlungen auf die Gebühren im Konkursverfahren **80**, 287. Zustellungen **79**, 779, 780.

D. Das Strafverfahren.

Ueber die Hauptverhandlung ist ein Protokoll aufzunehmen und von dem Vorsitzenden und dem Gerichtsschreiber zu unterschreiben. Ist der Vorsitzende verhindert, so unterschreibt für ihn der älteste beisitzende Richter. Im Falle der Verhinderung des Amtsrichters genügt die Unterschrift des Gerichtsschreibers (271). Erstreckt sich die Verhandlung auf mehrere Tage, so ist an jedem Tage ein besonderes Protokoll aufzunehmen und diese mehreren Protokolle werden zu einem Aktenstücke vereinigt.

Die selbständige Abfassung des Protokolls obliegt dem Gerichtsschreiber. Etwaige Meinungsverschiedenheiten zwischen dem Vorsitzenden und dem Gerichtsschreiber in Ansehung des Inhalts werden durch Berichtigungen oder Ergänzungen erledigt.

Ueber die wesentlichen Bestandteile des Protokolles in der Hauptverhandlung conf. § 272, 273 StPO.

Aufnahme des wesentlichen Inhalts der Aussagen der vernommenen Personen bei den Hauptverhandlungen vor den Strafkammern und den Schwurgerichten 86, 167 f.

Die Beobachtung der für die Hauptverhandlung vorgeschriebenen Förmlichkeiten kann nur durch das Protokoll bewiesen werden.

Gegen den diese Förmlichkeiten betreffenden Inhalt desselben ist nur der Nachweis der Fälschung zulässig. Mit Rücksicht dieser Förmlichkeiten hat das Protokoll beweisende Kraft mit der Wirkung, daß als geschehen erachtet werden muß, was dasselbe als geschehen beurkundet, und daß als nicht geschehen anzusehen ist, worüber es schweigt (274.)

Wenn ein Teil einer Verhandlung in einer Anlage zum Protokolle niedergeschrieben wird, so ist für diese Anlage dieselbe Form der Beurkundung innezuhalten, wie sie nach § 271 StPO. vorgeschrieben, sie ist daher vom Vorsitzenden und vom Gerichtsschreiber zu unterschreiben. Die Hauptverhandlung erfolgt in ununterbrochener Gegenwart der zur Urteilsfällung berufenen Personen sowie der Staatsanwaltschaft und eines Gerichtsschreibers. (225.) Gerichtsschreiber und Beamter der Staatsanwaltschaft brauchen nicht immer dieselben zu sein. Die Hauptverhandlung beginnt mit dem Aufrufe der Zeugen und Sachverständigen. Eingeleitet wird sie durch Aufruf der Sache und des Angeklagten bezw. durch dessen Vorführung. Die Verlesung des Eröffnungsbeschlusses und die Vernehmung des Angeklagten erfolgt in Abwesenheit der zu vernehmenden Zeugen. (242.)

Zwischen der Zustellung der Ladung und dem Tage der Hauptverhandlung muß eine Frist von mindestens einer Woche liegen.

Bei nicht eingehaltener Ladungsfrist kann die Aussetzung der Hauptverhandlung vom Angeklagten verlangt werden, so lange mit der Verlesung des Beschlusses über die Eröffnung des Hauptverfahrens nicht begonnen ist. Ueber den Antrag entscheidet das Gericht (216, 227).

Bei Ausschluß der Oeffentlichkeit wäre zu konstatieren:

„Auf Antrag des Verteidigers (Staatsanwaltschaft) wurde zunächst in nicht öffentlicher Sitzung über die Ausschließung der Oeffentlichkeit für die Verhandlung dieser Strafsache wegen Gefährdung der Sittlichkeit verhandelt. Der Verteidiger (StA.) sowie der Angeklagte stimmten diesem Antrage zu. Nach Wiederherstellung der Oeffentlichkeit wurde Gerichtsbeschluß dahin verkündet, daß für die Verhandlung der Strafsache die Oeffentlichkeit wegen Gefährdung der Sittlichkeit ausgeschlossen sei.“

Die Verlesung des Eröffnungsbeschlusses geschieht in der Regel durch den Gerichtsschreiber und zwar nach Erhebung der Personalien durch den Vorsitzenden.

Nach Verlesung des Eröffnungsbeschlusses erfolgt die Vernehmung des Angeklagten (136); sodann folgt die Beweisaufnahme (243).

Jeder Zeuge ist einzeln und in Abwesenheit der später abzuhörenden Zeugen zu vernehmen (58 Abs. 1).

Von der Erhebung einzelner Beweise kann das Gericht absehen, wenn die Staatsanwaltschaft und der Angeklagte damit einverstanden sind (244).

Die Vernehmung der Zeugen beginnt damit, daß derselbe über Vor- und Zunamen, Alter, Religionsbekenntnis, Stand oder Gewerbe und Wohnort (Personalien); sowie über die Beziehungen zu dem Beschuldigten oder dem Verletzten (Generalien) befragt wird.

Nach der Vernehmung eines jeden Zeugen, Sachverständigen oder Mitangeklagten, sowie nach der Verlesung eines jeden Schriftstückes soll der Angeklagte befragt werden, ob er etwas zu erklären habe (256).

Nach Schluß der Beweisaufnahme erhalten die Staatsanwaltschaft und sodann der Angeklagte zu ihren Ausführungen und Anträgen das Wort. Der Staatsanwaltschaft steht das Recht der Erwiderung auf die Ausführungen des Angeklagten zu. Dem Angeklagten gebührt das letzte Wort. Derselbe ist, auch wenn ein Verteidiger für ihn gesprochen hat, zu befragen, ob er selbst noch etwas zu seiner Verteidigung anzuführen habe (257).

Die Hauptverhandlung schließt mit der Erlassung des Urteils. Das Urteil kann nur auf Freisprechung, Verurteilung oder Einstellung des Verfahrens lauten. Die Einstellung des Verfahrens ist auszusprechen, wenn bei einer nur auf Antrag zu verfolgenden strafbaren Handlung sich ergiebt, daß der erforderliche Antrag nicht vorliegt, oder wenn der Antrag rechtzeitig zurückgenommen ist (259). Bezüglich der Kosten siehe § 496—506 der StPO.

228. Schöffen-Beeidigung.

Protokoll

über die Beeidigung der Schöffen,
geführt
in der öffentlichen Sitzung des k. Amtsgerichts zu Pappenheim
am 1. März 1889.

Gegenwärtig:
1. Der Amtsrichter Friedrich.
2. Der Amtsanwalt Groß.
3. Der Gerichtsschreiber Klein.

In der heutigen Sitzung wurden die für dieselbe ausgelosten, im Geschäftsjahre 1889 zum Erstenmale zur Dienstleistung einberufenen Schöffen

1. Wilhelm Gerngroß, Oekonom von Langenaltheim,
2. Michael Fischer, Baumeister von Treuchtlingen,

nach Maßgabe des § 51 des RGVG. beeidigt.

Königl. Amtsgericht.

(L. S.) Friedrich.

Der Gerichtsschreiber
Klein.

XXIV.

Die Beeidigung der Schöffen erfolgt bei ihrer ersten Dienstleistung in öffentlicher Sitzung; sie gilt für die Dauer des Geschäftsjahres. Der Vorsitzende richtet an die zu Beeidigenden die Worte: „Sie schwören bei Gott dem Allmächtigen und Allwissenden, die Pflichten eines Schöffen getreulich zu erfüllen und Ihre Stimme nach bestem Wissen und Gewissen abzugeben", worauf jeder Schöffe einzeln mit erhobener Rechten die Worte spricht: „Ich schwöre es, so wahr mir Gott helfe." Fähigkeit und Berufung zum Schöffenamt GVG. § 31—34, 52, Ablehnung der Berufung durch den Schöffen GVG. § 35, 53. Verhinderung des Schöffen GVG. § 54. Die Entscheidung über eine Ausschließung oder Ablehnung von Schöffen erfolgt durch den Amtsrichter. StPO. § 31.

229. Die Haupt-Verhandlung vor dem Schöffengerichte.

Ziffer des Anz.-Verz. 20.

Protokoll,

geführt in der öffentlichen Sitzung des Schöffengerichts zu Pappenheim am 1. März 1896.

Gegenwärtig:

1. Der Amtsrichter Friedrich,
2. die Schöffen:
   a) Gerngroß Wilhelm, Oekonom in Langenaltheim,
   b) Mich. Fischer, Baumeister in Treuchtlingen,

welche laut gesonderten Protokolles vom Heutigen den vorgeschriebenen Eid eines Schöffen geleistet haben,

3. der Amtsanwalt Groß,
4. der Gerichtsschreiber Klein.

Zur heutigen Hauptverhandlung in der Strafsache gegen Maier Johann, lediger Hausknecht von Pappenheim,

wegen Diebstahls,

war nach Aufruf der Sache der Angeklagte persönlich (weil verhaftet, aus der Untersuchungshaft vorgeführt) erschienen.

Nichteinhaltung der Ladungsfrist. (216, 227.)

Die vorgeladenen Zeugen (und Sachverständigen) wurden aufgerufen (242), über die Bedeutung des Eides und die strafrechtlichen Folgen des Meineids belehrt und sodann in das Zeugenzimmer entlassen. (68, 59, 247, 80.)

Angeklagter, über seine persönlichen Verhältnisse befragt (242), erklärt: Ich heiße Johann Maier, bin geboren am 13. Juni 1865, Sohn der Maurerseheleute Johann und † Barbara Maier, letztere eine geborne Hirter von Dietfurt, lutherischer Religion, Ersatzreservist 2. Cl., noch nicht bestraft, ohne Vermögen; beheimatet in Dietfurt, z. Z. dahier im Dienste bei Hotelbesitzer Dinkelmeier; lediger Hausknecht. (248, 56.)

Ausschluß der Oeffentlichkeit (173 GVG.).

Hierauf wurde der Beschluß vom 20. Febr. l. J. über die Eröffnung des Hauptverfahrens verlesen (die Anklage vom Staatsanwalt mündlich vorgetragen): (242.)

Angeklagter befragt, ob er etwas auf die Anklage erwidern wolle, erklärte, daß er sich des ihm zur Last gelegten Diebstahls schuldig gemacht habe. (242, 136.)

Entfernung des Angeklagten bei Vernehmung des Mitangeklagten. (246.)

Die Zeugen geben an:

I. Zeuge Hirschmann nach Leistung des Zeugeneides: (60–64.)
Karl Hirschmann, 19 Jahre alt, protestantisch, lediger Kellner von Hersbruck, z. Zt. dahier; cet. gen. neg.

Zur Sache:

Am 10. Januar d. J. vermißte ich aus meinem verschlossenen Koffer ein Zehn-Markstück. Zwei Tage vorher hatte ich den Verlust des Kofferschlüssels bemerkt, welcher sich in meiner in der Schlafkammer befindlichen Hose befand. Als ich den Angeklagten zur Rede stellte, gestand er den Diebstahl sogleich ein.

Angeklagter hatte auf Befragen nichts zu erklären.

Belehrung von Angehörigen über die Zeugnisverweigerung. (51 Abs. 2.)

Begründung der Zeugnisverweigerung (55).

Eidesunfähigkeit (50).

Vorlesung des richterlichen Protokolls über ein Geständnis des Angeklagten; insbes. bei Widersprüchen (253).

Verlesung von Gutachten öffentlicher Behörden, ärztlichen Zeugnissen, Urkunden und anderen Schriftstücken (255, 248).

Beweisanträge (243, 245, 34).

Umfang der Beweisaufnahme (244).

Klageänderung (263, 264, 153).

Ausdehnung auf weitere Delikte des Angeklagten (265).

Von der Vernehmung des weiteren Zeugen Karl Frisch von hier wurde seitens des Gerichts im Einverständnis mit dem Amtsanwalt und dem Angeklagten abgesehen. (244).

Die Vorschrift des § 256 RStPO. wurde beobachtet.

Der Amtsanwalt und sodann der Angeklagte erhielten zu ihren Ausführungen das Wort.

Der Amtsanwalt beantragte: Den Angeklagten gemäß § 242 des Strafgesetzbuches eines Vergehens des Diebstahls für schuldig zu erkennen und in eine Gefängnisstrafe von fünf Tagen sowie in die Kosten des Verfahrens zu verurteilen.

Der Angeklagte, welcher das letzte Wort hatte, bat um eine gelinde Strafe.

Befragt, ob er noch etwas zu seiner Verteidigung vorzubringen habe, antwortete er verneinend.

Das Schöffengericht zog sich dann zur Beratung zurück und es wurde nach erfolgter Beratung sofort nachstehendes Urteil erlassen und öffentlich verkündet: (259, 266, 267.)

Wiederherstellung der Oeffentlichkeit, wenn solche ausgeschlossen. (170, 174 GVG.)

„Der Angeklagte Johann Maier, geb. am 13. Juni 1865, evangelisch, lediger Hausknecht von Dietfurt, z. Zt. dahier, ist schuldig eines Vergehens des Diebstahls und wird hierwegen in eine Gefängnisstrafe von drei Tagen sowie in die Kosten des Verfahrens und Strafvollzugs verurteilt."

Die Entscheidungsgründe wurden ihres wesentlichen Inhalts nach mündlich eröffnet und der Angeklagte über Berufung und Berufungsfrist belehrt. (JMBl. 80, 318 Ziff. 6.)

Der Angeklagte erklärte, daß er auf Einlegung eines Rechtsmittels verzichte und sich dem Urteile sofort unterwerfe.

(L. S.) Friedrich. Klein.

Der Verzicht des Angeklagten auf das Rechtsmittel der Berufung bezw. Revision ist für den Verhafteten wegen der hienach sich berechnenden Strafzeit von besonderer Bedeutung (482). Es muß daher im Protokolle auch die Zeit dieses Verzichtes angegeben werden.

230. Entwurf eines schöffengerichtlichen Urteils.

Urteilsziffer: 26 . .

Ziffer des Anz.-Verz. 486 1896.

Im Namen
Seiner Majestät des Königs von Bayern

erkennt das Schöffengericht des k. Amtsgerichts Pappenheim,

in der Strafsache gegen Maier Johann, led. Hausknecht von Pappenheim,

wegen Diebstahls

in seiner öffentlichen Sitzung vom 1. März 1896

in Gegenwart:

1. des k. Amtsrichters Friedrich,
2. der Schöffen
   a) Gerngroß Wilhelm, Oekonom in Langenaltheim,
   b) Fischer Michael, Baumeister in Treuchtlingen,
3. des Amtsanwalts Groß,
4. des k. Gerichtsschreibers Klein

nach gepflogener Hauptverhandlung zu Recht wie folgt:

Der Angeklagte Johann Maier, geb. am 13. Juni 1865, evangelisch, led. Hausknecht von Dietfurt, z. Zt. in Pappenheim ist schuldig eines Vergehens des Diebstahls und wird hiewegen in eine Gefängnisstrafe von drei Tagen, sowie zur Tragung der Kosten des Verfahrens und Strafvollzugs verurteilt.

Thatbestand.

Der Angeklagte ist teils geständig, teils durch die Zeugen Johann Müller und Rosa Merz dahier überführt, am 7. Februar l. Js. aus dem Koffer der Kellnerin Rosa Merz, welche bei dem Gastwirt Johann Mitterer bedienstet war, eine Geldtasche mit 10 ℳ Inhalt weggenommen und in der Absicht rechtswidriger Zueignung sich angeeignet zu haben. Den Koffer der rc. Merz öffnete der Angeklagte mit dem ihm zugänglichen, an der Wand hängenden Schlüssel.

Gründe.

Durch diese strafbare Handlung ist ein Vergehen des Diebstahls nach § 242 des RStGB. begründet; der Angeklagte ist noch nicht bestraft, vollkommen geständig, und hat die Beschädigte durch den alsbaldigen Ersatz des Geldes vollständig schadlos gehalten, was als strafmildernd in Betracht zu ziehen ist; andererseits aber wirkt der Umstand, daß der fragliche Diebstahl mit größter Ueberlegung an einem armen Dienstboten im Hause, dem nach den bekannten Verhältnissen die Schädigung sehr empfindlich sein mußte, ausgeführt wurde, als straferschwerend. Als weitere Belastungsmomente kommen in Betracht, daß der Angeklagte in keiner Notlage sich befand und der Beschädigten gegenüber die Sache unter Drohung von Anzeige abzuleugnen suchte. Straferschwerend war endlich der grobe Vertrauensbruch, dessen sich der Angeklagte gegenüber seiner mitbedienstеten Hausgenossin schuldig gemacht hat.

Der Ausspruch im Kostenpunkte erfolgte gemäß § 497 der RStPO.

Friedrich, k. Amtsrichter.

231. Unterwerfung unter das Urteil.

Gerichtsschreiberei des k. Amtsgerichts Pappenheim.

Pappenheim, am 5. März 1896.

In der Strafsache gegen
Maier Johann, led. Hausknecht von Pappenheim,

wegen Diebstahls, wurde der Angeklagte Johann Maier aus der Haft vorgeführt; derselbe erklärte:

Ich verzichte auf Einlegung eines Rechtsmittels gegen das am 1. März 1896 gegen mich wegen Diebstahls vom hiesigen Schöffen-Gerichte erlassene und verkündete Urteil.

Vorgelesen, genehmigt, unterzeichnet:

Anz.-Verz. $\frac{20}{1896}$

Johann Maier.

Schroll, k. Sekretär.

Der nicht auf freiem Fuße befindliche Beschuldigte kann die Erklärungen, welche sich auf Rechtsmittel beziehen, zu Protokoll des Gerichtsschreibers desjenigen Gerichts geben, in dessen Gefängnis er sich befindet, und falls das Gefängnis kein gerichtliches ist, desjenigen Amtsgerichts, in dessen Bezirk das Gefängnis liegt. Zur Wahrung einer Frist genügt es, wenn innerhalb derselben das Protokoll aufgenommen wird (341). Die zulässigen Rechtsmittel gegen gerichtliche Entscheidungen stehen sowohl der Staatsanwaltschaft wie dem Beschuldigten zu (338). Gesetzliche Vertreter eines Beschuldigten, desgleichen der Ehemann einer beschuldigten Frau können binnen der für den Beschuldigten laufenden Frist selbständig von den zulässigen Rechtsmitteln Gebrauch machen (340). Die Zurücknahme eines Rechtsmittels sowie der Verzicht auf die Einlegung eines Rechtsmittels kann auch vor Ablauf der Frist zur Einlegung desselben wirksam erfolgen.

Ein von der Staatsanwaltschaft zu gunsten des Beschuldigten eingelegtes Rechtsmittel kann jedoch ohne dessen Zustimmung nicht zurückgenommen werden; auch der Verteidiger bedarf zur Zurücknahme der ausdrücklichen Ermächtigung (338, 344). Ueber die dem Privatkläger und Nebenkläger zustehenden Rechtsmittel s. (430, 437, 441).

Vielfach werden sofort nach Verkündung des Urteils die Erklärungen des Angeklagten in Bezug auf Rechtsmittel entgegengenommen und sind dann im Sitzungsprotokolle zu beurkunden. Diese Erklärung ist für die Vollstreckung des Urteils von besonderem Werte (481).

232. Einspruchsverhandlung im Falle Ausbleibens des Beschuldigten.

Ziff. des Anz.-Verz. 28.

Protokoll

geführt in der öffentlichen Sitzung des Schöffengerichts zu Pappenheim am 1ten März 1889.

Gegenwärtig:
1. der Amtsrichter Friedrich,
2. die Schöffen
 a) Gerngroß Wilhelm, Oekonom in Langenaltheim,
 b) Mich. Fischer, Baumeister in Treuchtlingen,

welche laut gesonderten Protokolles vom 1ten März 1889 den vorgeschriebenen Eid eines Schöffen geleistet haben,
3. der Amtsanwalt Groß,
4. der Gerichtsschreiber Klein.

Zur heutigen Hauptverhandlung, in der Strafsache gegen Meier Johann, lediger Hausknecht von Dettenheim,

wegen Ruhestörung,

war der Angeklagte, welcher gegen den erlassenen Strafbefehl des k. Amtsgerichts vom 20ten Januar 1889 Einspruch erhoben, weder in Person, noch für ihn ein Vertreter erschienen.

Es beantragte deswegen der Amtsanwalt, nachdem er die richtige Ladung des Angeklagten durch Vorlage der Ladungsurkunde nachgewiesen hatte, den Einspruch des ausgebliebenen Angeklagten durch Urteil zu verwerfen.

Es wurde den geladenen und erschienenen Zeugen

1. Peter Moser, Krämer von Dettenheim,
2. Ferdinand Huber, Wirt daselbst,
3. Marie Erhard, Köchin daselbst,

eröffnet, daß ihre Vernehmung nicht erforderlich sei, und sodann nach stattgehabter Beratung des Gerichts folgendes Urteil verkündet:

Der von dem ledigen Hausknecht Johann Meier von Dettenheim gegen den Strafbefehl vom 20ten Januar 1889 erhobene Einspruch wird ohne Beweisaufnahme verworfen und werden demselben die Kosten des Verfahrens zur Last gelegt.

Der k. Amtsrichter.

(L. S.) Friedrich.

Der k. Gerichtsschreiber.

Klein.

233. Die Verhandlung ohne Zuziehung von Schöffen.

Ziffer des Anz.-Verz. 30 1896.

Protokoll

geführt in der öffentlichen Sitzung des k. Amtsgerichts zu Pappenheim am 2. März 1896.

Gegenwärtig:
1. Der Amtsrichter Friedrich,
2. der Amtsanwalt Zalinska,
3. der Gerichtsschreiber Mühlbauer.

In der heutigen öffentlichen Sitzung, zu welcher in Gemäßheit der Bestimmungen im § 211 Abs. 2 der RStPO. Schöffen nicht zugezogen waren, wurde als Beschuldigter vorgeführt Sebastian Kolb, lediger Kaminkehrergeselle aus München, und gab derselbe, über seine persönlichen Verhältnisse vernommen, an:

Ich heiße: Sebastian Kolb, bin geboren am 10. März 1862 zu Bergen, k. Bezirksamts Traunstein, katholisch, ehel. Sohn der Bauerseheleute Joseph und Brigitte Kolb, letztere geborne Kipfmüller von da; dortselbst beheimatet, Reservist des 10. Inf.-Reg., ohne Vorstrafen und ohne ausgemachtes Vermögen; bin seit 20. Februar l. Js. außer Arbeit.

Hierauf erhob der Amtsanwalt die Anklage dahin, daß der Angeklagte hinreichend verdächtig erscheine, in Niederpappenheim am 1. März l. Js. gebettelt zu haben, und gab der Angeklagte darüber an: Ich gestehe zu, am 1. März in Niederpappenheim gebettelt zu haben.

Darauf stellte der Amtsanwalt den Antrag: Den Angeklagten einer Uebertretung des Bettels nach § 361 Ziffer 4 des RStGB. für schuldig zu erkennen und hierwegen in eine Haftstrafe von einem Tage sowie in die Kosten zu verurteilen,

während der Angeklagte hiegegen nichts einzuwenden hat. Derselbe bittet um Anrechnung der Untersuchungshaft.

Der Amtsrichter verkündet hierauf folgendes Urteil: Sebastian Kolb, geb. am 10. März 1862, katholisch, lediger Kaminkehrergeselle von Bergen, ist schuldig einer Uebertretung des Bettels und wird hiewegen unter Anrechnung der bereits erlittenen Untersuchungshaft, seit 1. März l. Js. nachmittags 5 Uhr, in eine Haftstrafe von einem Tage sowie in die Kosten des Verfahrens und der Strafvollstreckung verurteilt.

Der k. Amtsrichter.

Friedrich.

Der k. Gerichtsschreiber.

Mühlbauer.

Nach § 211 Abs. 1 StPO. kann ohne schriftlich erhobene Anklage und ohne eine Entscheidung über die Eröffnung des Hauptverfahrens zur Hauptverhandlung vor dem Schöffengerichte geschritten werden, wenn der Beschuldigte entweder sich freiwillig stellt oder infolge einer vorläufigen Festnahme dem Gerichte vorgeführt oder nur wegen Uebertretung verfolgt wird; in diesen Fällen kann mit Zustimmung der Staatsanwaltschaft ohne Zuziehung von Schöffen zur Hauptverhandlung geschritten werden, wenn der Beschuldigte nur wegen Uebertretung verfolgt wird und die ihm zur Last gelegte That eingesteht. Gebühren: GKG. § 64.

Der so Festgenommene ist unverzüglich, sofern er nicht wieder in Freiheit gesetzt wird, dem Amtsrichter des Bezirkes, in welchem die Festnahme erfolgte, vorzuführen. Der Amtsrichter hat ihn spätestens am Tage nach der Vorführung zu vernehmen. (StPO. § 128 Abs. 1.)

Die unmittelbare Ladung von Zeugen und Sachverständigen in Strafsachen nach § 219 StPO. JMBl. **90**, 75. — Mitteilung über strafgerichtliche Untersuchungen und Aburteilungen von Militärpersonen des Beurlaubtenstandes und verabschiedeten Offizieren an die Ersatz- und Militärbehörden, dann den Vollzug von Freiheitsstrafen an Militärpersonen **91**, 40. — Die Aufnahme von Begnadigungsgesuchen durch die Sekretäre in den zur Zuständigkeit der Schöffengerichte und der Amtsrichter gehörigen Strafsachen **92**, 290. — Abfassung der Protokolle über die Hauptverhandlungen in Strafsachen **94**, 94 f. — Die Stellung von Fragen an Zeugen wegen erlittener Strafen und die Feststellung von Vorstrafen der Angeklagten in der Hauptverhandlung **94**, 171.

---

234. Ladung des verhafteten Angeklagten.

(Schöffengericht.)

Ziffer des Anz.-Verz. 16 1896.

I. Vorladung des verhafteten Angeklagten.

Heute den 2ten März 1896 habe ich auf Ersuchen des Herrn Amtsanwalts am k. Amtsgerichte Pappenheim dem in hiesigem Gerichtsgefängnisse verhafteten Taglöhner Isidor Maier von Langenaltheim eröffnet, daß

Mittwoch, den 13ten März 1896,
vormittags 10 Uhr,

bei dem k. Amtsgerichte Pappenheim in dessen Sitzungssaal Nr. 1 wegen Unterschlagung zur Hauptverhandlung gegen ihn geschritten und er zu derselben werde vorgeführt werden.

Gemäß § 215 Abs. 2 der RStPO. befragt, erklärte derselbe: daß er Anträge in bezug auf seine Verteidigung für die Hauptverhandlung nicht zu stellen habe.

II. Zurück an den Herrn Amtsanwalt in Erledigung des Ersuchens vom 28ten Februar 1896.

Der Gerichtsschreiber
am k. Amtsgerichte Pappenheim:

XVIII. (L. S.) Winter.

Die Ladung des nicht auf freiem Fuße befindlichen Angeklagten erfolgt durch Bekanntmachung des Termins zur Hauptverhandlung (conf. § 35 StPO). Dabei ist der Angeklagte zu befragen, ob und welche Anträge er inbezug auf seine Verteidigung für die Hauptverhandlung zu stellen habe. (D. V. S. 60.) Der Amtsanwalt kann den Gerichtsschreiber nur ersuchen.

235. Ladung des verhafteten Angeklagten. (Landgericht.)

Ziffer des Anz.-Verz. 48 1896.

Vorladung des verhafteten Angeklagten.

Der k. Gerichtsschreiber des k. Landgerichts Eichstätt wird ersucht, den in hiesigem Landgerichtsgefängnisse verhafteten ledigen Maurer Peter Frisch von Solnhofen unter Zustellung einer beglaubigten Abschrift des Beschlusses der Strafkammer des k. Landgerichts Eichstätt vom 10. Februar 1896 auf Eröffnung des Hauptverfahrens nach § 215 Abs. 2 der RStPO. zu eröffnen, daß am

Freitag, den 22. März 1896
vormittags 11 Uhr,

vor der II. Strafkammer des k. Landgerichts Eichstätt in dessen Sitzungssaal Nr. 14 zur Hauptverhandlung über die gegen ihn wegen Diebstahls u. A. erhobene Anklage geschritten und er zu derselben werde vorgeführt werden.

Eichstätt, den 8. März 1896.

Der k. Staatsanwalt
bei dem k. Landgerichte Eichstätt:
Hilger.

Vollzugsnachweis.

I. Dem Angeklagten habe ich den Termin zur Hauptverhandlung eröffnet; zugestellt habe ich ferner beglaubigte Abschrift des Beschlusses der Strafkammer des k. Landgerichts Eichstätt vom 10. II. 96. Gemäß § 215 Abs. 2 der RStPO. habe ich den Angeklagten befragt, ob er Anträge in bezug auf seine Verteidigung für die Hauptverhandlung zu stellen habe, worauf er dieses verneinte.

II. Zurück zum Herrn Staatsanwalt in Erledigung des Ersuchens vom 8. c.

Eichstätt, am 10. März 1896.

Ziller, k. Sekretär.

236. Hauptverhandlung vor der Strafkammer des Landgerichts.

Protokoll

geführt in der öffentlichen Sitzung der Strafkammer des k. Landgerichts Eichstätt am Freitag den 1ten März 1896.

Gegenwärtig:

1. Der Vorsitzende: Landgerichtsdirektor Hirsch.
2. Die Landgerichtsräte:
   a) Schienmann,
   b) Höglauer,
   c) Kressierer,
   d) Freimann,
3. Der II. Staatsanwalt: Hauser.
4. Der Gerichtsschreiber: Schwab.

Zur gegenwärtigen Hauptverhandlung in der Strafsache gegen Brummer, Franz Handelsmann in Solnhofen wegen Diebstahls war nach Aufruf der Sache der Angeklagte persönlich mit seinem Verteidiger Rechtsanwalt Knorr erschienen.

Die vorgeladenen Zeugen und Sachverständigen wurden aufgerufen, über die Bedeutung des Eides und die strafrechtlichen Folgen des Meineides belehrt und sodann in das Zeugenzimmer entlassen.

Der Vorsitzende konstatiert aus den Akten, daß dem Zeugen Hirt die Ladung zum heutigen Termine nicht zugestellt werden konnte.

Der Angeklagte, über seine persönlichen Verhältnisse vernommen, erklärt: Ich heiße Franz Brummer, geboren am 30. April 1856 in Solnhofen, Sohn der Händlerseheleute Christian und Marie Brummer, letztere geb. Herzog von Solnhofen; schon öfters bestraft; Nichtmilitär, protestantisch, ohne Vermögen; verh. Handelsmann in Solnhofen.

Hierauf wurde der Beschluß vom 10ten Februar 1896 über die Eröffnung des Hauptverfahrens verlesen.

Der Angeklagte wurde sodann befragt, ob er etwas auf die Beschuldigung erwidern wolle.

Der Angeklagte erklärte, er müsse die ihm zur Last gelegte Handlung entschieden in Abrede stellen, den fraglichen Schlitten aus des Nachbars Scheune entwendet zu haben, er habe denselben vielmehr schon vor Jahren von Peter Hilzer, Oekonom in Dollnstein gekauft.

Darnach wurden die Zeugen einzeln vorgerufen und nachdem sie mit dem Gegenstande der Untersuchung und der Person des Angeklagten bekannt gemacht waren, in Abwesenheit der später abzuhörenden Zeugen vernommen und zwar

I. Gemeinde-Diener Ernst: nach Leistung des Zeugen-Eides.

Fiedrich Ernst, 40 Jahre alt, protestantisch, verh. Polizei- und Gemeindediener in Solnhofen; cet. gen. neg.

Am Montag den 3. Januar 1889 traf ich den Angeklagten, als er gerade im Begriffe war, den Schlitten aus der Scheune des Müllers Joseph Knorr in Solnhofen fortzubringen. Ich rief ihn an, doch er gab mir keine Antwort, sondern ergriff die Flucht durch eine Hinterthüre.

II. Knorr, nach Leistung des Zeugeneides.

Joseph Knorr, 44 Jahre alt, katholisch, verh. Müllermeister von Solnhofen; cet. gen. neg.

Am 3. Januar 1889 bezw. in der Nacht wurde mir aus meiner stets versperrten Scheune, welche vom Wohnhause entfernt liegt, mein neuer, viersitziger Schlitten entwendet. Das Scheunenthor fand ich andern Tags erbrochen. Der Schlitten wurde vom Angeklagten nach Eichstätt verbracht und dort veräußert. Ich bin jedoch wieder in den Besitz desselben gekommen.

Von Vernehmung der weiteren Zeugen Ludwig Schroll, Heinrich Kößler und Marie Kapplmeyer von hier wurde seitens des Gerichts im Einverständnis mit dem Staatsanwalt und dem Angeklagten abgesehen.

Sodann wurden verlesen rc. rc.

Die Vorschrift des § 256 der RStPO. wurde beobachtet.

Die Beweisaufnahme wurde sodann vom Vorsitzenden für geschlossen erklärt und erhielten der Staatsanwalt und sodann der Angeklagte — der Verteidiger — zu ihren Ausführungen und Anträgen das Wort.

Der Staatsanwalt beantragte: den Angeklagten eines Vergehens des Diebstahls für schuldig zu erkennen und hiewegen in eine 2 monatliche Gefängnisstrafe sowie in die Kosten des Verfahrens und Strafvollzugs zu verurteilen.

Der Angeklagte — der Verteidiger — beantragte eine geringere Strafe.

Der Angeklagte — Verteidiger — hatte das letzte Wort.

Der Angeklagte befragt, ob er selbst noch etwas zur Verteidigung vorzubringen habe, erklärte: nichts.

Nach erfolgter Beratung wurde das Urteil dahin verkündet:

Franz Brummer, geb. am 30. April 1856, verh. Handelsmann in Solnhofen, ist schuldig eines Vergehens des Diebstahls und wird hiewegen in eine Gefängnisstrafe von sechs Monaten sowie in die Kosten des Verfahrens und der Strafvollstreckung verurteilt.

Die Urteilsgründe wurden ihrem wesentlichen Inhalte nach mündlich mitgeteilt.

Angeklagter wurde über Revision und die Frist hiezu belehrt.

Der Angeklagte erklärte, daß er auf das Rechtsmittel der Revision verzichte.

(L. S.) Hirsch, k. Landgerichtsdirektor.

Schwab, k. Landgerichtssekretär.

Die Strafkammern sind in der Hauptverhandlung mit 5 Mitgliedern zu besetzen. Ueber die Anträge auf Aussetzung einer Hauptverhandlung entscheidet das Gericht; kürzere Unterbrechungen ordnet der Vorsitzende an; auch die Aussetzung von amtswegen erfolgt durch Gerichtsbeschluß. Eine unterbrochene Verhandlung muß spätestens am 4. Tage nach der Unterbrechung fortgesetzt werden, widrigenfalls das Verfahren von Neuem zu beginnen hat. Die Verurteilung eines ausgebliebenen Zeugen erfolgt, wenn nicht nachträglich genügende Entschuldigung erfolgt, nach § 50 Abs. 1 StPO. Die vernommenen Zeugen und Sachverständigen dürfen sich nur mit Genehmigung oder auf Anweisung des Vorsitzenden von der Gerichtsstelle entfernen. Die Staatsanwaltschaft und der Angeklagte sind vorher zu hören. Eine Verurteilung des Angeklagten auf Grund eines anderen als des in dem Beschlusse über die Eröffnung des Hauptverfahrens angeführten Strafgesetzes darf nicht erfolgen, ohne daß der Anklagte zuvor auf die Veränderung des rechtlichen Gesichtspunktes besonders hingewiesen und ihm Gelegenheit zur Verteidigung gegeben worden ist. (StPO. § 264 Abs. 1.) In gleicher Weise ist zu verfahren, wenn erst in der Verhandlung solche vom Gesetze besonders vorgesehene Umstände behauptet werden, welche die Strafbarkeit erhöhen. (StGB. 223a, 224, 243, 244, 250, 264.) Der Sekretär hat hiewegen eine diesbezügliche Konstatierung im Protokolle aufzunehmen.

Zu jedem Protokolle sind auch die Zeugengebühren vorzumerken und zwar geschieht diese Vormerkung auf der ersten Seite des Protokolls unter der Präsenz des Gerichts.

237. Hauptverhandlung in der Berufungsinstanz.

Protokoll

geführt in der öffentlichen Sitzung der II. Strafkammer des k. Landgerichts Eichstätt als Berufungsgericht am Mittwoch, den 13. März 1896.

Gegenwärtig:

1. der Vorsitzende: Landgerichtsdirektor Herb,
2. die Landgerichtsräte:
   a) Fischer,
   b) Wolf,
   c) Bär,
   d) Meier,
3. der II. Staatsanwalt: Müller,
4. der Gerichtsschreiber Klein.

Zur gegenwärtigen Hauptverhandlung über die in der Strafsache gegen Arm Friedr., Dienstknecht von Monheim, wegen Körperverletzung vom Angeklagten eingelegte Berufung gegen das Urteil des Schöffengerichts Monheim vom 10. Februar 1896. war nach Aufruf der Sache der Angeklagte mit seinem Verteidiger Rechtsanwalt Bamberger von hier erschienen. (216, 265.)

Die vorgeladenen Zeugen und der Sachverständige wurden aufgerufen, über die Bedeutung des Eides und die strafrechtlichen Folgen des Meineides belehrt und sodann in das Zeugenzimmer entlassen. (59.)

Die Zeugen Müller und Held sind Entlastungszeugen und wurden vom Verteidiger geladen. (221, 364.)

Der Berichterstatter, k. Landgerichtsrat Fischer, hielt einen Vortrag über die Ergebnisse des bisherigen Verfahrens. Das Urteil erster Instanz wurde verlesen. (365, 366).

Weiters wurde verlesen das Vernehmungsprotokoll vom 3. Januar 1896.

Sodann wurde der Angeklagte vernommen. (373.) Derselbe erklärte: Ich heiße Friedrich Arm, bin geboren am 10. März 1862, Sohn der Bauerseheleute Friedrich und Kunigunde Arm, letztere geborene Kern, katholisch, noch nicht bestraft; ohne Vermögen, Nichtmilitär, lediger Dienstknecht in Monheim.

Derselbe wurde befragt, ob er noch etwas auf die Beschuldigung erwidern wolle, (365) worauf er erklärte, daß er fragliche Körperverletzung nur in Notwehr begangen und von dem Dienstknecht Heinrich Gebhard zuerst angepackt worden sei.

Hierauf wurden die Zeugen einzeln vorgerufen (365) und, nachdem sie mit dem Gegenstande der Untersuchung und der Person des Angeklagten bekannt gemacht waren, in Abwesenheit der später abzuhörenden Zeugen vernommen wie folgt:

1. Zeuge Müller: nach Leistung des Zeugeneides. (61, 62.)

Heinrich Müller, 30 Jahre alt, kathol., verh. Oekonom von Monheim, cet. gen. neg. (67).

Ich habe gesehen, wie der Angeklagte vom Dienstknecht Gebhard am kritischen Abende, den 20. Dezember v. Js., als er das Gasthaus zum Dinkelmaier in Monheim verlassen wollte, eine Ohrfeige erhielt. Darauf hin gab der Angeklagte dem Gebhard mit dem Stock einen Schlag auf den Kopf, und als dieser gegen den Angeklagten das Messer zog, gab letzterer dem Gebhard noch mehrere Hiebe mit seinem Stocke, einem sogen. Totschläger, auf den Kopf, daß Gebhard zusammenstürzte und vollständig bewußtlos vom Platze getragen werden mußte. Gebhard erhielt zwei klaffende Wunden.

Zur Aufklärung von Widersprüchen mit früheren Aussagen wurde verlesen das Protokoll des k. Amtsgerichts Eichstätt vom 6. Februar 1896. (252 Abs. 1.)

2. Zeuge Held: nach Leistung des Zeugeneides.

Gustav Held, 28 Jahre alt, katholisch, lediger Dienstknecht von Heidenheim, cet. gen. neg. 2c.

Zeuge Y wurde darüber belehrt, daß er die Auskunft über solche Fragen, welche durch wahrheitsgetreue Beantwortung gegen ihn eine strafrechtliche Untersuchung veranlassen könnten, verweigern könne. (51, 52, 54, 55.)

Hierauf stellte der Verteidiger den Antrag, die vom Angeklagten zu Gericht gebrachten Zeugen:

– Folgen die Namen –

darüber zu vernehmen, daß 2c. der Staatsanwalt erklärte, er habe hiegegen vorläufig nichts zu erinnern, obschon ihm die vorgeführten Entlastungszeugen vorher (221) nicht benannt worden seien; er behalte sich weitere Anträge bevor.

Zeugin X über das Recht der Zeugnisverweigerung belehrt, erklärte, daß sie sich vernehmen lasse.

Es wurde hierauf sofort Gerichtsbeschluß gefaßt und vom Vorsitzenden verkündet:

Die Zeugin X, Stiefschwester des Angeklagten ist wegen des Verwandtschaftsverhältnisses zum Angeklagten (37) unbeeidigt zu vernehmen.

Die Vorschrift des § 256 der RStPO. wurde beobachtet.

Dadurch erklärte der Vorsitzende die Beweisaufnahme für geschlossen und erhielten der Staatsanwalt und der Angeklagte und dessen Verteidiger zu ihren Ausführungen und Anträgen das Wort: (367.)

Der Staatsanwalt beantragte die Berufung als unbegründet zu verwerfen unter Ueberbürdung der Kosten auf den Angeklagten.

Der Verteidiger beantragte die Berufung für begründet zu erkennen und den Angeklagten freizusprechen, auch demselben die notwendigen Auslagen einschließlich der gesetzlichen Entschädigung für die vorgeführten Entlastungszeugen aus der Staatskasse zu erstatten.

Der Angeklagte, der Verteidiger, hatten das letzte Wort. (367.)

Der Angeklagte, befragt, ob er selbst noch etwas zur Verteidigung vorzubringen habe, erklärte: verneinte dieses. (bat, daß ihm die bisher erlittene Untersuchungshaft ganz oder teilweise angerechnet werde.) (257.)

Nach erfolgter Beratung wurde das Urteil dahin verkündet:

Die Berufung wird verworfen; die Kosten fallen dem Angeklagten zur Last.

Die Urteilsgründe wurden ihres wesentlichen Inhalts nach mündlich mitgeteilt.

(L. S.) Herb. Klein.

Auf die Vorbereitung der Hauptverhandlung finden die Vorschriften der § 213, 215—224 Anwendung. In der Ladung ist der Angeklagte auf die Folgen des Ausbleibens ausdrücklich hinzuweisen. Die Ladung der in erster Instanz vernommenen Zeugen und Sachverständigen kann nur dann unterbleiben, wenn deren wiederholte Vernehmung zur Aufklärung der Sache nicht erforderlich erscheint; neue Beweismittel sind zulässig. Bei der Auswahl der zu ladenden Zeugen und Sachverständigen ist auf die von dem Angeklagten zur Rechtfertigung der Berufung benannten Personen Rücksicht zu nehmen.

Nachdem die Hauptverhandlung nach Vorschrift des § 242 Abs. 2 StPO. begonnen hat, hält ein Berichterstatter in Abwesenheit der Zeugen einen Vortrag über die Ergebnisse des bisherigen Verfahrens. Das Urteil erster Instanz ist stets zu verlesen. Sodann erfolgt die Vernehmung des Angeklagten und die Beweisaufnahme.

Bei der Berichterstattung und der Beweisaufnahme können Schriftstücke verlesen werden; Protokolle über Aussagen der in der Hauptverhandlung erster Instanz vernommenen Zeugen und Sachverständigen dürfen, abgesehen von den Fällen der § 250, 252 ohne die Zustimmung der Staatsanwaltschaft und des Angeklagten nicht verlesen werden, wenn die wiederholte Vorladung der Zeugen oder Sachverständigen erfolgt ist oder von dem Angeklagten rechtzeitig vor der Hauptverhandlung beantragt worden war. Im Uebrigen conf. § 367 ff. StPO.

238. Bildung der Spruchliste der Geschworenen.

Protokoll

über die Auslosung der Geschworenen,
geführt in der öffentl. Sitzung des k. Landgerichts Augsburg
am 1ten Februar 1896.

Gegenwärtig:

1. der Präsident des k. Landgerichts Beck,
2. die Landgerichtsräte:
   a) Wolf,
   b) Hermann,
3. der Staatsanwalt Helm,
4. der Gerichtsschreiber Karl.

In heutiger öffentlicher Sitzung des k. Landgerichts Augsburg wurden gemäß § 91 des RGVG. behufs Bildung der Spruchliste für die am 1ten April 1896 beginnende Sitzungsperiode des Schwurgerichts für den Bezirk Augsburg die Namen sämtlicher Hauptgeschworenen aus der Jahresliste für 1896 mit Ausnahme der ꝛc. in die Urne gelegt und sodann vom Vorsitzenden folgende Namen für die Spruchliste gezogen:

1. Joh. Weiß, Kaufmann in Augsburg,
2. Gg. Schmid, Oekonom in Ingolstadt,
3. mit 30 die Namen der Uebrigen.

Der Präsident des k. Landgerichts.
Beck.

Der Gerichtsschreiber:
Karl.

GVG. § 91 mit 93. Ueber die Wahl der Geschworenen § 84 f. GVG. Die in der Spruchliste verzeichneten 30 Geschworenen werden auf Anordnung des für das Schwurgericht ernannten Vorsitzenden unter Hinweis auf die gesetzlichen Folgen des Ausbleibens zur Eröffnungssitzung des Schwurgerichts geladen. Zwischen der Ladungszustellung und der Eröffnungssitzung ist eine einwöchige, mindestens aber dreitägige Frist einzuhalten.

239. Die Hauptverhandlung vor dem Schwurgerichte bei einer Verhandlung.

Protokoll

geführt in der öffentlichen Sitzung des Schwurgerichtes bei dem k. Landgerichte München I am Montag den 11. März 1889.

Gegenwärtig:

1. Der Vorsitzende: Oberlandesgerichtsrat Meier,
2. die Landgerichtsräte:
   a) Wolf,
   b) Bär,
3. der Staatsanwalt: Hertlein,
4. der Gerichtsschreiber: Klein.

Zur gegenwärtigen Hauptverhandlung in der Strafsache gegen Denk Karl, led. Schuhmacher von München,

wegen Mordes,

waren nach Aufruf der Sache der Angeklagte aus seiner Haft vorgeführt und der Verteidiger kgl. Hofrat Frisch von München (141) erschienen.

Vor allem wurde zur Bildung der Geschworenenbank geschritten. (278.) Der Vorsitzende rief die Namen der vorgeladenen Geschworenen auf. Erschienen waren folgende:

1. Michael Huber, Oekonom in Allach.
2. Sebastian Fischer, Kaufmann in Allach,
3. mit 30. folgen die weiteren Namen.

Die erschienenen Geschworenen wurden unter Hinweis auf die § 22 und 32 der RStPO. zur Anzeige etwaiger Gründe aufgefordert, welche sie von der Ausübung des Amtes in der verhandelnden Sache ausschließen würden.

Ausschließungsgründe wurden nicht angegeben.

Die Zahl der verbleibenden Geschworenen betrug demnach dreißig.

Die Namen aller erschienenen und nicht ausgeschiedenen Geschworenen wurden in eine Urne gelegt.

Der Vorsitzende machte darauf aufmerksam, daß von den ausgelosten Geschworenen

9 durch den Staatsanwalt und 9 durch den Angeklagten ohne Angabe eines Grundes abgelehnt werden können.

Hierauf zog der Vorsitzende die einzelnen Namen aus der Urne. Es bildete sich hieraus nach Maßgabe der angegebenen Erklärungen folgende Liste:

Lauf. Num.	Abgelehnt von dem Staatsanwalte:	Abgelehnt von de . Angeklagten:	Nicht abgelehnt:
1.	Gutsb. Midl, Hochheim		Kaufmann Kraus, München,
2.			Oekonom Hirt, Ingolstadt,
3.			Privatier Eger, Weilheim,
4.			„ Huber, Freising,
5.			„ Ernst, Murnau,
6.			Bräuer Karl, Traunstein,
7.			Hotelier Bick, Rosenheim,
8.			Händler Was, Neuötting,
9.			Pächter Freud, Starnberg,
10.			„ Gut, Landsberg,
11.			Privatier Kern, Achdorf,
12.			„ Fuchs, Staltach.

Da somit die zur vollzähligen Bildung der Geschworenenbank erforderlichen Namen von Geschworenen aus der Urne hervorgegangen waren, so hat der Vorsitzende die Ziehung aufgehoben.

Die Geschworenen wurden hierauf in Gegenwart des Angeklagten für die Anklagesache gegen Karl Denk, led. Schuhmacher von München, wegen Mordes nach Maßgabe des § 288 der RStPO. beeidigt.

Die vorgeladenen Zeugen und Sachverständigen wurden aufgerufen, (289) über die Bedeutung des Eides und die strafrechtlichen Folgen des Meineides belehrt und sodann in das Zeugenzimmer entlassen. (242 Abs. 4, 59.)

Der Angeklagte Denk über seine persönlichen Verhältnisse vernommen, erklärte: (237.)

Ich heiße Karl Denk, geboren am 10. August 1860, ehel. Sohn der Händlerseheleute Michael und Dorothea Denk, letztere geb. Fischer von Regensburg, daselbst beheimatet, kath., die Eltern sind gestorben; ich bin verheiratet mit Agnes, geb. Huber; kinderlos, ohne Vermögen, noch nicht bestraft, Schuhmacher in München.

Hierauf wurde der Beschluß der Strafkammer des k. Landgerichtes München I vom 10. Februar 1889 über Eröffnung des Hauptverfahrens verlesen. (242.)

Der Angeklagte wurde befragt, ob er etwas auf die Beschuldigung erwidern wolle. (136.)

Der Angeklagte erklärt, daß er das ihm zur Last gelegte Verbrechen nicht begangen habe; er sei zur Zeit der Verübung des Mordes gar nicht in München gewesen ꝛc. (256.)

Das Protokoll des k. Amtsgerichts Bruck vom 10. Januar l. Js. über die Augenscheinseinnahme wurde verlesen. (248, 224.)

Darnach wurden die Zeugen und Sachverständigen einzeln vorgerufen, und nachdem sie mit dem Gegenstande der Untersuchung und der Person des Angeklagten bekannt gemacht wurden, vernommen: (243 Abs. 1, 58 Abs. 1, 238, 239, 240 Abs. 2.)

1. Gendarm Winter nach Leistung des Zeugeneides:

Wilhelm Winter, 26 Jahre alt, katholisch, lediger Gendarm in München, cet. gen. neg.

Zeuge bezieht sich auf seine in der Voruntersuchung gemachten Aussagen, worauf verlesen wurde:

a) Die Aussage zum Protokolle des Untersuchungsrichters vom 26. Dezember 1888 ꝛc. ꝛc.

Hierauf wurde die Beweisaufnahme vom Vorsitzenden für geschlossen erklärt. Derselbe verlas die von ihm entworfenen Fragen (290 Abs. 1) — wie sie in der Anlage II niedergeschrieben sind, und teilte dieselben — auf Antrag des Verteidigers den Geschworenen, dem Staatsanwalte, dem Angeklagten in Abschrift mit. (290 Abs. 2.)

Auf Verlangen der Staatsanwaltschaft wurde behufs Prüfung der Fragen die Verhandlung auf 1/4 Stunde unterbrochen. (Abänderungen und Ergänzungen der Fragen wurden nicht beantragt, auch Einwendungen gegen dieselben nicht erhoben. 290 Abs. 3.)

Es wurde sodann seitens der Staatsanwaltschaft beantragt, eine weitere Frage dahin zu stellen, für den Fall der Verneinung der Frage zu 2: Ist der Angeklagte Karl Denk schuldig eines Verbrechens des Todschlages.

Der Verteidiger Frisch widersprach dem Antrage.

Der Verteidiger beantragte hinsichtlich des Angeklagten die Stellung der Unterfrage nach mildernden Umständen. (291 Abs. 2.)

Der Beschluß wurde dahin verkündet:

Die von der Staatsanwaltschaft und der Verteidigung beantragten Fragen werden gestellt werden.

Die hiernach festgestellten Fragen wurden verlesen. (291 Abs. 2.)

Der Staatsanwalt und der Verteidiger erhielten zu ihren Ausführungen und Anträgen über die Schuldfrage das Wort. (299.)

Der Staatsanwalt beantragte: (257.)

Die Bejahung der Frage zu 1 und 2 sowie die Verneinung der Frage 3 und 4.

Der Verteidiger stellte den Antrag:

Die beiden ersten Fragen zu verneinen, eventuell die Frage 3 und Unterfrage hiezu zu bejahen.

Der Angeklagte Dent befragt, ob er selbst noch etwas zur Verteidigung vorzubringen habe, erklärte: nichts. (257 Abs. 3.)

Der Vorsitzende verlas die von ihm entworfenen Fragen (wie sie in der Anlage niedergeschrieben sind). (290).

Gegen die gestellten Fragen wurde von keiner Seite eine Erinnerung erhoben, vom Verteidiger aber beantragt, zu Frage 4 eine Unterfrage auf mildernde Umstände zu stellen.

Der Staatsanwalt hatte hiegegen nichts zu erinnern.

Darauf wurde vom Vorsitzenden sofort folgender

Beschluß

verkündet:

Es sei zu Frage 4 die beantragte Unterfrage auf mildernde Umstände zu stellen. Die hiernach gestellte Unterfrage wurde verlesen. (291 Abs. 2, 297.)

Der Vorsitzende belehrte die Geschworenen über die rechtlichen Gesichtspunkte, welche sie bei Lösung der ihnen gestellten Aufgabe in betracht zu ziehen haben würden. (300 Abs 1.)

Die Fragen wurden vom Vorsitzenden unterzeichnet und den Geschworenen übergeben, welche sich hierauf in das Beratungszimmer zurückzogen. (301.) Denselben wurden die Ueberführungsgegenstände

dorthin verabfolgt. Der Angeklagte wurde aus dem Sitzungszimmer entfernt. (301.)

Die Geschworenen kehrten in das Sitzungszimmer zurück und erbaten sich Belehrung, ob durch Bejahung der Frage 3 die Frage 4 völlig erübrige. Der Vorsitzende erteilte ihnen diese Belehrung im bejahenden Sinne.

Nach Rückkehr der Geschworenen in das Sitzungszimmer wurde der Spruch von dem Obmann (304 Abs. 1) der Geschworenen Kaufmann Kraus von München kund gegeben (308 Abs. 1) und hierauf von dem Vorsitzenden und dem Gerichtsschreiber unterzeichnet. (308 Abs. 2.)

Da der Spruch der Vorschrift des § 307 RStPO. in soferne nicht entsprach, als bei der Antwort auf die Frage 2 und 3 das Stimmverhältnis nicht angegeben war, so wurden die Geschworenen aufgefordert, sich in das Beratungszimmer zurückzubegeben, um dem gerügten Mangel abzuhelfen.

Nach Rückkehr gab der Obmann den berichtigten Spruch kund.

Dem in das Sitzungszimmer wieder eingetretenen Angeklagten wurde der Spruch der Geschworenen durch Verlesung verkündet. (313.)

Der Staatsanwalt und der Verteidiger wurden mit ihren Ausführungen und Anträgen gehört: (314 Abs. 2.)

Der Staatsanwalt beantragte (257): Verurteilung des Angeklagten zum Tode sowie zu 6 Jahren Zuchthaus, dauernden Verlust der Ehrenrechte und Tragung der sämtlichen Kosten. (257 Abs. 2.)

Der Verteidiger beantragte: auf das gesetzliche Mindestmaß der Strafe zu erkennen.

Der Angeklagte befragt, ob er selbst noch etwas anzuführen habe, (257 Abs. 3) erklärte: er sei unschuldig.

Nach erfolgter Beratung wurde sodann Urteil (315) dahin verkündet:

Der Angeklagte wird eines Verbrechens des Mordes nach § 211 des RStGB. für schuldig erklärt und zur Todesstrafe sowie in die Kosten des Verfahrens verurteilt.

Die Urteilsgründe wurden ihres wesentlichen Inhalts nach mündlich eröffnet. (267.)

(L. S.) Meier, Oberlandesgerichtsrat. Klein, Sekretär.

Müssen aus irgend einem Grunde einem Sitzungsprotokolle Randbemerkungen beigefügt werden, so sind diese durch die Unterschrift des Vorsitzenden und des Protokollführers besonders zu beglaubigen.

240. Die Hauptverhandlung vor dem Schwurgerichte bei mehreren Verhandlungen.

Protokoll

geführt in der öffentlichen Sitzung des Schwurgerichtes bei dem k. Landgerichte München I vom Dienstag den 12ten März 1896.

Gegenwärtig:

1. Der Vorsitzende: Oberlandesgerichtsrat Meier,
2. die Landgerichtsräte:
   a) Wolf,
   b) Bär.
3. die Geschworenen:
   a) Kaufmann Kraus, München,
   b) Oekonom Hirt, Ingolstadt,
   c) Privatier Eger, Weilheim,
   d) Rentier Huber, Freising,
   e) Gastwirt Ernst, Murnau,
   f) Brauer Karl, Traunstein,
   g) Metzger Hirl, München,
   h) Fabrikant Grat, Dachau,
   i) Gutsbesitzer Hirsch, Pasing,
   k) Kaufmann Frech, Prien,
   l) Melber Wüst, Rosenheim,
   m) Händler Was, Miesbach.
4. der II. Staatsanwalt: Poschinger
5. der Gerichtsschreiber: Sekretär Knecht.

Zur gegenwärtigen Hauptverhandlung in der Strafsache gegen Bauer Rosa, ledige Köchin von Murnau,

wegen Verbrechens wider das Leben,

waren auf den Aufruf der Sache die Angeklagte aus der Haft vorgeführt und der Verteidiger, Rechtsanwalt Wimmer dahier erschienen.

Die Geschworenenbank ist gemäß Anlage gebildet.

Die vorgeladenen Zeugen und die beiden Sachverständigen wurden aufgerufen, über die Bedeutung des Eides und die strafrechtlichen Folgen des Meineides belehrt und sodann in das Zeugenzimmer entlassen.

Die Angeklagte, über ihre persönlichen Verhältnisse vernommen, erklärte: Ich heiße Rosa Bauer, bin geboren am 10. August 1864 zu Wildenwert, k. Amtsgerichts Prien; außereheliche Tochter der ledigen Taglöhnerin Barbara Bauer von Wildenwert; die Mutter ist gestorben. Ledig, protestantisch, noch nicht bestraft.

Hierauf wurde der Beschluß der Strafkammer des k. Landgerichtes München I vom 10ten Januar 1896 über Eröffnung des Hauptverfahrens verlesen.

Die Angeklagte wurde befragt, ob sie etwas auf die Beschuldigung erwidern wolle. Sie erklärte, daß sie das ihr zur Last gelegte Verbrechen nicht begangen habe.

Das Protokoll des k. Amtsgerichts München vom 10. Dezember 1895 über die Augenscheinseinnahme wurde verlesen. Angeklagte hatte hierauf nichts zu erklären.

Darnach wurden die Zeugen und die Sachverständigen einzeln vorgerufen und nachdem sie mit dem Gegenstande der Untersuchung und der Person der Angeklagten bekannt gemacht in Abwesenheit der später abzuhörenden Zeugen vernommen wie folgt:

1. Person: Magdalena Huber. Nach Leistung des Zeugeneides. Magdalena Huber, 30 Jahre alt, katholisch, ledig, Abortwärterin im hiesigen Zentralbahnhofe; cet. gen. neg.

Zur Sache:

Am 28. Oktober v. Js. kam die Angeklagte in den Abort des Zentralbahnhofes und hatte in einem Tuch etwas eingewickelt. Als sie den Abort verließ, trug sie nichts mehr. Nach einigen Tagen wurde in der Versitzgrube eine Kindsleiche wahrgenommen. Da mir das Gebahren der Angeklagten auffiel, dachte ich sogleich an die vor wenigen Tagen anwesend gewesene Frauensperson und kann ich mich ganz bestimmt an die Gesichtszüge der Angeklagten erinnern u. s. w.

Zur Unterstützung des Gedächtnisses wurde verlesen das Zeugenvernehmungsprotokoll des Untersuchungsrichters vom 10. Januar 1896. Die Angeklagte gab Erklärungen ab und behauptet stets, sie habe gar kein Kind geboren.

Hierauf wurde die Beweisaufnahme vom Vorsitzenden für geschlossen erklärt. Derselbe verlas die von ihm entworfenen Fragen, wie sie in der Anlage niedergeschrieben sind, und teilte dieselben auf Antrag des Verteidigers den Geschworenen, dem Staatsanwalte, der Angeklagten in Abschrift mit.

Es wurde seitens des Verteidigers beantragt, zu Frage 2 die Frage nach den mildernden Umständen mit aufzunehmen.

Der Staatsanwalt und der Verteidiger erhielten zu ihren Ausführungen und Anträgen über die Schuldfrage das Wort.

Der Staatsanwalt beantragte:

Die beiden ersten Fragen zu bejahen, die Frage 3 zu verneinen.

Der Verteidiger stellte den Antrag:

Die beiden ersten Fragen zu verneinen.

Die Angeklagte, befragt, ob sie selbst noch etwas zur Verteidigung vorzubringen habe, erklärte: sie wolle freigesprochen sein.

Der Vorsitzende belehrte die Geschworenen über die rechtlichen Gesichtspunkte, welche sie bei Lösung der ihnen gestellten Aufgabe in Betracht zu ziehen haben würden.

Die Fragen wurden vom Vorsitzenden unterzeichnet und den Geschworenen übergeben, welche sich hierauf in das Beratungszimmer zurückzogen. Denselben wurde nichts dorthin verabfolgt. Die Angeklagte wurde aus dem Sitzungszimmer entfernt.

Nach Rückkehr der Geschworenen in das Sitzungszimmer würde der Spruch von dem Obmanne der Geschworenen Kaufmann Kraus kund gegeben und hierauf von dem Vorsitzenden und dem Gerichtsschreiber unterzeichnet.

Der in das Sitzungszimmer wieder eingetretenen Angeklagten wurde der Spruch der Geschworenen durch Verlesung verkündet.

Der Staatsanwalt und der Verteidiger wurden mit ihren Ausführungen und Anträgen gehört:

Der Staatsanwalt beantragte:

Die Angeklagte in eine vierjährige Zuchthausstrafe und in die Kosten zu verurteilen.

Der Verteidiger beantragte:

Die Annahme mildernder Umstände und die gesetzlich geringste Strafe.

Die Angeklagte, befragt, ob sie selbst noch etwas anzuführen habe, erklärte: sie sei unschuldig, sie beantrage Freisprechung.

Nach erfolgter Beratung wurde sodann Urteil dahin verkündet:

„Die Angeklagte ist schuldig eines Verbrechens wider das Leben (§ 217 StGB.) und wird hiefür in eine Zuchthausstrafe von vier Jahren sowie in die Kosten des Verfahrens und Strafvollzugs verurteilt."

Die Urteilsgründe wurden ihres wesentlichen Inhalts nach mündlich eröffnet.

(L. S.) Meier, Oberlandesgerichtsrat.

Knecht, Sekretär.

Konstatierung der Zeugenaussagen in den Verhandlungen beim Schwurgericht wegen Meineids. JMBl. 86, 167.

241. Bildung der Geschworenenbank.

Anlage zu dem Protokolle
über die Hauptverhandlung
gegen Karl Denk wegen Mordes,
vom heutigen Tage.

Protokoll

über die Bildung der Geschworenenbank

geführt in der öffentlichen Sitzung des Schwurgerichts bei dem kgl. Landgerichte München I am Montag den 11. März 1896.

Gegenwärtig:

1. Der Vorsitzende: Oberlandesgerichtsrat Meier,
2. die Landgerichtsräte:
   a) Wolf,
   b) Bär,
3. der II. Staatsanwalt: Hertlein,
4. der Gerichtsschreiber: Klein.

In der Strafsache

gegen Denk Karl, led. Schuster von München
wegen Mordes,

in welcher heute Termin zur Hauptverhandlung ansteht, wurde mit der Bildung der Geschworenenbank in Gegenwart der in dem Hauptprotokolle benannten Angeklagten und Verteidiger, wie folgt, verfahren:

Der Vorsitzende rief die Namen der vorgeladenen Geschworenen auf. Erschienen waren folgende:

1. Michael Huber, Allach,
2. Sebastian Fischer, Kaufmann,
3. ꝛc.
4. mit 30.

Die Erschienenen Geschworenen wurden unter Hinweis auf die § 22 und 32 der RStPO. zur Anzeige etwaiger Gründe aufgefordert, welche sie von der Ausübung des Amtes in der zu verhandelnden Sache ausschließen würden.

Ausschließungsgründe wurden nicht angegeben. Kaufmann Hirsch zeigt an, er sei Vormund des Angeklagten gewesen.

Die Zahl der verbleibenden Geschworenen betrug demnach: dreißig. (91 GVG.)

Die Namen aller Erschienenen und nicht ausgeschiedenen Geschworenen wurden in eine Urne gelegt.

Der Vorsitzende machte darauf aufmerksam, daß von den ausgelosten Geschworenen neun durch den Staatsanwalt und neun durch den Angeklagten ohne Angabe eines Grundes abgelehnt werden können.

Hierauf zog der Vorsitzende (281) die einzelnen Namen aus der Urne. Es bildete sich hieraus nach Maßgabe der abgegebenen Erklärungen folgende Liste: (282, 284, 285.)

Lauf. Num.	Abgelehnt von dem Staatsanwalte:	Abgelehnt von de . Angeklagten:	Nicht abgelehnt.
1.	Privatier Kern von Rosenheim.		Karl, Oekonom Schwabing.
2.			ꝛc. ꝛc.
3.			
4.			
5.		Midl von Traunstein.	
6.			
7.			
8.			
9.			
10.			
11.			
12.			

Am heutigen Tage stehen noch weitere Verhandlungen an gegen Nikolaus Popp, Müller von Haslach, wegen Beleidigung des Landesherrn.

Margaretha Köberlein, Kellnerin von Rosenheim, wegen Abtreibung der Leibesfrucht.

Seitens der Geschworenen wurden auf Befragen keine Gründe angegeben, durch welche sie von der Ausübung ihres Amtes in diesen Sachen ausgeschlossen würden.

Die Angeklagten Karl Denk, Nikolaus Popp und Margaretha Köberlein hatten der Auslosung der Geschworenen beigewohnt.

Der Staatsanwalt und die Angeklagten erklären sich damit einverstanden, daß die gemäß dieser Verhandlung gebildete Geschworenenbank für die Verhandlung gegen die genannten Angeklagten verbleibe.

Die Geschworenen wurden hierauf in Gegenwart der Angeklagten für die Anklagesache gegen Karl Denk, Nikolaus Popp und Margaretha Köberlein, sämtliche von München, nach Maßgabe des § 288 der RStPO. beeidigt.

Der Vorsitzende:

Meier, k. Oberlandesgerichtsrat.

Der Gerichtsschreiber:

Klein, k. Sekretär.

Die Ziehung der Loose (Zettel) darf nur durch den Vorsitzenden selbst geschehen. Die Bildung der Geschworenenbank ist erfolgt bezw. beendet, sobald 12 nicht abgelehnte oder nicht mehr ablehnbare Geschworene ausgelost sind. Nach diesem Zeitpunkte kann eine Veränderung in der Besetzung der Geschworenenbank nicht mehr eintreten, sollte auch die Beeidigung der Geschworenen noch nicht stattgefunden haben; es würde also die Bildung einer neuen Geschworenenbank notwendig werden, wenn einer der 12 Geschworenen plötzlich erkrankte und ein Ergänzungsgeschworener nicht zugezogen wäre. Die ausgelosten Geschworenen haben in der durch das Loos bezeichneten Reihenfolge Platz zu nehmen, wenngleich dies nicht vorgeschrieben und wesentlich ist. Nach § 281 mit § 288 Abs. 2 darf in schwurgerichtlichen Hauptverhandlungen die Ausschließung der Oeffentlichkeit niemals früher als nach der Beeidigung der Geschworenen stattfinden. Die Geschworenen werden nicht für die ganze Sitzungsperiode, sondern für die einzelnen Sachen beeidigt. Bleibt jedoch die Geschworenenbank für mehrere Sachen in Funktion, so erfolgt die Beeidigung in Gegenwart der beteiligten Angeklagten für alle diese Sachen auf einmal.

242. Einspruch gegen richterlichen Strafbefehl.

Gerichtsschreiberei des k. Amtsgerichts Landsberg.

Landsberg, am 10. Juli 1896.

In der Strafsache gegen

Wild Heinrich, Metzgergehilfe dahier, großj.

wegen Verfehlung gegen die Vorschriften des § 360 Ziff. 11 erscheint der Beschuldigte und erklärt:

Gegen den Strafbefehl des hiesigen k. Amtsgerichts vom 1. Juli c.; zugestellt am 4. Juli c., welcher gegen mich wegen groben Unfugs eine Haft-Strafe von 4 Tagen aussprach, erhebe ich Einspruch; weil ich mich des zur Last gelegten strafbaren Reates nicht schuldig gemacht habe.

Als Zeugen des Vorfalls benenne ich den Maurer Isidor Bach, den Steinträger Egid Jul, beide dahier.

Vorgelesen, genehmigt, unterzeichnet:

Heinrich Wild.

Schroll, k. Sekretär.

Anz.-Verz.-Nr. 700/1896

Sodann sind sofort die Bemerkungen der Rückseite auf Form. IV u. V Schöffenbehandlung sowie Form. IVa, IVb, IVc, IVcc in Forstrügesachen auszufüllen; jedoch erst **nach** Aufnahme des Protokolls, da die Ausfüllung dieser Bemerkung lediglich als Konstatierung anzusehen sein dürfte. In Strafsachen § 449 StPO. in Forstrügesachen Art. 144 FG. u. 61 FStG. Der Einspruch muß innerhalb 1 Woche nach der Zustellung erhoben werden. D. V. S. 42. In gleicher Weise ist zu verfahren bei den Anträgen auf gerichtliche Entscheidung gegen eine polizeiliche Strafverfügung § 453 f. StPO. sowie gegen Strafbescheide der Verwaltungsbehörden § 459 f. StPO. Diese Anträge können auch direkt bei der Polizei- bezw. Verwaltungsbehörde gestellt werden. Vergl. § 341 StPO. wegen des nicht auf freiem Fuße befindlichen Beschuldigten; § 42, 43 l. c. wegen Berechnung der Frist. Ein Strafbefehl, gegen welchen nicht rechtzeitig Einspruch erhoben worden ist, erlangt die Wirkung eines rechtskräftigen Urteils StPO. § 450; desgleichen, wenn vor Ablauf der Frist auf den Einspruch verzichtet StPO. § 449 Abs. 2; oder wenn derselbe zurückgenommen wird. (§ 451 Abs. 1.) Wiedereinsetzung gegen den Ablauf der Einspruchsfrist § 44—47 StPO. Verwerfung des Einspruchs durch Urteil beim Ausbleiben des Angeklagten in der Hauptverhandlung § 452 Abs. 1 l. c.

243. Berufung und Revision. § 355, 381 (430) StPO.

Gerichtsschreiberei des k. Amts-Gerichts Reichenhall.

Reichenhall, am 14. April 1896.

In der Straf- (Privatklage-) Sache

gegen den ledigen Dienstknecht Joseph Huber von Reichenhall,

wegen Diebstahls,

erscheint heute vor dem unterfertigten k. Gerichtsschreiber der Beschuldigte Josef Huber von Piebing (aus der Haft vorgeführt) und erklärt:

Gegen das Urteil des Schöffengerichts des k. Amtsgerichts Reichenhall; der Strafkammer des kgl. Landgerichts Eichstätt, — des Schwurgerichts bei dem k. Landgerichte München 1 — vom 10. April 1896, welches wegen Vergehens des Diebstahls gegen mich eine Gefängnis-Strafe von zehn Tagen unter gleichzeitiger Verurteilung in die Kosten des Verfahrens und Strafvollzugs aussprach, lege ich hiermit Berufung (Revision) zur Strafkammer des k. Landgerichts Traunstein ein.

Vorgelesen, genehmigt unterzeichnet:
Josef Huber.

(L. S.) Hermann, kgl. Sekretär.

Ist die Berufung rechtzeitig eingelegt, so hat nach Ablauf der Frist zur Rechtfertigung der Gerichtsschreiber ohne Rücksicht darauf, ob eine Rechtfertigung stattgefunden oder nicht, die Akten der Staatsanwaltschaft (Amtsanwalt) vorzulegen. In Forstrügesachen sind beglaubigte Abschriften der Strafliste des Forstfrevlers zu fertigen und werden die Akten gegen Rückgabe dem betreffenden Forstamte übermacht.

Die Berufung muß bei dem Gerichte erster Instanz binnen einer Woche nach Verkündung des Urteils zu Protokoll des Gerichtsschreibers oder schriftlich eingelegt werden. Im letzteren Falle hat der Gerichtsschreiber auf dem Schriftstücke den Tag des Eingangs zu vermerken und die Akten dem Amtsrichter vorzulegen. Hat die Verkündung des Urteils nicht in Anwesenheit des Angeklagten stattgefunden, so beginnt für diesen die Frist mit der Zustellung (355). Berufungsrechtfertigung (358).

Die Berufung kann auf bestimmte Beschwerdepunkte beschränkt werden. Ist dies nicht geschehen oder eine Rechtfertigung überhaupt

244. Verhandlung am Oberlandesgerichte.

Protokoll

geführt in der öffentlichen Sitzung des Strafsenats des k. Oberlandesgerichts München am Montag, den 11ten März 1889.

Gegenwärtig:

1. Der Vorsitzende: Senatspräsident Herd,
2. die Oberlandesgerichtsräte:
   a) Knorr,
   b) Hirsch,
   c) Meich
   d) Bergmann,
3. der Oberstaatsanwalt: Weber,
4. der Gerichtsschreiber: Flurer.

Zur gegenwärtigen Hauptverhandlung in der Strafsache gegen Bart Wilhelm, lediger Kommis von München,

wegen Ruhestörung,

war zur Verhandlung über die von dem Angeklagten gegen das Urteil der Strafkammer des kgl. Landgerichts München II vom 26. Februar 1889 eingelegte Revision der Angeklagte persönlich mit seinem Verteidiger Rechtsanwalt Fischer von München erschienen.

Der Berichterstatter hielt den Vortrag.

(Platz für die Erwähnung der Verlesung von Schriftstücken u. dergl. § 273 Abs. 1 der StPO.)

Die Staatsanwaltschaft, der Angeklagte und der Verteidiger wurden mit ihren Ausführungen gehört.

Die Staatsanwaltschaft beantragte Verwerfung der Revision.

Der Angeklagte — der Verteidiger — beantragte: Die Aufhebung der Urteile der Untergerichte.

Der Angeklagte — der Verteidiger — hatte das letzte Wort.

---

nicht erfolgt, so gilt der ganze Inhalt des Urteils angefochten (359). Ist die Berufung rechtzeitig eingelegt, so hat nach Ablauf der Frist zur Rechtfertigung der Gerichtsschreiber ohne Rücksicht darauf, ob eine Rechtfertigung stattgefunden hat oder nicht, die Akten der Staatsanwaltschaft vorzulegen (361). D. V. S. 95. Schöffenger. Beh. § 63.

Revision findet statt gegen die Urteile der Landgerichte und Schwurgerichte (374). Dieselbe muß bei dem Gerichte, dessen Urteil angefochten wird, binnen einer Woche nach Verkündung des Urteils zu Protokoll des Gerichtsschreibers oder schriftlich eingelegt werden. Im Falle der Verkündung in Abwesenheit des Angeklagten beginnt die Frist

Der Angeklagte, befragt, ob er selbst noch etwas zur Verteidigung vorzubringen habe, erklärte: nichts.

Es wurde das Urteil nach erfolgter Beratung dahin verkündet:

„Die von dem Angeklagten Bart gegen das Urteil der Strafkammer des k. Landgerichts München II vom 26. Febr. 1889 eingelegte Revision wird verworfen und der bezeichnete Angeklagte verurteilt, die Kosten zu tragen.“

Die Urteilsgründe wurden mündlich mitgeteilt.

(L. S.) Herd. Flurer.

Die Strafsenate der Oberlandesgerichte entscheiden in der Besatzung von 5 Mitgliedern mit Einschluß des Vorsitzenden. (GVG. § 124.) Die Revisionshauptverhandlung beginnt mit dem Vortrage eines Berichterstatters (391). Hierauf werden die Staatsanwaltschaft sowie der Angeklagte und sein Verteidiger mit ihren Ausführungen und Anträgen, und zwar der Beschwerdeführer zuerst, gehört; dem Angeklagten gebührt das letzte Wort. Der Prüfung des Revisionsgerichts unterliegen nur die gestellten Revisionsanträge und, insoweit die Revision auf Mängel des Verfahrens gestützt wird, nur diejenigen Thatsachen, welche bei Anbringung der Revisionsanträge bezeichnet worden sind. conf § 393 ff. StPO.

---

mit der Zustellung (381). Durch rechtzeitige Einlegung der Revision wird die Rechtskraft des Urteils, soweit dasselbe angefochten ist, gehemmt.

Die Revisionsanträge und deren Begründung sind wie die Berufungsrechtfertigung spätestens binnen einer weiteren Woche nach Ablauf der Frist zur Einlegung des Rechtsmittels oder, wenn zu dieser Zeit das Urteil noch nicht zugestellt war, nach dessen Zustellung bei dem Gerichte, dessen Urteil angefochten wird, anzubringen. Seitens des Angeklagten kann dies nur in einer von dem Verteidiger oder einem Rechtsanwalt unterzeichneten Schrift oder zu Protokoll des Gerichtsschreibers erfolgen (385).

Revisionsanträge, welche am letzten Tage nach Ablauf der Bureauzeit an den zur Empfangnahme der für die Gerichtsschreiberei bestimmten Schriftstücke als ermächtigt anzusehenden Gerichtsdiener übergeben wurden, sind als rechtzeitig gestellt zu erachten. RU. v. 6. Dez. 1880; R. II, 613; dagegen wurde durch die Ueberreichung der Revisionsanträge nachts 11¾ Uhr in der Privatwohnung des Gerichtsschreibers die Vorschrift der Anbringung bei Gericht als nicht entsprechend erachtet. RU. v. 21. Okt. 1880, R. II, 369.

Revisionsbegründung durch Telegramm unwirksam. RU. vom 13. Februar 1880, 5. April 1881; E. I, 262; R. I, 353; III 201.

Der Gerichtsschreiber hat die Revisionsbegründung zu Protokoll niederzuschreiben; eine bloße Verweisung im Protokoll auf die vom

245. Die Verhandlung am Reichsgerichte.

Protokoll

geführt in der öffentlichen Sitzung des II. Strafsenats des Reichsgerichts.

Gegenwärtig: Leipzig, am 1. April 1896.

1. als Richter: der Vorsitzende Präsident Meyer,

die Reichsgerichtsräte:

a) Michel,
b) Hirsch,
c) Treutner,
d) Freund,
e) Wieser,
f) Herz.

2. als Beamter der Staats-Anwaltschaft: Reichs-Anwalt Fischer,

3. als Gerichtsschreiber: Obersekretär Kern.

In der Strafsache gegen Martin Lieb, ledigen Dienstknecht von Berg,

wegen Brandstiftung,

erschien zur Verhandlung über die von dem Angeklagten gegen das Urteil des Schwurgerichts zu Kassel vom 20. März l. Js. eingelegte Revision nach Aufruf der Sache: niemand.

Der Berichterstatter, Reichsgerichtsrat Treutner, hielt den Vortrag.

Der Reichsanwalt (der Angeklagte und der Verteidiger) wurden mit ihren Ausführungen gehört.

Der Reichsanwalt beantragte: die Verwerfung der Revision und die Verurteilung des Angeklagten in die Kosten.

Der Angeklagte — der Verteidiger — beantragte:

Nach erfolgter Beratung wurde das Urteil dahin verkündet:

„Die Revision des Angeklagten gegen das Urteil des Schwurgerichts zu Kassel vom 20. März 1889 wird verworfen und werden dem Beschwerdeführer die Kosten des Rechtsmittels auferlegt"

Die Urteilsgründe wurden mündlich mitgeteilt.

(L. S.) Meyer. Kern.

Beschwerdeführer verfaßte und überreichte Rechtfertigungsschrift ist ungenügend. RU. vom 8. September, 17. September, 19. Oktober und 30. November 1880, 23. Februar 1881; E. II, 358, 444; IV, 7; R. II, 172, 215, 587.

Wenn ein verhafteter Angeklagter rechtzeitig bei der Gefängnisverwaltung oder dem Gefängniswärter erklärt, daß er ein Rechtsmittel

246. Begründung eines Revisionsantrages. § 385.

Gerichtsschreiberei des k. Landgerichts Straubing.

Straubing, am 1. April 1896.

In der Strafsache

gegen die ledige Händlerin Barbara Schmitt von Bogen,

wegen Diebstahls,

erschien die aus der Haft vorgeführte Angeklagte und erklärte: Ich begründe die am 25. März c. eingelegte Revision wie folgt:

Meine Verurteilung erfolgte lediglich auf die unbeeidigte Aussage meines mit mir schon seit Jahren in Streit lebenden Mannes Karl Schmitt hin. Ich habe die mir zur Last gelegte strafbare Handlung nicht begangen.

Mein Mann, der meiner schon längst überdrüssig ist, scheut sich nicht, mich unschuldig ins Zuchthaus zu bringen, was er sogar zu seiner Schwester, der Taglöhnersfrau Sophie Schmer in Bogen wiederholt äußerte. Die Person, von welcher ich die Gegenstände, unbewußt, daß sie gestohlen seien, kaufte, glaube ich noch zu ermitteln. Ich verharre bei meiner Angabe, daß die gestohlenen Gegenstände nur wider besseres Wissen in meinen Besitz kamen.

Ich stelle daher gemäß § 384 f. StPO. den Antrag:

„Das angefochtene Urteil mit den demselben zu Grunde liegenden Feststellungen aufzuheben."

Vorgelesen, genehmigt, unterzeichnet:
Barbara Schmitt.

Ernst, k. Sekretär.

---

einlegen oder Revisionsanträge anbringen wolle, so hat nicht nur der Gefängnisbeamte sofort die ihm obliegende Anzeige zu erstatten, sondern sich auch der zur Entgegennahme der Erklärung verpflichtete Gerichtsschreiber, soferne nicht der nahe Ablauf der Frist eine augenblickliche Aufnahme der beabsichtigten Erklärung verlangt, binnen längstens 24 Stunden zum angedeuteten Zwecke in das Gefängnis zu begeben. Die Revision kann nur darauf gestützt werden, daß das Urteil auf einer Verletzung des Gesetzes beruhe. Das Gesetz ist verletzt, wenn eine Rechtsnorm nicht oder nicht richtig angewendet worden ist (376). Ist die Revision rechtzeitig eingelegt und sind die Revisionsanträge rechtzeitig und in der vorgeschriebenen Form angebracht, so ist die Revisionsschrift dem Gegner des Beschwerdeführers zuzustellen. Diesem steht frei, binnen einer Woche eine schriftliche Gegenerklärung einzureichen; der Angeklagte kann letztere auch zu Protokoll des Gerichtsschreibers angeben (387).

Ueber die Einsendung der Akten zum Reichsgericht bezw. zur Reichsanwaltschaft, die Revisionseinlegung Verhafteter, dann über die Beschaffenheit der mitvorzulegenden Urteile und Protokolle conf. die formellen Vorschriften der Entschl. v. 12. Aug. 1880, S. 317 f.

247. Vernehmungs-Protokoll.

Protokoll

aufgenommen bei dem k. Amtsgericht Dachau.

Gegenwärtig: Dachau, am 16. April 1896.

Amtsrichter Huber.
Sekretär Horn.

In der Untersuchungssache gegen Taglöhner Isidor Hoch von Dachau
wegen Diebstahls,
wurde der Beschuldigte aus der Haft vorgeführt. Dem Beschuldigten wurde sodann eröffnet, welche strafbare Handlung ihm zur Last gelegt wird.

Ueber die persönlichen Verhältnisse (136) befragt, erklärte er:

Ich heiße: Friedrich Windisch,
bin: verheirateter Taglöhner,
geboren: am 10. Oktober 1862,
zu: Regenstauf, k. Bezirksamts Regensburg,
Sohn: der Kutschersehelente Johann und Marie Windisch von Regenstauf, die Mutter ist gestorben.
diente: bei dem k. I. Infanterie-Regiment in München; Ersatzreservist,
Vermögen: besitze ich nicht,
Inhaber: der Rettungsmedaille,
bestraft: wurde ich wegen Unterschlagung im Jahre 1880 vom Schöffengericht München mit 8 Tagen Gefängnis ꝛc.

Zur Sache erklärt der Beschuldigte:

Ich stelle die mir zur Last gelegte strafbare Handlung vollständig in Abrede u. s. w. (168 Abs. 3.)

Vorgelesen, genehmigt, unterzeichnet:

Der Beschuldigte verweigert ohne Angabe eines Grundes die Unterschrift.

Horn, k. Sekretär.

Angeklagte(r) wurde in die Haft zurückgeführt.

Den auf heute geladenen und erschienenen Zeugen wurde der Gegenstand des Verfahrens und die Person des Angeschuldigten mit der

Aufforderung bekannt gegeben, das, was ihnen vom Gegenstande ihrer Vernehmung bekannt ist, im Zusammenhalte wahrheitsgetreu anzugeben.

Sodann wurden dieselben unbeeidigt vernommen wie folgt:

I. Person: Rosa Winkler. ꝛc.

Vorgelesen, genehmigt, unterzeichnet:

Rosa Winkler.

Verfügung:

Brm. mit Anzeige an den k. I. Herrn Staatsanwalt am k. Landgerichte München II. (in Erledigung der Requisition vom . . .)

(L. S.) Huber. Horn.

In derselben Fassung lauten die Protokolle, welche von dem Untersuchungsrichter aufgenommen werden. Bezüglich der Requisition um Vernehmung von Zeugen, welche wegen großer Entfernung nicht erscheinen können, conf. § 222, 223, 35, 36, 41 StPO.

Die Beeidigung der Zeugen im vorbereitenden Verfahren ist nur zulässig, wenn Gefahr im Verzug obwaltet, oder wenn die Beeidigung als Mittel zur Herbeiführung einer wahrheitsgemäßen Aussage über eine Thatsache, von der die Erhebung der öffentlichen Klage abhängig ist, erforderlich erscheint. Erfolgt die Beeidigung im Vorverfahren, so ist der Grund in dem Protokolle anzugeben. (65 Abs. 3 und 4.)

Im Uebrigen vergleiche § 185, 186, 178 StPO. D. V. S. 19 u. 22.

In den Fällen, in denen ein Sekretär oder ein Gehilfe mitwirkt (185) überläßt das Gesetz es dem Ermessen des Richters, ob er dem Protokollführer das Protokoll diktieren oder ihm die selbständige Niederschreibung, vorbehaltlich seiner, des Richters, Prüfung, überlassen will; auch ist ein Niederschreiben durch den Richter selbst zulässig. Das Wesentliche besteht nur darin, daß beide Gerichtspersonen das Protokoll unterschreiben und hiedurch beiderseits die Richtigkeit des Inhalts bezeugen. Bei der Fassung des Protokolls empfiehlt es sich, alle Aussagen der Zeugen und Sachverständigen, sowie die Erklärungen des Angeschuldigten in der ersten Person niederzuschreiben, da hiedurch wesentlich Mißverständnisse verhütet werden.

248. Privatklage wegen Beleidigung.

Gerichtsschreiberei
des k. Amtsgerichts
Landsberg.

Landsberg, am 20. März 1896.

Es erscheint
Mühl Albert, Schuhmacher von Landsberg
und erhebt gegen
Futter Anna, led. großj. Krämerstochter von da,
wegen Beleidigung folgende Privatklage mit Strafantrag:

Am 20. Februar c. äußerte die Anna Futter in der Gastwirtschaft des Albert Herr dahier in Gegenwart mehrerer Gäste: „Der Schuster Mühl gibt's jetzt nobel seit er die Leut so gemein betrügt"

Einzugsregister Nr. 204.
Vorschußregister Nr. 30.

Beweismittel: Die Zeugen: Kellnerin Anna Knorr; Aufseher Karl Stark, Oekonom Ignaz Herz, alle hier.

Durch diese unwahre Aeußerung (Handlung) wurde meine Person verächtlich gemacht und in der öffentlichen Meinung herabgewürdigt.

Gemäß § 186 (187) RStGB. erhebe ich gegen Anna Futter Privatklage und stelle Strafantrag. Ich beantrage, Hauptverhandlung vor dem Schöffengericht Landsberg stattfinden und die Angeklagte, sowie die vorläufig benannten Zeugen hiezu laden zu lassen.

Angeklagte wolle wegen einfacher — wiederholter — thätlicher — schriftlicher — öffentlicher — verläumderischer Beleidigung des Klägers für schuldig erklärt und in eine angemessene Geld- — Freiheits-Strafe sowie in die Kosten des Verfahrens und Strafvollzugs verurteilt werden.

Ueber die erfolglos versuchte Sühne überreiche ich anliegende Bescheinigung. (420 StPO.)

Da die Beleidigung öffentlich begangen wurde, wolle mir die Befugnis zugesprochen werden, die Verurteilung auf Kosten der Schuldigen öffentlich (binnen . . Wochen) in der . . Zeitung . . mal nach Rechtskraft der Entscheidung bekannt zu machen. (200 StGB.)

Schließlich erlege ich einen Gebührenvorschuß von 10 ℳ sowie einen Auslagenvorschuß von 8 ℳ. (83, 84 GKG.)

Vorgelesen, genehmigt, unterzeichnet:
Albert Mühl.

Anz.-Verz.-Nr. $\frac{300}{1896}$

Schroll, k. Sekretär.

249. Privatklage wegen Körperverletzung.

Gerichtsschreiberei
des k. Amtsgerichts
Landsberg.

Armenregister Nr. 80.

Landsberg, am 21. März 1896.

Es erscheint
Bauer Marie, großj. Köchin von Landsberg
und erhebt gegen
Ertl Max, Gasthofbesitzer von Landsberg,
wegen Körperverletzung folgende Privatklage mit Strafantrag:

Am 10. März c. entnahm ich aus dem im Gastzimmer des Angeklagten befindlichen Geschirrschranke eine Partie Gläser, welche mir entfielen; darüber aufgebracht, versetzte mir Max Ertl eine Ohrfeige, daß mir das Gesicht anschwoll und, ich heftige Schmerzen verspürte.

Beweismittel: Die Zeugen: Schenkkellner Jos. Huber, Taglöhnerin Karoline Schuster, sämtliche bei Ertl bedienstet.

Durch diese Handlung ist ein Vergehen der einfachen Körperverletzung begründet. (223, 232, 185, 61 StGB.)

Gemäß § 414 f. StPO. erhebe ich gegen Max Ertl Privatklage und stelle Strafantrag. Ich beantrage Hauptverhandlung vor dem Schöffengerichte Landsberg stattfinden und den Angeklagten, sowie die vorläufig benannten Zeugen hiezu laden zu lassen.

Angeklagter wolle wegen thätlicher -- wiederholter -- Körperverletzung .... für schuldig erklärt und in eine angemessene Geld- — Freiheitsstrafe sowie in die Kosten des Verfahrens und Strafvollzugs verurteilt werden.

Ueber die erfolglos versuchte Sühne überreiche ich anliegende Bescheinigung.

Gemäß § 188, 231 StGB. verlange ich als Verletzter auch eine von Angeklagtem zu leistende Buße von 60 ℳ und bezeichne als Beweismittel für die Höhe und Berechtigung dieses Anspruchs den k. Bezirksarzt Dr. Michel dahier.

Auf Grund des übergebenen Zeugnisses bitte ich um Bewilligung des Armenrechts.

Vorgelesen, genehmigt, unterzeichnet:
Marie Bauer.

Schroll, k. Sekretär.

Anz.-Verz.-Nr. $\frac{400}{1896}$

250. Erklärung auf erhobene Privatklage mit Widerklage.

Gerichtsschreiberei
des k. Amtsgerichts
Landsberg.

Landsberg, am 30. März 1896.

In der Privatklagesache
Mühl Albert, Schuhmacher in Landsberg,
gegen
Futter Anna, Krämerstochter von da,

wegen .... Beleidigung, erscheint die Beschuldigte und erklärt: Am 22. Februar l. Js. befand ich mich bei dem Privatkläger in der Herr'schen Gastwirtschaft dahier, woselbst wir eine Auseinandersetzung hatten. Ich habe die der Privatklage zu Grunde liegenden Aeußerungen wohl gebraucht; aber erst, als Privatkläger vom Nebentisch zu mir herüberrief: „O je, die Futter-Hur ist auch da!" Ich bin nämlich Mutter eines außerehelichen Kindes, was jedoch den Privatkläger keineswegs zu dieser Aeußerung berechtigt.

Wegen des von Privatkläger gegen mich gebrauchten Ausdruckes erhebe ich gegen denselben Widerklage und klage ihn wegen eines Vergehens der öffentlichen Beleidigung (§ 186 StGB.) an. Ich stelle den Antrag: „Die Privatklage zurückzuweisen und den Privatkläger .. und Widerbeklagten wegen öffentlicher Beleidigung in eine angemessene Geld- oder Freiheitsstrafe zu verurteilen."

Als weitere Zeugen des Vorfalls benenne ich:

a) die Dienstmagd Magdalena Schroll dahier,
b) die Schuhmachersfrau Elise Neuner daselbst.

Ich erlege 6 ℳ Auslagenvorschuß und beantrage die Ladung der Zeugen.

Vorgelesen, genehmigt, unterzeichnet:
Anna Futter.

Anz.-Verz.-Nr. $\frac{300}{1896}$

Schiller, k. Sekretär.

Ist die Privatklage vorschriftsmäßig erhoben, so teilt das Gericht dieselbe dem Beschuldigten unter Bestimmung einer Frist zur Erklärung und der Staatsanwaltschaft zur Kenntnisnahme mit; nach Eingang der Erklärung des Beschuldigten oder Ablauf der Frist entscheidet das Gericht darüber, ob das Hauptverfahren zu eröffnen oder die Klage

251. Antrag auf Sicherheitsleistung.

Gerichtsschreiberei des k. Amtsgerichts Landsberg.

Landsberg, am 10. April 1896.

In der Privatklagesache
Maurer Friedrich, Kaufmann in Prag, vertreten von R.-A. Hieber in Landsberg,
gegen
Huber Ernst, Kaufmann in Landsberg,
wegen Beleidigung,
erscheint Ernst Huber und erklärt: Privatkläger . . hat gegen mich unterm 1. April c. (durch Rechtsanwalt Hieber dahier) Privatklage erhoben ohne eine Sicherheit zu leisten. Gemäß § 419 RStPO. (§ 101 f. ZPO) stelle ich daher zu meiner Schadloshaltung den Antrag:

Privatkläger . . bezw. dessen Anwalt zur Leistung einer Sicherheit wegen der mir voraussichtlich erwachsenden Kosten aufzufordern. Wird eine Sicherheit binnen 2 Wochen nicht geleistet, so beantrage ich, die erhobene Privatklage kostenfällig zurückzuweisen.

Vorgelesen, genehmigt, unterzeichnet:

Ernst Huber.

Schroll, k. Sekretär.

Beschluß.

In ꝛc. wird auf Antrag des X zur Sicherheit der diesem erwachsenden Kosten dem Kläger aufgegeben, binnen . . Wochen den Betrag von . . ℳ zu hinterlegen, widrigenfalls die Klage für zurückgenommen erklärt wird.
(Zustellung an R.-A. Hieber.)

Anz.-Verz.-Nr. $\frac{450}{1896}$

---

zurückzuweisen sei, nach Maßgabe der Bestimmungen, welche bei einer von der Staatsanwaltschaft unmittelbar erhobenen Anklage Anwendung finden. StPO. § 422, 423, GKG. § 71 Z. 5, 84 Z. 3.

Privatkläger hat für die der Staatskasse und dem Beschuldigten voraussichtlich erwachsenden Kosten unter denselben Voraussetzungen Sicherheit zu leisten, unter welchen in bürgerlichen Rechtsstreitigkeiten (ZPO. § 102 f.) der Kläger auf Verlangen des Beklagten Sicherheit wegen der Prozeßkosten zu leisten hat. StPO. § 419. Kostenpunkt: StPO. § 503, GKG. § 70 f., 83 f. nebst Nov. vom 29. Juni 1881. Der zu erlassende Beschluß ist dem Antragsteller bezw. der Gegenpartei oder dessen Anwalt zuzustellen. conf. Schöffger. Behandl. § 41.

252. Sitzungs-Protokoll bei Zurücknahme der Privatklage.

Ziffer des Anz.-Verz. 21.

Protokoll

geführt in der öffentlichen Sitzung des Schöffengerichts
zu Pappenheim am 1. März 1889.

Gegenwärtig:

1. Der Ober-Amtsrichter Leim,
2. die Schöffen:
   a) Gerngroß Wilh., Oekonom in Langenaltheim,
   b) Mich. Fischer, Baumeister in Treuchtlingen,

welche laut gesondertem Protokoll vom Heutigen den vorgeschriebenen Eid eines Schöffen geleistet haben,

3. der Amtsanwalt ----
4. der Gerichtsschreiber Klein.

Zur gegenwärtigen Hauptverhandlung in der

Privatklagesache

der ledigen Marie Herbst, Taglöhnerin von Pappenheim, Privatklägerin,

gegen

den ledigen Braugehilfen Albert Müller von Dettenheim, Angeklagten,

wegen Beleidigung,

erschienen auf den Aufruf der Sache

1. die Privatklägerin in Person,
2. der Zeuge Mathias Groß, Oekonom von Dettenheim.

Der Angeklagte war nicht erschienen.

Die Privatklägerin erklärte, daß der Angeklagte seine beleidigenden Aeußerungen durch öffentlichen Widerruf in der Zeitung zurückgenommen, womit sie sich begnüge und weshalb sie gemäß § 431 der RStPO. die Privatklage zurücknehme.

Es wurde auch sofort nachstehender

Beschluß

erlassen und verkündet:

I. Das Verfahren wird, nachdem die Privatklage zurückgenommen, eingestellt.
II. Privatklägerin hat sämtliche Kosten zu tragen.

XXVI a. (L. S.) Leim. Klein.

Gebühren: § 70, 72 GKG.

Beleidigungen und Körperverletzungen können, soweit die Verfolgung nur auf Antrag eintritt, von dem Verletzten im Wege der Privatklage verfolgt werden, ohne daß es einer vorgängigen Anrufung der Staatsanwaltschaft bedarf. Die gleiche Befugnis steht denjenigen

253. Hauptverhandlung in Privatklagesachen in der Berufungsinstanz.

Protokoll

geführt in der öffentlichen Sitzung der II. Strafkammer des k. Landgerichts Eichstätt, als Berufungsgericht, am Freitag, den 14. April 1896.

Gegenwärtig:
1. Der Vorsitzende: Landgerichtsdirektor Herb.
2. die Landgerichtsräte:
a) Bitter.
b) Schlecht.
3. seitens der Staatsanwaltschaft niemand.
4. der Gerichtsschreiber: Sekretär Klein.

In der Privatklagesache
des Apothekers Friedrich Heiß in Pappenheim,
gegen
den Steinlieferanten Joseph Pfahler daselbst,
wegen Körperverletzung,

waren zur Hauptverhandlung über die von dem Angeklagten gegen das Urteil des Schöffengerichts am k. Amtsgericht zu Pappenheim vom 10. Februar l. Js. eingelegte Berufung erschienen:
1. Der Vertreter des Privatklägers, Rechtsanwalt Kalb von Eichstätt.
2. als Zeugen: a) Weber Huber von Treuchtlingen,
b) Lehrer Blank von Pappenheim.

Der Angeklagte war weder selbst, noch für ihn ein Vertreter erschienen. (272.)

Der Vorsitzende teilte aus den Akten mit, daß die Ladung zum heutigen Termine dem Angeklagten am 22. März c. ordnungsgemäß zugestellt worden ist, worauf die diesbezügliche Zustellungsurkunde verlesen wurde. (273.)

Der Vertreter des Privatklägers beantragte (257) die Verwerfung der Berufung.

Es wurde sofort folgendes

Urteil (431 Abs. 2, 259 Abs. 2)

erlassen und verkündet:

Da der Angeklagte im heutigen Hauptverhandlungstermin trotz ordnungsmäßiger Ladung nicht erschienen, auch nicht vertreten war, so wird die von dem Angeklagten gegen das schöffengerichtliche Urteil vom 10. Febr. c. eingelegte Berufung verworfen und der Angeklagte verurteilt, die Kosten der Berufung zu tragen sowie die dem Privatkläger erwachsenen notwendigen Auslagen zu erstatten. (§ 370, 503, 505 StPO.)

Die Urteilsgründe wurden mündlich eröffnet.

(L. S.) Herb. Klein.

Anz.-Verz.-Nr. 400/1896

---

zu, welchen in den Strafgesetzen das Recht, neben dem Verletzten und unabhängig von dem Willen desselben selbständig auf Bestrafung anzutragen, beigelegt ist. Der Verletzte kann die Privatklage nur erheben, wenn er prozeßfähig ist, andernfalls geschieht die Klageerhebung durch seinen gesetzlichen Vertreter. Die öffentliche Klage wird wegen der vorbezeichneten strafbaren Handlung von der Staatsanwaltschaft nur dann erhoben, wenn dies im öffentlichen Interesse liegt. Die Privatklage muß innerhalb 3 Monaten erhoben werden. Uebernimmt die Staatsanwaltschaft die Verfolgung, so wird der Privatkläger Nebenkläger. (§ 61, 185, 186, 187, 189, 194, 223, 230, 232 StGB., 414, 416, 417 StPO.) Sachlich zuständig sind in Privatklagesachen die Schöffengerichte, selbst dann, wenn die Staatsanwaltschaft nach Eröffnung des Hauptverfahrens die Verfolgung übernimmt. Die Privatklage muß den im § 198 Abs. 1 der StPO. bezeichneten Erfordernissen entsprechen. Die Erhebung der Privatklage kann zu Protokoll des Gerichtsschreibers oder durch Einreichung einer vom Privatkläger einzureichenden Anklageschrift erfolgen. Befinden sich die Parteien in demselben Gemeindebezirke, so muß bei Beleidigungen, soferne nicht Berufsbeleidigungen zur Frage kommen, vor Erhebung der Klage die Sühne vor einer Vergleichsbehörde versucht und der Nachweis des Mißlingens des Sühneversuches mit der Klage vorgelegt werden. (StPO. § 420.)

Für die Bewilligung des Armenrechts gelten die Bestimmungen der § 106—118 der ZPO., StPO. § 419.

Nach Erhebung der Klage sind 2 Abschriften zu fertigen; eine teilt das Gericht dem Beschuldigten unter Bestimmung einer Frist (2 Wochen) zur Erklärung und der Staatsanwaltschaft, bezw. dem Amtsanwalt zur Kenntnisnahme mit. (StPO. § 422.)

Nach § 417 Abs. 1 ist der Termin zur Hauptverhandlung der Staatsanwaltschaft bekannt zu machen, was einfach durch Vorlegung der Akten, ohne besondere richterliche Anordnung geschieht. Der Vorsitzende des Gerichts bestimmt, welche Personen als Zeugen oder Sachverständige zur Verhandlung geladen werden. Zwischen der Zustellung der Ladung des Privatklägers zur Hauptverhandlung und dem Tage der letzteren muß eine Frist von einer Woche liegen. (StPO. § 425.)

Der Beschluß über die Eröffnung des Hauptverfahrens in Privatklagesachen ist in Form. XIX schöffenger. Beh. enthalten.

War der Angeklagte bei der Urteilsverkündung nicht anwesend, ist das Urteil demselben nach § 35 Abs. 2 StPO. zuzustellen. Ist der Aufenthaltsort des Angeklagten unbekannt, so hat der Gerichtsschreiber nach § 40 Abs. 2 l. c. die Anheftung des entscheidenden Teiles des Urteils auf 2 Wochen zu bewirken und den Tag des Aushanges und der Abnahme zu bestätigen.

Der Antrag um Bewilligung des Armenrechts kann gleich am Schlusse der Privatklage kurz beigesetzt werden.

Die Verhandlung und Urteilsfällung über den erhobenen Anspruch auf Zuerkennung einer Buße kann im ersten Rechtszuge nur in Verbindung mit der erstrichterlichen Verhandlung und Urteilsfällung in der Hauptsache erfolgen. Demgemäß muß in allen Fällen, in welchen der Antragsteller zur Begründung der Statthaftigkeit oder der Höhe seines Anspruches besondere Beweismittel bezeichnen will, solches bei **Vermeidung der Nichtberücksichtigung** der letzteren so rechtzeitig geschehen, daß die erforderliche Mitteilung hierüber an den Beschuldigten, dann die Erhebung der Beweismittel in der öffentlichen Sitzung sowie die etwaige Bezeichnung und Benutzung von Gegenbeweismitteln seitens des Beschuldigten noch erfolgen kann. Wird für die Verhandlung über den Anspruch auf Zuerkennung einer Buße von dem Antragsteller oder dem Beschuldigten die gerichtliche Ladung besonderer Zeugen oder Sachverständiger begehrt, so kommen bezüglich der Erlegung der denselben zu verabfolgenden Gebühren die für die Vorladung von Entlastungszeugen geltenden Vorschriften gleichmäßig zur Anwendung.

Sogenannte Schmerzensgelder werden meistens im Zivilprozeß gefordert. conf. § 63—65, 75 RAGO.

Vorladung des Privatklägers zur Hauptverhandlung in erster Instanz **79**, Beil. 20 (Form.) 125 ff., in der Berufungsinstanz, Formulare **79**, 1103 ff.; 1119.

Privatklagesachen wegen Preßbeleidigungen **79**, 99.

Verfahren in solchen **79**, 779, 780 Beil., 15, 19 f. (Form.), 121 ff., **79**, 1103 ff. Anfertigung von Kostenverzeichnissen in solchen **79**, 1433; **80**, 288 f. Sollstellung der in denselben eingeforderten Gebührenvorschüssen **79**, 1438. Bezeichnung derselben mit A, der Berufungen in solchen mit D und der Revisionen gegen Urteile der Berufungsinstanz in solchen mit B **80**, 430, 431.

In Strafsachen ist nach § 83 und 84 des GKG. von dem Privatkläger oder demjenigen, welcher als Privatkläger eine Berufung oder Revision einlegt oder eine Wiederaufnahme des Verfahrens beantragt, sowie von dem Nebenkläger, welcher eine Berufung oder Revision einlegt, ein Gebührenvorschuß von 10 *M* für die Instanz zu zahlen. Außer dem Gebührenvorschuß ist bei jedem Antrage auf Vornahme einer Handlung, mit welcher bare Auslagen verbunden sind, ein zur Deckung derselben hinreichender Vorschuß von dem Antragsteller zu zahlen. Diese Vorschußpflicht besteht in Strafsachen nur im Verfahren auf erhobene Privatklage und für den Nebenkläger, welcher sich eines Rechtsmittels bedient. Bezüglich der übrigen Bestimmungen inbezug auf das GKG. s. § 70 u. ff. sowie auch § 503 der RStPO.

Mit der Verurteilung einer Partei in die Kosten ist die Verpflichtung zur Erstattung der dem Gegner erwachsenen Auslagen von selbst ausgesprochen; eines besonderen Ausspruches hierüber bedarf es nicht. Werden beide Teile verurteilt, so muß eine angemessene Verteilung der Kosten einschließlich der von den Parteien gemachten Auslagen eintreten.

254. Nebenklage.

Gerichtsschreiberei des k. Amts-Gerichts Landsberg.

Landsberg, am 10. Juni 1896.

In der Strafsache gegen
Maier Friedrich, Kaufmann in Landsberg,
wegen öffentlicher verläumderischer Beleidigung
erscheint Kaufmann Ignaz Huber dahier und erklärt:

Durch Beschluß der Strafkammer des k. Landgerichts Augsburg vom 1. Juni 1896 wurde gegen Friedrich Maier wegen des obenbezeichneten Reates das Hauptverfahren vor dem Schöffengerichte des k. Amtsgerichts Landsberg eröffnet. Wie aus den Akten erhellt, bin ich der durch die Strafthat des Angeklagten Verletzte.

Durch den beleidigenden Artikel des Angeklagten wurde mein Handelsgeschäft arg geschädigt. Ich habe auch bereits Strafantrag gestellt.

Gemäß § 435 StPO. erkläre ich, daß ich mich dem Strafverfahren gegen den Angeklagten anschließe und beantrage: mich als Nebenkläger zuzulassen.

Der Angeklagte sei zur Zahlung einer Buße von 2000 ℳ zu verurteilen.

Anz.-Verz.-Nr. $\frac{400}{1896}$

Vorgelesen, genehmigt, unterzeichnet:
Ignaz Huber.
Schroll, k. Sekretär.

---

§ 436 StPO. besagt wohl, daß die Anschlußerklärung bei dem Gerichte schriftlich einzureichen sei; der R.-Beschl. vom 23. März 1882, E. VI, 139; R. IV, 274, bejahte jedoch die Modalität, daß die zu Protokoll des Gerichtsschreibers unterschriebene Anschlußerklärung des Nebenklägers die vorgeschriebene schriftliche Form ersetze. Abweichend für die Frage im allgemeinen ist RU. vom 31. März 1880, E. I, 285; R. I, 250. Der Nebenkläger hat nach erfolgtem Anschluß die Rechte des Privatklägers. Die Entscheidung ist gebührenfrei. GKG. § 66. Der Sekretär könnte sonach die Aufnahme dieses Antrags ablehnen; es empfiehlt sich jedoch schon um deswillen nicht, da man doch vom Laien keine juristische Vorbildung voraussetzen kann. Die k. Rentämter haben in den Fällen, in welchen sie sich einer Strafverfolgung wegen Zuwiderhandlung gegen die Vorschriften über die Erhebung öffentlicher Abgaben anschließen, ihre Erklärungen unmittelbar bei dem zuständigen Gerichte einzureihen. JMB. 82, 127.

255. Antrag um Aufhebung der Ordnungsstrafe.

Gerichtsschreiberei des k. Amtsgerichts Landsberg.

Landsberg, am 18. April 1896.

In der Strafsache

gegen Philipp Weger, Dienstknecht von Landsberg

wegen Betrugs

erscheint der Oekonom Friedrich Lauscher von Greifenberg und erklärt: Ich war in die Sitzung des Schöffengerichts Landsberg vom 10. April l. Js. geladen. Die Ladung wurde meiner Schwester zugestellt, als ich nicht zu Hause, sondern auf Viehmärkten verreist war. Wegen unentschuldigten Ausbleibens am Termine wurde ich mit Beschluß vom 10. April c. in die dadurch verursachten Kosten sowie zu einer Geldstrafe von 20 ℳ eventuell 4 Tage Haft verurteilt.

Ich kehrte erst am 16. ds. Mts. von meiner Reise zurück, worüber ich Bescheinigung des Bürgermeisters vorlege.

Gemäß § 50 StPO. beantrage ich die gegen mich getroffenen Anordnungen wieder aufzuheben.

Vorgelesen, genehmigt, unterzeichnet:

Friedrich Lauscher.

Anz.-Verz.-Nr. $\frac{101}{1896}$

Schroll, k. Sekretär.

Der dem Antragsteller zuzustellende Beschluß lautet: „In ꝛc. werden die gegen . . . . . in dem Beschlusse vom . . . . getroffenen Anordnungen wieder aufgehoben, da das Ausbleiben des Zeugen im Termin nachträglich genügend entschuldigt wurde. StPO. § 50, 35, 36, 39 (163, 164, 183, 346, 349); StGB. § 18; GKG. § 78 Ziff. 2a; GVG. § 161.

Ist eine dem aktiven Heere oder der Marine angehörende Militärperson nicht erschienen, so ist das Militärgericht wegen Festsetzung und Vollstreckung der Strafe zu ersuchen. Milit. StGB. § 4. Was unter „Militärbehörde" zu verstehen ist vergleiche JMBl. 80, 197. Ueber Unwahrheit bei Entschuldigung conf. StGB. 138. Die Vorführung einer Militärperson erfolgt durch Ersuchen der Militärbehörde.

256. Wiederaufnahme eines durch rechtskräftiges Urteil geschlossenen Verfahrens.

Gerichtsschreiberei
des k. Amtsgerichts
Landsberg

Landsberg, am 17. April 1896.

In der Strafsache
gegen Philipp Weger, Dienstknecht in Landsberg,
wegen Betrugs,

erscheint der Dienstknecht Philipp Weger von hier und erklärt:

Durch Urteil des Schöffengerichts des k. Amtsgerichts Landsberg, vom 10. März l. Js., gegen welches ich Berufung eingelegt habe, bin ich wegen Betrugs in eine Gefängnis-Strafe von drei Monaten sowie zur Tragung der Kosten des Verfahrens und Strafvollzugs verurteilt worden. Die Berufung wurde verworfen und hat besagtes Urteil nunmehr die Rechtskraft erlangt. Da aber die in der Hauptverhandlung zu meinen Ungunsten vorgelegte Urkunde verfälscht war und diese Fälschung von dritter Hand erfolgte, so stelle ich gemäß § 399 Ziffer 1 (5) der RStPO. den Antrag, „das durch rechtskräftiges Urteil geschlossene Verfahren wieder aufzunehmen."

Bader Frisch dahier teilte mir mit, Buchhalter Vetter habe fraglichen Schuldschein gefälscht; dieses habe ich jedoch erst gestern erfahren.

Vorgelesen, genehmigt, unterzeichnet:
Philipp Weger.

Schroll, k. Sekretär.

Beschluß.

Da neue Beweismittel beigebracht sind, welche die Freisprechung bezw. eine geringere Bestrafung des Angeklagten zu begründen geeignet erscheinen lassen, wird das durch das rechtskräftige Urteil des . . . Gerichts vom . . . geschlossene Verfahren bezüglich des Angeklagten . . . wieder aufgenommen. (399 Nr. 5.)

Anz.-Verz.-Nr. $\frac{100}{1896}$

Zu Gunsten des Verurteilten findet die Wiederaufnahme in den Fällen des § 399, zu Ungunsten des Angeklagten in den Fällen des § 402 StPO. statt. Im Antrage müssen der gesetzliche Grund der Wiederaufnahme des Verfahrens sowie die Beweismittel angegeben werden (406 Abs. 2). Vom Angeklagten und den in § 401 Abs. 2 bezeichneten Personen kann der Antrag nur mittels einer von dem Verteidiger oder einem Rechtsanwalt unterzeichneten Schrift oder zu Proto-

257. Wiedereinsetzung in den vorigen Stand.

Gerichtsschreiberei
des k. Amts-Gerichts
Landsberg.

Landsberg, am 12. Mai 1896.

In der Straf-Sache gegen
Hauer Michael, cand. jur. von hier,
wegen groben Unfugs
erscheint der Beschuldigte und erklärt:

Das k. Amtsgericht Landsberg hat am 15. April c. gegen mich wegen groben Unfugs einen Strafbefehl lautend auf 50 ℳ Geldstrafe eventuell 5 Tage Haft erlassen. Die Zustellung desselben erfolgte am 20. April c. durch Ersatzzustellung an meine Hausfrau, die Posthalterswitwe Regina Herz daselbst, welche die Sache bis zu meiner Rückkunft, ich war nämlich zu Verwandten gereist, liegen ließ.

Nachdem jedoch die Frist zur Erhebung des Einspruchs verflossen ist, so stelle ich gemäß 44 f. StPO. das Gesuch: „Kgl. Amtsgericht wolle mir gegen die Versäumung der Einspruchs-Frist die Wiedereinsetzung in den vorigen Stand gewähren.“

Zugleich erhebe ich gegen den erwähnten Strafbefehl Einspruch.

Zur Glaubhaftmachung der Versäumungsgründe berufe ich mich auf die Erklärung der Regina Herz, welche ich übergebe.

Vorgelesen, genehmigt, unterzeichnet:

Michael Hauer.

Schroll, k. Sekretär.

Anz.-Verz.-Nr. $\frac{800}{1896}$

koll des Gerichtsschreibers angebracht werden. Ueber die Zulässigkeit des Antrags auf Wiederaufnahme des Verfahrens entscheidet das Gericht, dessen Urteil mit dem Antrage angefochten wird, ohne mündliche Verhandlung. Wegen der Gebühren s. GKG. § 66 Ziff. 3; 67 Abs. 1; 77 bei Privatklage § 71. Der Gerichtsbeschluß ist dem Angeklagten zuzustellen und geht in Urschrift an den Amtsanwalt zur Erklärungsabgabe.

Gegen die Versäumung einer Frist kann die Wiedereinsetzung in den vorigen Stand beansprucht werden, wenn der Antragsteller durch

Naturereignisse oder andere unabwendbare Zufälle an der Einhaltung der Frist verhindert worden ist. Als unabwendbarer Zufall ist es anzusehen, wenn der Antragsteller von einer Zustellung ohne sein Verschulden keine Kenntnis erlangt hat. § 44 f. StPO., Art. 147 FG. Das Reichsgericht erachtete die Thatsache, daß ein Verhafteter trotz rechtzeitigen Begehrens nicht rechtzeitig zur protokollarischen Rechtfertigung der Revision vorgeführt wurde, als Wiedereinsetzungsgrund. Beschl. v. 2. Januar 1880; I, 179.

Ein Versehen des Anwalts inbezug auf seine Legitimation zur Anmeldung 2c. der Revision begründet für den Angeklagten keinen unabwendbaren Zufall im Sinne des § 44. Beschl. des RG. v. 28. April 1880; R. I, 689. Auch eine durch die Post verspätet beförderte Revisionsanmeldung dürfte keine Restitution begründen. Wiedereinsetzungsfälle sind zunächst: die Wiedereinsetzung gegen die Versäumung der Einspruchs- (449), Berufungs- (355) und Revisions-Frist (381), die Frist der sofortigen Beschwerde (353) sowie die Wiedereinsetzung gegen ein auf Ausbleiben des Angeklagten ergangenes Urteil. (356, 382.)

Vergl. § 45, 234, 370, 452 StPO. D. V. S. 42. Der Gerichtsschreiber hat den Antragsteller hinzuweisen, daß durch sein Gesuch der Beginn der Frist zur Einlegung der Berufung bezw. Revision nicht ausgeschlossen werde, daß daher zur Wahrung der Berufung bezw. Revision sofort für den Fall der Verwerfung des Gesuches um Wiedereinsetzung die Berufung oder Revision rechtzeitig einzulegen sei.

Das Wiedereinsetzungsgesuch muß binnen 1 Woche nach Beseitigung des Hindernisses bei demjenigen Gerichte, bei welchem die Frist wahrzunehmen gewesen wäre, unter Angabe und Glaubhaftmachung der Versäumungsgründe angebracht werden. Mit dem Gesuche ist zugleich die versäumte Handlung selbst nachzuholen (StPO. § 45.) Ueber das Gesuch entscheidet dasjenige Gericht, welches bei rechtzeitig erfolgter Handlung zur Entscheidung in der Sache selbst berufen gewesen wäre. Die dem Gesuche stattgebende Entscheidung unterliegt keiner Anfechtung, gegen die das Gesuch verwerfende Entscheidung findet sofortige Beschwerde statt (StPO. § 46). Die Kosten der Wiedereinsetzung fallen dem Antragsteller zur Last, soweit sie nicht durch einen unbegründeten Widerspruch des Gegners entstanden sind. StPO. § 505 Abs. 3. Gebühren: in Strafsachen § 66 Z. 1 GKG.; in Privatklagen § 71 Z. 1 GKG.

Hinsichtlich der Berechtigung zur Zurücknahme eines Gesuches um Wiedereinsetzung finden die Bestimmungen des § 344 Satz 2 und Abs. 2 analoge Anwendung. Was als „unabwendbarer Zufall“ zu betrachten sei, läßt sich nicht erschöpfend bestimmen, das Gesetz bestimmt in erster Reihe die Naturereignisse, jeder Grund, auf der sich das Gesuch stützt, hängt von dem richterlichen Ermessen ab. Holt der Gerichtsdiener den Posteinlauf zu spät, so dürfte der Umstand die Wiedereinsetzung begründen.

258. Antrag des Angeklagten auf Entbindung vom Erscheinen in der Hauptverhandlung.

Gerichtsschreiberei
des k. Amtsgerichts
Landsberg.

Landsberg, am 1. April 1896.

In der Strafsache
gegen die Kellnerin Marie Lang von Landsberg,
wegen Berufsbeleidigung,
erscheint die Rubrikatin und erklärt:

Am 10. Mai l. Js. steht bei hiesigem Schöffengericht gegen mich wegen Berufsbeleidigung Termin zur Hauptverhandlung an. Da ich jedoch am 5. April c. eine Stelle als Kellnerin im Restaurant „Universum" in Hamburg antrete, kann ich wegen der großen Entfernung und der damit verbundenen besonderen Auslagen an dem genannten Termine nicht erscheinen. Ich werde mich durch Rechtsanwalt Fischer dahier vertreten lassen.

Gemäß § 232 f. RStPO. stelle ich den Antrag: mich vom Erscheinen in der Hauptverhandlung zu entbinden.

Beschluß.
In rc. wird Angeklagte gemäß Antrags wegen großer Entfernung seines Aufenthaltsortes von der Verpflichtung zum Erscheinen in der Hauptverhandlung entbunden.

Vorgelesen, genehmigt, unterzeichnet:
Marie Lang.
Schroll, k. Sekretär.

Anz.-Verz.-Nr. 80/1896

Angeklagter kann auf Antrag wegen großer Entfernung seines Aufenthaltsorts von der Verpflichtung zum Erscheinen in der Hauptverhandlung entbunden werden, wenn nach gerichtlichem Ermessen voraussichtlich keine andere Strafe als Freiheitsstrafe bis 6 Wochen oder Geldstrafe oder Einziehung allein oder in Verbindung miteinander zu erwarten steht. In diesem Falle muß Angeklagter, falls die richterliche Vernehmung nicht schon im Vorverfahren erfolgte, durch einen beauftragten oder ersuchten Richter über die Anklage vernommen werden. Vom Vernehmungstermin sind die Staatsanwaltschaft sowie der Verteidiger vorher zu benachrichtigen; jedoch ist deren Anwesenheit bei der Vernehmung nicht nötig. Das Vernehmungsprotokoll ist in der Hauptverhandlung zu verlesen. Angeklagter kann sich in allen Fällen vertreten lassen.

259. Antrag des Angeklagten auf Ladung von Zeugen rc. für die Hauptverhandlung.

Gerichtsschreiberei des k. Amts-Gerichts Landsberg.

Landsberg, am 10. Juni 1896.

In der Strafsache gegen

Biber Joseph, Dienstknecht von hier,

wegen Körperverletzung,

erscheint der Beschuldigte und erklärt:

Am 16. ds. Mts. steht bei dem Schöffen-Gerichte Landsberg gegen mich Hauptverhandlung wegen Körperverletzung an. Unter den in der Anklageschrift aufgeführten Zeugen vermisse ich jedoch den Maurer Martin Schuler dahier, welcher bei der fraglichen Rauferei unmittelbar zugegen war. rc. Schuler wird wissen, daß ich von dem Verletzten Gröbl zuerst angegriffen und mit dem Messer bedroht wurde. Ich habe sonach nur in Notwehr gehandelt, als ich zuschlug.

Gemäß § 218 StPO. stelle ich daher den Antrag, zu der auf 16. ds. Mts. anberaumten Hauptverhandlung den rc. Schuler zu laden und meine Beweisanträge der Staatsanwaltschaft mitzuteilen.

Vorgelesen, genehmigt, unterzeichnet:

Joseph Biber.

Schroll, k. Sekretär.

Anz.-Verz.-Nr. 700/1896

Verlangt der Angeklagte die Ladung von Zeugen oder Sachverständigen oder die Herbeischaffung anderer Beweismittel zur Hauptverhandlung, so hat er unter Angabe der Thatsachen, über welche der Beweis erhoben werden soll, seine Anträge bei dem Vorsitzenden des Gerichts zu stellen. Die hierauf ergehende Verfügung ist ihm bekannt zu machen. Beweisanträge des Angeklagten sind, soweit ihnen stattzugeben ist, der Staatsanwaltschaft mitzuteilen. Lehnt der Vorsitzende den Antrag auf Ladung einer Person ab, so kann der Angeklagte die letztere auch unmittelbar laden lassen. (D. V. S. 60.)

260. Festsetzung der in Strafsachen erwachsenen Kosten und Auslagen.

Gerichtsschreiberei des k. Amtsgerichts Landsberg.

Landsberg, am 10. April 1896.

In der Strafsache gegen Lorenz Fischer, Dienstknecht von Greifenberg wegen Betrugs, erscheint Rubrikat . . und erklärt:

Durch schöffengerichtliches Urteil des k. Amtsgerichts Landsberg vom 1. April 1896 wurde ich von der Anklage eines Vergehens des Betruges unter Ueberbürdung der erwachsenen Kosten und Auslagen auf die Staatskasse freigesprochen. Das genannte Urteil ist rechtskräftig geworden. Ich liquidiere nunmehr meine gehabten Auslagen und beantrage deren Erstattung.

a)	Omnibus von Greifenberg nach Landsberg und zurück	4 M
b)	vorgeschossene Zeugengebühren für 3 Entlastungszeugen	10 „
c)	Entschädigung für Dienstaushilfe	2 „
	Sa.	16 M

Vorgelesen, genehmigt, unterzeichnet:

Lorenz Fischer.

Schroll, k. Sekretär.

Anz.-Verz.-Nr. $\frac{600}{1896}$

Die dem Angeschuldigten erwachsenen notwendigen Auslagen können der Staatskasse auferlegt werden. Bezüglich der Kosten des Verfahrens in Strafsachen conf. § 496 mit 506 StPO. § 98, 69, 70 f., 65 GKG. Der Beschluß würde lauten: „In rc. werden auf Grund rechtskräftigen schöffenger. Urteils vom . . . . die dem Angeklagten von der Staatskasse zu erstattenden notwendigen Auslagen auf . . M festgesetzt.“ Dieser Beschluß ist dem Angeklagten und dem Amtsanwalt zuzustellen.

Die Erstattung der Kosten in Privatklagesachen richtet sich, da in dem Verfahren auf erhobene Privatklage der Verurteilte auch die dem Privatkläger erwachsenen notwendigen Auslagen (503) zu erstatten hat, nach den Vorschriften der § 87, 98 ZPO. mit § 496, 497, 503 StPO. Der den beiden Parteien bezw. deren Anwälte mit spezifizierter Kostenberechnung zuzustellende Beschluß lautet: „In rc. werden die von de . . . . . de . . . . . auf Grund rechtskräftigen, vollstreckbaren Urteils

261. Erinnerungen oder Beschwerden gegen den Ansatz von Gebühren oder Auslagen.

Gerichtsschreiberei des k. Amts-Gerichts Landsberg.

Landsberg, am 10. Mai 1896.

In der Strafsache gegen Müller Heinrich, Metzger dahier wegen Körperverletzung,

erscheint der Maurerpalier Joseph Huber von hier und erklärt: In bezeichneter Sache war ich in die Schöffengerichts-Sitzung vom 6. Mai l. Js. als Zeuge geladen. Meine Anwesenheit bei Gericht währte von 8 bis 12½ Uhr. Als Entschädigung für Zeitversäumnis liquidierte ich 5 ℳ, das Gericht hat mir aber nur einen Betrag von 3 ℳ angewiesen.

Ich verdiene bei meinem Baumeister Wolf dahier täglich 5 ℳ Der Nachmittag war jedoch für mich auch verloren, weil ich bis um 1 Uhr die Arbeit nicht mehr aufnehmen konnte. Ich übergebe Bestätigung meines Bauherrn. Gegen die erwähnte gerichtliche Festsetzung der Zeugengebühr lege ich hiemit gemäß § 17 der Geb.-Ord. für Zeugen und Sachverständige sowie § 346—352 StPO. Beschwerde ein.

Vorgelesen, genehmigt, unterzeichnet:

Joseph Huber.

Schroll, k. Sekretär.

Anz.-Verz.-Nr. $\frac{400}{1896}$

---

de . . . . . . Gerichts vom . . . zu erstattenden, in der Anlage berechneten Kosten und Auslagen auf . . . ℳ nebst . . . ℳ Kosten für diesen Beschluß richterlich festgesetzt."

Dieser Beschluß ist sofort vollstreckbar, da er nur mit Beschwerde, welche jedoch keine aufschiebende Wirkung hat, angefochten werden kann. Der Sekretär erteilt sodann die Vollstreckungsklausel; die vollstreckbare Ausfertigung wird von dem Gerichtsschreiber des Gerichts I. Instanz, und wenn der Rechtsstreit bei einem höheren Gerichte anhängig ist, von dem Gerichtsschreiber dieses Gerichts erteilt. (ZPO. § 662 Abs. 2, 663) conf. 670 l. c.

Erinnerungen und Beschwerden in Kosten- und Gebührensachen können überhaupt zu Protokoll des Gerichtsschreibers erklärt werden,

262. Sofortige Beschwerde.

Gerichtsschreiberei des k. Land-Gerichts Kempten.

Kempten, am 1. August 1896.

In der Untersuchungs-Sache gegen Maier Ludwig, Färber in Kempten, wegen Wucher, erscheint der Beschuldigte und erklärt:

Durch Beschluß des k. Land-Gerichts Kempten vom 28. Juli 1896 wurde mein Antrag vom 10. Juli c. auf Eröffnung der Voruntersuchung abgelehnt. (§ 181.)

oder:

Die von mir wegen Entlassung aus der Untersuchungshaft bestellte Sicherheit im Betrage von 2000 M. der Staatskasse für verfallen erklärt. (§ 122 Abs. 2.)

Zur Begründung füge ich an: Ich verreiste nicht, um mich der Untersuchung zu entziehen, sondern nur zur Kräftigung meiner Gesundheit.

Beweismittel: Zeugnis meines Hausarztes vom 28. Juli c.

Gemäß § 122 Abs. 2 StPO. stelle ich daher im Wege der sofortigen Beschwerde den Antrag: „den Beschluß des k. Land-Gerichts Kempten vom 28. Juli c. aufzuheben."

Anz.-Verz.-Nr. $\frac{600}{1896}$

Vorgelesen, genehmigt, unterzeichnet:

Ludwig Maier.

Fischer, k. Sekretär.

---

conf. § 4, 47, 48 GKG.; § 531—538 ZPO.; ferner § 22 Geb.-Ord. f. GV. mit § 15 der Allerh. VO. v. 6. Septbr. 1879; Art. 7, 24, 47, 48, 52, 153 des Ges. über das Geb.-Wes.; § 12, 53 Geb.-Ord. f. RA. mit § 16 GKG.

Die einem Zeugen oder Sachverständigen zu gewährenden Beträge werden durch das Gericht oder den Richter, vor welchem die Verhandlung stattfindet, festgesetzt. Sofern die Beträge aus der Staatskasse gezahlt und dieser nicht erstattet sind, kann die Festsetzung von dem Gericht oder dem Richter, durch welchen sie erfolgt ist, sowie von dem Gerichte der höheren Instanz von amtswegen berichtigt werden. Gegen die Festsetzung findet Beschwerde statt. Vgl. RU. vom 16. Januar 1883, E. VII, 420.

Erachtet das Gericht oder der Vorsitzende, dessen Entscheidung angefochten wird, die Beschwerde für begründet, so haben sie derselben abzuhelfen, andernfalls ist die Beschwerde sofort, spätestens vor Ablauf von 3 Tagen dem Beschwerdegerichte vorzulegen. (StPO. § 348 Abs. 2.) Diese Bestimmungen finden auch auf die Entscheidungen des Amtsrichters im Vorverfahren, des beauftragten oder ersuchten Richters und des Untersuchungsrichters Anwendung.

Die Beschwerde ist teils ausdrücklich, teils stillschweigend gänzlich oder beschränkt ausgeschlossen in den Fällen § 41, 52 Abs. 4, 53 Abs. 2, 94, 160, 183 GVG., § 28, 31, 46 Abs. 2, 172 Abs. 2, 179, 180 Abs. 2, 199 Abs. 3, 200, 206, 209, 270 Abs. 3, 279 Abs. 2, 346 Abs. 3, 347, 352, 360 Abs. 2, 386 Abs. 2, 388 Abs. 2 StPO. Die Beschwerde wird bei demjenigen Gerichte, von welchem oder von dessen Vorsitzenden die angefochtene Entscheidung erlassen ist, zu Protokoll oder schriftlich eingelegt; in dringenden Fällen bei dem Beschwerdegericht. Strafk. § 72 GVG., Oberldsger. § 123 Nr. 5 GVG. 352 StPO.; Reichsgericht § 160 Abs. 1 GVG.

Während die Beschwerde allgemein an keine Frist geknüpft ist, bestimmt die Strafprozeßordnung in gewissen Fällen eine Einlegungsfrist von 1 Woche und nennt dann die Beschwerde eine sofortige. Das Gericht ist zu einer Abänderung seiner mit dieser Beschwerde angefochtenen Entscheidung nicht befugt. Die Einlegungsfrist beginnt mit der Bekanntmachung (§ 35 StPO.) der Entscheidung. Die Einlegung bei dem Beschwerdegerichte genügt zur Wahrung der Frist, auch wenn der Fall für dringlich nicht erachtet wird (§ 353). Die sofortige Beschwerde ist angeordnet für folgende Fälle: StPO. § 28 Abs. 1, 46 Abs. 3, 81 Abs. 3, 122 Abs. 2, 180 Abs. 1, 181, 199 Abs. 3, 209 Abs. 2, 270 Abs. 3, 363 Abs. 2, 412, 455 Abs. 3, 461, 463 Abs. 3, 494 Abs. 4, 501 Abs. 3, GVG. § 183.

Die Entscheidung über die Beschwerde erfolgt ohne vorgängige mündliche Verhandlung, in geeigneten Fällen nach Anhörung der Staatsanwaltschaft StPO. § 351 Abs. 1. Das Beschwerdegericht kann dem Gegner des Beschwerdeführers die Beschwerde zur schriftlichen Gegenerklärung mitteilen; es kann etwa erforderliche Ermittelungen anordnen oder sonst vornehmen. StPO. § 350.

Wird die Beschwerde für begründet erachtet, so erläßt das Beschwerdegericht zugleich die in der Sache erforderliche Entscheidung. StPO. § 351 Abs. 2.

Beschlüsse, welche von dem Landgerichte in der Beschwerdeinstanz erlassen sind, können, insofern sie Verhaftungen betreffen, durch weitere Beschwerde angefochten werden; im Uebrigen findet eine weitere Anfechtung der in der Beschwerdeinstanz ergangenen Entscheidungen nicht statt. StPO. § 352.

Wegen der Gebühren in Strafsachen § 66 Ziff. 5, 67, 68, 76, 78 Ziff. 2c; in Privatklagesachen § 71.

263. Gesuche um Strafaufschub.

Gerichtsschreiberei des k. Amtsgerichts Landsberg.

Landsberg, am 1. Mai 1896.

In der Strafvollstreckungssache gegen Wind Marie, Taglöhnersfrau von Landsberg, wegen Diebstahls, erscheint:

a) (§ 487) Josepha Luz, Schneiders-Witwe von hier, Schwester der rc. Wind und erklärt: Meine Schwester erhielt bereits gestern Vorladung zum Antritt der ihr durch rechtskräftiges Urteil des Schöffen-Gerichts Landsberg am 10. April c. wegen Diebstahls zuerkannten Gefängnis-Strafe von zwei Wochen. Die Verurteilte ist nun seit 8 Tagen an Lungenentzündung erkrankt. Ich übergebe Zeugnis des behandelnden Arztes Dr. Senestrey dahier und stelle namens des Verurteilten den Antrag, die Vollstreckung der genannten Freiheitsstrafe aufzuschieben.

Vorgelesen, genehmigt, unterzeichnet:
Josepha Luz.

b) (§ 488) Marie Wind und erklärt:

Am 30. April l. Js. erhielt ich die Vorladung zum Antritt der mir durch nunmehr rechtskräftiges Urteil des Schöffen-Gerichts am k. Amtsgericht Landsberg am 10. April c. wegen Diebstahls zuerkannten Gefängnis-Strafe von 2 Wochen. Ich bin Mutter dreier Kinder im Alter von 1—3 Jahren; zudem liegt mein Mann Ignaz Wind seit 3 Wochen an Gehirnentzündung schwer darnieder, so daß an seinem Aufkommen gezweifelt wird. Ich übergebe Zeugnis des behandelnden prakt. Arztes Dr. Senestrey dahier und bitte, da durch sofortige Vollstreckung der Freiheitsstrafe meinem Manne und der Familie erhebliche außerhalb des Strafzwecks liegende Nachteile erwachsen würden, um Strafaufschub bis zum 1. Juni l. Js.

Vorgelesen, genehmigt, unterzeichnet:
Marie Wind.

Anz.-Verz.-Nr. 601/1896

Schroll, k. Sekretär.

264. Antrag auf Bestellung eines Verteidigers.

Gerichtsschreiberei
des k. Landgerichts
München II.

München, am 1. Juni 1896.

In dem Strafverfahren
gegen Baumann Eduard, Schlosserlehrling,
wegen Diebstahls,

wurde der Angeschuldigte Baumann aus der Haft vorgeführt; derselbe erklärte:

Ich bin beschuldigt, meinem Dienstherrn 400 ℳ aus dem Kasseschrank entwendet zu haben. Ich stelle nun, da ich nicht gut höre, den Antrag, mir einen Verteidiger zu bestellen. Ich bin vollständig unvermögend und kann aus eigenen Mitteln die Kosten für einen Verteidiger nicht leisten.

Vorgelesen, genehmigt, unterzeichnet:

Eduard Baumann.

Huber, k. Sekretär.

Anz.-Verz.-Nr. 40/1896

StPO. § 487, 488, 490, 494. Vollzugsvorschriften für Bayern JME. vom 21. Sept. 1879, 79, 1170 und vom 12. Dezbr. 1892, 92, 289. conf. § 76 schöffenger. Geschäftsbeh. sowie § 78 Ziff. 3 GKG. (Schwangerschaft, ansteckende Krankheit, notwendige Pflege eines kranken Angehörigen, Unzulässigkeit der Entwöhnung des Säuglings einer verurteilten Weibsperson.)

Die Bestellung des Verteidigers kann schon während des Vorverfahrens erfolgen (142). Die Auswahl des zu bestellenden Verteidigers erfolgt durch den Vorsitzenden des Gerichts aus der Zahl der am Sitze dieses Gerichts wohnhaften Rechtsanwälte. Für das vorbereitende Verfahren erfolgt die Bestellung durch den Amtsrichter. Auch Justizbeamte, welche nicht als Richter angestellt sind, sowie solche Rechtskundige, welche die vorgeschriebene 1. Prüfung für den Justizdienst bestanden haben, können als Verteidiger bestellt werden (144). conf. § 147, 148 StPO. Dem zum Verteidiger bestellten Rechtsanwalte sind für die geführte Verteidigung die Gebühren nach Maßgabe der Geb.-Ord. aus der Staatskasse zu bezahlen. Der Rückgriff an den in die Kosten verurteilten Angeklagten bleibt vorbehalten (150). conf. § 63 f. RAGO. 81, 208. Art. 78, 96 Militär. Str.-Ger.-Ord.

265. Sitzung bei der Schöffen- und Geschworenenwahl.

Protokoll

aufgenommen bei dem k. Amtsgericht Abensberg.

Betreff:
Die Wahl der Schöffen und Geschworenen.
Gegenwärtig:
Ober-Amtsrichter Wenzel,
Sekretär Rößler.

Abensberg, am 18. Oktober 1888.

Zur Herstellung der Listen für den Geschworenen- und Schöffendienst für das Jahr 1889 ist auf heute Termin dahier anberaumt, zu welchem der Herr Vorstand des k. Bezirks-Amts Kelheim sowie die 7 Vertrauensmänner mittels Schreibens vom 1. Oktober c. eingeladen worden sind.

Zur bestimmten Stunde fanden sich ein:

1. Für den Herrn Vorstand des k. Bezirksamts Herr Assessor Mahler von Kelheim,
2. Oekonom Jakob Maier von Abensberg,
3. Tischler Lorenz Kern von Saal,
4. Oekonom Josef List von da,
5. Maurermeister Peter Will von Reuth,
6. Oekonom Johann Kainer von Burk,
7. Privatier Michael Scher daselbst,
8. Oekonom Josef Fuchs von Thaldorf

Dem erschienenen Ausschusse wurde bekannt gegeben, daß gegen die hergestellten Urlisten keine Erinnerungen erhoben wurden.

(Oder: Zunächst wurden die gegen die Urlisten erhobenen Einsprachen verlesen und geprüft. Es wurde beschlossen:

1. Der Name des Apothekers Joseph Weber ist von der Liste zu streichen, da er keinen Gehilfen hat.

2. Die Einsprache des Oekonomen Ludwig Müller, er sei außer stande, die Kosten einer Einberufung zu tragen, wird verworfen.)

Sodann wurden die vorgenommenen Streichungen in den Urlisten genehmigt und die unter Aufsicht des Oberamtsrichters gefertigte allgemeine Zusammenstellung der Urlisten für richtig anerkannt, abgeschlossen und von sämtlichen Anwesenden unterzeichnet. Hierauf schritt man zur Wahl der Geschworenen und wurden hiezu einstimmig gewählt:

1. Rud. Ulrich, Privatier in Abensberg.
2. Seb. Zaschka. Fabrikant daselbst 2c.
3.—21. 2c.

Hierauf erfolgte die Wahl der Hauptschöffen; einstimmig gewählt wurden:

1. Jakob Huber, Messerschmied in Vohburg.
2. Josef Dietz, Oekonom in Neustadt a. D. 2c.
3.—21. 2c.

Schließlich schritt man auch zur Wahl der Hilfsschöffen; es wurden als solche ebenfalls einstimmig gewählt:

1. Friedrich Lohr, Metzgermeister in Abensberg.
2. Isidor Mann, Privatier in Abensberg, 2c.
3.—15. inkl. 2c.

Die Sitzung wurde geschlossen und unterzeichnen auf Vorlesen:

Jakob Maier,
Lorenz Kern,
Josef List,
Mahler, k. Assessor, Peter Will,
Johann Kainer,
Michael Scher,
Josef Fuchs.

Beschluß:

I. Die Urlisten sind gemäß Ziff. XI der Bekanntmachung vom 1. Aug. 1880 den betr. Herrn Bürgermeistern gegen Bescheinigung hinauszugeben.

II. Zu fertigen ist:

a) Das Verzeichnis der zu Geschworenen vorgeschlagenen Personen (Vorschlagsliste), welche dem Herrn

Präsidenten des k. Landgerichts (zuständiges Schwurgericht) mit dem gehorsamen Bericht in Vorlage zu bringen ist, daß keinerlei Einspruch erhoben und die 21 Vorgeschlagenen mit Stimmeneinheit gewählt wurden und hierorts Ablehnungsanträge nicht eingekommen sind. (Oder: daß von den in dieselbe aufgenommenen Personen folgende [ ] Einsprache erhoben haben.)

b) Die Jahresliste der Hauptschöffen.

c) Die Jahresliste der Hilfsschöffen.

III. Dem Apotheker Joseph Weber ist Kenntnis zu geben, daß auf Grund seiner für begründet erachteten Einsprache sein Name aus der Urliste gestrichen ist.

IV. Dem Oekonomen Ludwig Müller ist mitzuteilen, daß seine Einsprache als unbegründet verworfen wurde.

Königliches Amtsgericht

(L. S.) Wenzel. Rößler.

---

§ 31—57, 85—89, 116 GVG. D. V. f. Gschrbr. § 11 Ziff. 4 Abs. 4. JMBl. 79, 754, 80, 301 u. ff. Die Vorschlagliste, welche bis längstens 10. November jeden Jahres an den Herrn Präsidenten desjenigen Landgerichts einzusenden ist, zu dessen Schwurgerichtsbezirk das Amtsgericht gehört, wird nach dem für die Urliste vorgeschriebenen Formulare A JMBl. 80, 303 gefertigt, trägt jedoch die Ueberschrift: „Verzeichnis der aus dem Bezirke des Amtsgerichts Abensberg zu Geschwornen vorgeschlagenen Personen."

Protokoll des Gerichtsschreibers über Auslosung und Beeidigung 79, 754 Beilage 21. — Zwangsweise Beitreibung der gegen die Schöffen ausgesprochenen Geldstrafen 79, 1558. — Nochmalige Benachrichtigung derselben von den Sitzungstagen 83, 213 ff., 84, 43 f. — Vergütung von Reisekosten an die Schöffen 83, 349.

Vorschriften über die Geschäftsbehandlung in den zur Zuständigkeit der Schöffengerichte gehörigen Strafsachen 79, 377, 80, 6 ff., 81, 58 ff.

Beginn der Schöffensitzungen vom 15. März bis 15. Oktober um 8 Uhr, die übrige Zeit um 8½ Uhr. (§ 31. Geschäftsbeh. in schöffenger. Strafs.)

Wenn die Geschäfte die Anberaumung außerordentlicher Sitzungen erforderlich machen, so werden die einzuberufenden Schöffen vor dem Sitzungstage in Gemäßheit des § 45 ausgelost.

Erscheint dies wegen Dringlichkeit unthunlich, so erfolgt die Auslosung durch den Amtsrichter lediglich aus der Zahl der am Sitze des Gerichts wohnenden Hilfsschöffen. Die Umstände, welche den Amtsrichter hiezu veranlaßt haben, sind aktenkundig zu machen. § 48 RGVG. JMBl. 79, 169.

Ablehnungsgründe sind nur zu berücksichtigen, wenn sie innerhalb einer Woche, nachdem der beteiligte Schöffe von seiner Einberufung in Kenntnis gesetzt worden ist, von demselben geltend gemacht werden. Fällt ihre Entstehung oder Bekanntwerdung in eine spätere Zeit, so ist die Frist erst von diesem Zeitpunkte zu berechnen. Der Amtsrichter entscheidet über das Gesuch nach Anhörung der Staatsanwaltschaft. Beschwerde findet nicht statt. § 53 GVGes. mit Art. 25 und 50 Ausf.-Ges. hiezu.

An manchen Gerichten werden die Hilfsschöffen von der auf sie getroffenen Wahl durch ein Zirkular verständigt, richtiger jedoch ist die nachweisliche Benachrichtigung durch Schreiben.

Das Einberufungsschreiben zum Schöffendienst lautet: „Sie werden hiemit in Kenntnis gesetzt, daß Sie von dem nach § 40 und 42 des RGVG. zusammengerufenen Ausschusse als „Schöffe" für die öffentlichen Sitzungen in Strafsachen § 27—30 des RGVG. des k. Amtsgerichts Roth für die Zeit vom 1./I.—31./XII. 1889 gewählt wurden.

Bei der nach § 45 des RGVG. erfolgten Auslosung wurden Sie für die öffentlichen Sitzungen vom (folgen die 5—6 Daten) zur Ausübung des Schöffenamtes bestimmt und haben sich an genannten Sitzungstagen zur bestimmten Stunde im Schöffenzimmer des unterfertigten Gerichts einzufinden.

Im Falle Sie ohne genügende Entschuldigung zu den Sitzungen sich nicht rechtzeitig einfinden oder Ihren Obliegenheiten in anderer Weise nicht nachkommen würden, wären Sie nach § 56 l. c. zu einer Ordnungsstrafe von 5—1000 ℳ, sowie in die verursachten Kosten zu verfällen. Nach § 53 l. c. werden Ablehnungsgründe nur berücksichtigt, wenn solche innerhalb einer Woche, nachdem Sie von dieser Einberufung in Kenntnis gesetzt worden, geltend gemacht werden. Die gesamte Jahres- und Dienstliste der Schöffen kann auf der hiesigen Gerichtsschreiberei eingesehen werden. Der Vorstand des k. Amtsgerichts."

Die Benachrichtigung der Hilfsschöffen lautet: „Ich teile Ihnen mit, daß Sie für das Geschäftsjahr 1889 als Hilfsschöffe gewählt wurden. Sollte Ihre Dienstleistung notwendig werden, erhalten Sie spezielle Ladung, welcher sie bei Meidung der durch das Gesetz zulässigen Ordnungsstrafe Folge zu leisten haben."

266. Die Auslosung der Hauptschöffen.

Protokoll!

aufgenommen in öffentlicher Sitzung des k. Amtsgerichts Roth.

Betreff:
Die Auslosung der Hauptschöffen.

Gegenwärtig:
Ober-Amtsrichter Müller.
Gerichtsschreiber Betz.

Roth, am 20. Oktober 1888.

Zur Auslosung der für das Geschäftsjahr 1889 gewählten Hauptschöffen für das k. Amtsgericht Roth steht laut erfolgter Bekanntmachung vom 11. Oktober c. Sitzung auf heute an. Behufs Auslosung wurden nach Beibringung des Aushanges die auf je einen gesonderten Zettel geschriebenen Namen der sämtlichen in der Jahresliste eingetragenen Hauptschöffen nach gleichmäßiger Zusammenfaltung dieser Zettel in eine Urne gelegt und nach gehöriger Vermischung durch den Ober-Amtsrichter einzeln aus der Urne gezogen und verlesen.

Das Ergebnis der Ziehung ergab diese Reihenfolge:

1. Johann Nagler, Oekonom in Roth,
2. Ignaz Fischer, Metzger in Burk 2c.
3. mit 29. 2c.

Hiemit wurde die Verhandlung geschlossen.

Königliches Amtsgericht.

(L. S.) Müller. Betz.

Die Verfügung hat zu lauten: „Jedem Hauptschöffen ist nachweislich mittels Formular vom Tage und der Stunde seiner festgesetzten Dienstleistung unter Hinweis auf die Folgen des Ausbleibens — die Schöffenliste liegt auf der Gerichtsschreiberei auf — Eröffnung zu machen; ebenso hat jeder Hilfsschöffe Kenntnis zu erhalten."

267. Die Auslosung der Hilfsschöffen.

Protokoll

aufgenommen in öffentlicher Sitzung des k. Amtsgerichts Pappenheim.

Betreff:
Die Auslosung von Hilfsschöffen.

Gegenwärtig:
Ober-Amtsrichter Schuster.
Gerichtsschreiber Strauß.

Pappenheim, am 12. Februar 1889.

Nachdem sich heute die Notwendigkeit der Abhaltung einer außerordentlichen Schöffengerichtssitzung behufs Aburteilung der wegen Betrugs verhafteten Dienstmagd Ursula Friedl von Hohenkamm, k. AG. Dorfen, ergeben hat, da der Termin zur nächsten Schöffengerichtssitzung ein zu langer wäre und die Angeklagte nicht so lange in Untersuchungshaft behalten werden kann, hat man in Vollzug des § 48 des GVG. die Auslosung zweier aus der Reihe der für das Jahr 1889 bestimmten Hilfsschöffen in der Weise vorgenommen, daß die Namen der für den genannten Zeitraum gewählten 13 Hilfsschöffen in eine Urne gelegt wurden, worauf der Ober-Amtsrichter das Los zog und nachstehende Hilfsschöffen auslofte.

1. Johann Schmidt, Kaufmann hier,
2. Sebastian Maier, Schmied hier.

Hiermit wurde die Verhandlung geschlossen.

Königl. Amtsgericht.

Schuster.

(L. S.) Strauß.

268. Disziplinarstrafe gegen Gefangene.

Protokoll

aufgenommen bei dem k. Amtsgerichte Aub.

Disziplinarverfahren gegen Untersuchungsgefangene betr.

Aub, am 10. Januar 1889.

Gegenwärtig:

Ober-Amtsrichter Schuster.

Gerichtsschreiber Klein.

Der heute aus der Untersuchungs-Haft vorgeführte Angeklagte, ledige Kaufmann Johann Laupichler aus Bergen in Böhmen, hat nach eigenem Geständnisse bei seiner Einlieferung in das hiesige Amtsgerichtsgefängnis seine Kleider vollständig zerrissen, er will jedoch dieses in völlig betrunkenem Zustande gethan haben und behauptet, er wisse nicht, was er in seiner Betrunkenheit angefangen.

Der Gefängniswärter gibt zu, daß Angeklagter bei seiner Einlieferung betrunken war, bestreitet aber entschieden, daß die Trunkenheit eine solche gewesen, daß Angeklagter nicht mehr gewußt hätte, was er thue.

Wegen dieser Verfehlung gegen die Gefängnisordnung, sowie gemäß der § 55 und 58 der Gefängnisordnung wurde vorbehaltlich der Zustimmung des Amtsarztes folgender

Disziplinarbeschluß

erlassen:

I. Johann Laupichler erhält auf die Dauer von drei Tagen, vom Heutigen nachmittags 3 Uhr ab, verschärften Arrest durch:

Entziehung der Bewegung im Freien und Entziehung des Bettlagers. Verdunkelung des Arrestraumes; Beschränkung auf Wasser und Brot am 1. und 3. Tage mit der Maßnahme, daß ihm am 2. Tage warme Suppe gereicht wird.

II. Dieser Beschluß wurde dem Vorgeführten nach § 59 der Gefängnisordnung unter Bekanntgabe des Beschwerderechts eröffnet, worauf er erklärte, daß er sich hiegegen nicht beschwere.

Vorgelesen, eröffnet und unterschrieben:

Johann Laupichler.

Verfügung.

Vorzuzeigen dem k. Bezirksarzte Herrn Dr. Fischer hier zur gutachtlichen Aeßerung, ob der körperliche Zustand des Gefangenen die Vollstreckung des verschärften Arrestes zuläßt.

Der Gefängnisvorstand des k. Amtsgerichts.

Schuster. Klein.

I. Detent wurde heute untersucht und besteht ärztlicherseits kein Bedenken zur Erstehung der nebenbezeichneten Strafschärfung.

II. An den Herrn Gefängnisvorstand zurück.

Aub, am 10. Januar 1889.

(L. S.) Fischer, k. Bezirksarzt.

Die Verfügung von Disziplinarstrafen steht dem Vorstande, hinsichtlich der Untersuchungsgefangenen dem Richter zu.

Vor der Beschlußfassung ist der Gefangene zu hören. Vor der Anordnung des geschärften Arrestes müssen der Gefangene und die Zeugen zu Protokoll vernommen und muß der Arzt darüber gehört werden, ob der körperliche Zustand des Gefangenen die Vollstreckung des geschärften Arrestes zuläßt. Auch bei einfacher Kostschmälerung ist das ärztliche Gutachten zu erholen, wenn bezüglich der Einwirkung der Strafe auf die Gesundheit des Gefangenen ein Bedenken besteht.

Die Strafbeschlüsse sind schriftlich abzufassen und dem Gefangenen mündlich zu eröffnen.

Gegen den Strafbeschluß steht dem Gefangenen die Beschwerde zu; dieselbe hat jedoch keine aufschiebende Wirkung.

Die verfügten Disziplinarstrafen werden in ein Strafbuch (Form. VI) eingetragen. Die aus Anlaß von Disziplinaruntersuchungen des Vorstandes erwachsenen Aktenstücke werden mit fortlaufenden Nummern versehen und als Beilagen des Strafbuchs in einem Sammelakte aufbewahrt.

Quartalweise Gefängniskommissionssitzung unter Vorsitz des ObAR. mit protokollweiser Aufzeichnung des Beratungsergebnisses 83, 88.

269. Sitzungsprotokoll der Gefängniskommission.

Protokoll

aufgenommen bei dem k. Amtsgericht Aub, betreffend die Sitzung der Gefängniskommission.

Gegenwärtig: Aub, am 10. Oktober 1893.

Oberamtsrichter Erd.
Bezirksarzt Dr. Fels.
Rentbeamter Schön.
Amtsanwalt Hoch.
Sekretär Frisch.

Bei dem heutigen Zusammentritt der Gefängniskommission wurde von dem Zustande des Gefängnisses, der Einrichtung sowie den Inventargegenständen und Vorräten Einsicht genommen und hiebei konstatiert, daß drei Männerhemden, drei wollene Decken, ein Wasserkrug, eine Handsäge rc. unbrauchbar geworden sind und durch neue ersetzt werden müssen. Reparaturbedürftig sind 4 hölzerne Nachtkübel sowie 2 Beile, welch letztere geschärft werden müssen.

An Baureparaturen sind zu beantragen:

a) das Tünchen der Hafträume Nr. 8, 11, 23 u. 25; dann des Stiegenaufganges.

An Brennholz ist nach dem Tagebuch vorhanden ein Vorrat von 10 Ster Buchenholz und 42 Ster Fohrenholz, so daß sich für das kommende Jahr ein Neubedarf von 10 Ster Buchen- und 20 Ster Fohrenholz ergibt.

Als dringend notwendig muß die Einrichtung der Wasserleitung für sämtliche Stockwerke mit je einem Hahn begutachtet werden, weil die Beschaffung des Wassers aus dem entfernten Brunnen außer dem Hause, da Gefangene hiezu nicht zu verwenden, eine arge Beeinträchtigung des Gefängnisdienstes mit sich bringt.

Arbeitsgelegenheit hat sich noch nicht ergeben.

Die heutige Kost besteht aus Erbsen und Semmelschmarren und wurde dieselbe gut und schmackhaft befunden. Die Reinlichkeit in sämtlichen Lokalitäten läßt nichts zu wünschen übrig.

Weiter war nichts zu konstatieren, weshalb gegenwärtige Verhandlung geschlossen wurde.

Auf Vorlesen unterzeichnen:

Dr. Fels. Schön. Hoch. Erd. Frisch.

270. Obduktions- u. Sektionsprotokoll bei Kindern.

Protokoll

über die Obduktion und Sektion in der Untersuchung gegen Amalie Brunner, ledige Köchin von München, wegen Kindsmordes.

Aufgenommen zu Ismaning am 13. März 1889.

Gegenwärtig:
K. Landgerichtsrat Klein,
als Untersuchungsrichter,
k. Sekretär Lang,
als Gerichtsschreiber,
k. Landgerichtsarzt Kurz,
prakt. Arzt Breit,
als Obduzenten.

Nachdem die Leiche, welche auf dem Seziertische liegt, von den im Rekognitionsprotokolle aufgeführten Personen als die Leiche des von der Angeschuldigten am 10. ds. Mts. gebornen und mutmaßlich (nach Annahme der Anklage) von ihr getöteten Kindes rekognosziert worden war, wurde dieselbe dem k. Landgerichtsarzte Herrn Kurz von München und dem praktischen Arzte Herrn Breit behufs Leichenschau und Leichenöffnung übergeben.

Das Ergebnis derselben ist folgendes:

A.

Inspektion (äußere Besichtigung).

Weibliches Kind, 51 cm lang, 3040 gr schwer, Kopfumfang 34 cm, Stirnhinterhauptdurchmesser 11,5 cm; Kinnhinterhauptdurchmesser 12,5 cm; Schläfendurchmesser 7 cm; Scheiteldurchmesser 8 cm; Abstand der beiden Schultern 13 cm; Hüfteabstand 9 cm.

An der Leiche befindet sich ein Nabelschnurrest von 25 cm Länge ohne Zeichen der Abstoßung von vollständig frischer Beschaffenheit. Das Ende ist deutlich fetzig zerrissen, ein Fetzen fadenartig zusammengerollt und vertrocknet, in den Achselhöhlen und in den Leistenfalten reichliche Käseschmiere.

Die hintere Seite der Oberschenkel ist mit Kindspech beschmiert.

Die Nägel an Zehen und Fingern überragen das Niveau der Kuppen.

Die Totenstarre ist allseitig gelöst, die Hautdecken sind sehr blaß, Totenflecken nicht ausgeprägt, die Pupillen beiderseits mittelweit, die Hirnhäute getrübt, die Bindehaut beiderseits stark injiziert.

Der Kopf ist mit etwa 1 cm langen, dunkelblonden Haaren bedeckt, Nasen- und Ohrenknorpel entwickelt, Nasenöffnungen trocken und leer, auf den Schultern reichliches Wollhaar, die Umgebung der Lippen etwas geschwollen, bläulich verfärbt, ebenso die Lippen selbst.

Aus dem offenen Munde ragen etwa 6 vertrocknete Grashalme hervor.

An der rechten Wange ist ein etwa thalergroßes Hautstück, sowie der untere Teil der rechten Ohrenmuschel lappig abgetrennt — Folgen eines Sensenschnittes bei der Auffindung. —

In der Umgebung des Mundes und an der Oberlippe sind mehrere kleine lineäre Hautabschärfungen zu bemerken. Die mit Erde bedeckte Zungenspitze liegt etwa 1 cm weit hinter dem freien Rande des Unterkiefers; die ganze Mundhöhle ist vollgestopft mit Gras und Erde.

In den Epiphysen der beiden Oberschenkelknochen befinden sich 8 mm im Durchmesser betragende Knochenkörner.

B.

Sektion (innere Besichtigung).

I. Eröffnung der Brusthöhle, des Halses und der Bauchhöhle.

Die Halsmuskulatur in der Gegend des Kehlkopfes ist blutig durchtränkt, Zwerchfellstand beiderseits in der Höhe der 5. Rippe. Zwischen den Lungenrändern ist das Herz in der Breite von 2 Fingern sichtbar.

Bei genauerer Besichtigung der von unten auf eröffneten Mundhöhle nach Spaltung der Unterkieferäste bemerkt man, daß die Zungenspitze ganz zurückgeschlagen ist; durch die über und vor derselben befindliche Erdmasse ist die Zunge ganz zurückgedrängt und liegt der Rücken der Zungenspitze auf dem Zungenrücken. Die herausgenommene Erdmasse stellt einen genauen Abguß des hinteren Teiles der Mundhöhle, des Schlundkopfes u. des Kehlkopfeinganges dar. Besonders deutlich ausgeprägt ist an demselben die Form der Innenfläche des Kehlkopfdeckels.

Die ganze Nasenschleimhaut ist dunkel gefärbt mit zahlreichen Blutaustritten; in derselben findet sich verflüssigte Erde.

Die Speiseröhre ist ohne Inhalt, die Luftröhre mit feinblasigem Schaum erfüllt, die Schleimhaut blaß, ebenso die großen Bronchien.

Im Herzbeutel befindet sich nur sehr wenig klares Serum.

An der Oberfläche der Thymusdrüse ist ein hirsekerngroßer Blutaustritt zu sehen.

Die Lungen sind von schön ziegelroter Farbe und vollkommen lufthaltig. Mit dem Herzen auf Wasser gebracht, schwimmen sie, wobei die konvexen Flächen das Niveau des Wassers überragen. Von allen Schnittflächen der Lungen ist feinblasiger Schaum abstreifbar. Die Lungen knistern bei Druck in allen ihren Teilen.

In allen Herzhöhlen findet sich wenig dünnflüssiges Blut. Leber von beträchtlicher Größe, sehr blutreich; neben dem Aufhängeband immer vor demselben ist an der Oberfläche der Leber eine etwa bohnengroße, sehnige Verdickung.

Die Gallenblase ist fast leer, die Milzoberfläche mit zahlreichen Ekchymosen bedeckt und sehr blutarm.

Der Magen ist durch Luft stark ausgedehnt, in demselben etwas weißlicher Schleim. Der Dünndarm ist leer, der Dickdarm reichlich mit Meconium gefüllt, Nieren von normaler Beschaffenheit, Harnblase leer.

II. Eröffnung der Kopfhöhle.

In der Kopfschwarte, namentlich in der Gegend der linken Seite des Hinterhauptes, ist reichliches, sulziges Blut, ebenso in der Beinhaut beider Scheitelknochen.

An den Schädelknochen findet sich keine Verletzung vor. Die Gefäße der weichen Hirnhaut sind mit dunklem Blute gefüllt, das Gehirn blaß, von mittlerem Blutgehalt, Substanz sehr weich.

Vorläufiges Gutachten.

Die beiden Obduzenten erklären:

Die obduzierte Leiche ist die eines ausgetragenen, neugeborenen, lebensfähigen Kindes, weiblichen Geschlechts, welches nach der Geburt kräftig geatmet, also gelebt, und den Erstickungstod durch Verstopfung der Mundhöhle und des Kehlkopfeinganges mittels lehmiger Erde auf gewaltsame Weise gefunden hat.

Vorgelesen, genehmigt und unterzeichnet:

Kurz, k. Landgerichtsarzt.

Dr. Breit, prakt. Arzt.

(L. S.) Klein, k. Landgerichtsrat, Lang, k. Sekr.

271. Leichenschau- und Leichenöffnungs-Protokoll.

Protokoll

über Leichenschau- und Leichenöffnung,
in der Untersuchung gegen Anton Brunner, lediger Dienstknecht von Schwabing, wegen Körperverletzung,
aufgenommen zu München am 10. März 1889 im Seziersaale des südlichen Friedhofes.

Gegenwärtig:
k. Landgerichtsrat Klein,
als Untersuchungsrichter,
k. Sekretär Lang,
als Gerichtsschreiber,
k. Landgerichtsarzt Kurz,
prakt. Arzt Breit,
als Obduzenten.

Nachdem die auf dem Seziertische liegende Leiche von den im Rekognitionsprotokolle aufgeführten Personen als die des ledigen Taglöhners Johann Anderl von München rekognosziert worden war, wurde dieselbe dem Hrn. kgl. Landgerichtsarzte Kurz in München und dem prakt. Arzte Hrn. Breit zur Leichenschau und Leichenöffnung übergeben.

Das Ergebnis derselben ist folgendes:

A.

Inspektion (äußere Besichtigung).

Mittelgroße, männliche Leiche, mit dunkelblondem Kopfhaare und spärlichem Anfluge eines Schnurrbartes. Leichenstarre sowohl in den Extremitäten, wie in der Kiefermuskulatur vollständig ausgebildet. Sehr blasse Hautdecken, Leichenhypostase wenig ausgeprägt. Pupillen beiderseits mittelweit, Lippenschleimhaut sehr blaß. $^1/_2$ cm unter der linken Brustwarze 7 cm außerhalb vom linken Brustbeinrande befindet sich eine fast horizontal verlaufende, 4 cm lange, glattrandige Wunde, deren 4 mm weit auseinanderstehende Hautränder durch Blutgerinnsel geschlossen sind.

B.

Sektion (innere Besichtigung).

I. Eröffnung der Brust- und Bauchhöhle.

Zwerchfellstand rechterseits in der Höhe der 4. Rippe, linkerseits im 6. Zwischenrippenraum. Entsprechend der beschriebenen äußeren Brustwunde ist in dieser Gegend die Brustmuskulatur blutig durchtränkt und findet sich im 3. Zwischenrippenraume eine bis an den Brustbeinrand reichende, verlötende Wundöffnung, aus welchem schon bei leichtem Druck auf das Brustbein eine große Menge einer mißfarbigen blutigen Flüssigkeit hervorquillt.

Die Leber ragt zweifingerbreit unter dem Rippenrande hervor. Der Magen, etwas nach abwärts gedrängt, ist aufgetrieben. Der Dünndarm ist vom Netze vollständig überdeckt.

Im linken Brustfellraume befinden sich, annähernd gemessen, 3 Liter Blut, teils flüssig, teils zerronnen.

Im Herzbeutel etwa 1 Eßlöffel voll rötlich gefärbtes Serum.

An der Innenfläche des Brustbeines ist die am linken Rande desselben verlaufende linke Arteria und Vena mammaria interna, als in den innern Winkel der beschriebenen Brustwunde fallend, durchtrennt und ist hier die Hauptquelle des gewaltigen Blutergusses in der linken Thoraxhöhle gegeben.

In der Mitte des linken vorderen Randes ist das Lungengewebe durch eine 2 cm lange verlötete, glattrandige Wunde oberflächlich durchtrennt. Zwischen den Wundrändern findet sich dunkelfarbiges zerronnenes Blut. Die ganze Lunge ist vollständig komprimiert, fast luftleer, sehr blut- und saftarm, die Bronchialschleimhaut so blutarm, daß sie vollkommen weiß erscheint.

Rechter Pleurasack leer, die rechte Lunge an der Spitze leicht verwachsen und von normalem Luft- und Saftgehalt, geringem Blutgehalt, in den Bronchien etwas rötlicher Schaum. An der Außenseite des rechten Unterlappens, nahe der Basis, ein fast taubeneigroßer hämorrhagischer Infarkt. Herz blaß, beide Herzhälften leer, kräftige Muskulatur, Klappen normal perihepatische.

An der Leberoberfläche leichte perihepatische Verwachsungen. Der rechte Leberlappen am untern Rande tief gekerbt, die Leber von normaler Größe, Substanz etwas blaß, von normaler Konsistenz, in der Gallenblase fast keine Galle.

Milz normal groß, derb, sehr blutarm. Das Netz in großer Ausdehnung, mit der untern Bauchwand leicht verwachsen.

Beide Nieren von normaler Größe und Beschaffenheit, Kapsel leicht abziehbar, Substanz sehr blaß, blutarm.

Die Harnblase stark kontrahiert.

Im Magen etwa ⅛ Liter blaßgelbe, etwas nach Alkohol riechende Flüssigkeit.

Im Darm fast kein Inhalt.

Die sämtlichen Baucheingeweide sehr blaß und blutarm.

II. Eröffnung der Kopfhöhle.

Die Kopfschwarte sehr blaß und blutarm. Im Längsblutleiter reichlich dünnflüssiges Blut, die Piagefäße mäßig gefüllt, die weiche Hirnhaut in großer Ausdehnung, mäßig getrübt. Gehirnsubstanz derb, mäßig blutreich. Im Ventrikel kein Inhalt.

Vorläufiges Gutachten.

Die beiden Obduzenten erklären:

Der Obduzierte hat im Leben eine Stichwunde erlitten, durch welche die linke Lunge oberflächlich eingeschnitten und die Arteria und Vena mammaria (innere Brustschlagader) durchtrennt wurden, und hat sich aus diesen Gefäßen verblutet.

Vorgelesen, genehmigt und unterzeichnet:

Kurz, k. Landgerichtsarzt,
Dr. Breit, prakt. Arzt.

Klein, k. Landgerichtsrat.

(L. S.) Lang, k. Sekretär.

Wegen der näheren Vorschriften s. JMBl. 1881 S. 9—48.

Ueber alles die Obduktion Betreffende wird an Ort und Stelle von dem Richter ein Protokoll aufgenommen. Der Amtsarzt hat dafür zu sorgen, daß der technische Befund in allen seinen Teilen, wie er von den Obduzenten festgestellt worden, wörtlich in das Protokoll aufgenommen werde.

Der Richter ist zu ersuchen, dies so geschehen zu lassen, daß die Beschreibung und der Befund jedes einzelnen Organs aufgezeichnet ist, bevor zur Untersuchung eines folgenden geschritten wird.

Der den technischen Befund angebende Teil des Obduktionsprotokolls muß von dem Amtsarzte deutlich, bestimmt und auch dem Nichtarzte verständlich angegeben werden. Zu letzterem Zweck sind namentlich bei der Bezeichnung der einzelnen Befunde fremde Kunstausdrücke, soweit es unbeschadet der Deutlichkeit möglich ist, zu vermeiden.

Die beiden Hauptabteilungen sind in großen Buchstaben (A und B) die Abschnitte über Eröffnung der Höhlen in der Reihenfolge, in welcher dieselben stattgefunden, mit römischen Zahlen (I, II), die der Brust- und Bauchhöhle aber unter einer Nummer zu bezeichnen. In dem Abschnitte, welcher die Brust- und Bauchhöhle umfaßt, sind zunächst die allgemeinen, sodann unter a und b die Befunde an den Organen der Brusthöhle, bezw. an denen der Bauchhöhle darzulegen.

Das Ergebnis der Untersuchung jedes einzelnen Teils ist unter eine besondere, mit arabischen Zahlen zu bezeichnende Rubrik zu bringen. Die Zahlen laufen vom Anfange bis zum Schlusse des Protokolls fort.

Die Befunde müssen überall in genauen Angaben des thatsächlich Beobachteten nicht in der Form von bloßen Urteilen z. B. „entzündet", „brandig" ꝛc. zu Protokoll gegeben werden.

Zum Schluß der Obduktion haben die Obduzenten ihr vorläufiges Gutachten über den Fall summarisch und ohne Angabe der Gründe zu Protokoll zu geben. Jedoch steht es den Obduzenten frei, falls es ihnen zur Deutlichkeit notwendig erscheint, der betreffenden Angabe des thatsächlich Beobachteten, derartige Bezeichnungen in Klammern beizufügen. In jedem Fall muß eine Angabe über Blutgehalt jedes einzelnen wichtigen Teils und zwar auch hier in kurzer Beschreibung gegeben werden; hiebei sind der Reihe nach Größe, Gestalt, Farbe und Konsistenz der Teile anzugeben, ehe sie zerschnitten werden.

Legt der Richter den Obduzenten besondere Fragen vor, so ist in dem Protokoll ersichtlich zu machen, daß die Beantwortung auf Befragen des Richters erfolgt.

RStPO. § 87 mit 91.

Vergleiche § 157 StPO. sowie § 367 Ziff. 1 RStGE. für Bayern JME. vom 3. Oktober 1879, das Verfahren und die Zuständigkeit bei Auffindung von Leichen betreffend JG. 1573. Das Protokoll über die Leichenöffnung darf in der Hauptverhandlung nur im Falle des § 252 verlesen werden. RU. v. 8. Mai 1880; 29. August 1882; E. II, 153; R. IV, 699.

272. Verkündung der Allerh., den Nichteintritt der Begnadigung aussprechenden Entschließung.

Protokoll

aufgenommen bei der kgl. Staatsanwaltschaft am kgl. Landgerichte Straubing.

Gegenwärtig:
k. I. Staatsanwalt Wild,
k. Sekretär Hart.

Straubing, am 21. März 1889
im Gefängnisse des kgl. Landgerichts Straubing,
früh 7 Uhr 20 Minuten,

betreffend den Vollzug der gegen den ledigen Dienstknecht Konrad Seidl von Bogen wegen eines Verbrechens des Mordes und Raubes ausgesprochenen Todesstrafe, hier Verkündung der Allerhöchsten Königl. Entschließung.

Zur Eröffnung der im ausgesetzten Betreffe unterm achtzehnten März l. J. ergangenen Allerhöchsten Entschließung an den zum Tode verurteilten Konrad Seidl, lediger Dienstknecht von Bogen, habe ich, unterzeichneter Staatsanwalt, mich heute morgens 7 Uhr in Begleitung des zu diesem Zwecke von dem Herrn Präsidenten des kgl. Landgerichts Straubing bestimmten kgl. Sekretärs Hart in das Gefängnis des genannten Landgerichts begeben.

Ich traf dortselbst den k. Landgerichtsarzt Lieb von Straubing und den vom kgl. Stadtpfarramte dahier abgeordneten Geistlichen, Kapuzinerpater Kilian.

Nachdem ich ersteren ersucht hatte, während des Eröffnungsaktes in der Nähe zu verweilen und mich von dem richtigen Stande der getroffenen Vorbereitungen überzeugt hatte, ließ ich um sieben Uhr zwanzig Minuten den Konrad Seidl aus seinem bisherigen Haftraume Nr. 20 in das Kommissionszimmer Nr. 10 ungefesselt, aber wohlverwahrt, vorführen und demselben durch den obengenannten k. Sekretär die Allerhöchste Königl. Entschließung d. d. München, den achtzehnten März 1889 durch wortdeutliches Ablesen eröffnen.

Sobald sich der Verurteilte von dem ersten Eindrucke der erfolgten Verkündung erholt hatte, gab ich ihm bekannt, daß die Vollstreckung des Todesurteils in den nächsten vier und zwanzig

Stunden stattfinden werde, daß ihm aber auf seine ausdrückliche Bitte ein Aufschub von weiteren vier und zwanzig Stunden gewährt werden könne. Ich machte ihn hiebei ausdrücklich darauf aufmerksam, daß er sich hierüber sofort zu erklären habe, daß auf eine spätere Aeußerung nicht mehr geachtet werden könne, sowie daß das Urteil binnen vier und zwanzig Stunden vollstreckt werde, wenn er eine bestimmte Erklärung verweigere.

Konrad Seidl erklärte hierauf, daß er um eine Frist von weiteren vier und zwanzig Stunden bitte.

Demgemäß eröffnete ich demselben, daß die Vollstreckung des Urteils am Samstag, den drei und zwanzigsten März 1889 morgens sieben Uhr zwanzig Minuten stattfindet.

Nachdem Konrad Seidl bezüglich des geistlichen Zuspruches besondere Wünsche nicht äußerte, übergab ich ihm den von amtswegen herbeigezogenen Kapuzinerpater.

Hierauf ließ ich den Delinquenten in den Haftraum Nr. 20 verbringen und ordnete an, daß derselbe, soferne nicht besondere, mir sofort zu meldende Umstände es notwendig werden lassen sollten, vom Eröffnungsakte bis zur Vollstreckung ungefesselt zu bleiben habe und daß eine Wache von zwei Gendarmen ununterbrochen bei ihm aufgestellt werde.

Dem Gefängniswärter schärfte ich die genaueste Beobachtung der § 14 und 15 der Vorschriften über das Verfahren bei Vollstreckung der Todesstrafe vom 24. November 1879 ein.

Die Haltung des Konrad Seidl war eine ruhige und gefaßte sowohl während als nach dem Eröffnungsakte.

Der Verteidiger desselben, Rechtsanwalt Staimer, war bei dem Eröffnungsakte nicht zugegen.

Hierüber Protokoll,

welches auf Verlesen von mir, dem kgl. Sekretär Hart und dem Konrad Seidl unterschrieben wurde.

Konrad Seidl.

Der k. I. Staatsanwalt:
Wild.

(L. S.) Hart, k. Sekretär.

273. Untersuchung und Probe der Fallschwertmaschine.

Protokoll

aufgenommen bei der kgl. Staatsanwaltschaft am kgl. Landgerichte Straubing.

Gegenwärtig:
k. I. Staatsanwalt Wild,
k. Landgerichtssekretär Hart.

Straubing, am 21. März 1889
im Gefängnisse des kgl. Landgerichts Straubing,
nachmittags 3 Uhr,

betreffend den Vollzug der gegen den ledigen Dienstknecht Konrad Seidl von Bogen wegen eines Verbrechens des Mordes und Raubes ausgesprochene Todesstrafe,
hier die Untersuchung und Probe der Fallschwertmaschine.

Der unterzeichnete Staatsanwalt begab sich heute um die oben bestimmte Zeit in Begleitung des kgl. Sekretärs Hart unter Zuziehung des kgl. Bauamtsassessors Fürst von hier, als Vertreter des Bauamtes Straubing, und des Nachrichters Josef Kißl von München in die sogenannte Kapelle des Gefängnishofes, woselbst die Fallschwertmaschine vorläufig aufgestellt war.

Dieselbe wurde von den Genannten in allen Bestandteilen gründlich untersucht, dann mehrfach mit derselben die Probe gemacht und als zum sofortigen Gebrauche für vollständig geeignet befunden.

Hierüber Protokoll,
welches auf Vorlesen von den Gerichtspersonen, dem Bauamtsassessor Fürst und Nachrichter Kißl unterschrieben wurde.

Fürst, Bauamtsassessor.
Kißl, Nachrichter.

Der k. I. Staatsanwalt:
Wild.

(L. S.) Hart, k. Sekretär.

274. Vollstreckung der Todesstrafe.

Protokoll

aufgenommen bei der kgl. Staatsanwaltschaft am kgl. Landgerichte Straubing.

Straubing, am 23. März 1889
im Gefängnishofe des kgl. Landgerichts Straubing, morgens 7 Uhr 20 Minuten.

Gegenwärtig:
k. I. Staatsanwalt Wild,
k. Landgerichtssekretär Hart.

I.

Mit Verfügung vom 21. März lfd. Mts. hatte ich den Zeitpunkt der Urteilsvollstreckung an dem vom Schwurgerichte beim kgl. Landgerichte Straubing unterm 2. März lfd. Jrs. wegen Verbrechens des Mordes in rechtlichem Zusammenflusse mit einem Verbrechen des Raubes zum Tode verurteilten ledigen Dienstknecht Konrad Seidl von Bogen auf heute, Samstag den drei und zwanzigsten März 1889, vormittags sieben Uhr 20 Minut. festgesetzt.

Heute früh sechs Uhr 30 Minuten begab ich mich nunmehr mit dem vom Herrn Präsidenten des k. Landgerichts Straubing bestimmten k. Sekretär Hart in das Gefängnis des k. Landgerichts Straubing.

Vor allem überzeugte ich mich, daß alle von mir den Vollzugs-, Sicherheits- und Gefängnis-Bediensteten mündlich wie schriftlich erteilten Weisungen, sowie die sonstigen von mir getroffenen Anordnungen zur Ausführung gelangt waren.

Der Haupteingang in das Gefängnis, sowie die beiden großen Nebenthore desselben waren von der Gendarmerie besetzt.

In den drei Hauptgängen des Gefängnisses hielten im Interesse der Sicherheit der Gefangenen je zwei Gendarmen Wache.

Im Uebrigen waren alle jene Sicherheitsmaßregeln getroffen, wie solche in dem diesem Protokolle in Abschrift beigehefteten Erlasse des kgl. Bezirksamts Straubing vom 21. März l. Js. angeordnet worden waren.

II.

Der Urteilsvollstreckung wohnten die nachbezeichneten Amts- und Privatpersonen an:

A. Die beiden von dem Herrn Präsidenten des k. Landgerichts Straubing bezeichneten Herren Räte:
   1. k. Landgerichtsrat Meier,
   2. k. Landgerichtsrat Huber.

B. Die von mir zur Dienstleistung beim Vollstreckungsakte geladenen Herren Beamten:
   1. k. Landgerichtsarzt Lieb von Straubing,
   2. k. Bezirksamtmann Kern von da,
   3. k. Bauamtsassessor Fürst, als Vertreter des k. Landbauamts Straubing,
   4. Gefängniswärter Friedrich dahier, als Gefängnisbeamter.

C. Die beiden Herren Geistlichen:
   1. Kapuzinerpater Konventsvikar Angelus,
   2. „ Quardian Kilian,
   beide aus dem Kapuzinerkloster dahier.

D. Die von dem Stadtmagistrate Straubing bestimmten zwölf Urkundspersonen, nämlich die Herren:
   1. Josef Hutmacher, Privatier und Magistratsrat,

   ꝛc. ꝛc.

   12. Jakob Hirt, Lederhändler dahier.

E. Die nachstehend bezeichneten 40 Herren, welchen ich wegen des nachgewiesenen ernsten, insbesondere *wissenschaftlichen Interesses* Einlaßkarten verabfolgt hatte:
   1. Josef Kolb, prakt. Arzt dahier,
   2. Josef von Herr, Sekondlieutenant hier,
   40. Michael Hert, Redakteur des Straubinger Anzeigers.

F. Das Vollstreckungspersonal, nämlich:
   1. k. Nachrichter Josef Kißl von München,
   2. I. Nachrichtergehilfe Josef Wüst von da,
   3. II. Nachrichtergehilfe Eduard Herbst von da.

G. Der Verteidiger des Konrad Seidl, Rechtsanwalt Staimer von Straubing.

III.

Um 7 Uhr früh meldete mir der Nachrichter, daß das Fallschwert nunmehr in den eisernen Rahmen eingezogen, daß die Fallschwertmaschine aufgestellt sei, daß die Maschine von ihm und dem Herrn Bauamtsassessor Fürst nochmals genau untersucht und kein Mangel an derselben wahrgenommen wurde und daß auch im Uebrigen alles zur Hinrichtung bereit sei. Gleiches bestätigte auch Bauamtsassessor Fürst.

Ich begab mich sofort auf das Schaffot und überzeugte mich noch persönlich von der Richtigkeit vorerwähnter Meldung.

IV.

Um sieben Uhr zehn Minuten ließ ich den Delinquenten Konrad Seidl aus seinem in den letzten Tagen innegehabten Haftraum Nr. 20 in den im untern Gange in der nächsten Nähe vom Schaffot gelegenen Haftraum Nr. 4 verbringen, wohin ihn auch die beiden Geistlichen und wachhabenden Gendarmen begleiteten.

V.

Um sieben Uhr zwanzig Minuten wurde der Richtplatz abgesperrt und begab ich mich in das vorgenannte Haftlokal Nr. 4, woselbst ich dem Konrad Seidl eröffnete, daß nunmehr die Zeit der Urteilsvollstreckung gekommen sei. Dann übergab ich ihn den beiden Nachrichtergehilfen.

Nachdem ihm das hintere Haupthaar abgeschnitten und ein schwarzgraues Sterbekleid angelegt war, wurde er unter meinem Vortritt in Begleitung der beiden Geistlichen und unter gehöriger Bewachung von den beiden Nachrichtergehilfen in den inneren Gefängnisraum geführt, woselbst ich in Gegenwart der beiden abgeordneten Herren Richter und der vollständig erschienenen zwölf Urkundspersonen durch den k. Sekretär Hart den entscheidenden Teil des Urteils des Schwurgerichts bei dem k. Landgerichte Straubing vom 2. März l. J. verlesen ließ.

Unmittelbar nach erfolgter Verlesung verrichteten die beiden Herren Geistlichen ein kurzes Gebet, worauf dem Konrad Seidl auf ein von mir gegebenes Zeichen die Augen verbunden und die

Hände auf den Rücken gebunden wurden. Es wurde sodann mit der für Hinrichtungen eigens bestimmten Glocke zu läuten begonnen und der Delinquent unverweilt auf das Schaffot geführt.

Vom Beginn der Vorführung und der letzten Urteilsverkündung verstrich ein Zeitraum von drei Minuten vierzig Sekunden und vom Gebete bis zum Betreten des Anschnallbrettes ein solcher von zwei Minuten.

Seidl betrat das Schaffot gefaßt und ruhig.

VI.

Das Aufschnallen an das Brett, Umlegen, Einschieben unter das Fallschwert und Herabfallen des letzteren erheischte einen Zeitraum von zwanzig Sekunden.

Mit dem Fallen des Hauptes hörte die Glocke zu läuten auf.

Nach einem kurzen Gebete des Geistlichen wurde das Haupt des Seidl mit dem angekleideten Leichnam in den bereitstehenden Sarg gelegt und letzterer sofort in den in nächster Nähe stehenden Totenwagen geschoben, der in Begleitung eines reitenden Gendarmen auf den Friedhof fuhr.

Hiermit schloß der Vollstreckungsakt.

Hierüber Protokoll,

welches von dem k. Staatsanwalt und dem k. Sekretär unterzeichnet wurde.

(L. S.) Wild, k. I. Staatsanwalt, Hart, k. Sekretär.

Ueber die Vollstreckung der Todesstrafe siehe JMBl. 80, 253 mit § 486 StPO. Allerh. Verord. 3. Aug. 1854 (Reg.-Bl. 585). Nach § 8 der hiezu erlassenen Vorschriften hat der Staatsanwalt den Landgerichtspräsidenten um Bezeichnung der beiden Gerichtsmitglieder und des Gerichtsschreibers, welche der Hinrichtung beizuwohnen haben, zu ersuchen. Nach § 11 hat der Gerichtsschreiber die Allerhöchste, den Nichteintritt der Begnadigung aussprechende Entschließung sowie etwa noch nicht bekannt gegebene richterliche Entscheidungen zu eröffnen. Nach § 22 hat die Vollstreckungshandlung damit zu beginnen, daß der Gerichtsschreiber, nachdem der Verurteilte auf dem Richtplatze angelangt ist, den entscheidenden Teil des Strafurteils verliest.

Bezüglich der Kosten s. § 28 b. c. und § 32 der Bek. vom 24. Septbr. 1879; das Kostenwesen in gerichtl. Strafsachen betr. RStPO. § 485 u. 486.

amten und Bediensteten **79**, 1291. Behandlung des Kostenwesens in gerichtlichen Strafsachen **79**, 1425, 1894; **80**, 51 f.; 288 f.; **81**, 95, 108 f. Zwangsvollstreckungen in Strafsachen und Vornahme durch Gerichtsvollzieher **79**, 1557. Ausgabliche Verrechnung der Gerichtsvollziehergebühren **80**, 142 f. Kosten der Rechtshilfe in Strafsachen **80**, 278 f.; **84**, 20 f., 28; **85**, 109 f.; **86**, 113. Schreibgebühren der Gerichtsschreiber in Strafsachen **81**, 405 f. Zeugschaftliche Vernehmung von öffentlichen Beamten **85**, 145 f. Strafunterbrechung **63**, E.H. 75; **64**, 45 f.; **75**, 129, **79**, 1174. Ausfertigungen und Auszüge der Strafurteile **79**, 759. Abschriften und Vollstreckbarkeit derselben **79**, 775 ff. Vereinfachte Zustellungen im Strafverfahren **79**, 554 f., 625, 783, 1194, 1201, 1250 f.; **80**, 332 f.; **81**, 327 f. Protokolle der Gerichtsschreiber über Gesuche und Erklärungen der Beteiligten, dann über gerichtliche Verhandlungen im Strafverfahren **79**, 750, 751 f., 753, 755, 756 f. Beglaubigung der Abschriften bei dem im Strafverfahren zu bewirkenden Zustellungen **81**, 375. Zuwiderhandlungen gegen die Vorschriften über die Erhebung öffentlicher Abgaben und Gefälle im Strafverfahren **85**, 169 f. Strafvollstreckung im schöffengerichtlichen Verfahren **79**, Beil. 28 ff. (Form.), 173 ff. Vereinfachte Zustellungen in der Strafvollstreckung **79**, 555. Benützung der Formulare bei Ersuchen um Strafvollstreckung **80**, 6 ff. Disziplinarverfahren gegen richterliche Beamte in der Strafvollstreckung **81**, 267 f. Ueberwachung des Strafvollzugs **63**, 158. Suspension aus Anlaß von Begnadigungsgesuchen in Uebertretungssachen **63**. Strafvollzug gegen Militärpersonen **72**, 241 ff., **265** ff.; 77, 132 ff., **79**, 1701 f.; **80**, 463; **81**, 94. Strafvollzug im Falle Zusammentreffens von Haftstrafen mit Zuchthaus- und Gefängnisstrafen **72**, 286; **75**, 103; **77**, 109 f. Strafvollzug wegen Zuwiderhandlungen gegen die Vorschriften über die militärische Kontrolle **75**, 94 f. Strafvollzug bezüglich Freiheitsstrafen gegen sonn- und feiertagsschulpflichtige Personen **82**, 230 f. Strafvollzugsbehelfe **80**, 281 f. Strafvollzugskosten **63**, E. H., 105 ff.; **79**, 1425 ff., **81**, 105 ff. Strafvollzugsrückstände in Uebertretungssachen **66**, 348 f. (Form.) 349.

II.

Der Dienst für die Rechtsanwälte.

275. Einwands-Klage.

Proz.-Reg.-Nr. 189.

München, den 10. April 1896.

An das

Königliche Amts-/Land-Gericht München I.

II. Zivil- (Handels)-Kammer.

Klageschrift (im Wechselprozeß)

gefertigt

von dem Rechtsanwalt k. Justizrat Dr. Grubinger

in München (Lothringerstr. 1/I)

namens des

Huber Emil, Gasthofbesitzers in München, Loristraße Nr. 6/II

Klagepartei,

gegen den

Richter Franz, Hotelbesitzer in München, Kaulbachstraße 24/I,

beklagte Partei,

wegen Bürgschaft, Einwands u. s. w.

Wert des Streitgegenstandes 300 ℳ 50 ₰

Verhandlungstermin wird auf Samstag, den 9. Mai 1896, vormittags 10 Uhr, im Sitzungssaale Nr. 10 I des k. Amtsgerichts München I (der II. Zivil-[Handels]-Kammer des k. Landgerichts München I) anberaumt.

München, den 13. April 1896.

(Der Vorsitzende.)

Auf Grund des meinem Mandenten in Sachen Richter ./. Huber PRNo. 400/1896 A am 1. März 1896 zugestellten Urteils des k. Amtsgerichts München I vom 28. Februar 1896 wurde derselbe durch vorläufig vollstreckbares Urteil für schuldig erklärt, an den jetzigen Beklagten, damaligen Kläger . . 300 ℳ Hauptsache nebst 5% Zinsen seit 1. Februar 1896 sowie die Streitskosten zu zahlen. Dieses Urteil wurde für vorläufig vollstreckbar erklärt und hat die Rechtskraft erlangt.

Zustellung besorge ich selbst.

Mit 2 Beilage.

Es dürfte sich vorzugsweise empfehlen, stets bei allen Anträgen, Gesuchen und Erklärungen die gleichmäßige Form konsequent einzuhalten. Dadurch wird ein möglichst rasches Arbeiten erzielt. Der Verfasser hat daher auch spezielle Formulare für den Anwaltsdienst, welche die Firma **Carl Gerber in München** in Verlag hat, ausgearbeitet, um damit den formellen anwaltschaftlichen Dienst zu vereinfachen und zu erleichtern.

Obwohl mein . Mandant . . mit dem Beklagten, damaligen Kläger . . am 20. März c. ein Abkommen dahin getroffen hat, daß letzterer die Zwangsvollstreckung gegen ihn nicht nachsuchen dürfe, wenn er die Schuld in monatlichen Ratenzahlungen zu je 50 M am Ersten jeden Monats entrichte, so hat der jetzige Beklagte doch auf Grund des genannten Urteils am 8. April 1896 durch den k. Gerichtsvollzieher Weiß dahier meinen Mandanten pfänden lassen.

Wie aus anliegendem Pfändungsprotokolle ersichtlich, wurden 2 altdeutsche Bücherkästen mit den dort aufbewahrten Büchereien im Werte von 400 M gepfändet.

Von den bedungenen Ratenzahlungen wurde die fällige erste Rate am 1. April c. dem Beklagten pünktlich entrichtet, worüber Quittung abschriftlich beiliegt.

Beklagter war daher zur Vornahme der Zwangsvollstreckung nicht befugt.

Ich erhebe deshalb namens meiner Mandentschaft gegen 2c. Richter

Klage

zum k. Amtsgericht München I, Abt. A f. BS.
mit dem **Antrage** zu erkennen:

I. Die Zwangsvollstreckung aus dem Urteil des k. Amtsgerichts München I vom 28. Februar 1896 wird für unzulässig erklärt.

II. Die erfolgten Vollstreckungsmaßregeln werden aufgehoben.

III. Der verklagte Teil hat sämtliche Kosten des Rechtsstreits zu tragen bezw. dem Klageteil zu erstatten.

IV. Dieses Urteil wird für vorläufig vollstreckbar erklärt.

Beweismittel: Die Prozeß-Akten des k. Amts-gerichts München I, Richter ·/· Huber 400 1896 A sowie Zeugen Getreidehändler Müller in München.

Ladung.

Als Prozeßbevollmächtigter des Klageteils lade ich die beklagte Partei zur mündlichen Verhandlung des Rechtsstreits vor das Prozeßgericht zu dem von diesem zu bestimmenden und oben beigesetzten Termine.

bei den Klagen zum Landgericht:

mit der **Aufforderung**, einen bei diesem Prozeßgerichte zugelassenen Rechtsanwalt zu ihrer Vertretung zu bestellen.

Schluß.

Prozeßvollmacht liegt in Abschrift bei und wird in Urschrift zu den Gerichtsakten abgegeben.

Für die Zustellung werde ich selbst Sorge tragen.

Dr. Grubinger, Rechtsanwalt.

ZPO. § 686, 696 (704, 705).

Mit dieser Klage ist zugleich gemäß § 688 ZPO. der Antrag auf Einstellung der Zwangsvollstreckung einzureichen, welcher entweder direkt mit der Klage verbunden werden kann oder, wie es in dringenden Fällen vorkommt, bei dem Vollstreckungsgerichte einzureichen ist. Dieser Antrag lautet unter Hinweis auf die Klage und die derselben beigefügten Belege: „Ich beantrage, die Einstellung der Zwangsvollstreckung bis zur rechtskräftigen Entscheidung über die von mir erhobene Klage anzuordnen."

Für die Widerspruchsklage ist das Prozeßgericht der ersten Instanz ausschließlich zuständig und zwar sowohl örtlich als auch sachlich, so daß also auf den Wert des Gegenstandes der Klage nichts ankommt. War der Rechtsstreit vor der Kammer für Handelssachen anhängig, so gehört die Klage vor diese Kammer, denn der ursprüngliche Anspruch ist durch das Urteil nicht verändert, sondern nur festgestellt und es handelt sich um die Fortdauer dieses Anspruchs. Die Zustellung der Klage erfolgt an den Prozeßbevollmächtigten des Gläubigers I. Instanz, in Ermangelung eines solchen, aber der Partei selbst. § 77, 162, 163 ZPO.

Gebühren: GKG. § 26 Nr. 8, 28. RAGO. § 20.

276. Klage auf Erlassung des Vollstreckungsurteils.

Betreff:
Weber Albert, Kaufmann in Augsburg
gegen
Weiß Isaak, Kaufmann früher in Wien, nun in München,
wegen Erlassung des Vollstreckungsurteils.

Der Beklagte wurde durch Urteil des kk. Bezirksgerichts Wien vom 10. Oktober 1895 für schuldig erklärt, an meinen Mandanten für gelieferte Bijouterie-Waren aus den Jahren 1893 und 1894 den Betrag von 150 fl. ö. W. = 257 ℳ 14 ₰ Hauptsache nebst 6% Zinsen seit 1. Mai 1893 zu zahlen und die Kosten des Rechtsstreits zu tragen bezw. meinem Mandanten zu erstatten.

Ich lege vor die Ausfertigung des bezeichneten Urteils sowie Attest des kk. Bezirksgerichts Wien vom 14. November 1895, welches die Rechtskraft des genannten Urteils bescheinigt.

./.

Da ich nun gegen Beklagten aus besagtem Urteil die Zwangsvollstreckung betreiben will, erhebe ich namens meines Mandanten gegen ꝛc. Weiß Klage auf Erlassung des Vollstreckungsurteils zum k. Amtsgerichte München I, Abt. A f. CS. mit dem **Antrage** zu erkennen:

I. Die Zwangsvollstreckung aus dem Urteil des kk. österr. Bezirksgerichts Wien vom 10. Oktbr. 1895 wird für zuläſſig erklärt.

II. Beklagter hat die sämtlichen Kosten zu tragen bezw. meinem Mandanten zu erstatten.

III. Das Urteil wird für vorläufig vollstreckbar erklärt.

Beweismittel: Zeugen. Urkunden.

Ladung und Schluß.

ZPO. § 660, 661. Feriensache § 202, 204 GVG. zuläſſig ist weder Urkunden- noch Wechselprozeß. Zuständig ist entweder das Amtsgericht oder die Civilkammer des Landgerichts; streitig ist, ob die Zinsen den Streitgegenstand erhöhen. conf. § 4 ZPO. § 13 Abs. 2 GKG.

Ausländisch ist jedes Gericht, das nicht von dem deutschen Reiche oder nach Maßgabe des GVG. von einem Bundesstaate bestellt ist. Die sachliche Zuständigkeit für die Klage ist nach § 23, 70 GVG. zu beurteilen und ist für die Berechnung des Werts des Streitgegenstandes nicht der im Auslande erhobene Anspruch, sondern die Verurteilung in Betracht zu ziehen.

277. Klage bei Geltendmachung des Anspruchs auf vorzugsweise Befriedigung. (§ 710.)

Betreff:
Maier Joseph, Hausbesitzer in München,
gegen
Lehner Paul, Kaufmann daselbst
wegen Anerkennung des Vorrechts.

Auf Antrag des Beklagten hat in dessen Prozeßsache gegen Schreiner Karl Huber daselbst am 18. ds. Mts. Zwangsvollstreckung stattgefunden und sind bei dieser Gelegenheit 2 dem Schuldner gehörige Kleiderkästen durch den k. Gerichtsvollzieher Werder von hier gepfändet worden. Letzterer hat die Pfandobjekte versteigert und zufolge Beschlusses des k. Amtsgerichts München I vom 26. ds. den Erlös von 60 ℳ hinterlegt.

Bestätigung des genannten Gerichtsvollziehers lege ich bei.

./.

Mittels Vertrages vom 15. März 189 . hat der Schuldner Huber im Hause des Mandanten Nr. 70 im Thal, in welchem die Pfändung erfolgte, eine Wohnung vom 1. April 189 . bis 1. April 189 . gemietet. Der Mietzins beträgt jährlich 300 ℳ und ist in monatlichen Raten zu je 25 ℳ vorauszahlbar. ꝛc. Huber ist meinem Mandanten die Miete für 3 Monate März, April und Mai c., rückständig, und schuldet sonach im Ganzen 75 ℳ.

Wegen dieser Mietforderung steht meinem Mandanten als Vermieter das gesetzliche Pfandrecht an den gepfändeten Objekten des ꝛc. Huber und nach deren Versteigerung das Recht auf vorzugsweise Befriedigung aus dem Versteigerungserlöse zu.

Beklagter wurde schon vor der Versteigerung unter Mitteilung des Sachverhalts sowie Vorlage des Vertrages zur Anerkennung des Vorrechts meines Mandanten aufgefordert.

Ich erhebe daher, da Beklagter meiner Aufforderung nicht entsprochen, namens meines Mandanten gegen ꝛc. Lehner Klage zum k. Amtsgericht München I Abt. A f. ZS. mit dem Antrage, zu erkennen:

I. Beklagten kostenfällig zu verurteilen, das Recht meines Mandanten auf vorzugsweise Befriedigung aus dem Erlöse der in der Zwangsvollstreckungssache Lehner gegen Huber gepfändeten Objekte anzuerkennen und darin zu willigen, daß die von dem k. Gerichtsvollzieher Werder hinterlegten 60 ℳ an mich gezahlt werden.

II. Das Urteil für vorläufig vollstreckbar zu erklären.

Beweismittel: Abschrift des Mietvertrags, Brief, Aufforderungsschreiben u. s. w.

Ladung und Schluß.

---

§ 710 ZPO. bezüglich des Antrags auf Hinterlegung des Versteigerungserlöses conf. Nr. 149 des I. Teiles.

Der Pfändung einer Sache kann ein Dritter, welcher sich nicht im Besitze der Sache befindet, auf Grund eines Pfand- oder Vorzugsrechts nicht widersprechen, er kann jedoch seinen Anspruch auf vorzugsweise Befriedigung aus dem Erlöse im Wege der Klage geltend machen, ohne Rücksicht darauf, ob seine Forderung fällig oder nicht. Die Klage ist bei dem Vollstreckungsgerichte und, wenn der Streitgegenstand zur Zuständigkeit der Amtsgerichte nicht gehört, bei dem Landgerichte zu erheben, in dessen Bezirke das Vollstreckungsgericht seinen Sitz hat. Wird die Klage gegen den Gläubiger und den Schuldner gerichtet, so sind diese als Streitgenossen anzusehen. Wird der Anspruch glaubhaft gemacht, so hat das Gericht die Hinterlegung des Erlöses anzuordnen. Die Vorschriften der § 688, 689 finden hierbei entsprechende Anwendung.

Alle hypothekarischen Rechte an beweglichen körperlichen Sachen werden hievon betroffen; zu diesen Pfandrechten gehören insbesondere auch die gesetzlichen Pfandrechte des Vermieters an den Illaten des Mieters sowie des Verpächters an den Früchten des Pachtobjekts; weiters werden betroffen die Pfandrechte des Frachtführers und des Verfrachters nach Ablieferung des Guts (HGB. Art. 406, 624 KO. § 41 Nr. 8) sowie jene Fälle, in denen jemand ein dem § 14 EG. z. KO. entsprechendes Faustpfandrecht erlangt, nachträglich aber den Besitz der Pfandsache verloren hat.

Wegen der Gebühren: GKG. § 35 Abs. 2; 39 Abs. 1; RAGO. § 23 Nr. 1; 29 Nr. 4; 30 Abs. 1 Nr. 2 und Abs. 2.

---

278. Klage gegen Drittschuldner in Zwangsvollstreckungssachen.

Betreff:
Ernst Anton, Privatier in München
gegen
Hilger Georg, Metzger dahier
wegen Ueberweisung einer Forderung.

Durch Pfändungs- und Ueberweisungsbeschluß des k. Amtsgerichts München I vom 10. Mai l. Js. wurde die Forderung des Büchsenmachers Georg Greis dahier im angegebenen Betrage zu 300 ℳ, welche letzterer bei Georg Hilger ausstehen hat, für meinen Mandanten gepfändet und ihm diese Forderung zu Gunsten seines Guthabens zu 400 ℳ zur Einziehung überwiesen.

Auf die von meinem Mandanten dem Georg Hilger gemäß § 739 ZPO. zugestellte Aufforderung zur Erklärungsabgabe gab letzterer eine Erklärung nicht ab.

Ich erhebe daher namens meines Mandanten gegen ꝛc. Hilger Klage zum k. Amtsgericht München I, Abt. A f. ZS. mit dem Antrage, zu erkennen:

I. Beklagter ist schuldig, die von ihm als Drittschuldner an Georg Greis dahier angeblich geschuldeten, für meinen Mandanten gepfändeten und ihm zur Einziehung überwiesenen 300 ℳ nebst 5% Zinsen hieraus vom Tage der Zustellung der Klage an, zu bezahlen.

II. Derselbe hat die Prozeßkosten zu tragen bezw. dem Klageteil zu erstatten.

III. Dieses Urteil wird für vorläufig vollstreckbar erklärt.

Beweismittel: Pfändungsbeschluß, eingeschriebenen Brief.

Zugleich verkünde ich dem Schuldner Georg Greis unter Mitteilung vorstehender Klage wegen des allenfallsigen Anspruchs auf Gewährleistung bezüglich der Prozeßkosten den Streit.

Ladung und Schluß.

---

§ 739, 740, 753, 754 ZPO. conf. Nr. 136 des I. Teils.

279. Klage auf Anfechtung eines Teilungsplanes.

Betreff:
Körner Michael, Kaufmann in München
gegen
Maier Joseph, Metzger, Müllerstraße 16 o dahier
wegen Anfechtung eines Verteilungsplanes.
Streitgegenstand 260 ℳ

Der Kaufmann Lorenz Bauer dahier hat im Hause meines Mandanten, Schemmerstr. 10/II eine Wohnung für die Zeit vom 1. Juni 1895 — 1. Dezember 1896 gegen eine jährliche Miete von 600 ℳ vorauszahlbar in vierteljährigen Raten in Miete. Am 10. Mai c. hat Beklagter Maier wegen seiner ihm gegen Bauer zustehenden vollstreckbaren Forderung zu 160 ℳ bei letzterem die Zwangsvollstreckung vornehmen lassen, wobei ein Gewehrschrank und ein altdeutscher Schreibtisch gepfändet wurden. Ich ließ die besagten Gegenstände auf Grund rechtskräftigen Urteils vom 12. Mai c. wegen der rückständigen Miete zu 280 ℳ nachpfänden. Am 10. Juli c. wurden diese Gegenstände durch den k. Gerichtsvollzieher Robert dahier versteigert und wurden nach Abzug der Kosten 260 ℳ erlöst. Der Versteigerungserlös wurde jedoch, da ich wegen der Miete vorzugsweise Befriedigung forderte, bei dem k. Amtsgericht München II hinterlegt.

Im aufgestellten Verteilungsplane wurde den Beklagten das Vorrecht vor mir eingeräumt und habe ich am Verteilungstermine auch sofort Widerspruch erhoben, die Beklagten haben aber mein Recht auf vorzugsweise Befriedigung bestritten.

Ich erhebe daher namens meines Mandanten gegen den ebengenannten Beklagten Klage zum k. Amtsgericht München II mit dem Antrage, zu erkennen:

I. Beklagter ist schuldig, das mir wegen meiner Mietforderung aus dem rechtskräftigen Urteile des k. Amtsgerichts München vom 12. Mai c. zustehende Recht auf vorzugsweise Befriedigung aus dem in der Zwangsversteigerungssache Maier ·/. Bauer VRNo. 204/1896 erzielten Erlöse anzuerkennen.

II. in die Auszahlung des hinterlegten Versteigerungserlöses zu 260 ℳ an mich die Einwilligung zu erteilen.

III. Beklagter hat die Streitskosten zu tragen bezw. dem Kläger zu erstatten.

IV. Dieses Urteil wird für vorläufig vollstreckbar erklärt.

Beweismittel: Prozeß- und Vollstreckungsakten.

Ladung und Schluß.

ZPO. § 764, 765.

Die Nachricht vom Widerspruch an den Auftraggeber lautet: „In Sachen ꝛc. entfallen nach dem gerichtlichen Plan auf Ihre Forderung . . *M*. Der Gläubiger . . . . . in . . . . . hat aber der Ausführung des Verteilungsplanes widersprochen; derselbe muß Ihnen nun innerhalb eines Monats nach dem Termin Klage wegen Anfechtung des Teilungsplanes zustellen, widrigenfalls der Verteilungsplan ausgeführt werden würde. Sobald Ihnen diese Klage zukommt, ersuche ich Sie, falls Sie meine weitere Vertretung in dieser Sache wünschen, um alsbaldige Zusendung der Klage mit Zustellungsurkunden und Beilagen."

ZPO. § 667, 664, 704, 705. Wegen der Gebühren s. GKG. § 26 Nr. 8; GO. f. RA. § 20.

ZPO. § 703. GKG. § 38 Nr. 15; 39, 47, Nr. 15; 38 Nr. 2. GO. f. RA. § 24, 25.

Kann der nach den § 664, 665 ZPO. erforderliche Nachweis durch öffentliche Urkunden nicht geführt werden, so hat der Gläubiger bei dem Prozeßgerichte I. Instanz aus dem Urteile auf Erteilung der Vollstreckungsklausel Klage zu erheben. Diese Klage kann erhoben werden, ohne daß ein Gesuch um Erteilung der Vollstreckungsklausel abgewiesen war. Die Klage ist gegen die Person zu richten, gegen welche die Vollstreckungsklausel verlangt wird. Ausschließlich zuständig nach § 707 ist das Prozeßgericht I. Instanz. In der Verhandlung können auch materiell rechtliche Einwendungen gegen den durch das Urteil festgestellten Anspruch (686) geltend gemacht werden.

conf. Nr. 156 im ersten Teile.

Zuständig nach § 568 ZPO. ist das Landgericht, des gegenwärtigen letzten deutschen Wohnsitzes des Ehemannes, wenn derselbe Deutscher ist. Mit dem Klagepetitum könnte auch, wenn ein Sühneversuch noch nicht stattgefunden, der Antrag; „den Sühneversuch für erläßlich zu erklären" sowie bei Unbekanntsein des Aufenthaltes des Beklagten der Antrag: „um Bewilligung der öffentlichen Zustellung"

280. Klage auf Erteilung der Vollstreckungsklausel.

Betreff:
Gebert Johann, Kaufmann in München
gegen
Kaiser Franz, Metzger daselbst
wegen Erteilung der Vollstreckungsklausel.
Streitgegenstand 270 ℳ

Zufolge rechtskräftigen und vollstreckbaren Urteils (Vollstreckungsbefehls, Vergleiches, Arrestbefehls vollstr. Konkurstabelle ꝛc.) des k. Amts-Gerichts München I vom 10. Mai 1896 wurde der jetzige Beklagte verurteilt, an Joseph Huber, Schreiner in München, 270 ℳ Hauptsache, nebst 5% Zinsen hieraus seit 1. April 1896 und die Prozeßkosten zu bezahlen.

ꝛc. Huber hat meinem Mandanten den ihm aus obigem Urteil an Franz Kaiser zustehenden Anspruch übertragen.

Auf Seite des Gläubigers — Schuldners — hat eine Rechtsnachfolge in obigem Vorprozesse stattgefunden.

Da ich nun zum Zwecke der Zwangsvollstreckung gegen Franz Kaiser aus dem besagten Urteile wegen der auf Seite des Klageteils eingetretenen Rechtsnachfolge die Vollstreckungsklausel für meinen Mandanten als Rechtsnachfolger beisetzen lassen muß, diese Rechtsnachfolge aber weder bei Gericht offenkundig noch durch öffentliche Urkunden nachzuweisen ist, so erhebe ich gegen ꝛc. Kaiser Klage auf Erteilung der Vollstreckungsklausel zum kgl. Amtsgericht München I mit dem Antrage zu erkennen:

I. dem jetzigen Kläger die Vollstreckungsklausel (oder vollstreckbare Ausfertigung) zu dem obigen Schuldtitel gegen den Beklagten Franz Kaiser zu erteilen;

II. dem Beklagten Kaiser die Kosten dieses Verfahrens (solidarisch, nach Kopfteilen) zur Last zu legen;

III. das Urteil (ohne, gegen Sicherheit) für vorläufig vollstreckbar zu erklären.

Beweismittel: Zeugen.

Ladung und Schluß.

---

verbunden werden. Mit der Ehescheidungsklage sind stets 2 Abschriften einzureichen, da eine für die Staatsanwaltschaft, welche zur Mitwirkung befugt ist, gehört. Die Anträge des Staatsanwalts sind in das Protokoll aufzunehmen, die Beifügung derselben als Anlage ist ausgeschlossen.

Wegen der Gebühren: GKG. § 21, 23; GO. f. RA. § 57 Abs. 1, 13 Nr. 3; GKG. § 20 GO. f. RA. § 15; im Uebrigen ZPO. § 568 bis 592 conf. Nr. 115, 116, 184 im I. Teile.

281. Ehescheidungsklage wegen böslicher Verlassung und Versagung des Unterhalts.

Betreff:
Müller Wilhelmine,
Kaufmannsgattin in
München
gegen
Müller Albert,
Kaufmann daselbst,
wegen Ehescheidung.

Die Parteien sind seit dem 24. März 1896 mit einander verheiratet. Klägerin ist 28 Jahre, Beklagter 40 Jahre alt.

Aus dieser Ehe sind (keine) Kinder im Alter von 6, 8 und 10 Jahren vorhanden. Die Ehefrau ist katholischer, der Ehemann evangelischer Konfession.

Der Sühneversuch zwischen den Parteien hat in den beizulegenden Akten 2c. des k. Amtsgerichts München I vergeblich stattgefunden. (ist erlassen worden).

Heiratsurkunde (sowie Bescheinigung über die vergeblich versuchte Sühne) wird . . bei Gericht vorgelegt werden.

Der Beklagte hat die Klägerin böslich verlassen (hat sich wegen strafbarer Reate geflüchtet und sich ins Ausland begeben).

oder: Die Ehe der Parteien war von Beginn an eine unglückliche; der Ehemann ergab sich dem Trunke und einem höchst schlechten Lebenswandel; vernachlässigte sein Geschäft, zog mit lüderlichen Frauenspersonen umher und kümmerte sich auch bald nicht mehr, ob seine Familie etwas zu essen habe. Am 20. April c. verließ Beklagter die in der Neuhauserstraße Nr. 20/I gelegene Ehewohnung und ist seither zur Klägerin nicht mehr zurückgekehrt. Die Klägerin hat mit ihren Kindern im elterlichen Hause Zuflucht gefunden. Für den Lebensunterhalt der Familie hat Beklagter nicht die geringste Sorge getragen.

oder: Beklagter hat trotz des Rückkehrbefehls die eheliche Gemeinschaft mit der Klägerin nicht wieder aufgenommen.

Ich erhebe daher namens meiner Mandantin wegen böslicher Verlassung und Versagung des Unterhalts die Ehescheidungsklage mit dem Antrage:

I. Die bestehende Ehe der Parteien wird getrennt;

II. Der Beklagte wird für den allein schuldigen Teil erklärt.

III. Dem Beklagten werden die Kosten auferlegt.

Ladung und Schluß.

Bei unbekanntem Aufenthalte des Beklagten dürfte es sich empfehlen, folgenden gesonderten Antrag einzubringen: „Anliegend überreiche ich die Ehescheidungsklage, nehme Bezug auf die derselben beigefügten Urkunden, insbesondere auf die Bestätigung der k. Polizeidirektion . . . ., aus welcher erhellt, daß der Aufenthalt des Beklagten seit .?. . . unbekannt ist, und beantrage: „die öffentliche Zustellung der Klage zu bewilligen und zu bewirken." (ZPO. § 186, 187.)

282. Feststellungsklage.

Betreff:
Müller Joseph, Palier in München
gegen
Maier Jakob, Hausbesitzer dahier
wegen Feststellung eines Mietverhältnisses.

Der Beklagte hat im Mai 1890 vom Vorbesitzer des Klägers, dem Hausbesitzer Robert Monn einen Lagerplatz auf drei Jahre gepachtet und hiebei sich zur Zahlung eines jährlichen Pachtes von 1200 *M* verpflichtet. Am 1. Mai 1893 wurde dieser Vertrag erneuert und das Pachtverhältnis auf 6 Jahre fixiert; bei dieser Gelegenheit ist aber vereinbart worden, daß Kläger die Reparaturen des Holzzaunes besorge und auf seine Kosten nehme. Mein Mandant unterzog sich dieser Maßnahme in jeder Weise, obwohl Beklagter behauptet, die Reparaturen des schadhaften Zaunes seien nicht genügend erfolgt und ihm deshalb durch Entwendungen Dritter ein Materialschaden zugefügt worden. Beklagter hat nun dem Kläger gekündigt und die Räumung des Platzes vorbereitet, obwohl Kläger die Kündigung, welche jetzt nicht angebracht werden kann, nicht angenommen hat.

Das Interesse des Klägers an der alsbaldigen Feststellung ergibt sich hieraus ohne weiteres, da Kläger andernfalls eine anderweitige Verwertung seines Raumes suchen möchte.

Ich erhebe daher Klage zum k. Amtsgericht .... mit dem Antrage:

I. Es wolle festgestellt werden, daß der Pachtvertrag der beiden Parteien über den in Anwesen Nr. 96 an der Landsbergerstraße gelegenen Materialplatz bis zum 1. Mai 1899 zu Recht besteht.

II. Beklagter hat die Kosten des Rechtsstreits zu tragen bezw. zu erstatten.

Beweismittel: Pachtvertrag, Brief, Eid.

Ladung und Schluß.

ZPO. § 231. Auf Feststellung des Bestehens oder Nichtbestehens eines Rechtsverhältnisses, auf Anerkennung einer Urkunde oder auf Feststellung der Unechtheit derselben kann Klage erhoben werden, wenn Kläger ein rechtliches Interesse daran hat, daß das Rechtsverhältnis oder die Echtheit oder Unechtheit der Urkunde durch richterliche Entscheidung alsbald festgestellt werde. Ein rechtliches Interesse an der Feststellung hat, wer durch ein seine Rechtslage gefährdetes Verhalten des Gegners veranlaßt ist, die Feststellung des Rechtsverhältnisses zu

283. Feststellungsklage einer im Konkurse streitig gebliebenen Forderung.

Betreff:
Müller Joseph, Kaufmann in München
gegen
Maier Jakob, Kaufmann daselbst, Verwalter der Jos. Bach'schen Konkursmasse wegen Anerkennung einer Forderung.

Am 1. Juni 1895 gab mein Mandant, der Kläger, dem Kaufmann Josef Bach in München ein Darlehen von 1500 ℳ, wobei sich letzterer verpflichtete, dieses Darlehen am 1. Juni 1896 pünktlich zurückzubezahlen und ihm den abschriftlich anliegenden, am 1. Juli 1896 fälligen Wechsel ausstellte und acceptierte.

Ueber das Vermögen des Kaufmanns Joseph Bach ist am 1. August 1896 das Konkursverfahren eröffnet worden. Im Prüfungstermin vom 30. August c. hat sowohl der Gemeinschuldner — dieser jedoch nur teilweise — als auch der beklagte Verwalter die genannte Wechselforderung meines Mandanten, welche derselbe in dem eröffneten Konkurse angemeldet hatte, bestritten.

Nach Angabe des Konkursverwalters in der ersten Gläubigerversammlung werden im Konkurse Bach für die Gläubiger höchstens 12% zur Verteilung kommen (Dividende), weshalb der Wert des Streitgegenstandes nur 240 ℳ betragen wird und sonach die Zuständigkeit des Amtsgerichts begründet.

Ich erhebe daher Klage zum k. Amtsgerichte München I mit dem Antrage:

I. Den Beklagten, als Verwalter der Joseph Bach'schen Konkursmasse, zu verurteilen, anzuerkennen, daß meinem Mandanten eine Forderung von 1500 ℳ nebst 6% Zinsen seit 1. Juni 1895 gegen die Bach'sche Konkursmasse zusteht;

II. Beklagter hat sämtliche Streitskosten zu tragen bezw. zu erstatten;

III. Das Urteil wird für vorläufig vollstreckbar erklärt.

Beweismittel: Die vorzulegende Wechselurschrift, sowie beglaubigter Auszug aus der Konkurstabelle.

Ladung und Schluß.

---

wünschen; die Nichtbefriedigung des Anspruchs durch den Beklagten wäre keine Veranlassung. Die sachliche Zuständigkeit für die Fest-

284. Klage auf Feststellung des Eheeinbringens der Ehefrau im Konkurse.

Betreff:
Müller Johanna, Kaufmannsfrau in München
gegen
1. Maier Jakob, Kaufmann daselbst, als Konkursverwalter der Joseph Müller'schen Konkursmasse.
2. Ort Albert, Kaufmann in Nürnberg.
3. Hirsch Abraham, Kaufmann in Frankfurt
wegen Feststellung.
Streitgegenstand zirka 10000 ℳ.

Nach vorliegendem beglaubigten Auszuge aus der Konkurstabelle über das Vermögen des Kaufmanns Joseph Müller in München — KRNo. 20/1895 — haben die Beklagten die von der Klägerin als Ehefrau des Gemeinschuldners erhobene Forderung zu 30000 ℳ als deren Eheeinbringen bestritten.

Namens meiner Mandatin erhebe ich daher gemäß § 134 KO. Klage zum k. Landgerichte München I mit dem Antrage:

I. Die Forderung der Klägerin in der Höhe zu 10000 ℳ als deren Eheeinbringen zur Teilnahme am Konkurse über das Vermögen ihres Ehegatten, des Kaufmanns Joseph Müller berechtigt festzustellen.

II. Die Beklagten in die Kosten des Rechtsstreits zu verurteilen.

Beweismittel: Ehevertrag des k. Notars Wünsch dahier vom 20. Juni 1890 GRNo. 204 über eheliche Gütertrennung, sowie Zeugen.

Ladung (mit Aufforderung der Partei zur Bestellung eines beim Prozeßgericht zugelassenen Anwalts) und Schluß.

---

stellungsklagen richtet sich nach § 23, 59, 70, 100–108 GVG. So gehört beispielsweise der Streit über die Echtheit eines auf 301 ℳ lautenden Schuldscheins vor das Landgericht. Vor die Kammern für Handelssachen gehören Feststellungsklagen, wenn für die betreffenden Rechtsverhältnisse die Voraussetzungen des § 101 GVG. gegeben sind. Bezüglich des Wertes des Streitgegenstandes vergleiche § 230 Abs. 4.

KO. § 134, 136. Erhebung der Klage im ordentlichen Verfahren a. beim Amtsgericht § 460 ZPO.; b. beim Landgericht § 230 ZPO. Der Wert des Streitgegenstandes eines Prozesses über die Richtigkeit oder das Vorrecht einer Forderung ist mit Rücksicht auf das Verhältnis der Teilungs- zur Schuldenmasse von dem Prozeßgerichte nach freiem Ermessen festzusetzen. Das Verhältnis der Teilungs- zur Schuldenmasse ist die Dividende, welche sich für die streitige Forderung berechnet. Es bemißt sich also die ausschließende Zuständigkeit

285. Klage wegen Einwilligung in die Freigabe und Auszahlung einer behufs Einstellung der Zwangsvollstreckung hinterlegten Kaution.

Betreff:
Müller Joseph, Rentamtsdiener in München,
gegen
Maier Jakob, Schreinermeister daselbst
wegen Freigabe einer Kaution.

In Sachen Maier gegen Müller wegen Forderung PRNo. 800/1896 A hat Kläger durch den unterzeichneten Anwalt zum Zwecke der Erwirkung der Einstellung der Zwangsvollstreckung in die in Sachen des hier Beklagten Maier ·/. Müller gepfändeten Gegenstände 120 ℳ bei der k. Filialbank München deponiert.

Beklagter Maier hat jedoch inzwischen die hier in Frage stehenden Pfandobjekte verkaufen lassen, weshalb die Voraussetzung, unter welcher die Sicherheit von 120 ℳ deponiert wurde, weggefallen, da der an die Hinterlegung geknüpfte Zweck nicht mehr zu erreichen ist. Kläger ist nun berechtigt, die Aufhebung der Sicherheitsleistung zu fordern; der Beklagte erteilt jedoch ungeachtet wiederholter Aufforderung zur Erhebung der deponierten Sicherheit seine Einwilligung nicht.

Beklagter ist in Güte zu nichts zu bestimmen, weshalb ich Klage erhebe mit dem Antrage: Urteil zu erlassen:

I. Beklagter ist schuldig, darin zu willigen, daß die von dem Kläger in Sachen Maier ·/. Müller PRNo. 800/1896 A am 20. Juli 1896 bei der k. Filialbank München hinterlegten Kaution zu 120 ℳ an Kläger ausbezahlt werde.

II. Beklagter hat die sämtlichen Streitskosten zu tragen bezw. zu erstatten.

Beweismittel: Brief, Depositenschein, Akten.

Ladung und Schluß.

---

des Amtsgerichts nach § 134 Abs. 2 KO. nach der Dividende unter 301 ℳ, wenngleich die streitige Forderung selbst 300 ℳ übersteigt.

Gebühren: GKG. § 9, 54; GO. f. RA. § 59.

KO. § 134 Abs. 1 u. 2; 136.

286. Klage auf Freigabe der vom Arrestkläger deponierten Kaution.

Betreff:
Müller Joseph, Rentamtsdiener in München
gegen
Maier Jakob, Schreinermeister daselbst
wegen Einwilligung in die Herausgabe einer behufs Vollziehung eines Arrestbefehls hinterlegten Kaution.

In Sachen Müller ./. Maier wegen Arrestes PRNo. 200/1896 C hat Kläger behufs Erlassung und Vollziehung des Arrestbeschlusses des k. Amtsgerichts München I, Abt. A f. CS. die geforderte Sicherheit zu 300 ℳ bei der k. Filialbank dahier niederlegt.

Das Arrest- und Prozeßverfahren hat seine vollständige Erledigung gefunden; Kläger wurde mit seiner Forderung an den Beklagten in jeder Hinsicht befriedigt; dem Beklagten steht jedoch keinerlei Anspruch an die gestellte Kaution zu; letzterer hat auch bis jetzt einen diesbezüglichen Anspruch nicht erhoben. Beklagter ist aber verpflichtet, in die Herausgabe bezw. Auszahlung der von dem Kläger hinterlegten Kaution an denselben seine Einwilligung zu erteilen; hat sich aber trotz wiederholter Aufforderung zur Erteilung dieser Einwilligung in Güte nicht verstanden.

Ich erhebe daher Klage mit dem Antrage, Urteil zu erlassen:

I. Beklagter ist schuldig, seine Einwilligung zu erteilen, daß die von dem Kläger in Sachen seiner gegen den Beklagten bei der k. Filialbank München am 10. Juli 1896 hinterlegte Kaution zu 300 ℳ an Kläger herausgegeben bezw. ausbezahlt werde.

II. Beklagter hat sämtliche Streitkosten zu tragen bezw. zu erstatten.

Beweismittel: Arrestakten, Depositenschein, Brief.

Ladung und Schluß.

---

oder: Irgend ein Grund, die Auszahlungsbewilligung nicht zu geben, liegt nicht vor; dem Beklagten ist durch die vorgedachte Maßregel kein Schaden, mindestens kein solcher, den ihm Kläger zu ersetzen haben würde, entstanden. Es wäre auch Sache des Beklagten, einen solchen anzugeben und nachzuweisen.

287. Klage auf Schadenersatz bei Unfällen.

Betreff:
Müller Johann, Ausgeher in München,
gegen
Maier Philipp, Gastwirt und Hausbesitzer
wegen Schadenersatz.

Kläger wohnte vom 1. Januar 1893 bis 1. Oktober 1895 im IV. Stock des Hauses Nr. 40 an der Klengestraße, welches dem Beklagten gehört. Am 15. September l. Js. kehrte Kläger abends 8 Uhr aus seinem Geschäfte nach hause zurück. Als Kläger die Passage bei der Schenke passierte, verlor er den Boden und fiel mit aller Wucht in den offen gelassenen Kellerschacht, welcher zum Aufzug der Bierfässer aus dem unter dem Gastzimmer befindlichen Keller dient. Ein Licht brannte im Gange nicht, das Licht in der Schenke vermag unmöglich den geräumigen Hausgang zu erhellen. Beklagter, obwohl ein wohlhabender Mann, leistet sich überhaupt den Luxus nicht, auch die Treppen nachts zu erleuchten, mutet dieses vielmehr den Inwohnern zu und wies oftmalige Beschwerden der Inwohner mit der brutalen Aeußerung zurück: „Wem es nicht paßt, der kann ausziehen."

Bei diesem Sturz, der noch hätte schlimmer enden können, erlitt der Kläger einen doppelten Bruch des Kniegelenks sowie eine gefährliche Verletzung des Schädeldaches.

Für diesen Unfall haftet der Beklagte, weil er aus gröblichster Nachlässigkeit die Beleuchtung des Hausganges unterließ und für den alsbaldigen Schluß der Kelleröffnung ohne Anbringung einer Schutzvorrichtung keinerlei Sorgfalt verwendete.

Bis zu diesem Unfalle hatte Kläger als Ausgeher in dem Schreibwarengeschäft von J. Kaut einen wöchentlichen Verdienst von 30 ℳ; vom Tage des Unfalles an trat jedoch völlige Erwerbsunfähigkeit ein.

Seit 1. Mai l. Js. ist Kläger lediglich als Packer bei der genannten Firma gegen einen wöchentlichen Lohn von 15 ℳ wieder beschäftigt.

Beklagter wurde bereits durch schöffengerichtliches Urteil vom 20. März l. Js. wegen Verfehlung gegen § 367 Nr. 12 RStGB. zu 4 Tagen

Haft verurteilt; dieses Urteil hat die Rechtskraft erlangt. Kläger verlangt daher für die Zeit vom 15. September 1895 bis 1. Mai 1896 — sonach 30 Wochen — als Entschädigung für Arbeitsverdienstentgang 900 ℳ; hievon kommt jedoch das auf 13 Wochen gewährte Krankengeld der Ortskrankenkasse VIII mit je 7 ℳ per Woche gleich 91 ℳ in Abzug. Außerdem fordert Kläger eine lebenslängliche Rente für den teilweisen Verdienstentgang im monatlichen Betrage zu 15 ℳ.

Ich erhebe daher Klage mit dem Antrage zu erkennen:

I. Beklagter ist schuldig an Kläger 809 ℳ Arbeitsverdienstentgang auf die Zeit vom 15. September 1895 bis 1. Mai l. Js nebst 5% Zinsen hieraus vom Tage der Klagezustellung an zu bezahlen, ferner auf Lebenszeit des Klägers eine Rente von 15 ℳ pro Monat seit 1. Mai c. zu entrichten.

II. Beklagter hat die Kosten des Rechtsstreites zu tragen, bezw. zu erstatten.

III. Das Urteil wird gegen Sicherheitsleistung für vorläufig vollstreckbar erklärt.

Beweismittel: Anliegende ärztliche Zeugnisse. Zeugen und Eid.

Ladung und Schluß.

ZPO. § 416, 256, 192, 279 Abs. 2. Verjährung tritt in 5 Jahren ein.

Diese Klage setzt insbesondere voraus, daß Beklagter bereits in Güte zur Leistung des Schadensersatzes vergeblich aufgefordert werden. In den meisten dergleichen Fällen spielt dann auch das Armenrecht eine ganz besondere Rolle, so daß in den meisten solchen Klagefällen auch das Gesuch um Zulassung zum Armenrechte einzureichen ist.

288. Klage auf Aufhebung eines Urteils.

Betreff:
Müller Georg, Handelsmann in München
gegen
Maier Jakob, Schneider daselbst
wegen Wechselforderung.

Der Kläger hat auf Grund Urteils des k. Amtsgerichts München I, Abt. A für ZS. vom 1. Mai 1896, 250 ℳ Kapital nebst 40 ℳ für Zinsen und Kosten durch den k. Gerichtsvollzieher Anger im Wege der Zwangsvollstreckung von meinem Mandanten Maier beigetrieben.

Durch Urteil der II. Strafkammer des k. Landgerichts München I vom 10. Juni c. ist Kläger Müller wegen Wuchers zu 2 Monaten Gefängnis und zum Verlust der bürgerlichen Ehrenrechte auf 2 Jahre verurteilt worden. In diesem Urteile wurde festgestellt, daß mein Mandant nur 200 ℳ wirklich erhalten hatte, während dafür, daß Kläger dem Beklagten das Geld entlehnte, 250 ℳ, also um 50 ℳ mehr, sogenannten „Schmus" quittieren mußte.

Kläger hat sonach um 50 ℳ mehr erhalten, als ihm eigentlich gebühren.

Ich beantrage daher:

„Das Urteil des k. Amtsgerichts München I vom 1. Mai 1896 aufzuheben und den Kläger mit dem Anspruche, soweit er den Betrag von 200 ℳ überschreitet, abzuweisen und ihn zu verurteilen, an meinen Mandanten 50 ℳ zu bezahlen sowie die Kosten des Rechtsstreits zu tragen."

Beweismittel: Strafakten, Zeugen.

Ladung und Schluß.

ZPO. § 462, 121, 563, 154, 228, 226.

289. Klage auf Aufhebung eines Schiedsspruches.

Betreff:
Müller Johann, Kaufmann in München
gegen
Maier Jakob, Handelsmann daselbst
wegen Aufhebung eines Schiedsspruches.

Der am 1. Mai 1896 von den ernannten Schiedsrichtern:

a) Kaufmann Philipp Weipert in München,
b) Kommerzienrat Joseph Goller in München,
c) Fabrikant Michael Herz in Nymphenburg

in einer Streitsache der Parteien erlassene Schiedsspruch, welcher in Abschrift beigefügt wird, ist nichtig.

Der Schiedsspruch verstößt gegen § 867 Ziffer 5, weil er nicht mit Gründen versehen war.

Ich fechte daher namens meines Mandanten die Rechtsbeständigkeit des Schiedsspruches an und erhebe Klage mit dem Antrage:

I. Der am 1. Mai 1896 durch die Schiedsrichter Philipp Weipert, Joseph Goller, Michael Herz gefällte Schiedsspruch wird aufgehoben.

II. Der Beklagte hat die Kosten des Rechtsstreits zu tragen bezw. zu erstatten.

III. Das Urteil wird für vorläufig vollstreckbar erklärt.

Beweismittel: Schiedsspruch.

Ladung und Schluß.

Die Aufhebung des Schiedsspruchs kann beantragt werden: 1) wenn das Verfahren unzulässig war; 2) wenn der Schiedsspruch eine Partei zu einer Handlung verurteilt, deren Vornahme verboten ist; 3) wenn die Partei in dem Verfahren nicht nach Vorschrift der Gesetze vertreten war, sofern sie nicht die Prozeßführung ausdrücklich oder stillschweigend genehmigt hat; 4) wenn der Partei in dem Verfahren das rechtliche Gehör nicht gewährt war; 5) wenn der Schiedsspruch nicht mit Gründen versehen ist; 6) wenn die Voraussetzungen vorliegen, unter welchen in den Fällen der Nr. 1—6 des § 543 die Restitutionsklage stattfindet. Die Aufhebung des Schiedsspruchs findet aus den unter Nr. 4, 5 erwähnten Gründen nicht statt, wenn die Parteien ein anderes vereinbart haben. ZPO. § 851—872.

290. Nichtigkeitsklage.

Betreff:
Müller Joseph, Kaufmann in München,
gegen
Maier Ernst, Weinhändler daselbst,
wegen Wiederaufnahme des Verfahrens.

Der jetzige Beklagte hat gegen Mandanten in der Prozeßsache Maier ·/. Müller PRNo. 80/1896 A am 1. Mai 1896 bei dem k. Amtsgerichte München I das anliegende Urteil erwirkt. Auf Grund dieses für vorläufig vollstreckbar erklärten Urteils wurde Mandant, da er den Ernst Maier wegen Differenzen im Geschäfte ohne Kündigung entließ, zur Zahlung einer Entschädigungssumme von 200 ℳ sowie zur Aenderung des von ihm erteilten Zeugnisses verurteilt.

Dieses Urteil wurde durch den k. Amtsrichter Hock gefällt und hat, nachdem es rechtsförmlich zugestellt wurde, auch bereits die Rechtskraft erlangt. Wie Mandant nun später durch seine Schwester, Frau Josephine Schroll, in Erfahrung brachte, war die erste Frau des urteilenden Richters eine Schwester zum jetzigen Beklagten, weshalb der k. Amtsrichter Hock zur Ausübung des Richteramtes in der fraglichen Prozeßsache ausgeschlossen war.

Indem ich hiermit die Nichtigkeitsklage erhebe, stelle ich den Antrag:

I. Das Urteil des k. Amtsgerichts München I vom 1. Mai 1896, in Sachen Maier ·/. Müller PRNo. 80/1896 A, soweit es meinen Mandanten verurteilte, aufzuheben.

II. Beklagten mit dem in Sachen seiner gegen meinen Mandanten erhobenen Klageansprüche abzuweisen und ihn zu verurteilen, an Kläger 200 ℳ zu bezahlen.

III. Beklagter hat die Kosten zu tragen bezw. zu erstatten.

IV. Das Urteil wird für vorläufig vollstreckbar erklärt.

Beweismittel: Prozeßakten, Urteilsausfertigung.

Ladung und Schluß.

ZPO. § 542 Abs. 2.

291. Restitutionsklage.

Betreff:
Müller Joseph, Schreinermeister in München
gegen
Maier Jakob, Metzger daselbst
wegen Wiederaufnahme des Verfahrens.

Der jetzige Beklagte erwirkte in Sachen Maier ·/. Müller PRNo. 100/1896 A unterm 1. Juni 1896 bei dem k. Amtsgerichte München I ein Urteil, welches meinen Mandanten zur Zahlung von 200 ℳ Hauptsache für geliefertes Fleisch nebst 5 % Zinsen hieraus seit 1. April c. für schuldig erklärte. Obwohl mein Mandant damals diese Forderung widersprochen und die kostenfällige Abweisung der Klage beantragt hatte, erfolgte doch dessen Verurteilung, da der jetzige Beklagte durch die eidliche Aussage seines Metzgergehilfen Hermann Doll den Beweis lieferte, mein Mandant sei die Fleischlieferungen schuldig geblieben.

Das fragliche Urteil vom 1. Juni 1896 ist nach erfolgter rechtsförmlicher Zustellung rechtskräftig geworden und hat mein Mandant infolgedessen bezahlen müssen:

1. 200 ℳ Hauptsache nebst 5 % Zinsen seit 1. April c.
2. 28 ℳ gerichtlich festgesetzte Kosten und Auslagen.

Inzwischen wurde jedoch gegen den Metzgergehilfen Doll wegen Betrugs und Meineids strafrechtliche Untersuchung eingeleitet und letzterer durch Urteil des Schwurgerichts beim k. Landgerichte München I zu einer längeren Freiheitsstrafe verfällt.

Ich erhebe daher gegen das Urteil des k. Amtsgerichts München I vom 1. Juni 1896 die Restitutionsklage mit dem Antrage:

I. Das Urteil des k. Amtsgerichts München I vom 1. Juni 1896 in Sachen Maier ·/. Müller, soweit es meinen Mandanten verurteilte, aufzuheben.

II. Den jetzigen Beklagten mit dem erhobenen Klageanspruch abzuweisen und ihn zu verurteilen, an Kläger 200 ℳ Hauptsache nebst 5 % Zinsen seit 1. April c. sowie 28 ℳ Kosten zu bezahlen.

III. Beklagter hat die Kosten des Rechtsstreits zu tragen bezw. zu erstatten.

IV. Das Urteil wird für vorläufig vollstreckbar erklärt.

Beweismittel: Prozeßakten, Strafakten.

Ladung und Schluß.

ZPO. § 543 Nr. 3.

292. Gehaltsklagen.

Betreff:
a) Müller Rosa, Köchin von München,
b) Maier Ignaz, Kommis daselbst,
gegen
Huber Joseph, Kaufmann in München.

a) Die Klägerin stand bei dem Beklagten seit 1. April 1896 als Köchin (Hausmädchen — Kindermädchen) im Dienste. Klägerin war von Beklagtem selbst — der Ehefrau des Beklagten gedungen worden. Als Lohn waren 20 ℳ monatlich vereinbart worden, außerdem hatte die Klägerin täglich 1 Liter Bier, vollständige Verköstigung und freie Station. Wegen der Kündigung war vereinbart, daß beiderseits monatliche Kündigung, anzubringen nur jeden Ersten des Monats, stattzufinden habe (war nichts vereinbart, weshalb die ortsübliche Kündigung zu vier Wochen Platz zu greifen hat). Am 2. Mai l. Js. wurde die Klägerin, angeblich weil sie nicht gut genug kochen könne, ohne Kündigung vom Beklagten entlassen.

Nachdem Klägerin inzwischen einen anderweitigen Dienst nicht finden konnte, hat sie mit Recht zu fordern:

1. den Lohn für Mai mit . . . 20.— ℳ
2. Entschädigung f. Kost p. Tag 1 ℳ = 30.— „
3. Entschädigung f. eine Schlafstelle = 10.— „
4. Biergeld 30 × 24 ₰ . . . = 7.20 „

Ich erhebe Klage mit dem Antrage u. s. w.

Beweismittel: Zeugen, Eideszuschiebung.

b) Kläger stand bei dem Beklagten seit . . . als Kommis gegen einen Gehalt von monatlich . . . ℳ, welcher praenumerando (postnumerando) zu zahlen war u. s. w. im Dienste.

Am . . . . . . wurde Kläger vom Beklagten ohne Grund entlassen (deshalb entlassen, weil . . . .)

Ladung und Schluß.

Daß ein berechtigter Grund zur Entlassung vorgelegen, muß Beklagter beweisen. conf. Art. 63 HGB. wegen der Feststellungsklage. RG. XXI. 382.

293. Klage wegen verweigerter Annahme einer Warenlieferung.

Betreff:
Müller Alois, Großhändler in München
gegen
Maier Hermann, Kaufmann in Landshut
wegen Forderung.

Beklagter erhielt auf vorherige Bestellung die in der beiliegenden Rechnung verzeichnete Quantität Salatöl zu dem üblichen und wertsentsprechenden, vom Beklagten stets genehmigten Kaufpreise von 200 ℳ käuflich geliefert.

Beklagter hat nun die Annahme dieser Sendung verweigert und behauptet, die Verpackung sei schadhaft gewesen und durch Zukommen von Luft sei die Sendung um 60 ℳ weniger wert.

Beklagter erklärte sich zur Annahme der Ware bereit, wenn ich ihm 60 ℳ und die Spesen erlasse. Mein Mandant ging jedoch auf dieses Anerbieten nicht ein, sondern ließ dem Beklagten mitteilen, daß er das Salatöl, wenn er es nicht binnen 3 Tagen unter Berichtigung des Kaufpreises annehme, öffentlich verkaufen lasse. Nachdem Beklagter jedoch dieser Aufforderung nicht nachgekommen ist, hat mein Mandant die Bestellung durch den k. Gerichtsvollzieher Horch unterm 10. Juni c. öffentlich versteigern lassen.

Wie aus dem vorgelegten Verkaufsprotokolle ersichtlich, wurde von dem Ballon Salatöl nach Abzug der Kosten ein Preis von 140 ℳ erzielt. Dieses Resultat wurde seitens meines Mandanten dem Beklagten mitgeteilt und letzterer zum Ersatze des Mehrbetrags des Kaufschillings aufgefordert. Beklagter hat daher noch 60 ℳ Hauptsache nebst 6% Zinsen seit 6. Juni c., dem Tage der Uebersendung der Ware sowie die Transport- und Lagerspesen mit 8 ℳ 10 ₰ zu ersetzen.

Nachdem Beklagter zu zahlen in Güte nicht zu bestimmen ist, erhebe ich Klage mit dem Antrage:

I. Beklagter ist schuldig: 60 ℳ Hauptsache nebst 6% Zinsen hieraus seit 3. Juni c. sowie 8 ℳ 10 ₰ Transport- und Lagerspesen zu bezahlen.

II. Beklagter hat die Prozeßkosten zu tragen bezw. zu erstatten.

III. Das Urteil wird für vorläufig vollstreckbar erklärt.

Beweismittel: Buchsauszug, Hauptbuch, Brief, Verkaufsprotokoll.

Ladung und Schluß.

HGB. Art. 354, 356, 357, 343 f.

294. Gesuch um Erlassung eines Zahlungsbefehls in eigenem Namen.

München, den 10. Juni 1896.

An das

Königliche Amtsgericht München I, Abt. A f. CS.

Gesuch um Erlassung eines Zahlungsbefehls
gestellt durch Rechtsanwalt Neuburger in München
in seinem eigenen Namen

gegen

(Zustellung besorge ich selbst.)

Mitterer Joseph, Hausbesitzer in München, Göthestraße 84 II r.
Beklagten,

wegen Deservitenforderung.

Streitgegenstandssumme 267 *M* 10 *ℌ*.

Beklagter wurde von mir in Sachen Huber Martin gegen Mitterer Joseph wegen Entschädigung, PRNo. 14/96 A anwaltschaftlich vertreten. Derselbe schuldet mir nun an Deserviten für meine anwaltschaftliche Vertretung und Thätigkeit aus dem Jahre 1894 an Gebühren und Auslagen in dieser Sache noch den Betrag von 267 *M* 10 *ℌ*.

Spezifiziertes Kostenverzeichnis wurde Beklagtem gemäß § 86 der RGO. mit Zahlungsaufforderung längst zugestellt und derselbe mehrfach zur Zahlung gemahnt, trotzdem war jedoch Beklagter in Güte zur Zahlung nicht zu bewegen.

Ich stelle daher an das kgl. Amtsgericht München I das

Gesuch

gegen Beklagten wegen meines Anspruches zu

267 *M*	10 *ℌ*	Hauptsache, nebst 5% Zinsen seit 1. Mai 1896, sowie meiner Gebühren
4 *M*	20 *ℌ*	3/10 Gebühr für dieses Gesuch,
— *M*	30 *ℌ*	Schreibgebühren und
— *M*	20 *ℌ*	Porto

Summa: 271 *M* 80 *ℌ* und den weiteren Kosten des Mahnverfahrens, der entstehenden Gerichtskosten, Zustellungskosten inkl. Porti 2c. Zahlungsbefehl zu erlassen. Für die Zustellung sorge ich selbst.

Gehorsam!

Neuburger, Rechtsanwalt.

Mahnverfahren § 628 mit 643 ZPO.

295. Gesuch um Erlassung eines Zahlungsbefehls.

Betreff:
Müller Johann, Kaufmann in München,
gegen
Mair Georg, Krämer daselbst
wegen Waren-Forderung.

Beklagte Partei schuldet an meinen Mandanten, den Kläger . . für am 1. Februar l. Js. auf vorherige Bestellung gelieferte Kolonialwaren, wie solche in der beiliegenden Rechnung spezifiziert und angegeben, den Betrag von 198 ℳ 40 ₰. Zahlung sollte am 1. März l. Js. erfolgen.

Nachdem fragliche Forderung fällig und unbestritten — der Preis vereinbart, ortsüblich und angemessen — ist, so beantrage ich wegen der klägerischen Forderung gegen Beklagten, welcher in Güte zur Zahlung nicht zu bewegen ist, die Erlassung eines Zahlungsbefehls auf

a) 198 ℳ 40 ₰ Hauptsache,

b) 6 Prozent Zinsen seit 1. März 1896,

unter Berücksichtigung der Gebühren und Auslagen des unterzeichneten Anwalts für diesen Antrag, für die Zustellung des Zahlungsbefehls, die Portoauslagen, welche laut angefügter Berechnung . . . ℳ . . ₰ betragen.

c) Die erwachsenden Gerichtskosten.

Die Zustellung des Zahlungsbefehls besorge ich selbst; die Gerichtskosten wollen von mir (meiner Partei) erhoben werden.

Gebühren für den Antrag: $^3/_{10}$ § 38 Ziff. 1; Schreibgebühren § 76; Porto und Gerichtsvollzieherkosten für die Zustellung. Die Verbindung mehrerer selbständiger Ansprüche gegen denselben Schuldner in einem Gesuche und in einem Zahlungsbefehle ist zulässig. Die Erlassung des Zahlungsbefehls gehört ohne Rücksicht auf die Höhe des Anspruchs vor die Amtsgerichte. Der Ausländer hat im Mahnverfahren dem Gegner keine Sicherheit wegen der Prozeßkosten zu leisten, wohl aber den erhöhten Gebührenvorschuß zu zahlen. (§ 85 GKG.)

296. Gesuch um Erlassung eines Vollstreckungsbefehls.

Betreff:
Müller Johann, Kaufmann in München
gegen
Maier Georg, Krämer daselbst
wegen Warenforderung.

Indem ich den von verehrlichem Gerichte unterm 20. Mai 1896 erlassenen Zahlungsbefehl, welcher nach der beiliegenden Zustellungsurkunde dem beklagten Teile am 26. Mai 1896 richtig zugestellt wurde, in Vorlage bringe, stelle ich namens und im Auftrage meiner Mandantschaft, gestützt auf anliegende Vollmacht an das k. Amtsgericht München I das Gesuch,

gegen Beklagte . auf

a) 198 ℳ 40 ₰ Hauptsache,

b) 2 ℳ 30 ₰ 6% Zinsen hieraus seit 1. März 1896

c) 4 ℳ 50 ₰ bisherige Kosten u. s. w.

sowie die weiters erwachsenden Gebühren und Auslagen des unterzeichneten Anwalts, wie unten berechnet, und der entstehenden Gerichtskosten Vollstreckungsbefehl zu erlassen.

Die Zustellung des Vollstreckungsbefehls besorge ich selbst; wolle dem k. Gerichtsvollzieher Koch sogleich übertragen werden. Die Gerichtskosten wollen von mir (meiner Partei) erhoben werden.

Gebühr für den Antrag $^{2}/_{10}$ (§ 38 Ziff. 11). Diese Gebühr wird auf die nachfolgende Zwangsvollstreckung angerechnet — Schreibgebühren (§ 76) Porto und Zustellungskosten. Das Gesuch um Vollstreckungsbefehl kann gestellt werden: a) von dem im Zahlungsbefehl genannten Gläubiger oder gesetzlichen Vertreter desselben, b) von den Gesamtrechtsnachfolgern des Gläubigers, wenn dieser gestorben und das unterbrochene oder ausgesetzte Verfahren von denselben aufgenommen ist, c) vom Konkursverwalter, d) vom gesetzlichen Vertreter des prozeßunfähigen Gläubigers. ZPO. § 634, 639—642.

Der Vollstreckungsbefehl wird von dem Amtsgericht, des den Zahlungsbefehl erteilt hat, auf Gesuch des Gläubigers erlassen. Wer als Bevollmächtigter des Gläubigers um den Vollstreckungsbefehl nachsucht, hat seine Vollmacht nachzuweisen. Gesuchsteller hat Zahlungsbefehls-Original nebst Zustellungsurkunde vorzulegen. Ist der Zahlungsbefehl zu Verlust gegangen, kann um den Vollstreckungsbefehl nicht nach-

297. Widerspruch gegen einen Verteilungsplan.

Betreff:
Müller Johann, Kaufmann in München
gegen
Maier Jakob, Händler daselbst
wegen Widerspruchs gegen einen Verteilungsplan.

In nebenstehender Sache stellte das k. Amtsgericht München I einen Verteilungsplan auf. Aus der verfügbaren Teilungsmasse zu 4000 ℳ sollten nachfolgende Gläubiger in der Weise Befriedigung erhalten:

1. Inspektor Wolf wegen Warenforderungen zu 4000 ℳ mit . . . . . 400 ℳ u. s. w.

Ich beanspruche nunmehr namens meines Mandanten wegen dessen Gesamtforderung zu 300 ℳ vollkommene Befriedigung. Der k. Gerichtsvollzieher Murr hat bei dem Schuldner als erster Nachpfändender vollstreckt, während von dem pfändenden Gerichtsvollzieher Muck im Auftrage des Müllers Kern erst später die Zwangsvollstreckung vorgenommen worden ist.

Ich erhebe daher gegen den Verteilungsplan Widerspruch.

---

gesucht werden; dem Gläubiger bleibt nichts übrig, als einen neuen Zahlungsbefehl zu erwirken. Der Vollstreckungsbefehl kann nur gegen den im Zahlungsbefehl genannten Schuldner oder gegen dessen Gesamtrechtsnachfolger verlangt werden. Wurde das Verfahren nach § 217 durch den Tod des Schuldners unterbrochen oder nach § 223 ausgesetzt, so kann der Vollstreckungsbefehl gegen die Rechtsnachfolger erst nach Beendigung der Unterbrechung oder Aussetzung und nach Ablauf der hiernach aufs neue laufenden vollen Widerspruchsfrist verlangt werden.

ZPO. § 762. Der Widerspruch kann schon vor dem Verteilungstermine erklärt werden. Ueber die Verhandlung im Termine ist nach § 145, 146 ein Protokoll zu errichten. Auch der Schuldner kann Widerspruch gegen den Teilungsplan erheben. Erledigt sich ein Widerspruch des Schuldners im Termine nicht, so ist desungeachtet der Verteilungsplan auszuführen und dem Schuldner zu überlassen, seine Einwendungen im Wege der Klage nach § 686, 687 geltend zu machen; bezüglich der Rangordnung hat Schuldner kein Klagerecht.

298. Antrag auf Feststellung des Zustandes beanstandeter Waren.

Betreff:
Müller Joseph, Kaufmann in Landshut,
gegen
Maier Joseph, Kaufmann in München,
wegen Feststellung des Zustandes.

Der Kaufmann Müller Joseph in Landshut hat von dem Kaufmann Joseph Maier in München die in der anliegenden Faktura verzeichneten Waren auf vorherige Bestellung gekauft; dieselben sind dem Käufer von einem anderen Orte als dem, in dem er sein Handelsgeschäft betreibt, nämlich von Freising aus übersendet werden.

Wie aus dem anliegenden Briefe des rc. Müller erhellt, beanstandet derselbe die Waren wegen verschiedener Mängel. Es soll daher der Zustand derselben durch Sachverständige festgestellt werden.

Ich nehme Bezug auf anliegende Vollmacht des Käufers (Verkäufers) und stelle den Antrag:

Einen oder mehrere Sachverständige zur Feststellung des Zustandes der Ware zu ernennen und denselben aufzutragen, sich gutachtlich über den Zustand der Ware entweder schriftlich oder zu Protokoll zu äußern. Die Sachverständigen wollen zu dem zu bestimmenden Termine geladen und die betreffenden Beschlüsse und Ladungen (durch Vermittelung der Gerichtsschreiberei) beiden Parteien zugestellt (nur beim Amtsgericht) oder mir zur Zustellung an die Gegenpartei übermittelt werden.

Art. 348 HGB. § 448 f. ZPO. u. § 13 Einf.-Ges. Der Antrag ist an das Gericht zu stellen, bei dem der Hauptprozeß anhängig ist, oder bei dringender Gefahr, welche glaubhaft zu machen ist, beim Amtsgericht, in dessen Bezirk die Ware ist oder die zu vernehmenden Personen sich aufhalten.

Die Vollmacht vorzulegen ist notwendig. ZPO. § 448 Abs. 2, 74 Abs. 2, 76, 84 Abs. 2. Ueber die Zustellungen § 294 Abs. 3 ZPO. Geb. 3/10 § 89 GO. f. RA.

299. Gesuch um Notfrist- bezw. Rechtskraft-Bestätigung.

Betreff:
Müller Johann, Kaufmann dahier
gegen
Maier Georg, Krämer daselbst
wegen Forderung,
hier Erteilung der . . .
Bestätigung.

In obenbezeichneter Streitsache stelle ich als Prozeßbevollmächtigter des Klage-Teils den Antrag, indem ich gleichzeitig die mir erteilte. Ausfertigung . . des Urteils des kgl. Amts-Gerichts München II vom 1. Juni 189 . samt Nachweis der Zustellung an die Gegenpartei vorlege, den Antrag:

„auf der Urteilsausfertigung zu bestätigen, daß beklagte Partei – innerhalb der gesetzlichen Notfrist einen Schriftsatz zum Zwecke der Terminsbestimmung daselbst nicht eingereicht — das obenbezeichnete Urteil die Rechtskraft beschritten hat.“

Nach stattgehabtem Vollzuge bitte ich um gefälligste baldigste Rückgabe der vorgelegten Urteilsausfertigung mit Bestätigung.

Nach § 646 ZPO. sind Zeugnisse über die Rechtskraft der Urteile auf Grund der Prozeßakten vom Gerichtsschreiber I. Instanz und, so lange der Rechtsstreit in einer höheren Instanz anhängig ist, vom Gerichtsschreiber dieser Instanz zu erteilen. Insoweit die Erteilung des Zeugnisses davon abhängt, daß gegen das Urteil ein Rechtsmittel nicht eingelegt ist, genügt ein Zeugnis des Gerichtsschreibers des für das Rechtsmittel zuständigen Gerichts, daß innerhalb der Notfrist ein Schriftsatz zwecks Terminsbestimmung nicht eingereicht ist. Ob die Rechtskraft eingetreten, prüft der Gerichtsschreiber; verweigert letzterer das Zeugnis, so kann Gesuchsteller die Entscheidung des Prozeßgerichts nachsuchen; im Falle der ablehnenden Entscheidung des Prozeßgerichts erfolgt Beschwerde nach § 530, 539 ZPO. Gebühren § 38, 39 GKG. RAGO. § 24, 25. Da das Zeugnis über die Rechtskraft ebenso wie die Vollstreckungsklausel auf Grund der Prozeßakten zu erteilen ist, so ist die Erteilung dem Gerichtsschreiber der Instanz zugewiesen, bei der sich die Prozeßakten befinden.

300. Antrag auf Aenderung der Entscheidung des Gerichtsschreibers.

Betreff:
Müller Johann, Privatier in München
gegen
Maier Jakob, Hausbesitzer daselbst
wegen Forderung.

./.

In nebenstehender Streitsache hat der k. Gerichtsschreiber am k. Amtsgerichte München I der Abt. A f. CS. meinen Antrag, das von diesem Gerichte am 20. Juli 1896 erlassene Urteil mit der Vollstreckungsklausel zu versehen, zurückgewiesen und diese Zurückweisung damit begründet, daß das Urteil noch nicht rechtskräftig sei. Ich lege fragliche Urteilsausfertigung mit Zustellungsnachweis vor und beantrage:

Kgl. Amtsgericht wolle die Entscheidung des Gerichtsschreibers abändern und demselben die Erteilung der Vollstreckungsklausel auftragen. Für den Fall der Ablehnung dieses meines Antrages erhebe ich mit Gegenwärtigem Beschwerde. (§ 530, 539.)

Das Urteil vom 20. Juli 1896 hat auf Verhandlung beider Streitsteile lediglich über den Kostenpunkt entschieden und unterliegt daher weder dem Einspruch noch dem Rechtsmittel der Berufung, weshalb es die Rechtskraft beschritten hat und meinen Antrag auf Erteilung der Vollstreckungsklausel vollkommen rechtfertigt.

ZPO. § 94, 645. Verweigert der Gerichtsschreiber das verlangte Zeugnis, so kann der Gesuchsteller die Entscheidung des Prozeßgerichts nachsuchen; gegen die Entscheidung des Prozeßgerichts, die die Erteilung des Zeugnisses ebenfalls ablehnt, steht dem Gesuchsteller die Beschwerde zu. Hat der Gerichtsschreiber dienstlich erfahren, daß ein Rechtsmittel eingelegt ist, so ist nicht ausgeschlossen, daß er gleichwohl die Rechtskraft bezeugt, wenn er das Rechtsmittel für an sich unstatthaft oder für verspätet eingelegt hält; aber er wird, soweit es sich um die Form der Einlegung handelt, selten in der Lage sein, die Zulässigkeit zu prüfen.

301. Anwaltsbestellung und Klagebeantwortung.

Betreff:
Müller Johann, Kaufmann in München,
gegen
Maier Johann, Kaufmann daselbst
wegen Forderung.

In vorstehender Streitsache hat mir die beklagte Partei ihre anwaltschaftliche Vertretung übertragen und mich als Prozeßbevollmächtigten bestellt.

Namens derselben werde ich in der mündlichen Verhandlung beantragen:

Kgl. Land-Gericht wolle erkennen:

I. Die erhobene Klage wird abgewiesen.

II. Die Klagepartei hat die Prozeßkosten zu tragen bezw. der beklagten Partei zu erstatten.

III. Das Urteil wird ohne, eventuell gegen Sicherheitsleistung für vorläufig vollstreckbar erklärt.

Insoferne der verklagte Teil durch ein vorläufig vollstreckbares Urteil verurteilt werden sollte, beantrage ich gemäß § 652 ff. ZPO.

Demselben nachzulassen, durch Sicherheitsleistung oder durch Hinterlegung die Vollstreckung abzuwenden.

Original der Prozeßvollmacht meiner Mandantschaft werde ich in der mündlichen Verhandlung übergeben, Abschrift derselben liegt an.

ZPO. § 652 f. In Anwaltsprozessen (§ 74) muß die Ladung zur mündlichen Verhandlung (im ersten Termin über die Klage § 230) sofern die Zustellung nicht an einen Rechtsanwalt erfolgt, die Aufforderung an den Gegner enthalten, einen bei dem Prozeßgericht zugelassenen Anwalt zu bestellen.

Der Betrag der vom Schuldner zu leistenden Sicherheit entspricht dem Streitgegenstandswerte in Hauptsache, Zinsen und Kosten; in solchen Fällen kann jedoch der Gläubiger verlangen, daß ihm gleichwohl gegen Sicherheitsleistung die Vollstreckung gestattet oder die vom Schuldner geleistete Sicherheit ausgeliefert werde.

302. Berufungsschrift.

Betreff:
Müller Jos., Kaufmann in München, Kläger und Berufungsbeklagter,
vertreten in I. Instanz durch RA. . . . .
gegen
Maier Johann, Kaufmann daselbst, Beklagten, und Berufungskläger,
vertreten in I. Instanz durch RA. . . . .
wegen Forderung.

Gegen das in vorbezeichneter Streitsache von dem k. Land-Gericht München I, II, Kammer für Civil-Sachen, am 1. Mai 1896 verkündete und am 16. Mai 1896 zugestellte Urteil lege ich, legitimiert durch die mit Abschrift dieses Schriftsatzes zu den Gerichtsakten abgegebene Vollmacht, hiemit im Namen und im Auftrage des Johann Maier, Beklagten und Berufungsklägers Berufung zum k. Ober-Landes-Gericht München ein.

Die Ausführung des Rechtsmittels mir vorbehaltend, lade ich den Kläger und Berufungsbeklagten Müller, vertreten in I. Instanz durch Rechtsanwalt M. zur mündlichen Verhandlung über die Berufung in die aus obenstehender Verfügung ersichtliche Sitzung des k. Ober-Landes-Gerichts München mit der Aufforderung, einen bei diesem Gerichte zugelassenen Anwalt zur Vertretung zu bestellen:

Ich werde beantragen:

I. Das Urteil des k. . . . Landgerichts München II, Kammer für Civil-Sachen, vom 1. Mai 1896 aufzuheben.

II. Den Berufungsbeklagten zum Rückersatze des auf Grund Urteils vom 1. Mai 1896 gezahlten Betrages von 2000 ℳ zu verurteilen.

III. Dem Berufungsbeklagten die sämtlichen Kosten des Rechtsstreits zu überbürden.

(Eventuell kann auch hier die Begründung der Berufung sofort angefügt werden.)

ZPO. § 473, 479, 480, 481, 491 Abs. 1, 493, 655 Abs. 2.

303. Antrag auf Vollstreckung gegen eine in militärischen Dienstgebäuden wohnende Militärperson.

Betreff:
Müller Julius, Kaufmann in München,
gegen
Maier Alois, Feldwebel des k. II. Infanterieregiments daselbst,
wegen Vornahme der Zwangsvollstreckung durch die Militärbehörde.

Durch das mit der Vollstreckungsklausel versehene Urteil des k. Amtsgerichts München II vom 1. Mai 1896 PRNo. 800/1896 A wurde der Beklagte zur Zahlung von 250 ℳ Hauptsache nebst 5% Zinsen seit 1. Januar 1896, sowie in die Kosten verurteilt.

Ich beabsichtige nunmehr im Auftrage meines Mandanten bei dem Beklagten auf Grund des obengenannten Urteils bei dem Beklagten Maier in dessen Wohnung, welche sich in der Marsfeld-Kaserne befindet, die Zwangsvollstreckung vornehmen zu lassen und beantrage:

„Kgl. Amtsgericht wolle die zuständige Militärbehörde ersuchen, die Zwangsvollstreckung aus dem Urteil des k. Amtsgerichts München II vom 1. Mai 1896 bei dem Feldwebel Alois Maier in der bezeichneten Kaserne des k. II. Infanterieregiments vorzunehmen.

Mit der Empfangnahme der Gegenstände habe ich den k. Gerichtsvollzieher Scher beauftragt.

./.

Als Beweismittel lege ich die vollstreckbare Aussertigung des genannten Urteils an.

ZPO. § 699. Militärbeamte gehören nicht zu Personen des Soldatenstandes. Mit dem Ersuchen ist vom Gerichte der vollstreckbare Titel der Militärbehörde zu übersenden. Die Mitwirkung des Gerichts ist gebührenfrei. GKG. § 47 Nr. 13. Es wird sich auch empfehlen, wenn der Anwalt nach § 673 ZPO. dem Regiments-Kommandeur von der bevorstehenden Zwangsvollstreckung Anzeige erstattet.

Das Schreiben an das Vollstreckungsgericht lautet: „In ꝛc. soll die Zwangsvollstreckung gegen den dem aktiven Heere angehörenden Schuldner A und zwar in der Kaserne (Dienstgebäude, Kriegsfahrzeug) erfolgen. Ich stelle daher den Antrag, die zuständige Militärbehörde um die Zwangsvollstreckung zu ersuchen, wobei ich bemerke, daß mit Empfangnahme der gepfändeten Gegenstände der k. Gerichtsvollzieher M in O beauftragt ist."

304. Gesuch um Kostenfestsetzung.

Betreff:
Müller Johann, Kaufmann in München
gegen
Maier Albert, Fabrikant daselbst,
wegen Forderung,
hier Kostenfestsetzung.

a. In der obenbezeichneten Streitsache beantrage ich für den Klageteil gemäß § 98, 99 ZPO. unter Bezugnahme auf das für vorläufig vollstreckbar erklärte Versäumnisurteil des kgl. Amts-Gerichts München II vom 10. Mai 1896, indem ich Kostenberechnung, Abschrift derselben und Rechtfertigungsbelege beifüge,

die Festsetzung des von der Gegenpartei dem Klageteil zu erstattenden Kostenbetrages auf 45 *M* 76 *ℌ*.

Den Herrn Sekretär ersuche ich um die Erteilung einer vollstreckbaren Ausfertigung des Beschlusses und um Rückgabe der vorgelegten Belege, sowie um Bewirkung der Zustellung des Festsetzungsbeschlusses an die Gegenpartei.

b. In ꝛc. überreiche ich die Berechnung meiner Kosten nebst zwei Abschriften derselben sowie die mit Zustellungsurkunde versehene Aufforderung zur Einreichung der Kostenaufstellung behufs Ausgleichungsberechnung; ferner meine Handakten bezw. Belege zur Rechtfertigung der einzelnen Kostenansätze und beantrage

gemäß § 100 ZPO. die von der Gegenpartei dem Kläger zu erstattenden Kosten festzusetzen und die Kosten dieses Beschlusses zu berücksichtigen.

Die Aufforderung zur Einreichung der Kostenaufstellung lautet: „In ꝛc. ersuche ich Sie gemäß § 100 ZPO. behufs gerichtlicher Kostenausgleichung eine Aufstellung der dem Beklagten entstandenen Kosten binnen einer Woche nach Zustellung des Gegenwärtigen bei dem k. Amtsgerichte München II einzureichen. „Die hauptsächlichsten Posten der Kostenberechnung sind: Prozeßgebühr 13,1; Verhandlungsgebühr 13,2; Beweisgebühr 13,4; Gebühr für die weitere Verhandlung 17; Vergleichsgebühr 18; Antrag auf Kostenfestsetzung 23,1; Gerichtskostenvorschuß, Klageschrift, Abschrift der Beilagen, Vollmacht und Abschriften, Abschrift der Terminsbestimmung, Auftrag zur Zustellung der Klageschrift, Brief an Mandanten, Gesuch um Urteilsausfertigung, Abschrift des Urteils, Auftrag zur Urteilszustellung 76 RAGO.

III.

Der Notariats-Dienst.

305. Rentennachweis.

Gesch.-Reg.-Nr. 600.		
Geb.-Reg.-Nr. 608.		
a) Staatsgeb.	1 M. — ₰	
b) Ausf.	— „ 50 „	
c) Honorar	2 „ — „	
d) Cop.	— „ 90 „	
e) Lektur	— „ — „	
Sa.	4 M. — ₰	

Heute am vierten Januar eintausend achthundert neunzig und sieben, ——————

—————— 4. Januar 1897. ——————

erschien vor mir, Joseph Fischer, königlich bayerischen Notar zu München, in meinem Amtszimmer: ——

Herr Anton Sutor, Sergeant im k. bayerischen ersten Infanterieregiment in München, erste Kompagnie, wohnhaft in München und mir, Notar, nach Namen, Stand und Wohnort bekannt. Derselbe ersuchte mich um Beurkundung des folgenden Rentennachweises, indem er erklärte: ——————

Zur Erlangung der militärdienstlichen Verehelichungsbewilligung für meine Ehe mit der ledigen, großjährigen Weberstochter und Landnerin Maria Storr dahier habe ich eine jährliche Rente von 50 M — fünfzig Mark — aus mir gehörigem, unbeschränktem Vermögen nachzuweisen. Diesen Nachweis liefere ich hiemit dadurch, daß ich einen Pfandbrief der Bayerischen Hypothek- und Wechselbank Serie X Litera B Nummer 8 über 2000 M — zweitausend Mark — mit nächstfälligem Coupon per ersten Oktober dieses Jahres, vinkuliert auf meinen Namen, produziere und versichere, daß auch belastende Verträge in Ansehung des genannten Wertpapieres nicht bestehen. Von mir, Notar, wird hieher konstatiert, daß vorerwähnte Vinkulierung auf dem produzierten Wertpapiere sich befindet. Herr Sutor bemerkt noch: ——————

Ich ersuche um Erteilung beglaubigter Abschrift gegenwärtiger Urkunde und trage deren Kosten. Hierüber Urkunde, vorgelesen, genehmigt und unterschrieben. ——————

—————— Anton Sutor, ——————

(L. S.) —————— Philipp Fischer, kgl. Notar.

---

a) Art. 130 Z. 4 I b. Geb.-G.; b) Art. 132 (130) II l. c.; c). Art. 17 NGO.; d) Art. 22; e) Autogr. JME. v. 12. 8. 67 Nr. 15245

306. Vertrag über religiöse Kindererziehung.

Gesch.-Reg.-Nr. 800	
Geb.-Reg.-Nr. 900	
a) Staatsgeb.	1 ℳ — ₰
Ausf.	— „ 50 „
b) Honorar	2 „ — „
Cop.	1 „ 10 „
Sa.	4 ℳ 60 ₰

Heute, am dritten August eintausend achthundert neunzig und sechs ——————————

—————— 3. August 1896 ——————

erschienen vor mir Joseph Fischer, königlichen Notar in München in meinem Amtszimmer: der ledige großjährige Taglöhner Anton Schur dahier, ————

b) dessen Braut, die ledige großjährige Näherin Anna Manz, ebenda und beide mir, Notar, nach Name, Stand und Wohnort bekannt. ————

Dieselben erklärten mit dem Ersuchen um Beurkundung folgendes: ——————————

Wir, Anton Schur, katholischer, und Anna Manz, protestantischer Confession, werden uns demnächst ehelichen und (vereinnahmen lies) vereinbaren, daß alle Kinder, welche aus unserer zukünftigen Ehe hervorgehen, oder durch dieselbe legitimiert werden, in den Lehren, Grundsätzen und Gebräuchen der protestantischen Kirche getauft, unterrichtet und erzogen werden sollen. ——————————

Wir ersuchen um Erteilung einer gemeinsamen beglaubigten Abschrift gegenwärtiger Urkunde, deren Kosten wir gesamtverbindlich tragen. ————

Hierüber Urkunde vorgelesen, genehmigt und unterschrieben. ——————————

---

a) Art. 130 I Z. 4 BGeb.G. b) Art. 17 letzter Abs. NGO.

Der Wirkungskreis und die Geschäftsführung der Notare umfaßt die Geschäfte der nichtstreitigen Rechtspflege und zwar: 1) alle auf Rechtsverhältnisse sich beziehenden Erklärungen, Verhandlungen, Verträge und Thatsachen zu beurkunden, über welche entweder nach gesetzlicher Vorschrift oder nach dem Willen der Beteiligten eine öffentliche Urkunde zu errichten ist; 2) die Urschriften aufzubewahren; 3) Ausfertigungen und Abschriften zu erteilen; 4) den Ausfertigungen die Vollstreckungsklausel beizufügen. Vergleiche im Uebrigen Art. 11 Abs. 2 des Not.-G.

307. Ehe- und Erbvertrag.

Gesch.-Reg.-Nr. 40.
Geb.-Reg.-Nr. 80.

a) Staatsgeb.	3 ℳ	— ₰
Ausf.	— „	50 „
b) Honorar	10 „	— „
Cop.	1 „	10 „
Sa.	14 ℳ	60 ₰

Heute, am elften Juni eintausend achthundert neunzig und sechs

11. Juni 1896

erschienen vor mir Joseph Fischer, königlich bayerischen Notar in München in meinem Amtszimmer:

Die Schreinermeistersehegatten Lorenz und Anna Schuler, diese geborene Kößler. Beide in München wohnend, mir, dem Notar, nach Name, Stand und Wohnort bekannt.

Diese erklärten mit dem Ersuchen um Beurkundung, was folgt:

I.

Erstes Domizil während unserer Ehe war München und unterliegen wir, nachdem wir bisher weder einen Ehe- und Erbvertrag noch sonstwie über unsere ehelichen Güterrechtsverhältnisse Bestimmung getroffen haben, den Bestimmungen des Bayrischen Landrechtes und des Münchener Lokalstatus.

II.

Wir bestimmen, daß alles Vermögen, welches die Ehefrau in die Ehe bringt oder in Zukunft durch Schenkung, Erbschaft oder auf Grund irgend eines Rechtstitels erwirbt, deren Receptizgut zu bilden hat, woran dem Ehemann weder Eigentums- noch Verwaltungs- oder Nutznießungsrechte zustehen. Hiebei wird bemerkt, daß der Ehemann kein Vermögen einbrachte.

III.

Der künftigen Todesfälle halber wird vereinbart: Stirbt der Ehemann vor der Ehefrau, so wird derselbe von dieser und den allenfallsigen ehelichen Nachkommen in der Art beerbt, daß Letztere die eine Hälfte, Erstere die andere Hälfte des Rücklasses zu benachrichtigen haben. Im Falle eheliche Nachkommen nicht vorhanden sein sollten, ist die Ehefrau Alleinerbin. Stirbt die Ehefrau vor dem Ehemann, so sollen die ehelichen Nachkommen Erben in ihrem Pflichtteil, der überlebende Ehemann Erbe des gesamten übrigen Rücklasses der Ehefrau sein. Im Falle kinderlosen Vorabsterbens der Ehefrau ist der Ehemann deren Alleinerbe. ——————————

—————— IV. ——————

Die Strafen der zweiten oder weiteren Ehe werden sich gegenseitig erlassen. ——————

—————— V. ——————

Die Vertragschließenden ersuchen um Erteilung beglaubigter Abschrift gegenwärtiger Urkunden und tragen gesamtverbindlich deren Kosten. Hierüber Urkunde ꝛc.

---

a) Art. 115II, 116II d. Geb.-G.; b) Art. 13, 32 NGO.

Die Notariatsurkunden haben die Eigenschaft öffentlicher Urkunden. Für die Vollstreckbarkeit der Notariatsurkunden und die Erteilung vollstreckbarer Ausfertigungen sind die Bestimmungen der RZPO. (§ 662—707) maßgebend. Werden Urkunden, aus welchen gemäß § 702 Ziff. 5 der ZPO. die Zwangsvollstreckung stattfinden kann, von Gerichten aufgenommen, so sind hiebei die Vorschriften der Art. 64, 65, 66, 69—72 NG. zu beobachten.

conf. Art. 126 Ziff. 4 AG. z. ZPO. Ueber Ueberschrift und Eingang vollstreckbarer Ausfertigungen s. JME. vom 24. April 1880 sowie J. z. NG. § 43 Abs. 2, 53 Abs. 2, 54 Abs. 4, 56, 57, 58, 61. Nach § 702 Ziff. 5 ZPO. ist eine Urkunde zu Gunsten desjenigen vollstreckbar, welchem gegenüber sich die andere Partei der sofortigen Zwangsvollstreckung unterworfen hat. Dieser ist berechtigt, eine vollstreckbare Ausfertigung (§ 670 und 703 ZPO.) zu verlangen, welche gemäß autogr. JME. v. 30. Juli 1868 ungesäumt zu erteilen ist. Ueber Aushändigung und Empfangsbestätigung conf. autogr. JME. v. 10. Aug. 1866.

308. Uebergabsvertrag.

Gebühr: siehe Schluß!

Heute, den ersten Mai eintausend achthundert neunzig und sechs erschienen vor mir Joseph Fischer königlichem Notar in München, in meinem Amtszimmer —

1. Herr Thomas und Frau Pauline Lang, Bauerseheleute in Feldmoching, —

2. Deren großjähriger Sohn Herr Hermann Lang Oekonom in Pasing, und dessen Braut, Fräulein Frieda Steigerwald, großjährige Schullehrerstochter von Pasing und —

3. Herr Heinrich Lang, Baumaterialienhändler in Laim, Bruder des vorgenannten Herrn Hermann Lang,

sämtliche mir nach Name, Stand und Wohnort bekannt und ersuchten mich um Beurkundung des Folgenden: —

Die Eheleute Lang übergeben ihr im Bezirke des Amtsgerichts München II und Landrentamts München gelegenes Anwesen Haus Nr. 17 an der Münchener-Straße in Feldmoching

an

ihren Sohn, den mitanwesenden Herrn Hermann Lang, vorgenannt, und dessen mitanwesende Braut Fräulein Frieda Steigerwald zu gemeinschaftlichem Eigentum.

I. Das Anwesen ist laut Kataster beschrieben, wie folgt:

— (Beschrieb und Fläche.) —

II. Mitübergeben ist das gesamte beim Anwesen befindliche lebende und tote landwirtschaftliche Inventar. Die Uebernehmer erklären von demselben genaue Kenntnis zu haben und verzichten auf eine Aufzählung an dieser Stelle.

III. Der Gesamtübernahmspreis beträgt

ℳ 10780

— zehn Tausend siebenhundert achtzig Mark —

wovon ℳ 600.— auf das Inventar treffen und wird ausgewiesen, wie folgt: —

1. Die Uebernehmer zahlen an ihrem Hochzeitstage den Uebergebern ℳ 200.—. Auf Hypothek hiefür wird verzichtet. —

2. ℳ 3300.— darf der Uebernehmer sich als Elterngut anrechnen. Die Verrechnung hiewegen mit seiner Braut wird eigens erfolgen. —

3. M 3300.— werden dadurch beglichen, daß Uebernehmer sich für Rechnung der Uebergeber dem mitanwesenden Bruder Herrn Heinrich Lang gegenüber als Schuldner für ein Elterngut im gleichen Betrage bekennen und sich verpflichten, an denselben hieraus 3% Zinsen fürs Jahr vom 1. ds. Mts. an in halbjährigen Raten zu entrichten, erstmals am 1. Juli l. Js., und ihm die Hauptsache auf halbjährige Kündigung bar und kostenfrei zu bezahlen. ——————

4. Den Uebergebern bleiben die Uebernehmer M 2500.— schuldig, welcher Betrag nicht zu verzinsen, aber nach halbjähriger beiderseits freistehender Kündigung bar zu bezahlen ist. ——————

Es wird hiezu noch vereinbart, daß auf Ableben eines der beiden Uebergeber dieses Guthaben in seinem vollen Betrage auf den überlebenden Teil übergeht, sohin alsdann diesem überlebenden Teile die volle Forderung zusteht. ——————

Auf Ableben beider Uebergeber haben die Uebernehmer von den M 2500.— die Hälfte dem Bruder Heinrich Lang als Elterngutsergänzung binnen einem halben Jahre hinauszuzahlen, während die andere Hälfte den Uebernehmern zu Gute kommt und die bezügliche Forderung erlischt. ——————

5. Den Uebergebern wird ferner für Lebensdauer das Wohnungsrecht in der hinteren Kammer des übergebenen Anwesens, sowie in dem daneben befindlichen Kammerl eingeräumt, sowie dem Uebergeber das Recht, in der allgemeinen Wohnstube zu arbeiten. ——————

Dieses Wohnungsrecht wird auf M 96 per Jahr veranschlagt, was im fünffachen Betrage gerechnet M 480 ergibt und hiemit einen weiteren Betrag des Uebernahmspreises ausweist. ——————

Die Uebergeber beziehungsweise der noch lebende Teil derselben haben jeder Zeit das Recht, die Wohnung aufzugeben, in welchem Falle die Uebernehmer den Uebergebern beziehungsweise dem noch am Leben befindlichen Teile einen Geldbetrag von M 8.— per Monat pränumerando zu bezahlen haben. Im Falle des Auszugs haben die Uebernehmer den Uebergebern auch ihre Möbel eine Stunde weit nachzufahren. ——————

6. Weiter haben die Uebernehmer die Uebergeber auf Lebenszeit zu verköstigen und zwar haben letztere die Wahl, entweder am gemeinsamen Tisch zu essen oder von den Uebernehmern folgende Reichnisse zu beziehen: ——— ———

per Jahr: 6 Zentner Korn, 2 Schäffel Kartoffeln, 2 Klafter Holz, 20 Pfund Schmalz; (und so weiter) täglich eine Maß Milch, ein Ei 2c.
Die Uebergeberin überdies ein Paar Pantoffeln im Jahr. ——— ———

ferner haben die Uebernehmer außer der Verköstigung und beziehungsweise den vorausgeführten Reichnissen den Uebergebern noch ein Taschengeld von 5 ℳ per Quatember zu verabreichen;
ferner im Falle der Erkrankung eines der Uebergeber Doktor und Medizin vierzehn Tage lang zu bezahlen; endlich der Uebergeberin, falls sie in der Wirtschaft mitarbeitet, per Woche ℳ 0.60 Arbeitslohn zu geben. ———

Die Gesamtheit der sub 6 aufgeführten Austragsreichnisse einschließlich des Quatembergeldes wird auf ℳ 150.— per Jahr angeschlagen, was im fünffachen Betrage einen Kapitalswert von ℳ 750.— ergibt, und hiemit einen gleichen Betrag des Uebernahmspreises ausweist. ———

Ausdrücklich wird noch vereinbart, daß im Falle des Ablebens eines der Uebergeber die Naturalreichnisse insoferne sich reduzieren sollen, als der überlebende Teil nur die Hälfte des oben bedungenen Kornes, Holzes, Schmalzes und Kartoffelquantums, sowie Quatembergeldes zu beziehen befugt ist, während die übrigen Ansprüche für den überlebenden Teil voll fortbestehen. ———

7. Endlich wird dem Bruder Heinrich Lang noch für die Dauer des ledigen Standes das Wohnungsrecht in dem übergebenen Anwesen eingeräumt und dasselbe auf ℳ 20 per Jahr angeschlagen, was im zwölfeinhalbfachen Betrage gerechnet einen Betrag von ℳ 250.— ergibt, womit der Uebernahmsschilling vollständig ausgewiesen ist: ———

IV. Die Uebernehmer errichten hiemit zur Sicherheit der vorstehend sub Ziffer 3 mit 7 näher bezeichneten Ansprüche der Uebergeber und des

Bruders Heinrich Lang Hypothek ersten Ranges auf dem übergebenen Anwesen, so daß sowohl die Kapitalsforderungen als die Ansprüche für Wohnung und Austrag miteinander den ersten Hypothekrang teilen. Es wird beantragt, dies im Hypothekenbuche des Amtsgerichts München II einzuschreiben und zwar auf einem einzigen Folium, indem die Grundstücke der Steuergemeinde .... ausdrücklich als Pertinenzien des übergebenen Anwesens erklärt werden, welchem sie im Hypothekenbuche zugeschrieben werden wollen. ———

V. Mit Unterzeichnung gegenwärtiger Urkunde gelten die Uebernehmer in den Besitz des übergebenen Anwesens nebst Inventar gesetzt und übernehmen dessen Nutzungen und Lasten von heute an.

VI. Es wird beantragt, das übergebene Anwesen in den öffentlichen Büchern, namentlich im amtsgerichtlichen Hypothekenbuche umzuschreiben; beide Teile erhalten beglaubigte Abschrift, die Kosten tragen Uebernehmer. ———

VII. Es wird konstatiert, daß die Uebergeber das übergebene Anwesen erworben haben nach Urkunden des Notars Müller hier vom 20. April 1887 Nr. 603 und vom 1. Oktober 1888 Nr. 708. ———

Hierüber Urkunde auf Vorlesen genehmigt und unterschrieben.

Notgeb. Vertragsgegenstand: ℳ 10780, nach Art. 1 der Not.-Geb.-Ordnung: ℳ 25.50.

Sollen bei Aufnahme einer Notariatsurkunde nach Vorschrift des Gesetzes oder nach Willen der Beteiligten Zeugen oder ein zweiter Notar zugezogen werden, so liegt zunächst den Beteiligten ob, dieselben zu wählen und zum Erscheinen bei dem Notare zu veranlassen. Werden in einem Falle, wo die Beiziehung von Zeugen oder eines zweiten Notars gesetzlich vorgeschrieben ist, solche von den Beteiligten nicht zur Stelle gebracht, so ist es Sache des Notars, welcher für die Beobachtung der gesetzlich vorgeschriebenen Förmlichkeiten Sorge zu tragen hat, die beizuziehenden Zeugen 2c. auszuwählen und deren Erscheinen zu veranlassen. Der Notar ist zwar verpflichtet, sich durch Befragen der Beteiligten und der Zeugen nötigenfalls darüber Kenntnis zu verschaffen,

Fortsetzung siehe Seite 510.

309. Abnährungsvertrag.

Gebühr: siehe Schluß.

Heute, den zweiten Februar eintausend achthundert neunzig und sechs
— 2. Februar 1896 —
erschienen vor mir, Joseph Fischer, königlichem Notar in München, in meinem Amtszimmer: —

1. Herr Otto Wagner, Privatier, —
2. Fräulein Barbara Zimperlich, Oberkondukteurstochter, großjährig, ohne Gewerbe, —

beide in München wohnhaft und mir nach Name, Stand und Wohnort bekannt und ersuchten mich um Beurkundung des Folgenden: —

Herr Otto Wagner verpflichtet sich für sich und seine Rechtsnachfolger, die mitanwesende Barbara Zimperlich abzunähren, das ist, dieselbe bis zu ihrem Ableben zu alimentieren, ihr ferner Wohnung, Kleider und Wäsche zu gewähren, sie in gesunden und kranken Tagen zu pflegen, Doktor und Apotheker, sowie endlich auf ihr dereinstiges Ableben die sämtlichen Kosten ihrer Beerdigung zu bezahlen.

Dagegen erhält Herr Otto Wagner von Fräulein Zimperlich als einmalige Abfindung den Betrag von ℳ 10000.– m. W. zehn Tausend Mark — in dreieinhalbprozentigen Pfandbriefen der Bayerischen Vereinsbank dahier zum Nennwerte gerechnet.

Indem Herr Otto Wagner den Empfang dieses Betrags bestätigt, erklärt er ausdrücklich, auf jeden weiteren Anspruch an Fräulein Zimperlich und deren dereinstigen Nachlaß zu verzichten. —

Zur Sicherung der Abnährungsansprüche des Fräulein Zimperlich errichtet Herr Wagner eine hypothekarische Kaution zu ℳ 10000.– auf seinem Anwesen Haus-Nr. 12 an der Plinganserstraße dahier, bestehend in der Steuergemeinde Untersendling, Amtsgerichts München I A aus: . . . . (Beschrieb nebst Fläche), im zweiten ausschließenden Range nach ℳ 75000.– Stiftungskapital samt 10%iger Kaution und beantragt, diese Hypothek im Hypothekenbuche einzuschreiben. Die Kosten dieser Urkunde trägt Herr Wagner; jeder Teil erhält beglaubigte Abschrift. —

Hierüber Urkunde auf Vorlesen unterschrieben.

Notgeb. nach Art. 13 Ziff. 8 NGO. ℳ 2—9 (je nach dem Umfange, der Schwierigkeit und Wichtigkeit des Geschäftes und nach den Vermögensverhältnissen der Beteiligten).

310. Testament.

Gesch.-Reg.-Nr. 400.
Geb.-Reg.-Nr. 800.

a) Staatsgeb.	3 ℳ	— ₰
b) Ausf.	— „	50 „
c) Honorar	20 „	— „
d) Cop.	1 „	10 „
e) Ausf.	— „	16 „
Sa.	24 ℳ	75 ₰

bezahlt eodem Karl Knorr, Buchhalter.

Heute, am zehnten Juli eintausend achthundert neunzig und sechs ——— ——— 10. Juli 1896 ——— erschienen vor mir, Joseph Fischer, königlich bayerischen Notar in München in meinem Amtszimmer:

1. Herr Johann Stöhr, Musikant in München ———
2. die zu gegenwärtigem Akte erbetenen und beigezogenen Zeugen, nämlich die Herren
   a) Josef Horn, Uhrmacher in München, ———
   b) Hans Leiz, Bankier in München, ———

sämtliche in München wohnend und mir, Notar, nach Namen, Stand und Wohnort bekannt. In Gegenwart dieser Zeugen erklärte mir, Notar, Herr Johann Stöhr, welcher ausweislich eines mit ihm geführten eingehenden Gespräches zweifellos geistig gesund und dispositionsfähig ist, mündlich mit dem Ersuchen um Beurkundung seinen letzten Willen, wie folgt: ———

Ich hinterlasse keine Noterben und setze zu meinem Universalerben meinen Bruder Joseph, Lehrer in Hohenlinden ein. ———

Derselbe hat an meine Schwester ein Legat von 1000 ℳ — eintausend Mark — zu entrichten.

Ich behalte mir vor, zu gegenwärtigem Testamente Nachträge zu machen und sollen diese giltig sein, wenn sie in von mir eigenhändig datierten und unterschriebenen Zetteln niedergelegt sind.

Ich ersuche Gegenwärtiges, wenn nicht als Testament so doch als Codizill, Schenkung von Todeswegen oder in sonst welch' rechtlich möglicher Weise aufrecht zu erhalten. ———

Ueber diese ganze in fortwährender Gegenwart der beiden Zeugen und ohne Unterbrechung stattgefundene Verhandlung wurde gegenwärtige Urkunde errichtet, von mir Notar selbst, dem Testator und den beiden Zeugen vorgelesen, von diesen allen genehmigt und sodann unterschrieben.

——— Johann Stöhr. ———
——— Joseph Horn. ———
——— Hans Leiz. ———
(L. S.) ——— Joseph Fischer, kgl. Notar.

---

a) Art. 126 (125) d. Geb.-G. in der Textierung v. 26. V. 1892; b) Art. 132 (130) Abs. II l. c.; c) Art. 13 NGO.; d) Art. 22 NGO.; e) Autogr. JME. v. 12. 8. 1867 Nr. 15245.

311. Testaments-Uebergabe.

Heute, den zehnten Mai eintausend achthundert neunzig und sechs erschien vor mir, Joseph Fischer, k. Notar in München, in meinem Amtszimmer Herr Johann Huber, Privatier in München, mir nach Name, Stand und Wohnort bekannt, und teilte mir mit, daß er mir ein Testament übergeben wolle. Ich zog deshalb sofort als Zeugen zu dieser Verhandlunng bei

1. Herrn Daniel Schmidt, Metzgermeister,
2. Herrn Joseph Häring, Baumeister,

beide in München, und mir nach Name, Stand und Wohnort bekannt.

In deren beider Gegenwart übergab mir Herr Johann Huber persönlich ein mit fünf Privatsiegeln verschlossenes Convolut und erklärte das in diesem Convolut Enthaltene mündlich als seine letztwillige Verfügung mit dem Beifügen, daß er dieselbe eigenhändig unterschrieben habe.

Hierauf habe ich Notar mit Herrn Johann Huber und den beiden Zeugen durch unsere Unterschrift, ich Notar überdies unter Beifügung meines Amtssiegels auf dem übergebenen Convolute bestätigt:

„Daß Herr Johann Huber, Privatier in München, dieses Convolut mir, königlichem Notar Joseph Fischer in München in Gegenwart der beiden dahier wohnhaften als Zeugen beigezogenen Herren Daniel Schmidt, Metzgermeister und Josef Häring, Baumeister laut meiner heute unter Nr. .... meines Geschäftsregisters errichteten Hinterlegungsurkunde am heutigen Tage übergeben und das in diesem Convolute Enthaltene mündlich als seine letztwillige Verfügung erklärt hat."

Herr Johann Huber verlangte und erhielt Legschein.

Diese Urkunde habe ich Notar persönlich in Gegenwart der vorgenannten, zugezogenen, beim ganzen Geschäfte gleichzeitig und ununterbrochen anwesend gewesenen Zeugen dem Herrn Johann Huber vorgelesen, worauf derselbe den Inhalt genehmigte und mit den beiden Zeugen und mir Notar unterschrieb und ich mein Amtssiegel beidrückte.

Not.-Geb. nach Art. 14 NGO. 3,50 *M.*

312. Testaments-Zurückstellung.

Heute, den dritten April ein Tausend achthundert neunzig und sechs erschien vor mir, Joseph Fischer, königlichem Notar in München, in meinem Amtszimmer:

Herr Johann Huber, Privatier in München, mir nach Name, Stand und Wohnort bekannt und ersuchte mich, ihm das seine letztwillige Verfügung enthaltende Convolut, das er laut meiner Urkunde Nr. 693 vom 10. März 1896 bei mir hinterlegt hat, zurückzustellen.

Ich zog deshalb sofort als Zeugen zu dieser Verhandlung bei:

1. Herrn Daniel Schmidt, Metzgermeister,
2. Herrn Josef Häring, Baumeister,

beide in München wohnend und mir nach Name, Stand und Wohnort bekannt.

Nachdem ich Herrn Johann Huber belehrt hatte, daß durch die Zurückstellung der letztwilligen Verfügung die rechtliche Kraft derselben nicht aufgehoben wird, wenn dieselbe unversehrt und unverändert geblieben ist, stellte ich ihm seinem Verlangen gemäß in Gegenwart der beiden genannten Zeugen das laut meiner Urkunde Nr. 693 vom 10. März 1896 bei mir hinterlegte mit fünf Privatsiegeln verschlossene Convolut zurück, was Herr Johann Huber unter Rückgabe des Legscheines hiemit bestätigt.

Diese Urkunde habe ich Notar persönlich in Gegenwart der beiden vorgenannten zugezogenen, beim ganzen Geschäfte gleichzeitig und ununterbrochen anwesend gewesenen Zeugen dem Herrn Johann Huber vorgelesen, worauf derselbe den Inhalt genehmigte und mit den beiden Zeugen und mir Notar unterschrieb und ich mein Amtssiegel beidrückte.

Not.-Geb. nach Art. 14 NGO. 3,50 ℳ.

313. Quittung mit Unterschriftsbeglaubigung.

Quittung.

Ich Endesunterzeichneter Karl Werner, Schmied dahier, bekenne von dem Schreinermeister Oskar Huber in Rosenheim unterm Heutigen ein Bardarlehen von 100 ℳ — Einhundert Mark — erhalten zu haben.

München, am 3. Dezember 1895.

Karl Werner.

1.

Unterschriftsbeglaubigung.

Gesch.-Reg.-Nr. 1100.
Geb.-Reg.-Nr. 1120.

a) Staatsgebühr 1 ℳ
b) Honorar 1 „
Sa. 2 ℳ

Heute, den dritten Dezember eintausend achthundert neunzig und fünf

3. Dezember 1895

erschien vor mir, Johann Fischer, königlichem Notar in München, in meinem Amtszimmer:

Herr Karl Werner, Schmied dahier, mir, Notar, nach Name, Stand und Wohnort bekannt. Derselbe hat mit dem Ersuchen um Beurkundung heute vor mir, Notar, vorstehend eigenhändig seine Unterschrift vollzogen.

Hierüber Urkunde, vorgelesen, genehmigt und unterschrieben:

Karl Werner.

Joseph Fischer,
(L. S.) königl. Notar.

---

a) Art. 130 Ziff. 4 I b. Geb.-G.; b) Art. 16 VII NGO.

ob den Zeugen kein gesetzlicher Unfähigkeitsgrund entgegenstehe, eine ausdrückliche Bemerkung in der Urkunde ist jedoch nicht nötig. In der Urkunde ist jedoch anzuführen, daß die beigezogenen Zeugen dem Notare persönlich bekannt seien. (Art. 53 Abs. 2 Not.-G.) Wird bei Aufnahme von Notariatsurkunden mit Beteiligten, welche dem Notare nicht bekannt sind, Namen, Stand und Wohnort derselben durch Auskunfts-

314. Schenkung.

Gesch.-Reg.-Nr.
Geb.-Reg.-Nr.

a) Staatsgebühr	3 ℳ	— ₰
Ausfertigung	— „	50 „
b) Honorar	3 „	70 „
Cop.	1 „	10 „
Sa.	8 ℳ	30 ₰

Heute, am zweiten Januar eintausend achthundert sechs und neunzig, ——————

—————— 2. Januar 1896, ——————

erschien vor mir, Joseph Fischer, königlich bayerischen Notar in München in meinem Amtszimmer: ——

Frau Eleonore von Helden, geborene Besen, RittmeistersWitwe in München wohnend und mir, Notar, nach Name, Stand und Wohnort bekannt. ——

Dieselbe ersuchte mich um Beurkundung nachstehender Schenkung, indem sie erklärte: ——

Den Brillantschmuck im Werte zu 1500 ℳ — Eintausend fünfhundert Mark, welchen ich meiner Schwester, Therese Besen, ledige großjährige Erzieherin in Altötting, leihweise überlassen habe, übertrage ich derselben hiemit schenkungsweise zu unbeschränktem, unwiderruflichem Eigentum, ersuche um Erteilung beglaubigter Abschrift gegenwärtiger Urkunde und trage deren Kosten. ——

Hierüber Urkunde, vorgelesen, genehmigt und unterschrieben. ——

—————— Eleonore von Helden. ——————

(L. S.) Joseph Fischer, k. Notar. ——————

---

a) Art. 113 Ziff. 2 BGebG. b) Art. 21 NGO.

personen (sogenannte Identitätszeugen — diese brauchen nicht die Eigenschaften von Art. 53 u. 54 zu haben — nach Art. 62 Abs. 2 Not.-G. **65**, 162; **68**, 34; **66**, 287, 144, 150, 181 bescheinigt, so können diese Zeugen, nachdem sie ihre Erklärung über die Identität der Beteiligten abgegeben und unterschrieben haben, sich wieder entfernen. Als Identitätszeugen sollen dem Notare möglichst bekannte, zum Beweise vollkommen tüchtige Personen beigezogen werden.

Zu den Urschriften der Notariatsurkunden darf nur ganz haltbares, weißes Papier, im Formate von 33 cm Höhe und 21 cm Breite

Fortsetzung siehe Seite 513.

315. Kaufvertrag.

Gesch.-Reg.-Nr. 300.
Geb.-Reg.-Nr. 30.

a) Staatsgeb.: $^2/_{10}$ aus 51 000 M
1020 M — ₰
b) Honorar 59 „ 70 „
Cop. 2 „ 10 „
Ausl. — „ 10 „
Inf.-Geb. — „ 20 „
Porto — „ 10 „
Tektur — „ 10 „

Sa. 1080 M 80 ₰

bezahlt eodem Bücherl, Buchhalter.

Heute, am zehnten Juni eintausend achthundert neunzig und sechs,

10. Juni 1896

erschienen vor mir Joseph Fischer, königlich bayerischen Notar in München in meinem Amtszimmer:

a) Herr Johann Storr, Kaufmann und
b) Herr Anton Horn, Schreiner.

Beide wohnhaft dahier und mir, Notar, nach Name, Stand und Wohnort bekannt. Dieselben ersuchten mich um Beurkundung nachstehenden Kaufvertrages:

I.

Herr Johann Storr, Kaufmann dahier, verkauft hiemit sein mit Kaufvertragsurkunde des k. Notars Winkler dahier vom 10. Dezember 1885 Geschäftsregisternummer 2000 zu Alleineigentum erworbenes, im Grundsteuerkataster auf Seite 100 verzeichnetes, in der Steuergemeinde München, k. Amtsgerichts München I A und Stadtrentamts München I gelegenes und im Hypothekenbuche des vorgenannten Gerichts für Maxvorstadt Teil I Band II Seite 35 und im Grundbuche desselben Gerichts Band III Seite 34 vorgetragenes ewiggeldfreies Anwesen Hausnummer 37 an der Theresienstraße dahier, bestehend in Plannummer 386, Wohnhaus mit Garten und Hofraum zu 0,034 ha, drei vierzehntel Ar
so, wie er dasselbe bisher besessen hat oder rechtlich hätte besitzen können ohne Haftung für das angegebene Flächenmaß, für Freiheit von Grunddienstbarkeiten oder baulichen Zustand, jedoch unter Haftung für Hypothekfreiheit

an

Herrn Anton Horn, Schreiner dahier, zu dessen vollem, freiem und ungehinderten Besitz und Eigentum um den Preis von 51 000 M — ein und fünfzig Tausend Mark — welcher sofort bar bezahlt wurde und worüber Verkäufer hiemit quittiert (oder welcher sofort ausgewiesen wurde wie folgt:) ——————

——————— II. ———————

Käufer ist bereits im Besitze des Kaufobjektes und gehen Nutzen und Lasten von heute an auf diesen über. ——————————

————— — III. —————

Es wird bewilligt und beantragt, das Kaufsobjekt auf Käufer in den öffentlichen Büchern umzuschreiben und diesem, welcher die Kosten gegenwärtiger Urkunde, deren Vollzuges und Ausfertigung für ihn trägt, beglaubigte Abschrift gegenwärtiger Urkunde zu erteilen. ——————

Hierüber Urkunde, vorgelesen, genehmigt und unterschrieben. ——————————

——————— Johann Storr. ———————

——————— Anton Horn. ———————

————— (L. S.) Joseph Fischer, königl. Notar.

---

a) Art. 113 Z. 1 b. Geb.-G. b) Art. 1 NGO.

des halben Bogens gebraucht werden. (JMB. 77, 65, 84, 170.) Den Notaren steht es frei, die Urschriften selbst zu schreiben oder sich hiezu eines Gehilfen zu bedienen; Urschriften und Ausfertigungen sind mit wohl leserlicher Handschrift und dauerhafter Tinte zu schreiben.

In den Notariatsurkunden ist ein den dritten Teil einnehmender Raum zur Seite und zwar **links** frei zu lassen. Auf die freibleibende Seite der Urkunde darf eine weitere Urkunde nicht gesetzt werden.

Im Eingange der Notariatsurkunde ist der Gegenstand derselben kurz zu bezeichnen, z. B. Kaufvertrag, Pachtvertrag, letztwillige Verfügung, Versteigerung u. s. w.

Jede Notariatsurkunde muß enthalten: 1) Vor- und Zuname sowie Wohnsitz des Notars; 2) Vor- und Zuname, Stand und Wohnort der zugezogenen Zeugen, Vertrauens- und Auskunftspersonen; 3) Vor- und Zuname, Stand und Wohnort der Beteiligten; 4) Ort, Jahr, Monat, Tag und wenn in einzelnen Fällen die Gesetze es erfordern, die Tageszeit der stattgehabten Verhandlung. Außerdem ist in jeder Notariatsurkunde über unbewegliches Eigentum dasselbe, soweit

316. Hypothekschätzung.

G.-R.-Nr. 200.

Geb.-Reg.-Nr. 540.

Staatsgebühr	1 —	ℳ
Abschrift	— 50	„
Notariatsgeb.	2. —	„
Cop.	1.10	„
Sa.	4.60	ℳ

Heute den fünften Mai eintausend achthundert neunzig und sechs erschienen vor mir, Joseph Fischer. Königlich bayerischen Notar in München, in meinem Amtszimmer die verpflichteten mir persönlich bekannten Schätzmänner: Johann Kiener, Oekonom in Thalkirchen und Joseph Kalter, Oekonom in Neuhofen und ersuchten auf Antrag des Fabrikbesitzers Georg Resch von Thalkirchen um Beurkundung nachstehender Hypothekschätzung dessen in der Steuergemeinde Thalkirchen gelegenen Anwesens Haus Nummer 90 in Thalkirchen und um Fertigung einer beglaubigten Abschrift für denselben.

Fabrikgebäude wert	61300 ℳ
Plan-Nummer 388 Areal zu 0,068 h = .	680 „
Plan-Nummer 389 Garten zu 0,044 h = .	250 „
Waschhaus mit Holzhütte wert	7000 „
Plan-Nummer 455 Areal und Hofraum zu 0,057 h	220 „
Plan-Nummer 456 Garten zu 0.017 h wert	600 „
Summa:	70050 ℳ

— mit Worten: siebzig Tausend fünfzig Mark. —

Hierüber Urkunde, welche von den Erschienenen auf Selbstlesen und mir, dem unterzeichneten Königlichen Notare unterschrieben wurde. ——

———————— Johann Kiener, ————————

———————— Joseph Kalter, ————————

———————— (L. S.) Joseph Fischer, kgl. Notar.

———

möglich, durch Anführung des einschlägigen Steuerdistrikts, des Katasterfoliums, der Haus- und Plannummer zu bezeichnen.

Die Notariatsurkunden müssen deutlich und ohne Abkürzung geschrieben und Lücken durch Striche ausgefüllt werden; also unmittelbar mit der Hand nicht mittels Schreibmaschine (**64**, 273). Zulässig ist die Verwendung gedruckter oder lithographierter Formulare für Vollmachten und Wechselproteste (**69**, 181). Zeitbestimmungen und Angaben von Zahlen sind mit Buchstaben zu schreiben. Ausgenommen sind: Inventarien, Teilungen, Liquidationen, Rechnungen und Berechnungen, Schätzungs- und Versteigerungsprotokolle; solche auch nach Art. 78 Abs. 2 SO.; bei denselben müssen jedoch die Schlußresultate, sowie die Beträge, welche hienach ein Beteiligter an den anderen zu fordern hat,

317. Schuldbekenntnis.

G.-Reg.-Nr. 20.

Geb.-Reg.-Nr. 100.

Staatsgebühr aus 1300 ℳ	3.90	ℳ
Vollstr. Ausf.	1.30	„
Begl. Abschrift	-.50	„
Honorar	4.35	„
Ausf.-Geb.	2.60	„
Sa.	12.65	ℳ

Heute, am ersten Januar eintausend achthundert neunzig und sechs fanden sich vor mir, Joseph Fischer, königlich bayerischen Notar in München, auf meiner Amtskanzlei ein: ——

1. Herr Franz Renner, Gastwirt in München, ——
2. dessen Gattin Frau Bertha Renner, geb. Fischer, ebenfalls dahier wohnhaft, ——
3. Herr Michael Fischer, Bäckermeister dahier, ——

sämtliche mir nach Namen, Stand und Wohnort bekannt und ersuchten mich, nachstehendes Schuldbekenntnis zu beurkunden: ——

I. Herr Franz Renner, Gastwirt dahier, bekennt, von dem Bäckermeister Herrn Michael Fischer dahier behufs Anschaffung des noch nötigen Wirtschaftsinventars und behufs Tilgung der Auslagen, welche durch die Einrichtung der Wirtschaft entstanden sind, ein bares Darlehen von 1300 ℳ — Eintausend dreihundert Mark erhalten zu haben.

Herr Franz Renner und dessen Gattin, Frau Bertha Renner, machen sich nun unter solidarischer Haftung verbindlich, dieses Kapital von heute an jährlich mit vier vom Hundert zu verzinsen, die Zinsen in halbjährigen Raten, am 1. Januar und 1. Juli jeden Jahres zu entrichten, das Kapital selbst aber in monatlichen Raten zu je 50 ℳ — fünfzig Mark — zurückzubezahlen und zwar jede Rate am zehnten jeden Monats und die erste Rate am zehnten Februar heurigen Jahres. ——

Dieselben unterwerfen sich auch im Falle der Nichteinhaltung der sofortigen Zwangsvollstreckung und tragen die Kosten dieser Urkunde. ——

Ferner verpflichten sich dieselben auch bei Zahlung jeder Rate die hierauf treffenden Zinsen zu entrichten. ——

Herr Franz Renner, Gastwirt, macht sich ferner in Anerkennung des ihm gegebenen Darlehens verbindlich, das für seine Wirtschaft benötigte Brot von Herrn Michael Fischer zu beziehen. ——

in den Schätzungsprotokollen die Gesamtschätzungssummen, und in den Protokollen über Versteigerungen von Immobilien, Lieferungen von Arbeiten die Letztgebote mit Buchstaben geschrieben werden. Das Datum

Derselbe und seine Gattin beantragen, daß dem Herrn Michael Fischer eine vollstreckbare Ausfertigung dieser Urkunde erteilt werde.

II. Herr Michael Fischer acceptiert das von Herrn Franz Renner abgelegte Schuldbekenntnis und die von demselben und seiner Gattin eingegangenen Verbindlichkeiten.

Herr Franz Renner beantragt, daß ihm beglaubigte Abschrift dieser Urkunde erteilt werde.

Hierüber Urkunde auf Vorlesen genehmigt und unterschrieben.

Franz Renner, Gastwirt,

Bertha Renner, Gastwirtsgattin,

Michael Fischer, Bäckermeister,

(L. S.) Joseph Fischer, kgl. Notar.

Auf die Abschrift wird gesetzt: „Die Uebereinstimmung vorstehender Abschrift mit der bei mir hinterlegten Urschrift wird hiemit bestätigt.“

München, am zwölften Januar eintausend achthundert neunzig und sechs.

(L. S.) Fischer, kgl. Notar.

der Notariatsurkunden ist mit Buchstaben zu schreiben. Haus- und Katasternummern können mit Ziffern geschrieben werden. (JME. 6. Nov. 1886.) Bezieht sich eine Urkunde auf eine andere, so ist es gestattet, das Datum der letzteren und deren etwa anzuführende Nummer mit Ziffern zu schreiben.

Am Schlusse der Urkunde ist ausdrücklich zu bemerken, ob dieselbe den Beteiligten vorgelesen oder von ihnen selbst durchgelesen wurde. Sind bei Aufnahme einer Urkunde Zeugen zugezogen worden, so ist vorbehaltlich der Bestimmung des Art. 56 Abs. 2 NG. am Schlusse zu bemerken, daß die Urkunde den Beteiligten in ihrer Gegenwart vorgelesen wurde.

Die Notariatsurkunde wird mit Seitenzahlen und auf jedem Blatte mit dem Namenszuge des Notars versehen. Dieselbe wird am Schlusse von den Beteiligten und dem Notare unterschrieben und mit dem Amtssiegel versehen. Sind Zeugen zugezogen, so haben auch diese am Schlusse der Urkunde ihre Unterschrift beizusetzen.

Besteht die Urkunde oder Ausfertigung aus einzelnen Blättern oder mehreren Bogen, so sind dieselben mit einer Schnure zu heften, welche am Ende mit dem Notariatssiegel befestigt wird; auf gleiche

318. Schuldbekenntnis mit Exekutivklausel.

Gesch.-Reg.-Nr. 80.
GReg.-Nr. 70.
a) Staatsgebühr 3.— ℳ
b) Vollstr.-Ausf. 1.— „
c) Honorar 3.70 „
d) Cop. —.90 „
Sa. 8.60 ℳ

Heute, am ersten Juni eintausend achthundert neunzig und sechs ——————
—————— 1. Juni 1896 ——————
erschien vor mir, Joseph Fischer, königlicher Notar in München, in meinem Amtszimmer Herr Anton Kern, Mechaniker in Altötting wohnend und mir Notar nach Name, Stand und Wohnort bekannt. ————

Derselbe erklärte mit dem Ersuchen um Beurkundung Folgendes: ——————

Ich bekenne von dem Bäcker Joseph Kölbl in München ein Bardarlehen von 1000 ℳ — eintausend Mark — erhalten zu haben und bin verpflichtet, dasselbe zu 3½ — dreieinhalb — vom Hundert alljährlich am zweiten Januar zu verzinsen und am zweiten Januar eintausend achthundert sieben und neunzig bar und kostenfrei zurückzubezahlen. Im Nichterfüllungsfalle für diese sämtlichen vorstehenden Verbindlichkeiten unterwerfe ich mich der sofortigen Zwangsvollstreckung, ersuche um Erteilung vollstreckbarer Ausfertigung gegenwärtiger Urkunde für Gläubiger und trage deren Kosten.

Hierüber Urkunde, vorgelesen, genehmigt und unterschrieben. ——————

—————— Anton Kern, ——————

(L. S.) —————— Joseph Fischer, königl. Notar.

---

a) Art. 113 (112) d. Geb.-G. Ziff. 2; b) Art. 132 (130) Abs. 1 l. c. c) Art. 2 Abs. I d. NGO. d) Art. 22 NGO.

Weise sind Vollmachten oder andere Beilagen wie Teilungspläne, Liegenschaftsverzeichnisse, Situationspläne (72, 310) bei Vermeidung einer Ordnungsstrafe von 5 ℳ 40 ₰ mit der Urkunde zu verbinden.

Bei Anwendung von Handzeichen wegen Unerfahrenheit im Schreiben, Altersschwäche, Verwundung ꝛc. geschieht ausdrückliche Erwähnung.

In einer Urkunde darf nichts überschrieben oder zwischen die Linien eingeschaltet werden, bei Strafe der Nichtigkeit der überschriebenen oder eingeschalteten Worte.

Wird in einer Urkunde eine Veränderung oder ein Zusatz für nötig erachtet, so soll dieses durch ein Verweisungszeichen (/=) ange-

319. Schuldbekenntnis mit Hypothekbestellung.

Gesch.-Reg.-Nr. 100.
Geb.-Reg.-Nr. 99.

Staatsgeb. Art. 122 I b.

Geb.-G.	12 M	– ₰
Ausfertigung	–	50 „
Honorar Art. 2 R.-G.-O.	5 „	50 „
Cop.	– „	90 „
Auslagen	– „	50 „
Sa.	19 M	40 ₰

Vollstreckbare Ausfertigung.

Vom unterfertigten königlichen Notare wird hiemit bestätigt, daß von ihm nachstehende Urkunde errichtet worden ist.

Schuldbekenntnis.

Heute, am zehnten Januar eintausend achthundertneunzig und sechs —— 10. Januar 1896 —— erschien vor mir, Joseph Fischer, königlicher Notar in München in meinem Amtszimmer —— Herr Privatier Georg Schwab aus Prien —— (dessen Identität mir beim Mangel an Zeugen und sonstigen Auskunftsbehelfen nur von einer Auskunftsperson, nämlich von dem mir nach Name, Stand und Wohnort bekannten Rechtsanwalt Herrn Karl Reiser in München, bestätigt wurde, laut Unterschrift: —— Karl Reiser Rechtsanwalt) ——

Herr Privatier Georg Schwab ersucht mich, folgendes Schuldbekenntnis mit Hypothekbestellung zu beurkunden. ——

Ich bekenne von dem Privatier Joseph Maier dahier ein Bardarlehen von 2000 M — zwei Tausend Mark — erhalten zu haben und verpflichte mich dasselbe vom Heutigen angefangen zu vier vom Hundert alljährlich halb zehnten Januar, halb zehnten Juli zu verzinsen und nach halbjähriger beiden Teilen freistehender Kündigung samt Stückzins bar und kostenfrei zurückzubezahlen. ——

Zur Sicherheit dieses Darlehens und einer hiemit errichteten zehnprozentigen Kaution für Zinsen, Kosten, Schäden, Verzugszinsen und sonstige Nebenforderungen bestelle ich hiemit Hypothek auf meinem in der Steuergemeinde Nymphenburg, königlichen Amtsgerichts München II und Rentamts München IV gelegenen und im Hypothekenbuche des vorgenannten Gerichtes für Nymphenburg Band X

deutet, der Zusatz oder die Veränderung aber unter Angabe der Zahl der beigesetzten Worte am Rande beigeschrieben und bei Strafe der Nichtigkeit besonders unterschrieben werden. Nach Umständen kann die

Seite 110 vorgetragenes Anwesen Hausnummer 8 an der Perusastraße in Nymphenburg bestehend in:

Plannummer 40 Wohnhaus mit Stall u. Stadel zu 0,020 ha
Plannummer 41 Garten zu . . . . 0,140 ha
Plannummer 47 1/2 Weide zu . . . . 0,174 ha
——————————— zusammen 0,334 ha

——— drei und dreißig neun Zehntel Ar ———

beantrage die Eintragung dieser Hypothekbestellung im Hypothekenbuche, ersuche um Erteilung vollstreckbarer Ausfertigung gegenwärtiger Urkunde für Gläubiger und trage die Kosten. ———

Hierüber Urkunde, vorgelesen, genehmigt und unterschrieben. ———

——— Georg Schwab, Privatier. ———

(L. S.) ——— Joseph Fischer, königl. Notar.

H 1667.

Vorstehendes Kapitel zu 2000 ℳ (zwei Tausend Mark) nebst Kaution wurde antragsgemäß an zweiter Stelle nach Vorgang von 4100 ℳ Kapital und 410 ℳ Kaution eingetragen. Hyp.-Bch. für Nymphenburg Band X Seite 110.

München, am 12. Januar 1896.

(L. S.) Müller, k. Amtsrichter.

Vorstehende Ausfertigung wird hiemit dem Herrn Joseph Mader, Privatier in München in Bezug auf die jeweils verfallenen Zinsen zum Zwecke der Zwangsvollstreckung erteilt. ———

München, am fünfzehnten Januar achtzehnhundert sechs und neunzig.

(L. S.) Joseph Fischer, kgl. Notar.

Aenderung auch am Schlusse beigefügt werden, in diesem Falle ist die Aenderung von den Beteiligten ausdrücklich zu genehmigen, geschieht die Aenderung erst nach der Unterschrift, so ist diese zu wiederholen. In den meisten Fällen empfiehlt es sich, den Zusatz oder eine Veränderung durch eine sogenannte Nachtragsurkunde zu geben.

In der Urkunde darf bei Strafe der Nichtigkeit nichts radiert werden. Ist es nötig, ein oder mehrere Worte auszustreichen, so muß es in der Art geschehen, daß das Durchstrichene leserlich bleibt; die Zahl der durchstrichenen Worte ist am Rande oder Schlusse der Urkunde zu bemerken, und diese Bemerkung besonders zu unterschreiben. Wird

320. Hypothekarische Kaution.

Gesch.-Reg.-Nr. 403.		
Geb.-Reg.-Nr. 307.		
a) Staatsgeb. 6‰ aus 2000 *M.*	12 *M.*	— *₰*
Ausf.	— „	50 „
b) Honorar	5 „	50 „
Cop.	1 „	10 „
Lektur	— „	10 „
Ins.	— „	20 „
Cop.	— „	10 „
Porto	— „	05 „
Sa.	19 *M.*	55 *₰*

Heute, am dritten Januar eintausend achthundert neunzig und sieben, ——————

—————— 3. Januar 1897, ——————

erschien vor mir, Joseph Fischer, königlich bayerischen Notar zu München, in meinem Amtszimmer:

Privatier Philipp Moser, in Pasing wohnhaft, und mir, Notar nach Name, Stand und Wohnort bekannt. Derselbe ersuchte mich um Beurkundung Folgendes:— —————

Ich stehe mit der offenen Handelsgesellschaft Sankt Anna Kunstmühle, C. A. Meyer & Cie. dahier in Geschäftsverbindung. ——————

Zur Sicherung aller Ansprüche dieser Gesellschaft aus besagter Geschäftsverbindung unterstelle ich hiemit mein in der Steuergemeinde München, königlichen Amtsgerichts München I A und Stadtrentamts München I gelegenes und im Hypothekenbuche genannten Gerichts für Maxvorstadt, Teil I Band II Seite 51 vorgetragenes ewiggeldfreies Anwesen, Hausnummer 80 an der Heßstraße in München, bestehend in Plannummer 334 Wohnhaus mit Hofraum zu 0,030 ha — drei Ar — bis zur Höhe von ——————

—————— 2000 *M.* ——————

zweitausend Mark — nach Vorgang von 50000 *M.* — fünfzig Tausend Mark — Bankkapital samt zehnprozentiger Nebensachekaution als Hypothek, beantrage die Eintragung dieser Hypothekbestellung im Hypothekenbuche, ersuche um Erteilung beglaubigter Abschrift gegenwärtiger Urkunde für Gläubigerin und trage deren Kosten. ——

Hierüber Urkunde, vorgelesen, genehmigt und unterschrieben. ——————

—————— Philipp Moser. ——————

—————— (L. S.) Joseph Fischer, königl. Notar.

a) Art. 122 b. Geb.-G.; b) Art. 2 Ziff. 4 NGO.

durch eine Radierung eine wesentliche Bestimmung des Rechtsgeschäftes zweifelhaft, so bleibt es dem richterlichen Ermessen vorbehalten, die Ungiltigkeit des ganzen Aktes oder des betreffenden Teiles auszusprechen.

Die Notariatsurkunden müssen in deutscher Sprache abgefaßt werden; spricht ein Beteiligter nicht deutsch, so sind 2 Zeugen eventuell

321. Hypothek-Cession.

Gesch.-Reg.-Nr. 809.
Geb.-Reg.-Nr. 811.

a) Staatsgeb. 3 ‰ aus 10000 ℳ	30.— ℳ
Ausf.	—.50 „
b) Honorar	14.50 „
Cop.	1.10 „
Ins.-Geb.	—.20 „
Cop.	—.10 „
Tektur	—.10 „
Porto	—.05 „
Sa.	46.55 ℳ

Heute, am fünften Juli eintausend achthundert neunzig und sechs —————————— 5 Juli 1896 —————— erschien vor mir, Joseph Fischer, königlichem Notar in München, in meinem Amtszimmer der Privatier Joseph Lang in München, mir, Notar, nach Name, Stand und Wohnort bekannt. ——————

Derselbe ersuchte mich um Beurkundung nachstehender Hypothekzession, indem er erklärte:

Für mich ist auf dem in der Steuergemeinde München, k. Amtsgerichtes München I A und Stadtrentamts München I, gelegenen und im Hypothekenbuche genannten Gerichtes für Maxvorstadt Teil I Band I Seite 86 vorgetragenen Anwesen des Kunstmalers Anton Schneider in München Hausnummer 18 an der Theresienstraße daselbst ein zu vier vom Hundert alljährlich halb ersten Januar, halb ersten Juli verzinsliches und halbjährig kündbares Cessionskapital zu 10000 ℳ — zehntausend Mark — samt zehnprozentiger Kaution für Zinsen, Kosten, Schäden und sonstige Nebenforderungen hypothekarisch versichert. ——————

Dieses Kapital samt Kaution cediere ich mit Zins von heute ab an Herrn Isidor Dorn, Metzgermeister in Freising ohne Haftung für Güte und Einbringlichkeit, beantrage die Eintragung dieser Cession im Hypothekenbuche, nachdem ich die Cessionsvaluta erhalten habe, ersuche um Erteilung beglaubigter Abschrift gegenwärtiger Urkunde für Cessionen und trage die Kosten. ——————

Hierüber Urkunde, vorgelesen, genehmigt und unterschrieben.

a) Art. 122 II b. Geb.-G. b) Art. 21 NGO.

ein Dolmetscher zuzuziehen; in diesen Fällen erfolgt die Ausfertigung der Urkunden in beiden Sprachen.

Die vollstreckbaren Ausfertigungen haben die Ueberschrift: „Vollstreckbare Ausfertigung" zu führen, die nicht vollstreck-

Fortsetzung siehe Seite 525.

322. Hypothek-Transferierung.

Gesch.-Reg. Nr. 400.
Geb.-Reg. Nr. 890.

Heute, den ersten Februar eintausend achthundert neunzig und sechs

1. Februar 1896

erschienen vor mir, Joseph Fischer, königlichem Notar in München, in meinem Amtszimmer:

1. Herr Johann Huber, Privatier,
2. Herr Josef Schmidt, Metzgermeister,

beide dahier wohnhaft und mir nach Name, Stand und Wohnort bekannt und ersuchten mich um Beurkundung des Folgenden:

I.

Nach Urkunde des Notars Müller dahier Nr. 990 vom 1. April 1890 schuldet Herr Josef Schmidt an den mitanwesenden Herrn Johann Huber ein Darlehen von zehntausend Mark, mit vier Prozent, halb 1. April, halb 1. Oktober verzinslich und auf halbjährige Kündigung zahlbar.

Zur Sicherung desselben, wie als Kaution zu 1000 ℳ für Zinsen aller Art und Kosten wurde auf dem Anwesen des Herrn Schmidt Haus.-Nr. 50 an der Lilienstraße dahier Hypothek eingetragen.

II.

Herr Josef Schmidt transferiert hiemit im Einverständnisse mit seinem Herrn Gläubiger diese Hypothek auf sein in der Steuergemeinde Vorstadt Au, Amtsgerichts München I B gelegenes Anwesen Haus-Nr. 10 am Marienhilfsplatz dahier, bestehend in . . . .

(katastermäßiger Beschrieb mit Fläche)

und hat die Huber'sche Hypothek hier II. ausschließenden Rang nach Vorgang von 40000 ℳ der b. Hypotheken- und Wechselbank dahier nebst 4000 ℳ Nebensachekaution zu erhalten.

III.

Die beiden Erschienenen beantragen, diese Hypothektransferierung im Hypothekenbuche einzuschreiben und jedem Teile eine beglaubigte Abschrift zu erteilen.

IV.

Die Kosten trägt Herr Schmidt.

Hierüber Urkunde auf Vorlesen unterschrieben.

Notgeb. nach Art. 17 Ziff. 12 Not.-G.-O. 2 ℳ, falls die Verhandlung nicht länger als 1 Stunde in Anspruch genommen hat, event. für jede angefangene Stunde 2 ℳ.

323. Rangvorbehalt.

Gesch.-Reg.-Nr. 400.		
Geb.-Reg.-Nr. 800.		
a) Staatsgeb.	1 *M* –	₰
Ausf.	— „ 50	„
b) Honorar	2 „ —	„
Cop.	1 „ 10	„
Inj.-Geb.	— „ 20	„
Cop.	— „ 20	„
Sa.	4 *M* 90	₰

Heute, am zweiten Juli eintausend achthundert neunzig und sechs ——————

—————— 2. Juli 1896 ——————

erschien vor mir, Joseph Fischer, königlich bayerischem Notar in München, in meiner Amtskanzlei: ——

Herr Ignaz Baumeister, Privatier, in München wohnend, und mir, Notar, nach Namen, Stand und Wohnort bekannt. ——————

Derselbe erklärte mit dem Ersuchen um Beurkundung Folgendes: ——————

Auf meinem Anwesen Hausnummer 16 an der Augustenstraße in München, Steuergemeinde gleichen Namens, k. Amtsgerichts München I A und Stadtrentamts München I, vorgetragen im Hypothekenbuche des k. Amtsgerichts München I A für Maxvorstadt Teil I Band I Seite 77, war für den Zimmermann Nathan Stiefel dahier ein zu fünf vom Hundert alljährlich halb ersten Januar halb ersten Juli verzinslicher und nach halbjähriger beiden Teilen freistehender Kündigung bar und kostenfrei rückzahlbares Kaufschillingsrecht zu 10000 *M* — zehntausend Mark — samt zehnprozentiger Kaution für Zinsen, Kosten, Schäden, Konventionalstrafen, Verzugszinsen und sonstige Nebenforderungen hypothekarisch versichert. ——————

Genannter Gläubiger hat diesem Kaufschillingsrecht samt Kaution wegen erhaltener Zahlung zu Urkunde des k. Notars Josef Griener in München vom 11. August 1895, Geschäftsregisternummer 1000, zur Löschung bewilligt und beantragt. ——————

Ich behalte mir nun den Rang für diese Stelle in Haupt- und Nebensache offen, beantrage die Eintragung dieses Rangvorbehaltes im Hypothekenbuche, ersuche um Erteilung beglaubigter Abschrift gegenwärtiger Urkunde und trage deren Kosten. Hierüber Urkunde, vorgelesen, genehmigt und unterschrieben. ——————

—————— Ignaz Baumeister. ——————

—————— (L. S.) Ignaz Fischer, k. Notar.

---

a) Art. 122 III b. Geb.-G.; b) Art. 17 Abs. 1 Satz 12 NGO.

324. Rangausweichung.

Gesch.-Reg.-Nr. 20.
Geb.-Reg.-Nr. 31.

1. Staatsgeb.	1 M
2. Honorar	1 „
Sa.	2 M

Vorgeschossen.
Müller, Amtsverweser.

Heute, am zweiten Februar eintausend achthundert neunzig und fünf ——————

———— 2. Februar 1895, ————

erschien vor mir Xaver Müller, mit justizministerieller Genehmigung aufgestelltem Amtsverweser des beurlaubten k. bayerischen Notars Josef Hornung zu München, in dessen Amtszimmer: ————

Frau Eusebia Wurm, Privatierswitwe in Nürnberg, mir, Amtsverweser, unbekannt. ————

Deren Identität nach Namen, Stand und Wohnort wurde mir in Ermangelung von Zeugen von den beiden mir persönlich bekannten Herren

a) Josef Huber, Lehrer in München, und ————
b) Fritz Schneider, Schreinermeister ebenda ————

auskunftsweise bestätigt auf Vorlesen laut Unterschrift:

———— Josef Huber ————
———— Fritz Schneider. ————

Frau Eusebia Wurm ersuchte mich sodann um Beurkundung folgender Rangausweichung, indem sie erklärte: ————

Ich weiche hiermit mit meinem für mich auf dem in der Steuergemeinde München, k. Amtsgerichtes München I A und Stadtrentamts München I, gelegenen und im Hypothekenbuche genannten Gerichtes für Schönfeldvorstadt Teil I Band I Seite 13 /= hypothekarisch gesicherten dreiprozentigen Darlehenskapitale zu 3000 M — dreitausend Mark — samt zehnprozentiger Nebensachekaution einem auf vorbezeichnetes Anwesen aufzunehmenden, zu vier vom Hundert alljährlich verzinslichen und durch Zinsbeischlag von einhalb vom Hundert innerhalb fünfundfünfzigeinhalb Jahren tilgbaren Darlehenskapitale der Bayerischen Vereinsbank in München zu 60000 M — sechzigtausend Mark — samt zehnprozentiger Nebensachekaution in Rang und Rechten aus, beantrage die Eintragung dieser Rangausweichung im Hypothekenbuche, ersuche um Aushändigung gegenwärtiger Urkunde in Urschrift und trage deren Kosten. Hierüber Urkunde, vorgelesen, genehmigt und unterschrieben.

/= vorgetragenen Anwesen Hausnummer 3 an der Kaulbachstraße in München des Oekonomen Gustav Henneberg daselbst

Für die vorstehende Einschaltung beim Verweisungszeichen nach Vorlesen und Genehmigung laut Unterschrift:

Eusebia Wurm.

Müller,
L. S. Amtsverweser.

---

1) Art. 122 III b. GG. 2) Art. 17 letzter Abs. NGO.

325. Löschungsbewilligung.

Gesch.-Reg.-Nr. 200.
Geb.-Reg.-Nr. 230.

1. Staatsgebühr 1 ℳ
2. Honorar 2 „
3. Vorlagegebühr 1 „

Sa. 4 ℳ

bezahlt 31. I. 1895.
Sporn, Buchhalter.

Heute am einunddreißigsten Januar eintausendachthundert neunzig und fünf ——— 31. Januar 1895, ——— erschien vor mir Hans Kößler, königlich bayerischem Notar zu München, in meinem Amtszimmer: —— Herr Anton Ziegler, Lehrer in München wohnend und mir, Notar, nach Namen, Stand und Wohnort bekannt. ———

Derselbe erklärte mit dem Ersuchen um Beurkundung Folgendes: ———

Wegen anderweitiger Sicherstellung bewillige und beantrage ich die Löschung des für mich auf dem in der Steuergemeinde München, königlichen Amtsgerichtes München I A und Stadtrentamts München I gelegenen und im Hypothekenbuche genannten Gerichtes für Schönfeldtvorstadt Teil I Band I Seite 1 vorgetragenen Anwesen des Privatiers Xaver Müller in München Hausnummer 1 an der Kaulbachstraße daselbst hypothekarisch gesicherten vierprozentigen Muttergutsrechtes zu 2000 ℳ — zweitausend Mark — samt zehnprozentiger Nebensachekaution im vorallegierten Hypothekenbuche, ersuche um Vorlage gegenwärtiger Urkunde in Urschrift an das k. Amtsgericht München I A, Hypothekenamt, und trage deren Kosten. Hierüber Urkunde, vorgelesen, genehmigt und unterschrieben. ———

——— Anton Ziegler. ———

L. S. ——— Hans Kößler, k. Notar.

Von kurzer Hand an das k. Amtsgericht München I A, Hypothekenamt, zum gefälligen Vollzuge.

München, am einunddreißigsten Januar eintausendachthundertfünfundneunzig.

(L. S.) Hans Kößler, k. Notar. ———

---

1) Art. 122 III b. GG. 2) Art. 17 Abs. 1 Satz 12 NGO. 3) Art. 16 Abs. 11 NGO.

baren Ausfertigungen sind als Abschriften oder Auszüge zu bezeichnen; (80, 110) letztere müssen den Inhalt der Urschrift oder des angefertigten Teils derselben wortgetreu wiedergeben und die Bestätigung des Gleichlauts enthalten. Sie sind unter Anführung des Datums und Ortes der

326. Pfandverbandentlassung.

Gesch.-Reg.-Nr. 30.
Geb.-Reg.-Nr. 30.

1. Staatsgeb. 1 ℳ
Honorar 2 „
Sa. 3 ℳ

Heute, am zehnten Januar eintausendachthundert neunzig und fünf, ——————
——————10. Januar 1895,——————
erschien vor mir Johann Ernest, königlicher Notar zu Ingolstadt in meinem Amtszimmer: ——————
Herr Gustav Schneider, Schuhmachermeister dahier, mir, Notar nach Namen, Stand und Wohnort bekannt, und erklärte mit dem Ersuchen um Beurkundung, wie folgt: ——————

Als Hypothekgläubiger für Anwesen des Oekonomen Josef Arnold in München Hausnummer 144 an der Theresienstraße daselbst, im Hypothekenbuche des k. Amtsgerichtes München I A für Max Vorstadt Teil III Band II Seite 16 vorgetragen, entlasse ich hiemit die mit Messungsoparat für die Steuergemeinde München Nummer 96 pro 1895 von der zu obigem Anwesen gehörigen Plannummer 674 weggemessene Parzelle zu 0,002 ha — zwanzig Quadratmeter — aus dem Pfandverbande und beantrage die pfandfreie Abschreibung fraglicher Parzelle im Hypothekenbuche. Gegenwärtige Urkunde wolle in Urschrift per Kostennachnahme an k. Notar Josef Mayer in München geschickt werden. Hierüber Urkunde vorgelesen, genehmigt und unterschrieben. ——————

——————Gustav Schneider.——————

—————— (L. S.) Johann Ernest, k. Notar.

Art. 130 I Z. 4 BGG. Art. 17 NGO. letzter Absatz.

Erteilung mit der Unterschrift des Notars bezw. Gerichtsschreibers und dem Notariats- bezw. Gerichtssiegel zu versehen; die Erteilung der Ausfertigung ist auf der Urkunde zu bemerken.

Der Eingang hat bei vollstreckbaren Ausfertigungen zu lauten: „Von dem unterfertigten k. Notar — oder: „von dem unterfertigten vom k. Staatsministerium der Justiz ernannten Notariatsverweser" oder „von dem —, als Nachfolger des k. Notars N. A., wird hiemit bestätiget, daß von ihm nachstehende Urkunde errichtet worden ist," worauf der Inhalt der Urschrift in wortgetreuer Abschrift zu folgen hat; der Schluß lautet: „Vorstehende Ausfertigung wird dem X in O zum Zwecke der Zwangsvollstreckung erteilt." Datum. Siegel, Unterschrift.

Ist eine Urschrift zu Verlust gegangen, so kann eine Ausfertigung, ob vollstreckbar oder nicht; letzterenfalls aber nur vollständige Abschriften nicht Auszüge, von den Beteiligten bei dem Notare zu

327. Pertinenz-Erklärung.

Gesch.-Reg.-Nr. 204.
Geb.-Reg.-Nr. 210.

a) Staatsgeb.	1 M	—	₰
b) Honorar	2 „	—	„
Inf.-Geb.	— „	20	„
Cop	— „	10	„
Sa.	3 M	30	₰

Heute, den achten Juli eintausend achthundert neunzig und sechs

8. Juli 1896

erschien vor mir, Joseph Fischer, königlich bayerischen Notar in München, in meinem Amtszimmer: Herr Georg Leitner, Oekonom, in Nymphenburg wohnhaft, und mir, Notar, nach Name, Stand und Wohnort bekannt.

Derselbe ersuchte mich um Beurkundung folgender Pertinenzerklärung, indem er vorbrachte:

Ich erkläre hiemit die von meinem Anwesen Hausnummer 27 in Furth, Steuergemeinde Oberhaching, k. Amtsgerichts München II und Landrentamts München, und zwar aus dem zu demselben gehörigen Grundstücke Plannummer 1089, Acker zu 0,027 ha — zwei Ar siebenzig Quadratmeter — mit Messungsoperat der k. Messungsbehörde München-Land Nummer 86 pro 1896 weggelassene Fläche von 0,002 ha — zwanzig Quadratmeter — als Pertinenz meines Anwesens Hausnummer 28 in Furth, indem ich die zugemessene Fläche ausdrücklich dem hier versicherten Pfandbriefdarlehen der Bayerischen Hypothek- und Wechselbank zu 2000 M — zweitausend Mark — samt Kaution als Hypothekenobjekt unterstelle, beantrage entsprechende Ab- und Zuschreibung vorbeschriebener, weggemessener Parzelle im Hypothekenbuche und ersuche gegenwärtige Urkunde, deren Kosten ich trage, an k. Amtsgericht München II, Hypothekenamt, zum Vollzuge zu schicken. Hierüber Urkunde, vorgelesen, genehmigt und unterschrieben.

---

a) Art. 122 III b. Geb.-G.; b) Art. 17 letzter Absatz NGO.

dem Zwecke hinterlegt werden, um als Urschrift zu gelten. Art. 22 NG. findet entsprechende Anwendung.

Aufbewahrung letztwilliger Verfügungen nach dem Tode des Disponenten **86**, 210. Uebersendung von Notariatsurkunden **64**, 210. Verkehr der Notare mit den Hypothekenämtern **84**, 189; **85**, 114; **72**, 126; **91**, 89. Hindernisse bei Hypothekenbuchseinträgen **66**, 254. Ab-

328. Zwangsversteigerung ohne Uebernahme von Hypotheken.

Gesch.-Reg.-Nr. 590.
Geb.-Reg.-Nr. 1000.

In Sachen
des Handelsmannes Hugo Kirsch zu München Gläubigers, vertreten durch Rechtsanwalt Behr in München als Prozeßbevollmächtigten,
gegen
J. Maier Joseph, Oekonom in Pasing, Schuldner . .
wegen Subhastation.

Heute, den elften Juni eintausend achthundert neunzig und sechs ——————————
wurde von mir Joseph Fischer, königlichem Notare zu München, als mit Beschluß des königlichen Amtsgerichts München II vom 10. April 1896 aufgestelltem Versteigerungsbeamten in Sachen des Handelsmannes Hugo Kirsch zu München, Gläubigers, vertreten durch Rechtsanwalt Behr in München, als Prozeßbevollmächtigten, gegen Joseph Maier Oekonom in Pasing, Schuldner, wegen Forderung nun Subhastation im Greinerschen Gasthause zu Pasing eine auf heute vormittags elf Uhr daselbst anberaumte Versteigerungsverhandlung vorgenommen, wie folgt:

Zur festgesetzten Zeit wurde die Verhandlung von mir eröffnet.

Zur Einsicht wurden im Versteigerungslokale öffentlich aufgelegt:

1. Die Versteigerungsbekanntmachung vom 10. Mai 1896
2. der Hypothekenbuchauszug vom 1. Juni 1896,
3. Grundsteuerkatasterauszug vom 10. Juni 1896,
4. die sonstigen die Versteigerung betreffenden Aktenstücke.

Sodann wurde Nachstehendes festgestellt:

§ 1.

Den Gegenstand der Versteigerung bildet das nachbeschriebene Grundstück der Steuergemeinde Pasing Amtsgerichts und Rentamts München, vorgetragen im Kataster Seite 344 1/3.

---

gabe der hinterlegten letztwilligen Verfügung an das Verlassenschaftsgericht **86**, 2. Art der Auswahl der den Notaren durch die Gerichte übertragenen Geschäfte **68**, 232. Hypothekenamtliche Behandlung der Notariatsurkunden **94**, 229.

Plannummer 1261½, ein Hektar sechzig und acht Zehntel Ar, gleich vier Tagwerk zwei und siebzig Dezimalen, Acker mit Grasrain, Mitterfeld, nach Vortrag im Hypothekenbuch belastet mit 4 ℳ 34 ₰. — Vier Mark vierunddreißig Pfennig — Bodenzins zur Staatskasse, und 1 ℳ 53 ₰ — eine Mark dreiundfünfzig Pfennige — Bodenzins zur Ablösungskasse laut (Belastungscerf lies) Belastungscertifikats vom 25. Januar 1886, eingetragen im Hypothekenbuch am 29. Januar 1886.

Die Beschlagnahme hinsichtlich dieses Grundstückes erfolgte nur in Bezug auf den Anteil des genannten Joseph Maier an dem fraglichen Grundstücke, vom Vollstreckungsgerichte wurde jedoch mit Rücksicht auf die nach Inhalt des Hypothekenbuches zwischen Joseph Maier und seiner Ehefrau Marie Maier bestehende allgemeine eheliche Gütergemeinschaft der Verkauf der ganzen Sache angeordnet.

§ 2.

Als Versteigerungsbedingungen kommen jene des Artikel 55 — fünfundfünfzig — der Subhastationsordnung und der hiezu gehörigen Bestimmungen der Novelle zur Subhastationsordnung zur Anwendung, soweit nicht im Nachfolgenden noch etwas Besonderes bestimmt wird.

§ 3.

Hypothekenforderungen, welche als der Forderung der betreibenden Gläubigerin im Range vorgehend in dem geringsten zulässigen Gebote Deckung zu finden hätten, sind nicht vorhanden.

§ 4.

Die Kosten des Zwangsvollstreckungs- und Verteilungsverfahrens, welche nach Artikel 107 — einhundertsieben — der Subhastationsordnung vorweg von dem Erlöse in Abzug zu bringen sind und keiner Anmeldung bedürfen, werden nach Wahrscheinlichkeitsberechnung für die Festsetzung des geringsten zulässigen Gebotes in Anschlag gebracht auf 115 ℳ — einhundertfünfzehn Mark. —

§ 5.

Anmeldungen für die Festsetzung des geringsten zulässigen Gebotes erfolgten bezüglich der nachbezeichneten Beträge:

1. Das königliche Rentamt München meldete durch Vorlage eines vollstreckbar gefertigten Ausstandsverzeichnisses als Guthaben für Grund- und Haussteuer, Kreis- und Gemeindeumlage, Kosten für Hypothekvormerkung an, einen Betrag von 1 ℳ 27 ₰ — einer Mark siebenundzwanzig Pfennig —,

2. die Gemeindeverwaltung Pasing meldete als Guthaben für rückständigen Brandversicherungsbeitrag an einen Betrag von 3 ℳ — drei Mark —.

§ 6.

Laut Anzeige des als Verwalter des Strichsobjektes aufgestellten Bankbeamten Herrn Lorenz Schmitt dahier vom 4. 5. Dezember 1894 hatte die bisherige Verwaltung des Strichsobjektes nachstehendes Ergebnis:

Einnahmen:	60 ℳ	— ₰
Ausgaben:	32 „	— „
Verwaltungsüberschuß:	28 ℳ	— ₰

(mit Worten) — achtundzwanzig Mark —.

Zufolge der Bestimmung in Artikel neun der Novelle zur Subhastationsordnung ist der ebenerwähnte Betrag an den in das geringste zulässige Gebot einzurechnenden Beträgen in Abzug zu bringen.

§ 7.

Als Forderungen der ersten Reihe des Artikel einhundertacht der Subhastationsordnung haben für die Festsetzung des geringsten zulässigen Gebotes in Betracht zu kommen.

	ℳ	₰
Guthaben des königlichen Rentamts München, wie angemeldet,	1	27
Guthaben der Gemeinde Pasing, wie angemeldet	3	—
Summa:	4	27

(mit Worten) vier Mark siebenundzwanzig Pfennige. —

§ 8.

Das geringste zulässige Gebot wird in nachstehender Weise festgesetzt:

	ℳ	₰
Anschlag der bevorzugten Vollstreckungskosten Paragraph vier	115	—
Forderungen der ersten Reihe Paragraph sieben	4	27
Summa:	119	27
Ab Reinergebnis der Verwaltung des Strichsobjektes Paragraph sechs	28	—
Rest:	91	27

einundneunzig Mark siebenundzwanzig Pfennige.

Der soeben bezeichnete Betrag ist bar zu erlegen.

§ 9.

Anbelangend die Zeit der Bezahlung des Strichsschillings so wurde von Lorenz Schmitt die Festsetzung einer dreimonatlichen Frist hiefür beantragt.

Sonstige Anträge in dieser Beziehung wurden nicht gestellt.

Dem gemäß wird als besondere Bedingung festgesetzt, daß die Zahlung des Strichschillings vorbehaltlich der Bestimmung des Artikel zehn der Novelle zur Subhastationsordnung innerhalb drei Monaten von heute an gerechnet zu geschehen habe.

§ 10.

Das Versteigerungsobjekt wird lediglich als Ganzes zum Auswurf gebracht.

§ 11.

Das geringste zulässige Gebot nach Maßgabe der vorstehenden Feststellungen, der bar zu bezahlende Betrag und die übrigen Versteigerungsbedingungen wurden den heute zur Versteigerung Erschienenen bekannt gegeben.

Auch wurden die Bedingungen des Artikel fünfundfünfzig der Subhastationsordnung zur Verlesung gebracht und auf die Bestimmungen des Artikel zweiundneunzig der Subhastationsordnung hingewiesen.

Nach Ablauf einer Stunde von dem für den Beginn des Versteigerungstermins festgesetzten Zeitpunkte an nachmittags ein Uhr wurden sodann die zur Versteigerung Erschienenen zur Abgabe von Angeboten aufgefordert.

Es bot sodann der mitanwesende mir nach Namen, Stand und Wohnort bekannte Herr Privatier Heinrich Hecht wohnhaft in München einen Betrag von 2000 ℳ (mit Worten) zweitausend Mark.

Ein weiteres Angebot wurde nicht gelegt.

Nachdem das bezeichnete Angebot dreimal ausgerufen und vom letzten Ausruf an mehr als eine Minute, sowie von der Aufforderung zur Abgabe von Angeboten an mehr als eine halbe Stunde verflossen war, wurde hienach dem genannten Herrn Heinrich Hecht um das von ihm gelegte Angebot definitiv der Zuschlag erteilt.

Laut Unterschrift: Heinrich Hecht.

An Oekonomen Joseph Maier in Pasing als Schuldner . . und Besitzer des Strichsobjektes ergeht hiemit der Befehl, dem genannten Ansteigerer den Besitz des Strichsobjekts zu räumen.

Schluß der Verhandlung um ein Uhr dreißig Minuten nachmittags.

Hierüber Urkunde, vorgelesen, genehmigt und unterschrieben.

(Folgen die Unterschriften.)

Die **Versteigerungsbekanntmachung** lautet:

„Auf Betreiben de . A. Z. von O. als Beschlagnahmegläubiger . . gegen G. W. von B. als Schuldner werde ich als gerichtlich ernannter Versteigerungsbeamter auf Grund Beschlagnahmebeschlusses des k. Amtsgerichts . . . . vom . . . 189 . . eingetragen im Hypothekenbuche am . . . . . . 189 . . das beschlagnahmte Anwesen Haus Nr. . . in . . . . am

. . . ., den . . . . . . 189 ., . . . mittags . . Uhr im . . . . . 'schen Gasthause zu . . . . im Zwangswege der öffentlichen Versteigerung unterstellen.

Das Beschlagnahmte Anwesen liegt in der Steuergemeinde . . . und besteht in nachgenannten Hypothekgruppen.

329. Feststellung des geringsten zulässigen Gebotes.

Laufende Nr.	Aktenstück-Nr.	Bezeichnung des Gläubigers	Bezeichnung der Forderung	Betrag: bar zu erlegen ℳ	₰	Betrag: zu übernehmen ℳ	₰	Berichtr. Ansatz: bar zu erlegen ℳ	₰	Berichtr. Ansatz: zu übernehmen ℳ	₰	Bemerkungen
1		Staatskassa	Gebührenanschlag	68	—							
2		Beschlagnahmegläubiger	Anschlag der Kosten des Versteigerungsbeamten	37	—							
3		desgleichen	Anschlag der dem Beschlagnahmegläubiger selbst erwachsenen bevorzugten Vollstreckungskosten	10	—							
4		K. Rentamt N. N.	Grund- und Haussteuer Kreis- und Gemeindeumlagen	1	27							
5		Gemeindeverwaltung N. N.	Brandversicherungsbeitrag	3	—							
				119	27							
			Ab Reinergebnis der Verwaltung	28	—							
				91	27							

I. Gruppe: Pl.=Nr. . . Wohnhaus 2c.
II. Gruppe: Pl.=Nr. . . Steinfeld 2c.
u. s. w.

Die Versteigerungs-Gegenstände werden zuerst einzeln, dann in den beiden vorbesagten Gruppen und zuletzt im Ganzen zur Versteigerung gebracht. Bei der Einzelversteigerung werden jedoch Pl.-Nr. . . . samt Gemeinderecht nur als **ein Ganzes** ausgeboten.

Auf den Versteigerungs-Gegenständen haften **keine der Forderung des Beschlagnahmegläubigers vorgehenden Hypotheken** und sind deshalb die Strichschillinge bar zu bezahlen. Der Zuschlag erfolgt sogleich bei der Versteigerung. Derselbe kann aber nur dann erteilt werden, wenn durch das gelegte Meistgebot:

Fortsetzung siehe Seite 540.

330. Zwangsversteigerung bei Uebernahme von Hypotheken.

Gesch.-Reg.-Nr. 480.
Geb.-Reg.-Nr. 212.

In Sachen

des Gutsbesitzers Joseph Müller in Perlach, Gläubigers,

gegen

Maier Johanna, Gütlerswitwe in Remersdorf, Schuldnerin,

wegen Subhastation.

Heute den zwölften September eintausend achthundertneunzig und sechs ——————————— wurde von mir, Joseph Fischer, königlichem Notare zu München, als mit Beschluß des königlichen Amtsgerichts München II vom 15. Juli 1896 aufgestelltem Versteigerungsbeamten in Sachen des Gutsbesitzers Joseph Müller in Perlach Gläubigers, gegen Johanne Maier, Taglöhnerswitwe in Ramersdorf, Schuldnerin wegen Zwangsvollstreckung auf meiner Amtskanzlei zu München die auf heute nachmittags zwei Uhr daselbst anberaumte Versteigerungsverhandlung vorgenommen wie folgt:

Zunächst wurde die Verhandlung zur festgesetzten Zeit von mir eröffnet.

Zur Einsicht wurden im Versteigerungslokale öffentlich aufgelegt:

1. Die Versteigerungsbekanntmachung vom 30. Juli 1896,

2. der Hypothekenbuchsauszug vom 16. Juli 1896,

3. zwei Grundsteuerkatasterauszüge über die Versteigerungsobjekte vom 24. Juli 1896,

4. die sonstigen die Versteigerung betreffenden Aktenstücke.

Sodann wird für die heutige Zwangsversteigerung von mir Nachstehendes festgestellt:

§ 1.

Den Gegenstand der Versteigerung bildet das schuldnerische Anwesen Hausnummer 10 in Ramersdorf, bestehend aus den nachbeschriebenen Liegenschaften der Steuergemeinden Ramersdorf und Perlach, k. Amtsgerichts und Rentamts München

a) Steuergemeinde Ramersdorf, Kataster Seite 204 ½

Plannummer 86 ein und drei Zehntel Ar, Gebäude, Wohnhaus mit Stall, Stadel und Hof,

Plannummer 87 zwei und ein Zehntel Ar, Garten,

b) Steuergemeinde Perlach Kataster Seite 591 ½

Plannummer 394 zwei und sieben Zehntel Ar, Acker, im Seugnergrund,

Plannummer 395 ½ zwei und fünf Zehntel Ar, Wiese, daselbst,

Gesamtflächeninhalt 0,355 ha fünfunddreißig und fünf Zehntel Ar, nebst Gemeinderecht.

Bewegliche Pertinenzien des vorbezeichneten Anwesens sind im Hypothekenbuche nicht vorgetragen.

Hinsichtlich des vorhandenen Inventars wird daher lediglich Bezug genommen auf Artikel fünfundvierzig Ziffer eins der Novelle zur Subhastationsordnung und auf Paragraph siebenhundertfünfzehn Nummer fünf der Reichs-Zivil-Prozeß-Ordnung mit Artikel sechsunddreißig Absatz eins der Subhastationsordnung.

§ 2.

Als Versteigerungsbedingungen kommen jene des Artikel fünfundfünfzig der Subhastationsordnung zur Anwendung, soweit nicht im Nachfolgenden noch etwas Besonderes bestimmt wird.

§ 3.

Abgesehen von den Kosten der Zwangsvollstreckung und den Forderungen der ersten Reihe nach Artikel einhundertacht der Subhastationsordnung haben in dem geringsten zulässigen Gebote die nachbezeichneten im Hypothekenbuch auf den Versteigerungsobjekten eingetragenen Forderungen als der Forderung des Beschlagnahmegläubigers im Range vorgehend Deckung zu finden.

a) Effektivrest eines Annuitätenkapitals der bayerischen Hypotheken- und Wechselbank zu München im (M) Nennbetrage von 800 ℳ — achthundert Mark —

b) Darlehenskapital des Gastwirts Kaspar Moser von München zu 175 ℳ einhundertfünfundsiebzig Mark, —

samt den, den Rang dieser Forderungen teilenden Nebenansprüchen.

§ 4.

Die Kosten der Zwangsvollstreckung und des Verteilungsverfahrens, welche nach Artikel einhundertsieben der Subhastationsordnung von der Masse vorweg in Abzug zu bringen sind und keiner Anmeldung bedürfen, werden nach Wahrscheinlichkeitsberechnung für die Festsetzung des geringsten zulässigen Gebotes in Anschlag gebracht auf 70 ℳ 50 ₰ (mit Worten) siebzig Mark fünfzig Pfennig.

§ 5.

Anmeldungen für die heutige Zwangsversteigerung erfolgten bezüglich der nachbezeichneten Beträge.

1. Der Hypothekengläubiger Kaspar Moser, Gastwirt in München, meldete am zehnten August heurigen Jahres bei dem amtierenden Notar mündlich an:

Hauptsache	175 ℳ – ₰
vier Prozent Zinsen hieraus vom fünften April Eintausendachthundertsechsundneunzig bis heute	24 „ 03 „
zusammen	199 ℳ 03 ₰

einhundertneunundneunzig Mark drei Pfennig.

2. Herr Rechtsanwalt und Bankkonsulent Ignaz Frech zu München meldete mit Schreiben vom 8. August 1896 namens der bayerischen Hypotheken- und Wechselbank zu München als Rückstände an:

Effektivrest des Annuitätenkapitals der Bank per ersten April heurigen Jahres	758 ℳ 26 ₰
fünf Prozent Stückzinsen hieraus vom ersten April heurigen Jahres bis heute	18 „ 09 „
Anschlag der Kosten der Bank in eigener Regie	25 „ – „
zusammen	801 ℳ 35 ₰

achthunderteine Mark fünfunddreißig Pfennige.

3. Das königliche Rentamt München IV meldete mit Schreiben vom 19. August 1896 an Rückstände an Grund- und Haussteuer nebst Kreisumlage pro Eintausendachthundertdreiundneunzig mit 2 ℳ 30 ₰

Summa für sich 2 ℳ 30 ₰
zwei Mark dreißig Pfennige.

4. Die Gemeindeverwaltung Ramersdorf meldete als Guthaben für Brandversicherungsbeitrag an einen Betrag von 2 ℳ zwei Mark.

5. Kaminkehrermeister Joseph Gut zu München meldete als Guthaben für Kaminkehrerarbeit für die Zeit vom ersten Juli Eintausendachthundertfünfundneunzig bis Ende Juni Eintausendachthundertsechsundneunzig an einen Betrag von 3 ℳ drei Mark.

§ 6.

Laut Anzeige des als Verwalter des Strichsobjektes aufgestellten Commissionärs Herrn Friedrich Herr in München vom 4./5. Dezember 1896 hatte die bisherige Verwaltung des Strichsobjekts nachstehendes Ergebnis.

Einnahmen:	176 ℳ	— ₰
Ausgaben:	102 „	45 „
Verwaltungsüberschuß	73 ℳ	55 ₰

dreiundsiebzig Mark fünfundfünfzig Pfennige

Zufolge der Bestimmung in Artikel neun der Novelle zur Subhastations-Ordnung ist der ebenerwähnte Betrag an den in das geringste zulässige Gebot einzureichenden Beträgen in Abzug zu bringen.

§ 7.

Als Forderungen der ersten Reihe des Artikel einhundertacht der Subhastationsordnung haben für die Festsetzung des geringsten zulässigen Gebotes in Betracht zu kommen:

	ℳ	₰
Guthaben des königlichen Rentamts München IV wie angemeldet	3	20
Guthaben der Gemeindeverwaltung Ramersdorf, wie angemeldet,	2	—
Guthaben des Kaminkehrermeisters Joseph Gut, wie angemeldet,	3	—
Summa:	7	30

(mit Worten) sieben Mark 30 Pfennige.

§ 8.

Das geringste zulässige Gebot wird in nachstehender Weise festgesetzt

	ℳ	₰
Anschlag der bevorzugten Vollstreckungskosten, oben Paragraph vier	70	50
Forderungen der ersten Reihe, oben Paragraph sieben	7	30
Effektivrest des Annuitätenkapitals der Hypotheken- und Wechselbank per ersten April heurigen Jahres, wie angemeldet,	758	26
Stückzinsen hieraus zu fünf Prozent vom ersten April heurigen Jahres bis heute, wie angemeldet,	18	09
Kosten der genannten Bank, wie angemeldet,	25	–
Guthaben des Hypothekengläubigers Gastwirts Kaspar Moser in München Hauptsache	175	–
vier Prozent Zinsen hieraus vom fünften April Eintausendachthundertdreiundneunzig bis heute	24	03
zusammen	1078	18
Ab Reinergebnis der Verwaltung	73	55
Rest:	1004	63

eintausend Mark dreiundsechzig Pfennige.

Von den vorstehend in Ansatz gebrachten Beträgen sind die nachbezeichneten

a) Effektivrest des Annuitätenkapitals der Bayerischen Hypotheken- und Wechselbank zu München, per ersten April heurigen Jahres	758 ℳ 26 ₰
b) Stückzinsen hieraus vom ersten April heurigen Jahres bis zum Versteigerungstermin	18 „ 09 „
c) Guthaben des Gastwirts Kaspar Moser zu München Hauptsache	175 „ – „
Summa	951 ℳ 35 ₰

neunhunderteinundfünfzig Mark fünfunddreißig Pfennige

durch den Ansteigerer gegen Abrechnung am Strichschillinge zu übernehmen, der Mehrbetrag mit

53 ℳ 28 ₰ — dreiundfünfzig Mark achtundzwanzig Pfennige — aber bar zu erlegen.

Bezüglich der zu übernehmenden Forderungen hat der Ansteigerer auch in die persönliche Haftung hiefür einzutreten, da der bisherige Schuldner ebenfalls persönlich hiefür haftete.

§ 9.

Anbelangend die Zeit der Bezahlung des Strichschillings, soweit letzterer nicht durch Uebernahme von Forderungen ausgewiesen wird, so wurde ein besonderer Antrag in dieser Hinsicht nicht gestellt und hat es daher bei der Bestimmung des Artikel fünfundfünfzig Ziffer eins der Subhastationsordnung sein Verbleiben.

§ 10.

Da die Versteigerungsobjekte im Hypothekenbuch auf einem einheitlichen Folium vorgetragen sind, wurde in der Versteigerungsbekanntmachung lediglich die Versteigerung derselben im Ganzen in Aussicht genommen.

Weitere Anträge hinsichtlich der Art der Versteigerung wurden nicht gestellt und hat es daher bei der Versteigerung der Strichsobjekte lediglich im ganzen sein Verbleiben.

§ 11.

Das geringste zulässige Gebot nach Maßgabe der vorstehenden Feststellungen, der bar zu bezahlende Betrag, der Betrag der zu übernehmenden Forderungen und die übrigen Versteigerungsbedingungen, ferner die erfolgten Anmeldungen wurden den heute zur Versteigerung Erschienenen bekannt gegeben. Auch wurden die Bedingungen des Artikel fünfundfünfzig der Subhastationsordnung zur Verlesung gebracht. Weiter wurde vom Versteigerungsbeamten auf die Bestimmungen des Artikel zweiundneunzig der Subhastationsordnung hingewiesen.

Nach Ablauf einer Stunde von dem für den Beginn des Versteigerungstermins festgesetzten Zeitpunkte an nach-mittags vier Uhr zehn Minuten wurden sodann die zur Versteigerung Erschienenen zur Abgabe von Angeboten aufgefordert.

Es wurden sodann mehrfache Angebote gelegt und blieb Meistbietender der mitanwesende mir nach Namen, Stand und Wohnorte bekannte Herr Oekonom Ludwig Schroll in Ramersdorf mit einem Betrage von 2000 ℳ — (mit Worten) zwei Tausend Mark. —

Nachdem letzteres Angebot dreimal ausgerufen und vom letzten Ausrufe an mehr als eine Minute, sowie von der Aufforderung zur Abgabe von Angeboten an mehr als eine halbe Stunde verflossen war, wurde hienach dem genannten Herrn Ludwig Schroll um das von ihm gelegte Angebot endgiltig der Zuschlag erteilt.

Laut Unterschrift: Ludwig Schroll.

An Frau Johanna Maier, Witwe, als Schuldnerin und Besitzerin der Strichsobjekte ergeht hiemit der Befehl, dem genannten Ansteigerer den Besitz der Strichsobjekte zu räumen.

Herr Ludwig Schroll als Ansteigerer stellt schon jetzt an das Vollstreckungsgericht das Gesuch, von einem Verteilungsverfahren Umgang zu nehmen, und wird die hiezu erforderlichen Belege nachträglich in Vorlage bringen.

Schluß der Verhandlung um fünf Uhr dreißig Minuten nachmittags.

Hierüber Urkunde, vorgelesen, genehmigt und unterschrieben.

(Folgen die Unterschriften.)

---

a) Die Kosten der Zwangsversteigerung, des Verteilungsverfahrens und der Hypothekenbuchsbereinigung, welche im Ganzen auf . . . ℳ veranschlagt werden und

b) Die zur Anmeldung kommenden Ansprüche der gemäß Art. 108 Ziff. 1 SO. in erster Reihe zu befriedigenden Gläubiger gedeckt werden, weil diese Posten zusammengerechnet, das geringste zulässige Gebot bilden.

Vom Strichschillinge ist der zur Deckung der Kosten und der vorbesagten Ansprüche erforderliche Betrag 2 Wochen, dagegen der hiernach verbleibende Rest 6 Wochen nach dem Zuschlage zu erlegen. Im Uebrigen sind für die Versteigerung lediglich die gesetzlichen Bestimmungen maßgebend. An die Gläubiger, welchen die in Art. 108 Ziff. 1 SO.

Fortsetzung siehe Seite 542.

331. Feststellung des geringsten zulässigen Gebotes.

Laufende Nr.	Aktenstück-Nr.	Bezeichnung des Gläubigers	Bezeichnung der Forderung	Betrag: bar zu erlegen ℳ	₰	Betrag: zu übernehmen ℳ	₰	Berichtr. Ansatz: bar zu erlegen ℳ	₰	Berichtr. Ansatz: zu übernehmen ℳ	₰	Bemerkungen
1		Staatskasse	Gebührenanschlag	26	—							
2		Beschlagnahmegläubiger	Anschlag der Kosten des Versteigerungsbeamten	34	50							
3		desgleichen	Anschlag der dem Beschlagnahmegläubiger selbst erwachsenen bevorzugten Vollstreckungskosten mit Ausnahme der Staatsgebühren	10	—							
4		K. Rentamt München IV	Grund- und Haussteuer, Kreis- und Gemeindeumlage	2	30							
5		Gemeindeverw. Ramersdorf	Brandversicherungsbeitrag	2	—							
6		Hypotheken- u. Wechselbank	Effektivrest pro 1. April 1896			758	26					Persönliche Haftung
			5% Stückzinsen hieraus vom 1. April heurigen Jahres bis heute			18	09					Persönliche Haftung
			Anschlag der Kosten der Bank in eigener Regie mit Ausnahme der bevorzugten Vollstreckungskosten	25	—							
7		Kaspar Moser, Gastwirt in München	Hauptsache			175	—					Persönliche Haftung
			4% Zinsen vom 5. April 1893 bis znm Versteigerungstermin	24	03							
8		Kaminkehrerm. Joseph Gut in München	Guthaben für Kaminkehrerarbeit	3	—							
				126	83	951	35					
			Ab Reinergebnis der Verwaltung	73	55							
				53	28							
			zu übernehmen	951	35							
				1004	63							

bezeichneten Ansprüche zustehen, ergeht hiermit die Aufforderung, ihre auf die Zeit bis zum Zuschlage treffenden bevorzugten Ansprüche spätestens im Versteigerungstermine vor der Aufforderung zur Angabe von Geboten anzumelden, widrigenfalls ihre der Anmeldung bedürfenden Forderungen bei der Verteilung des Erlöses erst hinter den bei der Feststellung des geringsten zulässigen Gebotes berücksichtigten Ansprüchen zum Zuge kommen.

Praktische Beispiele in der Darstellung der wichtigsten Bestimmungen der Novelle zur b. Subhastationsordnung vom 29. Mai 1886 sind enthalten in Nr. 6 der b. Notariatszeitung pro 1887 S. 81 f.

Bei Uebersendung von Notariatsurkunden, deren Urschriften von dem Notar aufzubewahren sind, an die Gerichte zur Prüfung und Schlußfassung, z. B. zwecks obervormundschaftlicher Genehmigung oder Eintrags im Hypothekenbuche (Art. 12, 13, 15 NG.) kann dies mittelst einfacher Note, welche aber auf ein besonderes Blatt zu schreiben ist (**64**, 210), geschehen. Das Gericht, welches gemäß Art. 13 und 15 NG. seinen Beschluß und gegebenen Falles die Bestätigung des Vollzuges desselben auf die Urschrift zu setzen hat, kann diese, wenn zu einem Schreiben nicht besondere Veranlassung gegeben ist, lediglich unter einem mit dem Gerichtssiegel zu verschließenden Umschlag an den Notar zurücksenden. Bei Uebersendung einer Urschrift an ein Gericht ist der Tag der Uebersendung und des Rückempfanges der Urschrift in letzter Spalte des Geschäftsregisters vorzumerken.

Bei Notariatsurkunden, welche zufolge gerichtlichen Auftrags aufgenommen wurden und Bestandteile gerichtlicher Akten bilden, erfolgt die Uebersendung ohne Begleitschreiben mit entsprechender Bemerkung:

„Vorstehendes Inventar wird zur Erledigung des Auftrages vom . . . . an das k. Amtsgericht L. übersendet.“ Datum. Unterschrift. Die Uebersendung wird unter Anführung des Datums auf dem für die Urschrift einzulegenden Fehlblatte vorgemerkt.

IV.

Der Gerichtsvollzieher-Dienst.

332. Pfändung beweglicher Sachen.

B.-R.-Nr. 800.
A.-D.-R.-Nr. 1340.

In Sachen

Huber Joseph, Privatier in München vertr. v. RA. Och
Gläubiger . .
gegen
Maier Ernst, Schneidermeister in München, Schuldner . .
wegen Forderung, hier Zwangsvollstreckung betr.,

erhielt der Unterfertigte von dem Gläubiger, (Vertreter des Gläubigers) den Auftrag, auf Grund des dem Schuldnerteil unterm 10. Juni 1896 zugestellten, vorläufig vollstreckbar erklärten Versäumnis-Urteils des k. Amtsgerichts München II vom 1. Juni c. zu Gunsten der gläubigerischen Forderung nebst Kosten die Zwangsvollstreckung in das bewegliche Vermögen des Schuldners vorzunehmen.

In Ausführung dieses Auftrages verfügte sich der Unterfertigte (in Begleitung des Gläubigers) heute hieher in die schuldnerische Behausung, woselbst man antraf: die Ehefrau des Schuldners, Anna Maier, welche von dem Zweck des Geschäftes geeignet verständigt wurde.

Dort angekommen, wurde die Wohnung verschlossen gefunden, weshalb gemäß § 679 ZPO. Hausbesitzer Joseph Schroll als Zeugen zu gegenwärtiger Vollstreckungshandlung beigezogen wurden und man die versperrten Räumlichkeiten und Behältnisse durch den herbeigerufenen Schlosser Jung öffnen ließ. —

oder

Da seitens des Schuldners Widerstand geleistet wurde, indem derselbe seinen Hund hetzte, wurde gemäß § 678 Abs. 3, 679 ZPO. als polizeiliches Vollzugsorgan Gendarm Hochmut der IV. Brigade zu gegenwärtiger Vollstreckungshandlung zugezogen.

Unterfertigter ließ sodann nach erfolgter Zustellung obenbezeichneten Schuldtitels unter Vorzeigung der amtsrichterlichen Erlaubnis vom 10. ds. Mts. zur Vornahme der Vollstreckungshandlung an diesem Tage (Stunde) die Aufforderung zur Zahlung nachstehender Beträge als:

a)	290	ℳ	60	₰	Hauptsache,
b)	6	„	—	„	6% Zinsen hieraus seit etc.
c)	32	„	80	„	festgesetzte Prozeßkosten,
d)	8	„	—	„	bisherige Kosten,
e)	16	„	30	„	Anwaltsgebühren f. Vollstreckungsantrag,
f)	2	„	40	„	Zustellung d. Schuldtitels,
Sa.	356	ℳ	10	₰	sowie der Kosten dieses

Aktes ergehen.

Da Zahlung nicht erfolgte, schritt der Unterfertigte nach Vergewisserung darüber, daß frühere Pfändungen nicht bestehen, und nach genauer Durchsuchung der schuldnerischen Behausung sowie der darin befindlichen Schränke, Kästen und sonstigen Behältnisse zur Pfändung, indem er nachverzeichnete Gegenstände sofort in seinen Besitz nahm.

Nr.	Bezeichnung der Pfandobjekte	Schätzungs-Wert	
		ℳ	₰
1	Ein Pianino (Steingräber)	400	—
2	Ein Spiegelschrank etc.	300	—

Durch vorstehenden Gesamtwert zu 400 ℳ erscheinen die gläubigerischen Forderungen nebst den Kosten der Zwangsvollstreckung gedeckt.

oder:

Weitere pfändbare Gegenstände waren ungeachtet sorgfältiger Durchsuchung nicht auffindbar und wird ausdrücklich konstatiert, daß die für den Schuldner . . und seine aus 3 Köpfen bestehende Familie unentbehrlichen Gegenstände nach § 175 ZPO. der Pfändung nicht unterstellt wurden.

(Bezüglich des unter Nr. 2 aufgeführten Pfandobjektes erklärte die Ehefrau des Schuldners, daß diese Gegenstände ihr Eigentum seien, da sie den Spiegelschrank in die Ehe brachte, mit dem Schuldner aber außer Gütergemeinschaft lebe. Derselben wurde bedeutet, daß die angeblichen Eigentumsrechte mittelst Klage gegen Gläubiger . . bei dem zuständigen Gerichte geltend gemacht werden müssen und es bis zur rechtskräftigen Entscheidung bei den jetzt getroffenen Anordnungen des Unterfertigten sein Bewenden habe.)

Bezüglich der Unterbringung der Pfandobjekte wurde in nachstehender Weise verfügt:

a) In persönlichen Verwahr wurde . genommen: Nr. 3. 7. 10;

b) In das Pfandlokal Neuhauserstr. 6 0 wurde . verbracht Nr. 6 u. 8;

c) Die Pfandobjekte Nr. 1 u. 2 wurde ., da eine Verbringung derselben in das Pfandlokal sowie die Aufbewahrung in demselben unthunlich erschien (da eine andere Art der Verwahrung mit unverhältnismäßigen Kosten und erheblichen Schwierigkeiten verbunden gewesen wäre) vorläufig im schuldnerischen Gewahrsam belassen, die geschehene Pfändung jedoch dadurch ersichtlich gemacht, daß ich die Pfandzettel anklebte.

Schuldner . . wird von der erfolgten Pfändung durch Zustellung einer Abschrift gegenwärtigen Protokolls in Kenntnis gesetzt und demselben bedeutet, daß der Besitz der Pfandobjekte . auf den unterfertigten Gerichtsvollzieher übergegangen sei, ferner daß man sich jeder Verfügung über dieselben sowie der Beschädigung oder Abnahme der angelegten Siegel (angebrachten Pfändungsanzeige) bei Vermeidung der in § 134, 136 und 137 RStGB. angedrohten Strafen enthalten müsse.

Termin zur Zwangsversteigerung wird später anberaumt werden (wurde vorerst nicht anberaumt) oder:

Die Versteigerung der Pfandobjekte . findet am

Montag, den 19. Juni 1896,
vormittags 10 Uhr,

in der schuldnerischen Behausung nach vorheriger öffentlicher Bekanntmachung statt.

Der zugezogene Zeuge (Vollstreckungsorgan, Schlosser) beanspruchte als Entschädigung (Arbeitslohn) 3 ℳ 20 ₰, deren Zahlung sofort erfolgte.

Hierüber Protokoll, welches nach Vorlesen und Genehmigung unterzeichnen:

Anna Maier. Ignaz Jung.

München, am sechzehnten Juni achtzehnhundert neunzig und sechs.

Georg Hoch, k. Gerichtsvollzieher am k. Amtsgericht
(L. S.) München I.

Kosten.

Pfändung	ℳ	₰
Forderung	ℳ	
(Zeitaufwand	Std.)	
Reise	ℳ	₰
(Entf. ... km.)		
Transport	"	"
Zeugentschäd.	"	"
Vergütung des Schlossers	"	"
Sa.	ℳ	₰
Porti:	ℳ	₰
Abschrift:	"	"
(.. Seiten)		
Sa.	ℳ	₰

ADRNr. ....

333. Pfändung von Früchten, die vom Boden noch nicht getrennt sind.

B.-R.-Nr. 670.
A.-D.-K.-Nr. 1490.

In Sachen

Huber Joseph, Privatier in München, vertreten durch Rechtsanwalt Bärenstein, Gläubiger . .,

gegen

Maier Ernst, Oekonom in Perlach, Schuldner . .,

wegen Forderung, hier Zwangsvollstreckung, erhielt Unterfertigter vom Gläubiger . . (Vertreter des Gläubigers) den Auftrag, auf Grund des dem Schuldner . . unterm 10. Juni c. zugestellten vorläufig vollstreckbar erklärten Urteils des k. Amtsgerichts München II vom 1. Juni c. zu Gunsten der gläubigerischen Forderung nebst Kosten, nämlich:

a) 239 ℳ — ₰ Hauptsache für Bardarlehen,

b) 4 „ — „ 5% Zinsen — hieraus ꝛc.

c) 32 „ — „ festgesetzte Kosten — Kostenaversum — bisherige Kosten u. s. w.

in Sa. 275 ℳ — ₰

die Pfändung der vom Boden noch nicht getrennten Früchte des Schuldners vorzunehmen.

In Ausführung dieses Auftrags verfügte sich heute der Unterfertigte nach erfolgter Verständigung des Schuldners (in Begleitung des Gläubigers) mit dem Schuldner nach dem ungefähr 3 Kilometer von hier gelegenen Grundstücke . des Schuldners und pfändete an

Ort und Stelle folgende Erträgnisse, indem von denselben sofort Besitz ergriffen wurde:

Nr.	Bezeichnung der gepfändeten Fruchtart	Des Grundstückes				Schätzungswert
		Plan-Nummer	Benennung	Steuergemeinde	Flächeninhalt	ℳ
1	Getreide	468	Acker	Perlach	0,068	400
2	Kartoffel	678	Acker	„	0,342	200
				ꝛc.		

Die geschehene Pfändung wurde für jedermann dadurch ersichtlich gemacht, daß auf dem (jedem) Grundstücke je ein Pfandzeichen (Tafel), an welchem eine von dem Unterfertigten unterschriebene und mit dem Abdruck des Amtssiegels versehene Pfändungsanzeige befestigt worden ist, errichtet wurde.

Mit der Beaufsichtigung der gepfändeten Erträgnisse, deren Ernte binnen zwei Monaten zu erwarten ist, wurde nach erfolgter Belehrung über seine Obliegenheiten der Feldhüter Mächtig von Perlach betraut, mit welchem eine (tägliche) wöchentliche Entschädigung von 1 ℳ 10 ₰ vereinbart wurde.

Dem anwesenden Bürgermeister der Gemeinde Perlach, in welcher das schuldnerische . Grundstück . liegt, wird . Mitteilung von der geschehenen Pfändung gemacht.

Termin zur öffentlichen Versteigerung der Erträgnisse wird angesetzt, wenn die Reife eingetreten ist, von welch' letzterer der bestellte Hüter rechtzeitige Mitteilung zu machen beauftragt wurde. oder: Da die gepfändeten Erträgnisse längstens binnen 4 Wochen zur Reife gelangt sein werden, so sollen dieselben vor der Aberntung versteigert werden und wurde zu diesem Zwecke Termin auf

Mittwoch, den 4ten Juli 1896,

vormittags 9 Uhr,

an Ort und Stelle festgesetzt.

Schuldner . . wird . von der geschehenen Pfändung durch mündliche Eröffnung, Zustellung einer Abschrift dieses Protokolls in Kenntnis gesetzt, und wird . demselben bedeutet, daß der Besitz der gepfändeten Erträgnisse auf den Unterfertigten übergegangen sei und daß man sich jeder Verfügung über dieselben sowie der Beschädigung oder Entfernung der angebrachten Pfandzeichen bei Vermeidung der gesetzlichen Strafen enthalten müsse.

Hierüber Protokoll, welches nach Vorlesen (Unterbreitung zur Durchsicht) den Beteiligten behufs Genehmigung und Unterzeichnung vorgelegt wurde.

Perlach, am zwanzigsten Juni achtzehnhundert neunzig und sechs.

Joseph Huber. Ernst Maier.

Georg Hoch, k. Gerichtsvollzieher am k. Amtsgerichte München II.

(L. S.)

Kosten:

Pfändung	M	₰
(Forderung	M	
Zeitaufwand	Std.)	
Reise	M	₰
(Entfernung	km)	
. .	M	₰
. . .	"	"
Sa.	M .	₰

I. Schuldner . . Abschrift des Protokolls zugestellt (durch die Post übersendet).

II. Gläubiger(ischer Vertreter) — mündlich — brieflich — durch Uebersendung einer Abschrift des Protokolls — von der Pfändung verständigt.

Am 189

Porti	M	₰
Abschrift (Seiten)	"	"
Sa.: . .	M	₰

A.-D.-R.-Nr. 400.

334. Pfändung bereits gepfändeter Sachen.

B.-T.-Nr. 1603.
A.-T.-R. Nr. 2000.

In Sachen

[: Huber Joseph, Privatier in München, vertreten durch Rechtsanwalt Bärenstein, Gläubiger . .,

gegen

Maier Ernst, Oekonom in München, Schuldner . .,

wegen Forderung, hier Zwangsvollstreckung betr.,

erhielt Unterfertigter von dem Gläubiger . . (gläubigerischen Vertreter) den Auftrag, auf Grund des dem Schuldner . . am 1. Juni 1896 zugestellten Endurteils des k. Amtsgerichts Bruck zu Gunsten der gläubigerischen Forderung nebst Kosten die Zwangsvollstreckung in das bewegliche Vermögen des Schuldners vorzunehmen.

In Ausführung dieses Auftrages verfügte sich der Unterfertigte (in Begleitung des Gläubigers) heute hieher in die schuldnerische Behausung, woselbst man antraf: Die Ehefrau des Schuldners, Anna Maier, welche von dem Zweck des Geschäftes geeignet verständigt wurde.

Dort angekommen, wurde die Wohnung verschlossen gefunden, weshalb gemäß § 679 ZPO. Hausbesitzer Johann Frech als Zeuge . zu gegenwärtiger Vollstreckungshandlung beigezogen wurde . und man die versperrten Räumlichkeiten und Behältnisse durch den herbeigerufenen Schlosser Jung öffnen ließ . .

oder:

Da seitens des Schuldners (angetroffenen Person . .) Widerstand geleistet wurde, indem er mit Erstechen drohte, wurde . gemäß § 678 Abs. 3; 679 ZPO. als polizeiliches Vollzugsorgan Gendarm Heer der III. Brigade zu gegenwärtiger Vollstreckungshandlung zugezogen.

Unterfertigter ließ sodann nach erfolgter Zustellung obenbezeichneten Schuldtitels unter Vorzeigung der amtsrichterlichen Erlaubnis vom 4. ds. zur Vornahme der Vollstreckungshandlung an diesem Tage (dieser Stunde) die Aufforderung zur Zahlung nachstehender Beträge, als:

a) 290 ℳ 60 ₰ Hauptsache,
b) 6 „ — „ 6% Zinsen hieraus ꝛc.
c) 32 „ — „ festgesetzte Prozeßkosten
d) 8 „ — „ Zustellung des Schuldtitels ꝛc.

Sa. 336 ℳ 60 ₰

sowie der Kosten dieses Aktes ergehen.

Da Zahlung nicht erfolgte, unterzog der Unterfertigte die schuldnerische Behausung sowie die darin befindlichen Kästen, Schränke und sonstigen Behältnisse einer genauen Durchsuchung, wobei nachstehende Gegenstände vorgefunden wurden:

Nr.	Bezeichnung der vorgefundenen Gegenstände	Schätzungs-Wert ℳ	₰
1	einen Kleiderkasten	40	—
2	eine Kommode, poliert	30	—
3	ein altdeutsches Pianino	300	—
	ꝛc. :]		

Die unter Ziffer 1 und 3 verzeichneten Gegenstände sind nach Erklärung des Schuldners (der anwesend getroffenen Person und ausweislich des vorgezeigten Pfändungsprotokolls) zufolge der vorgefundenen Pfändungsanzeigen ꝛc. von dem Unterfertigten (Gerichtsvollzieher Schlichter) bei dem k. Amtsgerichte Starnberg zu Gunsten der Forderung . . des

Vormerkung.
I. Gläubiger(ische) Vertreter) mündlich (brieflich) durch Uebersendung einer Abschrift des Protokolls von der Anschlußpfändung, sowie davon verständigt, daß dem erst-

pfändenden Gerichtsvollzieher die vollstreckbare Ausfertigung und die sonstigen auf den Auftrag bezüglichen Schriftstücke mit einem Verzeichnisse der Gebühren und Auslagen übersendet (übergeben) wurden.

II. Schuldner . . Abschrift des Protokolls zugestellt – durch die Post übersendet.

III. Dem erstpfändenden Gerichtsvollzieher . . . . . . in . . . . . wurde Abschrift des Protokolls zugestellt und demselben die vollstreckbare Ausfertigung sowie die sonstigen auf den Auftrag bezüglichen Schriftstücke nebst einem Verzeichnisse der Gebühren und Auslagen des Unterfertigten gegen Empfangsbescheinigung übergeben (übersendet).

IV. Bezügliche Vormerkung im Vollstreckungsakte Nr. . . . wurde bethätigt.

Am 189

Porti	ℳ	₰
Abschrift	„	„
(Seiten.)		
Sa.	ℳ	₰

ADR. Nr.

Kosten.

Nachpfändung	ℳ	₰
(. . . Forderung.)		
Reise	„	„
(Entf. km)		
	„	„
	„	„
	„	„
Sa.	ℳ	₰

Gastwirts Fröhlich in Pasing vom 20. Mai l. Js. zu 260 . ℳ – ₰ am 29. Mai 1896 bereits gepfändet worden und wurden diese Gegenstände auf Verlangen des Gläubigers (da andere zur Deckung des gläubigerischen Guthabens hinreichende pfändbare Sachen nicht vorgefunden wurden) oder da hievon eine sichere und schnellere Befriedigung des Gläubigers zu erwarten ist [da von deren Verwertung nach Deckung vorerwähnter Forderung . . dem ersten Gläubiger . . ein namhafter Ueberschuß über die Kosten dieser Vollstreckung sicher vorauszusehen ist] für den eingangs erwähnten Auftraggeber heute vormittags zehn Uhr ebenfalls gepfändet worüber dem vorgenannten erstpfändenden Gerichtsvollzieher durch Zustellung einer Abschrift dieses Protokolls Mitteilung gemacht wird . .

Die übrigen unter Ziffer 2, 4, 7 aufgeführten Sachen sind für den Schuldnern und seine aus 3 weiteren Köpfen bestehende Familie unentbehrlich und können gemäß § 715 ZPO. der Pfändung nicht unterstellt werden. —

Schuldner . . wurde von der erfolgten Anschlußpfändung durch (mündliche Eröffnung) Zustellung einer Abschrift dieses Protokolls in Kenntnis gesetzt.

Der zugezogene (Zeuge) Schlosser (Vollzugsorgan) beansprucht 1 ℳ 10 ₰ als Entschädigung (Arbeitslohn), welcher Betrag . sofort ausbezahlt wurde .

Hierüber Protokoll, welches nach Vorlesen (Unterbreitung zur Durchsicht) dem Beteiligten behufs Genehmigung und Unterzeichnung vorgelegt wurde.

Datum und Unterschrift:

335. Pfändungs-Abstand.

Eingang wie im vorigen Protokolle.

[: :]

Vormerkung.

I. Vollstreckungssache als erledigt im Vollstreckungsregister abgetragen.

II. Schuldner . . Abschrift obigen Protokolls zugestellt (durch die Post übersendet).

III. Gläubiger . . (Vertreter) durch Uebergabe (Uebersendung) einer Abschrift des Protokolls von der erfolglos versuchten Pfändung unter Rückgabe des Schuldtitels und Erhebung der nebenberechneten Kosten — per Nachnahme — verständigt.

Datum . Unterschrift.

Kosten.

Erfolglos versuchte Pfänd.	ℳ	₰
(Forderung ℳ)		
Reise	ℳ	₰
Entf. . km)		
. . . .	"	"
. . . .	"	"
Sa.	ℳ	₰

Kostenberechnung.

1. Gerichtskost.	ℳ	₰
2. Zustellung d. Schuldtitels	"	"
3. Vollstreckungskosten	"	"
4. Abschrift d. Protokolls (. . . Seiten)	"	"
. . . .	"	"
. . . .	"	"
Sa.	ℳ	₰

Die (sämtlichen) unter Nr. 4, 6, 8, 10 aufgeführten Sachen sind für den Schuldner . . und seine aus 3 weiteren Köpfen bestehende Familie unentbehrlich und können gemäß § 715 ZPO. nicht gepfändet werden.

Von der Verwertung der (übrigen) unter Nr. 1, 2, 3, 5, 7, 9 verzeichneten pfändbaren Gegenstände läßt sich ein Ueberschuß über die Kosten der Zwangsvollstreckung im Voranschlag zu 20 ℳ 80 ₰ nicht erwarten. Die versuchte Pfändung blieb somit erfolglos.

Der zugezogene . Zeuge . (Schlosser) beanspruchte 1 ℳ 10 ₰ als Entschädigung (Arbeitslohn) welcher Betrag . sofort ausbezahlt wurde .

Ueber diese einen Zeitaufwand von 3 Stunden erfordernden Verhandlungen, von welchen der abwesende . Schuldner . . durch Zustellung einer Abschrift des gegenwärtigen Protokolls verständigt werden wird, errichtete der Unterfertigte an Ort und Stelle dieses Protokoll, welches nach Vorlesen (Unterbreitung zur Durchsicht) den Beteiligten behufs Genehmigung und Unterzeichnung vorgelegt wurde.

Datum und Unterschriften.

München, am zehnten Juli eintausend achthundert neunzig und sechs.

Joseph Huber. Anna Maier.

Georg Hoch, k. Gerichtsvollzieher am k. Amtsgerichte München I.

(L. S.)

336. Leistung des Schuldners vor Beginn der Zwangsvollstreckung.

A.-D.-R.-Nr. 1408.
V.-R.-Nr. 609.
K.-B.-Nr. 108.

In Sachen &c.

wegen Forderung, hier Zwangsvollstreckung betr.,

erhielt der Unterfertigte von dem Gläubiger .. (Vertreter) den Auftrag, auf Grund des dem Schuldner .. (dem Vertreter des Schuldners) unterm 10. Juni 189 6 zugestellten vollstreckbaren Endurteils des k. Amtsgerichts Rosenheim vom 1. Mai c. zu Gunsten der gläubigerischen Forderung nebst Kosten die Zwangsvollstreckung in das bewegliche Vermögen des Schuldners vorzunehmen.

In Ausführung dieses Auftrags verfügte sich der Unterfertigte (in Begleitung des ...) heute hieher in die schuldnerische Behausung, woselbst man antraf:

Den Schuldner .. (dessen Ehefrau) Anna Maier, welche . unter gleichzeitiger Zustellung obenbezeichneten Schuldtitels vom Zweck des Geschäftes geeignet verständigt wurde.

Der Unterfertigte ließ sodann (unter Vorzeigung der amtsrichterlichen Erlaubnis vom 12. Mai 189 6 zur Vornahme der Vollstreckungshandlung an diesem Tage (Stunde) die Aufforderung zur Zahlung nachstehender Beträge, als:

a)	280	ℳ	—	₰	Hauptsache,
b)	8	„	30	„	5 % Zinsen aus &c.
c)	10	„	28	„	festgesetzte Prozeßkosten
d)	20	„	16	„	bisherige Kosten
Sa.	318	ℳ	74	₰	Uebertrag

318 ℳ 74 ₰ Uebertrag

e) 3 „ 40 „ Anwaltsgebühren für den Vollstreckungs-Antrag

f) 2 „ 40 „ Kosten der Zustellung des Schuldtitels,

Sa. 324 ℳ 54 „ sowie den Kosten dieses Aktes ergehen.

Es wurden hierauf obenberechnete Beträge zu 324 ℳ 54 ₰ nebst den Kosten dieses Aktes zu 12 ℳ 80 ₰, in Sa. sohin 337 ℳ 34 ₰ mit Worten drei hundert sieben und dreißig Mark vier und dreißig Pfennige bar bezahlt, worauf der Unterfertigte den Schuldtitel nebst Quittung aushändigte.

Hierüber Protokoll, welches nach Verlesen (Unterbreitung zur Durchsicht) den Beteiligten behufs Genehmigung und Unterzeichnung vorgelegt wurde.

Datum und Unterschrift.

Kosten.		
Leistung (§ 11 RGO.)	ℳ	₰
(.. ℳ Zahl.)		
Reise	„	„
(Entf. km)		
Abschr. f. Gläubiger	„	„
(... Seiten)		
Porti	„	„
a) f. Uebersendg. des Geldes . ℳ		
b) f. Bestellung des Geldes . ℳ		
c) f. Nachr. an Gläubiger . ℳ		
Sa.	ℳ	₰

Vormerkung.

1. Gläubiger .. (Vertreter) sofort mündlich (brieflich) durch Zusendung einer Abschrift übigen Protokolls von der erfolgten Leistung des Schuldners verständigt.

2. Den auf Gläubiger .. treffenden Betrag zu 324 ℳ 54 ₰ persönlich übergeben — per Postanweisung übersendet — (Beleg Nr. 18 zu KB. Nr. 3).

3. Vollstreckungsakten geschlossen und als erledigt im Vollstreckungsregister vorgetragen.

337. Einstellung der Zwangsvollstreckung in Folge Leistung des Schuldners.

K.-B.-Nr. 408.
B.-R.-Nr. 1008.
A.-D.-R.-Nr. 3002.

In Sachen ꝛc.

wegen Forderung, hier Zwangsvollstreckung betr.,

erschien . . heute vor Unterfertigtem der Schuldner, Schneider Joseph Maier. Derselbe . erklärte ., daß er hinsichtlich des gläubigerischen Guthabens nebst Kosten, wofür mit Akt vom 16. Juni 1896 Pfändung mit Ansetzung eines Versteigerungstermines auf 10. August 1896 vorgenommen worden; Zahlung zu leisten bereit sei.

Es wurde sodann Haupt- und Nebensache wie folgt berechnet:

a)	280	ℳ	–	₰	Guthaben de Gläubiger . .
b)	8	„	30	„	5 % Zinsen aus ꝛc.
c)	30	„	40	„	Gerichtskosten
d)	3	„	50	„	Kosten der Zustellung des Schuldtitels
e)	4	„	80	„	Pfändungskosten
f)	8	„	10	„	Kosten der Versteigerungs-Bekanntmachung
g)	10	„	20	„	Kosten dieses Aktes laut übiger Berechnung.

Sa. 345 ℳ 30 ₰.

Dieser Betrag von dreihundert fünf und vierzig Mark dreißig Pfennigen wurde von dem Erschienenen bar bezahlt, worauf demselben unter Aushändigung des Schuldtitels sowie einer Quittung mit Abrechnung eröffnet wurde, daß hiemit die Zwangsvollstreckung eingestellt werde, sonach unter Aufhebung des Versteigerungstermines vom 10. August 1896 Pfandfreigabe erfolge und der Schuldner .. die Ermächtigung erteilt werde, die gepfändeten Gegenstände wieder in Besitz zu nehmen und die angebrachten Pfändungsanzeigen, Siegel ꝛc. zu entfernen.

Hierüber Protokoll, welches nach Vorlesen (Unterbreitung zur Durchsicht) dem Erschienenen zur Genehmigung und Unterschrift vorgelegt wurde.

Datum und Unterschriften.

Vormerkung.

1. Gläubiger .. (Vertreter) sofort mündlich (brieflich) durch Zusendung einer Abschrift übigen Protokolls von der Einstellung der Zwangsvollstreckung in Folge Leistung de . Schuldner .. verständigt.

2. Den auf Gläubiger .. treffenden Betrag zu ℳ ₰ persönlich übergeben (per Postanweisung übersendet) (cfr. Beleg Nr. ..... zu KB. Nr. ...).

3. Widerruf der Versteigerungsbekanntmachung in de .. Zeitung bethätigt.

4. Abnahme der an de .. Ortstafel .. zu .... angehefteten Versteigerungsbekanntmachung veranlaßt.

5. Nichtstattfindung der Versteigerung durch Ausruf mittelst der Schelle bekannt gemacht.

6. Vollstreckungsakt geschlossen und als erledigt im Vollstreckungsregister vorgetragen.

Datum und Unterschrift.

Kosten:

Leistung:	M	₰
(.. M Zahlung)		
Abschrift	"	"
(Seiten)		
Porti	"	₰
a) f. Uebersendg. des Geldes ... , ... M		
b) f. Bestellung des Geldes 0,10 M		
c) f. Nachr. an Gläubiger 0, ... M		
d) für Insertionen ꝛc. , M		
Insertion	"	"
Ausruf	"	"
Sa.	M	.

338. Versteigerung beweglicher Sachen.

V.-R.-Nr. 4026.
A.-D.-R.-Nr. 6082

In Sachen rc.

wegen Forderung, hier Zwangsvollstreckung betr.

verfügte sich der Unterfertigte hierher in die Behausung des Schuldners nach Ramersdorf um den auf heute nachmittags 2 Uhr anberaumten Termin zur öffentlichen Versteigerung der im Pfändungsprotokolle vom 10. Juli 1896 aufgeführten Gegenstände abzuhalten.

Die Versteigerung ist durch

a) Einrückung in die Münchener Neuesten Nachrichten,
b) Anschlag an die Gemeindetafel zu Ramersdorf
c) durch Ausruf mittelst der Schelle durch Gemeindediener Vogt

ausweislich der im Vollstreckungsakte befindlichen Belege öffentlich bekannt gemacht worden, und sind Gläubiger .. wie Schuldner .. vom Versteigerungstermine benachrichtigt.

Das durch den Versteigerungserlös — noch — zu deckende Guthaben des Gläubigers sowie die Kosten der Zwangsvollstreckung berechnen sich wie folgt:

a)	290	ℳ	–	₰	Hauptsache für Warenschuld,
b)	6	„	–	„	5 % Zinsen (hier)aus rc.
c)	30	„	–	„	festgesetzte Kosten — bisherige Kosten —
d)	3	„	–	„	Anwaltsgebühren für Vollstreckungs-Antrag
Sa.	329	ℳ	–	₰	Uebertrag

	329 ℳ	— ₰	Uebertrag
e)	4 „	50 „	Zustellung des Schuldtitels
f)	10 „	50 „	Kosten laut Pfändungsprotokoll vom 10. Juli 1896
g)	4 „	— „	Kosten der Versteigerungs-Bekanntmachung
h)	5 „	— „	Aversal-Anschlag der Kosten dieses Aktes
Sa.	353 ℳ	— ₰.	

Die zu versteigernden Gegenstände wurden mit dem Pfändungsprotokolle verglichen und ergab sich hiebei, daß sämtliche Pfandgegenstände vorhanden waren.

Zur festgesetzten Stunde wurde, nachdem zuvor die Pfandobjekte behufs Besichtigung durch die erschienenen Kauflustigen und zur Versteigerung bereit gestellt worden waren, der Termin eröffnet, indem zunächst die Versteigerungsbedingungen, wie sie in § 718 ZPO. festgesetzt sind, dahin bekannt gegeben wurden, daß

1. der Zuschlag an den Meistbietenden nach dreimaligem Aufruf erfolge;

2. die Ablieferung einer zugeschlagenen Sache nur gegen bare Zahlung geschehen dürfe;

3. der Meistbietende die Ablieferung der zugeschlagenen Sache spätestens vor dem Schlusse des Versteigerungstermines gegen Zahlung des Kaufgeldes zu verlangen habe, widrigenfalls die Sache anderweit versteigert und der Meistbietende, der für einen etwaigen Ausfall hafte, auf einen Mehrerlös aber keinen Anspruch habe, zu einem weiteren Gebote nicht zugelassen werde;

4. daß Angebote auf Gold- und Silbersachen, welche den Gold- oder Silberwert nicht erreichen, nicht angenommen werden.

Hierauf wurden die Kauflustigen zum Bieten aufgefordert, die gepfändeten Sachen, soweit thunlich, unter Vorzeigung einzeln ausgeboten und in der nachstehend verzeichneten Reihenfolge den Meistbietenden um die angegebenen Beträge nach dreimaligem Aufrufe zugeschlagen.

Nr. curr.	Vortrag	Meist-gebot M ₰	Zugeschlagen gegen Barzahlung an
1	ein Auszug-Tisch	60 —	Händler Beck,
2	eine Kommode ꝛc.	20 —	Frau Huber,

Die Gesamtsumme des Versteigerungserlöses beträgt sohin 300 M 40 ₰ mit Worten dreihundert Mark vierzig Pfennige.

Die unter Nr. 16 u. 18 vorgetragenen Gold-(Silber-)Sachen (Gegenstände) wurden nicht zugeschlagen, da kein den Gold-(Silber-)Wert erreichendes Gebot gemacht worden war.

Da obiger Erlös zur Befriedigung des Gläubigers und zur Deckung der Kosten der Zwangsvollstreckung vollständig hinreicht, (weitere Gegenstände behufs Versteigerung nicht vorhanden waren), wurde die Versteigerung nach gegen Barzahlung erfolgter Ablieferung der zugeschlagenen Sachen an die bezüglichen Käufer hiemit geschlossen.

Hierüber Protokoll, welches nach Vorlesen (Unterbreitung zur Durchsicht) den Beteiligten behufs Genehmigung und Unterzeichnung vorgelegt wurde.

Kosten.

Versteigerung	M	₰
(Erlös M)		
Reise	„	„
(Entf. km)		
Transport	„	„
....	„	„
....	„	„
Sa.	M	₰

Datum und Unterschrift.

339. Verkauf gepfändeter Sachen aus freier Hand.

K.-B.-Nr. 400.
B.-R.-Nr. 600.
A.-D.-R.-Nr. 3204.

In Sachen 2c.

wegen Forderung, hier Zwangsvollstreckung,

pfändete der Unterfertigte ausweislich Ziffer 28 und 32 des Pfändungsprotokolls vom 16. Juni 1896 eine goldene Granat-Broche.

Da dieses Pfandobjekt . laut Schätzung des Gerichtsschätzers Rüf vom 20. Juni 1896 einen Gold-(Silber)wert zu 120 ℳ – ₰ hat, welcher bei der am 3 August 1896 abgehaltenen Versteigerung nicht erreicht werden konnte, (dieses Wertpapier . ausweislich der in den Zeitungen veröffentlichten Tages-(Markt)kursen einen Tages-(Markt)preis von .... ℳ ₰ hat,) das Vollstreckungsgericht den Verkauf dieses Pfandobjektes zum Mindestpreise von 200 ℳ – ₰ angeordnet hat, so ist der Verkauf aus freier Hand zu bethätigen.

Der Unterfertigte hat nun obenerwähntes Pfandobjekt . aus freier Hand gegen Barzahlung verkauft und zwar an Silberarbeiter Heß in München um 200 ℳ.

Hierüber Protokoll, welches nach Vorlesen (Unterbreitung zur Durchsicht) dem Käufer . . behufs Genehmigung und Unterzeichnung vorgelegt wurde.

Datum und Unterschriften.

Kosten.

Verkauf ... ℳ ₰
(Erlös: ... ℳ)
....
....
....

Sa. ℳ ₰

Zustellungen in Forstrügesachen 88, 282; die von den Gerichtsvollziehern in Armensachen an die Auftraggeber zu machenden Sendungen 88, 105 f.; Abänderung des § 4 der Gerichtsvollzieher-Ordnung 94, 209; Ersatzzustellung 95, 263; Nachpfändung 95, 85; Pfändung von Frachtgut 95, 113; Portofreiheit 95, 315.

340. Uebernahme von Sachen zum Zwecke der Verwertung

Nach § 699 RZPO. sowie im Falle des Ausscheidens des Gerichtsvollziehers, welcher die Pfändung vorgenommen.

B.-R.-Nr. 4080.
A.-D.-R.-Nr. 2040.

In Sachen ꝛc.

wegen Forderung, hier Zwangsvollstreckung betr.,

wurde auf Grund des dem Schuldner . . am 10. August 1896 zugestellten vollstreckbaren Versäumnisurteils des k. Amtsgerichts München II zu Gunsten der gläubigerischen Forderung zu 280 ℳ 60 ₰ sowie der Kosten der Zwangsvollstreckung vom Gerichtsvollzieher Kocherl am kgl. Amtsgerichte Bruck auf Ersuchen des Vollstreckungsgerichts Bruck durch das Kommando des k. I Infanterie-Regiments am 20. August 1896 Mobiliarpfändung vorgenommen.

Das gläubigerische Guthaben sowie die Kosten berechnen sich zur Zeit wie folgt.

a) 300 ℳ – ₰ Hauptsache,

b) 16 „ – „ 5% Zinsen (hieraus) ꝛc.

und sollen zur Deckung dieses Guthabens zufolge neuerlichen Auftrags des Gläubigers (Vertreters des Gläubigers) die Pfandobjekte der Versteigerung unterstellt werden.

Der Unterfertigte begab sich daher heute in Begleitung des Gläubigers zum Zwecke der Uebernahme der Pfandobjekte hieher in die schuldnerische Behausung (Kaserne), woselbst . . . . angetroffen wurde.

Nach geeigneter Verständigung vom Zwecke des Erscheinens des Unterfertigten erging die Aufforderung zur Uebergabe der

Pfandobjekte, welcher . . . . nachgekommen wurde.

Bei der sofort vorgenommenen Vergleichung der Pfandobjekte mit dem Pfändungsprotokolle (Verzeichnisse) ergab sich, daß sämtliche Gegenstände vorhanden sind (die unter Ziffer 6, 8 aufgeführten Gegenstände fehlen) beschädigt sind.

Der Unterfertigte hat hierauf die gegen Empfangsbestätigung übergebenen, nachstehend verzeichneten Pfandobjekte behufs Verwertung sofort übernommen.

Nr. curr.	Bezeichnung der übernommenen Gegenstände	Ungefährer Wert ℳ	₰
1	eine neue Zivil-Montur	60	—
2	ein goldener Siegelring ꝛc.	40	—

Kosten:

Uebernahme ... ℳ ₰
(ℳ Forderung
Reise " "
(Entf. ... km)
Transport " "
.... " "
.... " "

Sa. ... ℳ ₰

I. Schuldner .. Abschrift des Protokolls zugestellt (durch die Post übersendet).

II. Gläubiger ..-Vertreter mündlich (brieflich) durch Zustellung (Uebersendung) einer Abschrift nebigen Protokolls von der Uebernahme verständigt.

Porti ... ℳ ₰
Abschrift
(... Seiten " "

Sa. ... ℳ ₰

A.-D.-R.-Nr. ....

Bezüglich der Unterbringung der übernommenen Pfandobjekte wurde in der Weise verfügt, daß selbe sämtlich in das Versteigerungslokal des Unterfertigten geschafft werden.

Der Schuldner .. wird von der erfolgten Uebernahme der Pfandobjekte durch alsbaldige Zustellung einer Abschrift gegenwärtigen Protokolls in Kenntnis gesetzt.

Zum Zwecke der öffentlichen Versteigerung der Pfandobjekte wurde sofort Termin auf

Freitag, den 18. August 1896,

vormittags 10 Uhr,

in dem Versteigerungslokale (Neuhauserstr. 6 0) angesetzt.

Hierüber Protokoll, welches nach Vorlesen den Beteiligten behufs Genehmigung und Unterzeichnung vorgelegt wurde.

Datum und Unterschriften.

341. Uebernahme von Sachen zum Zwecke der Verwertung.

In den Fällen der § 746, 751 ZPC.

B.-R.-Nr. 600.
A.-D.-R.-Nr. 800.

In Sachen ꝛc.

wegen Forderung, hier Zwangsvollstreckung betr.,

wurde das k. Amtsgericht München II als Vollstreckungsgericht auf Grund des der Schuldnerin am 10. August 1896 zugestellten Schuldtitels, nämlich des unterm 16. Juli 1896 vom vom k. Amtsgerichte München II erlassenen Endurteils am 12. August 1896 zu Gunsten der dem Gläubiger . . zustehenden Forderung von 280 ℳ 60 ₰ sowie der Zinsen und Kosten Pfändungsbeschluß dahin erlassen, daß [folgt die Inhaltsbezeichnung des Pfändungsbeschlusses] und zugleich angeordnet, daß die gepfändeten Gegenstände an den von dem Gläubiger . . bezeichneten unterfertigten Gerichtsvollzieher herauszugeben seien.

Im Besitze des oben erwähnten Schuldtitels und des bezeichneten, am 20. August 186 bereits zugestellten Pfändungsbeschlusses verfügte sich heute der Unterfertigte im Auftrage des Gläubigers (gläubigerischen Vertreters) hieher in die Behausung des Drittschuldners Joseph Mirl um die Uebernahme der gepfändeten Gegenstände zu bethätigen.

Drittschuldner . . wurde nicht (zu Hause) jedoch dessen Ehefrau Anna Mirl anwesend getroffen und von dem Auftrage des Unterfertigten unter gleichzeitiger Zustellung des erwähnten Pfändungsbeschlusses geeignet verständigt.

Auf die Frage, ob die Sachen herausgegeben würden, erklärte sich Drittschuldner .. (die anwesend getroffene Person) hiezu bereit, worauf der Unterfertigte die nachstehend verzeichneten und herausgegebenen Gegenstände zum Zwecke der Verwertung übernahm:

Nr. curr.	Bezeichnung der übernommenen Gegenstände	Ungefährer Wert ℳ	₰
1	Eine goldene Taschenuhr	200	—
2	Ein Brillantschmuck &c.	800	—

Bezüglich der übernommenen Pfandobjekte wurde in der Weise verfügt, daß dieselben sofort einstweilen in Verwahrung genommen wurden.

Der Schuldnerin wurde von der Uebernahme der Pfandobjekte durch mündliche Eröffnung (alsbaldige Zustellung) einer Abschrift gegenwärtigen Protokolls in Kenntnis gesetzt.

Zum Zwecke der öffentlichen Versteigerung der Pfandobjekte wurde sofort Termin auf

Freitag, den 26. August 1896
vormittags 11 Uhr

in dem Bureau des unterfertigten Gerichtsvollziehers angesetzt.

Befragt, ob die gepfändeten Sachen herausgegeben würden, erklärte Drittschuldner .. (die anwesend getroffene Person), daß die Herausgabe verweigert werde.

Hierüber Protokoll, welches nach Vorlesen (Unterbreitung zur Durchsicht), den Beteiligten behufs Genehmigung und Unterzeichnung vorgelegt wurde.

Datum und Unterschrift.

Vormerkung.

I. Schuldner . . Abschrift des Protokolls zugestellt (durch die Post übersendet);

II. Gläubiger . . -Vertreter mündlich (brieflich) durch Zustellung (Uebersendung) einer Abschrift nebigen Protokolls von der Uebernahme &c. verständigt.

Am .... 189 .

Porti ... ℳ ₰

Abschr. (.. Seiten) ... „ .. ₰

Sa. ... ℳ ₰

A.-D.-R.-Nr. ....

Kosten.

Uebernahme ℳ ₰

(.. ℳ Forder.)

Reise .... „ . „

(Entf. ... km)

Transport ... „ . „

.... „ . „

.... „ . „

Sa. „ . „

342. Erwirkung der Herausgabe beweglicher Sachen u. s. w.

§ 737, 769, 770 ZPO.

V.-A.-Nr. 600.
A.-D.-R.-Nr. 800.

In Sachen 2c.

wegen Herausgabe von Sachen (Urkunden) erhielt der Unterfertigte von der Gläubigerin (Vertreter der Gläubigerin) den Auftrag, auf Grund des dem Schuldner . . (schuldnerischen Vertreter) am 16. August 1896 zugestellten Vollstreckungsbefehls des k. Amtsgerichts München II sowie der am 20. August 1896 zugestellten Ausfertigung des Ueberweisungsbeschlusses des k. Amtsgerichts München II vom 19. August 1896 die Zwangsvollstreckung zur Erwirkung der Herausgabe der in obigem Schuldtitel aufgeführten Sachen (Urkunden) vorzunehmen.

In Ausführung dieses Auftrags verfügte sich der Unterfertigte in Begleitung der Gläubigerin (Vertreters) heute hieher in die schuldnerische Behausung.

Daselbst angekommen, wurde . . . . . angetroffen und von dem Auftrage geeignet verständigt.

Dort angekommen, wurde die Wohnung verschlossen gefunden, weshalb gemäß § 679 ZPO. der Hausbesitzer Forster als Zeuge zu gegenwärtiger Vollstreckungshandlung beigezogen wurde und man die versperrten Räumlichkeiten und Behältnisse durch den herbeigerufenen Schlosser Jung Martin öffnen ließ.

Da seitens des Schuldners Widerstand geleistet wurde, indem er die Wohnzimmer nicht öffnete, wurde . . gemäß § 678 Abs. 3 und § 679 ZPO. als polizeiliches Vollzugsorgan der

Gendarm Zucker zu gegenwärtiger Vollstreckungshandlung zugezogen.

Der Unterfertigte ließ sodann nach erfolgter Zustellung obenbezeichneten Schuldtitels (sowie des Ueberweisungsbeschlusses) und unter Vorzeigung der amtsrichterlichen Erlaubnis vom 10. August 1896 zur Vornahme der Vollstreckungshandlung an diesem Tage (Stunde) die Aufforderung zur freiwilligen Herausgabe der Sachen (Urkunden) und zur Zahlung der Kosten der Zwangsvollstreckung ergehen, widrigenfalls zur zwangsweisen Wegnahme uud Pfändung geschritten würde.

Es wurden hierauf die bezüglichen Gegenstände (Urkunde .) sofort an den Unterfertigten herausgegeben und die Kosten der Zwangsvollstreckung im Gesamtbetrage zu 14 ℳ 20 ₰ bezahlt, worauf der mit dem Vermerke über die erfolgte Leistung versehene Schuldtitel nebst Quittung ausgehändigt wurde.

oder: Da die Aufforderung zur freiwilligen Leistung erfolglos blieb, wurde die schuldnerische Behausung, sowie die in derselben befindlichen Behältnisse 2c. 2c. einer sorgfältigen Durchsuchung nach den herauszugebenden (zu leistenden) Sachen (Urkunde) unterzogen.

oder: Es konnten die herauszugebenden Sachen (Sachen der bestimmten Art) (Urkunde .) nicht aufgefunden werden, weshalb die versuchte Wegnahme ohne Erfolg blieb.

Es fanden sich vor: Folgen die Aufzeichnungen.

Die übrigen herauszugebenden Sachen (Urkunden) konnten nicht aufgefunden werden.

Die vorgefundene . Sache . (Urkunde .) wurde . sofort dem Schuldner . . weggenommen und dem Gläubiger (Vertreter) übersendet (übergeben) (behufs Aufbewahrung in das Versteigerungslokal X verbracht.

Behufs Deckung der Kosten der Zwangsvollstreckung zu

a) 40 ℳ 20 ₰ Gerichtskosten

b) 3 „ 40 „ Kosten der Zustellung ꝛc.

wurden folgende Gegenstände gepfändet, indem der Unterfertigte dieselben sofort in Besitz nahm:

1. eine goldene Damenuhr, wert 30 ℳ — ₰

2. ein Pianino, „ 400 „ — „ ꝛc.

Bezüglich der Unterbringung der Pfandobjekte. wurde in der Weise verfügt, daß u. s. w.

Zur öffentlichen Versteigerung der Pfandobjekte. wurde sofort Termin auf

Freitag, den 27. August 1896,
vormittags 10 Uhr,

in dem Versteigerungslokale, Maistr. 60 angesetzt.

Schuldner .. wurde von der erfolgten Pfändung ꝛc. ꝛc. durch mündliche Eröffnung Zustellung (Uebersendung) einer Abschrift gegenwärtigen Protokolls in Kenntnis gesetzt.

Schuldner .. Abschrift des Protokolls zugestellt (durch die Post übersendet.)

Der zugezogene. Zeuge. (Schlosser) beanspruchte. als Entschädigung (Arbeitslohn) 2 ℳ — ₰ (nebige Beträge), deren Zahlung sofort erfolgte.

Ueber diese Verhandlungen, welche einen Zeitaufwand von 3 Stunden erforderten, wurde an Ort und Stelle gegenwärtiges Protokoll errichtet und dasselbe nach Vorlesen (Unterbreitung zur Durchsicht) den Beteiligten behufs Inhaltsgenehmigung und Unterzeichnung vorgelegt.

Kosten:

Wegnahme u. Uebergabe (Zeitaufwand: ... Std.	ℳ	₰
Reise ....: ...	„	„
(Entf.: .. km)		
Transport ..: ...	„	„
...............: ..	„	„
...............: ..	„	„
Sa.:	ℳ	₰

Datum und Unterschriften.

343. Erwirkung der Herausgabe, Ueberlassung oder Räumung unbeweglicher Sachen.

B.-R.-Nr. 2480.
A.-D.-R.-Nr. 6009.

In Sachen ꝛc.

wegen Besitzentsetzung,

erhielt der Unterfertigte von dem Gläubiger .. (Vertreter des Gläubigers) den Auftrag, auf Grund des der Schuldnerin unterm 16. August 1896 zugestellten für vorläufig vollstreckbar erklärten Versäumnisurteils des k. Amtsgerichts München II die Zwangsvollstreckung zur Erwirkung der Herausgabe (Räumung, Ueberlassung) der Wohnung, Maistraße 60 rechts, auszuführen.

In Erledigung dieses Auftrags verfügte sich der Unterfertigte in Begleitung des Gläubigers (Bevollmächtigten des Gläubigers) heute hieher in die schuldnerische Behausung, woselbst sich auch .... eingefunden hatte.

Es wurde der Schuldner .. persönlich nicht, jedoch d .. in .... angetroffen und von dem Auftrage geeignet verständigt.

oder: Es wurde weder der Schuldner .. noch ein Bevollmächtigter desselben oder eine zur Familie gehörige erwachsene Person anwesend getroffen, die Wohnung verschlossen gefunden, weshalb gemäß § 679 ZPO. Händler Joseph Wüst als Zeuge . zu gegenwärtiger Vollstreckungshandlung beigezogen wurde ., man die versperrten Räumlichkeiten und Behältnisse durch den herbeigerufenen Schlosser Jung öffnen ließ.

Da seitens des Schuldners Widerstand geleistet wurde, indem er mit Erstechen drohte, wurde. gemäß § 678 Abs. 3 u. § 679 ZPO. als polizeiliches Vollzugsorgan. Gemeindediener Horst zu gegenwärtiger Vollstreckungshandlung zugezogen.

Der Unterfertigte ließ sodann nach erfolgter Zustellung obenbezeichneten Schuldtitels und unter Vorzeigung der amtsrichterlichen Erlaubnis vom 10. August 1896 zur Vornahme der Vollstreckungshandlung an diesem Tage (Stunde) die Aufforderung zur freiwilligen Herausgabe (Ueberlassung, Räumung) der Wohnung und zur Zahlung der Kosten der Zwangsvollstreckung ergehen, widrigenfalls zur zwangsweisen Besitzentsetzung sowie zur Pfändung geschritten würde.

Schuldner . . (die anwesend getroffene Person) hat hierauf im Beisein des Unterfertigten die Wohnung sofort übergeben (überlassen, geräumt) und die Kosten der Zwangsvollstreckung mit 16 M 40 ₰ bezahlt, worauf demselben der mit dem Vermerke über die erfolgte Leistung versehene Schuldtitel nebst Quittung ausgehändigt wurde.

Da die Aufforderung zur freiwilligen Leistung erfolglos blieb, vollzog der Unterfertigte die Besitzentsetzung des Schuldners dadurch, daß er mit Hilfe der zugezogenen Arbeiter die sämtlichen Mobilien auf den Hausgang stellen ließ.

Die dem Schuldner . . eigentümlich gehörigen Sachen, welche nicht Gegenstand der Zwangsvollstreckung waren, nämlich ein Bett, ein Pianino &c. wurden weggeschafft und dem anwesenden Schuldner . . (Bevollmächtigten des Schuldners) Familienangehörigen (Bediensteten) des Schuldners, nämlich de .... übergeben (zur Verfügung gestellt) in das Pfandlokal Maistraße 16 0 verbracht.

Nachdem somit Schuldner . . des Besitzes entsetzt worden war, wurde Gläubiger . . (der Bevollmächtigte des Gläubigers) in den Besitz des herausgegebenen (überlassenen, geräumten) Wohnung eingewiesen unter gleichzeitiger Uebergabe der beweglichen Zugehörungen, Inventarstücke, nämlich ꝛc. (folgt die Aufzeichnung des Inventars).

Behufs Deckung der Kosten der Zwangsvollstreckung zu

a) 20 ℳ — ₰ Gerichtskosten;
b) 30 „ — „ festgesetzte Kosten;
c) 40 „ — „ Kosten der Zustellung des Schuldtitels; ꝛc.

wurden folgende . Gegenstand . gepfändet, indem der Unterfertigte dieselben sofort in seinen Besitz nahm:

1. ein Schreibtisch, wert 400 ℳ — ₰
2. eine Kommode, „ 80 „ — „

Bezüglich der Unterbringung der Pfandobjekte . wurde in der Weise verfügt, daß diese Gegenstände in das Versteigerungslokal des Unterfertigten geschafft wurden.

Zur öffentlichen Versteigerung der Pfandobjekte . wurde sofort Termin auf

Freitag, den 27. August 1896,
vormittags 10 Uhr,

in dem Versteigerungslokale, Maistraße 6 0 angesetzt.

Schuldner . . wurde . von der erfolgten Pfändung u. s. w. durch mündliche Eröffnung (Zustellung) einer Abschrift gegenwärtigen Protokolls in Kenntnis gesetzt.

Die zugezogenen Arbeiter (Zeuge ., Schlosser) beanspruchten als Entschädigung (Arbeitslohn) 20 ℳ 40 ₰, (nebige Beträge) deren Zahlung sofort erfolgte.

Ueber diese Verhandlungen, welche einen Zeitaufwand von 3 Stunden erforderten, wurde an Ort und Stelle gegenwärtiges Protokoll errichtet und dasselbe nach Vorlesen (Unterbreitung zur Durchsicht) de . Beteiligten behufs Genehmigung und Unterzeichnung vorgelegt.

Schuldner . . Abschrift des Protokolls zugestellt (durch die Post übersendet).

Am . . 189 .

Kosten.

Besitzentsetzung bez. Einweisg.	ℳ	₰
(Zeitaufw. Stunden)		
Reisen	"	"
(Entf. km)		
Arbeitslohn	"	"
Transport	"	"
....	"	"
....	"	"
Sa.	ℳ	₰

Datum und Unterschrift.

Gerichtsvollzieherordnung und deren Ausführung **79**, 610 f; Gebührenordnung der Gerichtsvollzieher **79**, 713—738; Aufträge von Zustellungen an GV. in Parteisachen und von Amtswegen **79**, 780 f; Liquidationen der GV. für die von Amtswegen erfolgten Zustellungen **79**, 1729, **81**, 335, **83**, 16; Dienstvorschriften für die Gerichtsvollzieher **79**, 1185—1232, **81**, 323, 369, **83**, 16; die Ausführung der Zustellungen und Anheftungen durch die GV. **79**, 1233; Ausführung der Zwangsvollstreckungen und einiger anderer Geschäfte durch die GV. **79**, 1494; Aufbewahrung der Abschriften der Repertoire und Journale der GV. **80**, 74; öffentliche Bekanntmachung der Zwangsversteigerungen der GV. **80**, 332; Uebernahme von Nebengeschäften durch GV. **81**, 369; Entschädigungsklagen gegen GV. wegen Ueberschreitung ihrer Amtsbefugnisse, Unzuständigkeit des Verwaltungsgerichtshofes hierwegen **83**, 234; Abfassung von Klageschriften und Erwirkung von Zahlungs- und Vollstreckungs-Befehlen durch GV. **84**, 25. Anfertigung der zur Zustellung erforderlichen Abschriften durch die GV. **85**, 157; JME. über die durch die Post zu bewirkenden Zustellungen hier genaue Adreßangabe **89**, 191; Vorschriften für GV. in Bezug auf unmittelbare Ladung von Zeugen und Sachverständigen in Strafsachen **90**, 75; Persönliche Zustellungen der GV. an Gefangene **90**, 197, Erhebung der Gebühr des § 5 der GVGO. bei Pfändungen **90**, 77; die Zustellung in Forstrügesachen, hier nachträgliche Errichtung von Zustellungsurkunden durch GV. **91**, 203.

344. Verhaftung des Schuldners.

B.-R. Nr. 1400.
A.-D.-R. Nr. 1608.

In Sachen rc.
wegen Forderung, hier Zwangsvollstreckung betr.,

begab sich der Unterfertigte im Auftrage des Gläubigers (Vertreters des Gläubigers) heute hieher in die schuldnerische Wohnung, um auf Grund des vom k. Amtsgerichte München II am 16. August 1896 erlassenen, dem Schuldner .. unterm 18. August 1896 zugestellten Vollstreckungsbefehls sowie des Haftbefehls des k. Amtsgerichts München II vom 30. August 1896 die Verhaftung des Schuldners (behufs Erzwingung der Eidesleistung) zur Vollziehung des persönlichen Sicherheitsarrestes vorzunehmen.

Die gemäß § 791 ZPO. an die dem Schuldner .. vorgesetzte Dienstbehörde zu erstattende Anzeige ist unterm 3. September 1896 erfolgt.

Der dem Unterfertigten nach Person (nicht) bekannte Schuldner .., dessen Identität durch den beigezogenen Zeugen Hausbesitzer Friedrich bestätigt ist, wurde anwesend getroffen, von dem Auftrage des Unterfertigten unter Vorzeigung des auf Begehren abschriftlich mitgeteilten Haftbefehls verständigt und aufgefordert, behufs Vermeidung sofortiger Verhaftung den Gläubiger .. mit seinem Guthaben zu befriedigen und die Kosten der Zwangsvollstreckung zu bezahlen.

Das gläubigerische Guthaben berechnet sich mit den Kosten der Zwangsvollstreckung wie folgt:

a)	300	ℳ	—	₰	Hauptsache
b)	8	„	40	„	5% Zinsen (hieraus) aus rc.
c)	20	„	80	„	festgesetzte Kosten u. s. w.
Sa.	329	ℳ	20	₰	

Dieser Betrag wurde von Schuldner .. sofort bezahlt, worauf demselben der mit dem vorschriftsmäßigen Vermerke über die erfolgte Leistung versehene Schuldtitel nebst Quittung behändigt wurde; oder:

Schuldner .. erklärte sich hiezu außer Stande, worauf derselbe, da er sich der Verhaftung widersetzte, nach Zuziehung des Zeugen (polizeilichen Vollzugsorganes) Fischer unter Anwendung von Gewalt verhaftet, in das Amtsgerichtsgefängnis zu München abgeliefert und dort dem Gefängniswärter Müller unter Vorlage des Haftbefehls übergeben wurde.

Von dem vorgelegten Haftbefehl nahm der Gefängniswärter eine Abschrift, welche von Unterfertigtem zur Beglaubigung unterzeichnet wurde.

Die Kosten, welche durch die Haft einschließlich der Verpflegung entstehen, sind im Betrage von 30 ℳ laut vorgezeigter Quittung der Gerichtsschreiberei des die Haft anordnenden Amtsgerichts für einen Monat vorausbezahlt.

Der als (Zeuge) polizeiliches Vollzugsorgan zugezogene Polizeisoldat Fischer verlangte . eine Entschädigung von 2 ℳ 50 ₰, welche sofort bezahlt wurde.

Von der Verhaftung des Schuldners mußte gemäß § 691 (§ 785) § 787 RZPO. Abstand genommen werden, weil Schuldner schwer krank darniederliegt. (Folgen die Gründe.)

Hierüber Protokoll, welches nach Vorlesen (Unterbreitung zur Durchsicht) den Beteiligten behufs Genehmigung und Unterzeichnung vorgelegt wurde.

Datum und Unterschrift:

Kosten:
Leistung — Verhaftung —: Erfolglose Verhaftung ... ℳ ₰
Reise ... " "
(Entf.: ... km)
Entschädigung: ... " "
Transport: ... " "
Sa. .. ℳ ₰

345. Beitreibung von Geldleistungen in Verwaltungs- und Verwaltungsrechtssachen.

B.-R.-Nr. 1402.
A.-D.-R.-Nr. 1609.

In Sachen 2c.

wegen Forderung, hier Zwangsvollstreckung,

erhielt der Unterfertigte von dem Vertreter der Verwaltungsbehörde (Gemeindeverwaltung, Stiftungsverwaltung) Ramersdorf den Auftrag, auf Grund der vollstreckbaren Ausfertigung der Entscheidung de . . . . mit der Vollstreckungsklausel versehenen Urschrift des Ausstandsverzeichnisses vom 10. August 1896 die von den Schuldnern zu zahlenden Steuer-Beträge nebst den Kosten der Zwangsvollstreckung beizutreiben.

In Ausführung dieses Auftrages verfügte sich der Unterfertigte heute hierher in die Wohnungen der Schuldner, verständigte diese bezw. deren Angehörige von dem Auftrage, ließ nach erfolgter Zustellung des Schuldtitels die Aufforderung zur freiwilligen Leistung ergehen und schritt sodann, falls Zahlung nicht erfolgte, zur Pfändung.

Nr. curr.	Allg. D.-R.-Nr.	Der Schuldner: Vor- und Zunamen	Der Schuldner: Stand oder Gewerbe	Der Schuldner: Wohnort	Schuldbetrag ℳ	Schuldbetrag ₰	Leistung ℳ	Leistung ₰	Bezeichnung des Gegenstandes	Beiläufiger Wert ℳ	Beiläufiger Wert ₰	Bemerkungen (Unterschrift des Schuldners u. s. w.)
1	4007	Joh. Huber	Spenglermeister	Ramersdorf	16	80	6	80	Kommodekasten	15	—	
2	4009	Joh. Mar	Schreiners-Witwe	Ramersdorf	20	—	10	–	Kleiderkasten	20	—	

Die sub Nr. 1 u. 3 bezeichneten Schuldner leisteten Zahlung, worauf denselben sofort Quittung behändigt wurde.

Bei der Durchsuchung der Wohnungen und Behältnisse der unter Nr. 4 u. 5 aufgeführten Schuldner wurden keine pfändbaren Gegenstände bezw. nur solche Sachen vorgefunden, von deren Verwertung ein Ueberschuß über die Kosten der Zwangsvollstreckung sich nicht erwarten läßt, weshalb in dieser Richtung die Zwangsvollstreckung erfolglos blieb.

Die gepfändeten Gegenstände wurden sofort in des Unterfertigten Besitz genommen und bezüglich der Unterbringung derselben in der Weise verfügt, daß

a) die sub Nr. 8 u. 9 aufgeführten Gegenstände in eigenen Verwahr genommen wurden,

b) die unter Nr. 10 u. 12 verzeichneten Gegenstände sofort in das Pfandlokal ausersehene Lager Maistraße 16 0 geschafft wurden,

c) die unter Nr. 18 u. 19 bezeichneten Sachen vorläufig an Ort und Stelle im Gewahrsam der Schuldner . . belassen wurden, weil die zur Wegschaffung erforderlichen Arbeitskräfte nicht sofort bei der Hand waren (die unverzügliche Wegschaffung mit erheblichen Kosten und Schwierigkeiten verbunden gewesen wäre).
Die geschehene Pfändung wurde je durch Anheftung einer mit der Unterschrift und dem Dienstsiegel des Unterfertigten versehenen Anzeige erkennbar gemacht.

Von der erfolgten Pfändung wurden die anwesenden Schuldner sub Ziff. 1–10 durch mündliche Eröffnung, die abwesenden Schuldner sub Ziff. 11–20 werden durch Zustellung einer Abschrift dieses Protokolls in Kenntnis gesetzt und denselben bedeutet, daß der Besitz der Pfandobjekte auf den Unterfertigten übergegangen sei und daß die unter Ziff. 21 u. 22 aufgeführten Schuldner die Pfandobjekte nur für den Unterfertigten in Verwahrung haben, ferner daß man sich jeder Verfügung über die Pfandobjekte sowie der Beschädigung oder Ablösung der angelegten Siegel (und angebrachten Pfändungsanzeige) bei Vermeidung der gesetzlichen Strafen zu enthalten habe.

Termin zur Zwangsversteigerung der Pfandobjekte wird später anberaumt werden.

oder:

Zur öffentlichen Versteigerung der gepfändeten Gegenstände wurde sofort Termin auf

Samstag, den 24. September 1896,

vormittags 10 Uhr,

Kostenberechnung:

in . . . . angesetzt.

Hierüber Protokoll.

Datum und Unterschrift.

Alphabetisches Register.

(Die Zahlen bedeuten die Seiten.)

Anhang.

Zusammenstellung der Dienstformulare für Strafsachen.

I. Die Schöffengerichte.

I. Im Vorverfahren und bei Vorbereitung der Hauptverhandlung.

1. Verzeichnis über die dem Amtsanwalte zur Anzeige gekommenen strafbaren Handlungen.
2. Akten des k. Amts-Ger., die in Straff. eingegangenen Anzeigen, welchen vom Amtsanwalt keine Folge gegeben oder bezüglich deren das Verfahren eingestellt wurde.
3. Antragsformular zur Erlassung von Strafmandaten 447—452 StPO.
4. Strafbefehl für Haftstrafen 447.
5 Strafbefehl für Geldstrafen 447.
6. Zustellung des Strafbefehls für Haftstrafen (Abschrift zu 4), durch die Post 447.
6 a. Zustellung des Strafbefehls für Haftstrafen (Abschrift zu 4), persönliche 447.
7. Zustellung des Strafbefehls für Geldstrafen (Abschrift zu 5), durch die Post 447.
7 a. Zustellung des Strafbefehls für Geldstrafen (Abschrift zu 5), persönliche 447.
7 b. Zustellung des Strafbefehls für Geldstrafen (Abschrift zu 5), wenn dem Gerichtsschreiber die Perzeption übertragen ist, persönliche (Quittung) 447.
8. Ersuchen an Gerichtsschreiber um Vermittelung der Zustellung.
9. Anklageschrift mit Beschluß über die Eröffnung des Hauptverfahrens 27 GVG.
10. Sitzungsantrag des Amtsanwalts 211 StPO.
11. Ersuchen des Amtsanwalts an eine Behörde um Ladung 48 Abs. 2 StPO.
12. Notiz des Amtsanwalts an Behörden über Ladung Untergebener 48 Abs. 2 StPO.
13. Zeugenvorladung 50 StPO.
13 a. Zeugenvorladung Abschrift, Zustellung durch die Post 50 StPO.
13 b. desgleichen, Persönliche Zustellung 50 StPO.
14. Ladung eines Sachverständigen 75, 77 StPO.
14 a. Ladung eines Sachverständigen, Abschrift, Zustellung durch die Post 75, 77 StPO.
14 b. desgleichen, Persönliche Zustellung 75, 77 StPO.
15. Vorladung des Angeklagten (bei Uebertretungen, in Fällen, in denen die Anklage in der Sitzung erhoben wird) 231, 233 StPO.
15 a. Vorladung des Angeklagten Abschrift, Zustellung durch die Post 231, 233 StPO.
15 b. desgleichen, Persönliche Zustellung 231, 233 StPO.
16. Vorladung des Angeklagten, (bei Zustellung einer Abschrift der Anklageschrift und des Beschlusses auf Eröffnung des Hauptverfahrens).
16 a. Vorladung des Angeklagten, Abschrift, Zustellung durch die Post.
16 b. desgleichen, Persönliche Zustellung.
17. Vorladung des Angeklagten (beim Einspruche gegen den Strafbefehl).

17 a. Vorladung des Angeklagten, (Abschrift.) Zustellung durch die Post
17 b. desgleichen, Persönliche Zustellung.
18. Vorladung des verhafteten Angeklagten 215 Abs. 2, 35 StPO.
19. Beschluß über die Eröffnung des Hauptverfahrens bei Privatklagen 419–422 StPO.
19 a. desgl. Abschrift 419—422 StPO.
20. Vorladung des Privatklägers.
20 a. Vorladung des Privatklägers, Abschrift, Zustellung durch die Post.
20 b. desgl., Persönliche Zustellung.
21. Vorladung des Angeklagten auf erhobene Privatklage.
21 a. desgl., Abschrift, Zustellung durch die Post
21 b. desgl., Abschrift, Persönliche Zustellung.
22. Zeugenvorladung in der Privatklagesache 50.
22 a. desgl., Abschrift, Zustellung durch die Post 50.
22 b. desgl., Abschrift, Persönliche Zustellung 50.
23. Ladung eines Sachverständigen 75, 77.
23 a. desgl., Abschrift, Zustellung durch die Post 75, 77.
23 b. desgl., Abschrift, Persönliche Zustellung 75, 77.

II. Für die Hauptverhandlung.

24. Protokoll über die Beeidigung der Schöffen 51 GVG.
25. Roter Umschlag hiezu.
26. Sitzungsprotokoll mit Zeugen und Sachverständigen 271—273.
26 a. desgl., ohne solche.
27. desgl., bei Verwerfung des Einspruchs im Falle des Ausbleibens des Angeklagten.
28. desgl., bei Verhandlungen ohne Zuziehung von Schöffen, Uebertretungen, Vaganten 211, Abs. 2 StPO.
29. Urteil.
30. Urteil, wenn der Angeklagte, der Einspruch erhoben, nicht erscheint 452, 496, 497 StPO.
31. Urteil ohne Schöffen, Vaganten 266, 275 Abs. 2.

III. Zustellungs-, Haft- und Vorführungsbefehl.

32. Zustellungsbefehl.
33. Haftbefehl 112 StPO.
34. Vorführungsbefehl 235 StPO.

IV. Für die Strafvollstreckung.

35. Strafvollstreckungsbefehl.
36. Vorladung zum Strafantritt.
37. Requisition um Strafvollzug an ein anderes Gericht 482 StPO.
37 a. desgl., bei Strafbefehlen 447 StPO.
38. Vorladung zum Strafantritt, Abschrift zu 36.
39. Requisition um Strafvollzug an die Staatsanwaltschaft (Strafen über 1 Woche) bei Verhafteten 483 StPO.
40. desgl., mit Personalbeschreibung bei Nichtverhafteten.
40 a. desgl., Strafbefehl bei Nichtverhafteten 447 StPO.
41. Strafvollstreckungsbefehl bei Requisition um Strafvollzug, zu 36.
42. Mitteilung an eine Strafanstalt behufs Strafvollstreckung bei Verhafteten.
43. Vorladung zum Strafantritt bei Nichtverhafteten.
44. Mitteilung an eine Strafanstalt behufs Strafvollstreckung bei Nichtverhafteten.
45. Vorladung zum Strafantritt bei Nichtverhafteten, Abschrift zu 43.
46. Vormerkungsliste über den Vollzug von Freiheitsstrafen.
47. Tagebuch über den Vollzug von Freiheitsstrafen.
48. Strafliste.
49. Mitteilung der Strafe eines Verurteilten an den mit der Führung der Strafliste betrauten Beamten, Amtsanwalt.
49 a. desgl., im Allgemeinen.

49b. Verzeichnis der abgeurteilten Uebertretungen im Gebiete der Straßenpolizei.
50. Roter Umschlag für die gestellten Anträge auf Erlassung schriftlicher Strafbefehle.
51. Roter Umschlag für die Anträge auf Anberaumung von Hauptverhandlungen.
52. Roter Umschlag für die über die Hauptverhandlungen geführten Protokolle.
53. Roter Umschlag für die erlassenen Urteile und Beschlüsse.
54. Roter Umschlag für die Strafakten.

II. Die Forstrügesachen.

I. Vorverfahren, Strafbefehle und Hauptverhandlung.

1. Forstrügeverzeichnisbogen.
2a. Umschlagbogen für Forstrügeverzeichnisse (Strafbefehl).
2b. desgl. (Hauptverhandlung).
3a[1 2] Umschlagbogen für Uebersichten (Strafbefehl) (mit Einlagbogen).
3b[1 2] desgl. (Hauptverhandlung) (mit Einlagbogen).
4a. Strafbefehl bei Haftstrafe 142, 144 FG.
4b. „ bei Geldstrafe 142.
4c. „ für Feststellung der Zivilverantwortlichkeit 69.
4cc. „ für Geldstrafe in Verbindung mit Feststellung der Zivilverantwortlichkeit 69.
5a. Abschrift des Strafbefehls ad IVa, Zustellung durch den Gerichtsvollzieher.
5b. „ „ „ ad IVa, Zustellung durch die Post.
6a. „ „ „ ad IVb, Zustellung durch den Gerichtsvollzieher.
6b. „ „ „ ad IVb, Zustellung durch die Post.
7a. „ „ „ ad IVc, Zustellung durch den Gerichtsvollzieher.
7aa. „ „ „ ad IVcc, Zustellung durch den Gerichtsvollzieher.
7b. „ „ „ ad IVc, Zustellung durch die Post.
7bb. „ „ „ ad IVcc, Zustellung durch die Post.
8[1 2] Vorladungsverzeichnis für die Hauptverhandlung (mit Einlagbogen) 153 FG.
9. Auszug aus dem Vorladungsverzeichnis 153.
10[1 2] Verzeichnis der in der Hauptverhandlung in Abwesenheit abgeurteilten Angeklagten und zivilverantwortlichen Personen (mit Einlagbogen) 167.
11. Urteilsabschrift aus dem Verzeichnis Formular 10 167.
12[1 2] Forststrafenregister (Einzugsregister) (mit Einlagbogen) 179.

II. Strafvollstreckung.

13[1 2] Umwandlungsverzeichnis (mit Einlagbogen) 54.
14[1 2] Uneinbringlichkeitsverzeichnis (mit Einlagbogen) 54.
15[1 2] Haftstrafenverzeichnis (mit Einlagbogen).
16. Strafantrittsbefehl.
17[1 2] Verzeichnis der bestraften Forstfrevler (mit Einlagbogen) 162.
18. Quittungsverzeichnis
19. Ueberweisungsverzeichnis 183.
20[1 2] Summarische Quartalsübersicht des Rentamts (mit Einlagbogen).

III. Die Landgerichte.

I. Im Vorverfahren und bei Vorbereitung der Hauptverhandlung.

1, 1a, 1b. Mitteilung an den Beschuldigten und den Amtsrichter über Einstellung des Verfahrens 168 Abs. 2 StPO.
2. Bescheidung des Antragstellers, wenn die öffentliche Klage nicht erhoben wird 169.

3. 3a. 3b. (zu For. 3a vergl. Ges.- u. V.-B. 1879 S. 1077.) **Mitteilung der Anklageschrift**
1. an den auf freiem Fuße befindlichen Angeschuldigten
a) im Falle der Einreichung der Anklageschrift nach beendigtem Ermittlungsverfahren 199.
4. 4a. 4b. b) nach geschlossener Voruntersuchung.
5. 2. an den verhafteten Angeschuldigten.
6. 6a. Beschluß der Strafkammer nach beendigtem Ermittlungsverfahren oder geschlossener Voruntersuchung 200—208.
7. Zustellungsbefehl 202 Abs. 3 StPO. vgl. 268 und 303.
8. Vorladungsbefehl 213 StPO.
9. 9a. 9b. Zeugenvorladung 213 mit 50 StPO.
10. 10a. 10b. Ladung eines Sachverständigen 213 mit 77 StPO.
11. 11a. 11b. Ladung des auf freiem Fuße befindlichen Angeklagten unter der Warnung der Verhaftung oder Vorführung 215 Abs. 1 StPO.
12. 12a. 12b. Ladung des Angeklagten, wenn die Hauptverhandlung ohne Anwesenheit desselben stattfinden kann 231 mit 233 StPO.
13. Vorladung des verhafteten Angeklagten 215 Abs. 2 StPO.
14. Ladung der dem aktiven Heere oder der aktiven Marine angehörenden Personen 215, 213 u. 48.
15. Vorladung des Verteidigers 217.
16. Requisition eines auswärtigen Gerichtsschreibers wegen Beauftragung eines Gerichtsvollziehers 162 GVG.
17. Notiz des Staatsanwalts an andere Behörden über Ladung Untergebener 162.
18. Protokoll über die Bildung der Spruchliste der Geschworenen 91—93 GVG.
19. Uebersendung der Spruchliste an den Vorsitzenden des Schwurgerichts 91—93.
20. Spruchliste mit Verfügung der Vorladung 91—93 l. c.
21. 21a. 21b. Ladung der Geschworenen 91—93.
22. 22a. 22b. Ladung eines Hilfsgeschworenen 280 StPO.

II. Für die Hauptverhandlung.

23. Protokoll über die Hauptverhandlung am Landgerichte 271 f.
24. Protokoll über die Hauptverhandlung vor dem Schwurgerichte, wenn an einem Tage nur eine Verhandlung ansteht 272 f. mit 290 f.
25. mit 25a. Protokoll über die Hauptverhandlung vor dem Schwurgerichte, wenn an demselben Tage mehrere Verhandlungen anstehen; mit Anlage: Bildung der Geschworenenbank betr. 272 f. mit 290 f.
26. Fragen an die Geschworenen 293 f. StPO.
27. Urteil 275 (316) StPO.

III. Für die Strafvollstreckung.

28. Mit Bescheinigung der Vollstreckbarkeit versehene beglaubigte Abschrift der Urteilsformel 483.
29. mit 29a—f. Einlieferung eines Verhafteten in die Gefangenanstalt oder das Zuchthaus mit den nötigen Mitteilungen 483.
30. mit 30a. Strafvollstreckung gegen verhaftete oder sich zum Strafantritte freiwillig meldende Verurteilte im Landgerichts- (oder einem Amtsgerichtsgefängnisse) 483.
31. mit 31a—c. Vorladung zum Strafantritte und Strafvollstreckungsbefehl gegen den auf freiem Fuße befindl. Verurteilten; für das Landgerichtsgefängnis 483.
32. mit 32a. Ebenso für das Zuchthaus und die Gefangenanstalt 483.
33. Ersuchen um Vollstreckung einer Freiheitsstrafe auf grund eines Urteils 164 GVG.
34. Ersuchen um Ergreifen und Ablieferung eines Verurteilten 164.

IV. Für das Berufungsverfahren.

35. 35a. 35b. Vorladung des Angeklagten in Fällen, in welchen er selbst Berufung ergriffen und eine Vertretung nicht zulässig ist 370 StPO.
36. 36a. 36b. Vorladung des Angeklagten in Fällen, in welchen er selbst Berufung ergriffen und eine Vertretung zulässig ist 231, 233 StPO.

37. 37a. 37b. Vorladung des Angeklagten in Fällen, in welchen der Amtsanwalt Berufung ergriffen hat 370 StPO.
38. 38a. u. 38b. In Privatklagesachen:
Ladung des Privatklägers zur Hauptverhandlung über die von ihm eingelegte Berufung (§ 431) 425 f.
39. 39a. 39b. Ladung des Angeklagten, wenn er die Berufung nicht eingelegt hat (§ 370).
40. 40a. 40b. Ladung des Privatklägers, wenn er nicht die Berufung eingelegt hat (§ 431 Abs. 2) 425 f.
41. 41a. 41b. Ladung des Angeklagten, wenn er Berufung eingelegt hat (§ 370).
42. Protokoll über die Hauptverhandlung in der Berufungsinstanz 365 f.

V. Haftbefehl, Vorführungsbefehl, Steckbrief.

43. 43a. 43b. Haftbefehl: des Untersuchungsrichters, des Landgerichts, des Staatsanwalts 112 f. 229 Abs. 2, 489 StPO.
44. 44a. Vorführungsbefehl des Untersuchungsrichters, des Landgerichts 133, 134, 229 StPO.
45. 45a. Steckbrief des Untersuchungsrichters gegen einen Flüchtigen, — einen Entwichenen 131 StPO.
46. 46a. Steckbrief des Landgerichts (Strafkammer) gegen einen Flüchtigen, — einen Entwichenen 131.
47. 47a. Steckbrief des Staatsanwalts gegen einen Flüchtigen, — einen Entwichenen 131.
47b. Steckbrief gegen einen Verurteilten 489.

Die Ziffern ohne Bezeichnung bedeuten die betreffenden Paragraphen der Strafprozeßordnung.

FSC
www.fsc.org
MIX
Papier | Fördert
gute Waldnutzung
FSC® C083411

Kolibri 360 GmbH
Ferdinand-Jühlke-Straße 7
99095 Erfurt, Deutschland
produktsicherheit@kolibri360.de